Die Zunahme unserer Lebensspanne
seit 300 Jahren und ihre Folgen

Die Zunahme unserer Lebensspanne seit 300 Jahren und ihre Folgen

Arthur E. Imhof

Band 110
Schriftenreihe des Bundesministeriums
für Familie, Senioren, Frauen und Jugend

Verlag W. Kohlhammer
Stuttgart Berlin Köln

In der Schriftenreihe des Bundesministeriums für Familie, Senioren, Frauen und Jugend werden Forschungsergebnisse, Untersuchungen, Umfragen usw. als Diskussionsgrundlage veröffentlicht. Die Verantwortung für den Inhalt obliegt der jeweiligen Autorin bzw. dem jeweiligen Autor.

Das dieser Veröffentlichung zugrunde liegende Vorhaben wurde mit Mitteln der Bundesministerien für Forschung und Technologie (Förderkennzeichen PLI 1411) und für Familie und Senioren (Förderkennzeichen 314 – 1722 – 102/12) gefördert.

Die Deutsche Bibliothek – CIP-Einheitsaufnahme

Die Zunahme unserer Lebensspanne seit 300 Jahren und ihre Folgen/
[Hrsg.: Das Bundesministerium für Familie, Senioren, Frauen und Jugend].
Arthur E. Imhof. – Stuttgart; Berlin; Köln: Kohlhammer, 1996
(Schriftenreihe des Bundesministeriums für Familie, Senioren, Frauen und Jugend; Bd. 110)
ISBN 3-17-014438-3
NE: Imhof, Arthur E.; Deutschland/Bundesministerium für Familie, Senioren, Frauen und Jugend: Schriftenreihe des Bundesministeriums ...

Herausgeber: Das Bundesministerium für Familie, Senioren, Frauen und Jugend
53107 Bonn, 1996
Titelgestaltung: 4 D Design Agentur, Bergisch Gladbach
Herstellung: Gebrüder Garloff GmbH, Magdeburg
Verlag: W. Kohlhammer GmbH Stuttgart Berlin Köln
Verlagsort: Stuttgart
Printed in Germany
ISBN 3-17-014438-3

Vorwort

Heutzutage kommen nahezu alle Menschen in den Genuß von zusätzlichen Lebensjahren. Zusätzliche Jahre sind indes nicht automatisch auch schon erfüllte Jahre. Sie müssen zu solchen gemacht werden. Zu diesen und anderen Schlußfolgerungen kommt der Historiker Arthur E. Imhof im Rahmen des Projektes „Die Zunahme unserer Lebensspanne seit 300 Jahren und ihre Folgen". Eine zentrale seniorenpolitische Frage ist deshalb heute, wie die gewonnenen Jahre im Alter sinnvoll und befriedigend gestaltet werden können und wie sich Menschen rechtzeitig auf diese Altersspanne vorbereiten können. Auf diese Frage bietet das Konzept des Lebensplanes, das im Rahmen des Projektes bearbeitet wurde, einen interessanten Ansatz. Ein erfülltes Leben muß „von Anfang an" bewußt gestaltet werden. Das ganze Leben des Menschen ist aus dem Bewußtsein heraus zu gestalten, daß heute eine große Wahrscheinlichkeit besteht, ein hohes Alter – in der Regel verbunden mit einer guten Gesundheit – zu erreichen. Viele seniorenpolitische Ansätze dienen dem Ziel, eine bewußte Lebensplanung für das Alter und im Alter zu unterstützen. Unsere politischen Maßnahmen berücksichtigen dabei, daß die Bedürfnisse alternder Menschen ebenso unterschiedlich sind wie ihre konkreten Lebenssituationen. Ob Seniorinnen und Senioren nun völlig gesund und leistungsfähig, teilweise oder sogar vollständig hilfe- oder pflegebedürftig sind – für alle Älteren mit ihren unterschiedlichen Befindlichkeiten müssen wir ein Höchstmaß von Unabhängigkeit und eigenständiger Lebensführung ermöglichen. Die vorliegende Veröffentlichung stellt einen interessanten Mosaikstein in der Diskussion um künftigen Handlungsbedarf dar. Die Lebensplanung der Menschen vollzieht sich heute im wesentlichen innerhalb der drei großen Lebensabschnitte Ausbildung – Beruf – Rentenalter. In der vorliegenden Publikation wird die Frage zur Diskussion gestellt, inwieweit dieser Rahmen für eine zukünftige Lebensplanung und -gestaltung der Menschen noch ausreicht. Heute sind Biographien, die vom klassischen Lebenslauf abweichen, noch eher die Ausnahme. Werden sie morgen vielleicht zur Norm gehören? In einer Zeit, in der wir uns aus vielfältigen Gründen über neue Formen der Arbeitszeitgestaltung und der Arbeitsorganisation austauschen, sollten diese gesellschaftlichen Veränderungen, die sich aus der Zunahme der Lebensspanne ergeben, gleich mitbedacht werden. Die vorliegende Publikation wird sicher dazu beitragen, Klarheit über den künftigen Handlungsbedarf zu gewinnen. In diesem Sinne wünsche ich der Veröffentlichung viele interessierte Leserinnen und Leser. Seniorenpolitisch werden wir die Diskussion um die aufgeworfenen Fragen intensiv weiterführen.

Claudia Nolte, MdB
Bundesministerin für
Familie, Senioren, Frauen und Jugend

Inhaltsverzeichnis

Seite

VII

VIII

Vorbemerkung

Es dürfte eher eine Ausnahme sein, daß das Bundesministerium für Familie und Senioren das Arbeitsvorhaben eines *Historikers* über vier Jahre – von Mitte 1990 bis Mitte 1994 – mit erheblichen Mitteln fördert. Man beachte jedoch den Titel des Buches. Er stimmt mit demjenigen des geförderten Vorhabens überein und lautet: „Die Zunahme der Lebensspanne seit 300 Jahren *und ihre Folgen*". Er heißt nicht: „Zunahme der Lebensspanne seit 300 Jahren und ihre Ursachen". Für einen Historiker könnte der Unterschied größer kaum sein. Im allgemeinen ist er gewohnt zu untersuchen, „wie es gewesen" oder „wie es gekommen ist": Weshalb wurden die Menschen früher nicht älter? Wieso starben viele schon im Kindesalter, gar als Säuglinge? Rücken statt der Ursachen die *Folgen* einer dreihundertjährigen Entwicklung ins Zentrum, verlangt das von einem Historiker immer wieder den Sprung über den eigenen Schatten.

Dennoch strebte ich genau diese Aufgabe seit Jahren an. Dank der Förderung durch das Ministerium konnte ich mich ihr nun, unterstützt von einem Team mehrerer Mitarbeiter(innen), mit einer Intensität widmen, die so sonst nie möglich gewesen wäre. Hieraus erwuchsen Ansporn und Beflügelung zugleich. Wann wird einem Historiker schon die Gelegenheit geboten, Geschichte so zu betreiben, wie er es für zeitangemessen hält? Wann hätte er die Möglichkeit, Relevanz und Aktualität seines Tuns für eine breitere Öffentlichkeit unter Beweis zu stellen?

Mit zeitangemessen und relevant meine ich, nicht nur die Entwicklung unserer Lebensspanne während der vergangenen Jahrhunderte nachzuzeichnen, sondern auch zu fragen, wo in dieser jahrhunderteübergreifenden, noch nicht abgeschlossenen Entwicklung wir heute stehen und wie es mit der keineswegs konfliktfreien Entwicklung weitergehen könnte, vor allem aber: Welche Konsequenzen haben sich daraus für uns ergeben? Denn alle sind wir ausnahmslos davon irgendwie betroffen.

Mit Relevanz und Aktualität für eine breitere Öffentlichkeit meine ich jedoch auch, selbst bei diesen Fragen noch nicht stehenzubleiben, sondern mit Antworten, mit konkreten Lösungsvorschlägen aufzuwarten. Hierbei kann der traditionelle Historiker zum Zuge kommen und seinen Beitrag zu anstehenden Problemen leisten. So dürfte wohl nur ein Historiker auf Fragen wie die folgenden kommen, und nur er wird aufgrund seiner Fachkenntnisse eine Antwort für die heutige Zeit geben können.

Ein Historiker weiß zum Beispiel, daß während früherer Seuchenzeiten mit massenhafter Todesfolge immer wieder viele Menschen ohne Beistand star-

1

ben. Unsere Altvorderen trugen diesem Umstand jedoch dadurch Rechnung, daß sie ab früher Jugend anhand eines knappen, allgemeinverständlichen Leitfadens das Sterben *lernten*. Die Situation scheint mir heute wieder ähnlich zu sein. Auch von uns werden viele den letzten Gang allein tun – Frage: Wer lehrt *uns* sterben?

Zweites Beispiel: 1855 betrug die durchschnittliche Lebenserwartung in Deutschland 37,2 Jahre, 1985 dagegen 74,6. Im Vergleich zu damals hat heute jeder von uns somit *zwei* Leben. Wenn aber das eine Leben, wie man so sagt, das höchste Gut ist – Frage: Was machen wir dann mit dem zweiten? Leben nicht manche weiterhin in den Tag hinein? Wäre es angesichts der vielen gewonnenen Jahre und der uns zur Verfügung stehenden enormen Möglichkeiten nicht an der Zeit, sie gemäß einer Art Lebensplan sämtlich zu erfüllten zu machen?

Drittes Beispiel: Wie nie zuvor können wir uns heute zumindest während unserer besten Jahre „mit einem gewissen Recht ein bißchen unsterblich" fühlen. Sterben und Tod haben sich hinter die Kulissen zurückgezogen. Wir brauchen sie über Jahre hinweg gar nicht mehr erst, wie man häufig hört, zu verdrängen. Stößt uns etwas zu, werden wir im allgemeinen prompt und zuverlässig wiederhergestellt. Früher hatten Gesundheitseinbußen als Fingerzeig Gottes einen Sinn. Welchen Sinn sollten sie heute noch haben? Frage: War es wirklich so abwegig von unseren Vorfahren, in Krankheiten einen Sinn zu sehen? Auch wir sind, trotz immens verlängerter Lebensspanne und trotz verschiedenster Präventivmaßnahmen nicht unsterblich geworden. Wäre es da nicht besser, diese simple Tatsache stets im Auge zu behalten, um sich daraufhin seiner vielen guten Jahre um so redlicher zu freuen und um so bewußter das Beste aus ihnen allen zu machen? Das Loslassenkönnen dürfte am Ende eines *erfüllten* langen Lebens leichter fallen. Krankheiten könnten uns so das Menschsein wieder beibringen, indem sie uns aufs neue lehrten, die in uns angelegte Spannung zwischen Werden und Vergehen ohne Wenn und Aber zu akzeptieren, auszuhalten und aushaltend zu gestalten. Krankheiten kann somit auch heute durchaus ein Sinn innewohnen. Es kommt auf unsere Einstellung ihnen gegenüber an. Diese müßte sich allerdings in vielen Fällen ändern. Umdenken ist gefordert. Wieviel an kostentreibender medizinischer Intervention würde dahinfallen, wenn Professionelle wie Laien die Endlichkeit unserer Existenz wieder realistischer beurteilten und sie weniger negierten?

So wie der Historiker die Fragen hier stellt, so beantwortet er sie im Verlauf dieses Buches oder der weiteren im Vorhabenszusammenhang erschienenen Publikationen auch, nämlich stets aus seiner Langzeitsicht. Es versteht sich vielfach indes von selbst, daß weder Fragen noch Antworten spezifisch historisch sind. Sie könnten unter jeweils anderen Vorzeichen ebensogut von philosophischer, theologischer, psychologischer, soziologischer, gerontologischer, pädagogischer und noch anderer Seite kommen. Historiker beteiligen sich im allgemeinen eher selten an diesen Diskussionen. Wenn ich es trotzdem tue, bin ich mir der Gefahren durchaus bewußt. „Ist das noch Geschichte?", fragen besorgte Kollegen. Gewiß! Und wenn es auch nur die Fragen wären, die sonst so noch nie gestellt worden sind und die doch längst hätten gestellt werden müssen. Was die Antworten betrifft, würde ich mir auch gar nie anmaßen, sie allein geben zu wollen. Im vorliegenden Buch wird deshalb ausführlich auf zwei Symposien eingegangen, die im Verlauf des Vorhabens in Berlin stattfanden und wo die aufgeworfenen Fragen von sehr unterschiedlicher Seite fachlich kompetent beantwortet wurden: von Medizinern, Ethikern, Gerontologen, Theologen, Thanatologen, Philosophen, Psychologen, Pädagogen, Soziologen, Demographen und noch anderen mehr. Vier besonders relevante Beiträge sind hier in überarbeiteter Form erneut abgedruckt.

Was im Rahmen dieses Vorhabens grundsätzlich neu war, ist die interdisziplinär orientierte historische Tiefenschärfe. Nicht selten kam es dadurch zu ganz unerwarteten neuen Perspektiven, erweiterten Dimensionen und dadurch wiederum zu ganz neuen Lösungsvorschlägen. So ist es zum Beispiel eine Sache, wenn Wissenschaftler verschiedenster Disziplinen, weichenstellende Politiker, der Mann und die Frau auf der Straße nur die letzten zehn, allenfalls zwanzig Jahre im Blickfeld haben und dann eine in diesem Zeitraum wahrzunehmende Erosion von Familie, Gemeinschaft, Solidarität beklagen. Als Remedur beschwören sie die Rückkehr zur Situation ante: „Wieder mehr Familie! Mehr Gemeinschaft! Mehr Solidarität!" Als ob sich das Rad der Geschichte anhalten ließe. Eine andere Sache ist, wenn der Historiker nüchtern feststellt, daß die vermeintlich harmonischen Gemeinschaften der „guten alten Zeit" – einer Zeit voller Pest, Hunger und Krieg! – weithin Zwangsgemeinschaften aus Überlebensgründen waren. Fällt dieser Zwang weg, was bei uns seit dem Ende des Zweiten Weltkrieges erstmals für so lange Zeit und für so viele Menschen der Fall ist, braucht niemanden weiter zu erstaunen, daß viele Männer wie Frauen die nunmehr gegebene Chance nutzen und allein durchs Leben gehen. Der Ruf nach Rückkehr ist obsolet und verhallt, wie nicht anders zu erwarten, ungehört.

Trotzdem ist es nicht etwa so, daß die neuen Einzelgänger keinerlei Verantwortung der Gesellschaft gegenüber hätten, deren Zahnrädchen sie weiterhin sind. Das einzig Neue für sie ist der Wegfall der Notwendigkeit, sich aus puren Überlebensgründen langfristig in eine Gemeinschaft mit gegenseitigen Schutz- und Hilfsverpflichtungen zu integrieren. Ein diversifiziertes Dienstleistungsangebot steht zur Übernahme sämtlicher Funktionen bereit. Doch so wie es sich Alleinstehende heute in aller Regel leisten können, von diesem Angebot reichlich Gebrauch zu machen, so können – und sollen! – sie als nur noch lose untereinander verbundene Glieder der Gesellschaft nunmehr Pflichten und Aufgaben ganz neuer Art wahrnehmen, an denen es in unserer Zeit weder hierzulande noch anderswo auf der Welt mangelt.

Auf *diese* Zusammenhänge wird der Historiker hinweisen und nicht zögern, mit entsprechenden konkreten Vorschlägen aufzuwarten. Was indes deren Realisierung betrifft, so kommt es ihm zugute, daß er aufgrund unzähliger geschichtlicher Beispiele weiß, daß die bloße Einsicht in Zusammenhänge, die alleinige Kenntnis um neue Notwendigkeiten so lange steril bleibt, wie es an Motivation mangelt, sie anzuwenden und in die Tat umzusetzen. In dieser Hinsicht dürften die Ergebnisse historischer Motivationsforschung nicht nur (aber vielleicht besonders) für Politiker von Belang sein. Appelle ohne Motivationsanreize fruchten wenig. Auf ein augenöffnendes Beispiel aus dem 19. Jahrhundert wird das zusammenfassende Kapitel am Ende des Buches näher eingehen.

Ebenso wird der Historiker im Hinblick auf das *ganze* Vorhaben nicht müde werden, die geschichtlich gesehen einzigartige Situation hervorzuheben, in der wir uns heute befinden. Zum ersten Mal können wir praktisch alle mit einem standardisiert langen Leben *rechnen*. So etwas gab es noch nie und gibt es sonst nirgendwo auf der Welt. Wir können somit auch nirgends nachsehen, wie man die vielen gewonnenen Jahre sämtlich zu erfüllten macht. Das von mir entwickelte Konzept eines „Lebensplans" wird noch häufig als starres Korsett mißverstanden. Es handelt sich dabei keineswegs um einen einfür allemal festgelegten „Lebensstundenplan". Vielmehr geht es darum, ab frühen Erwachsenenjahren nicht aus den Augen zu verlieren, daß unser Leben nun im allgemeinen erst im *Vierten* Alter zu Ende geht. Dementsprechend sollten die späten Eventualitäten, insbesondere das nicht seltene Nachlassen körperlicher Fähigkeiten vor den geistigen, von Anfang an mitbedacht werden. Eine Realisierung dieses Plans läuft darauf hinaus, schon in relativ jungen Erwachsenenjahren in sich (und anderen) nicht nur physische Interessen zu wecken und sie ein Leben lang zu pflegen, sondern genauso auch Geschmack an geistig-kulturellen zu finden. Konkret kann dies dadurch geschehen, daß wir uns auf unser reichhaltiges kulturelles Erbe zurückbesinnen und es auf bislang nicht geschehene Weise für uns neu heben und fruchtbar machen. Wer allerdings ein solches Vorgehen selbst oder mit anderen einübt, in meinem Fall als Hochschullehrer im Rahmen des Vorhabens mit den Studenten sowie weiteren Teilnehmern aus allen Generationen, läuft erneut Gefahr, mit anderen Disziplinen zusammenzustoßen. „Darf das der Historiker?" Neben Zustimmung konnte während der vier Jahre somit auch manch herbe Kritik nicht ausbleiben.

Wenn es aber so ist – wie man sagt -, daß jede Generation ihre Geschichte neu schreibt, so scheint mir das eben skizzierte Vorgehen jene Art Geschichte zu sein, die unsere Generation zeitangemessen neu verfaßt. Kann ein heutiger Historiker sich jahrelang mit der Zunahme der Lebenserwartung und ihren Folgen beschäftigen und dabei auf eine Fülle neu auftauchender Probleme stoßen, um anschließend zur Tagesordnung überzugehen und gemäß eingefahrenem Kanon weiterhin nur über Haupt- und Staatsaktionen zu dozieren? Ich konnte es nicht. So strebte ich dieses Vorhaben an und realisierte es in der Weise, wie sie sich in diesem Buch vielfältig widerspiegelt.

Daß das Bundesministerium für Familie und Senioren durch seine Vorhabensförderung die Voraussetzungen schuf, während vier Jahren zahlreiche Möglichkeiten auszuloten und zu erproben, möchte ich mit gebührendem Dank erwähnen. Eingeschlossen in die Danksagung sei auch mein Arbeitsteam in Berlin, ohne dessen Einsatz eine solche Auslotung und Umsetzung nicht hätte geschehen können.

Freie Universität Berlin, im Winter 1993/94

A.E.I.

Einleitung

Das vom Bundesministerium für Familie und Senioren von Mitte 1990 bis Mitte 1994 geförderte Vorhaben „Die Zunahme der Lebensspanne seit 300 Jahren und ihre Folgen" gliederte sich in drei Teile. Gemäß einem im Bewilligungsverfahren festgehaltenen „Balkenplan" waren in jedem Bereich bestimmte Aufgaben zu lösen und die Ergebnisse zu publizieren.

Die Aufgabe des ersten Teilbereichs bestand darin, in Ergänzung zu einer 1990 publizierten Dokumentation „Lebenserwartungen in Deutschland vom 17. bis 19. Jahrhundert" (Weinheim: Verlag VCH – Acta Humaniora) ein Anschlußwerk vom 19. Jahrhundert bis zur Gegenwart zu erstellen. Dieser zweite Dokumentationsband erscheint nun gleichzeitig mit der hier vorliegenden Publikation. Er trägt den Titel „Lebenserwartungen in Deutschland, Norwegen und Schweden im 19. und 20. Jahrhundert" (Berlin: Akademie Verlag 1994). Wie schon im Vorgängerband sind auch hier die alters- und geschlechtsspezifischen Lebenserwartungen inklusive Sterbewahrscheinlichkeiten, Überlebenschancen usw. sowohl nach dem Perioden- als auch dem Kohortentafelmodus in zahlreichen Überblickstabellen veröffentlicht. Den räumlichen Bezugsrahmen bilden diesmal hauptsächlich das Deutsche Reich, die ehemalige Bundesrepublik Deutschland sowie die ehemalige Deutsche Demokratische Republik.

Da jedoch die skandinavischen Staaten bekanntlich über das global beste historisch-demographische Material verfügen – das erste Statistische Zentralbüro der Welt nahm seine Arbeit in Stockholm bereits 1749 auf –, wurde diesen deutschen Lebenserwartungstabellen zum Vergleich eine Reihe analoger Tabellen für Norwegen und Schweden zur Seite gestellt, auch sie durchgehend gemäß dem Perioden- wie dem Kohortentafelmodus.

Eine Anzahl statistischer und grafischer Auswertungen nimmt im zweiten Dokumentationsband sodann Bezug auf das Material beider Tafelbände. In Übereinstimmung mit dem Thema des geförderten Vorhabens geben sie somit erstmals komplette alters- und geschlechtsspezifische Lebenserwartungsentwicklungen vom 17. Jahrhundert bis heute wieder.

Erneut wurde das *vollständige*, durchgehend maschinenlesbare Datenmaterial, das umfangmäßig weit über das für die Publikation ausgewählte hinausgeht, im GESIS-angeschlossenen Archiv für Empirische Sozialforschung an der Universität Köln deponiert (GESIS = von Bund und Ländern gemeinsam finanzierte Gesellschaft Sozialwissenschaftlicher Infrastruktureinrichtungen; Anschrift: Zentralarchiv für Empirische Sozialforschung, Liliencronstr. 6, D-50931 Köln). Dort kann es jederzeit von jedermann für eigene Zwecke, etwa hinsichtlich der Entwicklung des Anteils von „jungen" oder „alten Alten", von männlicher oder weiblicher Über- oder Untersterblichkeit bestimmter Altersgruppen usw. nach Belieben insgesamt oder maßgeschneidert für bestimmte Teilbereiche abgerufen und auf den üblichen Datenträgern bezogen werden.

Kapitel 1 nimmt im vorliegenden Band Bezug auf diese Datenbank harter Fakten. Ihr haben wir auch schon den Hinweis im Vorwort zu verdanken, wonach die durchschnittliche Lebenserwartung bei der Geburt für beide Geschlechter in Deutschland 1855 37,2 Jahre, 1985 dagegen 74,6 betragen habe, wir heute im Vergleich zu damals also zwei Leben zu unserer Verfügung hätten (vgl. hierzu Abb. 16 weiter unten). Ebenso kann in diesem ersten Kapitel z. B. die Verteilung der Sterbefälle nach Alter und Geschlecht in Deutschland über zweieinhalb Jahrhunderte von 1740 bis heute im Detail verfolgt werden (Abb. 3). Dabei stellt man mit Erstaunen fest, daß auch wir in gewisser Weise noch zu den Entwicklungsländern gehören. Ein mehrere Jahrhunderte umfassender Ablauf ist offensichtlich noch nicht an seinem Ende angekommen. Wie lange wird die im Gange befindliche Entwicklung noch andauern? Und wie könnte die Endphase aussehen? (Vgl. hierzu die letzte Teilgrafik in Abb. 3.)

Ein weiteres Schaubild läßt uns in Kapitel 1 die zeitlich parallele Zunahme der durchschnittlichen Lebensspanne für schwedische Männer und Frauen von 1750 bis 1990 verfolgen (Abb. 2). Wiederum machen wir bei näherem Hinsehen eine erstaunliche Feststellung. Wie anderswo haben auch in Schweden die Frauen seit Generationen eine höhere Lebenserwartung als die Männer. In der letzten Phase (1950-1990) weitete sich der Abstand vorübergehend sogar noch aus. Mittlerweile scheint indes eine Trendwende eingesetzt zu haben. Die Zunahme an Lebensjahren flacht bei den Frauen ab, während sie bei den Männern wieder stärker ansteigt. Es sieht so aus, als ob sich die Schere allmählich schlösse. Wieso?

Bekanntlich sind uns die skandinavischen Länder in vielerlei Hinsicht ein paar Schritte voraus, so auch bezüglich der Lebenserwartung und – was hier entscheidend ist – der Gleichstellung von Mann und Frau. Männer hatten und haben in traditionellen Gesellschaften – Skandinavien nicht ausgenommen – mehr Freiheiten und Rechte als Frauen. Diese Feststellung trifft auch auf die sogenannten negativen Freiheiten und Rechte zu. Wendet man diese Begriffe auf den Bereich der Gesundheit an, dann ist damit gemeint, daß es den Männern in größerem Ausmaß als den Frauen gestattet war, ihre Gesundheit auch zu *gefährden*: zu rauchen, zu trinken, zu jagen, gefährliche Sportarten zu betreiben, in Kriegsdiensten zu stehen, sich die Köpfe einzuschlagen. Mit zunehmender Gleichberechtigung gingen bzw. gehen diese negativen Freiheiten und Rechte auch auf die Frauen über. Zunehmend durften und dürfen sie – selbst in der Öffentlichkeit und bei der Arbeit – nun ebenfalls rauchen, Alkohol konsumieren, gesundheitsgefährdenden Sport betreiben. Die vorangegangene Verweigerung derartiger Freiheiten und Rechte hatte bei der geschlechtsspezifischen Lebensspanne seinerzeit für sie positiv zu Buche geschlagen. Mit angemessener Zeitverzögerung – zwischen Rauchen und dem Ausbruch von Lungenkrebs, zwischen Trinken und einer offenen Leberzirrhose – wirkt sich die größere Gleichberechtigung dagegen nun auch für Frauen negativ aus.

Was in diesem Zusammenhang nicht übersehen werden darf, ist allerdings die Tatsache, daß „Lebenserwartung" (gemessen in Anzahl durchlebter Jahre bis zum Tod) und „Lebenserwartung bei guter Gesundheit" zwei verschiedene Dinge sind. Je älter wir werden, um so eher laufen wir Gefahr, zuerst hilfs- und dann pflegebedürftig zu werden, alles bevor man uns gegebenenfalls in eine Institution einliefert und wir schließlich sterben. So gesehen war die Lebenserwartung von Frauen zwar stets höher als die der Männer, nicht in gleichem Maße dagegen die Lebenserwartung bei guter Gesundheit, die für beide Geschlechter fast gleich, wenn nicht identisch sein konnte (Abb. 6).

Was die schwedischen und norwegischen Teile dieses zweiten Dokumentationsbandes betrifft, so kommen dort Fachleute aus den beiden Ländern auch selbst zu Worte: Demographen, Informatiker, Historiker, Medizinhistoriker, Arbeitsmediziner, Geographen. Dasselbe trifft zu auf die weiter unten zu erwähnenden beiden Symposiumsbände, in denen Skandinavier ebenfalls mit einschlägigen Beiträgen wie „Vom Sterberisiko zur Lebenschance. Der abendländische Weg zum längeren Leben" oder „Von der Sterblichkeit der über 80jährigen in Schweden von 1750 bis 1980" vertreten sind. Es reicht bei spezifischem Interesse an traditionellen historischen Erklärungsfragen („wie es gewesen" oder „wie es gekommen ist") nicht aus, nur den Dokumentationsband zur Hand zu nehmen. Eine diesbezügliche Interpretation der Datenbankmaterialien war nie die Absicht des ersten Vorhaben-Teilbereichs. Vielmehr hatte er sich gezielt der Grundlagen anzunehmen und der Materialzusammenstellung zu widmen.

Während dieser erste Aufgabenbereich die meisten Mitglieder der Arbeitsgruppe – von den studentischen Hilfskräften bis zu den wissenschaftlichen Mitarbeitern – in den vier Jahren voll beanspruchte, denn Datenerfassung, -eingabe, -bereinigung sind, ebenso wie die statistischen und grafischen Auswertungen bis hin zur Erstellung von druckfertigen Laser-Printer-Vorlagen, außerordentlich zeit- und arbeitsintensiv, oblag mir gemäß dem Balkenplan die selbständige Bearbeitung eines zweiten Bereichs. Was sich in den erwähnten beiden Dokumentationsbänden in allen Einzelheiten ablesen läßt, nämlich die allmähliche Verdoppelung, wenn nicht Verdreifachung des durchschnittlichen Sterbealters während der letzten dreihundert Jahre sowie dessen sukzessive Bündelung auf hohem Niveau, führte auf individueller, familiärer, gesellschaftlicher Ebene zu einer Reihe von fundamentalen Verän-

9

derungen, über deren Ausmaße wir uns vielfach noch gar nicht richtig im klaren sind, geschweige daß wir die damit verbundenen neuen Probleme alle im Griff hätten.

Verursacht wurde das durchschnittlich niedrige Sterbealter vergangener Jahrhunderte (wobei sich ein „Durchschnitt" von 30 Jahren auch aus fünf Sterbealtern von 1, 9, 25, 34, 81 = total 150 Jahre zusammensetzen konnte) durch die sich bei unseren Vorfahren ständig immer irgendwie gefährlich bemerkbar machende Geißeltrias „Pest, Hunger und Krieg". Unter derart widrigen Existenzbedingungen war es völlig ausgeschlossen, daß jemand allein auf sich gestellt durchs Leben gehen konnte. Um des puren Überlebens willen war jedermann/jedefrau/jedeskind *gezwungen*, sich einer Gemeinschaft einzufügen und deren gemeinsamen Zielen unterzuordnen – wobei eine Gemeinschaft im einzelnen eine Familie, ein Haushalt, eine Kloster-, Zunft-, Militär-, selbst eine Räubergemeinschaft sein konnte.

In der weitgehenden Bündelung des heutigen Sterbens auf hohem Niveau spiegelt sich umgekehrt die Tatsache wider, daß der während Jahrhunderten permanent existenzgefährdende und -vernichtende Druck erstmals von uns genommen ist. „Pest, Hunger und Krieg" lassen uns (in Mittel-, West-, Nordeuropa) seit Jahrzehnten in Ruhe. AIDS als neue Pestilenz spielt statistisch (noch) keine ausschlaggebende Rolle. Der Kalte Krieg forderte, abgesehen von Ausnahmen wie den Todesfällen an der Berliner Mauer, kaum Opfer. Und die Kriege von „nebenan" können uns derzeit auch (noch) nichts anhaben.

Der hierdurch zustande gekommene grundlegende Wandel von der unsicheren zur sicheren Lebenszeit ist jedoch nur die eine Seite der Medaille, die glänzende, die von allen gewollte und mit Macht angestrebte. Die andere und ebenso folgerichtige ist – auch wenn das viele Menschen noch nicht so zu sehen gewohnt oder gewillt sind -, daß wir nicht länger wie während der schlechten alten „Pest, Hunger und Krieg"-Zeiten zur Sicherung unserer physischen Existenz in Zwangsgemeinschaften kohabitieren müssen. Logischerweise macht eine wachsende Zahl von Zeitgenossen – Frauen wie Männer – von der erstmals gegebenen Möglichkeit, „sich zu verwirklichen", Gebrauch. Fast unverhofft geht für viele Menschen dieser alte Renaissancetraum in Erfüllung, oder er scheint für sie zumindest zeitweise in Erfüllung gegangen zu sein, denn mit der Selbstverwirklichung, der Selbständigkeit und Ungebundenheit geht es in manchen Fällen nur gut, solange es tatsächlich auch diesen Menschen gut geht. Brechen schwere Tage an, geht es gar ans Sterben, verläßt sie jeder Mut und jede Selbständigkeit. Alleinsein wird zu Einsamsein. Viele möchten das Rad der Geschichte zurückdrehen und die ehemalige „Gemeinschaft" zurückhaben. Sie rufen in falscher Nostalgie jedoch vergeblich, denn die Zeiten sind nicht länger so. Wer A sagt, muß auch B sagen. Wir wollten das lange, sichere

Leben, wollten die doppelte und dreifache Lebensspanne. Jetzt haben wir sie, sind zumindest dem jahrhundertelang erträumten Ziel näher denn je. Die beiden Seiten der Medaille gehören zusammen. Man kann nicht nur die glänzende für sich in Anspruch nehmen und die weniger angenehmen Aspekte derselben Entwicklung auf der Rückseite der Medaille von sich weisen.

Dennoch ist weder Pessimismus noch Fatalismus angebracht. Als Historiker scheint es mir besser, die gesamte Entwicklung und unseren gegenwärtigen Standort darin nüchtern zur Kenntnis zu nehmen, die Situation unvoreingenommen zu analysieren und dann insofern Konsequenzen zu ziehen, als wir das Beste aus der Lage zu machen versuchen. In diesem Zusammenhang entwickelte ich das Konzept vom „Lebensplan". Noch nie war es einer ähnlich großen Zahl von Menschen gleichzeitig möglich, ihr Leben weitgehend zu Ende zu leben. Oder anders formuliert: Noch nie konnten so viele Menschen ihr Leben von einem relativ kalkulierbaren fernen Ende her gestalten. Wer nun – so meine Überlegung – sein langes Leben gemäß einem solchen Konzept, das von Anfang an die Stärken und Schwächen, die jede Lebensstufe in sich birgt, bewußt gelebt und dadurch die vielen gewonnenen Jahre sämtlich in erfüllte verwandelt hat, der dürfte am Ende seiner Tage das Leben leichter loslassen können als jemand, der immer nur in den Tag hinein oder einfach drauflos lebte, geschweige als jemand, der immer nur älter wurde, ohne überhaupt gelebt zu haben. Wer ein Lebensplankonzept für sich zu realisieren imstande war, wird zumindest am Ende schwerlich in jene Torschlußpanik geraten, die einen anderen leichter befallen mag, der auf dem Sterbelager noch nachholen möchte, was nicht mehr nachzuholen ist. „Lebensplan" beinhaltet somit kein ein für allemal festgezurrtes Lebenslaufskorsett mit unumstößlich fixierten Aufgaben und sturen Zeitplänen für alle kommenden Lebensjahre. Er berücksichtigt vielmehr den noch ungewohnten Umstand, daß unsere Lebensspannen nun meist ins *Vierte* Alter hineinreichen, und daß diese hohe Wahrscheinlichkeit unsere körperlichen wie geistig-musisch-kulturellen Interessen und Neigungen auch schon im Zweiten und Dritten prägen und beeinflussen sollte.

Mit diesem „Lebensplan" verbindet sich indes noch ein weiterer Aspekt, der für viele heutige Menschen von nicht geringerem Gewicht sein dürfte. Blicken wir nochmals in die Geschichte zurück, so stellen wir fest, daß es während all der „Pest, Hunger und Krieg"-Jahrhunderte keine Seltenheit gewesen sein konnte, einsam zu sterben. Vor allem in Epidemiezeiten kam die letzte Stunde für viele Menschen immer wieder gleichzeitig, so daß die an sich vorhandenen geistlichen Sterbebegleiter bei weitem nicht jeden Darniederliegenden zu betreuen vermochten. Zudem wußte jedermann – Geistliche nicht anders als „die lieben Angehörigen" – aus dutzendfacher Erfahrung, wie lebensgefährlich ansteckende Krankheiten waren. Wer fliehen konnte, floh, gepredigten Altruismus hin oder her. Je weiter weg, um so besser. Je länger, um so sicherer.

Eine Schwierigkeit besonderer Art ergab sich nun daraus, daß nach damaliger christlicher Auffassung über das Seelenheil oft erst in letzter Minute auf Erden entschieden wurde. Höllische Mächte, so glaubte man, würden in der Sterbestunde nochmals alles daransetzen, um mittels teuflischer Versuchungen der bald aus dem Körper scheidenden Seele habhaft zu werden. Man brauchte nicht viel Phantasie, um sich auszumalen, was für Versuchungen das sein könnten: Versuchung im Glauben, Versuchung zur Verzweiflung, Versuchung zur Ungeduld, Versuchung zu Überheblichkeit, Hochmut, Stolz, Versuchung durch irdische Güter. Um unsere größtenteils leseunkundigen Vorfahren gegen diese Versuchungen, die sie höchstwahrscheinlich ja allein würden bestehen müssen, zu wappnen, wurde ab den 1460er Jahren, dem Stand der damaligen Drucktechnik entsprechend, eine preiswerte *„Ars moriendi"*-Broschüre in großer Auflage in Umlauf gebracht. Diese sogenannte Bilder-*Ars* bestand aus elf einprägsamen Holzschnitten, durch deren „Lektüre" sich männiglich die „Kunst des Sterbens" – und das meinte bewußt auch das allein Sterben ohne Betreuung – selbst aneignen konnte. Man brauchte es bloß dem sterbenden Jedermann in den Holzschnitten nachzutun, der mit vor Augen geführtem himmlischem Beistand allen teuflischen Versuchungen erfolgreich widerstand. Auf dem elften, letzten Bild konnte man das Happy End deutlich erkennen: ein wartender Engel nahm die Seele des eben Verstorbenen in Empfang und entschwand mit ihr in den himmlischen Gefilden. – *Sterben, gut sterben, allein sterben konnte man lernen.*

Kommt uns die Situation nicht bekannt vor? Auch unter uns werden viele den letzten Schritt allein tun (müssen) und – wenn heute auch aus ganz anderen Gründen – allein sterben. Doch wer bereitet uns hierauf vor? Wer lehrt uns sterben? Und wer täte es auf ebenso einprägsame, allgemeinverständliche, auf den Punkt gebrachte Weise? Meine Antwort knüpft hier an das Lebensplan-Konzept an. Eine meines Erachtens überfällige neue *Ars moriendi* als eine auf unsere säkularisierten Verhältnisse zugeschnittene neue „Kunst des Sterbens" könnte in einer *Ars vivendi* bestehen, das meint in der Kunst, unser langes Leben gemäß dem Lebensplan zu einem insgesamt erfüllten zu machen.

Nach diesen Ausführungen müßte deutlich geworden sein, *wo* im Rahmen des gesamten Vorhabens ich meine eigentliche Aufgabe sah, aber auch, wo nicht. Wer beruflicher Historikertätigkeit einen klassischen, den neuen Problemstellungen allerdings wenig angepaßten Kanon zugrunde legt, mag a priori vielleicht davon ausgehen, daß ein professioneller Historiker (der ich bin) in erster Linie „erklären" müsse, wie es zu dem in den Dokumentationsbänden aufgezeigten Wandel von der unsicheren zur sicheren Lebenszeit gekommen ist; welche Ursachen im einzelnen zum Rückgang der Säuglings-, Kinder-, Müttersterblichkeit geführt haben; weshalb es zur Auseinanderentwicklung der männlichen und weiblichen Lebenserwartung gekommen ist;

worauf die demographischen und epidemiologischen Transitionen zurückzuführen sind (d. h. die Übergänge von gleichermaßen hohen Werten bei Geburtlichkeit und Sterblichkeit zu gleichermaßen niedrigen, sowie vom Sterben in allen Altern hauptsächlich aufgrund [seuchenbildender] infektiöser und parasitärer Krankheiten zum individuellen Sterben in fortgeschrittenen Jahren vorwiegend an chronischen und selbstverschuldeten [man-made] Gesundheitseinbußen).

Auch auf die Gefahr hin, manchen Leser enttäuschen zu müssen: mit solchen „Erklärungen" befaßte ich mich im Rahmen des Vorhabens nicht. Weder waren „Erklärungen" im ersten Dokumentationsband zu finden – was mir schon damals Kritik auch wohlwollender Rezensenten einbrachte -, noch wird man im Anschlußband auf sie stoßen. Gäbe es hierzulande Historiker-Demographen in Fülle, möchte es noch angehen, daß sich der eine oder andere von ihnen, ähnlich wie in Frankreich, Großbritannien, der Schweiz, Italien, den skandinavischen Ländern, Nordamerika oder Australien dem höchst komplizierten Ursachengeflecht (Wandel der Ernährung, Hygiene, Arbeits- und Freizeit, im Gesundheitswesen, beim Wohnen usw. usw., vgl. die schematische Überblicksdarstellung in Abb. 15) zuwenden würde und schließlich mit „Erklärungen" und Interpretationen aufwartete. Solange das Fach Historische Demographie jedoch an keiner deutschen Universität etabliert ist, es die Disziplin hierzulande also gar nicht gibt, so lange stehen für die wenigen, die sich aus eigenem Antrieb trotzdem mit ihr beschäftigen, wichtigere Aspekte als die Erfindung retrospektiver Erklärungsmuster im Vordergrund. Diese *wichtigeren* Aspekte aber haben es samt und sonders mit den *Folgen*, nicht mit den Ursachen zu tun. Entsprechend heißt auch das vom Bundesministerium für Familie und Senioren geförderte Vorhaben unmißverständlich: „Die Zunahme der Lebensspanne seit 300 Jahren *und ihre Folgen*". Von Ursachen steht da nichts. Hätte vier Jahre lang das Ursachengestrüpp im Zentrum gestanden, wäre ich schwerlich jemals dazu gekommen, mich den Folgen zuzuwenden. So aber konnten im Förderzeitraum sechs selbständige Monographien publiziert werden. Sie geben alle auf ihre Art eine Antwort auf die Frage im Untertitel des geförderten Vorhabens: „Gewonnene Jahre – verlorene Welten: Wie erreichen wir ein neues Gleichgewicht?"

Diese sechs Veröffentlichungen sind:

1) „Geschichte sehen. Fünf Erzählungen nach historischen Bildern" (1990). Hierbei ist die dritte Erzählung die Geschichte vom sterbenden Jedermann in der Bilder-Ars.

2) „Im Bildersaal der Geschichte oder Ein Historiker schaut Bilder an" (1991). Wie schon beim ersten Büchlein handelt es sich um eine methodisch-praktische Anleitung zum Bilder-„Lesen". Im Zentrum steht das Bemühen, unser

kulturelles Erbe neu zu heben und im Hinblick auf die Realisierung des Lebensplankonzepts für jedermann neu fruchtbar zu machen.

3) „Ars moriendi. Die Kunst des Sterbens – einst und heute" (1991).

4) „Ars vivendi. Von der Kunst, das Paradies auf Erden zu finden" (1992).

5) „Das unfertige Individuum. Sind wir auf halbem Wege stehen geblieben? Neun Bilder aus der Geschichte geben zu denken" (1992).

6) „ ‚Sis humilis!' – Die Kunst des Sterbens als Grundlage für ein besseres Leben" (1992).

Die letzten beiden Publikationen ergänzen einander. Beim „Unfertigen Individuum" wird danach gefragt, ob wir für die so plötzlich über sehr viele von uns hereingebrochene Reifephase der späten Jahre tatsächlich auch „reif" sind. Bei dieser Phase geht es nicht länger um das Dritte Alter, nicht um den Herbst des Lebens. Es geht vielmehr um den Einbruch des Winters im Vierten. Auf diese Frage versuchte ich im letzten Büchlein eine Antwort zu geben und einen konkreten Lösungsvorschlag zu unterbreiten. Der Aufruf „Sis humilis!" lehnt sich an die alte Ars moriendi an, und zwar an den dort gegebenen Rat, bei der Versuchung zu Stolz, Überheblichkeit, Unmäßigkeit Bescheidenheit zu üben. Auf die heutige Zeit übertragen meint dies, Augenmaß zu bewahren, nicht immer noch mehr um des Mehr willen zu fordern, noch mehr Jahre auf Erden und auch gleich noch die ganze Ewigkeit in einem Jenseits dazu. Wir haben heute schon doppelt so viele Jahre auf Erden wie unsere Vorfahren noch vor wenigen Generationen. Und wir haben doppelt so viele Jahre, weil wir doppelt so gute haben. Bewahren wir Augenmaß! Machen wir aus all den gewonnenen Jahren erfüllte und bringen wir unser langes Leben auf diese Weise zu seiner vollen Reife. – Die sechs Monographien betrachte ich als *meinen* Beitrag zum Vorhaben.

Nach der Präsentation der ersten beiden Aufgabenfelder bleibt noch etwas zum dritten Teilbereich zu sagen. Ich habe mich nicht nur, wie eben erläutert, in den Bereichen eins und zwei nicht auf „Erklärungen, wie es gewesen ist" eingelassen und bewußt andere Prioritäten gesetzt, sondern es wäre mir auch ziemlich überheblich erschienen, im Alleingang solche Interpretationen liefern zu wollen. Historiker sind keine Allgemeinpraktiker der Vergangenheit, die über alles und jedes, nur weil es geschichtlich ist, Bescheid wissen müßten. Die Ausführungen über die ersten beiden Teilbereiche sollten einsichtig gemacht haben, daß *jeder* Historiker – welchen Spezialgebiets auch immer – überfordert wäre, wollte er überall den zuständigen Fachmann spielen. Solche Fachleute aber *gibt* es für jeden Aspekt. Das erste Symposium vom 27.–29. November 1991 über „Die Zunahme der Lebensspanne seit 300 Jahren – und die Folgen" und das zweite vom 23.–25. November 1993 über „Erfüllt leben – in Gelassenheit sterben" bezweckten nichts anderes, als gezielt

14

derartige, sorgfältig ausgewählte Spezialisten zusammenzubringen und sie aus jeweils unterschiedlicher Perspektive über die vorgegebenen Themen diskutieren zu lassen. Beim ersten Symposium kamen sie aus den Disziplinen Geschichte (3 Fachleute), Sozio-Demographie (7), Sozial- und Präventivmedizin (2), Gerontologie (3), Perimortale Forschung (1), Theologie (2), Volkswirtschaft (1), Sozialpädagogik (1) und Kunstgeschichte (1). Beim zweiten waren es Historiker und Historiker-Demographen (6), Demographen (3), Sozial- und Präventiv-Mediziner sowie Epidemiologen (7), Gerontologen/Psycholo-gen/Psychiater (4), Soziologen (1), Gesundheitsökonomen (1), Philosophen (2), Theologen (2), Indologen/Koreanisten (2), Pädagogen (1) und Medienfachleute (13). Die zuletzt angeführte erhebliche Zahl eingeladener Vertreter seitens der Print- wie der elektronischen Medien war auf mein Bestreben zurückzuführen, im Rahmen einer ausführlichen Round-Table-Abschlußdebatte zu erfahren, wie wir Wissenschaftler unsere Konferenzergebnisse am wirkungsvollsten in die Praxis umsetzen und mit unserer „Botschaft" Hunderttausende, Millionen betroffener Alltagsmenschen auch tatsächlich erreichen könnten. „Erfüllt leben – in Gelassenheit sterben" ist zu allerletzt das Problem von Akademikern.

Im Anhang des vorliegenden Bandes sind alle Referenten der beiden Symposien sowie die Titel ihrer Beiträge einzeln aufgeführt. Kapitel 6 und Kapitel 9 bringen zudem ausführliche Berichte über diese beiden Veranstaltungen, die in ihrer Kombination den dritten Bereich des Vorhabens bildeten. Sowohl die Konferenz von 1991 wie diejenige von 1993 führten außerdem zu je einer eigenen Publikation. Der erste Symposiumsband erschien unter dem Titel „Leben wir zu lange?" (Köln-Weimar-Wien: Böhlau 1992), der zweite unter „Erfüllt leben – in Gelassenheit sterben" (Berlin: Duncker & Humblot 1994).

Nach diesem Überblick über das geförderte Vorhaben insgesamt wie über seine drei Teilbereiche ist es die Absicht des vorliegenden Bandes, eine Reihe zusammenfassender wie vertiefender Einblicke in die bearbeiteten Felder zu geben. Bei den Kapiteln eins bis sechs handelt es sich um zum Teil stark revidierte Fassungen von bereits an anderer Stelle erschienenen oder vorgelegten Aufsätzen, Statements, Einleitungen, Diskussionspapieren oder – wie beim sechsten Kapitel – den für eine Fachzeitschrift verfaßten Bericht über das Novembersymposium 1991. Sie stammen alle aus der Feder des Projektleiters. Kapitel sieben und acht bzw. zehn und elf sind dagegen überarbeitete Versionen der Beiträge eines Theologen und eines Sozialpädagogen zum ersten sowie eines Philosophen und einer Medizinethikerin zum zweiten Symposium. Neu für den vorliegenden Band verfaßt wurden der ausführliche Bericht über das zweite Symposium vom November 1993 sowie die Zusammenstellungen über die während des Förderzeitraums publizierten projektbezogenen Arbeiten und die mit dem Forschungsprojekt zusammenhängende Vortrags- und Lehrtätigkeit außerhalb Berlins 1990-1994. Neu ist auch die umfangreiche Literaturliste am Ende des Buches. Sie enthält erstmals die gesammelten bibliographischen Angaben zu allen Teilbereichen des Vorhabens.

Angesichts des Zustandekommens dieser Veröffentlichung konnte es nicht ausbleiben, daß gewisse grundlegende Gedankengänge, Gesichtspunkte, Stellungnahmen, Ausführungen in mehreren Texten Eingang fanden. Wer entsprechende Passagen bereits anderswo zur Kenntnis genommen hat, möge bei neuerlichem Auftauchen darüber hinweglesen. Allerdings erstaunte im Verlauf des Vorhabens immer aufs neue, wie häufig sogar „selbstverständlich" scheinende Darlegungen wiederholt werden mußten, so als ob man noch nie davon gehört hätte: daß wir z. B. im Vergleich zu unseren Vorfahren *zwei* Leben zur Verfügung haben; daß wir mehr Jahre haben, weil wir *bessere* Jahre haben; daß der Wandel von der unsicheren zur sicheren Lebenszeit logischerweise auch zur Freisetzung des Individuums aus vielen schlechten alten Zwangsgemeinschaften früherer Zeiten führte und die Zunahme von Singles somit durch keinen anachronistischen Ruf nach „wieder mehr Gemeinschaft!" rückgängig zu machen ist; daß der Verlust des Glaubens an die Ewigkeit unsere Lebensspanne im Verlauf der letzten dreihundert Jahre nicht verlängert, sondern unendlich verkürzt hat; daß unsere Vorfahren sterben *lernten*, weil sie in den damaligen Seuchenzeiten häufig allein zu sterben hatten; daß auch wir zwar häufig allein sterben, ohne daß wir uns deswegen jedoch in ähnlicher Weise darauf vorbereiten.

Im folgenden sollen die einzelnen Teile des Bandes etwas näher charakterisiert und in einen Gesamtzusammenhang eingeordnet werden. Beim ersten Kapitel handelt es sich um die modifizierte und stark gekürzte Einleitung zum gleichzeitig erscheinenden Tafelband zwei. Hier werden die weiter oben nur knapp umrissenen unterschiedlichen Aufgabenbereiche des gesamten Vorhabens in größerer Breite dargestellt und in ihrer gegenseitigen Verflechtung beleuchtet. Die dabei mitübernommene Auswahl von 21 Grafiken strebt eine eindringliche Visualisierung der wichtigsten Problemkomplexe auch hier an. Mehrere Abbildungen umspannen dabei den gesamten Zeitraum der letzten drei Jahrhunderte, beziehen sich also auf den ersten und den zweiten Tafelband. Sie geben somit auf kompakte Weise langfristig fundamentale Entwicklungen wie etwa die allmähliche Bündelung der Sterbealter in den späten Lebensjahren wieder. Dies geschieht zum Teil im Vergleich zu parallelen skandinavischen Verläufen. An mehreren Stellen erfolgt zudem ein Ausblick in die nähere Zukunft, wobei die Grafiken eine Extrapolation bis etwa ins Jahr 2020/2025 vornehmen und stellenweise den Bezugsrahmen auf die Europäische Zwölfergemeinschaft ausweiten.

Sprechende Abbildungslegenden des ersten Kapitels lauten z. B.: „Anzahl Gestorbene je 1 000 Einwohner in Berlin und in Schweden, 1721–1990"

(Abb. 1), „Zunahme der Lebenserwartung bei der Geburt und Rückgang der Säuglingssterblichkeit in Schweden, 1750-1990" (Abb. 2), „Verteilung der Sterbefälle nach Alter und Geschlecht in Deutschland: früher (seit 1740) – heute – und in Zukunft" (Abb. 3), „Die Sterbealter auf den Kopf gestellt: Verteilung der Sterbefälle nach Alter und Geschlecht in Deutschland: früher – heute – und in Zukunft" (Abb. 4), „Lebensphasen heute – und in Zukunft?" (Abb. 5), „Welcher Art sind die 'gewonnenen Jahre'?: Mortalitäts- und Morbiditätsrisiko im Alter" (Abb. 6), „Das massenhafte Dritte Alter: eine junge Erscheinung! – Anzahl Männer und Frauen der Jahrgänge 1855-1935 in Deutschland, die je 1 000 ihrer Altersgruppe das 60. Lebensjahr erreichten" (Abb. 8), „Anteil der über 60jährigen an der Gesamtbevölkerung sowie Anteil der über 80jährigen an allen über 60jährigen in der Europäischen Gemeinschaft der Zwölf 1960–64 – 2020" (Abb. 13).

Aber auch *Konzepte* werden in diesen Abbildungen anschaulich gemacht: „Rückgang der Sterblichkeit und Zunahme der Lebenserwartung: eine Verkettung von Ursachen" (Abb. 15), „Zunahme (Verdoppelung) der Lebenserwartung von 37,2 Jahren 1855 auf 74,6 Jahre 1985: nicht nur mehr, sondern bessere Jahre" (Abb. 16), „Lebenszeit und Freizeit: gestern – heute – morgen" (Abb. 18), oder schließlich „Der Lebensplan: Die Eventualitäten der späten Jahre mitbedenken" (Abb. 21).

Abbildungslegenden wie die beiden letztgenannten dürften verständlich machen, wieso dieses einführende Kapitel in zwei Teile gegliedert ist. Neben der „demographischen [=Zahlen-] Dimension" zunehmender Lebenserwartungen wird auch deren „menschliche Dimension" erörtert. Wie gehen wir bei zunehmender Lebenszeit angemessen mit zunehmender Freizeit um? Wo und wofür investieren wir sie? Wäre es angesichts einer meist im Vierten Alter endenden Lebensspanne nicht sinnvoll, zumindest einen Teil davon gemäß einem Lebensplan zu nutzen? Und zwar präventiv – im Hinblick auf die Eventualitäten der späten Jahre?

Wenn ein Historiker aufgrund seiner Tätigkeit zur Erkenntnis gelangt, daß die Erörterung von Folgen aus recherchierten Entwicklungen vordringlicher ist als diejenige einstiger Ursachen, dann – so wurde oben bereits ausgeführt – kann er eigentlich kaum anders, als sich diesen vordringlicheren Aufgaben zu stellen, selbst auf die Gefahr hin, über den Schatten seiner Zunft springen zu müssen. In ähnlicher Weise versteht sich fast von selbst, daß mit dem Bestreben, eine breitere Öffentlichkeit zu erreichen (*alle* sind wir von der zunehmenden Lebensspanne berührt), eine nicht geringe Vortragstätigkeit und Medien-Mitarbeit verbunden war. Auch hier war und ist es meine Ansicht, daß sich ein Wissenschaftler dieser – entgegen landläufiger Meinung keineswegs immer erfreulichen – Aufgabe stellen sollte, denn das Publizieren von Büchern und Aufsätzen allein genügt nicht mehr. Als Wissenschaftler mache man sich hierbei im übrigen nichts vor. Die vermeintlich „ehrenvollen" Einladungen zur Teilnahme an Fernseh- oder Rundfunksendungen haben nicht selten weniger mit dem brennenden Interesse am betreffenden Forscher und seinen Ergebnissen zu tun, als vielmehr damit, daß immer wieder unverbrauchte Gesichter und neue Stimmen gesucht und gefunden werden müssen. Böse Zungen sprechen von „Verheizen", was – gehört man selbst zu den Betroffenen – einen bitteren Nachgeschmack hinterläßt. Trotzdem sollte man solche Einladungen nicht leichtfertig ausschlagen. Zu bester Sendezeit kann man mit seiner „Botschaft" Millionen Zuschauer erreichen, und selbst im Rundfunk hören jeweils einige Hunderttausend (mehr oder weniger) zu. Hier kommt alles darauf an, sich in der gegebenen Kürze von zwei bis drei Minuten pro Einlage *verständlich* zu machen und seine Aussage in Art der alten Ars moriendi auf den Punkt bringen zu können.

Die Kapitel zwei, drei und vier sind konkrete Beispiele aus dem Bereich dieser Vortrags- und Medien-Tätigkeit. Beim Kapitel 2: „Der Beitrag der Historischen Demographie zur Altersforschung" handelt es sich um eine Art „Standardvortrag", wie er häufig im Zusammenhang mit interdisziplinären Alter(n)skonferenzen erbeten wurde und wird, im vorliegenden Fall anläßlich des Forum Philippinum „Alter und Gesellschaft" an der Universität Marburg vom 22.-24. Juni 1994. Er versucht, sämtliche bisher angeführten Komplexe im Rahmen der üblichen Sprechzeit von etwa einer Stunde nach Prioritäten komprimiert zu erörtern. Höchste Dringlichkeit hat hierbei, wie man sich nun leicht wird vorstellen können, eine konzise Darlegung der *Folgen* aus der historisch-demographischen Entwicklung der letzten dreihundert Jahre. Geringste Priorität kommt dagegen geschichtlichen Beispielen des Umgangs mit dem Alter zu. Wie auch sollte man aufgrund von ein paar Ausnahmeerscheinungen vergangener Zeiten zu allgemeingültigen Schlüssen oder gar „Rezepten" für Gegenwart und Zukunft gelangen? Man erinnere sich: noch 1855 lag das durchschnittliche Sterbealter in Deutschland bei 37,2 Jahren. Wie hätte sich trotz enormer Abweichungen nach unten und oben eine Großzahl von Greisen darunter befinden können? Wie hätte sich eine aus dem gleichen Grunde kaum vorhandene Mehrgenerationen-Großfamilie „in rührender Weise um ihre (inexistenten) älteren Mitglieder" zu kümmern brauchen oder gerade umgekehrt „üblicherweise ein angespanntes Verhältnis zwischen *den* Jungen und *den* Alten" vorherrschen können?

Ein weiterer wichtiger Aspekt, der sich im Verlauf des Vorhabens wie von selbst immer wieder in den Vordergrund schob, war die Single-Thematik. Bei ihr handelt es sich, wie oben erläutert, um eine der wesentlichen Konsequenzen des Wandels von der unsicheren zur sicheren Lebenszeit. Nicht selten konnte man den Eindruck bekommen, als ob es sich hierbei um ein Lieblingsthema von Print- und elektronischen Medien, von Bildungshäusern und konfessionellen Akademien, von Volkshochschulen und Berufsdezernaten handele. Verschiedene mündliche Vorträge sowie mehrere Medieneinsätze zusammenfassend, nicht zuletzt aber auch im Hinblick auf Arrangeure weiterer derartiger Veranstaltungen und auf die meist mitanwesenden Presseleute, verfaßte ich schließlich unter dem, bisweilen aus mangelndem Hintergrundwissen als provokativ empfundenen Titel „Von der schlechten alten Zwangsgemeinschaft zum guten neuen Single" ein „Statement in sieben Punkten". Es ist hier als Kapitel drei wiedergegeben.

Weshalb diese „Von der ... zum ..."-Entwicklung einen Historiker-Demographen nicht überrascht, wurde oben schon erläutert. Was es indes mit dem „guten neuen" Single auf sich hat, wird weiter unten noch näher auszuführen sein. Bei einigem Nachdenken dürfte aber auch hier schon einleuchten, daß sich unabhängigere Zeitgenossen heute vielen neuen Aufgaben widmen können (könnten/sollten), die von gemeinschaftseingebundenen Mitmenschen schwer zu übernehmen und zu lösen sind.

Mit dem ebenfalls nur wenige Seiten umfassenden Kapitel vier möchte ich den langjährigen skandinavischen Kolleginnen und Kollegen eine Reverenz erweisen. Der Text ist deshalb, wenn auch mit einem größeren Vorspann auf deutsch, im schwedischen Original belassen. Er handelt von der „Kunst des Lebens als Prävention". Gemeint ist damit die wieder zu erlernende Kunst, eine in unserem Menschsein von Anfang an angelegte Spannung zwischen Werden und Vergehen anzunehmen, auszuhalten und zu gestalten. Wem das gelingt, der wird sich nicht – wie so mancher heute – nur deshalb als krank betrachten, weil sich die permanente Hochstimmung der Gefühle als Anzeichen von „ein bißchen Unsterblichkeit" nicht kontinuierlich einstellen will. Unsere Endlichkeit als selbstverständliche conditio humana gelassen hinzunehmen, vermag hier somit sehr wohl präventiv zu wirken. – Die Reverenz schulde ich den Skandinaviern aus dem einfachen Grund, weil sie mich an ihren vielfältigen interdisziplinären Netzwerk-Aktivitäten immer wieder wie selbstverständlich teilnehmen lassen. Für mich sind es unerschöpfliche Quellen der Inspiration. Beim hier wiedergegebenen Statement handelt es sich um das Diskussionspapier für ein interdisziplinäres Mini-Symposium „Individuum und Volksgesundheit; humanistische Aspekte der Prävention", veranstaltet vom schwedischen „Forschernetzwerk für die Geschichte der Prävention" an der Universität Uppsala am 2. Juni 1993. (Tack, Karin Johannisson och Jan Sundin!)

Kapitel fünf versucht, anhand eines ausgewählten Beispiels aufzuzeigen, welche Funktion die während des gesamten Förderzeitraums vom Sommersemester 1990 bis zum Sommersemester 1994 an der heimischen Freien Universität Berlin kontinuierlich durchgeführte sogenannte „Forschungsbegleitende Lehrveranstaltung" im Rahmen des ganzen Vorhabens hatte. Im seinerzeitigen Projektantrag nannte ich diesen vierten, vom Ministerium dann allerdings nicht speziell geförderten Teilbereich „ein Kolloquium in Permanenz". Prinzipiell kam ihm die gleiche Aufgabe wie den beiden Symposien zu, nämlich die Sachkompetenz von Fachleuten zu bestimmten Forschungsaspekten ins laufende Vorhaben einzubringen. Bei diesem „Kolloquium in Permanenz" sollte jedoch der Standortvorteil von Berlin intensiv genutzt und systematisch eingesetzt werden. Nicht nur verfügt die Stadt bekanntlich über mehrere Universitäten und Fachhochschulen mit unzähligen Spezialisten für dieses und jenes Gebiet, sondern auch über eine Fülle hochkarätiger außeruniversitärer Institutionen verschiedenster wissenschaftlicher, kultureller, administrativer Couleur. Im ausgewählten Beispiel spiegelt sich die wiederholte Zusammenarbeit mit dem Institut für Sozialmedizin und Epidemiologie des Bundesgesundheitsamts ebenso wie diejenige mit der Abteilung für Bevölkerung beim Statistischen Landesamt Berlin. Bezweckt wurde mit dieser über die vier Jahre laufenden forschungsbegleitenden Lehrveranstaltung, einerseits fortgeschrittenere Studenten der Freien Universität, andererseits aber auch besonders interessierte Berliner von außerhalb in möglichst umfassender Weise an die Thematik des gesamten Vorhabens heranzuführen. Nicht zuletzt sollte diesem Personenkreis dadurch auch ermöglicht werden, mit Gewinn an den beiden Symposien teilzunehmen.

Zu jedem neu aufgegriffenen Problembereich, der je nach Komplexität während mehrerer aufeinanderfolgender Sitzungen dargestellt und im Beisein hinzugebetener Spezialisten diskutiert wurde, entwarf ich eingangs ein einführendes Papier. Mit der getroffenen Auswahl von hierbei verarbeiteter und vorgesteller Literatur setzte ich zwar stets bestimmte Akzente, wollte im übrigen aber bewußt nicht „definitiv" wirken. Vielmehr sollte aufgrund der skizzierten unterschiedlichen Thesen, allenfalls betont kontroverser Meinungen, ein Gespräch unter den Teilnehmern in Gang gesetzt, die Diskussion stimuliert, die Auseinandersetzung mit der Thematik beflügelt werden.

Das hier als Kapitel fünf wiedergegebene Papier entstand um die Jahreswende 1992/1993 im Hinblick auf den damals anstehenden Themenbereich „Wandel der Todesursachen". Man beachte im übrigen den Untertitel: „Eine Einführung zum Nachdenken". Wie bei diesen einleitenden Papieren üblich, handelt es sich auch hier eher um eine Reihe von lose aneinandergefügten Gedankengängen als um ein geschlossenes Gedankengebäude. Schon eine kurze Lektüre ergibt, daß zwar – wie sollte es anders sein – von der *historischen* Todesursachenproblematik („Symptombeschreibung" versus „Ätiologie") ausgegangen wird, daß dann aber rasch zahlreiche weitere Aspekte ins Zentrum rücken. Bereits an jener Jahreswende war nämlich abzusehen, welche Referent(inn)en sich am zweiten Berliner Symposium vom November 1993 mit welcher wissenschaftlichen, ethischen, praxisorientierten Todesursachen-Thematik einbringen würden. Dazu gehörten die Bereiche „Vom Rückzug des Todes in der Neuzeit" (Reinhard Spree, hier als Historiker), „Das

Leben vom Tode her" (Hartmut Diessenbacher, Gerontologe), „Unterschiedliche Sterblichkeit von Männern und Frauen [sog. 'gender-related differences'], Schweden 1750-1900" (Jan Sundin, Public Health-Historiker), „Von der
Sterblichkeit der über 80jährigen in Schweden 1750-1980" (Lars-Göran Tedebrand, Historiker-Demograph) ebenso wie „Die [US-amerikanische] 'Setting-Limits'-Kontroverse" (Ruth Mattheis, Medizinethikerin).

Die zuletzt erwähnte „Setting-Limits"-Kontroverse (mit, angesichts des *deutschen* Konferenzortes Berlin, gewiß nicht ausbleibender „Euthanasie"-De-
batte) weist zudem auf einen weiteren Aspekt hin, den ich in diesem forschungsbegleitenden Veranstaltungszusammenhang nie außer acht lassen
wollte: die Einbeziehung grundlegender Diskussionen auch im Ausland. Bekanntlich entzündete sich die angesprochene Kontroverse 1987 in den USA
an der Publikation „Setting limits. Medical goals in an aging society" aus der
Feder des Medizinethikers Daniel Callahan. Angesichts einer immer älter
werdenden Gesellschaft mit entsprechend zunehmenden medizinischen In-
terventionserfordernissen müßten „Grenzen gesetzt" werden. Wer bereits ein
langes Leben („etwa achtzig Jahre") hinter sich habe, dem wäre – so Callahan ungebührlich verkürzend – genügend Zeit gegeben worden, ein erfülltes
Leben zu leben. Nicht so den noch jüngeren Menschen, denen gerechter-
weise die gleiche Chance einzuräumen und bei begrenzten Ressourcen der
Vorrang zu geben sei. Was bei den anschließenden hitzigen Debatten sowohl
in den USA wie außerhalb allerdings oft zu wenig Aufmerksamkeit erhielt, war
der gleichzeitige relativierende Appell Callahans an uns alle, die natürliche
Begrenztheit jeglichen menschlichen Lebens nicht völlig aus den Augen zu
verlieren, sondern sie vielmehr als Richtschnur zu nehmen. Wir begegnen
hier somit erneut der oben in anderem Zusammenhang schon erwähnten
Aufforderung, mehr Augenmaß zu wahren.

Es versteht sich, daß im „Todesursachen"-Papier auf diese, für uns Europäer
nicht minder relevante Kontroverse eingegangen wurde. Eine der zu den
anschließenden Diskussionen hinzugebetenen Gastreferentinnen war die in
Berlin wohnhafte Medizinethikerin Ruth Mattheis, Referentin auch beim zweiten Symposium. Das Aufgreifen der Thematik erfolgte jedoch noch aus einem weiteren Grunde. Gerade *weil* es in den USA diese Debatte gibt, erregte
wahrscheinlich unser eigener erster Symposiumsband mit dem provokativen
Titel „Leben wir zu lange?" drüben ebenfalls eine gewisse Aufmerksamkeit.
Jedenfalls wurde Anfang November 1992 an der University of California in
Berkeley, Anfang Oktober 1993 an der Brown University in Providence,
Rhode Island, und Mitte April 1994 im Rahmen des „Program for Humanities
in Medicine" an der Yale University School of Medicine in New Haven je ein
interdisziplinäres Symposium mit dem Titel „Are we living too long?" durchgeführt, zu deren Mitorganisation man auch mich einlud. Beim zweiten Symposium kam Daniel Callahan persönlich zu Wort. Selbstverständlich wurden

die hierbei gemachten Erfahrungen und Erkenntnisse umgehend im forschungsbegleitenden Seminar eingebracht und verarbeitet. – Ähnliches ließe sich hinsichtlich mancher Kontakte mit Skandinavien sagen, auf die weiter oben im Zusammenhang mit Kapitel 4 hingewiesen wurde.

Das „Todesursachen-Papier" zieht an dieser Stelle einen Kommentar zum umfangreichen Literaturverzeichnis am Schluß des Bandes nach sich. Zum einen weist es die Arbeiten nach, auf die sich die Referenten des ersten und zweiten Berliner Symposiums bezogen. Zum anderen werden Verfasser und Titel jener Publikationen genannt, die den wichtigsten Themenbereichen des vierjährigen Kolloquiums, das heißt den jeweils hierfür erstellten Einführungspapieren – ähnlich demjenigen zu den „Todesursachen" – zugrunde lagen. Schon eine kursorische Lektüre läßt erkennen, welche Themen hierbei im Vordergrund standen. Nicht unerwartet bildeten die Inhalte der sechs Monographien des Projektleiters immer wieder Gegenstand von Erörterungen. Kapitelweise wurden sie vor der endgültigen Niederschrift im Plenum diskutiert. Entsprechend zahlreich sind die Literaturhinweise zu den Bereichen Ars moriendi, Paradiesesvorstellungen, Philosophie des gelungenen Lebens, Künstler und Tod, Historiker und Bilder, Hebung unseres kulturellen Erbes und dessen Fruchtbarmachung gemäß dem Konzept vom Lebensplan, Wissenschaft und Medien, Probleme bei der Vermittlung der „Botschaft", aber auch zu Alterssuizid, Entwicklung der Lebenserwartung bei guter Gesundheit, Entwicklung des Lebenszeitbudgets oder – im Vergleich – zur Lebenserwartung in der Antike.

Ferner scheuten wir in diesem Kolloquium nie davor zurück, seriöse Mediendiskussionen aufzugreifen und zu vertiefen. Entsprechend finden sich in der Literaturliste denn auch Hinweise auf Artikel in der ZEIT (Bräutigam 1991 [Lebensrettung um jeden Preis? Freitod alter Menschen. Sinn und Grenzen der Suizidverhütung] oder Spaemann 1992/Tugendhat 1992 zur Euthanasiedebatte [Spaemann: Wir dürfen das Tabu nicht aufgeben; Tugendhat: Wir müssen das Tabu diskutieren]), in der Frankfurter Allgemeinen Zeitung (Diessenbacher 1992 [Das Leben vom Tode her]), in der Neuen Zürcher Zeitung (Bubner 1990 [Mitten im Leben. Philosophische Betrachtungen über den Tod], Schär 1991 ['Final Exit'. Zum amerikanischen Bestseller über Freitod und Euthanasie; – Bestseller-Autor war Derek Humphry: vgl. Humphry 1991], Wolzogen 1992 [Die Wiederentdeckung der Lebenskunst. Neuerscheinungen zur Philosophie]), oder im Berliner Tagesspiegel (Krause 1993 [Sterben kann man nicht lernen]).

Schließlich dürfte kaum jemandem entgehen, daß die Literaturzusammenstellung eine ganze Reihe von Arbeiten enthält, die man dort zuerst vielleicht nicht erwarten würde, so Biswas 1987 (Aging in contemporary India), Bose/Gangrade 1988 (The aging in India. Problems and potentialities), Cain 1991 (The elderly in contemporary South Asia and preindustrial Western

22

Europe), Dyson 1989 (India's Historical Demography), Martin 1990b (The status of South Asia's growing elderly population), Nayar 1985 (International seminar on population aging in India), Reddy 1989 (Epidemiologic transition in India), Rocket/Smith 1993 (Covert suicide among elderly Japanese females), Sharma/Dak 1987 (Aging in India), Sulaja 1990 (Life tables for India and the states – 1986), Tilak 1989/Young 1989 (Religion and aging in the Indian tradition) oder Vatuk 1991 (Gerontology in India: the state of the art). Bei genauerem Hinsehen sind die häufiger auftauchenden geographischen Regionen, neben Indien, vor allem Brasilien und Südostasien (zu letzterem vgl. etwa: Chayovan et al. 1990 [Thailand's elderly population], Chen 1987 [Family support and the health of the elderly Malaysian], Chen/Jones 1989 [Ageing in ASEAN], Domingo 1991 [The Filipina elderly in development: status and prospects], Hermalin/Christenson 1990 [The status of elderly in Asia], Jones 1990 [Old age security in Asia], Knodel et al. 1990 [Comparative study of the elderly in Asia], Martin 1988 [The Aging in Asia], Pedro 1989 [The elderly in the Philippines] sowie generell Tout 1990 [Ageing in Developing Countries] und Martin 1990a [Aging in the Third World]).

Gewiß war im Rahmen des Vorhabens nirgends davon die Rede – auch von seiten des bundesministeriellen Zuwenders nicht -, daß sich der Projektleiter themenbezogen gleichzeitig auch noch mit Brasilien, Süd- oder Südostasien zu befassen habe. Der rege Austausch mit Skandinavien und den USA, auf den mehrfach hingewiesen wurde, mochte ja noch angehen, ist man uns dort doch in der Entwicklung auf diesem oder jenem Gebiet des Vorhabens um einiges voraus. Lernen durch Begegnung und Austausch konnte da nicht schaden. Doch genau dies ist der Punkt. Was Skandinavien, allenfalls die USA für uns sind, sind wir für Brasilien, Süd- und Südostasien. Vor allem die weiter entwickelten südlichen Regionen Brasiliens und Indiens, ganz zu schweigen von den Schwellenländern Südostasiens folgen uns in mancher, nicht zuletzt demographischer Hinsicht dicht auf dem Fuß. Dies führt(e) jedoch fast zwangsläufig dazu, daß – anders als bei uns – nicht ein allmählicher Wandel von alten zu neuen Problemen stattgefunden hat oder stattfindet, sondern daß für eine kürzere oder längere Zeit sowohl noch die alten wie gleichzeitig auch schon die neuen Probleme präsent sind (z. B. sowohl eine große Zahl Jugendlicher wie gleichzeitig eine nicht unerhebliche Zahl älterer und alter Menschen mit ihren rivalisierenden Ansprüchen und Erfordernissen). Schwellen- und Entwicklungsländer aber verfügen nun einmal nicht über unsere Ressourcen. Sie können schwerlich beiden Problembereichen gleichzeitig gerecht werden. Ist es da zuviel von uns verlangt, nicht nur – wenn wir denn danach gefragt werden – in Skandinavien oder in den USA Symposien mitzuorganisieren, Kurse abzuhalten, Beiträge zu verfassen, sondern dasselbe auch – unsere Erfahrungen teilend – in Süd- und Südostasien oder in Brasilien? Die Wahrnehmung *derartiger* Aufgaben (mit zum Teil langfristigen Absenzen von zu Hause) habe ich im Auge, wenn ich von den besonderen

Möglichkeiten spreche, die (wir) Singles in größerem Ausmaß haben als gemeinschaftseingebundene Zeitgenossen (vgl. einen entsprechenden Erfahrungsbericht „Von den Problemen gerontologischer Studien in Brasilien – ein Denkanstoß für uns"; Zeitschrift für Gerontologie 24, 1991, 50–54).

So kann hier denn nur noch einmal mit Nachdruck wiederholt werden, was mit anderem Bezug schon gesagt wurde: Wenn ein Historiker aufgrund seiner Forschungen zur Erkenntnis gelangt, daß die Behandlung der Folgen aus einer recherchierten Entwicklung vordringlicher ist als diejenige ihrer einstigen Ursachen, sollte er auch den Mut haben, sich dem Vordringlicheren zu stellen, selbst wenn er sich dabei gezwungen sieht, über den Schatten seiner Zunft zu springen. Diese Feststellung gilt nicht nur im Hinblick auf das, was bei uns selbst vordringlich ist, sondern auch auf das, was es in Schwellen- und Entwicklungsländern ebenso ist. Bezugnehmend auf die gesamte, im Verlauf der vier Förderjahre entstandene und so nirgends publizierte Bibliographie wäre es erfreulich, wenn sie da oder dort als Anregung zu selbständigem weiteren Arbeiten in der hier skizzierten Art von gleichermaßen interdisziplinär wie global anzugehenden Themen verstanden würde.

Die restlichen Kapitel des Buches beziehen sich alle auf die beiden Symposien. Kapitel 6 enthält einen ausführlichen Bericht über die Veranstaltung von 1991, Kapitel 9 über diejenige von 1993. Wie daraus hervorgeht, wurden zwar beide Symposien in der Regie von Historikern durchgeführt. Doch handelte es sich weder beim einen noch beim anderen um eine Historiker-, aber auch nicht um eine Alter(n)skonferenz. Faszination und Herausforderung für uns Historiker liegen gerade darin, daß die heutige Situation als Folge der Zunahme der Lebensspanne seit dreihundert Jahren völlig neu und so noch nie dagewesen ist. Noch nie und nirgendwo sonst konnten und können so viele Menschen mit so vielen Lebensjahren *rechnen* wie wir bei uns heute und sie durch Zugriff auf eine ähnliche Fülle und Vielfalt von Möglichkeiten von Anfang an zielbewußt gestalten. Nutzen wir die Chance! Und sagen wir's der nächsten Generation! Der Lebensplan beginnt in jungen Erwachsenenjahren und setzt sich kontinuierlich über alle Alter fort. Wer erst im Dritten, gar im Vierten damit beginnt, kommt reichlich spät – meist *zu* spät.

Vor diesem Hintergrund wird verständlich, weshalb sich beide Symposien darum bemühten, nach all den fachspezifischen Erörterungen über jene Themenbereiche, die bei der Bearbeitung des Vorhabens durch meine Mitarbeiter und mich gemäß den gesetzten Prioritäten bewußt ausgeklammert wurden, hier nun aber unter Beteiligung von Demographen, Soziologen, Sozial- und Präventivmedizinern, Epidemiologen, Gesundheitsökonomen, (Medizin-) Historikern, Gerontologen, Theologen, Philosophen, Indologen, Pädagogen und anderen mehr eine intensive Behandlung erfuhren, mit den erzielten Ergebnissen auch an die breitere Öffentlichkeit zu gelangen. Insbesondere beim zweiten Symposium befaßten wir uns am letzten von drei Tagen ausschließlich mit den Umsetzungsmöglichkeiten der diskutierten Konzepte, sei es über wissenschaftliche Einrichtungen, sei es über Bildungshäuser oder sei es – beim abschließenden Round-Table-Gespräch – über die verschiedenen Print- und elektronischen Medien. „Erfüllt leben – in Gelassenheit sterben!" ist kein Thema nur für den wissenschaftlichen Elfenbeinturm. Diesbezüglich gehört *jeder* von uns früher oder später zu den Fachleuten. *Früher* sich darüber Gedanken zu machen, ist besser als später.

Um sowohl zum selbständigen Weiterlesen im einen oder anderen Symposiums-Sammelband anzuregen, wie auch, um im vorliegenden Buch einige zusätzliche Originalstimmen zu Worte kommen zu lassen, sind hier je zwei Beiträge zu den Konferenzen von 1991 und 1993 aufgenommen. Angesichts der hohen Relevanz vieler Titel sowie der nicht minder hohen Kompetenz ihrer Verfasser (man beachte die entsprechenden Auflistungen im Anhang), fiel die Auswahl nicht leicht. Die schließlich berücksichtigten Beiträge stammen aus der Feder des Theologen und Religionspädagogen Harald Wagner, des Sozialpädagogen Heinrich Tuggener, des Philosophen Markus H. Wörner und der Medizinethikerin Ruth Mattheis. Alle diese Autoren berühren von ihrer Warte aus fundamentale Aspekte in *unserem* Zusammenhang. Und alle machen sie eine klare Aussage mit appellativem Charakter.

Im Beitrag „Ars moriendi: vor 500 Jahren – und heute?" läßt uns der (katholische) Theologe Wagner zuerst an seinem fachspezifischen Wissen über die einstige „Kunst des guten Sterbens" teilhaben. Da Wagner jedoch der Ansicht ist, „daß *jede* Zeit eine 'Ars moriendi' braucht, weil die Menschen aller Generationen mit der Vorläufigkeit des Lebens fertig werden müssen", berichtet er anschließend über seine Bemühungen während der letzten Jahre, als Religionspädagoge eine uns heutigen Menschen gemäße Ars moriendi zu entwickeln und sie im Rahmen schon des höheren Schulunterrichts umzusetzen. Das Hören auf diesen Theologen könnte vielen von uns möglicherweise auch deshalb leichter fallen, weil wir bei ihm auf eine Reihe ungeschminkter Stellungnahmen stoßen: „Im Rahmen der tiefgreifenden neuen Einsichten in die Bibelwissenschaften ist auch wieder neu ins Bewußtsein gerückt, wie wenig eine seriöse christliche Theologie über das Leben und die Vorgänge nach dem Tod zu sagen vermag. Volkstümliches und Randtheologisches haben auf diesem Gebiet reiche Phantasie walten lassen, deren Produkte es in der Gegenwart als solche zu entlarven gilt. Im Blick auf den Tod wird in der gegenwärtigen Theologie viel mehr der Aspekt herausgestellt, daß der Tod einen wirklichen Bruch für den Menschen und seine Existenz bedeutet. Diese neue Sicht kommt auch heutigem Erfahren und Empfinden nahe, wie sich die Theologie ja heute überhaupt müht, näher an den menschlichen Erfahrungen zu sein, als es früher einmal der Fall war" (zusammengefaßte Passagen aus dem Beitrag Wagner für das Symposium 1991).

Was lag für mich im Rahmen des Vorhabens anschließend näher, als mich mit Wagner zusammenzutun und mit ihm *gemeinsam* über das Thema „Ars moriendi – Ars vivendi" nachzudenken? Ebenso konkretes wie erfreuliches Ergebnis dieser Kooperation war die Konzipierung und Durchführung eines gemeinsamen öffentlichen Wochenend-Blockseminars zur vorgenannten Thematik im Juni 1993 am Katholisch-Theologischen Seminar der Universität Marburg.

Um eine kritische Auseinandersetzung mit dem Konzept des Lebensplans und dessen Umsetzungsmöglichkeiten geht es im Beitrag des Sozialpädagogen Tuggener. „Verlängerte Lebensspannen könnten zu einer Überbewertung des Zukunftsbezuges verleiten. Zukunftsbezug ja, aber nicht schon gleich für die nächsten statistisch erwartbaren siebzig bis achtzig Jahre. Das wäre systematische Überforderung. Die gestreckte Lebenszeit bedingt eine Art mitlaufender Vorbereitung auf die nächste Phase, auf den nächsten Aspekt des Lebenszyklus".

Was sich auch bei anderen Vortragsdiskussionen häufig heraushören ließ und läßt, ist hier auf den Punkt gebracht. Ein „Lebensplan" sei angesichts unserer gewaltig ausgedehnten Lebensspanne zu wenig flexibel, zu statisch und somit kaum hilfreich. Wäre das Konzept tatsächlich als ein unveränderbares, ein- für allemal festgelegtes starres Zeitschema gedacht, würde ich dieser Kritik zustimmen. Der „Lebensplan" will jedoch keine Zwangsjacke sein. Er geht einzig von der neuen, bisher nie dagewesenen Tatsache aus, daß unsere meisten Lebensspannen nun im hohen Vierten Alter enden. Er zieht daraus die Konsequenz, das Leben vom Ende her zu leben und dabei vor allem die Eventualitäten jenes Vierten Alters ab jungen Jahren mit in Betracht zu ziehen. Eine „mitlaufende Vorbereitung auf die nächste Phase" scheint mir diesbezüglich nicht zu genügen. Sich z. B. erst zum Ende des Dritten Alters auf das Vierte vorzubereiten, ist zu spät. Beim „Lebensplan" geht es zudem weniger um eine „Vorbereitung auf", als darum, ein sehr lange gewordenes Leben *insgesamt* zu einem erfüllten zu machen, dies unter bewußter Ausnutzung der Stärken und Schwächen aller Lebensphasen.

Wo Tuggener auf den letztgenannten Aspekt zu sprechen kommt, stimme ich dagegen mit ihm überein. Auch er sieht in diesem Zusammenhang eine „neue Aufgabe". Als Sozialpädagoge nennt er sein Konzept „eine Art Agogik des Lebenslaufs": „[Sie] wäre als integrale Lebensführungslehre zu verstehen. Sie müßte von der in allen Lebensverläufen, wie diversifiziert sie auch immer sein mögen, gemeinsamen Grundsequenz der Initialsozialisation in das Leben hinein in Kindheit und Jugend ausgehen, der sektoriellen Sozialisationen und Umsozialisationen in den nachfolgenden Abschnitten und einer unausweichlichen Phase der schrittweisen Desozialisation zum Tode hin. Mit der Verwendung des Begriffs Desozialisation meine ich, daß zur Lebenszugewandtheit auch eine rechtzeitige Ausrichtung auf den unvermeidlichen eigenen Tod gehört. Jenen, denen mit dem Ausblick auf jenseitige Erfahrungen keine innere Ruhe mehr verschafft werden kann, werden wir Wege zum heiter gelassenen Dasein angesichts sich täglich verknappender Zukunft erschließen müssen" (zusammengefaßte Passagen aus dem Beitrag Tuggener zum Symposium 1991). Aber eben auch hier gilt meines Erachtens: nicht erst dann, wenn es so weit ist. Die zeitgemäße Ars moriendi ist eine Ars vivendi, die das *ganze* Leben in einem Langzeitentwurf umfaßt.

Die Beiträge des Philosophen Wörner und der Medizinethikerin Mattheis zum Symposium 1993 haben einen gemeinsamen Nenner: den Appell an das Maßhalten angesichts einer verdoppelten und verdreifachten Lebensspanne. *Wir sind nicht unsterblich!*

Wörner, der beim griechisch-aristotelischen Konzept vom „gelungenen Leben" ansetzt, hält uns eingangs zwar den Spiegel ungeschminkt vor Augen: „Wir sind nicht damit zufrieden, vernünftige Sterbewesen zu sein." Anschließend sind seine Ausführungen jedoch durchweg von Nachsicht geprägt, denn „man kann niemanden zu seinem Glück zwingen, wohl aber dazu geneigt machen". Mit immer neuen, ebenso prägnanten wie schönen Formulierungen versucht er deshalb, uns dafür zu sensibilieren, wie wir aus einem *langen* Leben ein *gelungenes* machen könnten. Er spricht von der „Kultivierung des Interesses und Geschmacks am eigenen Leben und damit der Förderung von Selbstgestaltung", von der „Erhaltung und Pflege von Sensibilität und Liebe zum umsichtig achtsamen und situationsbezogenen Wahrnehmen bis ins hohe Alter". Mit seinem Konzept von „Lebenskunst" möchte er über den „Lebensplan" hinausgehen, den auch er kritisch beurteilt, jedenfalls dann, wenn ein solcher „Plan" zu voreingenommener Unbeweglichkeit führe. „Unter Lebenskunst verstehe ich das Gesamt von intellektuellen und praktischen Fertigkeiten, welche ein Gelingen des Lebensvollzuges konstituieren. Die Kultivierung möglicherweise lebenslanger Interessen von früher Jugend an kann hierfür nur einen der vielen hierzu notwendigen Bausteine liefern. Interessen und Lebenspläne, welche im Lauf der Zeit Sensibilität faktisch vermindern, sind zumindest fragwürdig."

Deutlicher wird Wörner in seinen Ermahnungen, zu den „im Leben spannungsvoll geeinten Grundbestimmungen" zurückzufinden und diesbezüglich Gelassenheit einzuüben. Er ruft dazu auf, „uns auf sie einzulassen, ihre nicht immer lustvolle oder beglückende Spannung auszuhalten. Für diese Haltung gilt, daß sie sich weder notwendig noch spontan einstellt. Vielmehr ist sie Sache der Einübung. Ich möchte sie Gelassenheit nennen. Wir sind gerade dadurch Menschen, daß wir die Spannung von Leben, Sterben und Tod zulassen, aushalten und aushaltend gestalten". Am Schluß könnte die Übereinstimmung mit mir größer somit nicht sein. In seinem letzten Absatz schreibt er: „Zu lernen, sein Leben auf der Grundlage von Gelassenheit und Verhältnisdenken gekonnt zu leben, bedeutet demnach zugleich zu lernen, gekonnt zu sterben. Ars Vitae und Ars Moriendi sind notwendig ineinander verschränkt. Man kann nicht über die eine verfügen, über die andere aber nicht" (Passagen aus dem Beitrag Wörner).

Der Beitrag der Medizinethikerin Mattheis schließlich handelt zwar von der „Setting-Limits"-Kontroverse in den USA. Kaum jemand dürfte jedoch den Verdacht loswerden, daß es sich hierbei um eine Stellvertreter-Debatte handelt. Auch bei uns gehen die „enormen Fortschritte der modernen technischen Medizin einher mit ständig steigenden Kosten für die Gesundheitsversorgung". Auch bei uns führt eine „zunehmende Lebenserwartung zu einem immer größeren Anteil älterer und sehr alter Menschen mit höherem Bedarf an Gesundheitsleistungen". Und auch bei uns stellt sich darüber hinaus die Frage nach der „Vergabe beschränkter Ressourcen". Der Ruf nach dem Anlegen „ethischer Prinzipien, die nicht die schwächsten Mitglieder einer Gemeinschaft benachteiligen", wird auch bei uns laut. Zu den schwächsten Mitgliedern aber gehören viele ältere und alte Menschen.

Geht man von den Schlußsätzen im Beitrag Mattheis' aus, wird der gemeinsame Nenner mit Wörner deutlich. Sie schreibt: (1) „Es besteht Übereinstimmung mit Callahan, daß die vor uns liegenden Jahre genutzt werden sollten, das Verständnis dafür zu fördern, wonach Lebensverlängerung nicht unter allen Umständen das erstrebenswerteste Ziel ist", und (2) „Ein Verzicht auf das Selbstbestimmungsrecht des Patienten wird keinesfalls für zulässig gehalten."

Statt sich einseitig über „Setting limits" bei „80-85 Jahren" zu ereifern, betrachtet Mattheis das Gesamtkonzept des amerikanischen Autors und macht sich insbesondere dessen Plädoyer für ein „Umdenken der Bevölkerung" (in einem Zeitraum von zwanzig bis dreißig Jahren) auch bei uns zu eigen. „Ob 20-30 Jahre ausreichen, das heute vielfach übliche Streben nach ewiger Jugend in eine Haltung umzuwandeln, die nicht nur das Alter, sondern auch das Ende des Lebens als etwas Naturgegebenes akzeptiert, bleibt abzuwarten. Gelingt ein solches 'Umdenken' bei Laien wie bei Professionellen im Laufe der nächsten 20-30 Jahre, so würde sich wohl die Frage eines kollektiven Ausschlusses älterer Menschen von bestimmten Leistungen des Gesundheitswesens gar nicht mehr stellen, weil lebensverlängernde Maßnahmen an ungeeigneter Stelle nicht mehr oder in geringerem Ausmaß zum Einsatz kämen" (zusammengefaßte Passagen aus dem Beitrag Mattheis).

Da in diesem Beitrag immer wieder betont wird: „Die Unterlassung lebensverlängernder Maßnahmen muß abhängig gemacht werden von der Zustimmung des Patienten", kann sich dieses Umdenkenmüssen nur auf ein *Um-*

denken bei uns allen beziehen. Sind wir jedoch zu diesem Lernprozeß bereit? Haben wir dessen Notwendigkeit eingesehen und ist somit die Motivation für eine Änderung unserer Einstellung zu Leben *und Sterben* vorhanden?

Hier mündet der Beitrag von Mattheis nicht nur in das zentrale Thema des zweiten Symposiums „Erfüllt leben – in Gelassenheit sterben", sondern sein Anliegen wird identisch mit dem Generalthema des vierjährigen Vorhabens überhaupt: „Die Zunahme der Lebensspanne seit 300 Jahren und ihre Folgen. Gewonnene Jahre – verlorene Welten: Wie erreichen wir ein neues Gleichgewicht?"

Kapitel 1

Überlebende in Europa: gestern – heute – morgen

Die demographische Dimension
Die menschliche Dimension

*Überarbeitete und gekürzte Version des gleichnamigen einleitenden Kapitels in: Arthur
E. Imhof (Hrsg.): Lebenserwartungen in Deutschland, Norwegen und Schweden im
19. und 20. Jahrhundert. Berlin: Akademie Verlag 1994. Mit freundlicher Wiederabdrucksgenehmigung des Akademie Verlags Berlin.*

Für manchen Zeitgenossen mag „Zunahme der Lebenserwartung" und „alte
Menschen" so ziemlich dasselbe Thema sein. Dies ist jedoch nur bedingt
richtig. Es stimmt *heute*, wo wir bereits eine hohe Lebenserwartung haben.
Steigt sie noch weiter, werden viele an sich schon alte Menschen halt noch
etwas älter. Und einige andere, die es zuvor nicht geschafft hatten, erreichen
nun ebenfalls die späten Jahre (zur historischen Entwicklung vgl. Tedebrand
1989; zum aktuellen Stand und zur absehbaren Entwicklung vgl. Manton
1992, Suzman et al. 1992, Thatcher 1992).

Unsere Medien quellen über von Themen aus diesem Umfeld, ganz zu
schweigen vom Bücher- und Zeitschriftenmarkt. Viel Düsteres wird uns darin
vorausgesagt: Pflegenotstand, Unbezahlbarkeit der Renten, Krieg der Generationen. „Alter" hat Konjunktur. Es kommt einem so vor, als ob das Thema
plötzlich wie eine Flut über uns hereingebrochen wäre, und als ob wir uns nun
wieder freischwimmen müßten.

Der vorliegende Teil des Buches hat indes eine andere Überschrift. Sie wendet sich gegen die Einengung des Lebenserwartungs-Themas auf den einzigen Aspekt des Alter(n)s. „Alter" ist im Lebenslauf nur ein Abschnitt, der am
weitesten von der Geburt entfernte. Dazwischen gibt es Kindheit und Jugend, gibt es verschiedene Phasen des Erwachsenendaseins. Wenn in unseren Tagen mehr Menschen als früher länger leben, heißt das zuerst einmal,
daß heute mehr – praktisch alle – eine Kindheit und eine Jugend haben, und
daß die meisten darüber hinaus auch noch die unterschiedlichen Erwachse-
nenphasen durchleben können – alles, bevor sie das „Alter" erreichen.

Der zweifache Untertitel macht zudem deutlich, daß die rein demographische
Dimension – wieviele Menschen werden wie alt? – für mich keineswegs der
einzige Bereich von Belang ist. Ebenso wichtig scheint es mir, auf die

menschlichen, die individuellen Aspekte der fundamentalen Veränderungen im Bereich unserer Lebensspannen während der letzten Jahrhunderte zu sprechen zu kommen. Hierbei stünde es einem Historiker schlecht an, der bessere Soziologe, Psychologe, Epidemiologe, Gerontologe oder Ökonom sein zu wollen. All diese Fachleute nehmen in ihren Bereichen laufend Untersuchungen in großer Zahl vor. Sie orientieren uns über den Gesundheitszustand älterer, alter und sehr alter Menschen, über deren soziale und wirtschaftliche Lage, ihre Partnerschaftsverhältnisse und emotionalen Bedürfnisse, ihre Integration oder Isolation, den starken Anstieg der Selbsttötungen jenseits des siebzigsten Lebensjahres vor allem bei den Männern, den Wandel hinsichtlich des Renteneintrittsalters, über Altenlastquoten – wieviele jüngere Menschen einen älteren zu tragen haben -, über die Notwendigkeit, den Generationenvertrag zu erneuern, über die Zweckmäßigkeit einer weiteren Untergliederung von Angehörigen des Dritten Alters in junge Alte, alte Alte und Greise bzw. in Drittes, Viertes, Fünftes Alter und dergleichen mehr. Ihre Befunde sind in der Tat oft alarmierend. Der massenhafte Übertritt ins höhere Alter scheint noch immer eine zu junge Erscheinung zu sein, als daß wir schon angemessen mit ihm umgehen könnten. Vielen mag es nach wie vor so vorkommen, als ob wir es dabei mit einem – wie es der Belgier Jean Vogel neulich drastisch formulierte – „âge en trop", einem „überflüssigen Alter" zu tun hätten (Vogel 1990). Jedenfalls würden nicht wenige die „personnes âgées", so doppelte sein Landsmann Michael Loriaux in der Sprache des Sozio-Ökonomen nach, noch immer als „un capital obsolète" betrachten (Loriaux 1991, 1). Alte Menschen: ein nutzloses Kapital?

Meine Aufgabe als Historiker ist eine andere. Mit diesem Kapitel versuche ich klar zu machen, was sich im Verlauf weniger Generationen bezüglich unserer Lebenserwartungen *grundlegend* geändert hat. „Wenige Generationen" meint den Zeitraum der letzten zwei-, dreihundert Jahre. Nur dafür stehen mir genügend aussagekräftige Quellen zur Verfügung. Sie basieren hauptsächlich auf Kirchenbucheintragungen über Geburten und Sterbefälle. Den Abstand dazwischen ermittelt der Computer. Obwohl derlei Forschungen seit Jahren zu meinem Alltag gehören, fällt es mir noch heute oft schwer, in jeder Hinsicht zu begreifen, was sich da wirklich abgespielt hat. Immer wieder kommt es mir so vor, als ob sich Fundamentales sozusagen hinter unserem Rücken vollzogen hätte. Wir halten die derzeitigen Lebenserwartungs-Gegebenheiten für völlig selbstverständlich. Nur selten jedenfalls bin ich auf einen Menschen gestoßen, der darüber nachgedacht hätte, was es für ihn bedeutet, heute – im Vergleich zu noch vor gar nicht langer Zeit – zwei Leben zur Verfügung zu haben. Wenn Leben, das eine Leben, wie man so sagt, das höchste Gut ist, was machen wir dann mit dem zweiten?

Eben dieser Zustand aber hat sich im Verlauf der „wenigen Generationen" eingestellt, und zwar nicht vereinzelt, sondern vielhunderttausendfach. Wie später dargelegt wird, betrug die durchschnittliche Lebenserwartung bei der Geburt in Deutschland 1855 37,2, 1985 jedoch 74,6 Jahre. Das ist eine exakte Verdoppelung. Muß man sich vor diesem Hintergrund nicht fragen (wie wir es bei der Diskussion entsprechender Abbildungen dann ebenfalls tun werden), ob wir heute im Vergleich zu früher nicht eigentlich auch einen „anderen", gar einen „neuen" Menschen vor uns hätten? Eine Verdoppelung der Lebenserwartung meint ja nicht bloß, zwei statt einem Leben zu haben. Den vielen heute quantitativ doppelt so lange Lebenden geht es auch in qualitativer Hinsicht meist doppelt so gut. Die höhere Qualität ihrer Lebensjahre ist schließlich die wesentlichste Ursache für deren größere Quantität. Weitaus mehr Leben können heute bis zur Reife gelangen.

Nun ist es nicht etwa so, daß sich Historiker noch nie Gedanken darüber gemacht hätten, worauf diese unerhörten Veränderungen zurückzuführen wären. Ich nenne hier bloß einige Sammelbände aus den letzten Jahrzehnten. Darin findet jeder Interessierte Dutzende von Ursachen-Studien: so über den Wandel in der Ernährung, beim Wohnen, in der öffentlichen und privaten Hygiene, im Bereich des Gesundheitswesens, der medizinischen Therapie und Prävention, im Hinblick auf Arbeit und Freizeit, bezüglich der Einstellung zu Gesundheit und Krankheit. Meine Auswahl umfaßt: (1) Problèmes de Mortalité. Méthodes, sources et bibliographie en démographie historique (Harsin/Hélin 1965). (2) Les grandes mortalités: Etudes méthodologiques des crises démographiques du passé (Charbonneau/Larose 1979). (3) La mortalité des enfants dans le monde et dans l'histoire (Boulanger/Tabutin 1980). (4) Pre-Industrial Population Change. The Mortality Decline and Short-Term Population Movements (Bengtsson et al. 1984). (5) La lutte contre la mort. Influence des politiques sociales et des politiques de santé sur l'évolution de la mortalité (Vallin et al. 1985). (6) Society, Health and Population during the Demographic Transition (Brändström/Tedebrand 1988). (7) Differential Mortality. Methodological Issues and Biosocial Factors (Ruzicka et al. 1989). (8) What we know about Health Transition: The cultural, social and behavioural determinants of health (Caldwell et al. 1990). (9) The Decline of Mortality in Europe (Schofield et al. 1991).

Alle diese Sammelbände gehen auf internationale Veranstaltungen zurück, an denen in der Regel hervorragende Fachleute verschiedenster Disziplinen teilnahmen. Um so erstaunter lesen wir in der Einleitung zum letztgenannten Band von 1991, daß wir nach all den Jahren und Jahrzehnten intensiven Forschens, Konferierens, Diskutierens, Publizierens eigentlich noch immer am Anfang stünden, jedenfalls unser diesbezügliches Wissen und Verstehen noch „in den Kinderschuhen" stecke: „It would be only a small exaggeration to say that our understanding of historical mortality patterns, and of their causes and implications, is still in its infancy" (Roger Schofield und David Reher einleitend in „The Decline of Mortality in Europe" 1991, 2). Und weiter wird uns mitgeteilt, was auch nicht gerade zu einer größeren Klärung beiträgt: „In recent years, theories which explain secular mortality change have become the hotbed of controversy, far from clear. – In sum, mortality reduction seems to have been the result of several, often disconnected, factors. – There may well have been multiple paths to mortality transition which have yet to be unearthed by scholars. – Disentangling the weights of different factors is a recurrent problem when attempting to understand mortality and its transition in Europe. – The conclusions which can be derived from reading the papers included in this volume is that there was no simple or unilateral road to low mortality, but rather a combination of many different elements ranging from improved nutrition to improved education" (a. a. O., Seiten 2, 5, 7, 12, 17).

Lassen wir uns indes durch solche Aussagen nicht kopfscheu machen! Der Leser kann beruhigt sein, denn mir geht es hier und im folgenden nicht darum, näher auf den verwickelten Ursachenkomplex und die sich widerstreitenden Gelehrtenmeinungen einzugehen. In unserem Zusammenhang kann es vielmehr genügen, anhand der Abbildung 15 (Rückgang der Sterblichkeit und Zunahme der Lebenserwartung) diese Ursachenverkettung nicht außer acht zu lassen und die mit ihr verknüpften Schwierigkeiten nicht leichtfertig zu übersehen.

Ist es, so frage ich mich nämlich, wirklich die *wichtigste* Aufgabe des Historikers, immer noch weiter im Ursachenbündel zu wühlen? Diese Frage hier aufzuwerfen heißt nicht, die Relevanz solcher Forschung im Hinblick auf die uns nachfolgenden Entwicklungs- und Schwellenländer in Abrede zu stellen. Schließlich unterrichte ich das Fach Historische Demographie, mitinbegriffen die Behandlung der eben angesprochenen Zirkularkausation, selbst regelmäßig in Ländern wie Brasilien, Indien oder Bangladesh. Doch hierzulande, in Europa (wie übrigens auch bereits in vielen Schwellenländern), scheint es mir mindestens ebenso wichtig, statt immer weiter nur nach den Ursachen zu fragen, die *Folgen* dieser Entwicklung zu bedenken, wenn nicht gar in den Mittelpunkt zu rücken (vgl. hierzu allgemein Hauser 1990-1991, bes. 1991, 71-145; Scheper-Hughes 1992 [Brasilien], Badari et al. 1991 [Karnataka/Indien], Bairagi et al. 1991 [Bangladesh]).

Mehr als ein Jahrzehnt lang habe ich mich zuvor selbst mit Ursachen-Forschung befaßt. Einige in der Bibliographie am Ende des Buches aufgeführte Titel mögen davon Zeugnis ablegen. Ich liste jene Arbeiten dort nicht auf, um dem Leser damit zu „imponieren", sondern um klar zu machen, daß es mit der Fliegenbein-Zählerei auch einmal ein Ende haben muß. Nicht Bequemlichkeit ist der Grund, wenn ich mich nach Jahren des Grabens den meines Erachtens *wirklichen* Problemen zuwende. Es geht hier auch nicht nur um das Finden einer Balance zwischen einerseits Forschen um des Forschens willen und andererseits, Konsequenzen daraus zu ziehen, sondern es geht ebenso um das Setzen von Prioritäten im Verlauf eines akademischen Lebens. Seminar-, Magister-, Lizentiats-, Doktorarbeiten schreibt man als Studierender und Promovierender, eine Habilitationsarbeit am Anfang seiner wissenschaftlichen Laufbahn. Zum Nachdenken kommt man – wenn überhaupt – erst viel später. Dann allerdings sollte man nicht seine alten Seminararbeiten hinsichtlich der Zahl von Fußnoten übertreffen und seine Diktion durch unsägliche Kompliziertheit „gelehrter" machen wollen.

Abgesehen von solch prinzipiellen Überlegungen komme ich mit diesem Vorgehen nicht zuletzt auch dem Auftrag meines Drittmittel-Geldgebers nach. Das bundesministeriell geförderte Forschungsprojekt, in dessen Rahmen die vorliegende Publikation erfolgt, trägt den Titel: „Die Zunahme der Lebensspanne seit 300 Jahren – und ihre Folgen". Von Ursachen steht da nichts.

Nimmt man auf diese Weise etwas Abstand vom reinen Forschungsgeschehen, gehen einem auch eher die Augen dafür auf, wie engstirnig bisweilen im Bereich der bloßen Ursachen-Diskussion vorgegangen wird. So entbrannte im Anschluß an die Publikationen des britischen Mediziners, Historikers und Demographen Thomas McKeown in den 1970er Jahren, insbesondere nach dem Erscheinen von „The Modern Rise of Population" (McKeown 1976), eine heftige Debatte darüber, inwiefern eine bessere Ernährung (so McKeown), oder aber erfolgreiche Interventionen von seiten der Medizin (so viele seiner Kritiker) eine entscheidende Rolle beim Rückgang der Sterblichkeit in Europa seit dem 18. Jahrhundert gespielt hätten. Bei einem nachdenklichen Rückblick will uns heute scheinen, daß damals vielfach Positionen der aktuellen Gegenwart verständnis- und bedenkenlos in die Vergangenheit rückprojiziert wurden. Wieso überhaupt die Frage dermaßen zugespitzt formulieren und – je nach Standort – beleidigt wirken, wenn sich herausstellt, daß eine *heute* hocheffektive und *dafür* berühmte Medizin bis vor wenigen Jahrzehnten mangels wirksamer Möglichkeiten keineswegs entscheidend zum Rückgang der Mortalität beigetragen haben konnte. War es denn, so vielleicht die wichtigere Frage, wirklich dermaßen wenig, was die seinerzeitigen Ärzte trotz oder gerade wegen ihrer therapeutischen Machtlosigkeit für den leidenden Menschen taten? Und könnten nicht viele unter uns – therapeutisch nunmehr erfolgsverwöhnte Mediziner mitinbegriffen – von einem Nachdenken hierüber lernen? Man lese nochmals beim zitierten, kritisierten McKeown nach, wenn nötig zwischen den Zeilen, worin er die Rolle der Medizin sieht: „I suggest that it [the role of medicine] should be interpreted as follows: To assist us to come safely into the world and comfortably out of it, and during life to protect the well and care for the sick and disabled" (The Role of Medicine. McKeown 1979, 192).

McKeown spricht von „*care* for the sick"; von „*cure*" steht nichts. „*Cure*" jedoch ist, was die Medizin unserer Tage so glänzend beherrscht: chemotherapeutisch, chirurgisch, unter Einsatz von High-Tech. Was dabei häufig auf der Strecke bleibt, ist *„care"*. Solange die Medizin während Jahrhunderten „cure" noch nicht gleichermaßen virtuos beherrschte, blieb ihren Vertretern oft kaum etwas anderes übrig als „care". Ich frage nochmals: war das wirklich so wenig? Und obwohl Historiker, möchte ich die Frage keineswegs nur historisch verstanden wissen. Ich stelle sie vielmehr auch im Blick auf die heutige Situation. Sind wir derzeit nicht weit entfernt von einem ausgewogenen Verhältnis zwischen „cure" und „care", zwischen Heilen und Pflegen? In unseren Krankenhäusern? In unseren Kliniken? In unseren Spezialärzte-Praxen? In unseren Apotheken? Ich *frage*; ich klage nicht an. Wir haben die Situation, die wir uns selbst geschaffen haben. Somit liegt es an uns, sie auch wieder zu ändern, falls wir das wollen.

Und ich frage weiter. In historischer Zeit hatten Krankheiten, zumindest für gläubige Vorfahren, einen Sinn. Sie wurden als Fingerzeig Gottes aufgefaßt, noch rechtzeitig in sich zu gehen und auf seinem sündigen Weg umzukehren. Nichts weniger als das ewige Seelenheil stand auf dem Spiel. Heute haben Krankheiten biologische Ursachen, und viele können entsprechend kuriert werden. Was für einen Sinn sollten Gesundheitseinbußen folglich noch machen? Den ehemaligen jedenfalls schon gar nicht mehr, säkularisiert, wie die meisten von uns nunmehr sind. Doch wieder beschleicht mich beim Nachdenken die Frage: war es so wenig und so abwegig, in Krankheiten einen Sinn zu sehen? Könnten, sollten, müßten wir solches nicht heute erneut lernen? Schließlich werden es körperliche Defizite sein, die am Ende auch bei uns die Oberhand behalten. Wäre es nicht besser, sich beizeiten hierauf einzustellen? Die Kunst des Sterbens besteht zu einem guten Teil darin, loslassen zu können. Krankheiten böten eine Chance, sich hierin zu üben. Sie bräuchten auch heute nicht sinnlos zu sein.

Die demographische Dimension

Um zu vermehrtem Nachdenken in *derlei* Bahnen anzuregen, habe ich für diesen Buchteil eine Reihe von Abbildungen vorbereitet. Es geht dabei nirgends darum, daß wir uns in alle Einzelheiten vertiefen. Wichtiger ist, sich die zum Ausdruck kommenden entscheidenden Veränderungen einzuprägen.

In der Abbildung 1 sehen wir zwei Sterblichkeits-Entwicklungen von 1721 bis heute. Die eine betrifft Schweden, das heißt das Land, das aufgrund seines frühesten Statistischen Zentralbüros (Eröffnung 1749, mit Vorläufern bis in die 1720er Jahre zurück) über ein lückenloses Quellenmaterial seit dem 18. Jahrhundert bis heute verfügt. Zum anderen geht es um Berlin, das ich in einer früheren Studie selbst untersuchte und diese hier nun bis heute ergänze. Beide Darstellungen sind in ihrer Aufmachung identisch. Hier wie dort bringen die Kurven die jährliche Anzahl Sterbefälle auf 1 000 Einwohner zum Ausdruck.

Beginnen wir mit Berlin. Hier kann ich jedermann gut verstehen, der spontan fragt: Wieso zeichnen sich immer wieder solche schwarzen Zacken ab, die jeweils einen Sprung in der Sterblichkeit um das Doppelte, das Drei- oder Vierfache bedeuteten und die ich zwecks besonderer Hervorhebung auch noch mit Jahreszahlen versehen habe: 1740−1758/63−1772−1808−1866−1917/18 bis hin zu 1945? Womit wir bei der Frage nach den Ursachen wären, die wir in diesem Kapitel eigentlich gar nicht in den Vordergrund rücken wollten. In der oben erwähnten „früheren Studie" schrieb ich dazu: „Es fällt nirgends schwer, den jeweiligen Mortalitätsanstieg auf eine der drei klassischen Ursachen oder deren Zusammenwirken zurückzuführen: Krieg, Hunger, Seuchen. Die Katastrophe am Ende des Zweiten Weltkrieges prägte die Berliner Bevölkerung ebenso wie die Kombination der Auswirkungen von Krieg, Hunger und pandemischer Grippe 1917/18. Wo die eigenen Erinnerungen oder die Kenntnisse vom Hörensagen nicht mehr ausreichen, sind bei derartigen Sterblichkeitsmaxima die zur Interpretation notwendigen Quellen im Überfluß vorhanden. Katastrophen jeder Art sind seit alters quellenfreundliche Ereignisse und erleichtern dem Historiker die Arbeit. Die hohe Mortalität in den frühen 1740er und 1770er Jahren hängt eng mit Mißernten von europäischem Ausmaß zusammen. [Die diesbezüglichen Spitzen zeichnen sich in der Tat in Schweden genauso ab.] Während des Siebenjährigen Krieges (1756 bis 1763) wurde Berlin 1757 von den Österreichern und 1760 von den Russen besetzt; 1806 bis 1808 hatte die Stadt eine französische Besatzung zu erdulden. 1866 schließlich stellte den Höhepunkt einer Reihe von Cholerawellen seit den 1830er Jahren dar" (Berliner Statistik 31, 1977, 138).

Doch anders als im damaligen Veröffentlichungsjahr 1977 soll es hier nicht mehr um Punktuelles, um Ereignisse besonderer Art und um deren Ursachen gehen, sondern um Grundsätzliches, um tiefgreifende, entscheidende Veränderungen. Was läßt sich hierzu anhand der Abbildung 1 sagen? Überblickt man die fast dreihundertjährige Berliner Sterblichkeitsentwicklung insgesamt, erkennt man unschwer vier unterschiedliche Phasen. In einer ersten Phase, die bis gegen 1810 dauerte, lag die Mortalität generell hoch und betrug etwa 40 je 1 000. (Ein Dorf von tausend Einwohnern hätte durchschnittlich vierzig Beerdigungen jährlich zu verzeichnen gehabt.) Charakteristisch waren damals zudem die schwarzen Zacken in unregelmäßigen Abständen aufgrund von „Pest, Hunger und Krieg". Die zweite Phase, die bis in die 1870er Jahre reichte, ist gekennzeichnet durch eine Stabilisierung der Sterblichkeit. Die Zacken wurden deutlich kleiner. Insgesamt verharrte die Mortalität jedoch mit etwa 30 je 1 000 auf einem hohen Niveau. Die anschließende dritte Phase erstreckte sich bis in die Zwischenkriegszeit hinein. Sie führte zu einer sukzessiven Senkung der Sterblichkeitsrate um rund zwei Drittel, von etwa 30 auf etwas über 10 je 1 000. Die vierte und vorläufig letzte Phase führte schließlich zu einer erneuten Stabilisierung, diesmal jedoch auf niedrigem Niveau. – Man lasse sich durch die Ausbuchtung der Berliner Kurve

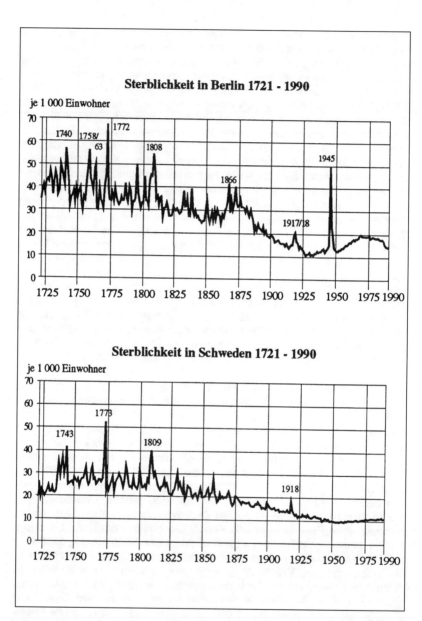

Abb. 1: Anzahl Gestorbene je 1 000 Einwohner in Berlin und in Schweden, 1721–1990

während der 1970er und 1980er Jahre nicht irreführen. Wie während des gesamten Zeitraums betreffen die Angaben auch hier die „Anzahl Sterbefälle je 1 000 Einwohner". Wir brauchen uns nun bloß an die „Überalterungs"-Debatte im damaligen West-Berlin zu erinnern, um einzusehen, daß sich unter 1 000 West-Berlinern in jenen 1970er und 80er Jahren überdurchschnittlich viele ältere, alte und sehr alte Menschen, vor allem Frauen, mit entsprechend höherem Sterberisiko befanden, mehr als sonstwo in der Bundesrepublik. Dort kam es folglich auch nicht zu einem solchen Artefakt wie in Berlin. Sieht man im damaligen Bundesgebiet nach, so oszillierte die Sterblichkeit seit den 1950er Jahren auf stabilem niedrigen Niveau zwischen etwa 10 und 12 je 1 000 Einwohner (vgl. Statistisches Jahrbuch 1991 für das vereinte Deutschland, 75).

Wollen wir unsere Aussagen noch stärker zusammenfassen, ließe sich folgendes als wichtigstes festhalten: Im Verlauf der letzten dreihundert Jahre änderte sich das Mortalitätsmuster grundlegend. Während wir im 18. Jahrhundert noch eine Sterblichkeit vor uns haben, die selbst in „gewöhnlichen" Jahren die doppelte und dreifache Höhe von heute aufwies und diese Raten in „ungewöhnlichen" Jahren mit Leichtigkeit nochmals verdoppelt wurden, so zeigt sich die Mortalität unserer Tage auf ein Drittel einstiger Normalwerte reduziert, wobei die Schwankungen von Jahr zu Jahr innerhalb einer engen Bandbreite liegen. Wer bildhafte Vergleiche liebt, mag sagen, daß die Sterblichkeit von einst einer aufgewühlten See mit unberechenbar hohem Wellengang glich, während sie heute einem gezähmt und breit dahinfließenden Strom in einem künstlichen Flußbett ähnlich sieht.

Werfen wir nun einen Blick auf die gleichzeitige Entwicklung in Schweden, stellen wir auch dort grundsätzlich denselben Wandel fest: von einer hohen Sterblichkeit mit großen Schwankungen im 18. Jahrhundert über eine Beruhigung und sukzessive Senkung im 19. zu einer ausgeglichenen niedrigen Mortalität im 20. Jahrhundert.

Wichtiger als diese prinzipielle Bestätigung des Berliner Befunds scheint mir beim Vergleich jedoch ein anderer Punkt zu sein. In einer Hinsicht nämlich weicht die Berliner Kurve markant von der schwedischen ab: im Jahre 1945. Gäbe es diesen herausragenden Stachel im Berliner Material nicht, fielen wir womöglich beim Betrachten der beiden Kurven voreilig einer euphorischen Stimmung anheim: „Endlich geschafft!" Worum sich Generationen von Vorfahren vergeblich bemühten, scheint erreicht: die Kontrolle über die Sterblichkeit. Frohlocken wir jedoch nicht zu früh! Die ehemaligen Sterblichkeitsverhältnisse waren, so hörten wir oben, Auswirkungen von „Pest, Hunger und Krieg". Daß diese drei Geißeln uns seit nunmehr fast einem halben Jahrhundert in Ruhe lassen, ist äußerst ungewöhnlich, macht jedoch viele Zeitgenossen bereits vergessen, daß sie nicht vom Erdboden verschwunden sind. Es brauchen keine neuen Seuchen à la AIDS zu sein; schon eine zu große Impf-müdigkeit könnte sich bitter rächen. Erst recht ragt 1945 wie ein Monument in den Himmel und erinnert uns daran, bezüglich aller drei Geißeln wachsam zu bleiben. Die einsame Spitze nahm sich auch damals schon wie ein Anachro-nismus aus und hätte – wären die Menschen ihrem eigenen Aufruf zu „Nie wieder Krieg!" gefolgt – nicht zu sein brauchen. So wie sie es in Schweden denn auch nicht war. „Lessons learned and forgotten" – wie es im Englischen dazu bitter heißt (vgl. Eliezer Witztum und Zahava Solomon in: Social Science & Medicine 34 [1992] 5, 585).

Abbildung 2 basiert ganz auf schwedischem Material. Wiederum sind zwei Entwicklungen über einen Zeitraum von mehr als zweihundert Jahren festge-halten. Zum einen geht es um die Lebenserwartung von Männern und Frauen bei der Geburt, zum anderen um die Säuglingssterblichkeit, gemessen in der Zahl der Gestorbenen im ersten Lebensjahr pro tausend Geborene. Vor allem in historischen Zeiten sollten diese beiden Ziffern stets gemeinsam betrach-tet werden. So ergibt sich aus den schwedischen Quellen für die ganze zweite Hälfte des 18. Jahrhunderts einerseits eine Säuglingssterblichkeit von rund 200 pro Tausend. Andererseits lag die Lebenserwartung bei der Geburt damals (1750-1790) für beide Geschlechter bei 35,2 Jahren. Es versteht sich von selbst, daß die hohe Zahl verstorbener Säuglinge – jeder fünfte blieb nicht einmal bis zum Ende seines ersten Jahres am Leben – die „durch-schnittliche" Lebenserwartung stark reduzierte. Wer damals die ersten zwölf Monate hinter sich brachte, hatte denn auch wesentlich bessere Aussichten, „im Durchschnitt" länger am Leben zu bleiben. Zu Beginn des zweiten Alters-jahres betrug die Gesamtlebenserwartung 44,4 Jahre, mit 15 erreichte sie 56,9 Jahre, mit 50 68,9, mit 65 75,3 und mit 80 schließlich 84,7 Jahre (Histo-risk statistik för Sverige 1969, 118).

Was wir bei einem Vergleich der „durchschnittlichen" Lebenserwartung zwi-schen früher und heute somit stets mitbedenken müssen, ist diese ehedem völlig andere Verteilung der Sterbefälle. Ein mit wenigen Monaten verstorbe-ner Säugling und ein Greis von 70 lebten „im Durchschnitt" auch 35,2 Jahre. 35,2 Jahre „im Durchschnitt" für die zweite Hälfte des 18. Jahrhunderts meint somit keineswegs, daß die meisten Menschen damals nur etwa 35 Jahre alt geworden wären. Das hinsichtlich der Abbildung 2 geforderte gleichzeitige Mitbetrachten der Säuglingssterblichkeit sollte vor diesem Trugschluß be-wahren. Ein im Geiste entsprechend vervollständigtes Bild sähe so aus, daß der Bodenbereich bis weit ins 19. Jahrhundert übersät wäre mit verstorbenen Säuglingen und Kleinkindern, während sich die übrigen Sterbefälle ziemlich gleichmäßig auf alle anderen Alter verteilten. Allmählich würde sich der Bo-denbereich dann lichten und die Sterbealter zunehmend um die „Durch-schnitts"-Linie sammeln. Am Ende hätten wir eine relativ weitgehende Über-einstimmung von „durchschnittlichem Sterbealter" und „durchschnittlicher

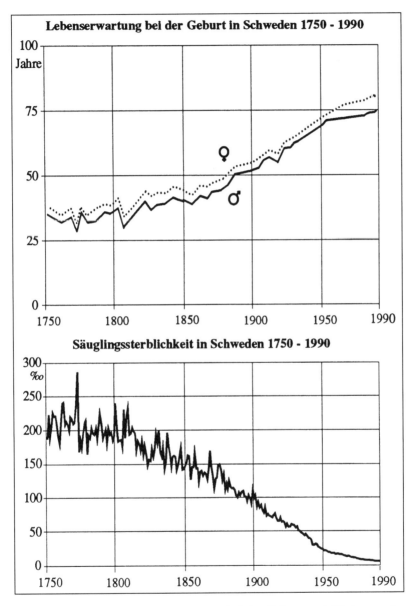

Abb. 2: Zunahme der Lebenserwartung bei der Geburt und Rückgang der Säuglingssterblichkeit in Schweden 1750–1990

Lebenserwartung". Noch nie waren die beiden Werte einander so nahe wie heute. In unseren Tagen macht es deshalb auch Sinn, mit diesem „Durchschnitt" ab früher Jugend zu rechnen. Unter heutigen Verhältnissen bekommen die meisten Menschen diese „durchschnittliche" Anzahl Lebensjahre grosso modo tatsächlich. In historischer Zeit war das nicht der Fall.

Die Abbildungen 3 und 4 sowie 7 bis 9 basieren auf deutschem Quellenmaterial. Hervorgegangen sind sie aus den eigenen Forschungen der letzten Jahre. Wenn in den Abbildungslegenden nichts anderes vermerkt ist, beziehen sich die Angaben für die Zeit vor 1850 auf ein Untersuchungsgebiet, das sich aus sechs Teilregionen zusammensetzt. Es sind dies: (1) elf Kirchspiele in Ostfriesland, (2) Hartum in der norddeutschen Tiefebene mit vier Gemeinden, (3) die hessische Schwalm mit elf Ortschaften, (4) neun Kirchspiele mit einer großen Zahl von Filialorten im Saarland, (5) Herrenberg in Württemberg mit sechs sowie (6) die badische Ortenau am Oberrhein mit zwölf Gemeinden (vgl. eine detaillierte Regionenbeschreibung bei Ines E. Kloke in: Imhof et al. 1990, 85-187; die Untersuchungsergebnisse im einzelnen tabellarisch und grafisch a. a. O., 189-464). Angaben aus der Zeit danach nehmen Bezug auf das Deutsche Reich, auf die frühere Bundesrepublik, auf die ehemalige DDR bzw. auf das vereinte Deutschland (das diesbezügliche tabellarische Material für 1855-1985 in: Scholz 1991).

Abbildung 3 zeigt realiter, was wir oben zwecks „richtigem Lesen" von historischen Lebenserwartungs-Durchschnitten im Geiste gefordert hatten: die Mitberücksichtigung der Sterbealters-Verteilung. Hier wurde eine Aufgliederung nach Alter und Geschlecht – links Männer, rechts Frauen – für fünf ausgewählte Zeiträume zwischen 1740 und heute vorgenommen, nämlich für die Jahrzehnte 1740-49 und 1840-49 sowie für die Jahre 1932, 1963 und 1989. In jeder Periode ergeben sämtliche Sterbefälle jeweils 100%. Die Querbalken umfassen stets Fünfjahresgruppen. Lediglich zuunterst sind die 0-1jährigen innerhalb der 0-5jährigen als Säuglingssterbefälle gesondert ausgewiesen. Außerdem ist die letzte Gruppe der über 85jährigen nach oben hin offen. Es können dort also auch Sterbefälle mitinbegriffen sein, die sich erst in einem Alter von 90, 95 oder 100 Jahren und mehr ereigneten.

Beginnen wir bei der Teilgrafik für 1740-49. Sie spiegelt die Sterbeverhältnisse vor zweieinhalb Jahrhunderten wider. Man braucht hier nicht lange hinzusehen, um die Fragwürdigkeit von Angaben über ein damaliges „durchschnittliches" Sterbealter oder eine „durchschnittliche" Lebenserwartung von – sagen wir auch nur vage – dreißig oder vierzig Jahren einzusehen. 31,1% aller Gestorbenen waren Knaben unter fünf Jahren, davon 18,6% unter einem Jahr. Bei den Mädchen waren es 26,3% und 15,0%. Insgesamt mußten im Jahrzehnt 1740-49 somit 57,5% aller Verstorbenen in Kindersärgen auf den Friedhof getragen werden. Was für eine grausige Leichen-Ernte!

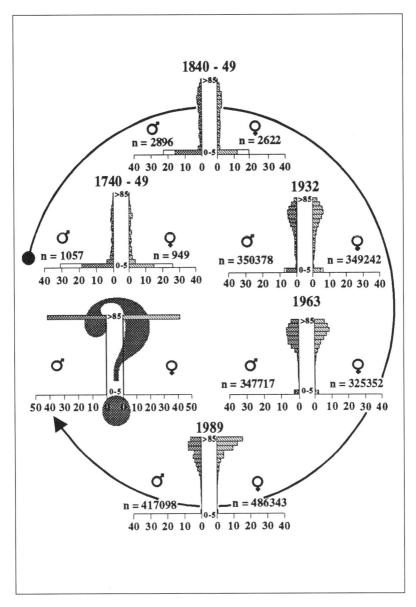

Abb. 3: Verteilung der Sterbefälle nach Alter und Geschlecht in Deutschland: früher – heute – und in Zukunft

Und wie verteilten sich die restlichen 42,5% Verstorbenen? Erwartungsgemäß ziemlich gleichmäßig auf alle übrigen Alter. Meist waren es zwischen einem und zwei Prozent pro Altersgruppe und Geschlecht. „Mitten wir im Leben/sind vom Tod umgeben". Diese manchem von uns noch heute geläufige Wendung ist jedoch nur eine unter vielen, die von jener damaligen Ungewißheit menschlicher Existenz zeugen, gleichgültig, ob sich jemand „in den besten Jahren" befand, ob davor, ob danach. Dutzende weiterer Wendungen fänden sich allein in der Bibel, allesamt Belege eines über die Jahrhunderte, ja Jahrtausende bestehenden deplorablen Zustands: „Plötzlich müssen die Leute sterben" (Hiob 34,20); „Lasset uns essen und trinken; wir sterben doch morgen!" (Jesaja 22,13); „Wahrlich, so wahr der Herr lebt und so wahr du lebst: es ist nur ein Schritt zwischen mir und dem Tode!" (1. Samuel 20,3); „Bedenke, daß der Tod nicht auf sich warten läßt und daß du keinen Vertrag mit dem Tod hast" (Sirach 14,12); „Denn meine Seele ist übervoll an Leiden, und mein Leben ist nahe dem Tode" (Psalm 88,4); „Darum wachet! Denn ihr wißt weder Tag noch Stunde" (Matthäus 25,13). Erst heute stimmt das so nicht mehr (zu Tod und Jenseits im Altertum vgl. verschiedene Beiträge in Binder/Effe 1991.)

Wie es in jenem gleichen Zeitraum zu einer Lebenstreppen-Ausgestaltung kommen konnte, die – zeichnerisch oder gereimt – die Menschen in aller Regel erst mit hundert Jahren ins Grab sinken ließ, ist mir als einem Historiker-Demographen unbegreiflich. Ob man darin eine Projektion von damals unerreichbaren Wunschvorstellungen sehen soll? Ein normierendes Gerüst? In unseren Tagen jedenfalls, in denen wir dem alten Ziel näher denn je sind, denkt niemand mehr an solche hundertjährigen Lebenstreppen. Ihre geschwundene Popularität könnte sehr wohl mit der Verdrängung eines wahrgewordenen Alptraums zusammenhängen (vgl. entsprechende Überlegungen bei Schuster 1992; zur Lebenstreppe immer noch Joerißen/Will 1983; in größerem Zusammenhang auch die einleitenden Kapitel in Conrad 1992b). Die Bibel war da jedenfalls weitaus realistischer: „Unser Leben währt siebzig Jahre, / und wenn es hoch kommt, sind es achtzig. Das Beste daran ist nur Mühsal und Beschwer, / rasch geht es vorbei, wir fliegen dahin" (Psalm 90,10). Für die mittelalterlich-frühneuzeitlichen Lebensalter-Konstrukte mit ihren gekünstelt formalen Dreier-, Vierer-, Fünfer-, Siebener-, Neuner-, Zehner-Unterteilungen (von hundert Jahren) hat ein weise gewordener Fachmann wie Peter Laslett denn auch nur Spott übrig: „How on earth can our ancestors possibly have believed in such a load of rubbish?" (Laslett in Achenbaum et al. 1987, 103).

Ein weiteres Jahrhundert verging, ohne daß sich Entscheidendes getan hätte. Die zweite Teilgrafik in der Abbildung 3 zeigt für das Jahrzehnt 1840-49 im Prinzip noch immer dieselbe Sterbealters-Verteilung wie 1740-49. Bei genauerem Hinsehen stellt man jedoch fest, wie sich bestimmte Dinge anzu-

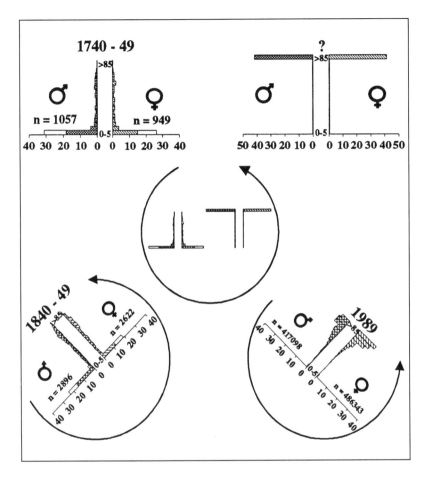

Abb. 4: Die Sterbealter auf den Kopf gestellt: Verteilung der Sterbefälle nach Alter und Geschlecht in Deutschland: früher – heute – und in Zukunft

bahnen beginnen. Zwar betreffen nach wie vor 41,6% aller Sterbefälle Kinder unter fünf Jahren (27,4% unter einem Jahr). Doch reichen diese Werte nicht mehr an die 57,4% (33,6%) von einhundert Jahren früher heran. Auf der Zuwachsseite machen sich, wenn auch noch zaghaft, die höheren Alter bemerkbar. 5,4% der Gestorbenen erreichten 60-65 Jahre; 5,5% wurden 65-70 und 5,0% 70-75 alt. Ein Jahrhundert zuvor lagen diese Ziffern noch bei 3,4%, 2,6% und 2,1%.

Da uns auch hier mehr die grundlegenden Abläufe und weniger die Details interessieren, können wir uns das Aufzählen weiterer Prozentwerte ersparen. Wer den Blick von einer Teilgrafik zur nächsten wandern läßt, stellt die sich dabei abzeichnenden fundamentalen Veränderungen von selber fest. Der Grafikfuß wird immer schmaler und verschwindet schließlich fast ganz: die jahrhundertealte Rolle der Säuglings- und Kleinkinder-Sterblichkeit hat ausgespielt. Kindersärge sind heute nur noch in seltenen Fällen gefragt. Wahrscheinlich werden sie ausschließlich auf Bestellung angefertigt. Seinerzeit mußten sie stets am Lager gehalten werden.

Mit dem Verschwinden des breiten Fußes wuchs in den Teilgrafiken zusehends ein Sterbealters-*Baum* heran. Vor allem im Verlauf unseres Jahrhunderts wurde seine Krone immer ausladender. Im letzten Bild – 1989 – zeichnet sich indes erneut eine Merkwürdigkeit ab. Wie vor 250 Jahren die unterste zeigt nun die oberste Altersgruppe (85+) für sich allein die breitesten Balken. 1989 erreichten im vereinten Deutschland 22,3% aller Gestorbenen ein Alter von 85 und mehr Jahren. In absoluten Zahlen ausgedrückt, befanden sich unter den insgesamt 903 441 damals Gestorbenen 201 773 Hochbetagte. – Obschon eine solch kopfstehende Sterbealters-Verteilung zuvor nie dagewesen war, endet die Abbildung 3 nicht mit 1989. Vielmehr geht die Pfeilspitze des Kreissegments bis zu einer jahreszahlenmäßig offenen letzten Teilgrafik weiter. Es ist mir durchaus bewußt, daß ich als Historiker beim Extrapolieren in die Zukunft vorsichtig zu sein habe. Es kann immer auch anders kommen. Aufgrund des 250jährigen kontinuierlichen Wandels, wie er sich in der Abbildung 3 für die Zeit zwischen 1740 und 1989 abzeichnet, scheint mir – bei allen Vorbehalten – eine gewisse Extrapolation jedoch gerechtfertigt. Ich möchte dies mit der Abbildung 4 verdeutlichen. Sie lehnt sich inhaltlich an Grafik 3 an.

Die nebeneinander gestellten Sterbealters-Verteilungen oben links und rechts repräsentieren die Anfangs- und Endpunkte einer Entwicklung. Sie wirken auf uns wie Spiegelbilder: die rechte Grafik für das Jahr x ist die auf den Kopf gestellte von 1740-49. Dazwischen vollzog sich, angedeutet durch die Teilgrafiken unten links und rechts sowie schematisch im Zentrum, sukzessive eine Drehung um 180 Grad.

Betrachten wir die Sterbealters-Verteilung unserer eigenen Tage in diesem langfristigen, von der Vergangenheit über die Gegenwart in die Zukunft reichenden Zusammenhang, dann will uns scheinen, daß die Entwicklung noch nicht an ihrem Ende angekommen ist. Sie wäre es, wenn der Sterbealters-Baum keine buschige Krone mehr aufwiese (wie noch für 1989), sondern oben eindeutig in einen T-Balken mündete (wie für das Jahr x eingezeichnet). Wissenschaftler diskutieren über eine solche – mögliche – Entwicklung schon seit Jahren. Am bekanntesten – und umstrittensten – wurden die Thesen der beiden Kalifornier James F. Fries und Lawrence M. Crapo aus den frühen 1980er Jahren. Sie sprachen von der „Rektangularisierung der Überlebenskurve" (Fries/Crapo 1981, zum Stand der Kritik vgl. verschiedene Beiträge bei Haan et al. 1991 sowie Anson 1992 und Manton/Suzman 1992). Damit ist gemeint, daß bei den aufeinander folgenden Generationen sukzessive immer weniger Angehörige einer Kohorte vorzeitig sterben. Oder anders ausgedrückt: sukzessive können immer mehr Menschen ihre biologische Lebenszeit zu Ende leben. Von 100 Geborenen werden 97, 98, 99, idealiter schließlich sämtliche einhundert – sagen wir – 85 Jahre alt. Erst dann fällt die zuvor waagrecht verlaufende Überlebenskurve steil, quasi rechtwinklig oder eben „rektangulär" ab. Praktisch alle Menschen sterben im gleichen hohen Alter.

Abb. 5: Lebensphasen heute – und in Zukunft?

Wieso „85 Jahre alt"? Oder 87 oder 90? Wer sagt denn, daß die kommenden Generationen dieselbe genetisch bedingte biologische Lebensspanne wie wir haben? Könnten in den nächsten Jahren oder Jahrzehnten nicht Forschungsdurchbrüche bevorstehen, die z. B. den genetisch vorprogrammierten Alterungsprozeß dramatisch verlangsamten? Nicht länger nur dieser oder jener Ausnahme-Mensch würde dann 120 oder 130 (?) Jahre alt, sondern die

„mittlere maximale Lebensspanne" *aller* Menschen würde sich auf diese Länge ausdehnen. Meine diesbezüglich angefertigte Abbildung 5 basiert auf entsprechenden neueren Publikationen der beiden Sozialwissenschaftler und Demographen Jacques Légaré und Michael Loriaux. Sie wiederum beziehen sich auf schon früher vorgelegte Arbeiten von R. L. Walford über „Maximum Life Span" (Légaré 1990, Loriaux 1991, Walford 1983; vgl. auch die Spezialbibliographie Bailey 1987 sowie Vallin 1993).

Jeder der vier großen Lebensphasen ist schematisch ein zusätzliches Jahrzehnt hinzugefügt. Während derzeit Kindheit/Jugend, junges Erwachsenenalter, reifes Alter und Alter je etwa zwanzig Lebensjahre umfassen, wären es dann je dreißig, beim Alter sogar um die vierzig Jahre. Entsprechend verschöben sich andere biologische Merkmale. Da die Menopause nicht länger schon mit etwa 50, sondern erst mit etwa 80 eintreten würde, könnten die Frauen natürlich auch bis dann Kinder bekommen (was reichlich Stoff für Phantasie liefert!). Und Alterskrankheiten machten sich in größerem Ausmaße nicht mehr ab etwa dem sechsten Lebensjahrzehnt bemerkbar, sondern erst ab dem elften. – Ich will mich hier weiterer Ausführungen enthalten. Wir kämen aus dem Debattieren und Spekulieren in verschiedenste Richtungen nicht mehr heraus: ob wir einen solchen Zustand überhaupt möchten, wer ihn bezahlen sollte, was wir mit den unendlich vielen Jahren (im Ruhestand?) anfangen würden?

Doch selbst wenn es nicht zu einer solchen Expansion kommen und die „mittlere maximale Lebensspanne" auch fernerhin bei etwa 85 bis 90 Jahren bleiben sollte: wer wäre hauptverantwortlich für zumindest eine weitere Rektangularisierung der Überlebenskurve? Noch immer sterben nicht wenige Menschen vor ihrer Zeit. So waren 1989 im vereinten Deutschland 4,5% aller Verstorbenen (=40 915 Personen) nicht älter als 55-60 Jahre und 9,1% (=82 112) auch bloß 65-70. Wer also müßte in Zukunft dafür sorgen, daß auch diese Lebensläufe erst zwischen 85 und 90 endeten? Die Betroffenen selbst, indem sie weniger rauchten, gesundheitsbewußter äßen, nur noch in Maßen tränken, sich mehr bewegten, disziplinierter Auto führen? Oder „die Gemeinschaft", indem sicherere Straßen und Autos gebaut, die Umweltverschmutzung drastisch reduziert, Lebensmittelzusätze noch schärfer unter die Lupe genommen, die Arbeitsplätze von Streß und Asbest befreit, der Drogenanbau durch rentablere Alternativkulturen ersetzt, Gesundheitsaufklärung teilnahmepflichtig und Vorsorgeuntersuchungen für obligatorisch erklärt würden? – Auf derlei Debatten soll hier nicht weiter eingegangen werden, zumal uns die Thematik im Zusammenhang mit späteren Grafiken (z. B. der Abbildung 15: „Rückgang der Sterblichkeit und Zunahme der Lebenserwartung – eine Verkettung von Ursachen") nochmals einholt.

So wie sich der Figurenteil 4 oben rechts jetzt präsentiert, liest er sich für das Jahr x wie folgt. Der abschließende T-Balken umfaßt sämtliche Gestorbenen,

48

die mindestens 85 Jahre alt wurden. Im Gegensatz zu allen unteren Alterssegmenten haben wir es hier somit nicht mit einer Fünfjahresgruppe zu tun. Sie ist, wie schon früher ausgeführt, gegen oben hin offen. Es können 90- und 95jährige ebenso gut dabei sein wie 100- oder 105jährige. Eine weitere Zunahme der gegenwärtigen „mittleren maximalen Lebensspanne" würde hier somit keinen Ausschlag ergeben, anders also, als bei einer Darstellung in Form von sich mehr und mehr ausbuchtenden Überlebenskurven (Fries/Crapo). Rechter und linker T-Balkenteil sind zudem gleich breit. Das würde darauf hindeuten, daß im Jahre x, im Gegensatz zu heute, gleich viele Männer wie Frauen ein Alter von mindestens 85 Jahren erreichten. 1989 waren im vereinten Deutschland 59 491 verstorbene Männer 85 Jahre und älter, dagegen 142 282 Frauen. Die T-Balken beider Geschlechter umfassen je

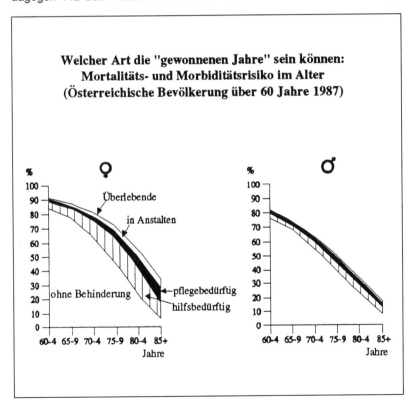

Abb. 6: Welcher Art sind die „gewonnenen Jahre"?: Mortalitäts- und Morbiditätsrisiko im Alter (am Beispiel der österreichischen Bevölkerung über 60 Jahre 1987)

41,5% der Gesamtsterbefälle. Die übrigen zwei Mal 8,5% verteilen sich genauso schematisch auf die zwei Mal 17 Fünfjahresgruppen Männer und Frauen von 0-5 bis 80-85 Jahre. Selbst unter optimalen Bedingungen werden die Menschen nie mit einer hundertprozentigen Lebensgarantie rechnen können, in welchem Alter sie auch immer stehen und welchem Geschlecht sie auch angehören mögen. Es gibt Unfälle, es gibt Suizide, es gibt Drogentote, es gibt neue Krankheiten, und seit Adams und Evas Zeiten gibt es Mord und Totschlag.

Nach all den Erörterungen über den Wandel im Mortalitätsbereich ist es an der Zeit, daß wir uns Gedanken über das Geschehen im verwandten Bereich der Morbidität machen. Vor lauter Euphorie über den Rückgang der Sterblichkeit und die Zunahme der Lebenserwartung übersehen wir diesbezügliche Zusammenhänge nur allzu gern – oder wir verdrängen sie, falls sie uns zu unangenehm sind. Der Titel von Abbildung 6 holt uns auf den Boden der Wirklichkeit zurück, indem er daran erinnert: „Welcher Art sind die ‚gewonnenen Jahre': Mortalitäts- und Morbiditätsrisiko im Alter". Ist der Gedankenanstoß erst einmal erfolgt, dürfte die Einsicht nicht lange auf sich warten lassen, daß die Entwicklung von Mortalität und Morbidität keineswegs im Gleichschritt erfolgen muß. In früheren Zeiten mochte eine Übereinstimmung eher gegeben gewesen sein. Damals machten die seuchenbildenden Infektionskrankheiten zwar jegliche menschliche Existenz zu einer mehr oder weniger *kurzen* Angelegenheit. Kurz war jedoch auch der Sterbeprozeß. Heute leben wir im allgemeinen zwar länger, doch häufig „sterben wir auch länger". Nachdem die Infektionskrankheiten besiegt sind, machen sich chronische Leiden über uns her und teilen das Todesursachenspektrum neu unter sich auf. Was ist – oder wäre – gewonnen, wenn wir hierbei bloß immer nur älter würden, das Eintreffen chronischer Gesundheitseinbußen, das Auftreten irreversibler Schäden, der Ausbruch bösartiger Neubildungen altersmäßig aber konstant bliebe? Ob dann nicht mancher der Alternative trotz allem den Vorzug gäbe und wieder mit dem seinerzeitigen Sterbemuster tauschen möchte?

Die Abbildung 6 ist einem Beitrag entnommen, den die beiden österreichischen Wissenschaftler Kytir und Münz am Berliner Symposium über „Die Zunahme der Lebenserwartung und ihre Folgen" 1991 vorlegten (publizierter Symposiumsbeitrag Kytir/Münz 1992b). Zusätzlich referierte damals der Berner Sozial- und Präventivmediziner Abelin über die analogen Verhältnisse in der Schweiz. Sein Titel lautete denn auch ähnlich: „Welcher Art ist das gewonnene Leben? Ein Beitrag zur Frage der Selbständigkeit und Abhängigkeit im Alter aufgrund einer schweizerischen Untersuchung" (Abelin 1992). Angesichts der dieser gesamten Thematik innewohnenden Brisanz ist es heute nur noch schwer vorstellbar, daß irgendeine Fachtagung auf dem Gebiet der „gewonnenen Jahre" ohne Diskussion über die mehr oder weniger divergierenden Entwicklungen von Mortalität und Morbidität auskommt. Entsprechend umfangreich ist die neuere Literatur dazu. Interessierte finden am Ende des Buches eine Reihe von relevanten neuen Titeln. Sie lauten etwa: „Lebensverlängerung und Morbidität" (Dahm 1992), „New Frontiers in Survival: The Length and Quality of Life" (Caselli/Egidi 1991), „Trading Off Longer Life for Worsening Health. The Expansion of Morbidity Hypothesis" (Olshansky et al. 1991), „Die demographische Entwicklung und deren Auswirkungen auf Pflege-, Hilfs- und Versorgungsbedürftigkeit" (Rückert 1989), „Mortality and Health Dynamics at Older Ages" (Myers 1989), oder – schon klassisch –: „L'espérance de vie sans incapacité à 65 ans: outil d'évaluation en santé publique" (Colvez/Robine 1983; Jean-Marie Robine von der Abteilung für „Epidémiologie, Vieillissement et Incapacités" am „Institut National de la Santé et de la Recherche Médicale" in Montpellier leitet die international sehr aktive Gruppe REVES = „Réseau Espérance de Vie en Santé / Network on Health Expectancy and Disability Process", vgl. Robine 1992 mitsamt dem dort angebrachten Hinweis, hierzu gehören u. a. auch Bisig et al. 1992 sowie Colvez 1992; vgl. ferner noch immer die seinerzeit grundlegenden Arbeiten von D. F. Sullivan 1971a und 1971b).

Die Abbildung 6 bezieht sich auf die über 60 Jahre alte Bevölkerung Österreichs in den 1980er Jahren. Wie üblich erreichten auch dort mehr Frauen (links, rund 90%) als Männer (rechts, rund 80%) ein solches Alter. Sieht man sich die „Rektangularisierung der Überlebenskurve" an, ist sie für Frauen gewiß ausgeprägter als für Männer, das heißt, daß Frauen auch jenseits des 60. Altersjahres länger am Leben bleiben als Männer. Aber damit sind die Aussagen der Grafikteile keineswegs erschöpft. Die diesbezüglich in der parallelen Schweizer Untersuchung nachzulesende Quintessenz ist augenöffnend genug, um nachdenklich zu machen. Denn wer (von uns Männern) hätte beim gegebenenfalls neidvollen Blick auf die größere Zahl von „gewonnenen Jahren" bei Frauen schon spontan daran gedacht, „daß offenbar der überwiegende Teil der bei Frauen gegenüber Männern erhöhten Lebenserwartung Jahre mit Aktivitätseinschränkung betrifft, so daß die behinderungsfreie Lebenserwartung bei beiden Geschlechtern etwa gleich groß ist" (Abelin 1992, 104; zur geschlechtsspezifisch unterschiedlichen Morbidität vgl. auch Siampos 1990, Helset 1991, Gijsbers van Wijk et al. 1992, Härtel 1988 sowie Richters et al. 1992; zu den „gender-related differences in morbidity and mortality" auch Sorensen 1990, Day 1991, Johansson 1991b, LaCroix et al. 1991, Pebley 1991, Pinnelli/Mancini 1991, Puentes-Markides 1992, Sundin 1992, Anson 1993, Arber/Ginn 1993, Johannisson 1993, Waldron 1993 sowie als erweiterten Hintergrund Hausen/Wunder 1992)? Nicht ganz so drastisch fällt das Bild bei Kytir und Münz aus. Doch geben auch ihre Kommentare zu denken: „Ausgangspunkt aller Überlegungen ist die Überlebenskurve, die hier für das Jahr 1987 den Prozentsatz der bis zum jeweiligen Alter noch lebenden Personen eines Geburtsjahrganges zeigt. Die darunterliegende Kurve veranschaulicht, wie groß der Prozentsatz der Anstaltsbevölkerung

(Volkszählung 1981) in den einzelnen Altersklassen ist. Die dritte Kurve ist die Pflegekurve. Sie veranschaulicht den Anteil derer, die nach den Ergebnissen des Mikrozensus 1987 in Privathaushalten lebten und von schweren funktionalen Behinderungen betroffen waren. Analog dazu veranschaulicht die innerste Kurve den Prozentsatz der funktional leichter behinderten, also der hilfsbedürftigen älteren Menschen. Die restliche Population sind Personen ohne funktionale Behinderungen. Schreibt man die Entwicklung der letzten 120 Jahre in die Zukunft fort, so läßt sich ein klarer Trend prognostizieren: Die Überlebenskurve nimmt immer mehr die Form eines Rechtecks an, und zwar deshalb, weil ein immer größerer Teil eines Geburtsjahres bis ins hohe Alter überlebt. Erst dann steigt die Sterbewahrscheinlichkeit stark an, und die Zahl der Überlebenden sinkt rasch.

Zu fragen ist nun, ob und in welchem Ausmaß die Hilfs- und Pflegebedürftigkeit diesem Muster folgt. Vor allem im anglo-amerikanischen Raum wird die Diskussion über diese Fragen schon seit geraumer Zeit geführt, ohne daß sich befriedigende Antworten abzeichnen. Im Laufe der Debatte haben sich zwei völlig gegensätzliche Standpunkte herausgebildet. Anhand der von uns analysierten Daten lassen sich die konträren Positionen gut nachvollziehen.

Kommt es auch in den unterhalb der Mortalität liegenden Bereichen zu einer Rektangularisierung, so werden die Pflegequoten – sieht man von der alleroberste Altersklasse ab – in Zukunft sinken. Die Alten der Zukunft würden gesünder, seltener morbid und damit zu einem geringeren Ausmaß von funktionalen Behinderungen betroffen sein als die Alten von heute. Diese längere Phase eines gesunden Lebens wäre, so der eine Standpunkt, die primäre Ursache einer weiterhin deutlich steigenden Lebenserwartung. Morbidität und Pflegebedürftigkeit würden unter dieser Bedingung auch in Zukunft auf das hohe Alter konzentriert bleiben.

Die Vertreter der Gegenposition gehen davon aus, daß sich die Diskrepanz zwischen steigender Lebenserwartung und der Phase des gesunden Lebens vergrößern wird. Denn gerade durch die Fortschritte der Medizin bei der Behandlung akuter, unmittelbar lebensbedrohender Krankheiten vergrößerte sich die Häufigkeit späterer chronisch-degenerativer Leiden. Mit dem Zurückdrängen des Sterbens vor der Zeit und dem zunehmenden Einsatz lebensverlängernder medizinischer Maßnahmen könnte eine Verlängerung der Pflegephase vor dem Tod verbunden sein. Wir hätten dann zwar zusätzliche Lebensjahre gewonnen; aber der Preis wäre eine hohe Abhängigkeit von medizinischer Dauerintervention und eine geringere Lebensqualität im letzten Lebensabschnitt. Die Pflegeproblematik würde sich damit in Zukunft gerade wegen einer durch Intensivpflege erhöhten Lebenserwartung verschärfen" (Kytir/Münz 1992b, 97-99).

Vor allem die beiden Amerikaner George Alter und James C. Riley erinnern in diesem Zusammenhang immer wieder daran, daß medizinische Interventionen, denen wir im Verlauf unseres Lebens von Zeit zu Zeit ausgesetzt sind, keineswegs spurlos an uns vorbeigehen. Sie prägten dafür den Ausdruck „Insult accumulation": „Rising life expectancy means not only that a higher proportion of the original cohort survives to each older age, but also that a higher proportion of survivors will be relatively frail" (Alter/Riley 1989, 31-32). Riley nennt sie „the new survivors": „[They] are the people who live longer in the lower mortality regime than they would have lived in the higher mortality regime" (Riley 1990a, 175). So kommt er denn auch zum Schluß, daß „there have been two health transitions, and they have moved in inverse directions" (Riley 1990a, 185; entsprechend betitelte er die Studie mit „Long-term morbidity and mortality trends: inverse health transition").

Anschließend an ihre demographischen Darlegungen kommen Josef Kytir und Rainer Münz auf die damit verbundenen menschlichen Aspekte zu sprechen: „Auch bei generell sinkender Morbidität geraten wir im höheren Alter in eine letzte Lebensphase, in der das individuelle Risiko, zum Pflegefall zu werden, immer größer wird. Offen bleibt die Frage, wer sich um die Pflegefälle von morgen kümmern wird. Gewiß ist, daß künftig in Österreich mehr alte Menschen leben werden als heute. Wir wissen somit, daß die Zahl derer stark anwachsen wird, die dem Risiko ausgesetzt sein werden, im Alter pflegebedürftig zu sein. Heute erfolgt Pflege im Regelfall in der Familie. Zukünftig werden ältere Menschen aufgrund steigender Scheidungsraten und verringerter Kinderzahlen weniger nahe Verwandte haben als die Alten von heute. Absehbar ist eine wachsende Zahl alter 'Singles' ohne unmittelbare Angehörige. Ihnen bleiben, wenn sie im Alter zu Pflegefällen werden, nur drei Alternativen: das Heim, mobile Pflege- und Sozialdienste oder der Aufbau eines tragfähigen sozialen Netzes, das die Familie ersetzen kann" (Symposiumsbeitrag Kytir/Münz 1992b, 101; vgl. ferner den von Kytir/Münz im gleichen Jahr herausgegebenen Sammelband „Alter und Pflege" [=Kytir/Münz 1992a], außerdem etwa Geuß 1990 oder Kurbjuweit 1991 im Vergleich z. B. zu Brög et al. 1980, Dieck 1987 oder Rückert 1989).

Abelin zeigt sich in seiner Schweizer Studie zwar ähnlich skeptisch gegenüber blauäugiger „Familien"-Nostalgie, schlägt dann allerdings einen „Alternativ"-Ton an, der aufhorchen läßt: „Ob die von vielen herbeigesehnte Rückkehr zu vermehrter Betreuung hilfebedürftiger Betagter durch ihre Familien eine realistische Lösung darstellt, bleibt abzuwarten. Doch auch andere Möglichkeiten wie etwa eine allgemeine Zivildienstpflicht [für Männer *und* Frauen] als Alternative zur Militärdienstpflicht stehen zur Diskussion" (Abelin 1992, 115; der letzte Punkt wird noch entschiedener vertreten bei Fahrländer 1991 und 1992a/b).

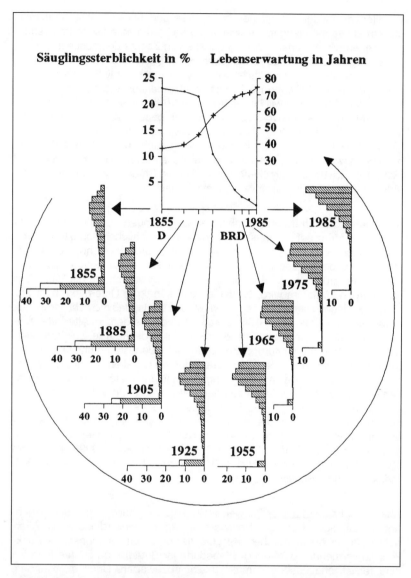

Abb. 7: Rückgang der Säuglingssterblichkeit, Zunahme der Lebenserwartung sowie prozentuale Verteilung der Sterbefälle auf die verschiedenen Altersgruppen, beide Geschlechter gemeinsam, in Deutschland 1855–1985 (berechnet nach den Periodentafeln)

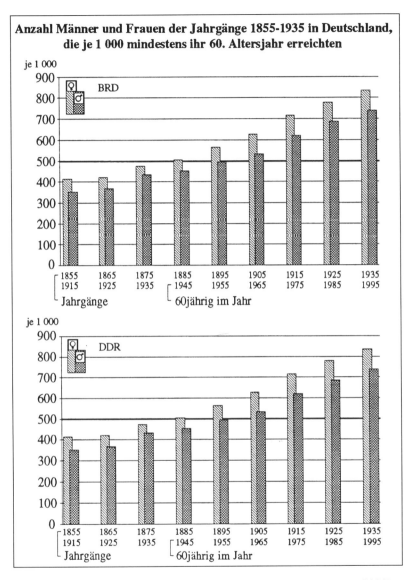

Abb. 8: Das massenhafte Dritte Alter: eine junge Erscheinung! – Anzahl Männer und Frauen der Jahrgänge 1855–1935 in Deutschland (in den jeweiligen Grenzen, Deutsches Reich und nach dem Zweiten Weltkrieg BRD und DDR), die je 1 000 ihrer Altersgruppe das 60. Lebensjahr erreichten

Kommen wir nach diesen, vor zu großer Euphorie warnenden Gedankenanstößen auf den Wandel in der *Sterbealters*-Verteilung während der letzten hundert Jahre in Deutschland zurück. Die Abbildung 7 weicht insofern von den früheren Darstellungen ab, als hier die Altersgruppen-Segmente für beide Geschlechter zusammengefaßt sind und nach links weisen. Läßt man den Blick chronologisch von einer Teilgrafik zur nächsten wandern, erhält man den Eindruck eines harmonisch verlaufenden sukzessiven Wandels. Der Fuß der Säuglings- und Kleinkindersterblichkeit wird immer kleiner, der Zugewinn in höherem Alter größer. Zieht man jedoch die angegebenen Zeitpunkte mit in Betracht, stellt man fest, daß im Laufe der Zeit eine Beschleunigung des Wandels stattgefunden hat. Am Anfang liegen die gewählten Jahre dreimal so weit auseinander wie am Schluß: 1855–1885–1905–1925–1955 –1965–1975–1985. Dieser Sachverhalt kommt in der Teilgrafik ganz oben noch deutlicher zum Ausdruck. Dort entspricht die Zeitachse linear dem Ablauf von 1855 bis 1985. Die beiden Kurvenverläufe zeichnen einerseits den Rückgang der Säuglingssterblichkeit von 23,0% im Jahre 1855 auf 0,8% 1985 und andererseits die Zunahme der Lebenserwartung von 37,2 auf 74,6 Jahre nach. Hier wird deutlich, daß sich beide Werte noch während der ganzen zweiten Hälfte des 19. Jahrhunderts relativ geringfügig änderten. Erst in unserem Jahrhundert überstürzten sich die Entwicklungen im einen wie im anderen Fall.

Eine der meist zu wenig bedachten Folgen in diesem Zusammenhang kommt in der Abbildung 8 zum Ausdruck. Eingetragen ist für das Gebiet des Deutschen Reichs, der ehemaligen BRD (oben) und DDR (unten) der Zeitpunkt, zu welchem die zwischen 1855 und 1935 geborenen Generationen mindestens zur Hälfte ihr sechzigstes Lebensjahr erreichten. Wie ersichtlich erfolgte in beiden Regionen ein deutlicher Durchbruch nicht vor 1955 (Frauen) bzw. 1965 (Männer). Auf deren Geburtsjahrgänge zurückberechnet meint das somit die Frauen ab den Jahren 1895 und die Männer ab 1905. Hieraus folgt nun nicht nur, daß der massenhafte Durchbruch des Dritten Alters – setzen wir es einmal generell mit 60 Jahren an – eine junge, eine Nachkriegs-Erscheinung ist, sondern es heißt auch, daß dessen Zustandekommen im wesentlichen auf dem Lebenswerk von Generationen beruht, deren früheste kurz vor oder um die Jahrhundertwende und deren späteste gegen Ende der Zwischenkriegszeit geboren wurden. Oder zugespitzt formuliert: es sind die Generationen des Ersten Weltkriegs sowie der Weltwirtschaftskrise, die uns den Wohlstand brachten; es sind die Trümmerfrauen, die uns das Schlaraffenland bescherten – und mit Schlaraffenland und Wohlstand verbunden die Zunahme der Lebenserwartung sowie stets bessere Aussichten auf immer mehr Jahre im Dritten Alter.

Und was sind hierbei „die zu wenig bedachten Folgen"? Kehren wir für einen Augenblick an den Anfang des Kapitels zurück. Dort hieß es: „Unsere Medien quellen über von Themen aus diesem Umfeld [des Alter(n)s], ganz zu schweigen von dem Bücher- und Zeitschriftenmarkt". Ich frage nun: wer sind diese Medienleute, die sich zu Hauf über das Alter(n) hermachen? Wer die Autoren von Büchern und Zeitschriftenartikeln? Ich frage nach *deren* Alter. Die allerwenigsten unter ihnen reden, schreiben, diskutieren aus eigener Erfahrung. Vielmehr gehört der Großteil dem Zweiten Alter an, dies schon deshalb, weil die meisten ihren diesbezüglichen Aktivitäten professionell nachgehen. Es sind Medienfachleute, Politiker, Spezialisten aus den unterschiedlichsten wissenschaftlichen Sparten, alle in den besten Jahren, mitten im Berufsleben stehend.

Müßte uns diese Einsicht nicht mit Unbehagen erfüllen? Wie kommen diese Jüngeren dazu, über all die Älteren zu befinden, ihnen „gute Ratschläge" erteilen zu wollen, wenn nicht gar ihnen Vorschriften zu machen, was sie zu tun und was zu lassen hätten? Waren nicht sie – die Älteren – es selbst, die mit ihrem Lebenswerk, wie wir eben feststellten, dem Dritten Alter zum Durchbruch verhalfen? Wir Nachgeborenen (mich als Angehöriger des Jahrgangs 1939 inbegriffen) sind nur noch Aufrechterhalter des neugewonnenen Zustands, sind Nutznießer der verlängerten Lebenszeit.

Erneut möchte ich einen hierüber nachdenklich gewordenen Referenten am Berliner Symposium von Ende 1991 zu Wort kommen lassen, den Zürcher Sozialpädagogen Heinrich Tuggener (Jahrgang 1924): „Ich gestehe, daß ich mit Blick auf den zeitlich markant verlängerten Lebenslauf des Menschen am Ende des 20. und kurz vor Beginn des 21. Jahrhunderts entschieden Hemmungen habe, diese vergrößerte Lebensspanne noch als focus paedagogicus zu sehen". Skrupel regten sich in ihm allerdings nicht nur, weil „das seit rund zweitausend Jahren bestehende und für alle Pädagogik als konstitutiv gehaltene Grundverhältnis des Altersgefälles [Ältere lehren Jüngere] ins Gegenteil verkehrt wird. Der Erwachsenenbildner und zumal jener, der sich mit alten Leuten befaßt, ist an Sachkompetenz überlegen, an Lebenserfahrung sicher und an Lebensklugheit großer Wahrscheinlichkeit nach ärmer". Wichtiger noch schien ihm: „Ich komme in diesem Zusammenhang nicht von der Vermutung los, daß gerade die gestreckte Lebensspanne und insbesondere die Bestrebungen, immer mehr Leute zu einer aktiven Gestaltung des nachberuflichen Lebens hinzuführen, gelegentlich von der Tatsache des Endes abzulenken vermögen. Jenen, denen mit dem Ausblick auf jenseitige Erfahrungen keine innere Ruhe mehr verschafft werden kann, werden wir Wege zum heiter gelassenen Dasein angesichts sich täglich verknappender Zukunft erschließen müssen" (Tuggener 1992, 231-233).

Sehr viel schärfer reagierte im gleichen Zusammenhang ein anderer Vertreter meiner Zunft: der Brite Peter Laslett, Fellow of Trinity College Cambridge sowie Fellow of the British Academy und 1964 gemeinsam mit Anthony Wrigley

Gründer der mittlerweile weltberühmten „Cambridge Group for the History of Population and Social Structure". Da am gleichen Symposium die dezidierten Stellungnahmen des Engländers ebenfalls erörtert wurden, findet sich die folgende Passage, eingebettet in einen größeren Gesamtzusammenhang, in der Einleitung zum Tagungsband wieder: „1989 erschien Peter Lasletts Monographie ‚A Fresh Map of Life. The Emergence of the Third Age'. Der Autor, Jahrgang 1915 und damals also 74jährig, ist gewiß einer der profiliertesten und einflußreichsten Historiker-Demographen und historischen Sozialwissenschaftler der letzten Jahrzehnte. 1984 initiierte er, ebenfalls in Cambridge, eine ‚Research Unit on Ageing', nachdem er schon zu Beginn der 1980er Jahre die ‚University of the Third Age' gründen half. Wie manch andere Sozialhistoriker und Historiker- Demographen verdanke ich Peter Laslett, mit dem ich seit Jahren freundschaftlich verbunden bin, außerordentlich viel an Anregungen und Ermunterungen. Und doch unterscheiden wir uns in einigen prinzipiellen Aspekten grundlegend. Ich erwähne dies hier nicht, um irgendwelche persönlichen Beziehungen zu offenbaren, sondern um aufzuzeigen, wie sehr es auf das *eigene* Alter eines jeden Historikers ankommt, der in unseren Tagen zum Thema Alter Stellung nimmt. Peter Laslett gehört dem Dritten Alter an, ich selbst dem Zweiten. Als erstes fällt auf, daß er eine Gliederung in ein Drittes und ein Viertes Alter in der mittlerweile vielfach üblichen Weise nicht gelten lassen will, wonach beide je etwa hälftig zuerst die besseren und dann die weniger guten Jahre des späten Lebens umfassen. Nach ihm sollte das Dritte Alter möglichst *nur* aus guten Jahren bestehen. Das Vierte Alter, das es in seiner Terminologie zwar auch gibt, meint bei ihm ausschließlich die letzte Lebensphase, gekennzeichnet durch völlige Abhängigkeit aus Altersschwäche: ‚The Fourth Age of true dependency and decrepitude' [Laslett 1989, VII]. Entsprechend kurz sollte diese Spanne ausfallen: ‚Final illness – terminal morbidity – will tend to become compressed within that concluding interlude, that is within our Fourth Age' [a. a. O., 57; andere bezeichnen dieses Laslett'sche „Fourth Age" als Fünftes Alter, während sie die vorangehende Unterteilung in Drittes und Viertes Alter beibehalten; so spricht Loriaux von einer ‚concentration des maladies dégénératives de la vieillesse et des incapacités les plus débilitantes sur une petite période de la vieillesse, à la fin d'un cinquième âge assez bref', Loriaux 1991, 23].

Diese andere Sicht auf das Dritte (und Vierte) Alter hat sehr viel mit der Grundeinstellung des Briten zu tun. Laslett – wie erwähnt Mitbegründer der ‚University for the Third Age' – ist angetreten, um diese Lebensphase aufzuwerten, dies nicht zuletzt mit Hilfe des genannten Buches. Verständlicherweise möchte er das Dritte Alter durch möglichst wenig Negatives beeinträchtigt sehen. Da konnte ihm die These der Kalifornier Fries und Crapo von der ‚Rectangularization of the Survival Curve' und der ihrer Meinung nach damit einhergehenden ‚Compression of morbidity' nur gelegen kommen [Fries/Crapo 1981]. Vor allem aber gehört Laslett jenem Dritten Alter seit Jahren selber an. Schon im ersten Satz der Einleitung betont er: ‚This book on ageing belongs wholly to the later life of its author' [Laslett 1989, VI]. Er zählt sich selbst zu jener Generation, die das Dritte Alter als Massenphänomen herbeigeführt haben: ‚Those who have recently retired from careers in medicine, social services and administration have made the greatest contribution to the rise in expectation of life, and thus have helped to bring the Third Age into being' [a. a. O., 196]. Sie waren in ihren eigenen ‚besten Jahren' des Zweiten Alters dermaßen hiermit beschäftigt, daß ihnen für anderes, insbesondere eine Vorbereitung auf das Dritte Alter, gar keine Zeit blieb: ‚The elderly of our time and in our country, or most of them at least, have been singularly badly prepared for the challenge which has ensued. They have neither the position, the power, the educational advantages, or the money and the means to do what they might wish' [a. a. O., 197]. Jetzt, wo sie endlich von ihren Alltagsverpflichtungen weitgehend befreit seien, wäre es nach Laslett nicht mehr als recht und billig, daß sie selbst bestimmten, was sie tun und was sie lassen wollten. Niemand hätte das Recht, ihnen hierbei Vorschriften zu machen. Mehr noch: ‚It is the duty of the elderly to work out and maintain a code of theory and practice in this matter, in consultation with their juniors and with professionals who will carry out the action, but final responsibility should be reserved to themselves. It is inequitable to leave this issue entirely to the younger generation and to medical men, as seems to be the present situation. The creation of such a code is the duty of such institutions as the University of the Third Age' [a. a. O., 198]. Dies betrifft ausdrücklich auch: ‚An even more conspicuous example of their duties which are also their rights can be illustrated by euthanasia – the purposeful ending of life when that is necessary' [a. a. O., 198]. Man mag unter dem im Englischen weniger diskreditierten Begriff Euthanasie, dem ‚leichten Sterben', einerseits zwar ‚Sterbehilfe' verstehen, andererseits aber auch das Recht, seinem eigenen Leben durch Suizid ein Ende zu setzen, ohne im nachhinein von der Umgebung dafür gebrandmarkt zu werden.

Nachdem er auf diese Weise vorerst sozusagen Freiraum für das Dritte Alter geschaffen hat, sieht Laslett durchaus konkrete Aufgaben für die Angehörigen dieses Alters: 'Growing older does not absolve a person from responsibility, certainly not responsibility for the social future. It could be claimed, in fact, that many more duties of older people go forward in time than is the case in those who are younger. This follows from the fact that they owe less to their own individual futures – now comparatively short – and more to the future of others – all others. It is those who have lived longest who have done the most to bring about the situation which is experienced at any one time. In shouldering their responsibilities for that current situation, older people will do all they can to ensure the future is as good as it can be. In this the elderly of any society can be said to be *trustees* for the future' [a. a. O., 196]. Als gutes Beispiel für eine solche Treuhandschaft nennt Laslett die Pflege und

Weitergabe traditioneller kunstgewerblicher Fertigkeiten, für die das Zweite Alter weder die Zeit habe, noch dafür bezahlt werden könnte. Dasselbe trifft zu auf 'the maintenance of the cultural life of our country: Having time to read poetry, or to write it; to look at pictures, or to paint them; to go to concerts, or to play an instrument; to do these things at leisure – at an unhurried pace – is the essence of self-cultivation and of social cultivation too' [a. a. O., 201]. Und als Quintessenz: 'Those in the Third Age could come to be exponents, advancers, indeed practitioners of the humanities. Time, or leisure rather – and a means to use it – has ceased to be the monopoly of an élite. It is becoming a commodity of millions of our citizens, our elderly citizens, those in the Third Age' [a. a. O., 202].

So schreibt ein Historiker und Historiker-Demograph, der selbst bereits im Dritten Alter steht, der nicht nur miterlebt hat, wie es zustande gekommen ist, sondern als Angehöriger der um oder kurz nach der Jahrhundertwende geborenen Generationen auch wesentlich zu dessen massenhaften Ausbreitung beigetragen hat und der nun frustiert nicht nur die vielen unvorteilhaften Stereotypen über das Dritte Alter zur Kenntnis nehmen muß, sondern ebenso, daß andere, allermeist noch im Zweiten Alter Stehende wie ganz selbstverständlich für sich in Anspruch nehmen, auch über das Dritte Alter das Sagen zu haben. Nach Laslett ist dies eine Anmaßung sondergleichen: 'Die sollen sich bloß unterstehen!' So kehrt er denn den Spieß um und plädiert für eine völlige Selbstgestaltung, mitinbegriffen die starke Betonung eigener Verantwortlichkeiten. 'A Fresh Map of Life' ist ein Buch über das Dritte Alter, geschrieben von jemandem im Dritten Alter, für Angehörige des Dritten Alters – gemeint und aufzufassen auch als Warnung an andere, sich da ungebeten einzumischen.

So sehr ich prinzipielles Verständnis für das Anliegen von Laslett habe und ihm hier deshalb auch Platz für ein Plädoyer mit einer Reihe eigener Zitate eingeräumt habe, so geht mein eigenes Anliegen – auch in und mit diesem Buch – doch in eine andere Richtung. Wenn es nicht so überheblich klänge, würde ich sagen, daß es weit über dasjenige von Laslett hinausgehe. Für mich, wie für alle von uns, die wir im Zweiten Alter stehen, meint das Thema 'Zunahme der Lebenserwartung' bereits nicht mehr, wie noch für den Briten, vor allem 'Emergence of the Third Age'. Für uns ist die massenhafte Existenz des Dritten Alters ein Faktum. Wir sind damit aufgewachsen, ohne selbst viel dazu beigetragen zu haben. Für diejenigen, die wir im späten Zweiten Alter stehen, sind die vielen guten Jahre eine Selbstverständlichkeit. Dies trifft für die jetzt Vierzig- und Fünfzigjährigen sogar noch mehr zu als für jene, die erst in jüngster Zeit ins Zweite Alter hinzugestoßen sind und deren Zukunft möglicherweise nicht mehr gleichermaßen glatt verlaufen könnte, wie das im Hinblick auf unsere eigene Etablierung der Fall war" (Imhof [1992b], 21-23, z. T. modifiziert).

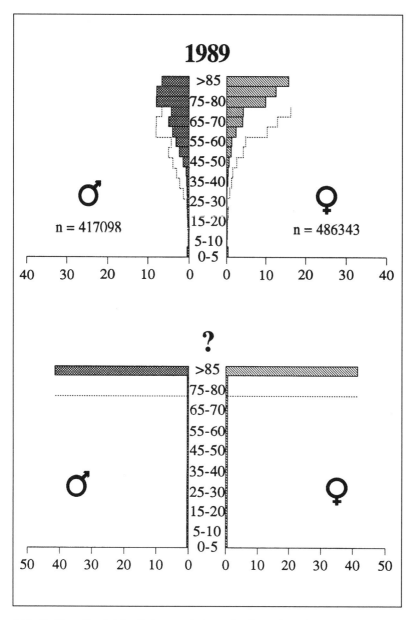

Abb. 9: Allen die gleiche Ruhestandsdauer (z. B. 10 Jahre)

Wenn wir uns aber als Angehörige des Zweiten Alters nicht länger auf das Entstehen des Dritten Alters als neues Massenphänomen im Laslett'schen Sinne konzentrieren müssen und deshalb auch nicht, wie er mit seinem Buch-Plädoyer, nach den besten Ad-hoc-Lösungen für die daraus erwachsenen Probleme zu suchen haben, sondern nunmehr auch grundlegende, längerfristige Anpassungsstrategien diskutieren können – und sollten! -, dann gelangen wir bald zu Themen, wie sie in den folgenden Buchabschnitten erörtert werden. Sie alle sind geprägt vom Konzept des Lebensplans. Damit meine ich, ein nunmehr sehr wahrscheinlich langes Leben ab dem frühen Erwachsenenalter systematisch auszufüllen. Vor diesem Hintergrund wird klar, daß ich mich als Zugehöriger des Zweiten Alters sowie als ein im Berufsleben stehender Hochschullehrer mit meiner Botschaft nicht – jedenfalls nicht in erster Linie – an Angehörige des Dritten oder gar des Vierten Alters wende, sondern an diejenigen, die ich professionell zu unterrichten und auszubilden habe, nämlich die nachfolgende(n) Generation(en). Damit aber gerät das vom Pädagogen Tuggener angesprochene „seit rund zweitausend Jahren bestehende und für alle Pädagogik als konstitutiv gehaltene Grundverhältnis des Altersgefälles [Ältere lehren Jüngere]" wieder ins rechte Lot. Wenn mir darüber hinaus Ältere ebenfalls zuhören wollen oder sie Gefallen an meinen Publikationen finden, habe ich dagegen natürlich nichts einzuwenden. Nur maße ich mir nicht an, ihnen „gute Ratschläge" erteilen zu wollen.

Die Abbildung 9 bezieht sich ein letztes Mal auf die unterschiedliche Sterbealters-Verteilung „heute" (1989) und „in Zukunft" (im Jahr x). Die daran geknüpfte Frage lautet, wie gerechtfertigt bzw. gerecht ein einheitliches Renteneintrittsalter ist. Und zwar selbst heute noch, geschweige denn in den verflossenen Jahren und Jahrzehnten, als auch die mittleren und jüngeren Generationen noch viel stärker von Sterbefällen betroffen waren. Die Frage drängt sich hier vor allem deshalb auf, weil die Sterbealters*verteilung* im Jahr 1989 mit einem praktisch *einheitlichen* Sterbealter (fiktiv 85-90 Jahre) in Zukunft verglichen wird. Wäre es nicht eigentlich erst zu jenem künftigen Zeitpunkt gerecht(fertigt), daß alle Menschen im gleichen Alter in Rente gingen? Wenn jedem Rentner mindestens zehn Ruhestandsjahre vergönnt sein sollten, läge das generelle Renteneintrittsalter rückberechnet bei 75. Sollten es mindestens fünfzehn oder zwanzig sein, dann bei 70 oder 65. Tun wir heute jedoch dasselbe und setzen dafür den 65. Geburtstag fest, dann ist das administrativ zwar einfach zu handhaben, doch angesichts der nach wie vor bestehenden Sterbealters-Streuung schwerlich gerecht(fertigt). Während dem einen auf diese Weise zwei Ruhestandsjahre vergönnt sein mögen, so dem anderen vielleicht fünf oder zehn oder zwanzig. Und wer im Berufsleben stirbt, geht ganz leer aus. Um hier etwas mehr Gerechtigkeit walten zu lassen, müßte in Rechnung gezogen werden, daß unterschiedliche Berufsgruppen unterschiedliche Sterbealter haben, genauso, wie dies auf unterschiedliche Sozialschichten, die beiden Geschlechter oder die verschiedenen Zivilstandsgruppen zutrifft. Entsprechende Kenntnisse sind durchaus vorhanden. Ich denke an Studien wie „Sterblichkeit nach dem Familienstand" (Gärtner 1990, vgl. auch Ewbank 1990 sowie Wyke/Ford 1992), „Differentielle Sterblichkeit nach Berufen" (Linke 1990) oder an die fünf Beiträge im Kapitel „Les vieillesses inégales" (in Surault et al. 1990). Die vorliegenden Grafiken betreffen *Menschen*, nicht Zahlen. Wenn zum Beispiel Akademiker im allgemeinen schon weniger Probleme haben, ihre Jahre im Ruhestand mit Inhalt zu füllen, so sollten es für weniger privilegierte Schichten zumindest quantitativ gleich viele Ruhestands-Jahre sein. Oder wie es der Kanadier Jacques Légaré, selbst Universitäts-Professor, formulierte: „L'ouvrier qui travaille à la mine devrait pouvoir jouir de la même perspective de retraite que le professeur d'université" (Légaré 1990, 215).

Mit den Abbildungen 10-14 wende ich mich zeitlich jenem Bereich zu, der normalerweise im Mittelpunkt des Interesses von Soziologen, Psychologen, Epidemiologen, Gerontologen, Wirtschaftswissenschaftlern, Politikern wie überhaupt der meisten Zeitgenossen steht: die unmittelbare Vergangenheit und die unmittelbare Zukunft. Konkret meint das die drei Jahrzehnte vor und die drei Jahrzehnte nach 1990, insgesamt also die sechzig Jahre zwischen 1960 und 2020. Auch räumlich ist die Aktualität gegeben. Alle fünf Abbildungen beziehen sich auf die Europäische Zwölfergemeinschaft (EUR 12), das heißt Belgien (B), Dänemark (DK), Deutschland (D; generell noch bezogen auf das Gebiet der ehemaligen BRD), Griechenland (GR), Spanien (E), Frankreich (F), Irland (IRL), Italien (I), Luxemburg (L), die Niederlande (NL), Portugal (P) und Großbritannien (UK). Zu Beginn des Jahres 1991 lebten in diesem Raum 345 Millionen Menschen, im vereinten Deutschland allein 79,7 Millionen (EUROSTAT 1991c).

Was in den Grafiken die Entwicklung in die Zukunft betrifft, so zeigen die demographischen Variablen stets zwei Varianten. Sie basieren auf den sogenannten „Long term population scenarios for the European Community, 1990-2020", die das in Luxemburg ansässige Statistische Büro der Europäischen Gemeinschaft entwickelt hat (EUROSTAT 1991b). Dabei gehen die Szenarien „hoch" bzw. „niedrig" von unterschiedlichen Annahmen für die Fruchtbarkeit, die Sterblichkeit (und damit die Lebenserwartung) sowie das Wanderungs-Saldo im Raum der Zwölfergemeinschaft aus. „Hoch" rechnet mit einer Geburtenrate von durchschnittlich zwei Kindern je Frau, einer kontinuierlichen Zunahme der Lebenserwartung während der gesamten drei Jahrzehnte sowie einer Netto-Einwanderung von jährlich etwa 750 000 Menschen. „Niedrig" meint dagegen nur 1,5 Kinder, einen bescheidenen Anstieg der Lebenserwartung noch während der 1990er Jahre mit anschließender Stagnation sowie eine jährliche Netto-Immigration von etwa 250 000 Personen. Je nach Vorgabe fällt dann nicht nur die Größe der Bevölkerung insgesamt unterschiedlich aus, sondern auch der jeweilige Anteil der verschiedenen Altersgruppen.

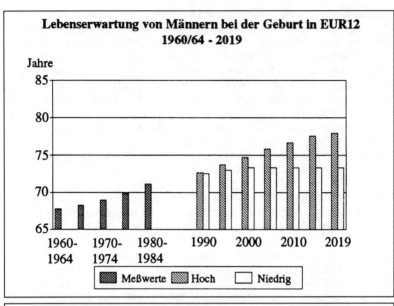

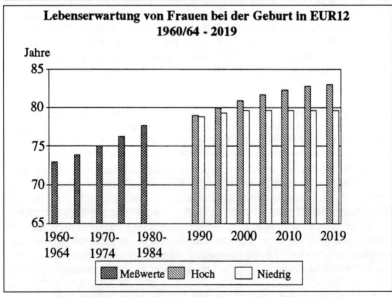

Abb. 10: Lebenserwartung von Männern und Frauen bei der Geburt in der Europäischen Gemeinschaft der Zwölf (= EUR12), 1960/64 – 2019

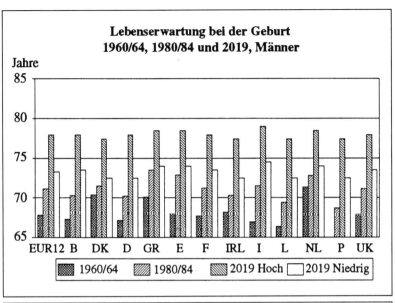

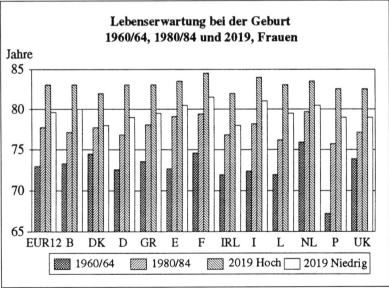

Abb. 11: Lebenserwartung von Männern und Frauen bei der Geburt in den Ländern der Europäischen Gemeinschaft der Zwölf (= EUR12), 1960/94 – 2019

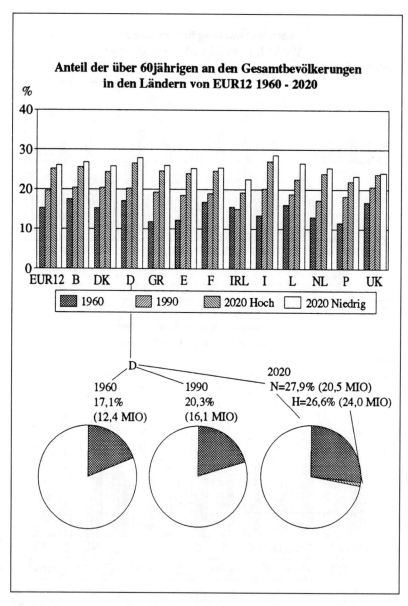

Abb. 12: Anteil der über 60jährigen an den Gesamtbevölkerungen in den Ländern der Europäischen Gemeinschaft der Zwölf (= EUR12), 1960 – 2020

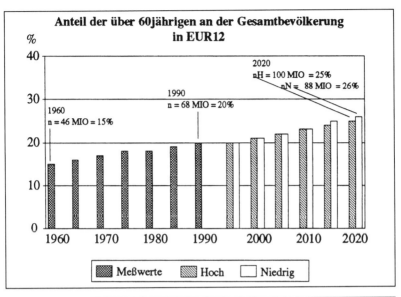

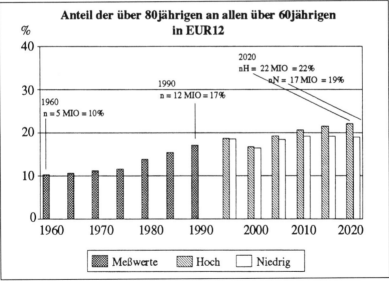

Abb. 13: Anteil der über 60jährigen an der Gesamtbevölkerung (oben) sowie Anteil der über 80jährigen an allen über 60jährigen (unten) in der Europäischen Gemeinschaft der Zwölf (= EUR12), 1960/64 – 2020

Die Grafiken geben der Reihe nach folgende Entwicklungen wieder: Abbildung 10 die Gesamtlebenserwartung von Männern (oben) und Frauen (unten) in der Europäischen Zwölfergemeinschaft von 1960/64 bis 2019; Abbildung 11 dieselbe Entwicklung in den einzelnen Mitgliedsländern; Abbildung 12 oben den Anteil der über 60jährigen Personen an den Gesamtbevölkerungen der einzelnen Länder von 1960 bis 2020, unten dasselbe für Deutschland; Abbildung 13 oben den Anteil der über 60jährigen, unten den Anteil der über 80jährigen an allen über 60jährigen, beides für die gesamte Zwölfergemeinschaft von 1960/64 bis 2020; Abbildung 14 oben den Bevölkerungsanteil der Europäischen Zwölfergemeinschaft an der Weltbevölkerung von 1960 bis 2020, unten im Vergleich zur Bevölkerungsentwicklung Afrikas. – Die wiederholte Aufgliederung des Gesamtraums in die zwölf Mitgliedsstaaten erlaubt es jederzeit, sowohl die spezifische Entwicklung eines Landes wie auch dessen Standort im Rahmen der Gesamt-Gemeinschaft abzulesen.

Betrachten wir als erstes die Entwicklung der Lebenserwartung bei der Geburt (Abbildungen 10 und 11). Sie stieg während der letzten drei Jahrzehnte in allen Mitgliedsländern an, bei den Frauen im allgemeinen stärker als bei den Männern (in Deutschland von 67,2 Jahren 1960-64 auf 70,2 Jahre 1980-84 bei den Männern, bei den Frauen von 72,6 auf 76,8 Jahre). Im Hinblick auf die Zukunft geht das pessimistischere „Niedrig"-Szenario davon aus, daß die Sterblichkeitsraten ab etwa dem Jahre 2000 nicht weiter sinken werden, wofür man eine Reihe schädlicher Umwelteinflüsse geltend macht, aber auch etwa die negativen Auswirkungen des Rauchens vor allem von Frauen. Insgesamt würde die weibliche Lebenserwartung dadurch bei etwa 80 Jahren verharren (in Deutschland bei 79,0), diejenige der Männer bei etwa 73,5 (72,5). Das positivere „Hoch"-Szenario rechnet dagegen mit permanent vorteilhaften Auswirkungen verschiedener präventiver wie kurativer Maßnahmen im Medizinalbereich (z. B. Krebs-Vorsorge, Koronar-Chirurgie) sowie einer allgemein gesundheitsbewußteren Lebensweise. Mehrere Todesursachen könnten auf diese Weise markant gesenkt werden. In der Folge würde die Lebenserwartung der Frauen auf etwa 83 und die der Männer auf etwa 78 Jahre ansteigen (in Deutschland auf 83,0 und 78,0 Jahre; vgl. hierzu auch Jouvenel 1989, Lutz 1990, Lopez/Cruijsen 1991).

Wenden wir uns dem Anteil der älteren Bevölkerung zu (Abbildungen 12 und 13), so ist die Zahl der über 60jährigen im Zwölferraum von 45,6 Millionen 1960 auf 67,7 Millionen 1990 angestiegen (im vereinten Deutschland von 12,4 auf 16,1 Millionen). Anteilmäßig bedeutete dies eine Zunahme von 15,4% auf 19,7% der Gesamtbevölkerung (im an sich schon „älteren" Deutschland von 17,1% auf 20,3%). In den kommenden dreißig Jahren werden die Menschen der Zwölfergemeinschaft mit Sicherheit weiter „ergrauen", so daß die über 60jährigen um das Jahr 2020 gut ein Viertel ausmachen dürften. Während das „Niedrig"-Szenario 26,1% voraussagt, fällt das „Hoch"-

Szenario hier mit 25,1% etwas niedriger aus, weil aufgrund der höheren Fruchtbarkeit mehr jüngere Menschen ein größeres Gegengewicht zu den älteren bilden (in Deutschland 27,9% bzw. 26,6%; in absoluten Zahlen: 20,5 bzw. 24,0 Millionen Menschen über 60 Jahre).

Doch nicht nur die Bevölkerung als ganzes wird älter, sondern auch die Älteren selbst werden älter. 1960 machten die über 80jährigen im Zwölferraum mit rund 5 Millionen erst etwa 10% aller über 60jährigen aus. 1990 waren es bereits 12 Millionen bzw. 17%. Für 2020 sagt das „Niedrig"-Szenario 17 Millionen, das meint 19%, das „Hoch"-Szenario 22 Millionen voraus. Das wären 22% aller über 60jährigen.

Unerwartete Gedankenanstöße dürften insbesondere von der letzten der fünf EUR12-Grafiken ausgehen. Gemäß der Abbildung 14 lebten 1960 im Raum der heutigen Zwölfergemeinschaft insgesamt 295,9 Millionen Menschen. Bis 1990 war diese Zahl auf 343,9 Millionen angestiegen. Legen wir für die Zukunft das „Niedrig"-Szenario zugrunde, werden es im Jahre 2020 338,9 Millionen sein, beim „Hoch"-Szenario 397,1 Millionen. – Nachdenklich machen diese Zahlen nicht so sehr für sich, sondern in ihrem jeweiligen Verhältnis zur Weltbevölkerung. Selbst beim „optimistischsten" Szenario bilden wir Gemeinschafts-Europäer einen immer un(ge)wichtigeren Anteil an der Weltbevölkerung. 1960 machten wir noch 9,8% aus. 1990 war die Zahl auf 6,5% geschmolzen. In dreißig Jahren werden es keine 5% mehr sein. Das „optimistische" Szenario sagt 4,9%, das „pessimistische" 4,2% voraus. Während die Zwölfergemeinschaft immer mehr an Bevölkerungsgewicht verliert, legen andere Regionen zu. Der Anteil der afrikanischen an der Weltpopulation betrug 1960 9,2% und 1990 12,1%. 2020 werden es an die 18% sein.

Hieraus soll nun nicht etwa geschlossen werden, daß wir es – bloß um an Gewicht zurückzugewinnen – den Afrikanern gleichtun sollten. Die nachteiligen Folgen einer ungebremsten Bevölkerungszunahme sind zu bekannt, als daß hier darauf eingegangen werden müßte. Außerdem sagt das Gewicht einer Region, ausgedrückt in Prozent der Weltbevölkerung, noch wenig über deren Bedeutung in anderen Zusammenhängen aus, auf dem industriellen Sektor etwa, an den Finanzmärkten, bezüglich der Produktion von Nahrungsmitteln, im Tourismus, hinsichtlich der Erzeugung und des Verbrauchs von Energie, auf militärischer Ebene, in Wissenschaft, Religion, Kultur allgemein. Trotzdem meine ich, daß unser Bevölkerungsanteil von heute 6,5% und weniger als 5% in einer Generation *klein* genug ist, um uns etwas mehr Augenmaß nahezulegen; man kann auch sagen – und ich ziehe diese deutlichere Wendung vor – uns im Weltmaßstab gelegentlich wieder etwas bescheidener zu gebärden, mögen da die gleichzeitigen Prozentwerte in anderen Bereichen noch so sehr das Vier-, Fünf-, Zehnfache betragen (vgl. hierzu auch schon Bourgeois-Pichat 1988/1989).

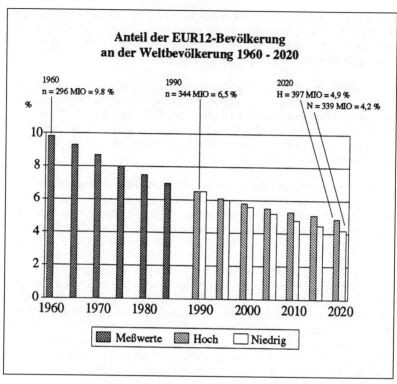

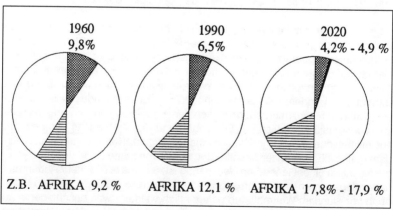

Abb. 14: Anteil der Bevölkerung in der Europäischen Gemeinschaft der Zwölf (= EUR12) an der Weltbevölkerung 1960 – 2020

Die menschliche Dimension

Wir erinnern uns aus dem ersten Kapitelteil, daß die Lebenserwartung in Deutschland zwischen 1855 und 1985 von 37,2 auf 74,6 Jahre anstieg, während die Säuglingssterblichkeit im gleichen Zeitraum von 23,0% auf 0,8% zurückging. In der Grafik 7 hatten wir die Veränderungen hinsichtlich der Sterbealtersverteilung etappenweise über die 130 Jahre verfolgt. Die Abbildung 15 übernimmt von dort die zwei Kurvenverläufe. Hier finden wir sie im Zentrum wieder. Umgeben sind sie von einem ganzen Kranz von Indikatoren, die insgesamt eine Kette bilden. Entsprechend heißt die Überschrift: „Rückgang der Sterblichkeit und Zunahme der Lebenserwartung: *eine Verkettung von Ursachen*". Fachleute sprechen von Zirkularkausation.

Ebenso erinnern wir uns aus dem ersten Teil, daß wir weniger nach den Ursachen dieser Entwicklung fragen wollten als nach den Folgen. Wie dort vermerkt, sind sich selbst die Fachleute nicht einig über die vielfältigen Gründe, die in Europa seit dem 18. Jahrhundert zu einer massiven Reduzierung der Sterblichkeit und einer entsprechenden Zunahme der Lebenserwartung führten. Das Fazit des gegenwärtigen Forschungsstandes lautete: „There was no simple or unilateral road to low mortality, but rather a combination of many different elements ranging from improved nutrition to improved education" (Schofield/Reher 1991, 17). Ähnliche Seufzer sind aus dem Munde anderer Fachleute zu vernehmen: „What we want to know is how people in Europe managed to control the death rate so that it ceased to play the central role. That has proved to be a distressingly difficult question to answer. Every suggestion that has been advanced has been shown wanting, which means either that we are looking in the wrong directions in exploring nutrition, specific medical measures such as smallpox inoculation or medical therapies considered in more general terms, public health, climate, family practices (including breastfeeding), the virulence of pathogenic micro-organisms, the disease or pathogenic profile, and income separately, or that the solution to the puzzle consists of some mixture of these explanations. Perhaps the mix, or the rank order of items in the mix, will have changed over time or varied from place to place. Even so, I think a mixture of explanations offers far more promise than the unitary explanations that so many scholars have pursued. The point, then, is to find out how much each component of the explanation weighs, considering the leading candidates already mentioned plus two others: changes in the average virulence of pathogenic micro-organisms, and additions to and deletions from the disease profile" (Riley 1990a, 182; zum Aspekt der Pathozönose und ihrer Dynamik vgl. den bereits klassischen Artikel von Grmek 1969/1978).

In der Grafik 15 habe ich die Vorstellung von der Riley'schen „mixture of explanations" bzw. der Schofield/Reher'schen „combination of many different

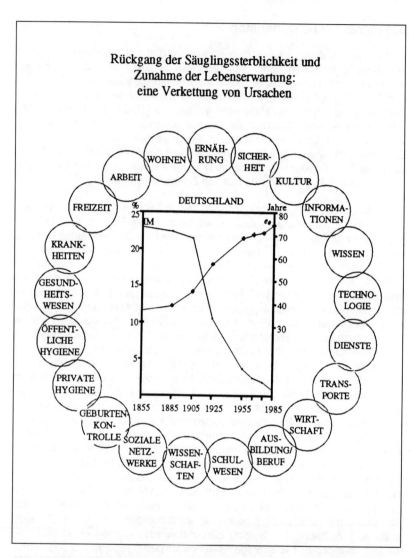

Abb. 15: Rückgang der Säuglingssterblichkeit und Zunahme der Lebenserwartung: eine Verkettung von Ursachen. – Der Graphikteil in der Mitte zeigt den Rückgang der Säuglingssterblichkeit in Deutschland von 23,0% 1855 auf 0,8% 1985 (in der damaligen BRD) sowie die gleichzeitige Zunahme der Lebenserwartung für beide Geschlechter gemeinsam bei der Geburt von 37,2 auf 74,6 Jahre (berechnet nach den Periodentafeln)

elements ranging from improved nutrition to improved education" aufgegriffen und bildhaft zum Ausdruck gebracht. Die einzelnen Kettenglieder betreffen im Gegenuhrzeigersinn die Teilbereiche Ernährung (in quantitativer wie qualitativer Hinsicht), Wohnen, Arbeit, Freizeit, Krankheiten (Pathozönose und deren Dynamik), Gesundheitswesen, öffentliche Hygiene, private Hygiene, Geburtenkontrolle, soziale Netzwerke, Wissenschaften (wissenschaftliche Entwicklung), Schulwesen, Ausbildung/Beruf, Wirtschaft, Transporte (Handel/Reisen), Dienste (Dienstleistungsangebot), Technologie (High-Tech/Microcomputer), Wissen (Wissensvermittlung), Informationen (Medien/Networks), Kultur (kulturelles Angebot), Sicherheit (öffentliche Sicherheit/Gewaltunterbindung).

Die Liste erhebt keinen Anspruch auf Vollständigkeit. Jeder Leser kann sie nach Belieben ergänzen oder die Reihenfolge ändern. Ich möchte die Grafik in erster Linie als Anregung zum Nachdenken verstanden wissen. Wer weitergehende Interessen hat und über genügend Zeit verfügt, stößt beim Recherchieren in jedem Teilbereich auf eine Fülle von Spezialliteratur. Als Beispiele seien, neben den eingangs zitierten Sammelbänden – auch sie übrigens mit beredten Titeln wie „La lutte contre la mort. *Influence des politiques sociales et des politiques de santé sur l'évolution de la mortalité*" (Vallin et al. 1985) –, für den Einstieg in den einen oder anderen Ursachenkomplex angeführt: *Hunger* and History (Rotberg/Rabb 1983); *Famines* in Historical Perspective (Watkins/Menken 1985); *Famine, disease* and the social order in early modern society (Walter/Schofield [Hrsg.] 1989); Population and *nutrition*: an essay on European demographic history (Livi-Bacci 1991); The role of *public health* initiatives in the nineteenth-century mortality decline (Woods 1990); Gesundheit und *Medizin* in der Neuzeit (Labisch 1992); *Housing* and the Decline of Mortality (Burnett 1991); *Conditions of Work* and the Decline of Mortality (Haines 1991); *Medicine* and the Decline of Mortality: Indicators of Nutritional Status (Floud 1991); The *Personal Physician* and the Decline of Mortality (Kunitz 1991; alle Kursivsetzungen durch mich). – Tausend Rädchen, die sich drehten und die zu einer Senkung der Sterblichkeit und einer Zunahme der Lebenserwartung führten.

Statt uns nun im Gestrüpp der Ursachenforschung zu verlieren, möchte ich anhand der Grafiken 16 und 17 dem Leser folgendes zu bedenken geben. Abbildung 16 läßt erkennen, daß sich die erwähnten Rädchen im Zeitverlauf offenbar alle in einer und derselben Richtung drehten, vergleichbar einem Regelwerk von Zahnrädern, die ineinandergreifen und keinem die Möglichkeit zum Alleingang lassen. Franzosen drücken sich nur etwas anders aus, wiewohl sie das gleiche meinen: „Essayer de comprendre les mécanismes de la transition démographique occidentale, sans faire appel aux bouleversements qui ont touché en même temps toutes les autres sphères de l'activité humaine, serait une entreprise vouée par avance à l'échec" (Loriaux 1991,

17). Dieses Regelwerk kann insgesamt kleiner sein, wie es die Teilgrafik unten für 1855 zeigt, oder größer, wie oben für 1985. Dazwischen verlief die Entwicklung für sämtliche Ursachen-Elemente in positiver Richtung; die Pfeile weisen alle aufwärts. So läßt unsere Ernährung heute, im Vergleich zu 1855, weder quantitativ noch qualitativ mehr etwas zu wünschen übrig. Auch wohnen wir viel besser als unsere damaligen Vorfahren. Wir arbeiten gerade noch die Hälfte dessen, was vor wenigen Generationen üblich war. Dafür hat sich die Freizeit verdoppelt. In bezug auf das Krankheits- und Todesursachen-Spektrum ist die Gefährlichkeit der einstigen Seuchen weitgehend gebannt. Die öffentliche Hygiene hält Keime, Gifte, Schadstoffe jeglicher Art von uns fern und läßt uns wie unter Laborbedingungen bzw. in einem Glashaus leben, und in der privaten Hygiene versuchen wir einander gelegentlich als Saubermänner sogar zu übertreffen. – Jeder vermag die Erfolgs-Story Element für Element selbst weiter zu erzählen, so daß ich gleich auf das Gesamtergebnis zu sprechen kommen kann. Als Resultat all dieser Aufwärtsentwicklungen erreicht der Mensch im heutigen Regelwerk eine „Normalgröße" von 74,6 Jahren. Spulen wir die Rädchen zurück und lassen alle Teilbereiche wieder auf das Maß von 1855 schrumpfen, reduziert sich der Zentrums-Mensch auf die Hälfte und zeigt noch 37,2 Jahre.

Die Aufblähung der Kettenglieder führte indes nicht nur zu einem „größeren", einem doppelt so lange lebenden Menschen, sondern sie hatte auch einen anderen, vielleicht sogar einen „neuen" Menschen zur Folge. Wohlgemerkt, ich spreche nicht von einem „besseren" Menschen. Genausowenig wäre oben von einer „besseren heutigen Welt" im Vergleich zu früher die Rede gewesen. Zwar trifft zu, daß nicht nur die Quantität unseres Lebens zugenommen hat, sondern auch dessen Qualität. Das letztere bewirkte sogar das erstere. Wir wohnen komfortabler; wir reisen bequemer und schneller; wir kochen schonender, essen gesünder, arbeiten weniger, waschen uns häufiger, handhaben eine effektive Geburtenkontrolle, sind sozial abgesichert, hören und sehen vielkanalig fern und faxen Informationen binnen Minuten um die Welt. Ob wir deshalb zufriedenere, gar glücklichere Menschen geworden sind, ist eine andere Frage. Mein Ziel ist bescheidener. Mir genügt es, wenn es gelingt, aus den „gewonnenen" Jahren „erfüllte" Jahre zu machen. Erreichen wir das nicht, dann ist es um die ganzen Aufwärtsentwicklungen schade. Sie hätten bloß einem Selbstzweck gedient: mehr Jahre um der Jahre willen.

Doch was ist das für ein „anderer" Mensch, den wir heute vor uns haben? Die Abbildung 17 zeigt als Resultat der einander ergänzenden und sich gegenseitig verstärkenden Teilentwicklungen ein Gesamtergebnis, das die bloße Addition in sämtlichen Einzelbereichen weit hinter sich läßt. Hier wäre nicht länger die Rede nur von besserer Ernährung, komfortablerem Wohnen, humaneren Arbeitsbedingungen, mehr Freizeit, geringerer Ansteckungsgefahr,

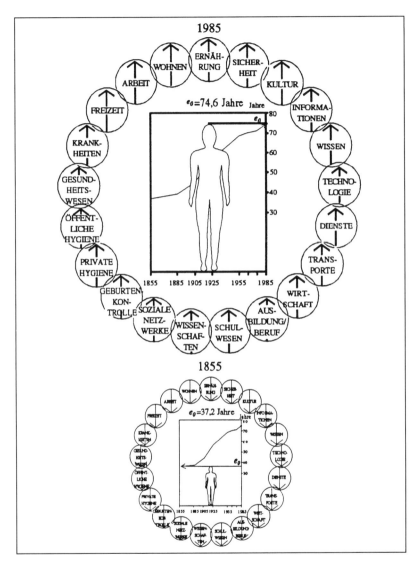

Abb. 16: Zunahme (Verdoppelung) der Lebenserwartung von 37,2 Jahren 1855 auf 74,6 Jahre 1985: nicht nur mehr, sondern bessere Jahre. – Die Figur in der Mitte versinnbildlicht die Verdoppelung der Lebenserwartung (für beide Geschlechter gemeinsam) bei der Geburt in Deutschland von 37,2 Jahren auf 74,6 Jahre 1985 (in der damaligen BRD) (berechnet nach den Periodentafeln)

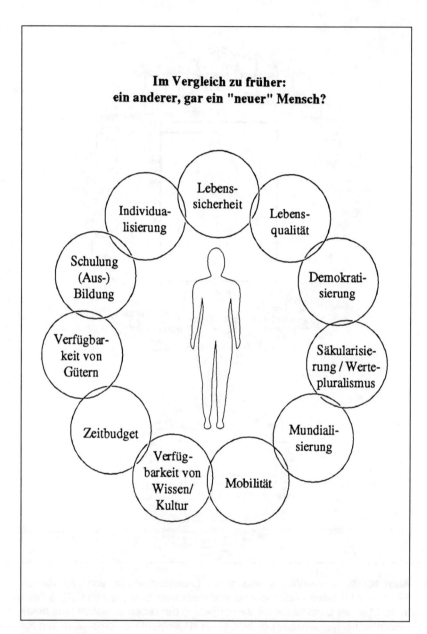

Abb. 17: Im Vergleich zu früher: ein anderer, gar ein „neuer" Mensch?

durchorganisiertem Gesundheitswesen, leistungsfähigem Bildungssystem, breitgefächertem Kulturangebot, diversifizierten Dienstleistungen, High-Tech bis ins Wohn- und Schlafzimmer hinein. Hier geht es um umfassendere Komplexe wie: höhere Lebensqualität, längere Lebenszeit aufgrund gestiegener Lebenssicherheit, geschlechts- und schichtenunabhängige Individualisierung, größere und allgemeinere Verfügbarkeit über materielle und immaterielle Güter, gewachsenes Zeitbudget, unbegrenzte Mobilität, Säkularisierung und Wertepluralismus, Demokratisierung in vielen und Mundialisierung zumindest schon in einzelnen Lebensbereichen.

Trotz einer solchen Aufzählung von scheinbar positiven Veränderungen beschleicht uns auch hier öfter ein ungutes Gefühl, überkommen uns Zweifel. Denn welchen *Preis* haben wir für all das zu bezahlen? Umsonst gab es eine höhere Qualität, auch Lebensqualität noch nie. Der Bonner Politologe Wolfgang Bergsdorf nennt im Titel einer neueren Studie zumindest die Preislage, in der wir uns bewegen: „Orientierungsnot in der säkularisierten Gesellschaft" (Bergsdorf 1991). Lassen wir uns ein Stück weit von seinen Gedanken tragen: „Im vereinigten Deutschland sind 20 Millionen Menschen konfessionslos. Durch eine kirchensteuerbedingte Austrittswelle, durch das Nachwirken der atheistischen Propaganda in den neuen Bundesländern und durch die fortschreitende Säkularisierung dürfte die Zahl der Konfessionslosen noch zunehmen. Im weltanschaulich neutralen Staat des Bonner Grundgesetzes ist die Frage nach dem Wahren und dem Sinn des menschlichen Daseins und menschlicher Daseinsgestaltung dem freien geistigen Kräftespiel verschiedener gesellschaftlicher Gruppen und damit letztlich der normativen Vernunft des Individuums überlassen.

Der einzelne Mensch hat es schwer in der säkularisierten Gesellschaft, seinen Orientierungsbedarf zu befriedigen und seine Orientierungsfähigkeit zu entfalten. Die Komplexität unserer Lebenswirklichkeit wächst von Tag zu Tag, sie steigert sich rapide und mit einer für viele beängstigenden Intensität. In immer kürzeren Abständen werden wir mit grundlegend Neuem konfrontiert, das das Wissen von gestern veralten läßt. Zur Eskalation der Innovationen, zur wachsenden Komplexität des Alltags und der Politik kommen die Globalisierung der Kommunikation und die Omnipräsenz der elektronischen Medien – alles Tendenzen, die die Orientierungsfähigkeit erschweren. Erfahrungswissen verliert an Wert. Früher konnte die altersbedingt nachlassende physische Kraft durch das zwangsläufig angesammelte Erfahrungswissen ausgeglichen werden. Heute fehlt diese Kompensationsmöglichkeit für das Selbstwertgefühl, denn das Erfahrungswissen zählt gesellschaftlich kaum noch etwas. Wissenschaft und Technik haben unser Leben erleichtert, und sie haben unsere Kultur dynamisiert. Es sind vor allem die kulturellen Nebenwirkungen von Wissenschaft und Technik, die unsere Orientierungsfähigkeit belasten.

Gemäß einer internationalen Wertestudie ist der Abbau der Religiosität nirgendwo größer als in der Bundesrepublik Deutschland, wird weniger an die Existenz eines allmächtigen Gottes und an ein Leben nach dem Tod geglaubt. Der Einzelne versucht, sein Selbstverständnis stärker aus sich selbst heraus zu entwickeln. Die eigenen Bedürfnisse und Wünsche sind stärker leitende Gesichtspunkte für seine Entscheidungen als die Bedürfnisse und Wünsche anderer. Dramatisch wurde die Bereitschaft und die Fähigkeit abgebaut, sich zu binden, sich Aufgaben zu stellen, sich Pflichten zu unterwerfen. Klarer sind nun auch die Folgen der Verschiebung des menschlichen Selbstverständnisses von seiner sozialen Einbettung hin zu einem zu Übersteigerung, Verabsolutierung tendierenden, sich mit wachsender Rigidität äußernden individualistischen, hedonistischen Lebenskonzept: Allen Institutionen, also allem, was auf Dauer angelegt wurde, wird mit Mißtrauen begegnet, und es gerät unter Selbstrechtfertigungsdruck. Kirche, Staat, Justiz, Ehe und Familie, aber auch Arbeit, Tradition und selbst Konzepte wie verantwortete Freiheit und Vernunft haben an Verbindlichkeit und Orientierungsleistung verloren. Zurückgeblieben ist die Orientierungswaise, die sich verzweifelt um Orientierung bemüht, sie aber nicht findet" (Bergsdorf 1991, 35, stark gerafft: kritisch dazu Fürer 1992, der in „Vernunft und Mitgefühl trotz ihrer Fehlbarkeit einen sichereren Kompaß für unsere Lebensgestaltung und unser ethisches Verhalten" sieht).

So wie der Artikel von Bergsdorf begann, so endet er auch: im Konfessionellen. Man braucht ihm hierin nicht zu folgen und kann doch Schlüsse übernehmen: „All dies hat eine Veränderung, nicht aber notwendigerweise eine Verringerung der religiösen Substanz der Gesellschaft zur Folge. Der existentielle Bedarf des Menschen an Transzendenz wird dadurch nicht berührt. Eine ganz konkrete Möglichkeit, Verkündigung in der Alltäglichkeit unseres Lebens zu verankern, bietet die oft wiederholte Empfehlung, die Kirche solle sich mehr um die Medien kümmern. Denn diese sind es, die den Säkularisierungsprozeß nicht verursacht, wohl aber mächtig vorangetrieben haben. Benötigt werden überzeugungsstarke und professionell hochqualifizierte Journalisten, die in ihrem Wirken ein überzeugendes Zeugnis für ihren Glauben ablegen. Es kann keine Rede davon sein, daß die Säkularisierung, die Profanierung der Welt, als programmatischer und ebenso routinierter Entzug von Daseinssinn unaufhaltsam sein soll und sich notwendigerweise fortsetzen muß. Es ist keineswegs so, daß jeder Versuch sinn- und zwecklos ist, sich dagegen zu stemmen und eine geistige Umorientierung angesichts der lustvoll und bravourös aufbereiteten Katastrophengemälde einzuklagen. Christen können und dürfen sich Kleinmut nicht leisten" (Bergsdorf 1991, 35, zusammengefaßt). – Professoren auch nicht, denn „Professor" sein heißt „Bekenner" sein. Nicht umorientieren will ich, sondern orientieren. Das ist Sinn und Zweck der vier kleineren Monographien, die alle ebenfalls im Rahmen des vierjährigen Forschungsprojekts entstanden, und die durchaus nicht als „Nebenprodukte" aufgefaßt werden sollten: „Ars moriendi. Die Kunst des Sterbens – einst und heute" (1991), „Ars vivendi. Von der Kunst, das Paradies auf Erden zu finden" (1992), „Das unfertige Individuum. Sind wir auf halbem Wege stehen geblieben? Neun Bilder aus der Geschichte geben zu denken" (1992) und „'Sis humilis!' – Die Kunst des Sterbens als Grundlage für ein besseres Leben" (1992).

Doch kehren wir nochmals auf den Boden der neuen Realitäten zurück. Die vier letzten Grafiken in diesem Teil des Buches (Abbildungen 18-21) sind den quantitativen und qualitativen Veränderungen in unserem Lebenszeit-Budget gewidmet. Miteinander verglichen werden die Zeiträume um 1900, um 1980 und „in Zukunft" (="um ??"). Für die Jahrhundertwende gehe ich von einer durchschnittlichen Lebensspanne von insgesamt rund 50 Jahren aus, für 1980 von 70 und für „die Zukunft" von 80 Jahren, oder umgerechnet von rund 440 000, 610 000 und 700 000 Lebensstunden (vgl. hierzu detailliert Loriaux 1991 und Verborgh 1991; zur Thematik ferner auch Bellebaum 1990, Prinzinger 1990, Kohli et al. 1991, Schulz 1991, Gräbe 1992, Pohl [Hrsg.] 1992 sowie Wendorff 1980 und 1988).

In der Abbildung 18 ist die jeweilige Gesamtlebenszeit in drei Blöcke unterteilt. A betrifft die lebensnotwendige Zeit: für Ruhen, Essen, Trinken, Körperhygiene. Dafür werden täglich etwa zehn Stunden beansprucht. Hieran dürfte sich auch „in Zukunft" wenig ändern. Für A habe ich somit 180 000, 255 000 und 290 000 Lebensstunden eingesetzt. B steht für den Bereich der Lebensarbeitszeit. Um 1900 betrug sie rund 150 000 Stunden (45 Aktivjahre à 52 Arbeitswochen à 65 Wochenstunden). Bis um 1980 hatte sich diese Zeit auf die Hälfte, also rund 75 000 Stunden reduziert (40 Aktivjahre à 46 Arbeitswochen à 40 Wochenstunden). „In Zukunft" ist mit einer weiteren Verkürzung bis auf etwa 40 000 Stunden zu rechnen, vorausgesetzt, es kommt zur 35-Stundenwoche bei 40 Arbeitswochen während 35 Aktivjahren. – Der Rest ist Freizeit: um 1900 waren das rund 110 000 Stunden, um 1980 280 000; „in Zukunft" dürften es um die 370 000 Stunden sein.

Beurteilen wir die Verhältnisse großzügig, können wir allenfalls noch für die Jahrhundertwende von einer Drittelung der Lebenszeit sprechen: ein Drittel Arbeit, ein Drittel Schlaf, ein Drittel Muße. Bereits um 1980 war der Freizeitanteil mit 280 000 von 610 000 Lebensstunden größer als jeder andere Einzelposten. In absehbarer Zukunft wird er für sich allein sogar mehr als die Hälfte des Lebenszeitbudgets ausmachen. Längst bemächtigte sich eine ebenso vielseitige wie effektive Freizeitindustrie dieser Entwicklung. Niemandem braucht somit bange zu werden, falls er sich einmal fragen sollte, was wir mit diesen vielen freien Stunden eigentlich anzufangen gedächten. Dennoch möchte ich unsere diesbezüglichen Überlegungen anhand der Grafiken 19 bis 21 in eine bestimmte Richtung lenken.

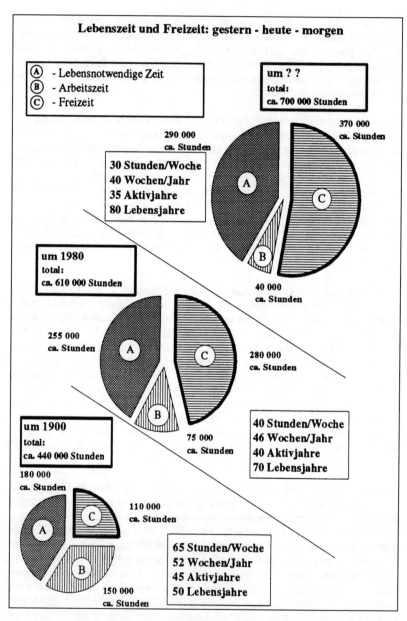

Abb. 18: Lebenszeit und Freizeit: gestern – heute – morgen

Die Abbildungen 19 und 20 geben nochmals die quantitativen und qualitativen Veränderungen im Lebenszeitbudget – unter besonderer Berücksichtigung der jeweiligen Freizeitanteile – wieder. Die entsprechenden Kreisdiagramme befinden sich beim mitabgebildeten Hintergrund-Menschen in Grafik 19 bzw. 20 jedoch auf unterschiedlicher Körperhöhe. Den Schlüssel für diese Darstellungsweise finden wir in den Überschriften. Während bei Abbildung 19 gefragt wird: „Mehr Freizeit: Einsatz nur für körperliche Belange?", heißt es bei Abbildung 20: „Mehr Freizeit: Mehr Muße für geistig-kulturelle Belange?".

Das Anschwellen der Freizeit von 110 000 Stunden um 1900 (=25% des Lebenszeitbudgets) auf 280 000 Stunden um 1980 (46%) und 370 000 Stunden „in Zukunft" (53%) beruht zu einem wesentlichen Teil auf dem Zusammenschmelzen der Arbeitszeit. Um 1900 machte sie noch 34% des Lebenszeitbudgets aus, um 1980 12%. „In Zukunft" dürften es kaum mehr als 6% sein. Die Reduktion betrifft sowohl die Arbeitsstunden pro Tag, die Arbeitstage pro Woche, die Arbeitswochen pro Jahr als auch die Arbeitsjahre im Lebensverlauf. Wir haben sowohl mehr Freizeit im Berufsleben als auch mehr Jahre im Ruhestand. Lebenslauf-Soziologen zögern nicht, diesbezüglich vom größten strukturellen Wandel im letzten Vierteljahrhundert zu sprechen: „The decrease in the age of exit from gainful work has been one of the most profound structural changes in the past 25 years in all Western societies. The period spent in gainful work is shrinking, with early exit at the upper end and the extension of schooling at the lower end of the work life contributing to this outcome from both directions. The period spent in retirement is also expanding in both directions as a result of early exit at the lower end and increasing life expectancy at the upper end. Thus, what has been the 'normal life course' is being massively reorganized" (Kohli/ Rein 1991, 1).

Diese vermehrte Freizeit läßt sich auf verschiedene Weise nutzen. Man kann sie zum Beispiel überwiegend für „körperliche Belange" einsetzen, also Tennis spielen, Ski laufen, joggen, wandern, schwimmen, reisen, schlafen, basteln, Eß- und Trinkgelage veranstalten oder an solchen teilnehmen (vgl. die Abbildung 19 mit den anschwellenden Kreisdiagrammen auf Bauchhöhe). Man kann die Zeit aber auch geistig-kulturell nutzen: für ein (Zweit-, Neben-, Teilzeit-, Eigen-) Studium, für (nicht berufsbezogene Weiter-) Bildung, für schöngeistige, (populär-) wissenschaftliche, philosophische Lektüre, für Museums- oder Ausstellungsbesuche, für die Teilnahme an kulturellen Veranstaltungen oder die Ausübung einer künstlerischen Tätigkeit (vgl. die Abbildung 20 mit größer werdenden Köpfen).

Wer sich an den Inhalt von Abbildung 6 erinnert, wird beim Wählen nicht völlig beliebig vorgehen. Titel und Untertitel jener Grafik gaben zu bedenken, „welcher Art die 'gewonnenen Jahre' sein können", wobei die „Mortalitäts-

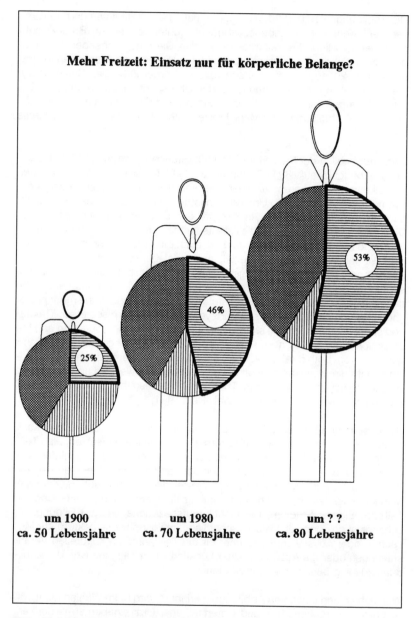

Abb. 19: Mehr Freizeit: Einsatz nur für körperliche Belange?

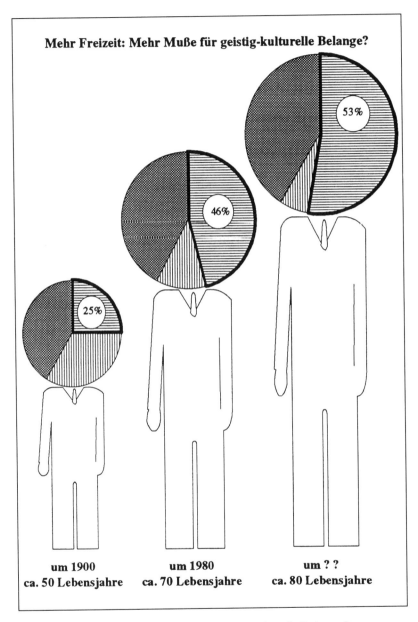

Abb. 20: Mehr Freizeit: Mehr Muße für geistig-kulturelle Belange?

und Morbiditätsrisiken im Alter" zur Sprache kamen. So lange die Rektangularisierung der Morbiditätskurve nicht mit der Rektangularisierung der Mortalitätskurve übereinstimmt, sondern früher und stärker abfällt, nehmen die Aussichten, daß wir in höherem und hohem Alter hilfs- und pflegebedürftig werden, exponentiell zu. Entsprechende Belege wurden uns damals aufgrund österreichischen Materials aus den 1980er Jahren sowohl für Frauen wie Männer jenseits des 60. Lebensjahrs deutlich vor Augen geführt. Jeder kann darin seine eigenen „Aussichten" ablesen, indem er die auf ihn zutreffende Lebenserwartung (Abb. 11) zugrunde legt. In Deutschland betrug sie 1990 für Männer 70,2 und für Frauen 76,8 Jahre. 2019 sollen es, je nach „Niedrig"- oder „Hoch"-Szenario, zwischen 72,5 und 78,0 bzw. zwischen 79,0 und 83,0 Jahre sein.

Ob es angesichts der in jener Abbildung zum Ausdruck gekommenen Negativ-Aussichten wirklich klug ist, die vermehrte Freizeit in seinen „besten Jahren" nur für körperliche Belange einzusetzen, anstatt – wie es uns die Kombination von Grafik 6 und 20 in der Abbildung 21 nahelegt – vorausschauend zumindest einen Teil in geistig-kulturelle Aktivitäten zu investieren? Gewiß kann eine sportliche Betätigung, maßvolles Joggen, häufigeres zu Fußgehen und Treppensteigen den körperlichen Alterungsprozeß günstig beeinflussen. Aufhalten läßt er sich nicht. Ebenso mögen regelmäßige körperliche Aktivitäten das Risiko mindern, (frühzeitig) hilfs- und pflegebedürftig zu werden. Eliminieren läßt sich auch dies nicht. Doch selbst dann, wenn die Beschwerden des Alter(n)s überhand nehmen, ja auch wenn der Fall von Hilfs- oder Pflegebedürftigkeit eintreten sollte, braucht bei jenen Menschen noch lange nicht alles verloren zu sein, die dann auf tief verwurzelte geistig-kulturelle Interessen zurückgreifen können und einen (neuen) Halt darin finden. Die Reduktion körperlicher Kapazitäten braucht nicht einherzugehen mit einer Abnahme geistiger Fähigkeiten.

Auf tief verwurzelte Interessen sinnstiftender Art kann allerdings nur zurückgreifen, wer sie in jungen Erwachsenenjahren in sich geweckt und ein Leben lang gepflegt hat. Zu keinem früheren Zeitpunkt waren die Chancen, dies zu tun, gleichermaßen günstig wie heute. Wir haben nicht nur mehr Freizeit, die wir hierfür einsetzen können. Schon die Plattform, von der aus wir in jugendlichem Alter jenen Endpunkt anvisieren können, liegt angesichts einer besseren Schulung und (Aus-) Bildung auf höherem Niveau als je zuvor. Die Nutzung unzähliger materieller und immaterieller Güter, der Zugriff auf Wissen und Kenntnisse aller Art ist uns heute in einem Ausmaß und auf eine Weise möglich, die noch vor kurzem als undenkbar galt. Säkularisierung, Demokratisierung, Individualisierung, verbunden mit politischer Stabilität, mit Wertepluralismus, Mobilität, Lebenssicherheit bescheren uns beinahe unbegrenzte Möglichkeiten und Freiheiten. Wann hätten mehr Menschen je größere Chancen gehabt, sich zu entfalten und selbst zu verwirklichen?

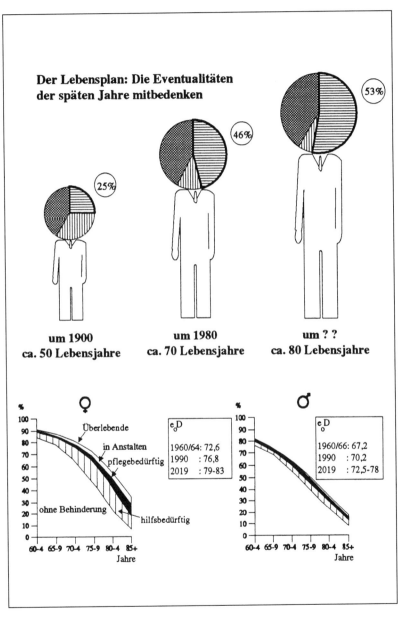

Abb. 21: Der Lebensplan: Die Eventualitäten der späten Jahre mitbedenken

Man kann verstehen, daß einigen Zeitgenossen diese Freiheiten bereits zu weit gehen. Sie warnen, wie oben Wolfgang Bergsdorf, vor den „Folgen der Verschiebung des menschlichen Selbstverständnisses von seiner sozialen Einbettung hin zu einem zu Übersteigerung, Verabsolutierung tendierenden, sich mit wachsender Rigidität äußernden individualistischen, hedonistischen Lebenskonzept" (Bergsdorf 1991). Daß die Gefahr eines schrankenlosen Hedonismus und eines nur noch auf sich bezogenen Egoismus à la „Ich bin dir gut – wenn du mir nützt" (so der Titel bei Bette 1990) besteht, will ich gar nicht von der Hand weisen. Dennoch würde ich die Dinge anders beurteilen, nicht zuletzt aufgrund eigener Erfahrungen.

Knüpfen wir nochmals an Abbildung 17 an. Eines der dortigen Kettenglieder bezog sich auf die steigende „Mundialisierung". Damit meine ich nicht nur die uns heute zur Verfügung stehenden telekommunikativen Möglichkeiten mit dem unmittelbaren Zugriff auf die ganze Welt – telefonisch, telefaxend, telexend. Ich meine auch nicht bloß die globalen Instantinformationen über Radio und Fernsehen. Sondern ich meine vor allem die uns erstmals in solchem Ausmaß gebotenen Chancen des weltweiten Reisens. Eine außerhalb unseres täglichen Umfelds liegende Wirklichkeit in eigenen Augenschein zu nehmen ist etwas anderes, als sie via Satellit auf den häuslichen Bildschirm geliefert zu bekommen. Bislang scheint das weltumspannende Netz von Telekommunikation und Informationsvermittlung indes wenig zur Vertiefung des oft beschworenen „gegenseitigen Verständnisses" beigetragen, geschweige denn zu mehr „globalem Denken und Handeln" geführt zu haben. Die „Mundialisierung" im Reisesektor allerdings auch nicht.

Gewiß sind wir mobiler geworden. Wir reisen häufiger; wir reisen weiter weg und bleiben länger. Die Tourismusbranche boomt. Ein beachtliches Ausmaß an Freizeit macht's möglich, und der dickere Geldbeutel auch. Die ganze Welt liegt uns zu Füßen. Dementsprechend reisen wir allerdings auch. Sind die Strandhotels in Asien einmal schon alle belegt, buchen wir in Afrika, in der Karibik oder im Pazifik. Und sollte am einen oder anderen Ort jemand der überall gleichen Sonne und des Meers einmal überdrüssig werden, findet sich bestimmt hüben wie drüben für ein halbtägiges Kontrastprogramm etwas Passendes: ein bißchen Folklore, ein bißchen Exotik, ein bißchen Kultur, ein bißchen Schau-einmal-her.

Mir liegt fern, jemandem den Fernurlaub zu mißgönnen oder zu vergällen. „Mundialisierung" in meinem Sinne ist das allerdings nicht. Auch ich bin häufig unterwegs und dabei meist weit weg. Manchmal sind es pro Jahr fast ebenso viele Monate außerhalb Europas wie auf dem alten Kontinent. An meinen beruflichen Standort Berlin bin ich im Prinzip nur während der universitären Vorlesungszeiten gebunden, das heißt im Sommersemester von Mitte April bis Mitte Juli, im Wintersemester von Mitte Oktober bis Mitte Februar.

Über die Zeit dazwischen kann ich als Hochschullehrer im Rahmen von Forschung und Lehre verfügen.

Nun konzentriert sich meine Forschung in Historischer Demographie seit Jahren auf die beiden Grundvariablen Geburtlichkeit und Sterblichkeit bzw. den Abstand dazwischen. Untersuchungen auf diesem Gebiet lassen sich entweder bei uns auf der Basis von kirchlichen und zivilen Personenstandseintragungen während der letzten Jahrhunderte, oder aber mittels Forschungen in Ländern anstellen, in denen unsere ehemaligen Zustände noch heute andauern. An Auswahl hierfür fehlt es wahrlich nicht. Von den Industriestaaten abgesehen gehört eigentlich die ganze Welt dazu. Allerdings scheint dies eine andere „ganze Welt" zu sein als jene, von der es oben hieß, sie läge uns zu Füßen. Schöne Strände mag es wohl auch in ihr geben, und Sonne und Meer ebenfalls. Im übrigen aber nimmt sich das meiste weniger schön aus. Wieso sonst hätte die Säuglingssterblichkeit – als sensibel reagierender Index – häufig noch immer ein Niveau, wie es bei uns um die Jahrhundertwende, wenn nicht viel früher gang und gäbe war? Und wieso sonst würden die Menschen im Durchschnitt nur die Hälfte oder nur zwei Drittel unserer Lebenserwartung haben?

Mochte meinen diesbezüglichen Reisen zu Forschungs- und Lehrzwecken nach außerhalb Europas am Anfang wirklich nur die verblüffende Einsicht zugrunde gelegen haben, daß ich als Historiker Geschichte für einmal live erlebte, statt sie wie üblich aus verstaubten Archivalien rekonstruieren zu müssen, so wandelte sich diese meine Einstellung im Laufe der Zeit grundlegend. Schon seinerzeit hatte mich beim Bearbeiten heimischer Kirchenbücher aus dem 17. oder 18. Jahrhundert immer wieder die Frage überfallen, mit welchen *Menschen* ich es hinter den spröden Eintragungen eigentlich zu tun hatte zum Beispiel angesichts der Tatsache, daß Eltern in aller Regel eines von zwei Kindern lange vor der Zeit sterben sahen, oder daß sehr viele Kinder aufgrund der hohen Erwachsenensterblichkeit Halb- oder Ganzwaisen waren? Zu welchen existentiellen Befindlichkeiten mußte das Erfahrungswissen geführt haben, daß „Pest, Hunger und Krieg" das Leben jederzeit beenden konnten, oder daß eine Schwangerschaft nicht zu einem „freudigen Ereignis", sondern vielmehr zum Tod der Mutter führen konnte? Mag sein, daß mein Blick aufgrund solch jahrelangen Hinterfragens-Trainings zu geschärft war, um nicht bald auch in der Ferne hinter nackten Zahlen zur Säuglingssterblichkeit, zu Todesfällen an Infektionskrankheiten, zur durchschnittlichen Lebenserwartung die *Menschen* zu sehen, die Väter und Mütter, Männer und Frauen, Kinder und Heranwachsenden, aus deren kürzeren oder längeren Lebensspannen sich die Durchschnitte zusammensetzten.

Im Zusammenhang mit der Abbildung 15 sprachen wir vom komplizierten Regelwerk der Zirkularkausation, auf das sich die Veränderungen im Bereich von Sterblichkeit und Lebenserwartung zurückführen ließen. Selbstverständlich wurde jedoch nicht nur deren *historische* Entwicklung bei uns durch eine solche Ursachenverkettung bestimmt, sondern dasselbe trifft auch auf die *aktuelle* Entwicklung in den Ländern der Zweiten, Dritten, Vierten Welt zu (vgl. hierzu das über tausendseitige Kompendium von Hauser 1990-1991; man werfe überdies nochmals einen Blick auf die Abbildung 16 mit den kürzeren und längeren Lebenserwartungen im Kontext der entsprechend kleineren oder größeren Regelwerke; vgl. ferner Leisinger 1993, aber auch Khalatbari 1992 und Schmid 1992).

Erneut ist es mir indes auch hier wichtiger, weitergehende Betrachtungen ins Zentrum zu rücken. So kam ich außerhalb Europas nicht nur nicht mit bloßen Zahlen und abstrakten Werten in Kontakt, sondern auch bei den dahinter stehenden Menschen fand ich mich zu meiner Überraschung plötzlich Gesprächspartnern gegenüber, für die meine Darlegungen zur Zirkularkausation keine Gedankenspiele eines Intellektuellen waren. In ihren Augen stellten sie handfeste Gebrauchsanweisungen dar. Wie könnten sie unseren europäischen Zustand – niedrige Säuglingssterblichkeit, hohe Lebenserwartung – bei sich selbst möglichst bald verwirklichen? Unversehens ward ich in die Pflicht genommen; meinen historischen Forschungen wuchs aktuelle Relevanz zu.

Hierin liegt denn auch der einfache Grund für die immer neuen Einladungen zu Kurzzeit-Gastdozenturen insbesondere nach Brasilien sowie nach Süd- und Südostasien. So wünschte man sich 1992 zum Beispiel am Population Studies Center der indonesischen Gadjah Mada Universität von Yogyakarta die „Durchführung eines Trainingsprogramms über 'Möglichkeiten, Grenzen und Methoden einer historischen Demographie im Industrie- und Entwicklungsländer-Vergleich'", im gleichen Jahr am Population Institute der University of the Philippines in Manila mit noch unverblümterer Nutzanwendung einen Vorbereitungs-Lehrgang „Reviving historical demography". In São Paulo hieß das vorgegebene Thema im Zusammenhang mit einer groß angelegten Konferenz zu „Lateinamerika im 21. Jahrhundert" 1991: „From an unsure to a sure lifetime: Increase in life expectancy in Germany 1700-2000 – and its consequences. Lessons to learn for Brasil". Derartige Intensivkurse müssen, um vom hierfür im Rahmen von Joint Ventures zuständigen Deutschen Akademischen Austauschdienst anerkannt und mit Reisemitteln (nicht Honorar) ausgestattet zu werden, mindestens vier Wochen dauern. Da mir die heimische Universität Berlin diese Fremdtätigkeiten weder auf das Lehrdeputat noch sonstwie anrechnen mag, kann ich solchen Anforderungen ausschließlich während der vorlesungsfreien Zeit nachkommen und die „Ferien" dafür einsetzen. Die meisten Entwicklungsländer befinden sich bekanntlich auf der südlichen Halbkugel bzw. in jahreszeitlosen tropischen Zonen, so daß dort Unterricht stattfindet, während bei uns Ferien sind.

Derlei Fremdeinsätze seit Jahren regelmäßig erbringen zu können, wird mir jedoch noch durch einen weiteren Umstand ermöglicht. Auch ich gehöre zu jenen Menschen, die sich – wie es bei Bergsdorf hieß – aus althergebrachten sozialen Einbettungen gelöst haben, die nicht länger einer der ehedem üblichen Gemeinschaftsformen – Familie, Mehrpersonen-Haushalt, Mönchs- oder Militärgemeinschaft und ähnlichem mehr – angehören. Aufgrund der bei uns mittlerweile biologisch gegebenen Lebenssicherheit kann ich, wie Tausende anderer auch, individualisiert durchs Leben gehen. Als Single führe ich einen Einpersonen-Haushalt. Wem es nun mit Mundialisierung, mit mehr gegenseitigem Verständnis weltweit, mit wahrhaft globalem Denken und Handeln ernst ist, der verfällt auch als Single keineswegs dem Hedonismus und dem nur noch auf sich bezogenen Egoismus. Vielmehr nutzt er die größere Ungebundenheit, um sich der dadurch möglichen Wahrnehmung neuer Aufgaben zu widmen.

In meinem Falle sind das die erwähnten Gastdozenturen in Entwicklungs- und Schwellenländern. Als gemeinschaftsgebundener Familienvater könnte ich dies schwerlich Jahr für Jahr tun. Mit bloßen Gastvorträgen oder einem Wochenend-Seminar ist es „am anderen Ort" meist nicht getan. Die sich dort stellenden Aufgaben sind oft diffizil und erfordern längere Aufenthalte. Dies trifft vor allem dann zu, wenn die „Lessons to learn" wenig angenehm und deshalb mit subtiler Umsicht vorzutragen sind. So reicht es zum Beispiel nicht, andernorts nur zu erläutern, weshalb wir in unseren Bestrebungen gegen die Säuglings- und Müttersterblichkeit, gegen Infektionskrankheiten und den vorzeitigen Tod von Erwachsenen bisher so erfolgreich gewesen sind (vgl. Abb. 15: Zirkularkausation!); ein Zustand, den man dort ebenfalls möglichst bald erreichen möchte. Diese Medaille hat bekanntlich eine weniger glänzende Rückseite, nämlich die Probleme, die wir uns durch die zunehmende Lebenszeit eingehandelt haben. Ich erinnere einzig an die chronischen Leiden und wachsenden Beschwernisse mancher Menschen im Dritten, vor allem aber im Vierten Alter angesichts der Scherenbewegung zwischen einer stärkeren Rektangularisierung in der Mortalität und einer geringeren in der Morbidität, und als Ergebnis einen sich oft lange hinziehenden Prozeß des Sterbens. Von *solchen* Schattenseiten ahnt man anderswo indes noch kaum etwas. Und doch wird aller Voraussicht nach auch dort die Entwicklung zeitverzögert in sehr ähnlichen Bahnen verlaufen. Es scheint mir nur fair, andernorts zur besseren Vorbereitung schon heute auch hierauf aufmerksam zu machen, so wie es Sheila Ryan Johansson in publizistisch aufrüttelnder Weise immer wieder tut: „There is every reason to suppose that as mortality falls in developing countries, morbidity will rise, just as it has done in the developed world" (Johansson 1991a, 39; vgl. hierzu ferner Kunitz 1990).

Die regelmäßigen Fremdaufenthalte hatten im Hinblick auf meine eigene „Mundialisierung" etwas zusätzlich Gutes. Menschen in Entwicklungs- und

Schwellenländern sind für mich nicht länger bloß eine Art von „kleinen Brüdern und Schwestern", als die ich sie in anfänglicher Überheblichkeit wohl gerne zu betrachten beliebte. „Entwicklungsländer" sind keineswegs in allen Bereichen weniger weit entwickelt als wir. Bei Gelegenheit lassen sie uns das auch deutlich spüren, so etwa im besonders traditionsbewußten Indien oder in China, wo ununterbrochene Hochkulturen Tausende von Jahren tiefer in die Vergangenheit zurückreichen, als es unsere eigene tut. Insgesamt trug mir die bisherige Ausübung solcher Tätigkeiten auf den verschiedensten Kontinenten ein gerüttelt Maß an Erfahrung, Wissen, horizonterweiternden Erkenntnissen ein, Werte, die ich als Hochschullehrer nun an die nachfolgende Generation weitervermitteln und dadurch auch deren „Mundialisierung" in meinem Sinne vorantreiben kann. Mobil sind in unseren Tagen längst nicht mehr nur etablierte Universitäts-Professoren; ihre Studenten sind es kaum weniger. Bei künftigen Reisen rund um die Welt dürften sie sich dann schwerlich länger mit einem Strandaufenthalt und einem garnierenden Kultur-Mini-Kontrastprogramm zufrieden geben, sondern umgekehrt den kulturellen Kontrast in den Mittelpunkt rücken und den Strand zum Feigenblatt degradieren.

Dieser „Mundialisierungs"-Aspekt war mir wichtig genug, um meinen abschließenden Beitrag für den Berliner Symposiumsband 1993/1994 danach auszurichten (=“Granatäpfel in der Kunst des Abendlandes. Vom Siegeszug eines orientalischen Motivs oder: Von den Aufgaben eines Historiker-Demographen in heutiger Zeit"). Mit dem wandernden Granatapfel-Motiv hole ich dort in den asiatischen Raum aus. Im Hintergrund steht lenkend die Frage, wie sich ein vertieftes gegenseitiges Verständnis über Kulturgrenzen hinweg hervorrufen läßt. Dem Historiker fällt es nicht schwer, in der Vergangenheit auf vielerlei Ansätze, gar vorexerzierte Beispiele in dieser Richtung zu stoßen. Gemeinsam mit dem Leser möchte ich dort die Frage klären, wieso gegen Ende des Mittelalters bei Europäern ein im Grunde außereuropäisches Motiv dermaßen beliebt werden konnte, daß es in Kunst und Kunsthandwerk des Abendlandes zeitweise völlig dominierte? Oder anders, „mundialisierend" und auf die heutige Zeit bezogen gefragt: Wie veranlasse ich Europäer, außereuropäische Hervorbringungen nicht nur zur Kenntnis zu nehmen, sondern sie als vollgültig, gegebenenfalls als exemplarisch, wenn nicht gar als überlegen zu akzeptieren?

Ein zweiter Punkt kam bei der Wahl des Granatapfel-Motivs hinzu. Ich frage mich, wer seinerzeit – im 15. Jahrhundert – in Mitteleuropa je einen Granatapfel gesehen, geschweige denn in der Hand gehalten oder gar gegessen hatte. Und wer aus dem winzigen Kreis derer, die ein Granatapfel-Muster – in einem Gemälde oder einem Brokatstoff – in Auftrag geben konnten, anschließend schon die Muße gehabt hatte, sich unbeschwert an dessen Schönheit zu erfreuen. Wirtschaftliche oder soziale Verpflichtungen, Regierungs- oder

Kriegsgeschäfte drängten vor. Und wer von denen, die über freie Zeit verfügten, konnte sich solchem Genuß unter optimalen Lichtverhältnissen hingeben? Was seinerzeit *einem* unter Zigtausenden vergönnt gewesen sein mag, steht uns heute *allen* offen. Den mit Granatäpfeln geschmückten prachtvollen Brokatsamt, von dem in jenem Beitrag ausgegangen wird, hatten einstmals die schwerreichen Herzöge von Burgund erworben. Doch derjenige, für den die ganze Herrlichkeit bestimmt war – Karl der Kühne -, konnte sich ihrer nie erfreuen. Bevor er dazu kam, schlugen ihn die Schweizer in einer Reihe von Schlachten vernichtend und brachten ihn schließlich 1477, in einem Alter von bloß 44 Jahren, auch ums Leben. Unter der Kriegsbeute von Grandson (1476) befand sich unter anderem der norditalienische Brokatsamt-Stoffballen. Er war nicht einmal ausgepackt.

Heute befindet sich das prächtige Stück, hervorragend erhalten, im Historischen Museum von Bern. Dort kann sich nun jeder, so lang er nur will, an ihm erfreuen – weit weg von jedem Schlachtengetümmel, dafür optimal durch raffiniert angebrachte Spotlights bestrahlt und in Reichweite bequemer Sitzgelegenheiten. Hat man sich endlich satt gesehen, braucht man nur ein paar Schritte zu tun bis zum nächsten Supermarkt oder einem Feinkostgeschäft, um sich zu erschwinglichem Preis einen *richtigen* Granatapfel zu besorgen. Eine Straßenzeile weiter befinden sich mehrere Reisebüros mit genauso erschwinglichen Angeboten für einen Abstecher in das eine oder andere Herkunftsland von Granatäpfeln. – Wer wollte noch daran zweifeln, daß wir heute einen anderen Menschen vor dem Granatapfel haben, als es zur Blütezeit des Motivs vor einem halben Jahrtausend der Fall war? Sind jedoch auch wir Heutigen bereit, Manifestationen aus einem anderen Kulturbereich zumindest von Fall zu Fall als den unseren überlegen zu akzeptieren und damit den Boden für ein besseres interkulturelles Verständnis zu schaffen?

Beim einleitenden Beitrag für den Berliner Symposiumsband 1993/1994 holte ich allerdings nicht gleichermaßen weit aus, weder zeitlich noch räumlich (= „Schmunzelnd zufriedene Menschen – obwohl sie wenig zu schmunzeln hatten. Porträts des Holländers Frans Hals [1582/83-1666]"). In jenem Kapitel bleiben wir im Abendland und in einem Jahrhundert – dem 17. –, das uns noch nicht allzu fremd geworden ist. Dabei steht eine scheinbar simple Frage im Mittelpunkt, die uns allerdings sehr bald nachdenklich machen dürfte: Was brachte unsere Vorfahren in einer Welt voller „Pest, Hunger und Krieg" dazu, schmunzelnd zufriedene Gesichter zu zeigen? Und wieso begegnen wir heute in unserem „Pest, Hunger und Krieg"-freien Alltag trotz zweifachen Lebens so vielen Menschen mit versteinert verbissenem Antlitz? – Stimmt mit uns etwas nicht?

Kapitel 2

Der Beitrag der Historischen Demographie zur Altersforschung

Leicht veränderte Version des Beitrags zum Forum Philippinum „Alter und Gesell-schaft", veranstaltet vom 22.-24. Juni 1994 durch den Marburger Universitätsbund un-ter der Leitung von Professor Dr. Peter Borscheid. Wiederabdruck mit freundlicher Ge-nehmigung des Herausgebers und des Verlags.

Nur wenige Vorgaben waren den Referenten von seiten der Veranstalter ge-macht worden: „Das Forum Philippinum hat in der Regel einen interdiszi-plinären Zuschnitt und greift zumeist aktuelle wissenschaftliche Probleme auf. In Marburg ist das Forum immer die Veranstaltung, die bei den Kollegen die meiste Resonanz findet, um über den 'Gartenzaun' des eigenen Faches hinauszuschauen, zumal nur auswärtige Referenten auftreten. 1994 beschäf-tigt sich das Forum mit kulturellen, historischen, sozialen und psychischen Aspekten des Alterns und des Alters. Weitgehend ausgeschlossen bleibt der geriatrische Zugriff." – In diesem Kontext sollte mein Beitrag „über Alter und Altern aus der Sicht des Historiker-Demographen" handeln.

„Jede Generation schreibt ihre Geschichte neu". Ebensogut kann man sa-gen: „Jeder Historiker, der lange genug in seinem Beruf tätig war und viel Er-fahrung gesammelt hat, schreibt seine Geschichte neu". Die Aufgabe, die mir von den Veranstaltern des Marburger Forum Philippinum gestellt wurde, wirkte auf mich zwar wie maßgeschneidert: interdisziplinärer Zuschnitt; Auf-greifen von aktuellen Problemen; kulturelle, historische, soziale, psychische Aspekte des Alterns und des Alters. Dennoch dürfte der folgende Beitrag et-was anders ausfallen, als es sich die Veranstalter und manche Marburger Zuhörer gedacht hatten oder es die Leser hier erwarten.

Um die Erwartungen jedoch nicht ganz zu enttäuschen, beginne ich im fol-genden, mein Thema auf eine Weise abzuhandeln, wie dies ein Historiker-Demograph nach landläufiger Meinung wohl tun sollte. Hierbei greife ich aus zwei Gründen auf schwedisches Material zurück. Zum einen verfügt Schwe-den über das weltweit mit Abstand beste und älteste historisch-demographi-sche Quellenmaterial. 1749 nahm das erste Statistische Zentralbüro der Welt seine Tätigkeit in Stockholm auf. Seit jener Zeit sind für sämtliche administra-tiven Einheiten des Königreiches bis hinunter auf die Ebene von Kirchenge-meinden nicht nur die monatlichen und – addiert – die jährlichen Zahlen für ehelich und außerehelich geborene Knaben und Mädchen, für Heiraten und

Wiederverheiratungen sowie für alle Verstorbenen nach Alter, Geschlecht und Todesursache genau bekannt. Sondern es liegen darüber hinaus – völlig einzigartig – auch noch exakte Angaben über die Größe und Zusammensetzung der jeweiligen Ausgangsbevölkerungen nach Alter und Geschlecht, nach Berufs- und Schichtenzugehörigkeit, Haushaltsgrößen u. a. m. vor. Dieses unikale Material hat sich praktisch zu hundert Prozent erhalten. Auszüge daraus sowie eine Reihe wichtiger Ergebnisse und Berechnungen wurden im Verlauf unseres Jahrhunderts wiederholt veröffentlicht (Sundbärg 1907/1970, Historisk statistik för Sverige 1969/1993, Hofsten/Lundström 1976). Weiteres Material steht in bereits existierenden bzw. im raschen Auf- und Ausbau befindlichen umfangreichen historisch-demographischen Datenbanken vor allem an den Universitäten von Umeå und Linköping sowie in Stockholm abrufbereit zur Verfügung (Nilsdotter 1993).

Zum anderen ist es nicht etwa so, daß die Schweden bislang ihr eigenes Material nicht selbst für Untersuchungen verschiedenster Art herangezogen und die Goldgrube für ihre Belange ausgewertet hätten. Diese Feststellung trifft nicht zuletzt auch im Hinblick auf hier besonders interessierende Themen zu wie „Rückgang der Sterblichkeit", „Zunahme der Lebenserwartung", „demographische und epidemiologische Transition", „Entwicklung von Größe und Zusammensetzung älterer, alter und sehr alter Bevölkerungsgruppen; deren Sterblichkeit und Todesursachen" u. a. m. (vgl. Bengtsson/Fridlizius/Ohlsson 1984, Brändström/Tedebrand 1988, Brändström et al. 1994, Hofsten 1987, Mellström 1988, Odén 1990, Pernow 1992, Tedebrand 1993). Erstaunlicher ist dagegen die Tatsache – und hierin liegt einer der Gründe für meine eingangs erwähnte „unerwartete" Vorgehensweise –, daß schwedische Kollegen immer wieder auf die Idee kommen, mich als Außenstehenden zu ihren historisch-demographisch-gerontologischen Symposien und Konferenzen hinzuzubitten. Und dies, obschon ich in einem Land forsche und lehre, das im westeuropäischen Kontext bezüglich der Historischen Demographie das Schlußlicht bildet. Der Grund für solche Einladungen dürfte kaum allein darin liegen, daß mir wegen langjähriger früherer Aufenthalte die skandinavischen Sprachen keine Probleme bereiten. Sie erfolgen aber eben auch nicht, damit ich als „gewöhnlicher Historiker-Demograph" über Themen wie „Die Situation älterer Menschen [in Schweden] in historischer Perspektive" referiere. Zur Übernahme solcher Aufgaben stehen im Lande genügend eigene Fachleute zur Verfügung (Kjellman 1993). Der von mir für dieses eben angesprochene geronto-historische Symposium erbetene Beitrag hieß denn auch ganz anders, nämlich: „Lever vi för länge? Om dödsrisk och livschans i I-land och U-land" („Leben wir zu lange? Über Sterberisiken und Lebenschancen in entwickelteren und weniger entwickelten Ländern"; vgl. Dalarnas Forskningsråd 1993). Bei einer weiteren, 1993 fast gleichzeitig durchgeführten Veranstaltung über „Omsorg i livets slutskede" („Betreuung in der Schlußphase des Lebens") war es der Wunsch nach einem Referat „Om konsten att dö" („Über die Kunst des Sterbens"; vgl. Ternestedt Östman 1993, ferner Rinell Hermansson 1990). – Wir werden weiter unten auf diese Zusammenhänge zurückkommen.

Harte Fakten

Doch beginnen wir den Beitrag, wie von einem zünftigen Historiker-Demographen erwartet, mit der Präsentation „harter Fakten". So zeigt die Abbildung 22 die Entwicklung der durchschnittlichen Lebenserwartung für schwedische Männer und Frauen bei der Geburt sowie im Alter von 1, 15, 50, 65 und 80 Jahren zwischen 1751 und 1991.

Im Verlauf von rund zweieinhalb Jahrhunderten erweiterte sich die durchschnittliche Lebenserwartung in Schweden somit um mehr als das Doppelte (Abb. 22, oben links). Bei den Männern stieg sie von 33,72 Jahren 1751/1790 auf 74,94 Jahre 1991, bei den Frauen von 36,64 auf 80,54. Jeder Schwede und jede Schwedin hat heute folglich *zwei* Leben zur Verfügung, und dies mit einer relativen *Gewißheit*, die früher undenkbar war. Wie entscheidend wichtig es seinerzeit war, vor allem über die niedrigsten Altersstufen lebend hinwegzukommen, geht aus der Tatsache hervor, daß im Vergleich zu heute die Zunahme der Lebenserwartung noch während des ganzen 18. und 19. Jahrhunderts im Kindes- und Jugendalter enorme Sprünge machte. So hatten zum Beispiel, wie schon erwähnt, männliche Schweden bei der Geburt 1751/1790 im Durchschnitt ganze 33,72 Jahre vor sich, im Alter von einem Jahr dagegen (ab der Geburt gerechnet) 43,06 und mit 15 Jahren sogar 55,60 Lebensjahre. Heute (1991) sind es dagegen zu allen Zeitpunkten im Leben fast immer gleich viele Jahre, nämlich 74,94 (bei der Geburt), 75,44 (im Alter von 1 Jahr ab der Geburt gerechnet) und 75,60 (mit 15 Jahren). Wie üblich fallen die Unterschiede bei den Frauen markanter aus. Hier lauten die Zahlen für 1751/1790: 36,64, 45,65 und 58,09 Jahre. Heutzutage sind es 80,54, 81,00 und 81,18 Jahre.

Je höher das Ausgangsalter der Gruppe ist, deren restliche Lebenserwartung wir über die Zeiten hinweg verfolgen und miteinander vergleichen wollen, desto geringer fällt die Zunahme zwischen einst und heute aus. So hatten 65jährige Schweden 1751/1790 im Durchschnitt noch 10,02 Lebensjahre vor sich, Schwedinnen 10,51. 1991 waren es 15,42 und 19,21 Jahre. 80jährige Männer hatten vor zweieinhalb Jahrhunderten im Durchschnitt noch 4,60, heute hingegen 6,62 Jahre; die Frauen seinerzeit 4,76, nunmehr 8,43. Die biologische Lebenshülse scheint sich im Verlauf der Zeit somit kaum merklich ausgedehnt zu haben (vgl. Abb. 22, unten rechts). Was sich dagegen grundlegend geändert hat, ist die Zahl der Geborenen, die jemals auch nur in die Nähe dieses Daches gelangt. Oder anders gesagt: noch nie war der Anteil

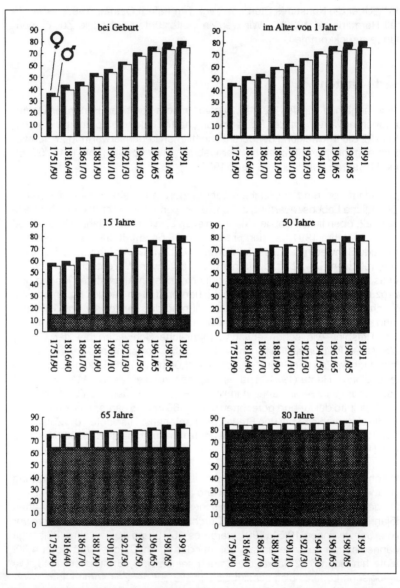

Abb. 22: Entwicklung der durchschnittlichen Lebenserwartung schwedischer Männer und Frauen bei der Geburt sowie in den Altern von 1, 15, 50, 65 und 80 Jahren zwischen 1751 und 1991

von gleichzeitig zur Welt gekommenen Menschen, die ihr Leben weitgehend zu Ende leben konnten, so groß wie bei uns heute.

Wer historisch nicht gleichermaßen weit ausholen kann (oder will) wie die Schweden und sich bei Lebenserwartungsanalysen nur auf die letzten vier oder fünf Jahrzehnte beschränkt, der wird hierbei fast zwangsläufig – weil besonders augenfällig – dem rascheren Mortalitätsrückgang der Frauen im höheren Alter verglichen mit den Männern die größte Aufmerksamkeit widmen. So zeigt uns die Abbildung 23 – diesmal auf französischem Quellenmaterial basierend – den Beitrag unterschiedlicher Altersgruppen beiderlei Geschlechts zur Zunahme der Lebenserwartung, gemessen in Jahren, zwischen 1949 und 1989. Während dieser vier Jahrzehnte nahm die durchschnittliche Lebensspanne männlicher Franzosen um 10,35, die der Französinnen um 13,16 Jahre zu.

Betrachtet man die einzelnen Altersgruppen indes näher, wird sogleich deutlich, daß insbesondere Französinnen höherer Alter ihrem Leben in beachtlichem Ausmaß weitere Jahre hinzugefügt haben. Konzentrieren wir uns auf die Jahrgänge über 60, so betrug die Zunahme bei den 60-64jährigen Männern 0,53 Jahre, bei den Frauen 0,74; bei den 65-69jährigen 0,61 bzw. 0,96, bei den 70-74jährigen 0,68 bzw. 1,17, bei den 75-79jährigen 0,58 bzw. 1,16, bei den 80-84jährigen 0,38 bzw. 0,87 und bei Männern in einem Alter von 85 und mehr Jahren 0,22, bei Frauen 0,58 Jahre. Addiert kommen wir bei den Männern insgesamt auf 3,00 zusätzliche Lebensjahre, bei den Frauen jedoch fast auf das Doppelte, nämlich 5,48 Jahre.

Wenn wir diesbezüglich nochmals einen Blick auf die Entwicklung in Schweden werfen, so sehen wir in der Abbildung 24 die Anzahl „gewonnener Leben" in den verschiedenen Altern beiderlei Geschlechts, die sich in diesem skandinavischen Land aufgrund der rückläufigen Sterblichkeit zwischen 1951 und 1988 ergeben haben. Dies betraf insgesamt rund 330 000 Menschenleben.

Bei der Erstellung von Abbildung 24 wurde vom alters- und geschlechtsspezifischen Sterberisiko während der Periode 1951-1955 ausgegangen. Damals betrug die Lebenserwartung bei der Geburt für schwedische Männer 70,6 Jahre, für Frauen 73,5. Die hieran anknüpfenden Berechnungen legten nun für den ganzen Zeitraum von 1951 bis 1988 die alters- und geschlechtsspezifischen Ausgangssterblichkeiten als konstante Größe zugrunde, was in Wirklichkeit selbstverständlich nicht der Fall war. So lag am Ende der Beobachtungsperiode die Lebenserwartung schwedischer Männer um 3,6 und diejenige der Frauen gar um 6,7 Jahre höher als zu deren Beginn. Bei Vergleichen mit der Realität von 1988 stellte sich heraus, daß damals nicht weniger als 86 000 Männer noch am Leben waren, die gemäß dem 1951er Sterberi-

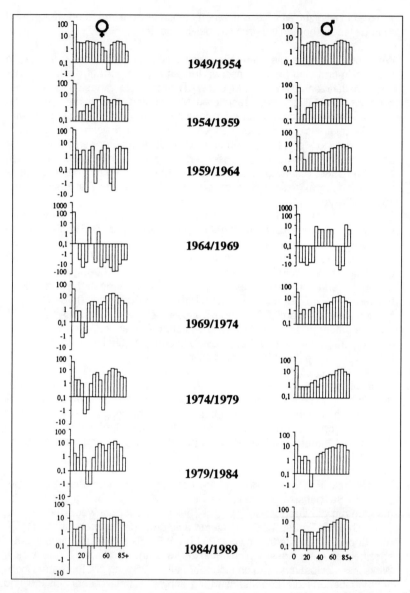

Abb. 23: Beitrag unterschiedlicher Alter zur Zunahme der Lebenserwartung bei Männern und Frauen in Jahren; Frankreich 1949 – 1989. Semilogarithmische Anordnung

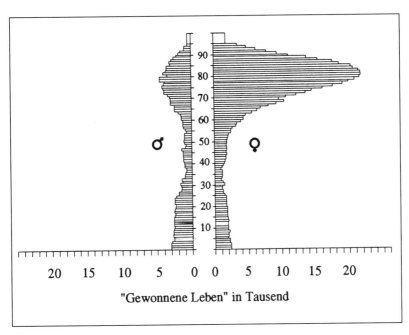

Abb. 24: „Gewonnene Menschenleben" in verschiedenen Altern beiderlei Geschlechts, die sich in Schweden zwischen 1951 und 1988 aufgrund gesunkener Sterblichkeit ergeben haben

siko das Zeitliche eigentlich längst hätten gesegnet haben müssen. Bei den Frauen waren es sogar 244 000, also das Dreifache der Männer. Auch hier zeigt sich somit erneut, daß die Frauen in weitaus höherem Maß vom Mortalitätsrückgang profitierten als die Männer. Und was aus der Abbildung 24 besonders deutlich hervorgeht: Hauptgewinnerinnen dieser gesamten Entwicklung waren insbesondere Frauen höherer Jahrgänge, vor allem jene in einem Alter von über 60 Jahren. 1988 fielen rund fünfzig Prozent sämtlicher Schwedinnen der Altersgruppe 85-89 Jahre in die Kategorie „gewonnene Frauenleben". 1951 wären sie in diesem Alter nicht mehr am Leben gewesen. Bei den Männern verteilten sich die neuen Überlebenden dagegen ziemlich gleichmäßig auf alle Altersgruppen.

Harte Fakten ?

Gäbe es in Deutschland – ehemals West ebenso wie Ost – ähnlich wie in Italien, der Schweiz, in Frankreich, Großbritannien oder Skandinavien eine

ganze Reihe von Historiker-Demographen, so möchte es noch angehen, daß sich der eine oder andere unter ihnen ausschließlich der Aneinanderreihung von derlei Zahlenmaterial und der Um- oder Beschreibung von Statistiken, Tabellen, Grafiken widmete. Eine solche Reihe von Historiker-Demographen gibt es hierzulande aber nicht. Den wenigen, die auf dem Gebiet tätig sind, kommt somit gleichzeitig die Aufgabe zu, einen oder gar mehrere Schritte hinter ihr bloßes Zahlenmaterial zurückzutreten und jenseits aller Statistiken, Tabellen und Grafiken zu den „wirklichen Fragen" vorzustoßen.

Wirkliche Fragen? – Überlegen wir uns einmal, ob wir in der „historisch-demographischen" Einleitung nicht eben auf dem besten Wege waren, uns eine Menge Sand in die Augen zu streuen. Was heißt dort eigentlich „harte Fakten"? Nur weil ihr Geburtszeitpunkt gleich viele Monate oder Jahre zurücklag, packten wir Hunderttausende schwedischer bzw. französischer Männer und Frauen höchst rigide in bestimmte Altersgruppen, stellten diese einander gegenüber, verglichen sie miteinander über Zeit und Raum hinweg. Ganz so, als ob ein Alter von 50, 65, 80 Jahren auch nur für zwei Männer, zwei Frauen in welchem Land der Welt auch immer dasselbe wäre, ganz zu schweigen von einem Alter von 80 Jahren heute verglichen mit einem Alter von 80 Jahren am Ende des Zweiten Weltkriegs oder während der Anfangsphase des Statistischen Zentralamts Mitte des 18. Jahrhunderts in Schweden. Es dürfte kaum übertrieben sein zu behaupten, daß jeder Hörer, jeder Leser – in welchem Alter auch immer – heute sowohl bereits viel mehr erlebt als auch viel weniger an fundamentalen Erfahrungen gesammelt hat als ein Altersgenosse fünfzig, hundert, zweihundert Jahre früher. So habe ich mit 54 Jahren (ich bin Jahrgang 1939) einerseits längst die ganze Welt gesehen und sämtliche Kontinente bereist. Wer hätte das schon gekonnt von meinen Vorfahren auch nur vor zwei, drei Generationen? Andererseits weiß ich mit den gleichen 54 Jahren noch immer nicht, was eine „richtige Krankheit", ein gestorbenes kleines Kind, ja nicht einmal, was Hunger, Frieren, auch nur Wassermangel ist. *Alle* meine Vorfahren wußten das, und zwar schon in wesentlich jüngeren Jahren. Als reifem Erwachsenen fehlen mir nach wie vor grundlegende Kenntnisse und Erfahrungen des Menschseins aller Zeiten und aller Länder. Wie soll ich da meine Vorfahren verstehen und mir anmaßen, ihre Geschichte zu schreiben? Aus dem gesicherten Ghetto, in dem ich mich befinde? Aus einer Situation heraus, die etwas Unmenschliches an sich hat, weil ihr ganz wesentliche Züge der conditio humana abgehen? Ein paar ernüchternde Einsichten dieser Art dürften genügen, um das vorgegebene Thema anschließend anders, weniger naiv als im „richtigen" Eingangskapitel anzugehen.

„Der Beitrag der Historischen Demographie zur Altersforschung" kann hierzulande aber auch nicht meinen – wie manchmal ebenfalls erwartet -, über Themen zu handeln wie: „Der Wandel in der Einstellung zum Alter"; „Gesellschaft und ältere Menschen in der Geschichte"; „Historische Entwicklung des ‚Lebensabends'" und dergleichen mehr. Dies mögen schöne Titel für Seminararbeiten von Geschichtsstudenten sein. Als Beiträge zu einer viel umfassenderen Altersforschung greifen sie zu kurz. Lassen wir hier zur Untermauerung unserer Überlegungen einen Historiker zu Wort kommen, der über Jahre hinweg selbst über Alter und Altern geforscht und publiziert hat, den Marburger Peter Borscheid. In einer neueren Studie über den „Wandel der 'Lebensstufen' im Abendland" kommentiert er die einstmals verbreitete bildhafte Gliederung des Lebens gemäß einer Lebenstreppe: „An jeder Stufe der Lebenstreppe war unübersehbar ein Warnschild eingerammt: Vorsicht Einsturzgefahr. Der Tod holte sich völlig wahllos seine Opfer in allen Altern. So erreichte denn in der Realität kaum einer der Menschen das Ende der Treppe. Ein Drittel bis die Hälfte gelangte über die erste Stufe erst gar nicht hinaus, und die, die weiterkamen, starben meist mitten im Leben an allen möglichen Krankheiten und Unglücksfällen, nur an Altersschwäche starb kaum jemand. *Der eigentlichen Altersphase, nach welchen Kriterien wir sie auch definieren, kam daher kaum eine Bedeutung zu*" (Borscheid 1993; Kursivsetzung durch A. E. I.).

Und da soll sich der Historiker-Demograph, wenn ihm schon die Gelegenheit zu grundsätzlichen Äußerungen über seinen Beitrag zur Altersforschung gegeben wird, ausgerechnet des langen und breiten über diese historisch gesehen *bedeutungslose Altersphase* auslassen? Soll von ein paar Ausnahmen, die auch früher schon älter und alt geworden waren, Lehrhaftes für heute entwickeln? Wie unsinnig ein solches Vorgehen wäre, mag jeder selbst beurteilen, wenn er sich die Versform der eben angesprochenen Lebenstreppen-Einteilung nochmals ansieht. Sie lautet:

> „Zehen Jahr ein Kind,
> Zwanzig Jahr ein Jüngeling,
> Dreißig Jahr ein Mann,
> Vierzig Jahr wohlgetan,
> Funffzig Jahr stille stahn,
> Sechzig Jahr gehet das Alter an,
> Siebenzig Jahr ein alter Greiß,
> Achtzig Jahr nimmer weiß,
> Neunzig Jahr der Kinder Spott,
> Hundert Jahr gnad dir Gott".

Wer die Abbildung 1 oben nicht schon wieder vergessen hat, greift sich an den Kopf. Um die Mitte des 18. Jahrhunderts betrug die durchschnittliche Lebenserwartung bei der Geburt für die Männer rund 34 (in Worten: vierunddreißig!), für die Frauen rund 37 Jahre (siebenunddreißig!). Und da gehen die gleichzeitigen Lebenstreppen unbekümmert bis hundert! Für wen war diese rigide Stufung eigentlich gedacht? Aberwitzige Wunschträume? Von irgendwelchen Realitäten, von „harten Fakten" gar sind wir jedenfalls auch hier weit entfernt.

101

Relevante Fragen stellen

Nach so viel klarstellender Abgrenzung ist es höchste Zeit, auf den durchaus möglichen Beitrag der Historischen Demographie – auch hierzulande! – zur Altersforschung einzugehen. Bleiben wir bei der Abbildung 1 und versuchen, von ihr ausgehend einige *relevante* Fragestellungen zu entwickeln. *Relevant* meint, der heutigen, a priori nicht historisch geprägten Altersforschung Zusammenhänge klarzumachen und Problemlösungen anzubieten, gegebenenfalls auch unangenehme Fragen aufzudrängen, die alle auf jahrzehnte- und jahrhunderteumspannenden Einsichten basieren und die den anderen Disziplinen aufgrund deren fachspezifisch weitaus engeren Zeitperspektiven zunächst einmal fernliegen und fremd sind.

So scheint mir die für eine zeitgemäße Altersforschung relevante Konsequenz aus der Abbildung 1 nicht in erster Linie zu sein, daß sich die Lebenserwartungs-Stapel bei der Geburt (oben links) im Verlauf von zweieinhalb Jahrhunderten verdoppelt haben, sondern daß heute bei uns praktisch *alle* damit *rechnen* können, bis nahe an die Grenze der biologischen Lebenshülse vorzustoßen. Altern ist erstmals nicht mehr die Angelegenheit einiger weniger, sondern die Angelegenheit von jedermann, vor allem jeder Frau. Denn *sie* sind es, die in größtem Ausmaß auch die ganz späten Jahre erreichen (vgl. hierzu auch nochmals die Abbildungen 2 und 3).

Nun ist „Lebenserwartung", gemessen in Anzahl durchlebter Jahre, die eine Sache. Eine andere Sache ist „Lebenserwartung bei guter Gesundheit". Je älter Menschen werden, um so höher steigt die Wahrscheinlichkeit, daß sie zuerst hilfe-, dann pflegebedürftig und schließlich institutionalisiert werden – alles, bevor sie sterben. Über diesen Sachverhalt – Multimorbidität, „insult-accumulation" aufgrund von zwar überstandenen, aber deswegen nicht spurlos vorübergegangenen Gesundheitseinbußen im Verlauf eines langen Lebens und dergleichen mehr – braucht der Historiker-Demograph die Altersforschung gewiß nicht aufzuklären; im Gegenteil hat er hier von ihr zu lernen. Historiker, Historiker-Demographen werden aber andere Schlüsse aus diesen Gegebenheiten ziehen und mit anderen Lösungsvorschlägen aufwarten. *Hierin* besteht ihr eigentlicher, ihr genuiner, ihr möglicher Beitrag zur interdisziplinären Altersforschung.

In einem solchen umfassenderen Kontext wissen Historiker z. B., daß mentalitätsgeschichtliche Veränderungen nur sehr langsam vor sich gehen und daß, will man sie beschleunigt vorantreiben, viel geduldige Überzeugungsarbeit geleistet werden muß. Haben wir – so frage ich – wirklich realisiert, daß wir praktisch *alle* ins Vierte Alter kommen? Daß wir unser Leben *zum ersten Mal* von einem einigermaßen kalkulierbaren Ende her leben können? Daß die erstmalige Massenperspektive eines einigermaßen berechenbaren späten Ablebens die vielfältigsten Investitionen – keineswegs nur materieller Art – in ein langes Leben sinnvoll und erforderlich macht? Daß das konzentrierte Sterben in hohem Alter von uns allen die Lebensführung nach einem bestimmten Plan voraussetzt, der auch die Eventualitäten der späten Jahre mit in Betracht zieht, und zwar schon ab dem frühen Erwachsenenalter? Leben die meisten von uns – so frage ich weiter – nicht vielmehr noch immer mit der Mentalität von gestern und vorgestern, als die Lebenszeit unsicher war und täglich zu Ende gehen konnte? Als man getrost von einem Tag zum andern, in den Tag hinein leben konnte? Versuchen wir nicht immer noch allzuoft, unser Nichtstun mit dem schnöden Hinweis auf einen jederzeit möglichen „Big Bang" oder das nie auszuschließende Überfahrenwerden beim Überqueren der Straße zu entschuldigen? Wo sind die Konzepte der Altersforscher, hier vorbeugend, aufklärend, überzeugend gegenzusteuern? Und welche Versuche unternehmen sie – was vielleicht noch wichtiger ist -, es *allen* zu sagen? Der Historiker-Demograph wird im nächsten Abschnitt mit dem Vorschlag zu einer Problemlösung aufwarten (= Problemlösung 1).

Einem Historiker-Demographen, der sich nie auf das bloße Erstellen von Tabellen und Grafiken beschränkt hat, sondern als gleichzeitiger Sozialhistoriker zu keinem Zeitpunkt vergaß, daß hinter allen Tabellen und Grafiken Menschen aus Fleisch und Blut stehen, ist ferner bewußt, daß die meisten unserer Vorfahren vehement dagegen protestiert hätten, in der Abbildung 1 nur die irdischen Lebensjahre auf die Länge ihres Lebens angerechnet zu erhalten. Als ob es sich bei den paar Erdenjahren für sie nicht um eine zu vernachlässigende Größe im Vergleich zur anschließenden Ewigkeit im Jenseits gehandelt hätte. In ihren Augen wäre es zwischen 1750 und heute keineswegs zu einem Anstieg, gar zu einer Verdoppelung der Lebenserwartung gekommen, sondern gerade umgekehrt zu einer unendlichen Verkürzung. – Wer eine solche Sichtweise naiv findet, möge überlegen, ob der mittlerweile weitgehend eingetretene Verlust des Glaubens an ein Weiterleben in alle Ewigkeit nicht vielen, vor allem älteren Menschen große Probleme bereitet, das Wissen darum, daß die 80, 85 Jahre bereits alles waren. Das kollektive lange Gedächtnis sorgt derzeit zudem noch immer dafür, daß die meisten von uns trotz Dechristianisierung nach wie vor spüren, was wir da häufig erst in allerjüngster Zeit verloren haben. Wir empfinden das Vakuum und übertünchen und übertönen es, so lange es im Zweiten, Dritten Alter nur irgend geht. Bislang hat die Altersforschung, soweit ich sehe, noch keinen vollgültigen Ersatz für diesen Ewigkeitsverlust geschaffen. Der Historiker-Demograph wird im nächsten Abschnitt mit dem Vorschlag zu einer Problemlösung aufwarten (= Problemlösung 2).

Als in historischer Zeit die Lebenserwartung noch aus zwei Teilen bestand, einem mehr oder weniger kurzen irdischen und einem unendlich viel längeren ewigen in himmlischer Glückseligkeit, kam hienieden alles darauf an, einen guten, gottwohlgefälligen Tod zu sterben. Vor allem sollte man nicht in letzter Minute noch den Versuchungen teuflischer Mächte erliegen, sonst würde die Seele nie und nimmer zu den himmlischen Heerscharen stoßen, sondern der

ewigen Verdammnis anheimfallen. Da während der damaligen häufigen Seuchen immer wieder zahlreiche Menschen ohne irgendwelchen geistlichen Beistand allein auf sich gestellt starben, bereitete sich männiglich anhand eines
allgemein verständlichen Holzschnitt-Leitfadens ab jungen Jahren auf ein
gutes Sterben vor. Wer auf diese Weise erst einmal sterben gelernt hatte,
brauchte sich anschließend selbstverständlich vor dem Sterben nicht mehr zu
fürchten, auch nicht vor dem allein Sterben. Im Zuge der Säkularisierung haben wir uns von dieser Ars moriendi abgewandt. Zwar sterben auch heute wie
damals wieder viele Menschen allein, aber den neuen Gegebenheiten entsprechend konzentriert in fortgeschrittenen Altern. Doch wer lehrt sie, wer lehrt uns
sterben? Soweit ich sehe, hat die heutige Altersforschung auch hier noch keinen Ersatz für die verlorene alte Ars moriendi geschaffen. Auch hier wird der
Historiker-Demograph im nächsten Abschnitt mit dem Vorschlag zu einer Problemlösung aufwarten (= Problemlösung 3).

Krankheiten hatten für unsere Vorfahren einen Sinn. Sie waren ein gnädiger
Fingerzeig Gottes, noch rechtzeitig in dem sündigen Lebenswandel einzuhalten, in sich zu gehen und umzukehren, damit die ewige Glückseligkeit nicht in
Gefahr geriete. Für die meisten heutigen Menschen haben Krankheiten keinen
Sinn mehr. War es von unseren Vorfahren jedoch so falsch, in Gesundheitseinbußen einen Sinn zu sehen? War es so schlecht, gelegentlich (von Krankheiten) gezwungen zu werden, in sich zu gehen? Gewiß können wir uns heute zum
ersten Mal zumindest während der besten Jahre unseres Lebens ‚mit einem
gewissen Recht' „ein bißchen unsterblich" fühlen. Stößt uns etwas zu, werden
wir im allgemeinen prompt und zuverlässig repariert. Doch wiewohl uns eine
rührige Präventionspropaganda glauben machen will, daß wir bei zusätzlichem
Joggen und noch mehr Birchermüesli mit einem noch größeren Anteil an Bal-
laststoffen und ganz ohne Rauchen schließlich wohl unsterblich würden, sind
wir alle Sterbliche geblieben. Wäre es nicht redlicher, sich der guten Jahre
zwar durchaus zu freuen, ohne dabei jedoch die Endlichkeit aus den Augen zu
verlieren? Wäre es nicht humaner, diese simple conditio humana als Meßlatte
anzulegen? Daß wir vergänglich sind, braucht keineswegs zu einer pessimisti-
schen Grundhaltung zu führen. Im Gegenteil, wessen Jahre gezählt sind, der
wird sie besser nutzen, wird um so intensiver und zielstrebiger leben. Erneut ist
ein Lebensplan gefragt. Welche tragfähigen Konzepte hat die Altersforschung
hier bislang vorgelegt? Der Historiker-Demograph wird im nächsten Abschnitt
mit dem Vorschlag zu einer Problemlösung aufwarten (=Problemlösung 4).

Relevante Antworten auf relevante Fragen – oder: Der Beitrag der Historischen Demographie zur Altersforschung

Vier Fragen habe ich als Beispiele gestellt; vier Antworten will ich beispielhaft
geben. Fragen wie Antworten erwuchsen aus einer jahrelangen Beschäftigung

mit einer nicht auf Zahlenmaterial beschränkten, sondern sehr breit angelegten historischen Demographie. *Deren* Ergebnisse sind andernorts gefragt, so z. B. das Referat „Über die Kunst des Sterbens" im Rahmen des eingangs erwähnten schwedischen Symposiums zur „Betreuung in der Schlußphase des Lebens".

Problemlösung 1: Die relative Gewißheit, erst im Vierten Alter zu sterben, erfordert heute von Anfang an eine andere, weitaus zielbewußtere Organisation dieser langen Lebensspanne, als es das die jederzeit unsichere Existenz unseren Vorfahren abverlangte. Als Historiker-Demograph kann ich nicht müde werden, auf diese grundsätzlich neue Situation hinzuweisen, und zwar *alle* Zeitgenossen. So etwas gab es noch nie und gibt es auch heute noch nirgendwo anders auf der Welt. Wir strebten diesen Zustand mit aller Macht an. Jetzt haben wir ihn – und haben ungefragt die Kehrseite der Medaille ebenso. Mit Kehrseite meine ich – Prävention hin oder her – die Eventualitäten der späten Jahre: eine häufig zu beobachtende Reduktion der körperlichen Fähigkeiten vor den geistigen. Diese Feststellung hat nichts mit dem intellektuellen Gehabe eines Hochschullehrers zu tun. Das längere Vorhalten geistiger Potentiale ist nicht meine Erfindung. Ich konstatiere sie als Gegebenheit. Und ich mache einen Vorschlag. Es ist mein Konzept vom Lebensplan. Er läuft darauf hinaus, in jungen Erwachsenenjahren nicht nur körperliche Interessen in sich (oder andern) zu wecken, sondern – im Hinblick auf die Besonderheiten des Vierten Alters – auch geistige, kulturelle, musische Neigungen zu pflegen und sie, wie die physischen, kontinuierlich zu hegen und zu vertiefen. Niemand soll in eine „entsetzliche geistige Leere" stürzen, wenn in den späten Jahren die körperlichen Kapazitäten vor den geistigen abnehmen, und dann nicht wissen, was er mit all den gewonnenen Jahren anfangen könnte.

Da man niemanden zu seinem Glück zwingen, sondern nur dazu geneigt machen kann, setzt die Umsetzung dieses Konzepts in die Praxis enorme Geduld und eine große Einsatzbereitschaft voraus (Wörner 1993). Da heute (und morgen erst recht) praktisch alle Menschen bei uns das Vierte Alter erreichen, muß die Botschaft auch bis zu allen durchdringen. Angesichts unseres immensen kulturellen Erbes besteht kein Mangel an geeignetem Material unterschiedlichster Art, für das Interesse geweckt werden kann. Um hierbei jedoch die vielen zu erreichen, sollte man sich (als Hochschullehrer, der um diese Zusammenhänge weiß) nicht nur immer und immer wieder für Vorträge zur Verfügung stellen, sondern sich auch möglichst effizient der heutigen Massenmedien bedienen. Effizient meint, sich in einer Weise auszudrücken, daß Leser, Zuhörer, (Fernseh-) Zuschauer in der gegebenen Zeit verstehen, worum es geht.

Problemlösung 2: Wer der unendlichen Verkürzung unseres Lebens durch den Verlust des Glaubens an eine Ewigkeit nachtrauert, sollte sich überlegen, wie es zu diesem Verlust gekommen ist und wodurch er möglicherweise wettgemacht werden kann. Nehmen wir als Gedankenanstoß ein paar Redewendungen zu Hilfe. „Not lehrt beten." – Wenn es keine Not mehr gibt, braucht auch nicht mehr gebetet zu werden. „Vor Pest, Hunger und Krieg bewahre uns, o Herr!" – Wenn es Pest, Hunger und Krieg nicht länger gibt, brauchen wir auch keinen Herrn mehr. Die „Götter in Weiß" übernahmen in unseren Krankenhäusern die ehemalige Funktion der Priester.

Wir hörten weiter oben davon, daß sich die durchschnittliche Lebenserwartung bei der Geburt binnen weniger Generationen sowohl bei den Männern wie bei den Frauen mehr als verdoppelt hat, daß alle von uns somit zwei Leben zur Verfügung haben. Mehr Jahre, enorm viel mehr Jahre im Vergleich zu früher kann jedoch nur haben, wer bessere, enorm viel bessere Jahre im Vergleich zu früher hat. Anders ist das nicht zu machen: bessere und gesichertere Ernährung, besseres Wohnen, hygienische Umgebung, sauberes Trinkwasser, effektive medizinische Versorgung, bessere Arbeitsbedingungen, geregelte Freizeit, hohes Bildungs- und Ausbildungsniveau, soziales Auffangnetz, langjähriger innerer und äußerer Friede. Jeder kann dem Ursachenpuzzle des langen Lebens aus eigener Erfahrung weitere Mosaiksteine hinzufügen.

Und das soll alles nichts sein? Oder doch so wenig, daß wir uns berechtigt fühlen, weiterhin dauernd zu nörgeln und zu klagen? Wir wollen immer noch mehr und noch mehr und geben uns doch nie zufrieden. Noch mehr und noch exotischere Früchte im Angebot unserer auch so schon überquellenden Supermärkte, noch mehr Fernsehkanäle – obwohl wir jetzt schon über die kaum noch zu bewältigende Reiz- und Informationsflut klagen, noch mehr Urlaub, noch größere Mobilität, ein zweites Wochenendhäuschen am See bzw. im Gebirge, einen Drittwagen und noch ein Motorrad dazu. Und selbstverständlich auch noch mehr Lebensjahre, vielfach bloß um der Zahl der Jahre willen. Doch noch immer nicht genug damit, begehren wir darüber hinaus auch gleich noch die ganze Ewigkeit, sind untröstlich, daß wir den Glauben an sie eingebüßt haben. Wer sind wir eigentlich, daß wir unsere Endlichkeit nicht wahrhaben können! Muß man wirklich ein berufsmäßiger Historiker sein, um einzusehen, daß wir noch nie so viele gute Jahre hatten wie heute? Noch nie bessere Chancen, sie *sämtlich* in erfüllte Jahre zu verwandeln? Ich behaupte keineswegs, daß wir deshalb im Paradies lebten (obwohl das viele Menschen in der Zweiten, Dritten, Vierten Welt vergleichsweise gar nicht so sehr zu unrecht meinen). Doch es liegt an uns, *an jedem einzelnen von uns*, mit den uns gegebenen Pfunden zu wuchern. Schaffen wir es nicht, die gewonnenen Jahre in erfüllte zu verwandeln, dann sind wir ihrer auch nicht wert. Andere auf der Welt wüßten besseres damit anzufangen.

Problemlösung 3: Sie ist die logische Folge aus den Vorschlägen eins und zwei. Es geht um die Frage einer neuen, zeitgemäßen Kunst des Sterbens. So wie die einstige Ars moriendi in jungen Jahren gelernt wurde, um daraufhin jederzeit selbst bei einem plötzlichen Tod gewappnet zu sein, so sollten auch wir diese Ars ab jungen Erwachsenenjahren bedenken. Es geht somit nicht um die letzten Stunden, Tage, Wochen auf Erden – die dann sein mögen, welcher Art sie wollen (Ternestedt Östman 1993) -, sondern um ein langfristig angelegtes Konzept, das am Ende des Lebens das Loslassen-Können erleichtert. Der Ausarbeitung, Erörterung und möglichen Umsetzung dieses Konzepts in die Praxis war 1993 ein dreitägiges Symposium gewidmet. Sein Thema war Programm: „Erfüllt leben – in Gelassenheit sterben". Die Quintessenz daraus: Wer seine höchstwahrscheinlich vielen guten und auch die paar möglicherweise weniger guten Jahre sämtlich gemäß einem Lebensplan in erfüllte zu verwandeln vermochte, dem dürfte es am Ende leichter fallen, das Leben loszulassen. Lebenssattheit dürfte ihn vor jener Torschlußpanik bewahren, die einen anderen leicht befallen kann, der immer nur älter geworden ist und eigentlich gar nicht richtig gelebt hat.

Lebenssattheit könnte einen Menschen aber auch eher geneigt machen, den Tod zur rechten Zeit auf sich zu nehmen. Diese Einstellung wiederum sollte nicht unerheblich zur Entschärfung oder Vermeidung eines sonst möglicherweise rasch auf uns zukommenden ethischen Problems beitragen: der Lebensverlängerung oder vielmehr der Todesverhinderung um jeden Preis aufgrund der heute gegebenen medizinisch-technischen Möglichkeiten sowie der unweigerlich damit verbundenen Frage einer „gerechten Verteilung" begrenzter Ressourcen angesichts der enorm teuren High-Tech-Medizin. Lebenssatt – nicht lebensmüde – seinen Tod zur rechten Zeit nach einem erfüllten Leben auf sich zu nehmen und als Endpunkt des Lebensplans in Gelassenheit zu akzeptieren, oder einfacher gesagt: einzusehen, daß auch das menschliche Leben ein naturgegebenes Ende hat, müßte den todgeweihten Menschen von sich aus, *selbstbestimmt*, auf nicht länger sinnvolle Medizinaleingriffe verzichten lassen (zur „Setting limits"-Kontroverse vgl. Mattheis 1993; zu der damit verbundenen und sich immer mehr abzeichnenden Notwendigkeit, unser „emphatisch aufgeladenes Gesundheitsverständnis einer ernüchternden Korrektur" zu unterziehen, vgl. Spree 1993).

So entpuppt sich die neue Ars moriendi denn recht eigentlich als Ars vivendi, als die Kunst, ein langes Leben von seinem selbstverständlichen Ende her erfüllt zu leben und es schließlich – auch ohne Aussicht auf eine ewige Fortsetzung – in Gelassenheit herzugeben. Wer hier eine zusätzliche Verbindung zur alten Ars moriendi sucht, kann sie leicht herstellen. Die Antwort auf die vierte teuflische Versuchung – zu Hochmut, Überheblichkeit, Hoffart, Stolz – lautete in der Sprechblase des dem bedrängten Sterbenden dort zu Hilfe eilenden Engels: „Sis humilis!" – „Bleibe bescheiden!" Diese Antwort muß nur den heutigen, nicht länger christlich geprägten Gegebenheiten angepaßt werden, so daß sie nunmehr etwa lauten könnte: „Bleib' Du mal auf dem Boden der

Realitäten!" Nicht immer noch mehr fordern, noch mehr Jahre und auch noch die ganze Ewigkeit dazu, sondern anerkennen, daß die größere Quantität der Lebensjahre aufs engste mit deren größerer Qualität zusammenhängt, und selbst das Beste daraus machen. Übertrieben „bescheiden" scheint mir selbst diese Forderung nicht zu sein, wohl aber fair: fair unseren Vorfahren und fair dem Rest der Welt gegenüber, die weder über die Quantität, noch die Qualität unserer Jahre verfüg(t)en, obwohl sie wahrscheinlich beides auch gern (gehabt) hätten.

Problemlösung 4: Wiederholt wurde oben darauf hingewiesen, daß unserem euphorischen Präventionsgehabe, unserem hocheffizienten Medizinalbetrieb, unserer unrealistischen Auffassung von „Gesundheit" als Absenz jeglichen körperlichen, seelischen, sozialen Unwohlseins etwas Unmenschliches anhaftet. Zu leicht gaukeln sie uns ewige Jugend, ewiges Glück, ewiges Leben vor. Dabei besteht doch Menschsein gerade darin, die in uns von Anfang an angelegte Spannung von Leben, Sterben und Tod zuzulassen, sie auszuhalten und nach einem Lebensplan aushaltend zu gestalten (Wörner 1994). Eine affirmative Ars vivendi meint hier zuerst einmal, in Gelassenheit *leben* zu lernen. Wann aber haben wir heute noch Gelegenheit, wirklich zu uns zu finden, wenn nicht während Gesundheitseinbußen? Freizeit münzen wir umgehend in Betriebsamkeit um, Urlaub in hektisches Reisen mit Stop-and-go. Krankheiten können aus anderen Gründen als für unsere jenseitsgläubigen Vorfahren einen Sinn haben.

Man mag sogar noch einen Schritt weitergehen und eine solche Einstellung einer ausgewogeneren Prävention zurechnen. Wer Krankheiten nicht als Katastrophen auffaßt, wer sie im Gegenteil als eine Art mehr oder weniger willkommener, jedenfalls nützlicher, ja gewinnträchtiger Exerzitien ansieht und ihnen somit auch Positives abzugewinnen vermag, der dürfte – so paradox das klingt – möglicherweise seltener krank werden. Er steht nicht unter jenem dauernden Erfolgszwang, ununterbrochen glücklich zu sein, wie andere Menschen, bei denen das immer wieder eintretende Wegbleiben der permanenten Hochstimmung erst das Gefühl des versagenden Krankseins hervorruft. Auch hier könnte uns ein bißchen mehr „Bescheidenheit" oder ganz simpel die Akzeptierung von Grundrealitäten, eine Rückbesinnung auf die Bedingungen unseres Menschseins wieder gesünder machen.

Krankheiten wirken wie Katalysatoren in einem erfüllt gelebten Dasein. Sie haben die Funktion von Prüfstellen für zurückgelegte Strecken und von Weichen für den weiteren Verlauf. Krankheiten sind die Lehrmeister für Gelassenheit. Sie bringen uns bei, gelassen zu leben und – als Vorboten unseres Dahingehens – dereinst gelassen zu sterben.

Nicht nur wir bei uns

Noch wurde ein Punkt nicht aufgegriffen, von dem ich eingangs sagte, er sei von schwedischer Seite als Beitrag zu einem geronto-historisch-demographischen Symposium von mir erbeten worden: „Leben wir zu lange? Über Sterberisiken und Lebenschancen in entwickelteren und weniger entwickelten Ländern". Genauso, wie ich als Historiker-Demograph eines entwickelteren Landes meine Forschungen bei uns nicht in erster Linie für den Elfenbeinturm der Wissenschaft betreibe, sondern Konsequenzen der eben umschriebenen Art für mich selbst ziehe und sie auch von anderen (Altersforschern) einfordere, so kann ich als gleicher Historiker-Demograph eigentlich gar nicht anders – wie sich gleich zeigen wird -, als noch weitergehende Konsequenzen zu ziehen und zu fordern.

Bei uns in den entwickelteren Ländern haben die demographischen Verläufe der letzten Jahre und Jahrzehnte dazu geführt, daß die Altersforschung mehr und mehr ins Zentrum rückte. Die Grundgegebenheiten sind bekannt: eine lange durchschnittliche Lebenserwartung, ein standardisiert hohes Sterbealter, die weitgehende Kontrolle über infektiöse und parasitäre Krankheiten, ein sehr niedriges Niveau der Säuglings-, Kinder-, Müttersterblichkeit. Dies sind fürwahr paradiesische Zustände verglichen mit der Situation noch vor fünfzig, geschweige denn vor hundert oder zweihundert Jahren. Es sind paradiesische Zustände aber auch im Vergleich zu den diesbezüglichen Verhältnissen in den meisten Ländern der Zweiten, Dritten, Vierten Welt. Wen kann es da überraschen, daß man dort möglichst umgehend mit uns gleichziehen will? War es denn nicht etwa schon immer der Wunschtraum aller Menschen aller Zeiten aller Länder, einem vorzeitigen Tod zu entgehen? Ein möglichst langes Leben ohne Krankheiten zu führen? Die Mütter nicht im Kindbett sterben zu lassen? Alle Kinder heranwachsen zu sehen?

Plötzlich findet sich der europäische Historiker-Demograph in der Situation des weltweit gefragten Fachmanns, denn nur er kann aufgrund genügend weit zurückreichender kontinuierlicher Quellen sowie einer bei uns viel weiter fortgeschrittenen, beinahe schon abgeschlossenen Entwicklung umfassend erklären, wie und weshalb wir diesen von den andern so brennend ersehnten Zustand bereits erreicht haben. Europäische Historische Demographie hat somit weltweit ungeheure Relevanz. Wer das als europäischer Historiker-Demograph eingesehen hat und zudem der Meinung ist, daß wir nicht nur im europäischen, sondern auch im globalen Kontext Verantwortung und Pflichten haben, kann anschließend eigentlich kaum noch anders, als sich auch hier zur Verfügung zu stellen.

Ein ganz wesentlicher Gesichtspunkt kommt an dieser Stelle hinzu. Der Wandel von der unsicheren zur sicheren Lebenszeit hat in den entwickelteren

Ländern nicht nur zu Erscheinungen wie der Rektangularisierung, wenn nicht gar der Umkehrung der Bevölkerungspyramide und damit verbunden der Altersforschung geführt, sondern unter anderem auch zur Freisetzung des Individuums aus alten Zwängen. Zu diesen Zwängen gehörte seinerzeit das Sicheinfügenmüssen in eine Gemeinschaft – eine Familie, einen Haushalt, eine Klostergemeinschaft. In Zeiten physisch gesicherter Existenzen wie heute ist eine derartige Zwangsintegration aus puren Überlebensgründen nicht länger notwendig. Entsprechend wächst bei uns die Zahl jener Menschen – Männer wie Frauen -, die von der erstmals realistischen Chance Gebrauch machen, allein durchs Leben zu gehen. Ich kann in dieser logischen Verwirklichung unseres alten Renaissancetraumes nichts Ungutes sehen. Daß der Altersforschung daraus allerdings ungeheure Aufgaben erwachsen, habe ich andernorts ausführlich beschrieben, denn selbstverständlich bleiben Singles auch im Alter, auch im Sterben Singles. Reicht ihnen ihre Selbstverwirklichung auch dann noch? Halten sie in ihrer Selbständigkeit bis zum Ende durch? (Vgl. hierzu bei Interesse „Das unfertige Individuum"; Köln: Böhlau 1992).

Ihre Freisetzung aus alten Zwängen berechtigt diese neuen Singles indes keineswegs dazu, nun einem ungezügelten Hedonismus zu frönen. Im Gegenteil können – und sollen! – sie aufgrund ihrer Freiheit und Ungebundenheit Aufgaben übernehmen, die von gemeinschaftseingebundenen Zeitgenossen so gar nicht wahrgenommen werden können, sich z. B. bei der Lösung von Aufgaben in den weniger entwickelten Ländern engagieren. Im Rahmen des vorliegenden Beitrags will ich einen einzigen Aspekt exemplarisch kurz erörtern. Gewiß ist der europäische Historiker-Demograph in den Ländern der Zweiten, Dritten, Vierten Welt in der Lage, dank seines Fachwissens die Ursachen und den Ablauf der bei uns weitgehend abgeschlossenen demographischen und epidemiologischen Transitionen darzulegen, gegebenenfalls auch – wenn er denn danach gefragt wird – entsprechende Ratschläge zu erteilen, wo und wie beschränkte Ressourcen am wirkungsvollsten eingesetzt würden (Mädchen- und Frauenbildung statt Bau von Autobahnen). Doch sollte er hierbei nicht stehenbleiben, sondern – was von ihm eigentlich gar nicht erwartet wird – auch auf die Kehrseite der Medaille zu sprechen kommen. Damit aber sind wir wieder bei jenen Punkten angelangt, die wir oben im Hinblick auf unsere eigene Altersforschung angesprochen haben. Denn selbstverständlich ist es nur eine Frage der (meist kurzen) Zeit, bis uns die heute noch weniger entwickelten Länder auch diesbezüglich eingeholt haben werden.

Als Gedankenanstoß diene hier die Abbildung 25. Sie zeigt den Stand der demographischen Transition in den verschiedenen lateinamerikanischen Ländern Ende der 1980er Jahre. Hier weiß ich aus eigener Erfahrung, was sich hinter den Zahlen und Kurven verbirgt: wie bei uns Menschen aus Fleisch und Blut. Seit Beginn der 1980er Jahre unterrichte ich (als Single) regelmäßig für kürzere Zeiträume an brasilianischen Universitäten. Wie zu sehen, folgen uns

jene Völker mit Macht nach: sie bekämpfen die Säuglings-, Kinder-, Müttersterblichkeit so gut es geht, drängen die infektiösen und parasitären Krankheiten zurück, wollen ein längeres Leben bei besserer Gesundheit – und werden
dabei selbstverständlich immer älter. Viele von ihnen weisen derzeit eine nied-
rigere Mortalität auf als Populationen in entwickelten Ländern, was auf die völlig andere Altersstruktur zurückzuführen ist. Hier sind Bevölkerungspyramiden
noch weitgehend Pyramiden mit viel jungem und noch relativ wenig älterem
Volk. Da aber die Mortalität wie weltweit üblich in Promill der Durchschnittsbe-
völkerung angegeben ist und unter den jungen Menschen auch dort nunmehr
nur noch wenige sterben, sind die Sterberaten je tausend im Augenblick sehr
gering.

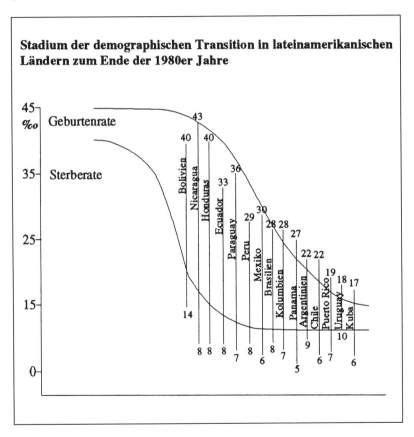

Abb. 25: Stadium der demographischen Transition in lateinamerikanischen
Ländern zum Ende der 1980er Jahre

Die eben gegebene Erklärung bedeutet aber auch, daß in all diesen Ländern derzeit nach wie vor die Belange der Jugend im Zentrum stehen. In ihrer Jugend sehen sie ihre Zukunft; alte Menschen haben ihr Leben hinter sich. Der Bau von Schulen, Ausbildungsstätten, Universitäten ist – bei begrenzten Ressourcen – wichtiger als der Bau von Altersheimen, geschweige die Diskussion der Frage, was die Menschen in Altersheimen denn tun sollen (Imhof 1991).

Der Beitrag der europäischen Historischen Demographie zur globalen Altersforschung läuft vor diesem Hintergrund somit darauf hinaus, die Menschen in den weniger entwickelten, uns aber hinsichtlich der demographischen wie epidemiologischen Transition rasch nachfolgenden Ländern heute schon darauf aufmerksam zu machen, daß auch sie nach erfolgreich abgeschlossenem Übergang nicht im Paradies leben, sondern wie wir die Probleme getauscht haben werden. Und was mir hierbei noch wichtiger scheint: man erwartet von uns – die wir doch diese neuen Probleme schon länger hätten – konkrete Lösungsvorschläge. Hier stehen wir diesen Ländern gegenüber in der Pflicht. Weniger entwickelte Länder haben nun einmal weniger Ressourcen als wir reichen Industrieländer. Und sie haben auf absehbare Zeit noch immer die alten Probleme, während sich die neuen bereits abzeichnen und gleichzeitig nach einer Lösung verlangen. Ist es im globalen Maßstab zu viel von uns verlangt, hierbei unser Wissen und unsere Erfahrungen mit ihnen zu teilen? Dies setzt allerdings voraus, daß wir über solches Wissen und solche Erfahrungen verfügen. Tun wir das? Als ich oben die vier Problemkomplexe angeschnitten und vier Lösungsvorschläge aus meiner Sicht unterbreitet habe, schien mir dies nicht überall so. Die Zeit drängt, sowohl bei uns, die wir die Probleme bereits haben, wie auch anderswo auf der Welt, wo sie sich in absehbarer Zeit ähnlich stellen werden und wo man uns dann fragt, wie wir sie gelöst und welche Vorschläge wir anzubieten haben.

Kapitel 3

Von der schlechten alten Zwangsgemeinschaft zum guten neuen Single ?

Ein Statement in sieben Punkten

Leicht veränderte Version der Erstveröffentlichung in den Akten der „Single"-Tagung an der Evangelischen Akademie Bad Boll bei Stuttgart vom 22.-24.05.1992. Gerd Grö-zinger (Hrsg.): Singles. Die Lebenssituation Alleinstehender. Leverkusen: Leske + Bu-drich 1994, 17–24. Mit freundlicher Wiederabdrucksgenehmigung durch den Heraus-geber und den Verlag.

1. Überleben in einer Gemeinschaft

Während Jahrhunderten waren unsere Vorfahren, wie Millionen Menschen anderswo noch heute, aufgrund widriger äußerer Umstände gezwungen, sich zwecks Überlebens zu Gemeinschaften zusammenzuschließen. Die Integra-tion in eine Familie, einen Haushalt, eine Kloster-, Zunft- oder Militärgemein-schaft mit entsprechender Unterordnung unter gemeinsame Ziele bot in da-maligen, quasi permanent existenzbedrohenden „Pest, Hunger und Krieg"-Zeiten zumindest einen relativen Schutz. Auf sich allein gestellt hätte kaum jemand auf Dauer überlebt. Im Zentrum befanden sich der Hof, die Familie, das Geschlecht, die Zunft, das Kloster. Sie versprachen mehr Stabilität als das einzelne *Ego*, dessen Leben mal fünf oder zehn, mal dreißig oder siebzig Jahre währte. Auf dermaßen unsichere Existenzen war kein Verlaß.

2. Von der unsicheren zur sicheren Lebenszeit

Eine ähnlich lange „Pest, Hunger und Krieg"-freie Zeit, wie wir seit dem Ende des Zweiten Weltkriegs, erlebten noch nie vergleichbar viele Menschen. Der fundamentale Wandel von der unsicheren zur sicheren Lebenszeit führte ei-nerseits zu einem standardisiert hohen und immer noch höheren durch-schnittlichen Sterbealter sowohl bei Männern wie auch – mit noch mehr ge-wonnenen Jahren – bei Frauen. Eine natürliche Folge dieser Divergenz sind die vielen weiblichen Singles im hohen Alter. Acht- bis zehnjährige Witwen-schaften sind keine Seltenheit.

Andererseits brachte der Wandel logischerweise eine immer stärkere Locke-rung der erwähnten Zwangs-Gemeinschaftsbande mit sich. Mehr und mehr

Zeitgenossen lös(t)en sich aus schlechten alten Gemeinschaften oder gingen/gehen erst gar nicht mehr eine solche ein. Allenfalls kommt es noch zu Teilzeit-Gemeinschaften: fürs Tennis- oder Bridge-Spielen, zum Wandern, zur Befriedigung welcher körperlichen, geistigen, seelischen, sozialen, kulturellen, beruflichen, wirtschaftlichen Bedürfnisse auch immer. Wer heute will, kann sowohl als Mann wie Frau ein temporäres oder permanentes Singledasein führen, ohne daß dadurch die Existenz im mindesten gefährdet wäre. Der allgemeine Wohlstand erlaubt es weitesten Kreisen, von einem diversifizierten Konsum- und Dienstleistungsangebot reichlich Gebrauch zu machen. Ausnahmen werden von tragfähigen sozialen Netzwerken aufgefangen. Niemand stirbt bei uns mehr Hungers oder erfriert winters obdachlos.

3. Eine weltweite Entwicklung

Weltweit gesehen scheint es nur so, als ob es sich beim ausgebreiteten Singlewesen um ein „westliches" Phänomen handle bzw. um eine alltägliche Erscheinung nur in Industriestaaten. Die anderen Völker folgen uns mit größerem oder kleinerem Zeitverzug in dieser Entwicklung nach. Gegenwärtig ist der Wandel von der unsicheren zur sicheren Lebenszeit indes noch kaum irgendwo außerhalb der industrialisierten Welt weit genug gediehen, um bereits zu einem ähnlich massenhaften Ausbruch aus den alten Zwangsgemeinschaften zu führen. Erst in Ausnahmefällen läßt sich anderswo ein Singledasein als Alternative realisieren, in fortgeschritteneren Schwellenländern bzw. NICs (= Newly Industrialized Countries) eher als in zurückgebliebenen Dritt- und Viertweltländern, in urbanisiert verdichteten Regionen eher als auf dem platten Lande.

Wichtig ist, die Menschen jedoch auch dort schon heute darauf vorzubereiten, daß sie sich nicht axiomatisch länger auf ihre angeblich intakten traditionellen Gemeinschaftsbande (gemeint ist meist der Familienzusammenhalt) verlassen können, wenn auch ihre Lebenserwartung steigt, d. h. ihre Lebenssicherheit zunimmt. (Hierbei ist insbesondere an die dann zwangsläufig steigende Zahl älterer Menschen, vor allem wiederum an die vielen Single-Witwen zu denken.) Während der Wandel von der unsicheren zur sicheren Lebenszeit im allgemeinen überall vorbehaltlos angestrebt wird – wer wünschte sich denn nicht ein quasi garantiert langes Leben frei von „Pest, Hunger und Krieg"? -, möchte man uns im Hinblick auf die Kehrseite der Medaille nicht nachfolgen. Diesbezüglich streut sich allerdings Sand in die Augen, wer die Auflösung der Gemeinschaftsbande bloß als „typisches Zeichen westlicher Dekadenz" diffamiert. Es gibt das eine (das lange sichere Leben) nicht ohne das andere (den Ausbruch aus der Zwangsgemeinschaft). Der Mensch war nie jenes „soziale Wesen", wie man uns das lange glauben machen wollte. Wir waren bloß Jahrhunderte und Jahrtausende zum Spielen der Rolle genötigt, und anderswo ist man das noch heute. Sobald sich jedoch auch dort der Wandel von der unsicheren zur sicheren Lebenszeit vollzieht, werden dort genauso immer mehr Menschen die Zwangsrolle abstreifen und als Singles durchs Leben gehen.

4. An unsere Tage gebunden

Sollten die bei uns derzeit weitgehend unter Kontrolle gebrachten „Pest, Hunger und Krieg"-Zustände zurückkehren, würden auch wir umgehend wieder in die Rolle von „sozialen Wesen" zwecks Erhöhung unserer Überlebenschancen schlüpfen. Derzeit ist jedoch kaum anzunehmen, daß irgendjemand den bereits erfolgten Wandel von der unsicheren zur sicheren Lebenszeit rückgängig machen wollte, bloß um dadurch „wieder mehr Gemeinschaft", „wieder mehr Familie", „wieder mehr Intimität" herbeizuführen. Allerdings weiß gerade der Historiker, daß welche Zustände auch immer, und mochten sie noch so viele Jahre gewährt haben, nie „ewig" dauern. Historisch wie weltweit gesehen befinden wir uns in einer völlig anormalen Ausnahmesituation. Noch nie kam es vor, daß die Mehrheit aller bei uns lebenden Menschen „Pest, Hunger und Krieg" nicht aus eigener Erfahrung kannten. (AIDS spielt als neue „Pest" statistisch – noch – keine Rolle. Wer nach dem Krieg geboren wurde, weiß höchstens vom Hörensagen, was „Hunger" ist. Der „Kalte Krieg" tötete nicht, und der „Krieg" von nebenan kann uns im Fernsehsessel nichts anhaben.)

5. Frei für Pflichten anderer Art

Singles sind keine Sonnyboys und Sonnygirls. Sie sind auch nicht die maßlos egoistischen Hedonisten, als die man sie gelegentlich hinstellt. Was sich bei ihnen geändert hat, ist einzig, daß sie nicht länger gezwungen sind, sich zwecks Überlebens einer Gemeinschaft unterzuordnen. Aufgrund der möglich gewordenen Freisetzung von engen gegenseitigen Gemeinschaftsverpflichtungen (in Familie, Ehe, Partnerschaft, auf dem Hof, im Geschäft usw.) können und sollen sie Pflichten anderer Art wahrnehmen. Wer wüßte z. B. nicht, daß es auch hierzulande nach wie vor Menschen gibt, die auf die Hilfe anderer angewiesen sind (Alleinerziehende, Behinderte, hilfs- und pflegebedürftige ältere und alte Menschen u. a. m.)? Vor allem aber gibt es jede Menge Aufgaben außerhalb unserer privilegierten Ersten Welt.

Allein in einem Land wie Brasilien wachsen zwölf bis sechzehn Millionen „Crianças na rua", das heißt „Kinder auf der Straße" heran. Sie haben nicht einmal einen Elternteil. Niemand sage, wir könnten da nichts tun. Wir können das sehr wohl, jeder Single auf seine Weise: in Erziehungsberufen Stehende auf ihre Weise, Kinderärzte auf ihre Weise, Juristen, Architekten, Handwerker auf ihre Weise, und selbst ein Historiker oder Historiker-Demograph (der ich bin) auf seine Weise. So ermöglicht mir mein eigenes Singledasein, mich seit Jahren zwischen dem Berliner Sommer- und Wintersemester regelmäßig als freiwilliger Gastdozent an brasilianischen Universitäten für Intensivkurse zur Verfügung zu stellen. (Auf der südlichen Halbkugel, wo sich Brasilien wie die meisten Schwellen- und Entwicklungsländer befindet, ist dann das Wintersemester im Gange.)

Die von der Gastgeberseite gewünschten Themen sind immer wieder dieselben. Allermeist geht es darum zu erläutern, wie wir (in den entwickelten Ländern) den Wandel von der unsicheren zur sicheren Lebenszeit so erfolgreich bewerkstelligt haben und wie sie selbst diesen ersehnten Zustand ebenfalls möglichst bald erreichen könnten. Darüber hinaus aber geht es (mir) darum, auch die Kehrseite der Medaille zur Sprache zu bringen. Die uns in der Entwicklung Nachstrebenden sollen auf die vielfältigen Folgeprobleme aufmerksam gemacht werden, die auch bei ihnen unweigerlich mit dem Wandel verbunden sein werden (so z. B. die drastische Zunahme aller altersbezogenen Probleme, die Lockerung und schließliche Auflösung traditioneller Gemeinschaftsbande, die immer weiter um sich greifende Individualisierung und Singularisierung). In manchen Entwicklungsländern ist unser geschichtliches Beispiel somit von brennender Aktualität und höchster Relevanz. Der Historiker und Historiker-Demograph aus Europa sieht sich plötzlich in die Rolle eines gefragten Fachmanns versetzt. – Am Ende von Punkt 5 ließe sich somit das Fragezeichen aus der Überschrift sehr wohl ins Positive wenden und feststellen: Von der schlechten alten Zwangsgemeinschaft zum guten neuen Single. Dies trifft zu, sobald Singles in der skizzierten Weise zur Übernahme von neuen Aufgaben jener Art bereit sind, die Nicht-Singles so nicht leisten können.

6. Negative Auswirkungen

Nicht verschwiegen werden soll jedoch, daß es derzeit durchaus auch negativ zu Buche schlagende Auswirkungen des um sich greifenden Singlewesens gibt. Man denke etwa an die Inbeschlagnahme von überdurchschnittlich viel Wohnraum – einem knappen Gut also – durch Einpersonenhaushalte (in größeren Städten rund die Hälfte aller Haushalte, wenn nicht mehr). Solche Negativposten ließen sich jedoch ebenso einfach wie effektiv durch etwas mehr Bescheidenheit von seiten der Verursacher beheben. Man kann auch sagen: durch etwas mehr Augenmaß, etwas mehr Sinn für Realitäten und Machbarkeiten, oder eben durch etwas mehr Verantwortung jener Gesellschaft gegenüber, ohne die auch ein Single nicht auskommt.

Das mag zuerst utopisch und blauäugig klingen, ist es jedoch nach Zurkenntnisnahme der Punkte 1 bis 5 kaum länger. Spätestens dann müßte eigentlich jeder die Ansicht teilen, daß wir aufgrund des Wandels von der unsicheren zur sicheren Lebenszeit *ausnahmslos alle* mehr Jahre auf Erden haben, weil wir *ausnahmslos alle* bessere Jahre haben, und zwar im Vergleich sowohl zu unseren eigenen Vorfahren noch bis vor kurzem wie auch zu heutigen Zeitgenossen in der Zweiten, Dritten, Vierten Welt. Wer trotz unserer enorm privilegierten Stellung dann immer noch bloß mehr haben will um des Mehrhabens willen, das heißt noch mehr und noch besseren Wohnraum, noch mehr und noch bessere Lebensjahre, noch mehr Urlaub mit noch größerer Mobilität, einen Zweit- und Drittwagen und noch ein Motorrad dazu, ein Wochenendhaus sowohl am See wie im Gebirge, den allerdings nenne ich einen unverbesserlichen Egoisten und Hedonisten. Beispiele dafür gibt es indes keineswegs nur unter Singles. Den Singles allerdings fiele es leichter, einen Beitrag zur Lösung der akuten Parkraum- und Verkehrsprobleme zu leisten. In einer Stadt wie Berlin mit leistungsfähigen und wenig streikanfälligen öffentlichen Verkehrsmitteln komme ich seit Jahren auch ohne Auto ganz gut zurecht. Für dringende Fälle stehen rund um die Uhr Funktaxis zur Verfügung.

7. Chance und Aufforderung

Wie mehrfach ausgeführt, liegt dem verbreiteten Singledasein in erster Linie der Wandel von der unsicheren zur sicheren Lebenszeit – verknüpft mit zunehmendem Wohlstand – zugrunde. Dieser Wandel führte indes nicht nur zu einer sozialen Freisetzung des Individuums aus alten Gemeinschaftsbanden, sondern vielfach auch zu einer ebensolchen aus weltanschaulich-religiösen Bindungen. So haben wir nun zwar sämtlich mehr und bessere Jahre auf Erden, aber sie sind alles, was vielen von uns nach dem häufig eingetretenen Verlust des Glaubens an die Ewigkeit geblieben ist. Vor *solchem* Hintergrund scheint es nun mit unserer Selbständigkeit und Selbstverwirklichung nur so lange gut zu gehen, wie es uns tatsächlich gut geht.

Seit der Renaissance strebten wir Menschen im Abendland die Freisetzung des Individuums aus alten Bindungen an. Doch jetzt, wo die Realisierung des alten Traums erstmals einer größeren Mehrheit denn je möglich ist, kommt es einem vor, als ob wir auf dem Weg zur intendierten Bindungslosigkeit und zur gewollten Selbständigkeit auf halber Strecke stehengeblieben seien. Vor allem Singles bleiben selbstverständlich Singles auch im Dritten und Vierten Alter, das heißt in Abschnitten des Lebens, in denen es vielen Menschen nicht länger gleichermaßen gut geht wie während der *besten* Jahre zuvor. Ganz am Ende müssen schließlich unzählige den letzten Gang allein gehen. In solch schwierigen Situationen reicht dann bei manchen die Selbständigkeit unversehens nicht mehr aus. Sie möchten „Gemeinschaft" zurückhaben.

Wie Ertrinkende strecken sie die Hände aus, doch vergeblich. Hilfe ist nicht in Sicht. „Sterbende brauchen Solidarität" bleibt ein frommer Wunsch bzw. ein schöner Titel eines Sammelbandes (Kruse/Wagner 1986). Das Rad der geschichtlichen Entwicklung läßt sich nicht zurückdrehen, kurzfristig und nur auf bestimmte Situationen bezogen schon gar nicht.

Auch hier, so scheint mir jedoch, könnte ein Ausweg aus der mißlichen Situation gefunden werden, wenn wir wieder ein bißchen bescheidener würden und etwas mehr Wirklichkeitssinn an den Tag legten. Ich denke dabei an die Umsetzung des Konzepts vom Lebensplan. Aufgrund des Wandels von der unsicheren zur sicheren Lebenszeit sind wir erstmals in der Lage, unser Leben von einem relativ kalkulierbaren Ende her zu gestalten. Wer frühzeitig die Stärken und Schwächen der unterschiedlichen, vor allem auch der späteren Lebensphasen „planmäßig" einkalkuliert und sich entsprechend vorbereitet, wird zu keinem Zeitpunkt völlig überrascht werden. Mit Bezug auf das Dritte, insbesondere aber das Vierte Alter meint der Lebensplan konkret, schon in jungen Erwachsenenjahren tiefwurzelnde Interessen auch geistig-kultureller Art in sich zu wecken und kontinuierlich zu pflegen, so daß es beim allmählichen Nachlassen der körperlichen, weniger der geistigen Kräfte mit 70, 75, 80 nicht zum Sturz in eine entsetzliche geistige Leere kommt. Für alle jene, die ihren Glauben an die Ewigkeit verloren haben oder einen solchen gar nie hatten, beinhaltet er zudem, mit gebührender Bescheidenheit zu akzeptieren, daß wir trotz gesicherterer, verlängerter Lebensspanne *Sterbliche* geblieben sind. Die beste Vorbereitung auf ein gutes Sterben liegt für sie in einem bewußt gelebten Leben, das die Umwandlung *aller* gewonnenen Jahre in *erfüllte* Jahre zum Ziel hat. Dann wird es ihnen am Ende leichter fallen, auch als einsam Sterbende das gelungene Leben (im aristotelischen Sinne) loszulassen und lebenssatt von hinnen zu gehen.

In den alten „Pest, Hunger und Krieg"-Zeiten war es, vor allem während der häufigen Seuchenzüge, eine alltägliche Erscheinung, allein zu sterben. Doch bereiteten sich unsere Vorfahren anhand einer schmalen Holzschnitt-Bilderfolge mit dem Titel „Ars bene moriendi" – „Die Kunst des guten Sterbens" – frühzeitig auf ihre letzte Stunde vor. Damals ging es im Rahmen der christlichen Welt- und Jenseitsanschauung darum, nicht in letzter Minute noch den Versuchungen teuflischer Mächte im Glauben, zur Verzweiflung, zur Ungeduld, zum Hochmut, zum Hang an irdischen Gütern zu erliegen. Wer auf diese Weise im „Do-it-yourself"-Verfahren ein gottwohlgefälliges Sterben erst einmal gelernt hatte, brauchte sich dann selbst vor dem wahrscheinlichen Single-Tod nicht länger zu fürchten. Wenn wir unseren Altvordern nicht nachstehen wollen, sollten auch wir ähnliches fertigzubringen in der Lage sein. Singles könnten hier eine Vorreiterrolle übernehmen und den Weg der Selbständigkeit bis zum Ende gefaßt und in sich ruhend gehen. Single sein ist ungeheure Chance und gewaltige Aufforderung zugleich.

118

Sie ist um so unerhörter insofern, als wir quasi über Nacht, will sagen fast von einer Generation auf die andere und historisch gesehen somit in allerkürzester Zeit in eine Lage katapultiert worden sind, die es für so viele Menschen hierzulande noch nie gab und die es sonst nirgendwo gibt. Zwar strebten wir sie – die vielen guten Lebensjahre – seit langem mit aller Macht an, fast so wie die Menschen in der ehemaligen Deutschen Demokratischen Republik mit aller Macht die Freiheit erstrebten. Doch als sie es geschafft und aus der Zwangsgemeinschaft ausgebrochen waren, begann es viele bald zu frieren. Auch unter den Singles frösteln zeitweise manche. Es sind jene, die nicht gelernt haben, daß Alleinsein und Einsamsein zwei völlig verschiedene Dinge zu sein vermögen, daß man auch in schwierigen Lagen mit seinem Alleinsein zu Rande zu kommen hat, daß man sich in jeder Situation auf seine Selbständigkeit verlassen können muß.

Man kann nicht alles gleichzeitig haben auf Erden. Wo viel Licht ist, ist viel Schatten. Zu allen Medaillen gehören zwei Seiten. Jede dieser Redewendungen trifft auch auf das Singledasein zu. Je klarer wir erkennen, wo in einer Entwicklung wir uns derzeit befinden und je unvoreingenommener und ehrlicher wir eine entstandene Situation analysieren, um so besser sind die Aussichten auf eine angemessene Lösung. Auf diese – keineswegs pessimistische – Weise möchte ich denn auch den Titel eines kürzlich erschienenen Büchleins verstanden wissen: „Das unfertige Individuum. Sind wir auf halbem Wege stehen geblieben? Neun Bilder aus der Geschichte geben zu denken" (Köln-Weimar-Wien: Böhlau 1992). Sich daran anschließend dann zu einem „fertigen Individuum" erziehen zu wollen, das heißt zu einem Menschen, der möglichst bis zum letzten Atemzug auf eigenen Füßen zu stehen vermag, ist nicht leicht. Es ist sogar sehr schwer. Dennoch halte ich es, unter der Voraussetzung der erwähnten Eigenbescheidung, für möglich. – Wenn jemand nach Einsicht in die Lage der Dinge etwas verändern will, fängt er damit am besten bei sich selbst an. Das gilt auch und nicht zuletzt für den Single, der diese Zeilen schrieb.

Kapitel 4

Ars vivendi som prevention
(Die Kunst des Lebens als Prävention)

Diskussionspapier für das interdisziplinäre Symposium „Individuum und Volksgesundheit. Humanistische Aspekte der Prävention" („Individen och folkhälsan. Humanistiska perspektiv på prevention"), veranstaltet vom schwedischen Forschernetzwerk für die Geschichte der Prävention (Nätverket för preventionens historia) unter der Leitung von Jan Sundin und Karin Johannisson, Uppsala, 2. Juni 1993. Als Hommage an Jan Sundin und Karin Johannisson sowie die zahlreichen auf diesem Gebiet aktiven Skandinavier wird hier das kurze Papier im schwedischen Original wiedergegeben. Das deutsche Resümee faßt die Hauptgedanken zusammen.

Zusammenfassung

Während Jahrhunderten lag das durchschnittliche Sterbealter zwischen etwa 25 und 35 Jahren. Inzwischen hat es sich mehr als verdoppelt. Im Gegensatz zu unseren Vorfahren können wir zudem damit *rechnen*, daß wir die durchschnittlich doppelt so vielen Lebensjahre im allgemeinen auch erhalten werden. Es lohnt sich für uns somit in jeder Hinsicht, in dieses Leben zu investieren. Eine möglichst umfassende Prävention ist mittlerweile ein wichtiger Bestandteil in diesem Investitionspaket geworden, dies um so mehr, als durch den vielfach erfolgten Wegfall des Glaubens an ein ewiges Leben der Körper als Garant des diesseitigen Restes eine ungeheure Aufwertung erfahren hat.

Hier wirkt sich die Prävention jedoch nicht selten kontraproduktiv aus. Ihr hehres Ziel umfassender Gesundheit für alle im Sinne vollkommenen körperlichen, seelischen, sozialen Wohlbefindens ist derzeit bei uns nicht erreichbar. Es dürfte dies auch nie werden. So wird denn weiterhin die Anzahl durchlebter Jahre bei den meisten Menschen nicht mit der Anzahl Jahre bei guter Gesundheit übereinstimmen. Je älter wir werden, um so mehr und um so häufiger klaffen „Lebenserwartung" und „behinderungsfreie Lebenserwartung" auseinander. Je weniger sich bei uns aber auch zeitlebens die hochgeschraubten Erwartungen eines permanenten Glücksgefühls erfüllen wollen, um so kränker werden wir uns auch schon zuvor ein Leben lang fühlen.

Drei Impulse aus der Geschichte könnten uns helfen, die Prävention realistischer zu gestalten und sie dadurch – so wäre meine Hoffnung – erfolgreicher zu machen. So wie sie sich heute geriert, ist sie, so lange wir Sterbliche bleiben, von Anfang an letztlich zum Mißerfolg verurteilt.

1) In Anlehnung an antike Philosophen (Aristoteles) wäre vermehrt der Begriff des „gelungenen Lebens" wieder zu bedenken. Danach heißt leben, die von Anfang an in uns angelegte Spannung von Werden, Sein und Vergehen zu akzeptieren, auszuhalten und aushaltend zu gestalten. Es heißt zudem, einen naturgegebenen Tod zur rechten Zeit auf sich zu nehmen. Hieran ist heute um so mehr zu erinnern, als es die Interventionen der High-Tech-Medizin zunehmend erlauben, diesen Tod zur rechten Zeit zu verhindern. Eine Rückbesinnung tut hier bei Professionellen wie Laien gleichermaßen not. Heutige Präventionskampagnen können uns diesbezüglich immer dann in Versuchung führen und zur Gefahr werden, wenn sie einem neuen Unsterblichkeitswahn Vorschub leisten. Es ist nicht zu übersehen, daß sich in unseren Tagen viele Menschen aufgrund verläßlich effektiver medizinischer Maßnahmen in jüngeren und mittleren Jahren „mit einem gewissen Recht" erstmals bereits „ein bißchen unsterblich" fühlen.

2) Während einer vielhundertjährigen christlichen Ära hatten Gesundheitseinbußen einen Sinn. Sie wurden als gnädiger Fingerzeig Gottes aufgefaßt, rechtzeitig auf dem sündigen Lebenswandel einzuhalten, in sich zu gehen und umzukehren. Da sich Gesundheitseinbußen auch heute, allen Präventionskampagnen zum Trotz, immer wieder einstellen, sollte ihnen erneut ein Sinn eingeräumt werden. Sie könnten in unserem hektischen Leben als oft einzige Möglichkeit insofern positiv aufgefaßt werden, als sie uns Zeit einräumen, in uns zu gehen, unser Leben, seinen Sinn und Zweck zu bedenken. Dies könnte sich als heilsamer erweisen denn das zwanghafte, letztlich aber dann doch wieder vergebliche Streben nach umgehender Rückgewinnung absoluter Gesundheit.

3) Dieselbe christliche Ära brachte überdies eine *Ars (bene) moriendi* hervor, eine Kunst des guten, gottwohlgefälligen Sterbens. Da während früherer Seuchenzeiten mit massenhaften Todesfällen immer wieder viele Menschen allein starben, war jene Kunst damals darauf ausgerichtet, daß sie jeder anhand einer Holzschnittfolge ab jungen Jahren selbst erlernen und sich somit auf ein gutes Sterben vorbereiten konnte. Die heutige Prävention schiene mir gut beraten, diesen Gedanken aufzugreifen und eine neue, zeitgemäße Kunst des Sterbens zu entwickeln, denn auch heute werden viele von uns den letzten Gang allein, ohne spirituellen Beistand gehen. Das Motto einer neuen *Ars moriendi*, die recht eigentlich eine *Ars vivendi* wäre, könnte für uns lauten: „Erfüllt leben – in Gelassenheit sterben". Ziel sollte hierbei sein, aufgrund einer Art Lebensplans Geschmack an sämtlichen Lebensphasen zu finden, indem ab jungen Jahren ihre Stärken und Schwächen im voraus aufeinander abgestimmt werden. Ein auf diese Weise vom Ende her gelebtes Leben könnte zu Lebenssattheit und damit zu einem leichteren Loslassen am Ende führen.

Ars vivendi som prevention

Under århundraden har den genomsnittliga dödsåldern varit mellan c:a 25 och 35 år. Numera har den emellertid fördubblats, om inte tredubblats. Var och en av oss har således två om inte tre liv till förfogande. Är vi medvetna om det och lever vi därefter? Idag kan vi *räkna* med att få leva 70-80 år och mer. Det lönar sig för oss att investera i livet. En omfattande prevention tycks för oss alla vara en utomordentlig viktig del av denna investering. Vi strävar efter ett långt liv med god hälsa. Den förlängda livslängden skall i möjligaste mån sammanfalla med en förlängd livslängd *utan besvär*. „Compression of morbidity" och „compression of mortality" (i hög ålder) skulle vara identiska och mynna ut i „the rectangularization of the survival curves".

Tyvärr ser verkligheten ofta annorlunda ut, med eller utan prevention. För många av oss, som numera kommer att leva upp till den fjärde ålder (+- 75 år), avtar nog en del av våra fysiska möjligheter före de andliga förmågorna. Visserligen är det så att sedan andra världskrigets slut kan fler människor än någonsin leva hela sina liv rätt från början till slut: utan pest, utan hunger, och utan krig (det kalla kriget medförde inga nya dödsoffer och den vardagliga döden som visas i TV är inte vår död; vi kommer att dö en mycket mera banal död, som media inte intresserar sig alls för). Plötsligen, från en generation till nästa, försvann det urgamla hotet. Vår biologiska existens år vanligtvis skyddat. Våra statistiska årsböcker visar år efter år att livslängden fortfarande ökar. Själva livet blir alltså säkrare och säkrare, även om det ibland inte kånns så. De flesta av oss når upp till livets tak.

Vi vet att vi har två, om inte tre gånger så många år att leva jämfört med våra förfäder. Men vad gör vi egentligen med det andra, det tredje livet? Lever vi våra två- och trefaldiga liv verkligen så att säga slutifrån, något som hittills aldrig har varit möjligt? Och hur använder vi den ökande andelen fritid i det här sammanhanget? Att leva livet slutifrån förutsätter ett slags „livsplan", som räknar med olika människoåldrars varierande plus- och minus-sidor. Viktigast i det här sammanhanget är kanske att tänka på den fjärde åldern, där vi nåstan alla hamnar så småningom – antingen vi vill eller ej. Till skillnad från den tredje åldern börjar i fjärde – se ovan – de kroppsliga funktionerna avta tidigare än de intellektuella. Livsplanen tar itu med detta genom att utveckla och odla redan från tidig vuxen ålder inte bara kroppsliga intressen och nöjen (spela tennis, jogga, resa mm), utan även intellektuella och kulturella. På så sätt har vi lättare att under ålderdomen när kroppen inte längre räcker till – undvika att ramla i en andlig tomhet som för många kan vara ödesdiger och t o m livsfarlig; tänk på den ökande andelen av suicid bland människor som når fjärde åldern; det rör sig – särskilt bland män – nästan om en suicid-explosion. Börja med det, när man redan sitter i gung- eller i rullstolen, är alldeles för sent. Ur humanistisk individuell synvinkel är livsplanen en möjlighet att preventivt förvandla *alla* vunna år i fullbordade år. Annars, tycker jag, är vi inte värda att vara privilegierade som vi är. När allt kommer omkring, har vi fler år än praktiskt taget alla våra förfäder och hela den övriga världen. Och vi har flera år än alla, eftersom vi har *bättre* år. Orsaken till detta är: bättre näring, bättre bostäder, bättre hygien, bättre hälsovård, bättre arbetsförhållande, mera fritid, bättre ekonomiska villkor, social trygghet, inget inbördeskrig osv osv osv. Är det så litet? Behöver vi verkligen skrika och sörja att vi förlorade evigheten och bara har livet på jorden i behåll?

Här kommer vi även in på *Ars moriendi*. Man måste inte nödvändigtvis vara en historiker (-demograf) för att inse att ensamdöendet under gångna tider var rätt så vanligt. De epidemibildande infektionssjukdomarna hade som naturlig följd att hundra-, tusentals människor dog samtidigt inom en mer eller mindre kort tidsperiod. Visserligen har det under alla tider varit prästernas uppgift att bistå döende människor. Men hur skulle detta ha varit möjligt under epidemiperioderna? Prästerna föll själva offer för sjukdomarna och de visste lika väl som de „kära" anhöriga av erfarenhet hur farliga sjukdomarna kunde vara. De flesta fick dö ensamma det vill säga utan att präster och anhöriga trängdes vid dödsbädden. Ändå gjorde man något åt situationen. *Man lärde sig att dö* ! Från omkring 1460 (tidpunkten hänger ihop med trycktteknikens utveckling) publicerades i en stor upplaga elva träsnitt i form av en billig broschyr, kallad *Ars (bene) moriendi*. Inte olik dagens Comic strips vände den sig till de som var ovana vid att läsa. Att lära sig att dö innebar att inte falla för djävulens frestelser under den sista timmen på jorden när själens framtid avgjordes. På fem träsnitt såg man en illustration av de fem största frestelserna, som man kunde tänka sig (på tron, förtvivlan, otålighet, högfärd, jordsliga ägodelar). På de fem svars-träsnitten hjälpte änglar, helgon m m däremot moribundus att stå emot och uthärda. På det elfte träsnittet slutligen såg man den avbildade, som framgångsrikt hade motstått alla frestelser och som under tiden hade dött, ledas direkt till himmelriket. Detta kunde man redan lära sig under unga år! Varför skulle man därefter vara rädd för att dö, även för att dö ensam?

Känner vi inte igen situationen? Är det inte många även av oss idag, som kommer att dö ensam? *Men vem lär oss att dö* ? Jag tycker att även vi behöver en *Ars moriendi* igen. Ännu en gång är utgångspunkten livsplanen och dess mål: att förvandla alla vunna år i fullbordade år. Då kan det kanske vara lättare för oss – så är min tanke (som jag lånade av Aristoteles) – att släppa livet när det är dags, även om man inte har någon fortsättning i alla evighet framför sig. Det är en död som sätter slut på ett lyckat liv på den riktiga tidpunkten. *Ars vivendi* blir på så sätt även den nya, moderna versionen av *Ars moriendi*.

När allt kommer omkring kan preventions-rörelsen av idag – som ju till stor del ligger bakom skiftet från ett osäkert till ett säkert liv – också ha negativa följder. Idag är det lätt att tro och detta med „en viss rätt" att vi redan har blivit „litet odödliga".

124

Händer det något någon gång så repareras vi skickligt och omgående. Men det finns inte något sådant som „litet odödligt" även om preventions-rörelsen gör allt för att vi skulle tro det – om vi bara ville jogga ännu litet mera, äta mera bircher-müsli och grönsaker, dricka mindre mjölk med mindre fetthalt, låta bli att salta maten, sluta röka förståss, gå till sängs litet tidigare, över huvudtaget följa alla de här anvisningarna mera noggrant. Idag kan det vara lätt att blunda för sanningen, fastän vi ju alla vet, vem som är starkast till slut – inte vi nämligen. Det vore vettigare att hålla det i minnet och inkludera vår ändlighet i livsplanen. Tro inte, att detta leder till en pessimistisk livssyn! Motsatsen stämmer bättre. Om vi vet att våra dagar – de många goda och de få antagligen mindre goda – är räknade, nyttjar vi dem på ett effektivare sätt (enligt en livsplan!).

Själv kan jag inte komma ifrån tanken, att exkludera som vi gör idag döendet och döden samt deras budbärare (som sjukdomarna äro) inte bara från livet, utan även så radikalt koppla bort dem från preventions-fältet är – filosofiskt sett – omänskligt, ty det nekar en fundamental *conditio humana,* och intellektuellt sett oerhört naivt. Sjukdomar hade en gång i tiden en mening. Vår Herre erbjöd våra förfäder en tankeställare, att vända om i god tid. Även idag kan sjukdomarna ha en mening, om vi bara ville lära oss det igen. Varför är vi så rädda att se sanningen i ögat? Att bli (av sjukdomarna) tvungna att titta inom oss? Är det kanske så att det inte finns något som är värt att se efter? Vad har vi blivit för slags människor?

Preventionen skulle inkludera de positiva möjligheterna som kan utgå från sjukdomstillfällen i förebyggande syfte, så att inte alla människor som trots preventions-åtgärder blir allvarligt och obotligt sjuka kommer att känna sig som skandalöst avfall, som dåliga människor som totalt misslyckats.

Kapitel 5

Todesursachen
eine Einführung zum Nachdenken

Unveröffentlichtes einleitendes Diskussionspapier für eine Reihe von Sitzungen zur To-
desursachen-Problematik um die Jahreswende 1992/93 im Rahmen des „Kolloquiums
in Permanenz", einer während des gesamten Förderzeitraums vom Sommersemester
1990 bis zum Sommersemester 1994 interdisziplinär durchgeführten forschungsbe-
gleitenden Lehrveranstaltung an der Freien Universität Berlin.

1.

Ziel der kommenden fünf oder sechs Seminarsitzungen ist eine fächerüber-
greifende Erörterung des Themas „Todesursachen". An ihr werden sowohl
Historiker unterschiedlicher Spezialgebiete wie auch Sozial- und Präventivmediziner, Epidemiologen, Statistiker und Demographen sowie einige weitere Fachleute teilnehmen. Daß ein solches Vorhaben gleich zu Beginn mit einer Fülle von methodologischen Problemen verbunden sein dürfte, leuchtet
ein. Man denke nur an die Schwierigkeiten, die sich bei historischen Längs-
schnitten allein für unser 20. Jahrhundert aus den bisher neun ICD-Revisionen ergeben (ICD=International Classification of Diseases). In Deutschland
warnt das Statistische Bundesamt die Leser der von ihm jährlich veröffent-
lichten Dokumentation über „Sterbefälle nach Todesursachen" jedenfalls
ausdrücklich: „Das Statistische Bundesamt weist Todesursachen in Zusammenfassung oder einzeln in circa 750 Positionen nach Altersgruppen und
Geschlecht nach. Seit dem 1. Januar 1979 wird die 9. Revision der internationalen Klassifikation der Krankheiten, Verletzungen und Todesursachen
(ICD/9) in der amtlichen Todesursachenstatistik angewandt. Diese 1975 in
Genf von der Weltgesundheitsorganisation (WHO) beschlossene Fassung
hat gegenüber der 8. Revision der ICD eine starke Erweiterung sowie in einigen Kapiteln größere Veränderungen erfahren. Hierdurch sind Vergleiche mit
den Ergebnissen der Todesursachenstatistik vor 1979 teilweise nicht mehr
oder nur bedingt möglich" (zitiert nach den neuesten mir zugänglichen „Erläuterungen zur Statistik der Todesursachen für 1990"; Wiesbaden: Statistisches Bundesamt 1992, 4).

Die Warnung dürfte auch nach 1992 hinsichtlich der Unterschiede zwischen
der 9. und der 10. ICD-Revision bestehen bleiben. Niemand weiß besser als
mitanwesende Historiker-Demographen, daß das Todesursachenspektrum
sowohl aus wissenschaftsgeschichtlichen wie biologischen, aber auch gesellschaftlichen Gründen keine ein für allemal fixierte Größe ist, selbst für

noch so kleine Zeiträume nicht. Todesursachenpanoramen und die dafür verwendeten Klassifikationen und Nomenklaturen haben, wie alles andere – inklusive die darin sich spiegelnden Krankheiten – ihre Geschichte.

Welch gewaltige Arbeit damit verbunden ist, Todesursachen-Angaben auch nur gemäß den ersten acht ICD-Revisionen untereinander vergleichbar zu machen, haben uns in den 1980er Jahren Forscher des französischen Institut National d'Etudes Démographiques in Paris eindrücklich vor Augen geführt. Zusätzlich zu ihrem Abschlußbericht von allein mehr als 600 Seiten mit eingehender Erörterung der mit einem solchen Vorhaben verbundenen quellenkritischen, ätiologisch-anatomischen, demographischen, statistischen, geographischen usw. Gesichtspunkten und Schwierigkeiten sahen sie sich genötigt, zum Beleg weitere über 2 300 Seiten in nicht weniger als sieben Annex-Bänden zu veröffentlichen (Vallin/Meslé 1988 bzw. 1986-1987; in der Bibliographie am Schluß des Buches sind diese Annex-Bände detailliert mit Einzeltiteln aufgeführt; eine kurze Präsentation ihrer Arbeiten haben Jacques Vallin und France Meslé in der Zeitschrift Population 43, 1988, 165-179, publiziert).

In unseren Seminarsitzungen geht es indes bei weitem nicht nur um das 20. Jahrhundert. Vielmehr wird eine Anzahl von Referaten auch Todesursachenmaterial sowohl aus dem Mittelalter wie aus verschiedenen Epochen der Neuzeit behandeln. Ebenfalls angekündigte osteoarchäologische Erörterungen reichen für gewöhnlich noch weiter in die Vergangenheit zurück. Bei der Interpretation von jahrhundertealtem Knochenmaterial aber dürften wiederum methodologische Probleme grundsätzlich anderer Art ins Zentrum rücken, als dies oben hinsichtlich der schwierigen Vergleichbarkeit unter den aufeinanderfolgenden ICD-Revisionen der letzten Jahrzehnte der Fall war.

Heute sind, wie im Prinzip schon während der ganzen ICD-Ära, in erster Linie Vertreter der Medizin mit ihrem fachlich ätiologischen Hintergrundwissen zuständig für die Feststellung von Todesursachen. Je weiter wir jedoch in der Zeit zurückgehen, um so geringer ist nicht nur die Anzahl von solchen zuständigen Medizinern selbst, sondern auch deren zeitspezifisch unterschiedlich theoriegeleitetes Wissen. Sobald indes Laien statt Mediziner die Todesursachen angeben, tun sie das selbstverständlich auf einer anderen Basis. Sie urteilen aus *ihrem* BlickWinkel – *Blick* wörtlich genommen, denn sie geben an, was sie als medizinische Nichtfachleute *sehen*. In ihren Augen starb somit der eine Mensch „an hitzigem Fieber", der andere an „Rotsucht" (Blut im Stuhl), ein Kleinkind während der ersten Zahnung „an den Zähnen" usw.

So schwierig es nun einerseits ist, diese laienhaften Symptombeschreibungen von einst mit heutigen Todesursachenklassifikationen in Einklang zu bringen, so begegnen ihnen viele von uns doch andererseits auch mit einer gewissen Sympathie, denn das Hin-*Sehen* von seiten der allernächsten Umgebung meint schließlich ja auch, daß der „an einem hochfieberhaften Zustand" darniederliegende und in Schweiß gebadete Moribundus oder das vor Schmerzen „beim Zahnen" sich krümmende und endlos wimmernde Kleinkind als *Person* im Zentrum des Sterbegeschehens standen – dies vielleicht im Gegensatz zu heute, wo dies auf einen im nachhinein ICD-klassifizierten Toten möglicherweise nicht mehr so ungeteilt zutrifft.

„Aus *ihrem* Blickwinkel", d. h. dem Blickwinkel von Laien, also „gewöhnlicher Leute aus dem Volk", meint darüber hinaus auch, daß bestimmte, in diesem oder jenem Zeitraum gesellschaftlich stigmatisierte Todesursachen, selbst wenn sie eindeutig und nach damaligem wie heutigem Verständnis identisch waren, nicht oder nur selten auftauchen. Zum Beispiel eine Geschichte der gemäß ICD/9 unter E950-959 rubrizierten Suizidvorkommen auf der Basis historisch „harter Fall-Daten" schreiben zu wollen, dürfte deshalb mangels genügender Zahlenangaben rasch an die Grenzen des Machbaren stoßen. Der für eine Sitzung angekündigte Beitrag mit dem Titel „Todesursachen und gesellschaftliche Entwicklung" könnte allerdings durchaus etwa den Wandel in der Einstellung zum Suizidgeschehen vom – sagen wir – 16. Jahrhundert bis heute thematisieren und dabei den zu vermerkenden Anstieg bei den Zahlen mit einer zunehmenden gesellschaftlichen (und kirchlichen?) Enttabuisierung korrelieren. Man braucht bei einem solchen Titel somit nicht immer nur an die Behandlung von Themen wie z. B. die Anhebung öffentlicher und privater Hygiene vor allem im 19. Jahrhundert und den dadurch bedingten Rückgang diesbezüglich empfindlicher und damals häufig letaler Krankheiten zu denken, oder an immer neue Variationen zum alten Thema „Soziale Ungleichheiten vor dem Tod".

Was andererseits die Möglichkeiten der Reorganisation von großen Mengen historischer Mortalitätsdaten im Hinblick auf eine gegebenenfalls erwünschte Kompatibilität mit modernen Todesursachenangaben betrifft, so bestehen durchaus gewisse Chancen, hier zu positiven Ergebnissen zu gelangen. Wie eh und je sind schließlich relativ wenige spezifische Krankheiten oder Krankheitsgruppen für die überwiegende Mehrzahl aller Todesfälle verantwortlich, heute wie bekannt Herz- und Kreislauf- sowie verschiedene Krebsleiden. Für die früheren Jahrhunderte mit hauptsächlich seuchenbildenden Infektionskrankheiten denkt man bei den großen „Killern" in erster Linie an Todesursachen wie Bauchtyphus, Fleckfieber, Pocken, Pest oder Malaria in den Formen Tertiana und Quartana sowie an einige andere mehr. Viele dieser Krankheiten weisen jedoch ausgeprägte epidemiologische Merkmale bei der Häufigkeitsverteilung nach Alter, Geschlecht, Saisonvariation, Periodizität gemessen in Tages- oder Jahresintervallen usw. auf. Es sind nicht nur die zur Erstellung solcher Häufigkeitsverteilungen notwendigen Zahlenangaben zumindest seit der Einführung von kontinuierlich und flächendeckend geführten Pfarreiregistern im 16., 17., 18. Jahrhundert vielfach in genügend großer

Menge vorhanden und überdies von verhältnismäßig hoher Zuverlässigkeit, sondern die hieraus gewonnenen Einsichten und aufgestellten epidemiologischen Hypothesen lassen sich zudem durch weitere, meist ebenfalls in großer Zahl vorhandene Quellen klima-, kriegs-, preisgeschichtlicher Art usw. relativ leicht noch weiter verifizieren oder allenfalls falsifizieren.

Fassen wir das bisher Gesagte zusammen, so ist es auf der Grundlage der verschiedenen erwähnten Quellen, die noch mit zusätzlichen, staatlich erhobenen Statistiken aus der Vor-ICD-Ära (wie z. B. preußischen Statistiken der Vorkaiserzeit) kombiniert werden können, durchaus möglich, relativ grob einteilende Modelle historischer Todesursachen-Veränderungen wie etwa dasjenige der auf Abdel Omran für die USA hauptsächlich im 20. Jahrhundert zurückgehenden Epidemiologischen Transition auch für die verschiedenen europäischen Länder konkret mit Inhalt zu füllen, dabei bis zu einem gewissen Grad in die Details zu gehen und den Übergang bei uns im allgemeinen sogar früher einsetzen zu lassen (Omran 1977a und b). Erst kürzlich hat dies der Konstanzer – jetzt Münchener – Wirtschafts- und Sozialhistoriker Reinhard Spree für Deutschland und den Zeitraum des 19. und 20. Jahrhunderts unternommen. Ich gebe hier die zusammenfassende Deskription des Konzepts vom Epidemiologischen Übergang in seinen Worten wieder:

Phase 1 ist das vormoderne ‚Zeitalter der Seuchen und Hungersnöte'. Die durchschnittliche Sterblichkeit weist starke Fluktuationen um ein hohes Niveau auf, ohne daß sich eine langfristige Rückgangstendenz ausbilden könnte. Die Lebenserwartung bei der Geburt liegt in der Regel unter 40 Jahren.

Phase 2 ist das ‚Zeitalter der rückläufigen großen Epidemien', während dessen sich allmählich ein sinkender Sterblichkeitstrend durchsetzt. Noch wesentlicher sind die Verringerungen der Sterblichkeitsschwankungen um diesen Trend herum. Die Lebenserwartung bei der Geburt steigt allmählich auf rund 50 Jahre an.

Phase 3 ist das ‚Zeitalter der degenerativen und gesellschaftlich verursachten Krankheiten'. Während dieser Phase pendelt sich die Sterblichkeit auf niedrigem Niveau ein und weist nur noch sehr geringe Schwankungen auf. Die Lebenserwartung steigt auf über 70 Jahre an" (Spree 1992, 14-15).

Die verschiedenen zentralen Kapitelüberschriften bei diesem Autor machen sodann deutlich, was sich auf einer solchen Basis, das heißt vor diesem modellhaften Hintergrund, an Erkenntnissen herausarbeiten und systematisieren läßt. Der Reihe nach lauten sie z. B.: „Empirische Befunde zum Epidemiologischen Übergang in Deutschland"; „Die Terminierung der Phasen"; „Entwicklungstendenzen der altersspezifischen Sterblichkeit"; „Veränderungen des Todesursachen-Panoramas während der Phase 2: [1816] bis 1874, seit 1875 [bis 1972]"; „Veränderungstendenzen des Todesursachen-Panoramas seit dem Ersten Weltkrieg"; „Zum Mittleren Sterbealter", oder schließlich – als Thema und für Modellrechnungen bekanntlich auch immer wieder bei Volkswirtschaftlern beliebt -: „Zu den Verlorenen Lebensjahren infolge vorzeitigen Todes an bestimmten Krankheiten".

Was die weiter oben angedeutete Rückwärts-Extrapolation von Phase 1 (Zeitalter der Seuchen und Hungersnöte) vom 19. Jahrhundert bis weit ins Mittelalter zurück betrifft, so dürfte dies aufgrund verschiedenster europäischer Quellen, nicht zuletzt auch aufgrund von Sterbealters- sowie möglicherweise Krankheits- (Unfalls-) und Todesursachenbestimmungen an Skelettfunden, verhältnismäßig leicht möglich sein. Man denke hier z. B. an das auch in Deutschland bekannt gewordene Lebenswerk des dänischen Medizinhistorikers Vilhelm Møller-Christensen, basierend auf Forschungen zu mehreren hundert Skeletten vom Klosterareal des Augustiner-Chorherrenstiftes Æbelholt nordwestlich von Kopenhagen aus der Zeit zwischen der Gründung des Klosters um 1175 und seiner Aufhebung 1560 (vgl. Møller-Christensen 1982/1986; ein Beispiel aus dem eigenen Friedrich-Meinecke-Institut ist die Dissertation von Barbara Sasse, die auf historisch-archäologischen Untersuchungen zum 9. bis 12. Jahrhundert in Böhmen basiert; vgl. Sasse 1982).

Darüber hinaus besteht in jenen Gebieten Europas, die einst zum Römischen Reich gehörten, immer auch noch die Möglichkeit, eine Fülle römischer Grabstein-Inschriften mit Alters- und Herkunftsangaben auszuwerten. Ich selbst habe dies vor einiger Zeit in Auswahl anhand großer Bestände im Landesmuseum Mainz für das erste nachchristliche Jahrhundert getan, als die dort stationierten Legionen nachweislich nicht in Kampfhandlungen verwickelt waren (Selzer 1988). Abgesehen von quellenkritischen Merkwürdigkeiten wie etwa der Unsicherheit vieler Verstorbener ihrem eigenen Alter gegenüber, was eine Fülle von „runden Zahlen" – 25, 30, 35 Jahre – als Sterbealter zur Folge hatte, ließ sich auf dieser Grundlage mühelos belegen, wie ungewiß das Leben damals selbst für Heeresangehörige war, das heißt für denjenigen Teil der Bevölkerung, für den in jeder Hinsicht am allerbesten gesorgt wurde. Die Sterbealter waren breit gestreut: vom Eintritt in den Legionärsdienst mit etwa 18 bis zum Ausscheiden mit etwa 50. Der Mittelwert betrug 34,4 Jahre. Interessanterweise lag das durchschnittliche Sterbealter der zusätzlich ausgewerteten Angehörigen von Hilfstruppen höher, nämlich bei 38,4 Jahren. Man kann nun darüber spekulieren, ob dies in erster Linie darauf zurückzuführen sei, daß Hilfstruppen im allgemeinen längere Jahre Dienst zu leisten hatten, oder aber darauf, daß sie – weil regional in der Mainzer Umgebung ausgehoben – gegen bestimmte endemische Krankheiten immun waren, während die aus Italien, Spanien, Frankreich usw. stammenden

Legionäre einen solchen Schutz nicht aufwiesen und den lokalen Krankheiten somit eher zum Opfer fielen. Bei der dritten Gruppe – Zivile, Freigelassene, Sklaven – lag das Sterbealter, wie nicht anders zu erwarten, wesentlich niedriger, im Durchschnitt bei nur 22 Jahren (vgl. die Auswertungen samt Diskussion der Resultate in: Ars moriendi. Die Kunst des Sterbens einst und heute. Wien-Köln: Böhlau 1991, 59-67; wiederum im eigenen Friedrich-Meinecke-Institut hat sich der Althistoriker Manfred Clauss mit den Problemen der Lebensaltersstatistiken aufgrund römischer Grabinschriften beschäftigt; vgl. Clauss 1973).

2.

Dieses vorbereitende Papier trägt indes die Überschrift: „Todesursachen – eine Einführung zum Nachdenken". Ich will hier somit von einer weiteren Diskussion methodologischer Kniffligkeiten hinsichtlich der Interpretation von Todesursachen- bzw. von Mortalitätsmaterial absehen. Wir dürfen davon ausgehen, daß diese Diskussion von den verschiedenen Referenten der bevorstehenden Seminare bei der Behandlung ihrer spezifischen Aspekte materialbezogen aufgegriffen und gleichermaßen sachkundig wie konkret aus historischer, medizinisch-epidemiologischer, archäologisch-anthropologischer, mathematisch-statistischer, (historisch-) demographischer, philosophisch-logischer Sicht usw. geführt wird. Diese selbstauferlegte Einschränkung gestattet mir andererseits, einige im allgemeinen weniger bedachte Aspekte aufzugreifen und sie als Gedankenanstöße für kommende Diskussionen einzubringen. Hierbei handelt es sich nicht etwa um Fragen im Stile von: „Was wäre der volkswirtschaftliche Gewinn, wenn wir diese oder jene Todesursache in den Griff bekämen?", oder: „Sinkende Zahl von Sterbefällen an der Todesursache xy aufgrund erfolgreicher Aufklärung über die Gesundheitsgefährdungen durch Alkohol/Nikotin/Drogen/gefährliche Sportarten/falsche Ernährung/mangelnde körperliche Betätigung". Was hier durchschimmert, sind für einen Historiker im Grunde merkantilistische Altansätze jener Art, die 1749 in Schweden zur ersten landesweiten Registrierung sämtlicher Sterbefälle nicht nur nach Alter und Geschlecht, sondern auch gemäß 33 in einem Formular vorgedruckten Todesursachen geführt hatten. Die Tabellen waren seit jener Zeit jährlich in jeder (Kirchen-) Gemeinde auszufüllen und an das Statistische Zentralbüro nach Stockholm einzusenden. Wenn man nur genau wüßte – so die Überlegung -, woran die Menschen welchen Alters und Geschlechts stürben, müßte es doch möglich sein, gezielt gegen das massenhaft vorzeitige Sterben anzugehen, den „Tod in den Griff" zubekommen und so die Bevölkerung – nach damaliger Auffassung die Grundlage staatlicher Prosperität – zu „vermehren". Mittlerweile sind jene Wunschträume weitergehend denn je in Erfüllung gegangen. Der durchschlagende Erfolg scheint sich bereits kontraproduktiv auszuwirken. Das Papier wird weiter unten hierauf eingehen. An dieser Stelle sei lediglich vermerkt, daß die gesammelten Beiträge zu einem 1991 im Forschungsprojekt durchgeführten Symposium unter dem Titel „Leben wir zu lange?" publiziert wurden.

Um unsere Überlegungen von den alten eingefahrenen Problemformulierungen wegzulenken und vermehrt zum *eigenen* Nachdenken in ungewohnteren Bahnen und in größeren, übergeordneten Zusammenhängen anzuregen, will ich hier mit einer auf Anhieb möglicherweise konsternierenden, bei einigem Reflektieren aber wahrscheinlich nicht länger überraschenden Fragestellung beginnen. Könnte man sich nicht vorstellen, an unsere Todesursachenthematik auch völlig anders heranzugehen, als dies unter Punkt 1 – für die meisten wohl erwartungsgemäß, nämlich methodologisch – geschah? An dieser Stelle muß ich vorbeugend um Nachsicht bitten, daß die folgenden Ausführungen streckenweise recht persönlich gehalten sind. Ein solches Vorgehen gibt mir jedoch eher die Möglichkeit, „in eigener Verantwortung" zugespitzte Formulierungen zu verwenden, was nicht gleichbedeutend ist damit, jemanden verletzen zu wollen. Das letztere liegt mir fern. Zum Ausgleich und um nicht ungebührlich nur meine Ansichten zum Ausdruck zu bringen, füge ich wiederholt längere Zitate von anderen Autoren ein. Ein jeder hat dann die Gelegenheit, sich *selbst* ein Urteil zu bilden – was ebenfalls beabsichtigt ist.

So frage ich – rhetorisch -, ob es nicht eine Zeit gab, in der nur von *einer* Todesursache die Rede war? Gewiß! Als *die* Ursache des Todes galt die Sünde. Der Tod war etwas, was es nach christlich-theologischem Verständnis gar nicht geben sollte. Im Brief des Paulus an die Römer lesen wir: „Deshalb, wie durch *einen* Menschen die Sünde in die Welt gekommen ist und der Tod zu allen Menschen durchgedrungen, weil sie alle gesündigt haben" (Römer 5,12).

Wäre dem immer noch so und würde das christlich-theologische Verständnis immer noch vorherrschen, bräuchte man keine Seminarübungen über *die* Todesursachen – seit langem im Plural und ihrer Zahl nach im Verlauf der Zeit, vor allem durch die sukzessiven ICD-Revisionen immer mehr – zu arrangieren. Oder aber es würden die falschen Fachleute versammelt, nämlich ausschließlich Nicht-Theologen, vielleicht auch Nicht-Christen, häufig zumindest nicht gläubige oder nicht praktizierende Christen. Zu diesen letzteren muß auch ich mich zählen. Ich räume das so offen ein, um meinen Standpunkt unmißverständlich klar zu machen. In meinen Ausführungen wird nämlich wiederholt noch ein zweites Bibelwort auftauchen. Es bildet sozusagen den Schlüssel zu allen nachfolgenden Erörterungen. Man findet den Ausdruck im Alten Tes-tament im Ersten Buch Mose, wo es an einer Stelle heißt: „Und Abraham verschied und starb in einem guten Alter, als er *alt und lebenssatt* war" (1. Mose, 25,8).

Um auch dies klarzustellen: mit religiösen Revitalisierungsbemühungen kann dies bei mir nichts zu tun haben. Viel zu tun hat es dagegen mit der immer wieder angemahnten gesellschaftlichen Relevanz der in unserem forschungsbegleitenden Hauptseminar behandelten Themen. Auch wenn unser Verständnis von Tod und Todesursachen nicht länger christlich-theologisch geprägt ist, sind viele von uns aufgrund des kollektiven langen Gedächtnisses im Innersten doch immer noch der unausgesprochenen Auffassung, daß der Tod eigentlich etwas sei, „was es gar nicht geben dürfte". Der Tübinger Philosoph (nicht Theologe!) Rüdiger Bubner meint sogar: „Unsere Vorstellungen über den Tod sind durchweg von christlicher Tradition geprägt. Wir müssen uns grundsätzlich auf ein Jenseitiges beziehen, um das Hier und Jetzt zu bewältigen" (Bubner 1990, 29). Hier ließe sich mühelos ein Bogen zum konsternierenden Eingang von oben schlagen und von neuem *eine einzige Todesursache* ins Feld führen. Säkularisiert wie die meisten von uns inzwischen sind, müßte es nun aber heißen: *die* Ursache unseres Todes ist unsere Sterblichkeit. Fällt es nicht vielen von uns ungeheuer schwer, dies wahrzuhaben? Wir drehen und winden uns wie Tiere in der Falle und suchen nach immer neuen Ausflüchten. In diesem Zusammenhang kommt es mir bisweilen so vor, als erfänden wir zwecks Ablenkung von der Tatsache *des* Todes dauernd weitere, raffiniertere, detailliertere Todesursachenbezeichnungen, und zwar so lange und so intensiv und so verbissen, bis wir schließlich vor lauter Bäumen (=ICD-Einzelpositionen) den Wald (=den Tod) gar nicht mehr sehen, überhaupt nicht mehr wahrnehmen können.

Bezogen auf die sensible Nahtstelle aber, wo uns die Endlichkeit im hohen Alter dann doch einholt, geben wir uns geschäftig-optimistisch. Nach der immer weitergehenden Verfeinerung und wissenschaftlichen Penetrierung sämtlicher speziell auf die „Old Old" Bezug nehmenden Todesursachen hat es schließlich den Anschein, als kämen wir der Unsterblichkeit eigentlich doch Stückchen für Stückchen näher. Wie sich das liest, möchte ich anhand von zwei Zitaten aus einem neulich erschienenen Sammelband zu den „Oldest Old" belegen. Zuerst lasse ich den Mediziner Evan C. Hadley vom US-amerikanischen National Institute on Aging in Bethesda zu Worte kommen: „This chapter reviews recent data on causes of death among the oldest old, with particular regard to two topics: the relative incidence of specific causes of death in extreme old age and differences among specific causes of death in their rate of increase with age. Information on these points is of public health value for decisions about health services and disease prevention programs and for monitoring changes in the health of the very old. Such information is also useful for projections of future trends in morbidity and mortality as mortality rates from specific diseases of old age change over time. In addition, data on causes of death at various ages provide clues to the rates of failure of various physiological systems with advancing age" (Hadley 1992, 183; hier haben wir erneut eine der – wie sie oben genannt wurden – „eingefahrenen Problemstellungen" vor uns).

An zweiter Stelle folgt ein Ausschnitt aus der Zusammenfassung, die der renommierte Demograph Kenneth G. Manton von der Duke University Durham für das Kapitel „Mortality and life expectancy changes among the oldest old" geschrieben hat. Wir lesen dort: „In the United States and other developed countries, increases in the life expectancy of the elderly (65+) and oldest old (85+) have been noted. This was surprising because mortality at those advanced ages was generally due to chronic diseases that had been viewed as relatively difficult to treat and manage and because those ages were viewed as being close to the biological limits of the human life span. With these increases, a number of questions arose. One was whether the increase in overall life expectancy was accompanied by a compensating increase in 'active' life expectancy, that is, the number of years that a person could expect to remain functionally independent. Second was whether the increase in life expectancy was due to the better control of specific diseases or the net effect of all overall 'slowing' of the rate of aging. Third, one would wish to determine the potential for further increases in life expectancy and, finally, the mechanisms by which such increases might occur. – It appeared, from longitudinal studies in three countries, that control of known risk factors could both increase life expectancy at advanced ages and increase the period of active life expectancy. It also appeared, from the study of international mortality patterns, that there remains considerable potential for future life expectancy gains at advanced ages. It also appeared that the rate of aging was reduced on a cohort-specific level by intervening in multiple interacting disease processes" (Manton 1992, 179-181).

So verständlich eine solche intensive – oben hieß es: verbissene – Beschäftigung mit Oldest-Old-bezogenen Todesursachen durch Mediziner oder Demographen auch immer ist, so haben wir dabei doch wiederum nur die eine Seite der Medaille vor uns. Nach kürzerem oder längerem Nachdenken kommt man von allein auf ganz andere Aspekte. Hier nenne ich vorläufig nur einige Stichworte, denn die Thematik selbst soll weiter unten ausführlicher behandelt werden. Zu diesen, möglicherweise schon hier aufrüttelnden Stichworten gehören: „Positiver Bilanzsuizid im Alter", „Leben wir zu lange?", „Lebenssattheit".

Wie weit deckt sich nun das oben dokumentierte akademische Forscherinteresse an einem „considerable potential for future life expectancy gains at advanced ages" (Manton 1992, s. oben) mit dem Interesse betroffener Alltagsmenschen? Streben wir wirklich – alle? – nach „future life expectancy gains at advanced ages"? Hier schimmert durch, was ich damit meine, nicht nur verbissen auf Todesursachen und deren Wandel zu starren, sondern ab und zu auch einen Schritt von diesbezüglichen Untersuchungen und Analysen zurückzutreten und sie in größere Zusammenhänge einzuordnen. Dies sollte, wie ich meine, auch im Rahmen unserer kommenden Seminare geschehen. Je besser uns ein Einordnen in übergreifende Kategorien gelingt, um so relevanter werden unsere Diskussionen in gesellschaftlicher Hinsicht sein. Auch wenn ich im folgenden nun etwas weiter aushole, behalte ich das soeben genannte Ziel somit durchaus stets im Auge.

3.

In Abschnitt 1 wurde auf die neuere Studie von Reinhard Spree über den „Epidemiologischen Übergang in Deutschland während des 19. und 20. Jahrhunderts" verwiesen und schon kurz darauf eingegangen. Interessanterweise schließt jener Autor seine Arbeit, die übrigens den schönen Haupttitel „Der Rückzug des Todes" trägt, mit einem eigentlich „überflüssigen", aber durch respektheischendes Reflektieren geprägten Kapitel. Da es streckenweise meinen eigenen Überlegungen nahekommt, will ich hier nochmals an Spree anknüpfen und ihn selbst zu Wort kommen lassen.

Anknüpfend an seine eigenen Ausführungen in den vorangegangenen Kapiteln legt uns Spree als erstes eine Bilanz der darin zutage getretenen widersprüchlichen Entwicklungen vor. Unter den positiv zu Buche schlagenden Elementen nennt er: die Verlängerung der Lebenserwartung; die stark gesunkenen Sterblichkeitsziffern; den relativ geringen Anteil an Todesursachen, welche Menschen vor ihrem sechzigsten Lebensjahr dahinraffen; die sinkende Tendenz bei einigen dieser „Killer"; sinkende Tendenz auch im Hinblick auf eine Reihe von Alterskrankheiten im Todesursachen-Spektrum. Negativ fallen bei ihm dagegen ins Gewicht: die ständige Zunahme der Arzt-, Apotheken- und Krankenbettendichte; die rasch steigenden Gesundheitskosten; die steigende Tendenz zu Frühinvalidität (wobei er nicht vergißt, sarkastisch hinzuzufügen, daß selbstverständlich „die Frühinvaliden und erst recht die Frührentner keineswegs sämtlich Krüppel" seien; Spree 1992, 57-58); die Zunahme von Krankheiten, welche schon in jüngeren Jahren auftreten und den Menschen jahrzehntelang plagen (Spree nennt hier Allergien, Bronchitis, Bluthochdruck, Rheuma); die ständige Zunahme psychischer Störungen. Nach sorgfältigem Abwägen von Pro und Contra fragt sich der Autor verblüfft: „Kehrt sich das durch die hohe Lebenserwartung, niedrige Sterblichkeit, blühende Gesundheit in den ersten Lebensjahrzehnten charakterisierte positive Bild am Ende gänzlich um?" (a. a. O., 58). Zwar übersieht Spree nicht, „daß fast alle negativen Indikatoren Ausdruck eines spezifischen modernen Krankheitsverständnisses sind und direkt von diesem abhängen" (dito 58).

Auf der weitergehenden Suche nach „Ursachen für die genannten problematischen Entwicklungen" nennt der Autor in erster Linie: „Die gewachsene Isolierung des einzelnen Menschen, vor allem durch den Zerfall der Familien, die

Lockerung der Generationenkette, die Zunahme der Scheidungshäufigkeit und die Abnahme der Heiratsquote, die damit einhergehende Verunsicherung und Zunahme der Identitätsprobleme", aber ebenso „die Lenkung der Aufmerksamkeit auf Körperprobleme und die Verbreitung von Krankheitsfurcht durch die Massenmedien". Zusammenfassend meint er: „Hiermit werden wichtige Elemente des modernen Gesellschaftslebens bezeichnet, die durchaus dazu beitragen können, die starke Zunahme des subjektiven Krankheitsgefühls verständlich zu machen. Aber sie sind selbst erklärungsbedürftig. Man muß fragen, welche Determinanten hinter der Zunahme der Scheidungshäufigkeit oder der Gier nach Informationen über Krankheiten und andere Körperprobleme in den Massenmedien wirksam sind" (a. a. O., 59).

Unter Bezugnahme auf die WHO-Definition, wonach „Gesundheit nicht nur Arbeitsfähigkeit und Schmerzfreiheit umfasse, sondern darüber hinaus subjektives Wohlbefinden (seelische Balance) und die Fähigkeit zu erfolgreicher sozialer Integration", fährt Spree fort: „Vereinfacht gesagt: Gesund ist nur derjenige, der sich glücklich fühlt und bei dem der Arzt auch keine Krankheitszeichen feststellen kann. Verschärft wird dieses Problem durch die Tatsache, daß mit dem Verlust der religiös bestimmten Jenseits-Perspektive, mit dem Verlust des Lebens nach dem Tode, für die meisten Menschen in den westlichen Industrieländern nur noch das Diesseits bleibt. Das eine irdische Leben wird dadurch ungeheuer aufgewertet. Es mit allen Fasern zu genießen und um jeden Preis zu verlängern, dabei den Körper als Vehikel intensiv zu beobachten und vor Krankheiten zu schützen, ist die sozusagen logische Konsequenz. Nur das gilt demnach als gesundes und erstrebenswertes Leben, das voll ist von sinnlich erfahrenen Sensationen und frei von Schmerz und psychischem Leid, frei auch von bohrenden Sinnfragen und dem belastenden Gefühl der inneren Leere. Es kann als sicher gelten, daß die Zahl der Menschen, die sich in dem bezeichneten Sinne nicht gesund fühlen, vor allem nämlich, weil sich dies andauernde Glücksgefühl, die seelische Balance, gekoppelt mit körperlichem Wohlbefinden, nicht einstellen wollen, nach dem Zweiten Weltkrieg enorm gewachsen ist" (a. a. O., 60-61).

Nach dem Fortfall der Jenseits-Perspektive könnte man versucht sein, mit Spree nicht nur zu sagen, daß „das eine irdische Leben dadurch ungeheuer aufgewertet" wurde, sondern sich auch zu fragen, ob bei genauerem Hinsehen die Todesursachen nicht genauso aufgewertet wurden? Sie bilden nun sozusagen den Schlußakkord am Ende von solch ungeheuer aufgewerteten Menschenleben. Um im Bild zu bleiben: natürlich ist der Schlußakkord am Ende eines Orchesterkonzerts wichtig. Er bleibt uns als letztes in den Ohren haften, klingt noch eine Zeitlang nach. Doch bald schon verhallt auch er, und der Eindruck vom Konzert insgesamt prägt sich unserem Gedächtnis ein und ersteht von Zeit zu Zeit neu für uns. Nicht anders sollte es hinsichtlich der Todesursachen und der Diskussionen darüber sein. Sie dürfen und sollen, wie in unseren kommenden Seminaren, für eine gewisse Zeit unsere volle Aufmerksamkeit erheischen. Doch bald schon müßten eigentlich die Menschenleben, deren mehr oder weniger ausgedehnten Schlußakkord sie bilden, insgesamt für uns ins Blickfeld rücken.

Der Autor Spree läßt sein, ebenfalls auf volle Menschenlebenslängen bezogenes Schlußkapitel in folgende Aussage münden: „Objektiv leben nicht nur immer mehr Menschen immer länger. Im Sinne des – sagen wir – späten 19. Jahrhunderts sind sie auch immer längere Phasen ihres Lebens so gesund und kräftig, wie keine frühere Generation. Aber subjektiv fühlen sich immer größere Teile unserer Mitmenschen beeinträchtigt, ja krank, und das bereits in jungen Jahren. So gesehen, sind wir im 20. Jahrhundert, den vielen positiven Indikatoren zum Trotz, nicht gesünder geworden, werden vielmehr weiter immer kränker werden. Es sei denn, wir unterzögen unser emphatisch aufgeladenes Gesundheitsverständnis einer ernüchternden Korrektur. Das aber ist eingebettet in Basisprozesse langfristigen gesellschaftlichen Wandels, die nicht willkürlich aufgehalten und partiell korrigiert werden können" (a. a. O., 62).

Daß wir es bei diesem gesamten hier angeschnittenen Themenkomplex mit gesellschaftlich höchst relevanten Fragen zu tun haben, dürfte mittlerweile außer Zweifel stehen. „Gesellschaftlich" ist bei Spree selbst denn auch ein häufig auftauchender Ausdruck. – Was aber haben Äußerungen, die in erster Linie das *Krankheits*panorama betreffen, mit dem Thema *Todes*ursachen zu tun? Gewiß gibt es viele Zusammenhänge zwischen Aussehen und Zusammensetzung der beiden Spektren. Doch sind sie weit davon entfernt, identisch zu sein. Hier will ich einhaken.

4.

Unter den Basisprozessen, die Spree für das „vermehrte Krankheitsgefühl" verantwortlich macht, nennt er an erster Stelle „die weit fortgeschrittene Individualisierung" (Spree 1992, 61). Schon zuvor war bei ihm außerdem von einem, nach seiner Ansicht bei vielen Zeitgenossen anzutreffenden „belastenden Gefühl der inneren Leere" die Rede gewesen. An dieser Stelle nun kann der Historiker-Demograph (in mir) zum Zuge kommen, denn mir scheint, daß unter Berücksichtigung historisch-demographischer Entwicklungsprozesse Interpretationen möglich sind, die über die Erklärungen von Spree hinausgehen und die dann auch wieder sehr konkret etwas mit dem (heutigen) Todesursachenspektrum zu tun haben.

Als *Anregung* zum eigenen Nachdenken in dieser Richtung (weshalb bewußt auf Einzelheiten wie z. B. die altersspezifischen Detailentwicklungen nicht

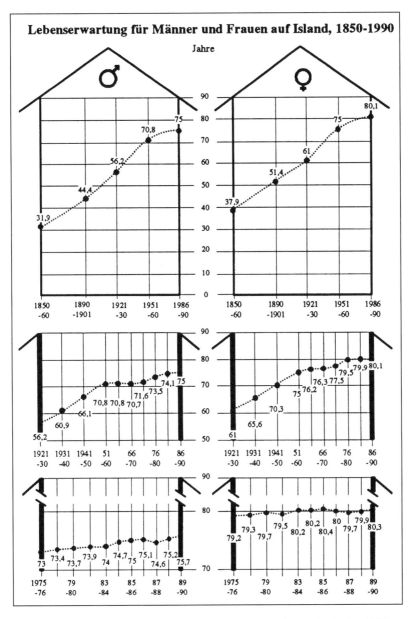

Abb. 26: Lebenserwartung für Männer und Frauen auf Island, 1850 – 1990

eingegangen wird) wollen wir uns die Abbildung 26 ansehen: „Lebenserwartung für Männer und Frauen auf Island, 1850-1990". Sie entstand im Zusammenhang mit einer Kurzdozentur an der Universität Reykjavík im November/Dezember 1992. Über mehrere Jahre hörten wir in der Vergangenheit, daß Isländer, vor allem aber Isländerinnen mit Ausnahme Japans die höchste Lebenserwartung auf der Welt hätten.

In dem Schaubild sehen wir oben links und rechts das – wie ich es nennen möchte – „Haus des Lebens". Von Etage zu Etage sind es immer zehn Altersjahre mehr. Eingetragen ist die durchschnittliche Lebenserwartung von Männern (links) und Frauen (rechts), und zwar von 1850 bis 1990. In diesem Zeitraum dehnte sich die Lebensspanne bei den Männern von 31,9 auf 75 Jahre, bei den Frauen von 37,9 auf 80,1 Jahre aus. Angehörige beider Geschlechter haben heute im Vergleich zur Mitte des vorigen Jahrhunderts somit mehr als doppelt so viele Jahre zu ihrer Verfügung. Man könnte auch sagen: jeder Mensch auf Island hat heute *zwei* Leben.

In den mittleren und unteren Teilgrafiken werden einzelne Zeitabschnitte aus dem isländischen Gesamtverlauf herausgegriffen. In der Mitte sind es die Jahre 1921 bis 1990, unten diejenigen von 1975 bis 1990. Betrachtet man diese kürzeren Perioden näher, dann zeigt sich vor allem in den Teilen ganz unten sehr deutlich, daß die Isländerinnen schon um 1980 auf einem Niveau ankamen, das damals weltweit sonst tatsächlich nirgendwo erreicht wurde, nämlich bei rund 80 Lebensjahren (was dann zum eingangs erwähnten Diktum von der „höchsten Lebenserwartung" führte). Anschließend allerdings tat sich für sie nichts Entscheidendes mehr. Die Lebenserwartung stagnierte, bzw. sie oszillierte nur noch um diesen einmal erreichten Wert von etwa 80 Jahren (während sie bei den Männern weiterhin zunahm; vgl. die Teilgrafiken ganz unten rechts und links). Mittlerweile haben in Europa jedoch mehrere Länder aufgeholt, das heißt sie zeigen bezüglich der weiblichen Lebenserwartung genauso hohe Werte von 80 und mehr Jahren wie Island schon länger. Bei den Niederländerinnen waren es 1988-89 80,2 Jahre (bei den Isländerinnen 1989-90 80,3), bei den Französinnen 1988 80,5, bei den Schwedinnen 1989 80,6 und bei den Schweizerinnen 1988-89 sogar 80,9 Jahre. (Die Japanerinnen hatten 1989 allerdings 81,8 Jahre aufzuweisen! Vgl. eine Gesamtzusammenstellung dieser Daten in: Monthly Statistics [ed. Statistical Bureau of Iceland], [August] 1991, 335.)

Läßt man sich von dieser Abbildung unbefangen zum Nachdenken anregen, dann hat es den Anschein, als ob die Isländerinnen als erste sozusagen gegen die Grenze unserer mittleren maximalen Lebenserwartung vorgestoßen wären. Bis hierher und nicht weiter! Mir ist sehr wohl bewußt, daß derzeit eine wissenschaftliche Diskussion über genau diese Frage im Gange ist, ob es nämlich für die Spezies Mensch eine solche biologisch „natürliche" Grenze gebe, wo sie – falls ja – liege, ob sie in unserer Zeit zunehme oder stagniere, wenn nicht gar da oder dort rückläufig sei, ob in (absehbarer) Zukunft der „genetisch vorprogrammierte Alterungsprozeß" verlangsamt werden könne und sich die „mittlere maximale Lebensspanne der Spezies Mensch" dann auf 125 und mehr Jahre ausdehne usw. Auf diese Diskussion will ich hier nicht eingehen. (Interessenten seien verwiesen auf Suzman et al. 1992, darin u. a. auf den bereits oben erwähnten Beitrag von Kenneth G. Manton mit dem bezeichnenden Titel „Mortality and life expectancy changes among the oldest old", 157-182; zur Diskussion über die umstrittene „Rectangularization of the survival curve" vgl. auch Haan et al. 1991, ferner Ludwig 1991 sowie – historisch weiter ausholend – Riley 1989.) Für den von mir beabsichtigten Gedankenanstoß spielt dieser Streitpunkt keine Rolle. Wichtiger ist da schon die oben der Bibel entnommene Formulierung „alt und lebenssatt". Das Erreichen eines solchen „lebenssatten" Zustandes aber ist kaum mit einer exakten Altersangabe auf Punkt und Komma zu fassen.

Wenn es denn so etwas wie „Lebenssattheit im Alter" gibt, und wenn in gewissen Ländern eine bereits sehr weit nach oben vorgeschobene Lebenserwartung zu stagnieren beginnt, dann kann man sich zumindest fragen, ob bei einer weiteren Ausdehnung der Lebensspanne, die heute/morgen durchaus möglich und machbar ist/zu sein scheint, nicht viele Menschen ungefragt plötzlich „zu lange leben" (müssen), nämlich über die Grenzen ihrer Lebenssattheit hinaus. Selbst bei einem exquisiten Mahl in einem Drei-Sterne-Restaurant wird man irgendwann einmal satt. Es mag dann durchaus sein, daß von einer Nachspeise noch einiges vorhanden ist und wir mit aller Gewalt auch noch etwas davon in uns hineinzustopfen vermöchten. Ob es uns allerdings immer noch schmecken und uns gut bekommen würde, ist eine andere Frage. Manch einer wird sie verneinen und seine Ansicht kundtun: „Nun kann es gut sein!" Er wird aufstehen und den gedeckten Tisch verlassen – trotz hoher Qualität auch der noch übriggebliebenen Reste.

Bevor wir uns dem folgenden Abschnitt 5 „Selbsttötungen im Alter" zuwenden, soll hier ein zusätzlicher Aspekt angesprochen werden, der in jüngerer Zeit vor allem skandinavische Wissenschaftler beschäftigt. So geht es in dem an der schwedischen Universität Linköping angesiedelten und unter der Leitung von Jan Sundin durchgeführten Forschungsprojekt „Dödlighet och sjuklighet bland män och kvinnor i Sverige 1750-1900", wörtlich übersetzt: „Sterblichkeit und Kränklichkeit von Männern und Frauen in Schweden 1750-1900" nicht länger bloß um die bislang hauptsächlich im Zentrum stehende Ermittlung von regionalen, städtisch-ländlichen, berufs- und zivilstandsspezifischen Unterschieden in Gesundheit, Krankheit und Sterblichkeit bzw. in der Lebenserwartung bei Männern und Frauen, sondern um *„gender-related* differences" (vgl. Sundin 1992). Damit meint Sundin *„sozial bedingte Unterschiede in der geschlechtsspezifischen Sterblichkeit und Lebenserwartung".*

Theoretisch liegt ein Modell zugrunde, das biologisch-genetische, sozioökonomische *und kulturelle Muster* miteinander verbindet. Die Theoriebildung geschieht z. T. in Anlehnung an jüngere amerikanische Arbeiten (vgl. diesbezüglich einen Überblick bei Johansson 1991b).

In Sundins eigenen Worten lautet die Kernaussage: „Tillsammans avgjorde ekonomisk struktur, kulturella mönster och genderstruktur de strukturella faktorer, vilka i sin tur definierade individens positiva rättigheter – 'rätten att söka hälsa' – och negativa rättigheter – 'rätten att riskera ohälsa'" (Sundin 1992). Jedes Individuum, Mann oder Frau, hat demzufolge innerhalb eines gegebenen, gesellschaftlich zeitlich/räumlich für Männer und Frauen unterschiedlich vorformulierten kulturellen Kontexts bestimmte Möglichkeiten, Gesundheit zu erreichen bzw. zu bewahren (=sog. „positive Rechte" oder „positive Freiheiten"), oder aber Ungesundheit zu riskieren (="negative Rechte" oder „negative Freiheiten"). Gedacht wird hier einerseits an den Zugang zu oder die Verfügbarkeit über sog. „langfristige Faktoren", die die Gesundheit in positiver Richtung beeinflussen können via die Kontrolle über materielle Ressourcen, den geschlechtsspezifisch unterschiedlichen Zugang zu Ausbildung, Arbeit, den Dienstleistungsangeboten im Gesundheitswesen usw., und andererseits an die Kontrolle über Ressourcen zur kurzfristigen Zufriedenstellung von Bedürfnissen, z. B. an die Möglichkeit, Alkohol oder Tabak zu kaufen und zu konsumieren, aber auch etwa keine physischen Aktivitäten betreiben zu müssen, usw. Alles dies kann sich langfristig positiv bzw. negativ auf die Gesundheit von Männern und Frauen auswirken.

Dieses theoriegeleitete „Gender"-Modell von Jan Sundin scheint mir überaus vielversprechende neue Forschungswege und damit Wege zu einem umfassenderen Verständnis der geschlechtsspezifischen Unterschiedlichkeit zu weisen. Derzeit hat es zudem den Anschein, als ob sich die neuere internationale Fachliteratur auch außerhalb Skandinaviens vermehrt den Aspekten von „risks embedded in the social construction of gender roles" widmete (vgl. Anson et al. 1993, 419 [eine Studie über „Gender differences in health perceptions and their predictors"]). Schon 1991 wunderte sich Sheila Ryan Johansson von der Stanford University über die konsternierende Tatsache: „From any welfare-related standpoint the longevity advantage of women in the world's developed countries is puzzling. Women in the developed countries are still economically and socially disadvantaged compared to men. But they die at substantially lower rates than males at every age. This means that the average woman now outlives the average man by four to ten years. Since this life-expectancy advantage cannot be caused by the current economic and social advantages of women, it has been widely supposed that male/female mortality differences reflect some sort of timeless biological 'welfare', which protects the female sex from the normal demographic consequences of socio-economic inequality. But if timeless biological factors could override timely welfare-related considerations, we would expect to find them doing so in the past as well as the present, particularly in those phases of the life-course before and after ordinary females are reproductively active. Instead, age-specific male/female mortality differentials have been remarkably variable in European countries over the last few centuries, especially during childhood and adolescence when childbirth is not a special biological hazard" (Johansson 1991b, 135-136).

Mittlerweile gab uns Ingrid Waldron von der University of Pennsylvania in ihrem Aufsatz „Recent trends in sex mortality ratios for adults in developed countries" einen entscheidenden Hinweis für die eigene weitere Forschung, nicht zuletzt hinsichtlich der oben festgestellten Wiederannäherung von männlicher und weiblicher Lebenserwartung auf Island in jüngster Zeit: „In economically developed countries, males have higher mortality than females at all ages. Analyses of the causes of men's higher mortality have identified ischemic heart disease, lung cancer, and accidents and other violence as major contributors. Men's higher mortality for these causes of death has been due to a wide variety of sex differences in behaviour, as well as inherent sex differences in physiology and anatomy. ... Given the importance of be-havioral causes of males' higher mortality, it is not surprising that there has been considerable historical variation in sex differences in mortality. In devel-oped countries, the male mortality disadvantage increases substantially dur-ing the twentieth century, especially from the 1930s through the early 1970s. ... The increasing male mortality disadvantage during the twentieth century was due in large part to increases in men's ischemic heart disease and lung cancer mortality. One major reason for the increase in men's ischemic heart disease and lung cancer mortality was men's early and widespread adoption of cigarette smoking. In addition, increased animal fat consumption and decreased fiber consumption may have increased men's risk of ischemic heart disease more than women's. ... *Recent data suggest that the trend to an increasing male mortality disadvantage may have ended by the later 1970s or early 1980s* [Kursivsetzung durch A. E. I.]. It has been hypothesized that sex differences in mortality have begun to decrease and will continue to decrease *due to decreasing sex differences in several behaviours* [dito] which have contributed to men's higher mortality in the past. For example, sex dif-ferences in the prevalence of smoking have decreased substantially in West-ern European and Anglophone countries. Sex differences in smoking have decreased due to mid-century increases in women's smoking in many coun-tries and due to greater decreases in the prevalence of smoking for men than for women in most countries in recent decades. In the past, smoking has been a major cause of men's higher mortality" (Waldron 1993, 451-452). Oder in den Worten der bereits zitierten Sheila Johansson: „Thus for most of the twentieth century, although adult males in developed countries have con-tinued to have a higher level of relative welfare than adult women, *men's cul-*

turally constructed advantages gradually turned against them [dito] as modern disease environments became dominated by chronic, not infectious, disease. Men have long had more negative rights [d. h. „Rechte" oder „Freiheiten", die ihrer Gesundheit abträglich sein konnten] than women, but by continuing to use those rights to consume various toxic substances (like tobacco, drugs and alcohol) at greater rates than women, the average man has kept his personal exposure levels higher than necessary. The average woman, who has not been as culturally free to smoke or drink to excess (until fairly recently), benefited more completely than ordinary men from public health reforms" (Johansson 1991b, 166).

Schließt sich von hier der Bogen nicht zwanglos zu der in den letzten Jahren auf Island registrierten Rückbildung der geschlechtsspezifischen Lebenserwartungsdifferenz? Kommen wir an dieser Stelle deshalb nochmals zurück auf die Abbildung 26. Beim Betrachten der Lebenserwartung für Männer und Frauen über den gesamten Zeitraum von 1850 bis 1990 war, wie dort festgestellt, problemlos zu erkennen, daß die weibliche Lebensspanne rascher als die männliche das neben Japan global höchste Niveau erreichte. Faßt man indes den Zeitraum der letzten fünfzehn Jahre genauer ins Auge (vgl. nochmals ganz unten: 1975-1990), dann scheint sich die von Waldron gemachte Beobachtung zu bestätigen, wonach „recent data suggest that the trend to an increasing male mortality disadvantage *may have ended by the later 1970s or early 1980s*" (Waldron 1993). Tatsächlich erreichten nach meinen bisherigen und in der Abbildung 26 dokumentierten Recherchen auf Island die Frauen dort schon um 1980 diese höchste Lebenserwartung. Anschließend stagnierte sie jedoch auf dem hohen Niveau, während sie bei den Männern weiterhin, wenn auch langsam, zunahm. Die bis dahin ausgeprägten geschlechtsspezifischen Unterschiede beginnen sich dadurch zu vermindern, mit dem Ergebnis einer sich schließenden Scherenbewegung. Waldron wies ebenfalls bereits darauf hin, in welcher Richtung unsere weiteren Recherchen zu gehen haben: „It has been hypothesized that sex differences in mortality have begun to decrease and will continue to decrease due to decreasing sex differences in several behaviours which have contributed to men's higher mortality in the past" (Waldron 1993).

Erste Bestätigungen dieser erneut „gender-related [und eben *nicht* bloß biologisch bedingten, sondern kulturell überformten] differences" liegen von isländischer Seite bereits vor (vgl. Gunnlaugsson 1991, Halldórsson 1992, Jónsdóttir 1991). Insbesondere die beiden letztgenannten Autoren verfügen über einen unmittelbaren Zugriff auf die verifizierenden bzw. falsifizierenden Quellen aus dem isländischen Gesundheitsbereich. Matthías Halldórsson ist „Deputy Director General of Health in Iceland" (das Amt besitzt neben den Archivbeständen auch eine hervorragende Referenzbibliothek zur Thematik), Sigridur Jónsdóttir Abteilungsleiterin für den Bereich älterer Menschen in der

Isländischen Sozialverwaltung. – An dieser Stelle treten nun allerdings auch die „zeitlichen Mängel" der im übrigen innovativen Forschungen Jan Sundins und seines Teams sehr deutlich zutage. Wer „nur" den Zeitraum von 1750 bis 1900 bearbeitet und dann abbricht, bekommt höchstens die Take-off-Phase der geschlechtsspezifischen Lebenserwartungs-Auseinanderwendung und deren Weitergedeihen bis zu einem gewissen Grad zu fassen, nicht jedoch die für uns heute und morgen hochrelevante Stagnations- und schließliche Umkehrphase.

5.

1991 veranstaltete der Kasseler Gerontologe Reinhard Schmitz-Scherzer eine internationale pluridisziplinäre Konferenz zum Thema „Suizid im Alter". In der Einleitung zu dem darauf basierenden Sammelband desselben Titels findet Schmitz-Scherzer deutliche Worte der Ermahnung: „Die Tatsache, daß manche alte Menschen ganz einfach 'lebenssatt' sind [Schmitz-Scherzer bezieht sich ebenfalls auf 1. Mose, 25,8], verweist eindrücklich darauf, daß Alternsverläufe, die keinerlei pathologische Struktur haben, durchaus in Suizide münden können. Es ist wichtig, daß hier der vorherrschende psychiatrische Ansatz durch den gerontologischen ergänzt wird – schon um unzulängliche Pathologisierungen zu vermeiden. Suizid im Alter kann, muß aber nicht Folge einer Krankheit sein" (Friedrich/Schmitz-Scherzer 1992, 5).

Eine Konferenz zu dieser Thematik hatte sich nachgerade aufgedrängt, weil – wie Suizidologen und Gerontologen schon seit langem wissen – die Suizidhäufigkeit mit steigendem Alter, vor allem unter Männern, aber auch bei Frauen, stark zunimmt. In gewissen Teilen Deutschlands beträgt sie jenseits der 70, 75 bis zum Zehnfachen und mehr des Durchschnitts in der Gesamtbevölkerung. (Der Durchschnitt liegt bei etwa 20 Suiziden pro 100 000 Einwohner; vgl. zur Thematik insgesamt Christe 1989.)

Mit Bezug wiederum auf die nordischen Länder bestätigen die beiden Psychologen Tore Bjerke und Tore C. Stiles von der Universität Trondheim im Prinzip diesen Befund. In einem von ihnen 1991 herausgegebenen Symposiums-Sammelband über „Suicide attempts in the Nordic countries" heißt es: „In contrast to suicide, which becomes more common among the older age groups and among the male in particular, parasuicides occur predominantely among young persons and more often among females. Moreover, suicide completers generally use very lethal, often violent methods for self-destruction, such as gunshot, jumping or hanging. Suicide attempters, on the other hand, usually use methods of lower lethality such as drugs and take few or no precautions against being discovered" (Bjerke/Stiles 1991, 214; „parasuicide" wird in Übereinstimmung mit ICD-10 definiert als „an act with nonfatal outcome, in which an individual deliberately initiates a non-habitual behaviour that, without intervention from others, will cause self-harm, or deliberately ingests a substance in excess of the prescribed or generally recognized therapeutic dosage, and which is aimed at realizing changes which s/he desired via the actual or expected physical consequences"; a. a. O., 159). Und weiter sagen sie: „During the last two decades a marked increase has occurred in the rate of suicidal behaviour, and the large number of suicide attempts constitutes a considerable drain on resources in the health services. The magnitude of the problem is uncomfortably high in the Nordic countries Finland, Sweden, Denmark and Norway" (a. a. O., Rückumschlag).

Unversehens hat uns damit die *Todes*ursachen-Thematik wieder eingeholt, hier nun unter dem speziellen Suizidaspekt. Als Historiker-Demograph und unter neuerlichem Hinweis auf die Island-Grafik (Abbildung 26) möchte ich an dieser Stelle auf einen fundamentalen Wandel aufmerksam machen, dessen mentale Bedeutung meines Erachtens überhaupt nicht zu hoch eingeschätzt werden kann. Während Jahrhunderten, ja Jahrtausenden (man erinnere sich an die Auswertung römischer Grabstein-Inschriften oben) starben die allermeisten unserer Vorfahren – und sterben noch heute die meisten Menschen in Ländern der Zweiten, Dritten, Vierten Welt – *vor ihrer Zeit*, das heißt bevor sie jemals auch nur die Chance hatten, bis an die Grenze ihrer biologischen Lebenshülse vorzustoßen. Die Gründe dafür sind zentraler Gegenstand der kommenden Seminarstunden, nämlich die verschiedenen Todesursachen samt ihren historischen Entwicklungen, Häufigkeitsverteilungen, spektralen Reorganisationen.

Zum allerersten Mal in der Geschichte können heute bei uns mehr Menschen denn je die uns von Natur aus eigentlich zur Verfügung stehende Lebenszeit weitgehend ausleben. Dutzende von wichtigeren und Hunderte von weniger wichtigen Todesursachen spielen keine entscheidende Rolle mehr. Unser Hauptproblem ist nicht länger, gegen alle Widrigkeiten der uralten Geißeltrias „Pest, Hunger, Krieg" für eine möglichst lange Zeit am Leben zu bleiben, sondern „zur rechten Zeit" zu sterben. Dieses Problem aber hat sich der Menschheit so und in solchem Ausmaß bisher noch nie gestellt. Wir sollten deshalb bereit sein, dieser völlig neuen Situation gemäß auch ganz unorthodox darüber nachzudenken – auch und nicht zuletzt unter Einbeziehung der ermahnenden Ausführungen von Schmitz-Scherzer. Um noch deutlicher zu werden: Todesursachen-Seminare wie die kommenden dürften ganz überwiegend *historische* Veranstaltungen werden, will sagen Veranstaltungen, die einen in erster Linie *historischen* Gegenstand behandeln. Bis an die Grenze der Gegenwart hatten die verschiedensten Todesursachen stets mehr oder weniger freie Hand, jedenfalls die Oberhand. Sie suchten sich ihre Opfer nach Belieben aus und ernteten sie vor der Zeit.

Wenn heute mehr und mehr Menschen bis an die Grenzen ihrer Lebenshülse vorstoßen, dann kehrt sich dieses traditionelle Verhältnis jedoch um. *Wir* können uns

146

nun sozusagen die passende Todesursache aussuchen und den Schlußakkord am Ende eines ausgelebten Lebens selbst setzen. Eine nicht geringe Anzahl unter den „Lebenssatten" tut das offensichtlich auch (Christe 1989, Bjerke/Stiles 1991, Friedrich/Schmitz-Scherzer 1992). *Hier* sehe ich für die Todesursachen-Seminare den brisanten, den gesellschaftlich relevanten, weil uns alle auf die eine oder andere Art betreffenden Punkt. *Hier* besteht Diskussions- und gegebenenfalls Handlungsbedarf, vor allem dann, wenn wir uns nicht nur retrospektiv ausrichten, sondern auch prospektiv. Die in Frage stehende Altersgruppe der Old Old ist als „Risikopopulation" die am raschesten wachsende der gesamten Bevölkerung überhaupt. Von dieser Thematik sei im folgenden denn auch zentral die Rede.

Nicht, daß sich Menschen bisher noch nie Gedanken über den „Tod zur rechten Zeit" gemacht hätten. Philosophen wie Aristoteles taten dies schon in der Antike, und sie tun es noch heute (Bubner 1990). Nur war die Nutzanwendung ihrer Gedankengänge bisher noch nie für so viele Menschen, und das meint somit nun auch: gesamtgesellschaftlich relevant. Hier soll der schon weiter oben zitierte Tübinger Philosoph Bubner nochmals in eigenen Worten zu uns reden können. In seinen „Betrachtungen über den Tod" bezieht er sich – vor allem in den Passagen über ein „gelungenes Leben" – ausdrücklich auf die Ethik des Aristoteles. Zu jedem „Lebensplan" gehöre es, ein möglichst kohärentes Leben zu führen. Das Leben sollte eine *Einheit* sein und einen *Sinn* haben. Paradox sei nun jedoch, daß zur Einheit des Lebens auch der rechtzeitige Tod gehöre. Bubner wörtlich: „Wir sprechen vom Tod *zur rechten Zeit*. Das Wesentliche ist getan, nichts Neues würde folgen, das Ende paßt, ohne daß sich dafür Vorsorge tragen ließe. Es gibt daneben den *vorzeitigen* Tod. Am Beginn eines hoffnungsvollen Lebenswegs oder auf seiner Höhe schneidet ein plötzliches Schicksal alle weiteren Möglichkeiten ab. Während frühere Epochen oft über den vorzeitigen Tod zu klagen hatten, nimmt neuerdings die Zahl der Fälle zu, wo der Tod *zu spät* kommt. Es scheint mir auf Grund mannigfacher Erfahrungen offenkundig, daß die pure Existenzverlängerung, auf die die moderne Medizin so stolz ist, dem Tod gelegentlich auf eine Weise ins Handwerk pfuscht, über deren Wert sich niemand wirklich klar ist. Inzwischen steigt das Lebensalter ständig an, und dank technischer Apparate sind Lebensverlängerungen möglich, die eigentlich Todesverhinderungen sind. Welcher Zusammenhang mit dem früher gelebten Leben dabei noch existiert, gerät aus dem Blick. Da ich eine bestimmte Auffassung vom Leben als sinnvoll erfülltem Handeln vertrete, kann ich ein Leben, das sinnvoll erfülltes Handeln nicht mehr zuläßt, nicht als Fortschritt loben" (Bubner 1990, 29).

Von hier aus ist es nur noch ein kurzer Schritt bis zur Frage „Leben wir zu lange?" Daß die Thematik so abwegig nicht ist, wie es zuerst vielleicht scheinen könnte, mag aus dem Umstand hervorgehen, daß im Anschluß an ein

Symposium 1991 und die Publikation der Beiträge Anfang 1992 unter demselben Titel „Leben wir zu lange?" eine Vielzahl von Anfragen seitens der Medien (Rundfunk, Fernsehen, Printmedien) zu Vorträgen, Diskussionen, Beiträgen eintrafen. Selbst in den USA wurde die Thematik mittlerweile aufgegriffen, was bereits zur Arrangierung analoger Symposien an Universitäten in Berkeley (November 1992) und in Providence (Brown-University, Oktober 1993) führte.

Wer beim selbständigen weiteren Reflektieren über den „Tod zur rechten Zeit" jedoch – anders als Bubner, der oben noch vom starken Nachwirken einer christlichen Tradition sprach – die weitgehend vollzogene Entchristlichung in seine Überlegungen miteinbezieht, dürfte über kurz oder lang den Punkt erreichen, an dem er zumindest eine gewisse Wahlverwandtschaft mit Jean Améry verspürt (vgl. Améry 1976/1991: „Hand an sich legen. Diskurs über den Freitod"; Améry hatte 1978 im Alter von allerdings bloß sechsundsechzig Jahren einen solchen Freitod gewählt). Auf diese Konstellation nahm der Bremer Gerontologe Hartmut Diessenbacher neulich in einem Beitrag mit dem vortrefflichen Titel „Das Leben vom Tode her" Bezug. (Wir sind tatsächlich die ersten, die unser Leben von einem relativ kalkulierbaren Ende her leben könn[t]en.) Bei ihm heißt es: „Am schwersten wiegt Amérys freigeistiger Bruch mit einer christlichen Tradition. Er spendet keinen Trost. Der Wahrheit zuliebe wirft er diesen religiösen Ballast von sich. Viele, Alternde zumal, bedürfen des Trostes in individuellen Not und Leidenssituationen. Traditionell sind Kirchen und Glaubensgemeinschaften dafür zuständig. Die Säkularisierung beschleunigt den Untergang dieser Instanzen. So kann die Wissenschaft – hier 'positives Altersbild' und 'Kompetenz-Gerontologen' – ersatzreligiöse Funktionen übernehmen. Das erklärt ihre starke Resonanz in den Kirchengemeinden. Sie können zur Aktivität anregen, Mut machen, Trost spenden, Hoffnung geben, Gewißheiten vermitteln. Amérys metaphysische Bedürfnislosigkeit läßt ihn zum Nihilisten werden. Allen, die im Alter glaubensbereiter werden, trostbedürftiger, religionsanfälliger und empfänglicher für metaphysische Erbaulichkeiten aller Art, wird er bedrohlich. Nur wer es erträgt, den Trost in der Wahrheit zu suchen, wird Amérys Herausforderungen gewachsen sein" (Diessenbacher 1992). – Ertragen *wir* es?

6.

An diesem Punkt kommt uns abendländischen Menschen vielfach unsere eigene Entwicklung in die Quere. Zumindest seit den Zeiten der Renaissance versuchen wir, uns aus alten Bindungen zu lösen und aus Sachzwängen zu befreien. Wir streben nach Selbständigkeit, Unabhängigkeit, Selbstverwirklichung. Doch während Jahrhunderten, die vor allem durch „Pest, Hunger und Krieg" geprägt waren und zu jenen Todesursachenpanoramen führten, die in den kommenden Seminarsitzungen besprochen werden dürften, hatten immer nur wenige Menschen eine wirkliche Chance, ihren Traum nach Ungebundenheit zu realisieren. In „Pest, Hunger und Krieg"-Zeiten kann niemand auf Dauer überleben, der allein auf sich gestellt ist. Ich nenne diese viele Jahrhunderte umspannende Zeit die „Zeit der schlechten alten (weil *erzwungenen*) Gemeinschaften". Nur wer sich unterordnete und einfügte – in eine Familie, einen Haushalt, eine Kloster-, Zunft-, Militärgemeinschaft usw. –, konnte mit einen gewissen Schutz gegen die tödlichen „Pest, Hunger, Krieg"-Unbilden rechnen und so die Chancen seines Überlebens erhöhen. Das Resultat war auch unter solchen Umständen trotzdem immer noch dasjenige, das wir aus Abertausenden von Einträgen in die Beerdigungsregister des 16., 17., 18., 19., beginnenden 20. Jahrhunderts, aber auch schon aus Inschriften auf römischen Grabsteinen gut kennen: „... starb im Alter von 2 Tagen, von 5 Monaten, 9 Jahren, 20, 40, 60 Jahren", oder auch schon einmal, wie vom Tod lange vergessen: „im Alter von 80, von 90, ja von 100 Jahren".

Seit dem Ende des Zweiten Weltkrieges leben wir in Mittel-, West-, Nordeuropa erstmals „auf Dauer" in einer Zeit ohne „Pest, Hunger und Krieg". Gewiß umfaßt diese „Dauer" bisher nur rund fünf Jahrzehnte, was jedoch ausreichte, um bereits mehr als die Hälfte der Bevölkerung unter – historisch gesehen – völlig anormalen Bedingungen heranwachsen zu lassen. AIDS als neue Pest spielt – statistisch – (noch) keine gravierende Rolle. Hunger kennen wir nicht mehr; vielmehr macht uns das Gegenteil, der fette Wanst zu schaffen. Und der „Kalte" Krieg tötete nicht, ganz zu schweigen vom Krieg im Fernsehen, der uns nichts anhaben kann.

Von einer Generation auf die andere erhielten und erhalten jeden Tag Hunderttausende bei uns somit erstmals eine wirkliche Chance, den alten Traum der Renaissance nach Ungebundenheit in die Realität umzusetzen. Bloß um zu überleben, ist heute niemand mehr gezwungen, sich einer Gemeinschaft einzufügen. Die Gesellschaft, von der wir selbst ein Rädchen sind, stellt für uns die lebensnotwendigen Güter und Dienstleistungen bereit, und die meisten von uns können sie sich finanziell ohne größere Probleme leisten. Singles (über-) leben nicht schlechter als gemeinschaftseingebundene Zeitgenossen, häufig sogar besser.

Was wunder, daß mehr und mehr Zeitgenossen diese erstmalige Chance wahrnehmen und sich von allen Bindungen mit langwährenden gegenseitigen Verpflichtungen lossagen oder gar nicht erst welche eingehen. „Selbstverwirklichung" heißt die Parole. Reinhard Spree sprach oben vom entscheidenden „Basisprozeß der Individualisierung" und dessen raschem Voranschreiten. Doch im Gegensatz zu ihm – so scheint mir – sehe ich hierin nicht nur Negatives. Die zunehmende Individualisierung braucht keineswegs ein „zunehmendes Krankheitsgefühl" zur Folge zu haben bzw. dessen Ursache zu sein.

Zum einen muß vermehrte Individualisierung und um sich greifendes Single-wesen nicht zu immer mehr Hedonismus, süchtigem Genußstreben, engher-zigem Egoismus führen und deshalb auch nicht zu krankmachender Enttäu-schung, wenn sich das Glücksgefühl trotz allem nicht einstellen will. Singles sind nicht die glücksgierigen Sonnyboys und Sonnygirls, als die sie oft hinge-stellt werden. Sie sind lediglich nicht länger gezwungen, zwecks Überlebens einer Gemeinschaft anzugehören. Verantwortung haben auch sie – zwar nicht mehr einer engen Gemeinschaft, sondern nunmehr der Gesellschaft ge-genüber, von der auch sie nach wie vor abhängig sind. Dank ihrer Ungebun-denheit ist es ihnen sogar möglich, Aufgaben zu übernehmen, an die andere gar nicht denken können. Solche Aufgaben gibt es in unseren Gesellschaften zuhauf. Man denke an alleinerziehende Väter und Mütter, an pflegebedürftige Ältere, an Mitmenschen jeder Art, die auf die Hilfe anderer angewiesen sind. Niemand wird verneinen, daß aus der Wahrnehmung solcher Aufgaben auch viel Erfüllung zu erwachsen vermag. Ich kann deshalb nicht finden, daß Singles den „bohrenden Sinnfragen und dem belastenden Gefühl der inneren Leere" stärker ausgesetzt sein sollen als nach wie vor gemeinschaftsange-kettete Zeitgenossen. Alleinsein ist bekanntlich nicht dasselbe wie Einsam-sein. Und Einsamkeit in Zweisamkeit dürfte einsamer sein als Einsamkeit al-lein.

Zum anderen, und dies mag für viele tatsächlich ein weitaus schwierigeres Problem sein, könnten wir aus der alten *Ars moriendi* lernen, wieder etwas bescheidener zu werden. Dann fiele es uns wahrscheinlich leichter, „den Trost in der Wahrheit zu suchen" und zu finden (vgl. Diessenbacher oben). Eine der fünf großen *Temptationes*, mit denen die höllischen Mächte in der al-ten Bilder-*Ars* des 15. Jahrhunderts versuchten, der Seele des sterbenden Menschen in letzter Minute habhaft zu werden, war die Versuchung zum Hochmut. Jene ganze Bilder-Ars bestand aus elf Holzschnitten, einer Art Co-mic strip für unsere leseunkundigen Vorfahren, damit sie das Alleinsterben – nichts Außergewöhnliches in den damaligen „Pest, Hunger und Krieg"-ge-prägten Zeiten – selbständig lernen und praktizieren konnten. Den fünf großen Versuchungen: im Glauben, zur Verzweiflung, zur Ungeduld, zum Hochmut und zum Hang an irdischen Gütern stand fünfmal die erfolgreiche Resistenz unter tatkräftiger himmlischer Unterstützung entgegen. Auf dem Antwortbild zur Hochmut-Versuchung war zum Beispiel Antonius Eremita zu erkennen, seinerzeit einem jeden als *das* Symbol von Bescheidenheit und Demut geläufig.

Meine Ermahnung zu etwas mehr Demut und Bescheidenheit ist allerdings nicht länger christlich geprägt. Vielleicht sollte ich deshalb besser von einer Ermahnung zu etwas mehr Augenmaß sprechen. Meine damit verbundene Absicht ist, auf dieser Grundlage zu einer neuen, unserer eigenen Zeit gemäßen *Ars moriendi* zu finden. Wir alle haben heute – man erinnere sich an das Island-Schaubild – im Vergleich zu einer noch gar nicht sehr weit zurückreichenden Vergangenheit zwei und drei Leben zu unserer Verfügung. Wir haben mehr, sehr viel mehr Lebensjahre, weil wir bessere, sehr viel bessere Jahre haben. Anders geht das gar nicht: bessere Ernährung, bessere Wohnung, bessere Hygiene, bessere Schulung und Ausbildung, bessere Arbeitsbedingungen, bessere Gesundheitsversorgung, bessere Medikamente usw. usw. Etwas mehr Augenmaß meint vor diesem Hintergrund nichts anderes, als sich dieser Tatsachen bewußt zu sein und gemäß einem systematischen Lebensplan das Beste aus den vielen guten und den paar möglicherweise weniger guten Jahren am Ende zu machen. So wird die *Ars moriendi* von heute recht eigentlich zu einer *Ars vivendi*. Augenmaß meint zudem, den Verlust der Ewigkeitsperspektive zu akzeptieren und keine Träume von Unsterblichkeit zu träumen. Wer sind wir denn, daß wir unsere Endlichkeit nicht wahrhaben können.

Noch immer unterscheiden Alterssuizidologen zwischen „positiven" und „negativen Bilanzsuiziden". Ich möchte jedoch einzig den positiven gelten lassen, etwa gemäß dem Motto: „Ich habe alles im Leben gehabt, wofür sich zu leben lohnte. Nun kann es gut sein". Lebenssattheit durch Umsetzung des angesprochenen Lebensplans heißt meine Parole, nicht Lebensüberdruß. Und sie lautet zudem – auch wenn's schwer fällt -, die einmal gewählte Selbständigkeit und Unabhängigkeit bis zum Ende durchzuhalten. Viele von uns möchten, wenn die Tage schwerer werden und wenn's ans Sterben geht, das Rad der Individualisierungs-Entwicklung anhalten, wenn nicht gar zurückdrehen. Sie rufen nach „wieder mehr Gemeinschaft!", meist allerdings vergeblich, weil der Wunsch anachronistisch ist. Die Zeiten sind nicht länger so.

Wir können nicht beides gleichzeitig haben: die hohe Lebenserwartung als Folge des Wandels von einer unsicheren zu einer sicheren Zeit *und* die ehemals durch Lebensunsicherheit herbeigeführten (Zwangs-) Gemeinschaften. Wer A sagt, muß auch B sagen. Wir haben uns längst zugunsten der sicheren Lebenszeit und des langen Lebens entschieden und sollten deshalb nun auch bereit sein, den Preis dafür zu bezahlen und bis zum Ende unserer Tage die Eigenständigkeit des Renaissancemenschen zu bewahren (bewahren zu können). Vielen will dies jedoch noch nicht richtig gelingen. In einer neueren Publikation sprach ich in diesem Zusammenhang vom „unfertigen Individuum". Hier gibt es noch viel Erziehungsarbeit an uns selbst zu leisten.

7.

Wer erwartet, ich würde hier nun näher auf die Euthanasie-Diskussion eingehen, sieht sich enttäuscht. Gewiß ist auch mir nicht entgangen, daß prominent nicht etwa nur in den USA, sondern zunehmend auch in Deutschland kontroverse Auseinandersetzungen um Themen wie „Sterbehilfe", „Nicht (-weiter-)behandlung", „Inkaufnahme der Lebensverkürzung", „Beihilfe zur Selbsttötung/Tötung auf Verlangen/eingewilligte Fremdtötung", „Lebensrettung um jeden Preis?", „Freitod alter Menschen" usw. geführt werden (vgl. z. B. Bräutigam 1991). Selbst das verpönte Wort „Euthanasie" macht mittlerweile in deutschen Landen wieder Schlagzeilen, und dies, obwohl erst jüngst „eine an der Freien Universität Berlin veranlaßte Umfrage ergeben hat, daß siebzig bis achtzig Prozent der Deutschen mit Euthanasie nichts anderes verbinden als die Ermordung psychisch und körperlich Kranker während der NS-Zeit. Das derart belastete Wort wäre also unbrauchbar für das, was es ursprünglich meinte, den philosophischen Begriff der Antike, der den [leichten] eigenbestimmten Tod meint" (Dahl 1992, 89).

Selbst wenn ich somit persönlich aus Gründen, die noch zu erklären sein werden, nicht näher in diese Diskussionen eintrete, sei hier doch aufgezeigt, in welche Richtungen sie derzeit laufen. Nach dem in den früheren Abschnitten Gesagten kann ich an dieser Stelle nicht so tun, als gäbe es die Debatten gar nicht. Wiederum sei im folgenden mehreren hieran beteiligten Autoren selbst das Wort erteilt. Beginnen wir mit der eben angesprochenen deutschen Euthanasiedebatte und den ganz offensichtlich hierzulande damit verbundenen Schwierigkeiten. Da liegen sich zum Beispiel zwei renommierte Philosophen beim Austauschen von Pros und Contras in den Haaren. Unter dem Titel „Wir dürfen das Tabu nicht aufgeben" lesen wir beim Münchener Robert Spaemann: „Erst allmählich beginnt das seit 1945 herrschende Euthanasietabu einem sokratischen Nachdenken über die guten Gründe für dieses Tabu zu weichen. [Viele der hierbei ins Spiel gebrachten] Fragen sind leider nicht rhetorisch. Sollte es wirklich purer Zufall sein, wenn die öffentliche Forderung nach moralischer Enttabuisierung und gesetzlicher ‚Regelung' der Euthanasie in einem Augenblick erhoben wird, wo die anormale Altersstruktur unserer Gesellschaft, die Entwicklung der Medizin, der Pflegenotstand und die wachsenden Pflegekosten einen Problemdruck erzeugen, für den sich hier eine verführerisch einfache Lösung abzeichnet? (Spaemann 1992, 14). In seinem Antwort-Plädoyer ist Ernst Tugendhat, bis vor kurzem Professor für Philosophie in Berlin, bezüglich der Wortwahl auch nicht zimperlich. Der flammende Aufruf: „Wir müssen das Tabu diskutieren" wimmelt – bezogen auf die Gegner – nur so von Ausdrücken wie: „abwegig", „begrifflich verwirrt", „dubioses Kriterium", „Skurrilität der Begrifflichkeit", aber auch Formulierungen wie: „Verschrobenheit sollte schon deswegen bei so ernsten Fragen vermieden werden, weil sie zu unabsehbaren Folgen führt" (Tugendhat 1992, 14-15).

In den USA scheint die Debatte sachlicher zu verlaufen. Gewiß wird auch dort entschieden Stellung bezogen. So war das Buch mit dem sprechenden Titel „Setting limits. Medical goals in an aging society" aus der Feder von Daniel

Callahan, Direktor des Hastings Center für medizinische Ethik, für viele die reine Provokation (Callahan 1987; gemeint war eine drastische Einschränkung teurer medizinischer Interventionen jenseits etwa des 80. Lebensjahres; bis dann hätte jeder Mensch genügend Zeit gehabt, sein Leben zu einem erfüllten zu machen; vgl. zur Thematik auch Binstock/Post 1991). Prompt folgte eine geharnischte Zurückweisung solch „menschenlebenverachtender" Ideen in Publikationen mit gleichermaßen eindeutigen Titeln wie: „Set Not Limits. A Rebuttal to Daniel Callahan's Proposal to Limit Health Care for the Elderly" (Barry/Bradley 1991; es handelt sich um die Papiere einer Ethikkonferenz von 1989). Der angegriffene Callahan wiederum antwortete mit dem Band „What kind of life? The limits of medical progress". Auf dessen Rückendeckel wird uns auch gleich gesagt, worum es geht: „*What Kind of Life* asks some basic practical and philosophical questions: How much and what kind of health is necessary for a decent life? What kind of claim can we make on others for care? How do we enhance the quality of life and meet the needs of society? How do we answer these questions in the context of organ transplants, the development of artificial body parts, mechanically prolonged life extension, artificial modes of reproduction, and other technologies that improve health and yet drive up costs" (Callahan 1990; vgl. im selben Zusammenhang auch das ausführliche Nachwort desselben Callahan in Homer/Holstein 1990, 297-319, worin er zehn „general responses to the major themes touched upon by the critics of Setting Limits" formuliert). Eine analoge Debatte ist mittlerweile auch in Deutschland in vollem Gange. Unter der Überschrift „Tödliche Grenzen" fragt Dirk Kurbjuweit: „Medizin: Dialyse nur für junge Menschen? Organverpflanzungen nur für Reiche? Wie lange können die Krankenkassen noch für die Gesundheit aller bezahlen?" (Kurbjuweit 1992, 37).

Noch direkter und noch näher an Sterben, Freitod, Euthanasie heran führen zu Bestsellern avancierte Bücher wie etwa mehrere Titel von Derek Humphry, dem Gründer und Direktor der „Hemlock Society" [„Schierlings-Gesellschaft"] in Oregon, ursprünglich bekannt geworden als unvoreingenommener Befürworter für den Freitod Schwerstkranker. Seine Publikationen haben Titel wie: „Let me die before I wake" oder, zusammen mit Ann Wickett: „The right to die. An historical and legal perspective of euthanasia" (Humphry/Wickett 1987; vgl. hierzu auch den Titel „A good death. Taking more control at the end of your life" von T. Patrick Hill und David Shirley vom „National Council for the Right to die"; Hill/Shirley 1992). In „Final Exit – The Practicalities of Self-Deliverance and Assisted Suicide" geht Humphry mit unverblümter Praxisbezogenheit ans Werk, sagt er doch schon in einem einleitenden Hinweis: „As many of the readers of this book will be people with poor sight, it has been set in large type (14 point dutch roman) to assist them" (Humphry 1991, 8).

Der Reihe nach werden hier ausführlich die verschiedenen „Practicalities" diskutiert, neben Tabletten (mit exakter „Drug Dosage Table und Footnotes to drug dosage table", 116-123) z. B. „Self Starvation" (63-65) oder „Self-deliverance via the plastic bag" (95-99). Die letztere Methode entspräche den ästhetischen Vorstellungen der Hemlock-Society mehr als – wie uns ihr Direktor wissen läßt – die Einnahme von Zyanid oder das Sich-Erschießen: „The credo of Hemlock is that autoeuthanasia should be nonviolent, painless, and bloodless. It ought also to be able to be aesthetic enough to be carried out in the presence of loved ones and to give them a chance to say goodbye. The discovery of the body should not be a shock. Cyanide in substantial quantities is a sure way of death, but, we do not recommend it. The dying might be extremely painful. You would not want your loved ones to be present or to find you afterward" (Humphry 1992, 182, 183).

In dieser letzten mir von Derek Humphry vorliegenden Publikation mit dem Titel „Dying with dignity. Understanding Euthanasia" (1992) gibt er mit Genugtuung und Stolz auch eine Reihe von „Personal Reactions to *Final Exit*" wieder, so z. B. von „B. B. New Jersey: I am writing to thank you for my mother's being able to have the death she wanted. Using your drug dosage table in *Final Exit* she liberated herself from Alzheimer's disease. She had been planning this since last October. Thank you for your courage to speak out" (Humphry 1992, 52). Oder von „T. L. B. Pensacola, FL: My parents ended their lives together on April 11. The method which they used was one described in *Final Exit* – sleeping medication and plastic bags. It proved to be most effective and painless when done in accordance with the directions as provided. My father was in an advanced state of Parkinson's disease and my mother had general poor health. She did not want to be left behind without her husband. Both were in the mid-seventies. We thank you for providing accurate information and advice" (52-53).

Obschon solche Zeugnisse den Bedarf an derartigen Publikationen, ja vielleicht sogar ihre Notwendigkeit belegen oder zumindest zu belegen scheinen, werden direkte Anweisungsmanuale wie „Final Exit" in Europa, hier konkret in der Schweiz, interessanterweise selbst von Leuten, die den Werken Humphrys im Prinzip mit viel Sympathie begegnen, kaum empfohlen. So nahm etwa Meinrad Schär, Honorarprofessor für Sozial- und Präventivmedizin an der Universität Zürich und Präsident der Vereinigung 'Exit' folgendermaßen Stellung: „'Exit', die schweizerische Vereinigung für humanes Sterben, empfiehlt das Buch 'Final Exit' von Derek Humphry nicht. Zu groß ist die Gefahr, daß sich depressive oder in 'Lebensschwierigkeiten' verstrickte Menschen der empfohlenen Mittel bedienen" (Schär 1991, 40).

Noch einen Schritt weiter als Humphry geht der Mediziner Jack Kevorkian in seinem Buch „Prescription: Medicide. The goodness of planned death" (Kevorkian 1991). Das Werk wird uns schon auf dem Buchumschlag – unter Bezugnahme auf seine mittlerweile allbekannte Pioniertat – angepriesen mit den

154

Worten: „Here, for the first time, Dr. Jack Kevorkian, inventor of the controversial 'suicide machine' [von Kevorkian selbst „Mercitron" genannt], outlines his starting views on planned death and its potential impact on organ harvesting and medical experimentation. Dr. Kevorkian made headlines throughout the country in June 1990 when he aided Janes Adkins, a mentally competent victim of rapidly advancing Alzheimer's disease, in performing the first publicly acknowledged physician-assisted suicide – what he terms Medicide" (Kevorkian 1991, Innenumschlag).

8.

Ich breche die Zitate und Ausführungen zur Euthanasiedebatte von seiten Dritter hier ab, weil meine eigenen Überlegungen und Absichten in eine andere Richtung gehen. Ich möchte generell wieder ein entspannteres Verhältnis den Todesursachen gegenüber herbeiführen, auch und vor allem gegenüber den eben erwähnten wie „Medicide", „Suicide", „Self-Deliverance". Wiederum lasse ich mich hierbei von der Devise *„alt und lebenssatt"* als Ziel leiten. Wenn es uns gelingt, gemäß der *Ars vivendi* ein erfülltes langes Leben zu leben und an dessen Ende zu einer positiven Lebenssattheit zu gelangen, dann dürfte uns ein leichteres Loslassenkönnen – unter welcher konkreten Form von Todesursache dann auch immer – ebenfalls möglich sein. Meine *Ars moriendi* setzt somit, eben weil sie integraler Bestandteil der *Ars vivendi*, der systematischen Umsetzung eines ab frühen Erwachsenenjahren zurechtgelegten Lebensplans ist, um Jahre früher ein, als der akute Sterbeprozeß heute normalerweise beginnt. Die Todesursachen-Diskussion ist für mich heute, wo wir unser ganzes Leben ausleben können, weniger wichtig als die Diskussion des Weges bis dorthin. Ich spitze also meine Ohren – um das Bild von oben nochmals aufzugreifen – nicht nur für den Schlußakkord, sondern habe das ganze Konzert im Gehör.

Auch diesbezüglich bin ich selbstverständlich nicht der einzige und nicht der erste, der solche Gedanken hegt. Wiederum möchte ich deshalb einen anderen Autor, mit dessen Ausführungen ich weitgehend übereinstimme, hier zu Wort kommen lassen. So macht sich der Philosoph Hans-Martin Sass vom Kennedy Institute of Ethics der Georgetown University in Washington – er ist gleichzeitig auch Direktor des Zentrums für Medizinische Ethik an der Universität Bochum – im „Journal of Medicine and Philosophy" stark für das Prinzip der Selbst-Bestimmung, auch und gerade im Hinblick auf das Sterben: „Given the enormous technical capabilities of supporting marginal life at its end over very long periods, the quest for self-determination in matters of death and dying is not just one among other secondary principles in medical ethics and in public policy; rather it is a prime value. In order to respect and to support the principle of self-determination in matters of death and dying, legal and medical paternalism has to be reduced and the right and the responsibility of the citizen to make educated choices has to be affirmed, allowing citizens to make their own quality of life decisions, in which the *ars moriendi* is an essential part of the *ars vivendi*. Neither the medical establishment, the judicial-political establishment, nor the citizen as a prospective patient and dying person seem to be prepared to fully accept individual responsibility for the *ars moriendi*. A massive effort in education should be directed toward self-management of lifestyle and death related personal and moral risk rather than towards accepting a new heteronomous governmental or medical formula. Instruments for improving health based individual cultures of the *ars vivendi* and the *ars moriendi* have yet to be developed. While theologians, philosophers, neurologists and physicians of different expertise and worldview might disagree about what dying and death really mean, death and dying again should become a very personal matter, free from governmental or medical paternalism in defining other people's death" (Sass 1992, 449, 451-452, 453, gekürzt). Unsere Gedanken gehen erneut in Richtung „unfertiges Individuum".

Von hier aus fällt es unseren Blicken nicht schwer, abschließend noch weiter auszuholen. Das letzte Wort soll T. N. Madan vom Institute of Economic Growth der University of Delhi haben. In seinem Beitrag „Dying with dignity" gibt er uns folgendes zu bedenken: „A fundamental paradigm shift occurred in the West in the eighteenth century when death was desacralized and transformed into a secular event amenable to human manipulation. From those early beginnings, dying and death have been thoroughly medicalized and brought under the purview of high technology in the twentieth century. Once death is seen as a problem for professional management, the hospital displaces the home, and specialists with different kinds and degrees of expertise take over from the family. Everyday speech and the religious idiom yield place to medical jargon. The subject (an ageing, sick or dying person) becomes the object of this make-believe yet real world. As the object of others' professional control, he or she loses the freedom of self-assessment, expression and choice. Or, he or she may be expected to choose when no longer able to do so. Thus, not only freedom but dignity also is lost, and lawyers join doctors in crisis manipulation and perpetuation. – Although the modern medical culture has originated in the West, it has gradually spread to all parts of the world, subjugating other kinds of medical knowledge and other attitudes to dying and death. This is regrettable because traditional cultures may provide alternative perspectives, which, if taken seriously, may help correct some of the excesses of modern attitudes, introduce a measure of humaneness to the practice of medicine and surgery, and restore some freedom and dignity to the old, the sick and the dying. The argument is not in support of religious revivalism, but in favour of the values of cultural and individual autonomy and familial responsibility, combined in one holistic paradigm in which death, considered a normal aspect of living, is encompassed by life, and thus not its simple opposite. Prolongation of life, even when technically feasible, may fail to provide an acceptable level of quality of life and, therefore, of dignity" (Madan 1992, 425; vgl. hierzu ferner Moller 1990/Madan 1992). Deutliche Worte!

9.

In den Ohren mancher Teilnehmer unserer „Todes*ursachen*"-Seminare wahrscheinlich auch *starke* Worte. Fast könnte es einem darob ungemütlich werden. Redeten uns da nicht zwei durch und durch humanistisch geprägte Wissenschaftler ins Gewissen? Wie hieß es doch bei Sass: „The quest for self-determination in matters of death and dying is a prime value ...; the *ars moriendi* is an essential part of the *ars vivendi* ...; death and dying again should become a very personal matter, free from governmental or medical paternalism in defining other people's death". Und wie stand es bei Madan geschrieben: „In the West in the eighteenth century, death was transformed into a secular event ...; dying and death have been thoroughly medicalized and brought under the purview of high technology ...; death is seen as a problem for professional management ...; specialists with different kinds and degrees of expertise take over ...; everyday speech yields place to medical jargon ...; the subject (an ageing, sick or dying person) becomes the object of others' professional control". Ich fürchte fast, daß vieles von dem, was hier gebrandmarkt wird, genau das ist, was wir, die „specialists with different kinds and degrees of expertise" tun und in den Mittelpunkt unserer Diskussionen stellen werden. Womit haben es denn Todesursachen zu tun, wenn nicht mit „defining other people's death"? Was ist die Nachzeichnung des Wandels von den laienhaften Symptombeschreibungen zu den verschie-denen ICD-Versionen anderes als „everyday speech yields place to medical jargon"?

Man verstehe mich nicht falsch. Auch ich halte die kommenden Seminare für richtig und wichtig, und zwar im oben umschriebenen Sinne fachlicher Diskussionen über im wesentlichen *historische* Sachverhalte. Wir stehen durch das erstmalige Vor- und Anstoßen an die Lebenshülse durch immer mehr Zeitgenossen mittlerweile jedoch an einem Wendepunkt. Nicht mehr die Todesursachen herrschen über uns, sondern uns ist es erstmals in größerer Zahl denn je gegeben, *selbst* unter ihnen zu wählen. Käme dieser neue Sachverhalt und kämen die damit verbundenen Aspekte und Probleme in den Seminarsitzungen nicht ebenfalls zur Sprache, würde sich hieran mein starkes Unbehagen entzünden. Anders als oft angenommen, blicken Historiker keineswegs nur rückwärts. Historische Tiefenschärfe erlaubt nicht nur einen gesicherteren Blick auch in die überschaubare Zukunft hinein, sondern sie legt ihn uns nahe. – Nicht zufällig erhielten Sass und Madan das letzte Wort.

Beide plädieren vehement für „self-determination in matters of death and dying", für „the *ars moriendi* as an essential part of the *ars vivendi*", für „restore some freedom and dignity to the old, the sick and the dying", für „individual autonomy" und „responsibility in one holistic paradigm in which death is considered a normal aspect of living". Beide Plädoyers haben meine uneingeschränkte Unterstützung. Es geht nicht nur um Todesursachen; es geht um mehr, nämlich um das lange Leben, dessen Endpunkt die Todesursache markiert. Wir können sie nicht einfach davon abkoppeln.

Kapitel 6

Zu den Folgen des Wandels von der unsicheren zur sicheren Lebenszeit

Ein Bericht über das Symposium „Die Zunahme unserer Lebensspanne seit 300 Jahren – und die Folgen", Berlin, 27.–29. November 1991

Zuerst erschienen in „Berichte zur Wissenschaftsgeschichte", hrsg. v. Fritz Krafft, Jahrgang 16, 1993, Heft 3/4, 273-287. Der Abdruck dieser revidierten Version erfolgt mit freundlicher Genehmigung des Verlags und des Herausgebers.

Dieser Bericht besteht aus zwei Teilen. Beim ersten handelt es sich um einen von der Redaktion erbetenen Rapport über ein dreitägiges Symposium zum Thema „Die Zunahme der Lebensspanne seit 300 Jahren – und die Folgen". Der zweite, im Einvernehmen mit der Redaktion hinzugefügte Teil bemüht sich um die Einbettung des Konferenzthemas in einen globalen Zusammenhang. Ursache dafür ist die Tatsache, daß die meisten Völker auf unserer Erde anstreben, was wir schon haben: eine höhere, ja hohe Lebenserwartung. Was sie dagegen nicht haben möchten, sind die hiermit verbundenen neuen Probleme. Zum einen werden diese, wenn wir sie wie etwa die Erosion traditioneller Familienbande trotzdem zur Diskussion stellen, gerne als „typische Symptome westlicher Dekadenz" gebrandmarkt, wodurch man ihnen glaubt entgehen zu können. Zum anderen aber möchte man von uns, die wir doch die Probleme schon länger hätten, wissen, wie wir sie lösten und was andere daraus lernen könnten. Kurzum: Was während des Symposiums diskutiert wurde, geht nicht nur uns an. Die beiden Teile des Aufsatzes, so ungleich sie ihrem Aufbau, Inhalt und Umfang nach auch sind, gehören zusammen und sollten gemeinsam gelesen werden.

Die Zunahme der Lebensspanne seit 300 Jahren – und die Folgen

Beim Symposium, das unter diesem Titel vom 27.-29. November 1991 am Fachbereich Geschichtswissenschaften der Freien Universität Berlin stattfand, handelte sich um die erste Konferenz im Rahmen eines vierjährigen, von den Bundesministerien für Forschung und Technologie bzw. für Familie und Senioren von Mitte 1990 bis Mitte 1994 geförderten Projekts, das dieselbe Bezeichnung wie die Veranstaltung trägt. Da den neuen Verhältnissen des vereinten Deutschlands Rechnung getragen werden sollte, war die Tagungssprache ausschließlich deutsch. Vertreten waren Referenten aus Österreich (3), der Schweiz (2), der ehemaligen Deutschen Demokratischen Republik (4) und der ehemaligen Bundesrepublik Deutschland (12). Den Disziplinen nach repräsentierten sie die Geschichte (3), die (Sozio-) Demographie (7), die Sozial- und Präventivmedizin (2), die Gerontologie (3), die Perimortale Forschung (1), die Theologie (2), die Volkswirtschaft (1), die Sozialpädagogik (1) und die Kunstgeschichte (1).

Diese Zusammensetzung sowie die Gewichtung der Disziplinen machen eines sofort deutlich: obwohl in der Regie von Historikern durchgeführt und obwohl das Thema „Zunahme der Lebensspanne" im Zentrum stand, handelte es sich weder um eine Historiker- noch um eine Gerontologen-Konferenz. Bevor in Berlin weiter ausholend diskutiert wurde, wollte man sich von demographischer, sozial- und präventivmedizinischer sowie volkswirtschaftlicher Seite aufgrund „harter" Daten über den gegenwärtigen Zustand und die mögliche Entwicklung in absehbarer Zukunft umfassend kundig machen: Wer wird heute und morgen wo wie alt? Welches sind die Unterschiede zwischen den Geschlechtern, zwischen verschiedenen Gruppen und Schichten? Wieviele Menschen sind in welchem Alter hilfe-, wieviele pflegebedürftig? Wieviele haben selbst im höheren Vierten Alter, z. B. mit 85, noch keine nennenswerten Beschwerden? Wie steht es um die wirtschaftliche Situation älterer und alter Menschen? Wie um deren soziale Integration? Wo tragen Familienbande noch? Wo freiwillig, wo erzwungenermaßen, weil keine Alternativen vorhanden sind? Erst anschließend kamen die „weichen" human- und sozialwissenschaftlichen Disziplinen zum Zuge. Ihre Vertreter wurden aber eben nicht nur nicht vergessen, sondern hatten auf diese Weise auch das letzte Wort.

Da die Themen ein gutes Jahr vor der Tagung mit jedem einzelnen Referenten abgesprochen wurden und die fertigen Beiträge ein Vierteljahr vor der Veranstaltung einzureichen waren, konnte der komplette Symposiumsband im eigenen Laserdruck-Verfahren mehrere Wochen vor Beginn erstellt und zum Studium verschickt werden. Auf diese Weise war es nicht nur möglich, am Symposium selbst Aussprache und Diskussion am Runden Tisch in den Mittelpunkt zu rücken, sondern auch die erwähnte Vorlage mit nur noch minimalen, während der Tagung selbst vorgenommenen Revisionen unmittelbar anschließend in Druck zu geben. Gemeinsam mit diesem Bericht liegt somit auch der veröffentlichte Sammelband vor. Er erschien im Böhlau-Verlag Köln unter dem provozierenden Titel „Leben wir zu lange?". Der vorliegende Überblick kann sich deshalb auf einige wesentliche Aussagen aus den einzelnen Beiträgen beschränken. Ziel ist dabei, den Leser zur Lektüre des kompletten Bandes anzuregen, und vor allem, möglichst viele Zeitgenossen zum eigenen Nachdenken über die ausgebreiteten Probleme anzustacheln.

Um auch hier mit den harten Fakten zu beginnen, so machte die von Hans-Ulrich Kamke und Rembrandt Scholz vorgestellte und am Friedrich-Meinecke-Institut der Freien Universität etablierte historisch-demographische Datenbank mit umfangreichem Material zu den alters- und geschlechtsspezifischen Lebenserwartungen in Deutschland während der letzten drei Jahrhunderte deutlich, daß sich einerseits die biologische Lebenserwartung des Menschen (sogenannte „mittlere maximale Lebenserwartung der Spezies Mensch") in diesem Zeitraum kaum wesentlich verändert zu haben scheint und konstant bei etwa 85 Jahren oder etwas darüber lag und liegt, daß andererseits die massive Zunahme der davon faktisch durchlebten Jahre (sogenannte „ökologische Lebenserwartung") eine sehr junge Erscheinung ist. Die Take-off-Phase der demographischen Transition setzte massiv kaum vor der zweiten Hälfte des 19. Jahrhunderts ein. Der entscheidende Durchbruch zu einer historisch gesehen einmaligen und weltweit betrachtet einzigartigen „Pest, Hunger und Krieg"-freien Periode von nunmehr bereits einem halben Jahrhundert erfolgte auch bei uns jedoch erst nach dem Ende des Zweiten Weltkriegs (der Kalte Krieg tötete nicht, und AIDS spielt als neue Pest statistisch [noch] keine Rolle).

Der fundamentale Wandel „von der unsicheren zur sicheren Lebenszeit" (Imhof) hat mittlerweile indes schon lange genug angedauert, um zumindest zwei lebende Generationen – und damit die Mehrheit unserer heutigen Bevölkerung – zutiefst zu prägen. Als Historiker haben wir uns an Realitäten der Vergangenheit bis zur Gegenwart und deren Auswirkungen zu halten; über allenfalls mögliche Zukunfts-Inferno-Szenarien haben wir in unserem Metier dagegen nicht zu spekulieren. Tatsache ist, daß auf diese Weise die Mehrzahl der bei uns lebenden Menschen erstmals keine eigenen Erfahrungen mehr mit der jahrhunderte-, jahrtausendealten Geißeltrias „Pest, Hunger und Krieg" gemacht hat und daß die Konsequenzen daraus bereits allenthalben zu spüren sind. – Natürlich weiß im übrigen auch der Historiker – und gerade der Historiker -, daß noch kein Zustand ewig anhielt.

Während im Beitrag aus dem Deutschen Bundesinstitut für Bevölkerungsforschung Wiesbaden (Charlotte Höhn, Karla Gärtner und Bernd Störtzbach) darauf hingewiesen wurde, daß die generell besseren lebensbiographischen Bedingungen dieser neuen Generationen und vor allem ihr ausgeglicheneres höheres Bildungs- sowie Versorgungsniveau den künftigen älteren Menschen im vereinten Deutschland „bessere Chancen zu einem verstärkt durch Selbstbestimmung geprägten Leben" bis in die letzten Jahre eröffnen werden, so gab uns die Studie aus dem Österreichischen Institut für Demographie Wien (Josef Kytir und Rainer Münz) Auskunft über die Hilfs- und Pflegebedürftigkeit heutiger Menschen im Alter. So selten konkrete Forschungsergebnisse hierzu an sich schon sind, so kommt es dann immer noch darauf an, wie man sich im Hinblick auf die erzielten Resultate ausdrückt. Wenn Kytir/Münz meinten: „Nahezu 40 Prozent aller Frauen über 85 Jahre sind nicht mehr in der Lage, die Wohnung alleine zu verlassen", so kann man es auch umgekehrt sehen und sagen, 60 Prozent – die Mehrzahl – wären dazu sehr wohl noch in der Lage. Ganz ähnliche Zahlen legte Theodor Abelin für die Schweiz vor und drückte sich gleichzeitig auch entsprechend aus: „Wenn 40 Prozent der über 85jährigen nicht in der Lage sind, sich selber anzuziehen, so sind doch auch 60 Prozent dazu in der Lage".

In beiden Studien machte man sich indes vor allem Sorgen darüber, daß Hilfs- und Pflegebedürftigkeit mit zunehmendem Alter überproportional ansteigen. Während junge Alte (60-75 Jahre) in Österreich kaum unter Behinderungen leiden, so sind bei den 80- bis 84jährigen 46% noch ohne, 40% jedoch hilfs- und 14% pflegebedürftig; bei den über 85jährigen sind nur noch 24% ohne Behinderung, aber 45% hilfs- und 31% pflegebedürftig. Je ausgeprägter somit die Rektangularisierung der Überlebenskurve bei uns wird, je mehr Menschen also gegen das Dach unserer biologischen Lebenshülse von 85 Jahren oder etwas mehr vorstoßen, um so höher wird unser individuelles Risiko, in der letzten Lebensphase zu einem Pflegefall zu werden.

Und wer soll sich dann um diese vermehrten Pflegefälle kümmern? Beide – die österreichische wie die schweizerische Studie – wiesen auf denselben Sachverhalt hin: „Zukünftig werden ältere Menschen aufgrund steigender Scheidungsraten und verringerter Kinderzahlen weniger nahe Verwandte haben als die Alten von heute. Absehbar ist eine wachsende Zahl alter ‚Singles' ohne unmittelbare Angehörige. Ihnen bleiben, wenn sie im Alter zu Pflegefällen werden, nur drei Alternativen: das Heim, mobile Pflege- und Sozialdienste oder der Aufbau eines tragfähigen sozialen Netzes, das die Familie ersetzen kann" (Kytir/Münz).

Deutlicher wurde Abelin, nachdem auch er sich zuerst skeptisch gegen blauäugige Nostalgie gewandt hatte: „Ob die von vielen herbeigesehnte Rückkehr zu vermehrter Betreuung hilfebedürftiger Betagter durch ihre Familien eine realistische Alternative darstellt, bleibt abzuwarten." Dann jedoch dachte er laut über eine „allgemeine Zivilpflicht als Alternative zur Militärpflicht" nach. Warum auch nicht? Ist Dienst am bedürftigen Nächsten nicht etwa ebenso wichtig wie Dienst fürs Vaterland?

Zwei bei Kytir/Münz und Abelin angesprochene wichtige Punkte wurden in je einem weiteren Beitrag eigens vertieft. Zum einen zeigte sich die Sozial- und Präventivmedizinerin Ingeborg Dahm besorgt darüber, daß es nicht bloß oder nicht einmal so sehr darum gehe, möglichst vielen Menschen einfach zu möglichst vielen Lebensjahren zu verhelfen, sondern darum, die Zahl der beschwerdefreien Jahre zu erhöhen. In diesem Zusammenhang war aufschlußreich, schon von Abelin zu erfahren, daß die durchschnittliche Lebenserwartung der Frauen zwar um Jahre höher liege als die der Männer, daß jedoch die durchschnittliche Zahl beschwerdefreier Lebensjahre (die sog. „behinderungsfreie Lebenserwartung") bei beiden Geschlechtern praktisch identisch sei.

Ebenso nachdenkenswert waren indes weitere Fakten. Dahm: Je entwickelter eine Gesellschaft sei, um so kränker sei sie, zum einen, weil die Medizin eine größere Leistungsfähigkeit aufweise, zum anderen, weil aufgeklärtere Menschen gesundheitsbewußter lebten und sich aufgrund soliderer ökonomischer Ressourcen Kranksein auch leisten könnten. So erhöhe sich die Zahl der Chronischkranken beim Übertritt ins Rentenalter bei uns ständig, denn chronische Krankheiten würden immer früher diagnostiziert. Allerdings vermöge ein früherer Therapiebeginn den Krankheitsverlauf dann auch günstig zu beeinflussen. „Nachdem die Möglichkeiten, die Lebensdauer durch Senkung der Säuglings- und Kindersterblichkeit zu erhöhen, nahezu ausgeschöpft sind, wurde seit einigen Jahrzehnten die Verlängerung des Lebens kranker, behinderter und älterer Menschen möglich und gewinnt an Bedeutung. Kranksein, Behindertsein, Altsein gehören als Normalität zum Leben einer Industriegesellschaft; es ist erforderlich, diese Normalität auch als solche anzunehmen" (Schlußsatz Beitrag Dahm).

Zum anderen widmete sich der Beitrag von Margret Dieck dem – auch sonst häufiger angesprochenen – sensiblen „familiären Aspekt". Auszugehen sei heute noch immer von der Tatsache, daß „Familien die Hauptleistungen der Altenhilfe in unserem Versorgungssystem zu erbringen haben", und dies, obwohl ein Drittel der alten Menschen nachgewiesenermaßen entweder keine Kinder oder keine Kinder in der Nähe hat. „Die Politik ist hin- und hergerissen zwischen einer Hochschätzung der Familien und ihrer Geringschätzung infolge eines vermuteten nachlassenden Leistungswillens. Sie glaubt jedoch, auf eben diese Leistungen aus finanziellen Gründen nicht verzichten zu können, um die Sicherungssysteme nicht zu überfordern. In diesem Gedankengebäude erhalten großzügig zugeschnittene, leicht zugängliche, auf Akzeptanz ausgerichtete, die Familien entlastende und stützende Hilfen kaum eine Entfaltungschance, egal wie oft das Anliegen rhetorisch vorgebracht wird" (Dieck).

Also letztlich doch die Einführung einer Zivildienstpflicht? Die zuerst positiv wirkende Feststellung von Kytir/Münz: „Ältere Menschen sind heute überwiegend nicht sozial isoliert" wurde von den Autoren umgehend selbst stark relativiert: „Von erheblichem Einfluß ist allerdings der Grad der Hilfsbedürftigkeit oder der körperlichen Gebrechlichkeit. Ältere hilfs- und pflegebedürftige Österreicherinnen und Österreicher leben häufiger mit der jüngeren Generation zusammen als gesunde und funktional nicht behinderte. Jedenfalls orientiert sich die Lebensform in vielen Fällen ganz offensichtlich an den jeweiligen Betreuungserfordernissen" (Kytir/Münz). Plötzlich fühlten wir uns an die Zwangs-Gemeinschaften alter Tage bei uns erinnert, als auch hierzulande ein jeder aus puren Überlebensgründen irgendeiner Form von Gemeinschaft zugehören mußte: Familie, Haushalt, Kloster, Zunft, Militär – in jedem Alter, lebenslang.

Was als weiteren wichtigen Punkt die Ökonomie alter Menschen betrifft, nahm der Volkswirtschaftler Gunter Steinmann (Paderborn) in seinem Beitrag vor allem zu zwei Aspekten Stellung. Zum einen gab er sich optimistisch, „daß die mit dem Alterungsprozeß der Bevölkerung verbundenen Probleme der Rentenversicherung lösbar sind. Das Verhältnis zwischen der Zahl der Rentner und der Zahl der Beitragszahler wird nicht allein von demographischen, sondern auch von ökonomischen Faktoren bestimmt. Die Schlüsselrolle bei der Bewältigung der demographisch bedingten Probleme wird dabei voraussichtlich der Verlängerung der Lebensarbeitszeit (höheres Berufsaustrittsalter) zukommen". Doch gerade hier scheint mir der Haken zu liegen: Woher die (zusätzliche) Arbeit für die älteren Menschen nehmen? So sehr die Idee eines flexibleren, und das meint durchaus auch eines höheren Berufsaustrittsalters zu begrüßen ist, so müßte sie meines Erachtens – sozusagen zur Streckung des verfügbaren Gesamtarbeitsvolumens – kombiniert werden mit der viel häufiger zu nutzenden Möglichkeit eines wiederholten längeren (bezahlten) Bildungsurlaubs im Verlauf des gesamten (Berufs-)Lebens, entsprechend zum Beispiel den Forschungssemestern von Professoren (an der Freien Universität Berlin derzeit jedes sechste Semester). Zum anderen kam Steinmann bei seinem Vergleich zwischen den Verhältnissen von 1970 und 1990 zu dem Schluß, daß „die meisten älteren Menschen heute über ausreichendes Einkommen verfügen. Zwar liegt der Lebensstandard der Rentnerhaushalte unter dem der übrigen Haushalte, aber der Abstand ist nicht so groß, als daß er zu Sorge vor ökonomischer Not im Alter berechtigt".

Fielen somit die wirtschaftlichen und in einem erheblichen Maß auch die gesundheitlichen Bestandsaufnahmen und Prognosen zumindest bis ins mittlere hohe Alter relativ günstig aus, so ging es daran anschließend um einen weiteren Aspekt, der in mehreren Beiträgen ebenfalls immer wieder angeschnitten wurde, am dezidiertesten aber von Annette Niederfranke: „Aus gerontologischer Sicht sollte man älter werdenden Menschen raten, das Streben nach Selbständigkeit, Mündigkeit und Kontrolle der Situation bis ins hohe Alter hinein zu bewahren. Menschen sollten sensibel sein für ihre besonderen Fähigkeiten – etwa im Bereich der Lebensgestaltung – und diese Sensibilität bis ins Alter hinein fördern. Es geht um die Sensibilität dafür, einen persönlichen Lebensentwurf zu entwickeln, im Sinne einer Vision davon, wie ein selbstbestimmtes Leben im Alter – trotz Einschränkungen – zu bewahren ist. Die Fähigkeit zur Generierung von Lebensperspektiven wird im mittleren Lebensalter erworben, weshalb auch eine möglichst frühe Einstellung auf das Alter notwendig ist". – Diesbezüglich werden die kommenden Alten, die schon heute, und zwar erstmals, mit eben dieser Tatsache eines langen Lebens rechnen können, es leichter haben als die gegenwärtigen Alten, die nicht in gleicher Weise damit rechnen konnten und die sich deshalb auch gar nicht entsprechend vorbereiteten.

Diese Feststellung wiederum machte Sozialpädagogen, die sich hier und heute in die Pflicht genommen fühlen, Kopfzerbrechen. „Das seit rund zweitausend Jahren bestehende und für alle Pädagogik als konstitutiv gehaltene Grundverhältnis des Altersgefälles wird ins Gegenteil verkehrt. In der Erwachsenenbildung zeichnet sich in einem gemischten Zustand ab, was für die Seniorenbildung praktisch zur Normalität wird. Der Bildner ist jünger als der zu Bildende. Der Erwachsenenbildner und zumal jener, der sich mit alten Leuten befaßt, ist an Sachkompetenz überlegen, an Lebenserfahrung sicher und an Lebensklugheit großer Wahrscheinlichkeit nach ärmer" (Heinrich Tuggener). Um ihre Unsicherheit zu überspielen, mag es vorkommen, daß solche „unerfahrenen Altenbildner" dann vor allem Aktivismus propagieren: „Ich komme in diesem Zusammenhang von der Vermutung nicht los, daß gerade die gestreckte Lebensspanne und insbesondere die Bestrebungen, immer mehr Leute zu einer aktiven Gestaltung des nachberuflichen Lebens hinzuführen, gelegentlich von der Tatsache des Endes abzulenken vermögen" (Tuggener). Dabei ginge es doch um ganz anderes: „Jenen, denen mit dem Ausblick auf jenseitige Erfahrungen keine innere Ruhe mehr verschafft werden kann, werden wir Wege zum heiter gelassenen Dasein angesichts sich täglich verknappender Zukunft erschließen müssen" (Tuggener).

Was wunder, daß sich frustrierte ältere Menschen zur Wehr setzen und den Spieß umdrehen. Dies mag so weit gehen, wie im Falle von Peter Laslett, der sich nicht nur dagegen verwahrt, daß Menschen des Zweiten Alters – wie weithin üblich – darüber befinden, was ältere Menschen zu tun und zu lassen hätten, sondern darüber hinaus meint, daß diese Jüngeren dazu auch gar nicht das moralische Recht hätten. Das massenhafte Dritte bzw. höhere Alter überhaupt sei im wesentlichen eine eigenständige Leistung eben dieser heute älteren Menschen selbst. Also sei es nur recht und billig, daß sie nun die Früchte ihrer lebenslangen Anstrengungen auch selbst ernteten, ohne Einmischung derer, die dazu am wenigsten beigetragen hätten (Laslett im Beitrag Arthur E. Imhof).

Mit den Älteren kommender Generationen verhält sich das indes grundsätzlich anders. Sie tragen höchstens noch zur Aufrechterhaltung des massenhaften Dritten und Vierten Alters bei. Sie wachsen mit der Aussicht auf die lange Lebensspanne auf und können entsprechend von Anfang an daraufhin gebildet werden. Damit aber gerät das pädagogische Grundprinzip wieder ins rechte Lot. Die heutige, von Tuggener angesprochene Ausnahmesituation ist eine vorübergehende Erscheinung. Die Vermittlung einer Lebensvision (Niederfranke) oder eines Lebensplans (Imhof) sollte nunmehr generell in jungen Lebensjahren geschehen und zur Regel werden.

Im Zwischenbereich siedelte sich das subtile Vorgehen des Sozialhistorikers Michael Mitterauer an. Was bei ihm ursprünglich als Erschließung einer sozialgeschichtlichen Quelle gedacht war, bekam rasch eine Eigendynamik, nämlich „gewöhnliche ältere Leute" zum Aufschreiben ihrer Lebensgeschichte anzuregen. Zum einen erfolgt die (befreiende) Aufarbeitung der eigenen Vergangenheit durch Niederschreiben wohl gründlicher und wahrscheinlich auch ehrlicher als durch Befragen. Zum anderen werden die anschließend von Jüngeren (z. B. Studenten) gelesenen Geschichten für diese zu Geschichte par excellence. Ihr eigenes Leben, ihre eigene Zukunft wird im Vergleich grundsätzlich anders ausfallen. Sie werden, ganz im Gegensatz zu den nun älteren Schreibern der Lebensgeschichten, mit einem langen Leben rechnen können. Einen Lebensplan zu entwickeln, hätte für die Älteren – die einen, wenn nicht zwei Weltkriege, Hunger, Wirtschaftskrisen usw. erlebten – wenig Sinn gemacht, für die heute Jüngeren jedoch sehr wohl.

Mit Lebensplan meine ich selbst keinen ein für allemal angefertigten starren Stundenplan für ein Leben von 85 Jahren. Ich meine damit vielmehr, in relativ jungen Erwachsenenjahren in Erwägung zu ziehen, wie das Leben aller Voraussicht nach im großen und ganzen ablaufen wird, welches die Stärken und Schwächen des Zweiten, des Dritten, des Vierten Alters sind, und dabei auch Eventualitäten in Betracht zu ziehen, daß sich ferner bestimmte Dinge besser im Zweiten und Dritten (z. B. Aufenthalte in fernen Ländern), andere im Vierten Alter einbringen lassen, so zum Beispiel das im Zweiten und Dritten Alter Eingebrachte zu einem Mosaik zusammenzufügen und darüber generell in größeren Zusammenhängen zu reflektieren (Vita contemplativa). Und vor allem bedenkt der Lebensplan, daß wir trotz enormer Lebensverlängerung hinfällig und sterblich geblieben sind. In dieser Perspektive ordnete sich eine ganze Reihe weiterer Beiträge ein.

Am pragmatischsten ging dabei die in unserer Zeit offensichtlich notwendig gewordene Perimortale (d. h. Lebensende-) Forschung vor (Beitrag Kay Blumenthal-Barby). Ihr ist es darum zu tun, der rein technologischen Abwicklung von Sterben und Tod entgegenzuwirken oder ganz simpel immer wieder daran zu erinnern, daß Sterben und Tod eben auch heute zum Leben gehören. Kindern soll auf Fragen ihrem Alter entsprechend die Wahrheit gesagt werden. („Wo ist die Oma jetzt?") Wir alle sollten in mittlerem Alter unseren letzten Willen zu Papier bringen. Eine überfällige neue Friedhofsordnung sollte den wenig sinnvollen Beisetzungszwang von Urnen aufheben und dergleichen mehr. Wenn man bedenkt, daß sich im vereinten Deutschland pro

Jahr etwa eine Million Sterbefälle ereignen und dabei etwa fünf Millionen Menschen unmittelbar betroffen sind, leuchtet ohne längeres Zerreden des tabuisierten Themas schlagartig ein, weshalb dieser Beitrag in den Schlußsatz mündet: „Auf dem Gebiet der Lebensendeforschung muß Deutschland derzeit noch als Entwicklungsland bezeichnet werden" (Blumenthal-Barby).

Doch wie die Situation ändern? „Obwohl Tod und Sterben unsere Medien beherrschen und in kaum einem Roman fehlen, bleibt die persönliche Annäherung an das Thema doch erschreckend oft ein Tabu. Der Tod ist immer der Tod der anderen. Jeder hofft, daß moderne Medizin und Technik ihn möglichst lange – in der vorstellbaren Antizipation eines möglichen Lebensendes eigentlich unbegrenzt – leben lassen", oder zumindest – wenn schon – „der Tod dann 'plötzlich und unerwartet' eintreten möge, was ihn der gefürchteten Last einer vorherigen Beschäftigung mit seinen Konditionen und Forderungen entheben soll" (Blumenthal-Barby).

Dies eben ist die verzwickte Situation. Aufgrund des vollzogenen Wandels von der unsicheren zur sicheren Lebenszeit dürfen wir uns erstmals mit einem gewissen Recht „zeitweilig unsterblich" fühlen. Man kann sich sogar fragen, ob es zutreffend ist zu sagen, wie immer wieder gehört, wir hätten „Sterben und Tod" verdrängt. Richtiger scheint mir, daß uns Sterben und Tod heute vorenthalten werden, daß sie sich auf Zeit selbst zurückziehen, mit dem logischen Ergebnis, daß wir – völlig zutreffend – nicht länger dauernd daran denken. Nur eben: ein „bißchen unsterblich" gibt es nicht. Sterben und Tod gehören weiterhin zum Leben(s-ende). Und um uns dann nicht überrascht und fassungslos zu zeigen, täten wir gut daran, dies weiterhin zu bedenken. Dies ist keine pessimistische, sondern einfach eine realistische Sicht der Dinge. Eingedenk des Endes werden die vielen Jahre auf Erden nur um so kostbarer, vor allem für jene, die keine weiteren in einem Jenseits zu erwarten haben (Beitrag Imhof).

Wie aber Sterben und Tod wieder ins Leben zurückholen, und zwar auf eine der heutigen Situation angemessene Weise? „Angemessen" meint, nicht dauernd mit einem „Memento mori!" zu fuchteln, nicht länger den für frühere Jahrhunderte zutreffenden terrorisierenden Tod zu dozieren, sondern – wenn man so sagen darf – einen bescheidener gewordenen, einen „lieblichen" Tod zu zeigen, einen Tod, „mit dem man reden kann" (Beitrag Imhof; konkret aufgezeigt an der konträren Themenbearbeitung durch Hans Baldung Grien: „HIE MUST DU YN!" und Hugo Simberg: „Der Tod hört zu").

Sieht man sich das in der Kunst zu allen Zeiten fleißig abgehandelte Thema „Mensch und Tod" daraufhin systematischer an, vermag es letztlich nicht zu erstaunen, daß wir wenig finden, was für uns zwecks (Re-)Introduzierung eines solchen „lieblichen Todes" Vor-Bild sein könnte (Beitrag Eva Schuster,

167

Düsseldorf; Betreuerin der dortigen Grafiksammlung „Mensch und Tod"). Nicht nur haben praktisch sämtliche Künstler bis heute nicht in der völlig neuen Ära der „Pest, Hunger und Krieg"-freien Zeit gearbeitet und das Thema folglich immer entsprechend drastisch behandelt, sondern auch heutige Künstler mißtrauen diesem Zustand nach wie vor und greifen weiterhin lieber lebensbedrohende Zustände auf: apokalyptische Schilderungen von Atomtod, Umweltzerstörung, Übervölkerung. Wir müssen schon bis in die Antike zurückgehen, um auf ein eher heiteres Bild des Todes, jedenfalls nicht auf die scheußlichen Gerippe zu stoßen. Wir stehen noch ganz in der Tradition spätmittelalterlicher Darstellungen wie etwa der Totentänze, oder eben des mittels „Pest, Hunger und Krieg" jahrhundertelang terrorisierenden Todes.

Doch selbst hier sind die Darstellungen oft weit von der Realität entfernt. Ganz im Gegensatz zum Beispiel zur seinerzeitigen Wirklichkeit gibt es kaum – schon gar nicht massenhaft – die künstlerische Aufarbeitung des Todes von Säuglingen und Kindern. (Seinerzeit verstarb jedes vierte Neugeborene im Verlauf des ersten Lebensjahres; ein weiteres Viertel erreichte nie das Erwachsenenalter.) Und auf der populären Lebenstreppe vergangener Jahrhunderte wird der Mensch allermeist hundert Jahre alt. Wo hätte es denn damals schon Hundertjährige gegeben?

So kam Schuster zu einem Schluß, der uns bei unserer Suche nach Vor-Bildern zu einem bescheidener gewordenen Tod auch nicht viel weiterhilft, das heißt nach einem Tod, der uns nun zwar etwas länger in Ruhe läßt, der aber letztlich dann doch der Stärkere bleibt: „Es ist in den letzten Jahren viel darüber geschrieben worden, daß im 20. Jahrhundert der Tod ‚tabuisiert', ‚totgeschwiegen', aus dem Leben ‚verdrängt' wurde, daß die meisten von uns an ihn nicht mehr denken, von ihm nichts wissen wollen. Die Künstler jedoch – man denke an Gertrude Degenhardt, und vor allem an Horst Janssen, Alfred Hrdlicka, Arnulf Rainer, Jürgen Brodwolf, um nur einige bekannte Namen zu nennen – haben sich offensichtlich der Auseinandersetzung mit Sterben und Tod, aus welcher Perspektive auch immer, nicht verweigert. Die Konfrontation des Menschen mit dem Unvermeidbaren, Unvorstellbaren und immer noch Unbekannten ist nach wie vor ein wichtiges Thema der Kunst geblieben. Die Künstler mit ihrer besonderen Sensibilität fühlen sich heute mehr denn je zur Gestaltung und Aussage gedrängt, neigen zu transzendenten Fragen und sind dabei auf der Suche nach neuen Ausdrucksformen, ein schwieriges Unterfangen angesichts der geistig noch nicht bewältigten Umwälzungen in der heutigen Welt, die sich in der Zeit seit dem Zweiten Weltkrieg mehr als Jahrhunderte zuvor verändert hat. Daher ist es vielleicht nicht verwunderlich, daß viele Künstler auf traditionelle Todesmotive zurückgreifen, sich oft auf Variationen des althergebrachten Gestaltenrepertoires beschränken, möglicherweise auch deshalb, weil es uns heute an mustergültigen Werten fehlt".

Wie also angesichs solcher Vor-Bild-losigkeit „die persönliche Annäherung an das Thema" einleiten und wie das erreichen, was von Blumenthal-Barby oben als eines der wichtigsten Desiderata der Perimortalen Forschung herausgestrichen wurde? Da wir in der Kunst – abgesehen von den visionären Darstellungen des Finnen Hugo Simberg (Beitrag Imhof) – wenig fanden, gingen wir zur Theologie zurück, und zwar im Wissen darum, daß es schon immer zu deren Aufgaben gehörte, auf Sterben und Tod vorzubereiten. Ebenso ernüchternd wie klärend wirkte eingangs das ehrliche Eingeständnis von deren Seite, „wie wenig eine seriöse christliche Theologie über das Leben und die Vorgänge nach dem Tod zu sagen vermag. Volkstümliches und Randtheologisches haben auf diesem Gebiet reiche Phantasie walten lassen, deren Produkte es in der Gegenwart als solche zu entlarven gilt" (Harald Wagner).

Umgekehrt ist der Prozeß der Säkularisierung sehr weit gediehen: der Tod als „Störfall" paßt nicht nur „nicht in eine Gesellschaft, die auf Leistung und Fortschritt ausgerichtet ist", sondern „es ist einer säkularisierten Gesellschaft lästig, daß sich hier wie von selbst der religiöse Horizont auftut" und sich mit ihm die Frage nach dem „Woher?", dem „Wohin?" und dem „Warum?" stellt (Wagner). Der zweite anwesende Theologe ergänzte: „Wie kann ein Mensch sein Leben in Fülle leben, wie kann er überhaupt zu sich selber kommen und sich selbst voll entfalten, wenn er den Tod bei seinem Denken, Handeln und Fühlen ausklammert? Betrügt sich der Mensch nicht selbst, und verpaßt er nicht die ganzheitliche Erfahrung des Lebens? Durch Einbeziehung von Sterben und Tod in sein Lebenskonzept kommt das Wesentliche in den Blick und vieles relativiert sich, z. B. bei einer leistungsorientierten Mentalität. Sterbenkönnen hängt vom Leben-können ab. Ist z. B. der Lebensplan von Leistungs- und Erfolgsstreben geprägt, kann die Terminalphase nur als Leistungsversagen, als Schwäche, als totale Erfolglosigkeit interpretiert und dementsprechend erlitten werden. Verfügt der Sterbende in dieser letzten Lebensphase über keine Gegen- oder Alternativkonzepte, ist die letzte Phase des Lebens für ihn kaum lebbar. Logisch folgt daraus der Wunsch nach einem möglichst raschen Ende. Ist seine Mitwelt der gleichen Meinung, wird auch sie den terminalen Leistung- und Erfolgsversagern die gleiche Konsequenz (d. h. aktive Sterbehilfe) anraten" (Heinrich Pompey).

Beide Theologen gingen sodann vom Kernsatz aus: „Sterben ist Lebensthema und nicht Thema der Terminalphase" (Pompey). Sie knüpften an die jahrhundertealte christliche „Kunst des Sterbens", die einstige *Ars moriendi* an und versuchten deren Adaption auf die heutige Zeit. Beide unterteilten dabei in erstens den eigenen Beitrag zur *Ars moriendi*, und zweitens den Beitrag der Mitmenschen dazu, bei Wagner „gesamtgesellschaftlich wahrgenommene *Ars moriendi*" genannt. Zum eigenen Beitrag gehöre, Sterben ein Leben lang zu üben, sei es durch Überdenken der Zerbrechlichkeit menschlicher Beziehungen, somatischer Verschleißerscheinungen, oder des Verlustes sozialer oder kultureller Lebensmöglichkeiten. All diese Elemente wiesen auf die Sterblichkeit des Lebens hin. Ferner gelte es, Ja zu sagen zum Älterwerden, zum Loslassenkönnen. Die sämtlichen Teilelemente, die lebenslang eingeübt werden müßten, ließen sich dann zu einer *Ars moriendi* zusammenschweißen. Die Einmaligkeit des Lebens würde sichtbar und dieses dadurch um so wertvoller.

So uneingeschränkt ich diesen ersten Punkt – den eigenen Beitrag zu einer *Ars moriendi* (die eigentlich eine *Ars vivendi* ist) – unterstütze, so skeptisch bin ich gegenüber dem zweiten: dem Beitrag der Mitmenschen. Es ist mir sehr bewußt, daß der Ruf „Sterbende brauchen Solidarität!" (Wagner) allenthalben erhoben wird und angesichts der heutigen Lebensende-Umstände auf Anhieb auch weitgehende Berechtigung zu haben scheint. So hart es klingen mag: in den Augen eines Historikers läuft dieses Begehren der geschichtlichen Entwicklung zuwider. Es ist eher nostalgisch geprägt denn wirklichkeitsnah.

Für einen Historiker ist nicht erstaunlich, was einen Theologen ängstigt: „Erschreckend stellt man fest, daß soziale Kontakte im Verlauf des Sterbens immer mehr abnehmen, z. B. die Zahl der Besucher und Besuche. ... Der Wunsch nach Lebensabkürzung und damit die Erfahrung der Sinnlosigkeit und Unerfülltheit in der Terminalphase erweist sich fast immer als Ruf nach Zuwendung" (Pompey). Ganz ähnlich heißt es bei Wagner: „Nun wird es häufig der Fall sein, daß Menschen, die auf den Tod zugehen, keinen andern Menschen haben, der ihnen Wegbegleiter in den letzten Jahren oder Tagen bzw. Stunden sein kann. Hier muß nun die Gesellschaft einspringen. ‚Sterbende brauchen Solidarität‘, das ist nicht nur ein plakativer Buchtitel, sondern Problemanzeige". Zum einen ermöglichte es der Wandel von der unsicheren zur sicheren Lebenszeit, daß immer mehr Menschen nicht länger dem alten Zwang zur Integration in eine Gemeinschaft (Familie, Haushalt, Klostergemeinschaft usw.) zwecks Überlebens folgen müssen, so daß sich alle Formen von Gemeinschaftsbanden zunehmend lockern bzw. immer mehr Menschen überhaupt als lebenslange Singles durchs Leben gehen. Selbstverständlich entstehen diese nie geknüpften Bande dann im Sterben nicht plötzlich wie aus dem Nichts. Es ist realistischer, sich auf das allein Sterben einzurichten und sich entsprechend vorzubereiten.

Zum anderen strebten wir im Abendland zumindest seit der Renaissance nach mehr „Selbstverwirklichung". Mit Macht versuchten wir unser EGO ins Zentrum zu rücken. Nun können wir das aus den eben genannten Gründen endlich in größerer Zahl denn je tun – und sind darauf trotz einer fünfhundertjährigen Vorlaufphase ganz offensichtlich nicht vorbereitet. Die „Selbständigkeit" unseres EGOs reicht gerade für die Dauer der guten Tage und der guten

Jahre des Lebens. Geraten wir in schwierige Situationen, wozu nicht zuletzt sicherlich das Sterben gehört, verläßt uns unser EGOismus. Wir rufen nach Hilfe, nach „Solidarität", nach Gemeinschaft. Der Hilferuf wird ungehört verhallen. Realistischer wäre, endlich den in der Renaissance begonnenen Weg zu Ende zu gehen und Selbständigkeit für sämtliche Situationen ein Leben lang einzuüben.

Für eine Übergangsphase oder für Menschen, die das nicht schaffen, kann die Hospizbewegung sicher eine große Hilfe sein, denn „die sogenannte Hospizbewegung möchte qualifiziert, differenziert und ganzheitlich zur Kultivierung des Sterbens in unserer Zeit beitragen. Sie will im Gegensatz zu den Intensivstationen vieler Kliniken keinen Beitrag zur quantitativen Lebensverlängerung leisten. Ihre Lebensermöglichung in der Terminalphase des Lebens schließt die somatischen, psychischen, sozialen wie geistigen Dimensionen des Lebens ein und beschränkt sich nicht auf den körperlichen Aspekt des Krankseins in der Sterbephase. In fast allen deutschen Großstädten wurden inzwischen entsprechende Hospiz-Vereine gegründet und haben sich Gruppen gebildet" (Pompey).

Vor diesem Hintergrund und in diesem Zusammenhang wird es nun auch Zeit, jenen Aspekt zur Sprache zu bringen, der unter Suizidologen und Gerontologen bekannt ist, im übrigen aber weithin nicht zur Kenntnis genommen wird. „Eines der sichersten Ergebnisse der Suizidforschung überhaupt ist, daß die Suizidgefährdung in den höheren Altersgruppen zum Teil dramatisch ansteigt. Generell tendieren ältere und alte Menschen zu härteren und harten Methoden wie Erhängen, Erschießen, Sturz in die Tiefe etc." (Reinhard Schmitz-Scherzer). Das heißt: sie meinen es ernst – im Gegensatz zu vielen häufiger appellativ gemeinten Suizidversuchen jüngerer Menschen. (Eine nachdenkenswerte Zusatzbemerkung desselben Beiträgers lautete übrigens: „In Not geratene alte Menschen finden in der Gesellschaft eine geringere Hilfsbereitschaft. Möglicherweise sind scheinbar appellative Suizidversuche im Alter deshalb so selten".) Es wurde zudem daran erinnert, daß allen Suizidhandlungen ein Motivbündel zugrunde liegt, und als Gerontologe wandte sich Schmitz-Scherzer gegen eine immer noch häufig zu beobachtende Pathologisierung des Suizids. Besonders im Alter könnten andere Motive ausschlaggebend sein: eine Multimorbidität, Trauerprozesse (Verwitwung), Gefühle von Isolation und Einsamkeit, von innerer Leere, Not anderer (selten wirtschaftlicher) Art, verringertes Selbstwertgefühl. „Manche Menschen sind auch ,lebenssatt' (1. Mose 25,8)" (Schmitz-Scherzer).

Hier wurde ganz behutsam ein Punkt angesprochen und, vielleicht weil hierzulande zu sensibel, nicht weiter vertieft. In einem anderen Beitrag wurde er ebenfalls avisiert, auch dort nur am Rande, wenngleich deutlicher: „Es werden bislang noch einigermaßen als gesichert gehaltene Grenzwerte oder Tabus nicht nur offen zur Diskussion gestellt, sondern in sich mehrenden Fällen unterwandert". Es gibt Bestrebungen, in der Schweiz beispielsweise von Seiten der Vereinigung EXIT, die darauf hinauslaufen, „Bedingungen und allenfalls den Zeitpunkt des eigenen Todes zu wählen" (Tuggener). Auf deutschem Boden jedoch, so meinten daraufhin Kytir/Münz, sei es mit Blick auf das Ende des Lebens „gegenwärtig kaum möglich", eine sachliche (Euthanasie-) Diskussion zu führen.

Um so deutlicher möchte ich hier festhalten, daß der Alterssuizid nicht nur nicht pathologisiert werden sollte, sondern es sollte sehr wohl auch den „positiven Bilanzsuizid" geben dürfen. Unser Problem ist heute nicht mehr in erster Linie – wie während Jahrtausenden -, einen kleineren oder größeren Teil der uns biologisch eigentlich zustehenden Lebenszeit durchleben zu können, sondern weit eher, zur „rechten Zeit" zu sterben. Um die Worte Wagners zu wiederholen: es ist nicht nur plakativ-provokativ gemeint, wenn der Buchtitel des Symposiumsbandes „Leben wird zu lange?" heißt, sondern es ist auch hier Problemanzeige. In der Antike, so sagen uns die Philosophen, wurde (Alters-) Selbstmord akzeptiert (berühmtes Beispiel: Sokrates). Während der „christlichen Phase" hatte dann einzig „unser Herr über Leben und Tod" den Sterbezeitpunkt zu bestimmen. Obwohl von Blumenthal-Barby nicht ausdrücklich in den Fragenkatalog der Perimortalen Forschung aufgenommen, sollte der „positive Alterssuizid" meines Erachtens sehr wohl Eingang in die Lebensende-Diskussion finden dürfen.

Auch wenn es nicht zum Hauptgegenstand des Symposiums gehörte, so kreisten dennoch manche Konferenzbeiträge um Probleme des hohen Alters und des Lebensendes. Für einen Historiker nahmen sich die meisten Lösungsvorschläge allerdings eher wie Ad-hoc-, wenn nicht gar Verlegenheits-Lösungen aus. Viele der mittlerweile offenkundigen Schwierigkeiten trafen uns weitgehend unvorbereitet. Oder besser gesagt: der grundlegende Wandel von der unsicheren zur sicheren Lebenszeit verlief dermaßen rasch, daß wir noch kaum Zeit fanden, die darob entstandenen Probleme gründlich aufzuarbeiten, geschweige denn zu lösen. Im zweiten Teil werde ich hierauf zurückkommen; er handelt vom gelebten Lösungsversuch eines Historikers.

Ein einziger Beitrag fiel aus dem bisher skizzierten Rahmen. Hier nun kurz darauf einzugehen, ergibt eine gute Überleitung zum zweiten Teil. Unter dem Titel „Wenn die Prognosen stimmen, was dann?" legte der Demograph Parviz Khalatbari (Berlin) einen globalen Blickwinkel an – womit er allein blieb. Daß Bevölkerungen älter werden, hängt einerseits damit zusammen, daß die Geburtenraten zurückgehen. Der Fuß der Bevölkerungspyramide wird schmaler (= Alterung von unten her). Andererseits geht die Sterblichkeit zurück. Mehr Geborene überleben, und die Überlebenden werden zunehmend älter. Die ehemalige Bevölkerungspyramide entwickelt sich zu einem Bevölkerungsblock (= Alterung von oben her).

Der zweitgenannte Punkt, das heißt die Sterblichkeit bis zu einem gewissen Grad unter Kontrolle zu bringen, kann heute auch in weniger entwickelten Ländern dank importierter Medizin verhältnismäßig leicht, kostengünstig und effektiv erzielt werden. Flächendeckende Impfkampagnen zum Beispiel sind billig und zeigen Wirkung. Die Sterblichkeit an den traditionellen infektiösen und parasitären Krankheiten, die Säuglings- und Kindersterblichkeit, die Sterblichkeit von Müttern und Menschen „in den besten Jahren" gehen zurück. Eine Großzahl von Bewohnern bis ins beginnende Dritte Alter zu bringen (weltweit ab 60 Jahren gerechnet), ist heute in praktisch allen Ländern der Erde zu erreichen. Anschließend wird die Anhebung des durchschnittlichen Sterbealters rasch weitaus kostspieliger (Bekämpfung chronischer Krankheiten, sophistizierte Apparatemedizin usw.). Kurz: Die Alterung der Bevölkerung hat längst auch in jenen Ländern eingesetzt, die sich die Konsequenzen daraus eigentlich am wenigsten „leisten" können.

Was die ältere Bevölkerung (60 und mehr Jahre) auf der ganzen Welt betrifft, so werden 2025 voraussichtlich knapp drei Viertel (806 Millionen = 71%) in den weniger entwickelten Ländern und nur gut ein Viertel (329 Millionen = 29%) in den entwickelteren, das heißt wohlhabenderen Ländern leben. „Ob die Konzentration des Reichtums, des Wohlstands, ja sogar des Überflusses bei einer Minderheit der Weltbevölkerung und die Armut bei der überwiegenden Mehrheit der Weltbevölkerung für lange Zeit gut gehen kann, und ob eine Oase des Wohlstands und Überflusses in einer Wüste der Armut sich auf Dauer erhalten kann, sind Probleme, die uns zum Nachdenken zwingen müssen" (Khalatbari).

Durch die im Vergleich zur Kontrolle über die Geburtlichkeit raschere und leichtere Kontrolle über die Sterblichkeit kommt es in den meisten weniger entwickelten Ländern vorerst zu einer mehr oder weniger ausgeprägten „Bevölkerungsexplosion". Insgesamt sah Khalatbari hieraus fünf Gefahrenherde erwachsen. Es sind dies ihmzufolge:

1. Die Emigration: Der Druck zur Abwanderung aus den LDCs (Less Developed Countries = weniger entwickelten Ländern) in die MDCs (More Developed Countries = entwickeltere Länder) nimmt zu.

2. Die Unterernährung: Angesichts begrenzter Anbauflächen breitet sich der Hunger in den LDCs aus.

3. Die Umweltruinierung: Um nicht zu verhungern, sind die Menschen in den Entwicklungsländern zur Vergewaltigung der Natur gezwungen (Deforestation, Desertifikation).

4. Die Arbeitslosigkeit: Das Tempo des Wachstums der Arbeitslosigkeit in den Entwicklungsländern ist fast doppelt so groß wie das Tempo des Wachstums der Zahl der Arbeitskräfte. Die Entwicklung der Industrie schafft zwar Tausende von Arbeitsplätzen, vernichtet andererseits indes besonders im traditionellen Handwerk und in der Landwirtschaft gleichzeitig Hunderttausende. Dabei nimmt hier überall die Zahl der Menschen im arbeitsfähigen Alter rasch zu.

5. Der Pauperismus: Immer mehr entwurzelte Landarbeiter ziehen mit ihren Familien an den Rand der Großstädte. Dort findet eine Großzahl weder (geregelte) Arbeit, noch Unterkunft, noch eine qualitativ und quantitativ genügende Ernährung, noch schulische oder medizinische Einrichtungen. „Die physische und seelische Degenerierung, die moralische Degradation, gekoppelt mit dem Haß gegen die bestehende und ungerechte Gesellschaft, befähigt diese Menschen unter Umständen, mit aller Brutalität gegen diese Gesellschaft [und gegeneinander] vorzugehen, die sie genauso brutal verworfen und verlassen hat" (Khalatbari).

In seinen abschließenden Bemerkungen gab er eindringlich zu bedenken: „Unsere Welt ist eine kleine Welt, die im Zug der weiteren wissenschaftlich-technischen Fortschritte immer kleiner wird. Je kleiner die Welt wird, desto mehr werden die Menschen zusammenrücken. Ihre Interessen verschmelzen immer mehr, und die Interdependenz nimmt zu. Auch die Probleme werden immer mehr globalen Charakter tragen" (Khalatbari). Man mag seine pessimistische Einschätzung: „Ob diese Defizite [erwachsend aus den oben genannten Gefahrenherden] kurzfristig und bevor es zu spät ist, zu überwinden sind, ist äußerst fraglich" teilen oder nicht. Tatsache bleibt, daß sich vor diesem weltweiten Hintergrund des Älterwerdens manche der in allen anderen Beiträgen minutiös behandelten Probleme (die sich bei uns aus der wesentlich früheren Kontrolle der Sterblichkeit und der Zunahme der Lebenserwartung ergaben) wie „Problemchen", wenn nicht gar wie „Luxusprobleme" ausnahmen.

Dies hier so zu formulieren, hat nichts mit einer Verniedlichung unserer eigenen Probleme zu tun, wohl aber soll es dazu anhalten, mehr Augenmaß zu wahren. Es sind und bleiben trotzdem unsere Probleme, mit denen wir uns hier und heute auseinanderzusetzen haben. Dabei nützt es nichts und niemandem, darauf hinzuweisen, andernorts hätten Millionen Menschen noch nicht einmal ein Dach über dem Kopf, geschweige denn sauberes Trinkwasser usw. Wohl aber geht es darum, über unseren eigenen Problemen die Probleme Hunderttausender, Millionen anderer Menschen nicht zu vergessen. Dort sind es vielfach noch pure Überlebensprobleme, und diejenigen, die sie haben, sind *auch* unsere Zeitgenossen.

Einbindung der Symposiums-Diskussion in einen weltweiten Zusammenhang

Dieser gesamte Tagungsbericht wurde in Brasilien verfaßt, zum größeren Teil in Recife, der Dreimillionen-Hauptstadt des Bundesstaates Pernambuco im Nordosten des Landes, letzterer traditionell als „Armenhaus Brasiliens" bezeichnet. Zum kleineren Teil entstand er in São Paulo, wo Anfang November 1991 während einer vollen Woche der erste lateinamerikanische Gerontologiekongreß unter dem Motto: „Altern im 21. Jahrhundert" abgehalten wurde. Weitsichtige Lateinamerikaner wissen sehr wohl, was im Eiltempo auf sie zukommt. Einige eingeladene Gäste aus Europa, Nordamerika, Japan und Australien sollten über ihre landesspezifischen Erfahrungen auf dem Gebiet berichten. Dahinter stand auch die Absicht der Gastgeber, aus deren Fehlern zu lernen.

Es war zum dritten Mal, daß ich zwecks Durchführung von jeweils mehrwöchigen Intensivkursen für postgraduierte Studenten und engagierte Hochschullehrer in Recife weilte, zum sechsten Mal seit den frühen 1980er Jahren zum gleichen Zweck in Brasilien. Ähnliche Tätigkeiten waren im selben Jahr 1991 bereits in Australien sowie in Südostasien (auf den Philippinen, in Indonesien, Malaysia und Thailand) vorangegangen, im Jahr zuvor in Indien und Bangladesh. Ich weiß aus eigener Erfahrung somit sehr wohl, wovon Khalatbari oben sprach: von der Anschwemmung entwurzelter Landarbeiter in die Slumgebiete rings um die wuchernden Riesenstädte (São Paulo hat derzeit etwa 16 Millionen Einwohner), von den dort herrschenden menschenunwürdigen Lebensbedingungen, von der daraus erwachsenden Kriminalität (vor der man, besonders in Brasilien, selbst im Zentrum der Städte nicht länger gefeit ist), von den Problemen, die aufgrund der „leichten" Kontrolle der Säuglings- und Kindersterblichkeit durch Impfprogramme entstehen, wenn nicht gleichzeitig Maßnahmen zur Bildung und Beschäftigung der nunmehr zahlreich überlebenden Heranwachsenden ergriffen werden (Zehntausende zusätzlicher Kinder vegetieren auf der Straße; es gibt Jugendprostitution, Teenage-Schwangerschaften usw.).

Da der Deutsche Akademische Austauschdienst (DAAD) im Rahmen seines Gastdozenten-Förderprogramms Wert auf wiederholte, will sagen eine Tradition bildende Lehrtätigkeit im Ausland legt und ich mich – der Einsicht anschließend – dem DAAD immer aufs neue zur Verfügung stelle, führt dies dazu, daß ich seit Jahren drei Semester pro Jahr unterrichte. Zwei sind es normalerweise auf der nördlichen Halbkugel. Ein drittes liegt während der Berliner Sommerferien dazwischen, sei es in Ländern auf der südlichen Halbkugel, wo dann das Wintersemester im Gange ist, sei es in den Tropen ohne Jahreszeiten. Wer mich darob „beneidet", möge es mir gerne nachtun: immer wieder wochenlang aus dem Koffer leben, und zwar in Universitäts-Gä-

175

stehäusern, die in der Regel weit vom Komfort sowie den hygienischen und Verpflegungs-Einrichtungen eines Mehrsterne-Hotels in einem „exotischen Land" entfernt sind; Unterricht bei 30, 35 und mehr Grad Hitze in schweißtreibend hoher Luftfeuchtigkeit. Über die üblichen Schlampereien wollen wir gar nicht reden.

Wieso also dieser ganze gesundheits- und nervenzehrende Aufwand über Jahre hinweg? Vorausschicken muß ich, daß ich an allen Orten im Prinzip über dasselbe Thema doziere wie in Berlin auch: über sozialgeschichtliche Themen auf der Basis von Historischer Demographie. Nur ist diesbezüglich andernorts das, was bei uns Geschichte ist, derzeit aktuelle Gegenwart, und was bei uns Gegenwart, dort möglicherweise oder sogar wahrscheinlich die Zukunft. Bei uns haben wir die Kontrolle über die Sterblichkeit schon länger und effektiver im Griff, als dies in den Ländern der Zweiten, Dritten, Vierten Welt der Fall ist, und zwar in einem Ausmaß und mit einer Sicherheit, die man dort ebenfalls erreichen möchte. Vor diesem Hintergrund leuchtet die immer wieder an den europäischen Historiker-Demographen gestellte Frage ohne weiteres ein: „Wie habt Ihr das gemacht?" „Das" meint: die Säuglingssterblichkeit unter zehn Promille gesenkt, die Müttersterblichkeit praktisch zum Verschwinden gebracht, das durchschnittliche Sterbealter auf 70 bis 80 Jahre angehoben, wodurch den meisten Menschen eine hohe Lebenserwartung quasi garantiert ist.

Da wir „das" in der jüngeren Vergangenheit tatsächlich „gemacht" haben, muß der Historiker auch in der Lage sein, sein Zustandekommen zu erläutern. Angesichts der zahlreichen Gründe ist dies zwar kein leichtes Unterfangen, aber im Rahmen mehrwöchiger Intensivkurse immerhin möglich. Wäre allein die Relevanz historisch-demographisch/sozialgeschichtlicher Forschung und Lehre für die Gegenwart anderer Länder schon Grund genug, mich immer wieder zur Verfügung zu stellen, so kommt doch noch ein ganzes Bündel weiterer Ursachen hinzu. Zum einen schiene es mir unfair, andernorts ausschließlich von der einen Seite der Medaille zu sprechen (wiewohl dort gerade dies – und nur dies – gewünscht wird), und nicht auch auf die Kehrseite zu verweisen. Es ist ja keineswegs so, daß wir aufgrund der effektiveren Kontrolle über die Sterblichkeit in einem Paradies lebten. Richtig ist, daß wir *mehr* Lebensjahre haben als anderswo. Ebenso richtig ist aber auch, daß wir *mehr* Lebensjahre haben, weil wir *bessere* Lebensjahre haben. Das eine ist ohne das andere nicht möglich.

Das ganze hat indes auch seinen Preis. Handelte nicht das gesamte Berliner Symposium davon? Es ist nur recht und billig, andernorts darauf hinzuweisen, daß man auch dort keineswegs in einem Paradies leben wird, wenn die Lebenserwartung ansteigt. Es wird dann auch dort zu einem Tausch der Probleme kommen: anstelle der meist rasch tötenden Infektionskrankheiten als

Todesursachen sowie einer immer noch beträchtlichen Säuglings- und Kindersterblichkeit werden chronische Leiden mit einem häufig langwierigen Sterbeprozeß in konzentriert höherem Alter überhand nehmen, usw. usw. (vgl. hierzu nochmals den ersten Berichtsteil).

Würde ich wiederum allein auf diese Weise einer der Hauptforderungen Khalatbaris nachkommen, nämlich zu einem vermehrt weltweiten Gespräch beizutragen – selbstverständlich bringe ich nicht nur andernorts meine Berliner „Erkenntnisse" ein, sondern gebe umgekehrt zu Hause auch die andernorts erworbenen Erfahrungen an die Studenten und Hörer bzw. Leser weiter und vermag dadurch dem bei uns nach wie vor weitverbreiteten Eurozentrismus entgegenzuwirken -, so liegt mir ein weiteres Problem, auf das Khalatbari in seiner Negativliste noch nicht einmal eingegangen war, zusätzlich sehr am Herzen. Das „Manko" bei Khalatbari mag damit zusammenhängen, daß er „nur" Demograph ist, während ich dagegen Historiker bin. Als solcher aber hatte ich festellen können, wie es im Verlauf oder vielmehr als Resultat des Wandels von der unsicheren zur sicheren Lebenszeit zum Vollzug des Tönnies'schen Wandels von „Gemeinschaft" zu „Gesellschaft" gekommen ist. Die bei uns heute allenthalben sichtbaren Ergebnisse wurden in zahlreichen Symposiumsbeiträgen immer wieder angesprochen, nicht selten mit einem beklagenden Unterton: die Auflösung familiärer Bindungen, das penetrante Vordringen von EGOismus, das leichte Zerbrechen zwischenmenschlicher Beziehungen, das Alleingelassenwerden in schwierigen Situationen, der Rückzug der Umwelt beim Sterben.

Für mich als Historiker sind diese Folgen nichts als logisch. Ich habe weder Anlaß, sie zu beklagen, noch sie zu begrüßen. Als Historiker stelle ich fest. Moralisch darüber zu befinden, steht mir nicht zu. Etwas anderes ist, daß ich daraus Schlüsse ziehe. Schlüsse für andere, Schlüsse vor allem aber für mich selbst. „Die anderen": das sind für mich einerseits die Mitmenschen in meiner (europäischen) Umgebung. Zum anderen sind es jene Menschen, mit denen ich im Rahmen meiner Unterrichtstätigkeit rund um die Welt in Kontakt komme.

In heimischer Umgebung gilt es darauf hinzuweisen, daß wir im Hinblick auf den Wandel von der unsicheren zur sicheren Lebenszeit nicht nur die uns positiv erscheinenden Seiten (wie das lange gute Leben an sich) zu akzeptieren haben, sondern gleichzeitig auch die damit verbundenen übrigen. Wir haben zu lernen – ob uns das paßt oder nicht -, daß wir nun ein ganzes langes Leben hindurch auf eigenen Füßen zu stehen haben. Unsere seit der Renaissance angestrebte „Selbstverwirklichung" muß bis zum Ende, bis zu den allerletzten Zügen reichen. Nach vermehrter „Solidarität" (auch mit Sterbenden), nach mehr „Gemeinschaft", mehr „Familie" zu rufen, ist nostalgisch. Die Uhr läßt sich nicht zurückdrehen, es sei denn, wir nähmen die ehemaligen unsicheren Lebensumstände ebenfalls wieder in Kauf, oder diese meldeten sich selber zurück. Wir wären umgehend gezwungenermaßen wieder in (Not-) Gemeinschaften zusammenlebende „soziale Wesen".

Anderswo aber ist darauf hinzuweisen – was man selten gerne hört -, daß auch dort mit dem zunehmenden, weil überall angestrebten Wandel von der unsicheren zur sicheren Lebenszeit ähnliche Erosionserscheinungen sichtbar werden dürften. Blauäugig darauf zu beharren, daß „unsere familiären Bindungen intakt sind und auch weiterhin Bestand haben werden", ist illusorisch. Woher will man das wissen? Sich darauf zu verlassen, daß eine wachsende Zahl von alten Menschen „selbstverständlich von Familienangehörigen betreut werden wird", ist andernorts weder klug noch weitsichtig. Es mag zwar durchaus sein, daß es eine Zeitlang noch so bleiben wird, dies ganz einfach deshalb, weil keine oder nur sehr wenige Alternativen, etwa karitativer Art, vorhanden sind. Ich selbst konnte entsprechende „Altersheime" mit *einem* Schlafsaal für Männer und *einem* für Frauen auf den Philippinen, in Malaysia, in Indien und Brasilien in Augenschein nehmen und verstehe nun durchaus, daß dort kaum jemand freiwillig einziehen möchte. Wenn es nur immer geht, bleiben die Alten „lieber" in ihrer Familie – wie erbärmlich man von dieser auch behandelt wird.

Das Altern der Bevölkerung mag sich in den Entwicklungsländern rascher vollziehen, als es dort die wirtschaftliche Entwicklung tut. Staatliche Mittel für genügend Altersheimplätze (auch der einfachsten Kategorie) mögen auf viele Jahre hinaus Mangelware bleiben. Wenn weiter oben schon für unsere Situation konstatiert werden mußte: „Selbst das Wissen um die Tatsache, daß etwa ein Drittel der heute lebenden alten Menschen keine lebenden Kinder hat bzw. kein in der Nähe lebendes Kind, kann die Annahme einer Grundzuständigkeit der Familie für Hilfe im Alltag nicht erschüttern" (Dieck), dürfen wir kaum erwarten, daß der Mentalitätswandel andernorts rascher vor sich gehen wird.

Und wie steht es mit den Schlüssen, die ich für mich selbst – wie angekündigt – ziehe oder gezogen habe? Auch ich gehöre zu jenen mittlerweile nicht mehr seltenen Zeitgenossen, die im Zuge des Wandels von der unsicheren zur sicheren Lebensspanne ein Single-Leben führen (können). Wohlgemerkt: ich habe nie behauptet, Einzelgänger hätten keine Verantwortung oder Pflichten anderen Menschen gegenüber. Ich habe nur gesagt, daß wir heute nicht länger gezwungen sind, uns aus puren Überlebensgründen einer (Zwangs-) Gemeinschaft ein- und unterzuordnen. Die Gesellschaft bietet sämtliche nur denkbaren Dienstleistungen an, und wir können sie uns auch leisten. Singles leben und überleben genauso gut und sicher wie zum Beispiel Familienmitglieder.

178

Hörten wir oben jedoch nicht auch davon, daß heute globales Denken und Handeln erforderlicher denn je wäre, daß die Welt kleiner und kleiner würde und die Interdependenzen ständig wüchsen? „Die Hauptvoraussetzung ist die allumfassende Änderung unserer Denkweise, und zwar in einer Weise, die den Bedingungen der immer kleiner werdenden Welt adäquater wird", rief Khalatbari emphatisch aus. Bisher, so scheint mir jedoch, ist die Welt nur physisch kleiner geworden. In der Mentalität sind wir einander über den gesamten Globus hinweg noch immer gleich fremd. Verschiedenenorts mehren sich sogar die Anzeichen dafür, daß Regionalismus, Fundamentalismus, Fremden- und Ausländerfeindlichkeit zunehmen. Bloß um die Welt zu jetten, auf welchem Kontinent auch immer an einem Strand zu liegen und sich abends im Luxushotel das Weltgeschehen airconditioned über CNN anzusehen, fördert das gegenseitige Verständnis allein noch nicht.

Weshalb sollte ich hier also nicht gezielt die Möglichkeiten nutzen, die mir das Single-Dasein eröffnet, nämlich Jahr für Jahr wochen-, ja monatelang „abwesend" zu sein und mich auch zwischenzeitlich intensiv auf jene Fremdkurse vor- und sie anschließend nachzubereiten. Mit Familie, Frau und Kind(ern) könnte ich das alles sicher nicht. Es braucht mich dabei auch wenig zu kümmern, daß meine heimische Universität diese auswärtigen Tätigkeiten in keiner Weise würdigt. Es sei meine vorlesungsfreie Zeit, und niemand zwinge mich – juristisch völlig zutreffend – zu einem solchen Raubbau an Kräften und an der Gesundheit. Daß Singles Pflichten anderer Art haben, hat sich in der Administration noch nicht herumgesprochen.

Ich will indes in keiner Weise leugnen, daß mich diese Gastdozenturen in all den Jahren dennoch unermeßlich bereicherten, wenn eben auch nicht materiell. Wie viel an Einsichten und Erfahrungen haben sie mir eingebracht! Wann und wie und wo sollte ich sonst lernen, was Menschsein in allen seinen Formen heißen kann? Schließlich heißt mein Fach Sozialgeschichte, und das meint „Geschichte *aller* Menschen". Es bringt Erfüllung und Befriedigung, andernorts in relevanter Weise einzubringen, was man zuhause erforscht und lehrt, wie umgekehrt auch zuhause aufgrund eigener Erkenntnisse zu einer globaleren Seh- und Denkweise unter Angehörigen der nächsten Generation beizutragen.

Überdies entspricht ein solches Vorgehen auch meinem Konzept vom „Lebensplan": in jedem Alter das zu tun, was dem Alter am angemessensten ist und zur besten Gestaltung und Bewältigung der noch kommenden Alter beiträgt. Jetzt im Zweiten Alter (*1939) kann ich dieses urlaubslos anstrengende Leben abwechselnd zuhause und in den Tropen oder auf der südlichen Halbkugel noch führen und die Erfahrungen hier wie dort einbringen und fruchtbar machen. Im Dritten Alter, aus dem Beruf ausgeschieden, ist dies kaum noch möglich und im Vierten schon gar nicht mehr. Doch auch dann werde ich von den Erlebnissen und Erfahrungen noch immer zehren können. Ist dies nicht vielleicht eine noch wichtigere Vorbereitung auf das Alter, als nur danach zu trachten, physisch möglichst lange fit zu bleiben? Zumindest werde ich beim Nachlassen meiner körperlichen Kräfte nicht in jene „fürchterliche geistige Leere" stürzen, die manch einen erwartet, der die geistige Erfülltheit für jene späten Jahre nicht vorbereitet hat.

In dieser Art von „Lebensplan" und in dessen sukzessiver Realisierung spiegelt sich nicht zuletzt auch meine Auffassung von einer zeitgemäßen neuen *Ars moriendi*. Wem zwar kein Jenseits und keine Ewigkeit mehr beschieden ist, wer aber viele vergleichsweise exzellente Jahre auf Erden zu erwarten hat, mag gut daran tun, eine *Ars vivendi* als *Ars moriendi* zu pflegen, das heißt die vielen Jahre einem zielgerichteten Konzept gemäß zu nutzen und sie auf diese Weise alle zu erfüllten zu machen. Das Loslassen-Können am Ende dürfte ihm – weil von Anfang an ebenfalls mit in Betracht gezogen – leichter fallen als jemandem, der immer nur älter geworden ist, ohne gelebt zu haben. Nachholen geht in der Sterbestunde nicht mehr.

Und noch eins: Historisch wie weltweit sind wir (in Westeuropa) in einem Maße privilegiert wie nie zuvor und nirgends sonst. Um es zu wiederholen: wir haben nur deshalb mehr Lebensjahre, weil wir *bessere* Lebensjahre haben. Es liegt an jedem einzelnen von uns, diese vielen Jahre systematisch zu erfüllten Jahren zu machen und dafür zu sorgen, daß Alleinsein nie dasselbe ist wie Einsamsein. Wir sollten uns nicht nur der positiven Seiten des Wandels von der unsicheren zur sicheren Lebenszeit redlich freuen, sondern auch die weniger angenehmen aushalten und ertragen können. Wer möchte denn schon mit den Zuständen und Problemen unserer Vorfahren oder denjenigen von Abermillionen Zeitgenossen anderswo tauschen, nur um den unsrigen zu entgehen?

Kapitel 7

Ars moriendi: Vor 500 Jahren – und heute?

Überlegungen aus der Sicht eines Theologen und Religionspädagogen

Harald Wagner

Überarbeitete Version des gleichnamigen Beitrags in: Leben wir zu lange? Die Zunahme unserer Lebensspanne seit 300 Jahren – und die Folgen. Beiträge eines Symposiums vom 27.-29. November 1991 an der Freien Universität Berlin, hrsg. v. Arthur E. Imhof. Köln-Weimar-Wien: Böhlau 1992, 203-209. Mit freundlicher Wiederabdrucksgenehmigung durch Verlag und Autor.

Theologie des Todes: Neue Einsichten und Perspektiven

Zur Eschatologie allgemein

Die Theologie setzt sich mit dem Tod in einem eigenen Lehrstück auseinander, der sogenannten Eschatologie. In der Vergangenheit behandelte man in diesem Kontext Ereignisse, Objekte und Zustände, die für den Menschen bzw. die Menschheit noch ausstehen: den Tod, das Gericht mit seinen Folgen, Hölle und/oder Himmel, das sogenannte Fegefeuer. Wenn sich auch Gliederung und Struktur dieses Lehrstücks immer wieder geringfügig änderten, so blieb es doch in der Substanz über Jahrhunderte identisch. Das gilt selbstverständlich für die katholische und mit gewissen Einschränkungen auch für die evangelische Theologie, die ja von ihrem Selbstverständnis her von Anfang an ein breiteres Positionsspektrum zuläßt. Gerade einschneidende Veränderungen in der evangelischen Theologie um die Jahrhundertwende und danach, gekennzeichnet durch Namen wie Johannes Weiß (1863-1914), Albert Schweitzer (1875-1965), Karl Barth (1886-1968), und Rudolf Bultmann (1884-1974) waren es, die zu einem Umbruch auch in der katholischen Theologie führten. Die entscheidende Einsicht bestand darin, daß man erkannte, daß die „letzten Dinge" nicht etwas ganz und gar der Zukunft überlassenes sind, die erst mit dem Tod des einzelnen beginnen; daß mit und in den „letzten Dingen" die Geschichte der Welt nicht einfach abgebrochen wird, um einer neuen Welt Platz zu machen; daß vielmehr das Endgültig-Zukünftige und das Gegenwärtig-Innerweltliche auf das engste zusammenhängen. Dann aber wird die Dimension, um die es hier geht, nicht zu einer Dimension der Befriedigung menschlicher Neugierde („Was kommt danach?"), sondern sie berührt mit ihren Zukunftsaussagen das Heute des Menschen. Des Menschen Zukunft ist zu Recht „Innendimension der Gegenwart" genannt geworden. Dann aber gehen die eschatologischen Aussagen das Hier und Jetzt des Menschen an.

Im Rahmen der tiefgreifenden neuen Einsichten in den Bibelwissenschaften ist ferner erkannt worden, daß die vielfältigen Bilder und Redeweisen von der Zukunft des Menschen nicht wörtlich genommen werden wollen. Es handelt sich um Hoffnungsaussagen gläubiger Menschen in die Zukunft hinein, wobei man sich unbewußt und selbstverständlich literarischer Genera bedient, die für uns Heutige erst noch zu entschlüsseln sind (z. B. Aussageformen aus der jüdischen Apokalyptik). Selbstverständlich heißt das auch, daß etwa die vielen Darstellungen des „Danach" in der christlichen Kunst (Darstellungen des Auszugs der Seele, des Fegefeuers, des Gerichtes usw.) in ihrem begrenzten und konditionierten Aussagewert zu sehen sind. Wie nebenbei ist bei diesen theologisch-wissenschaftlichen Klärungsprozessen auch wieder neu ins Bewußtsein gerückt, wie wenig eine seriöse christliche Theologie über das Leben und die Vorgänge nach dem Tod zu sagen vermag. Volkstümliches und Randtheologisches haben auf diesem Gebiet reiche Phantasie walten lassen, deren Produkte es in der Gegenwart als solche zu entlarven gilt. Dies gilt um so mehr, als solche Vorstellungen ein erstaunlich zähes Eigenleben führen und auch von den je nachrückenden Generationen oft relativ unkritisch übernommen werden.

Theologie des Todes

Die neuen Erkenntnisse haben ihre Bedeutung und Konsequenzen für eine theologische Bewältigung der Todesproblematik. Gelegentlich war in früheren Vorlagen zur Verkündigung zu lesen oder in alten Predigten zu hören, beim Tod handle es sich gewissermaßen um den „Gang aus einem Zimmer in das andere". Solche Aussagen sind durch die skizzierten Erkenntnisse in keiner Weise abgedeckt. Der gläubige Mensch kann die Bilder der Bibel nicht „unübersetzt" übernehmen, er muß aushalten, daß die Dimension des „Danach" zunächst einmal fremde Wirklichkeit ist.

Im Blick auf den Tod wird in gegenwärtiger Theologie viel mehr der Aspekt herausgestellt, daß der Tod einen wirklichen Bruch für den Menschen und seine Existenz bedeutet. Das hängt einerseits mit der angesprochenen, prinzipiellen „Fremdheit" jener anderen Wirklichkeit zusammen, andererseits aber auch mit einer fundamentalen theologischen Einsicht, die lange Zeit in den Hintergrund getreten, wenn auch nicht ganz vergessen worden war: Der Tod ist etwas, das nicht sein soll. Er kam durch die Sünde in die Welt (Röm 5). Deshalb kommt es zu jener als Abbruch empfundenen „Auslöschung" menschlicher Existenz, die mehr erlitten als bestanden wird. Von „Auslöschung" darf man – wenn auch mit Vorbehalt – reden, weil es durch den Tod mit *diesem* konkreten Menschen ein Ende hat. Er ist in seinem raumzeitlichen Sosein nicht mehr präsent und wird es auch nicht mehr werden. Das neue Leben ist eine Daseinsform, die sich unseren Erkenntnismöglichkeiten entzieht. Selbst der Begriff „Leben" ist nur analog gebraucht. Wenn die Kirche den Tod als „Trennung von Leib und Seele" beschrieben hat, dann hat sie, so erklärungsbedürftig diese Formel im einzelnen auch ist, doch etwas von der radikalen Bruchhaftigkeit des Todes zum Ausdruck gebracht.

Diese neue Sicht kommt auch heutigem Erfahren und Empfinden nahe. Wie sich die Theologie ja heute überhaupt müht, näher an den menschlichen Erfahrungen zu sein als es früher einmal der Fall war, so gilt das auch hier. Man weiß, wie die katholische Kirche im Zweiten Vatikanischen Konzil (1962-65) formuliert hat: „Angesichts des Todes wird das Rätsel des menschlichen Daseins am größten. Der Mensch erfährt nicht nur den Schmerz und den fortschreitenden Abbau des Leibes, sondern auch, ja noch mehr, die Furcht vor immerwährendem Verlöschen" (Pastoralkonstitution über die Kirche in der Welt von heute, „Gaudium et Spes" 18, 333). Es ist, als ob sich in dieser Aussage und anderen sehr ähnlicher Art der allgemeine Umgang mit Sterben und Tod in unserer Zeit anzeigt. Der Tod ist der „Störfall", er paßt nicht in eine Gesellschaft, die auf Leistung und Fortschritt ausgerichtet ist. Es ist einer säkularisierten Gesellschaft lästig, daß sich hier wie von selbst der religiöse Horizont auftut. Der Tod, der oft plötzlich hereinbricht, ist eben die Aufgipfelung der „Rätsel des menschlichen Daseins". Mit ihm meldet sich die Frage nach dem „Woher", dem „Wohin" und dem „Warum" (und damit die religiöse Frage). Auf der einen Seite wird diese gesamte Dimension nach wie vor tabuisiert, auf der anderen meldet sich seit längerem eine neue Bereitschaft, sich mit Sterben und Tod auseinanderzusetzen. Dem entspricht im übrigen die Tatsache, daß in den letzten Jahrzehnten auch seitens Literatur, Kunst und Philosophie neu und mehr ins Bewußtsein gerückt wurde, daß zum menschlichen Dasein wesentlich das „Sein zum Tode" gehört (Martin Heidegger). Menschliches Leben läßt sich also geradezu vom Tod her definieren. Wer den Tod begriffen hat, weiß, was es um menschliches Leben auf sich hat.

Das Sterben

Stellt man die Grundoptionen und Grundeinsichten früherer und heutiger Theologie zusammen, kann man ohne weiteres erklären, warum man sich früher auf eine sehr allgemeine Beschreibung des Todes beschränkt und im übrigen vor allem über das „Danach" reflektiert hat. Demgegenüber trat das Nachdenken über das *Sterben* in den Hintergrund. Eine heutige Theologie, die sich menschlichen Erfahrungen annähern möchte, wird sich einer Reflexion über das Sterben nicht entziehen, denn dies ist die Seite des Todes, die beobachtet und mit unseren Erlebnis- und Denkkategorien eingeholt werden kann. Gerade die Geisteswissenschaften müssen sich heute an den Erfahrungen der Menschen legitimieren. Da der Tod nun, wie neu erkannt wurde, die Innendimension menschlicher Existenz ist und „inwendig im ganzen Leben sitzt" (Karl Rahner), muß das Sterben des Menschen, begriffen sowohl als Phase vor dem Tod wie auch als lebenslanger Vorgang – dem Menschen ist ja unausweichlich das „Sein zum Tode"! – neu in den Mittelpunkt theologischen Nachdenkens rücken. Wenn die bekannten Impulse im Hinblick auf Sterben und Sterbebegleitung (Elisabeth Kübler-Ross, Paul Sporken u. a.) auch nicht unmittelbar aus christlich-kirchlichem Standort kamen, so hatten und haben sie doch eine starke religiöse Komponente und haben schon deshalb die Weichenstellungen in der Theologie beeinflußt. Diese Bemühungen sind wiederum im größeren Kontext zu sehen: Zwar erlebt die Medizin Fortschritte wie nie zuvor; ihre Erfolge haben mitunter geradezu spektakulären Charakter. Gerade vor solchem Hintergrund wird die prinzipiell unveränderte Hilflosigkeit gegenüber Krebs, werden die steigenden Zahlen von AIDS-Todesfällen zu eindrucksvollen Belegen für die grundsätzliche Sterblichkeit des Menschen, gegen die offensichtlich auch heute kein zuverlässiges Kraut gewachsen ist. Die Bedrohung der Menschheit in unserer Zeit hat im übrigen Dimensionen angenommen, die frühere Schreckensvisionen in den Schatten stellen. Atomare Vorgänge an einem Punkt der Erde können Tod oder schwerste Schäden für sehr viele Menschen nach sich ziehen. Ökologische Katastrophen schaffen einen neuen Horizont von Sterblichkeit, demgegenüber sich die Dimensionen medizinischen Fortschritts eher bescheiden ausnehmen. So scheint es absolut notwendig, sich auch theologisch neu mit der bitteren Vorgabe zu befassen, die das bekannte alte Lied zum Ausdruck bringt: „Mitten im Leben sind wir vom Tod umfangen."

Ars moriendi – gestern und heute

Unsere Vorfahren haben die Bedrohung durch den Tod auf ihre Weise, auf jeden Fall unmittelbar, erlebt. Sie haben auf das Sterben mit einer besonderen Zurüstung geantwortet, der „Ars moriendi". Äußerer Ausdruck dafür ist die „Ars moriendi"-Literatur, eine Gruppe von pastoraltheologischen und aszetischen Werken, die seit dem 14. Jahrhundert belegt sind und noch im 18. Jahrhundert verfaßt werden, wenn auch mit durch die Jahrhunderte hindurch modifizierten Fragestellungen und Inhalten. Zu dieser Literatur und auch zur Aktualisierung der sich dort anmeldenden Probleme gibt es eine ganze Reihe von Publikationen aus neuerer Zeit (Neher 1989, Wagner 1989a, 1989b, Imhof 1991). Neher hat gerade die praktischen Aspekte aus jenen alten Werken, die einer heutigen Sterbebegleitung dienlich sein könnten, aufgearbeitet. Das Werk von Imhof bietet neben sorgfältiger historischer Analyse eine Umsetzung für heutige Lebensführung und Lebensbewältigung, wie sie ein Fachtheologe kaum hätte besser vornehmen können. In dem von mir herausgegebenen Werk habe ich versucht, ein interdisziplinäres Gespräch zum Thema der „Ars moriendi" zu initiieren. Sosehr viele dieser Ergebnisse und Teilaspekte, die in den genannten und anderen Werken vorgelegt und aufgezeigt werden, noch weiter bearbeitet, vertieft und ergänzt werden müssen, sosehr dokumentieren sie doch auch, daß es in allen diesen Bemühungen nur um *das Eine* geht: „Jede *ars moriendi* will dazu helfen, die Vorläufigkeit des Lebens unter dem Gesichtspunkt der Endgültigkeit zu bedenken und damit im Diesseits des Todes bewußt und dankbar anwesend zu sein" (Heinz-Mohr 1979, 156). Indirekt ist hier auch gesagt, daß *jede* Zeit eine „Ars moriendi" braucht, weil die Menschen aller Generationen mit der Vorläufigkeit des Lebens fertig werden müssen.

Hier sind in der Tat von der Theologie Hilfen und weiterführende Gesichtspunkte zu erwarten. Sie wird diese so formulieren müssen, daß sie ihrem heutigen Erkenntnisstand gerecht werden, nicht hinter diesem zurückbleibt. Einige solcher Gesichtspunkte seien hier in Kürze benannt – kurz deshalb, weil sie in der neuesten Literatur schon breit ausgeführt sind (vgl. bes. Manser 1989, 75ff.).

– Als Menschen, die jeden Tag gefordert und gefährdet sind, erfahren wir täglich unsere Grenzen und unsere Unzulänglichkeit. Eine zeitgemäße „Ars moriendi" bestünde darin, diese als Ausdruck menschlicher Geschöpflichkeit anzunehmen. Dazu gehört besonders das Ja zum Älterwerden.

– Da im Alter und im Sterben der Mensch immer mehr von sich hingibt, wäre es eine zeitgemäße und hilfreiche „Ars moriendi", bereits zuvor, d. h. in allen Abschnitten des Lebens, das Loslassen zu lernen. Auch dies wäre ein Stück Lebensbewältigung.

– Das generelle Ja zu Sterben und Tod als indirekter Form einer „Ars moriendi" ist ein Stück Lebenshilfe, weil dadurch die Einmaligkeit menschlicher Lebensvollzüge und damit ihre Kostbarkeit bewußt wird.

Drei Gesichtspunkte, aus theologischer Sicht zu begründen, scheinen mir in der bisherigen Literatur am Rande abgehandelt bzw. nicht genannt zu sein:

(1) Gerade eine Sicht des Sterbens, wie sie heutiger Theologie entspricht, wird Sterben als Haltung der „leeren Hände" verstehen. Der Mensch, der in

seinem rein menschlichen Vermögen „immer weniger" wird, hat doch die Möglichkeit, sich ganz zu öffnen, bereitzuhalten, fallen zu lassen. Theologisch bedeutet dies, sich radikal zu öffnen angesichts der Ankunft der Fülle Gottes. Die Ankunft Gottes trägt in der Theologie den Namen „Gnade". Durch diese Fülle Gottes kommt der Mensch zu höchster Erfüllung – zur „Begnadung", wie es die alte Theologie sagte. „Unruhig ist unser Herz, o Gott, bis es ruht in dir" (Augustinus). „Ars moriendi" heißt Einübung in eine solche Haltung. Diese Einübung kann (und muß!) in vielen Einzelvollzügen des Alltags bestehen. Sie wird im Alter noch eindringlicher, weil nur das bewußte Ja zur meist notwendigen Hilfe durch andere eine positive Lebensbewältigung gerade in diesem Lebensabschnitt gewährleistet.

(2) „Ars moriendi" hat in dem entsprechenden Literaturgenus oft eine Zuspitzung darin, daß sich der Mensch beizeiten einen „Freund" suchen möge, mit dem er alle Fragen um sein eigenes Sterben und seinen Tod besprechen kann. Dieser „amicus" könnte dann auch, wenn es die Umstände fügen, der wirkliche Sterbebegleiter sein. Es bleibt offen, ob dieser „amicus" zur Familie gehört (oder nicht), ob er Seelsorger oder Arzt ist oder keinem dieser Berufe angehört. Es gilt: „Wer aber im Leben keinen Partner, keine Kinder, keine Verwandten, keine Freunde hatte, hat selbstverständlich im Sterben auch keine – eine Tatsache, auf die sich die Betroffenen besser heute schon als erst morgen einrichten und ihr ins Auge sehen" (Imhof 1991, 164). Was sich hier als mehr pragmatisches Postulat darstellt, ist in theologischer Anthropologie der Versuch, den Begriff und die Sache von *Solidarität* zu begründen und zu kultivieren. Dies gründet letztlich auf einer unpathetischen, sorgsamen Vermittlung jener Haltung, die das Neue Testament Nächstenliebe nennt. Sie beginnt damit, daß der Mensch den Schritt vom Ich auf das Du bewußt und gezielt tut, daß er vom Anfang seines Lebens an einer Kultivation seiner Kraft zu lieben, arbeitet. Das heißt aber auch, eine Grundstruktur von Liebe zu konzipieren, die weiter und differenzierter ist als die Liebe zwischen Mann und Frau oder die bergende Liebe in einer Familie. Sie bedeutet für heute u. a. eine Wiederbelebung der Lebensform „Freundschaft", die weit mehr und anderes meint als bloße Kumpanei.

(3) Nun wird es häufig der Fall sein, daß Menschen, die hilfsbedürftig werden bzw. auf den Tod zugehen, keinen anderen Menschen haben, der ihnen „amicus", Wegbegleiter in den letzten Jahren oder Tagen bzw. Stunden, sein kann. Hier muß nun die Gemeinschaft einspringen. „Sterbende brauchen Solidarität", das ist nicht nur plakativer Buchtitel (Kruse/Wagner 1986), sondern Problemanzeige, Solidarität im Angesicht von Krankheit, Alter und Tod anthropologisch und theologisch zu begründen. Eine Ethik des Helfens auf der Basis anthropologisch begründeter Solidarität ist indirekt eine gesamtgesellschaftlich wahrgenommene „Ars moriendi", denn die ihren sterbenden Gliedern solidarisch beistehende Gesellschaft besteht selbst aus Gliedern, die

auf den Tod zugehen und diese Solidarität dann auch für sich erwarten (Eid 1991). Damit wird das Helfen zugleich der Dimension rein „karitativ-mitleidiger" Zuwendung entzogen; für den Hilfsbedürftigen besteht ein Anspruch. Dies ist ein Aspekt, der heute oft vergessen wird.

Ars moriendi – pädagogische und gerontologische Aspekte

Pädagogisches

Sterben und Tod kommen in den Richtlinien für den Religionsunterricht mehrfach vor. Jedoch zeigt sich bei der Aufarbeitung vorliegender Materialien, daß tatsächlich Probleme und Sachverhalte (Krankenhaus, vielerlei Formen des Sterbens, die auch die Familien tangieren) gerne ausgeblendet werden zugunsten der Darstellung einer punktuellen und eher auszugrenzenden Problematik: Sterben und Tod kommen nur am Rande vor, weil nicht klar ist, daß es sich bei der Tod-Verfallenheit um eine zentrale anthropologische Komponente handelt.

Daher ist darauf hinzuweisen, daß im Unterricht – es empfiehlt sich derzeit der Religionsunterricht, aber auch andere Fächer kämen in Frage – die Aspekte von Alter, Krankheit und Tod (sowie Trauer) in unserer Gesellschaft durchgegangen werden. Der Schüler muß lernen und sollte internalisieren, daß die Todesverfallenheit des Menschen eine „Innendimension der Gegenwart" ist. Deshalb ist es auch wichtig, daß im entsprechenden Unterricht – sagen wir, in der 11./12. Klasse – die Fragen nach dem Jenseits zurücktreten vor der Problematisierung von Sterbehilfe/Euthanasie/AIDS-Problematik/Umgang mit alten Menschen und was in dieser Hinsicht noch aus der Erfahrungswelt beizubringen wäre. Ganz wichtig ist, daß alle diese Fragen nicht Ausfluß einer „Sonderwelt" sind. Vielmehr muß klar sein, daß diese „Sonderwelt" unser Leben wesentlich prägt und ausmacht: „Sein zum Tode".

In einem Unterrichtsprojekt in einer 11. Klasse, das der Verfasser kürzlich mitgetragen hat, wurden folgende Wünsche der Schüler registriert und teilweise auch in die unterrichtliche Planung umgesetzt: 1. Suizid; 2. Der soziale Tod und dessen Minderung/Beseitigung; 3. AIDS; 4. Der eigene Tod. Weniger gefragt waren die christlichen Themen um die Auferstehung Jesu, um den christlichen Glauben von der Auferstehung der Toten und um entsprechende Details.

Sinn des gesamten Vorhabens war es, die Frage nach der Sinnhaftigkeit/Sinnlosigkeit des Todes als eine (wenn nicht sogar die zentrale) Frage menschlichen Daseins zu erkennen. Dann wäre der frühere Ansatz, das Ganze als „Lehre von den letzten Dingen" zu würdigen, überwunden.

Gerontologisches

„Es gehört zu den besten Traditionen der Kirche, daß sie sich seit Jahrhunderten der Armen und Kranken, der Alten und Behinderten angenommen hat und daher Vorbild für den modernen Sozialstaat geworden ist" (Lieth 1991, 193, Cahill/Mieth 1991). Hat die Kirche aber auch stets das Alter hinreichend gewürdigt? Hat sie das Alter erkannt als die Phase, in der sich persönliche Lebensvollendung realisiert? Ist das Alter immer gewürdigt worden als Vollendung in der Beziehung zu Gott und mit anderen Menschen? Wie sind etwa die Beziehungen zwischen Alten und Altruismus aufgenommen worden? Welchen Stellenwert hat die Bedeutung der Kontemplation als Hilfe für die Bewältigung des Alters? Was ist mit der „Weisheit" des Alters?

Diese und viele andere Aspekte zeigen auf, daß mit der neuen Akzentuierung im Rahmen der Lebenserwartung noch nicht die Probleme gelöst sind, die in der Bewältigung von Sterben und Tod anstehen.

Fast überflüssig nun noch zu sagen, daß dies alles Elemente einer „ars moriendi" gerade für den alten Menschen sind, der zwar angesichts besonderer zeitlicher Nähe zum Tod nicht in dessen „mystische Verherrlichung" verfallen sollte, dem es aber ansteht, diese Phase seines Lebens so zu gestalten, wie es dessen Besonderheiten entspricht. Das Loslassen-Können erhält jetzt einen besonderen Stellenwert. Die Ausschau nach einem „amicus" ist vielleicht zu spät, aber die Erhaltung bestehender Bindungen um so wichtiger. Weisheit des Alters bedeutet, sich mit seiner ganzen Existenz hinter das Wort aus Psalm 90 zu stellen: „Herr, lehre uns bedenken, daß wir sterben müssen, auf daß wir klug werden." Auch für den alten Menschen ist der Tod ein Bruch. Aber er mag zusätzlich in besonderer Weise etwas von der Gnadenhaftigkeit an sich haben, die der Haltung der geöffneten Hände entspricht.

Kapitel 8

Die Zunahme der Lebensspanne seit 300 Jahren

Überlegungen aus der Sicht eines Sozialpädagogen

Heinrich Tuggener

Überarbeitete Version des gleichnamigen Beitrags in: Leben wir zu lange? Die Zunahme unserer Lebensspanne seit 300 Jahren – und die Folgen. Beiträge eines Symposiums vom 27.-29. November 1991 an der Freien Universität Berlin, hrsg. v. Arthur E. Imhof. Köln Weimar-Wien: Böhlau 1992, 203-209. Mit freundlicher Wiederabdrucksgenehmigung durch Verlag und Autor.

Die „gewonnenen Jahre" – Varianten der Vergegenwärtigung

Mit Vergegenwärtigung bezeichne ich den Versuch, Implikationen des historischen Novums verlängerte Lebensspanne zusammenzutragen. Sie sind als Elemente zuhanden einer Lagebeurteilung unerläßlich. Vollständigkeit des Inventars wird jedoch nicht angestrebt.

Quantitative Gesichtspunkte

Einzusetzen ist mit quantitativen Aspekten. Das mit erhöhter Wahrscheinlichkeit individuell erwartbare Budget an Lebenszeit hat sich seit Pestalozzis Zeiten (1746-1827) zumindest verdoppelt bis nahezu verdreifacht. Zwar erreichte Pestalozzi bereits ein beträchtliches, für seine Zeit sogar ein hohes Alter. Er war eher ein Ausnahmefall. Die Ausnahme von einst ist heute bald die Regel. Im Altersheim, das ich über Jahre hinweg regelmäßig besucht habe, bewegt sich das Durchschnittsalter um 85 Jahre.

Eine vergrößerte Anwartschaft auf Lebenszeit bedeutet ein doppeltes Mehr. Einmal ein Mehr an zu meisternder Zukunft, sodann ein Mehr an zu verarbeitender oder zumindest an zu tragender und vielleicht auch teilweise zu vergessender individueller Vergangenheit. Oder verkürzt: Der Neugeborene ahnt noch nicht, wieviel er vor sich hat. Dem Alternden wird zunehmend bewußter, wie viel er hinter sich hat und er rätselt, wie wenig oder wieviel er noch vor sich hat. Zwar besteht, wie Imhof zum Thema schreibt, die Tatsache, „... von

189

einem relativ kalkulierbaren Ende her leben [zu] können" (Programmheft zum Symposium). Allein der tatsächliche Zeitpunkt dieses Endes bleibt ungewiß. Sicher ist nur, daß es stattfinden wird. Ob demnächst oder später, das vermag manchen zu beunruhigen.

Es gibt noch in anderer Hinsicht ein Mehr. Die Zunahme der Lebensspanne bedingt auch eine Verlängerung des zeitlich parallelen Daseins verschiedener Generationen. Einigermaßen normale Zeitläufte und individuelle Lebensverläufe vorausgesetzt, kann man den Vier-Generationen-Parallelismus entweder in der eigene Familie, im Bekanntenkreis, sicher jedoch auf eher abstrakte Weise als Angehöriger eines Sozialstaates erleben.

Der Übertritt in die Gruppe der sogenannten Volljährigen verschafft dem jungen Erwachsenen auch die lebenslange Rolle des Steuerzahlers. Er beteiligt sich über seine Abgaben an der sozioökonomischen Sicherung von einer bis bald zwei jüngeren (wenn man an die Verlängerung der Ausbildungszeiten denkt) und einer bis bald zwei älteren Generationen (wenn man an die Vermehrung der Lebenszeit denkt). Dabei rede ich absichtlich und auch vorsichtig bloß vom verlängerten zeitlichen Nebeneinanderleben von Generationen. Aber Vorahnungen für die damit bedingte qualitative Problematik im engeren Lebenskreis wie auch im Makrosozialen drängen sich auf (Tuggener 1981, 2045). Die Gleichzeitigkeit des Ungleichzeitigen kumuliert sich.

Ich möchte das am eigenen Fall illustrieren: Als Kind im Vorschulalter habe ich noch eine meiner Urgroßmütter regelmäßig besucht. Sie wurde 1844 geboren. Meine Erinnerungen an sie sind heute noch deutlich. Von meinen Großeltern habe ich väterlicherseits beide bis ins zweite und dritte Lebensjahrzehnt erlebt. Das gleiche gilt für den Großvater mütterlicherseits. Da mein Vater wegen des sehr frühen Todes meiner Mutter eine zweite Ehe einging, gelangte ich, sozusagen aus zweiter Hand, auch noch zum langjährigen Erlebnis einer Großmutter mütterlicherseits. Mein Vater starb, als ich im sogenannten besten Mannesalter war. Meine (zweite) Mutter ist Anfang Januar 1991 in ihrem 96. Lebensjahr verstorben. Dieses eine lange Leben hatte zur Folge, daß meine Mutter in ihren letzten Jahren auf einen Sohn und eine Schwiegertochter im Rentenalter blicken konnte. Zugleich aber war sie bereits schon mehrfache Großmutter und Urgroßmutter. Ich addiere und stelle fest, daß ich in meinem Leben mit drei älteren und zwei jüngeren Generationen familiär verbunden bin. Zwischen diese drei plus zwei gleich fünf Generationen schiebt sich noch meine eigene als vierte zwischen die dritte und fünfte. Mit diesen sechs Generationen lebte und lebe ich noch in zeitlich zwar unterschiedlicher Dauer. Weil ich sie innerhalb meines Verwandtenkreises erfahren habe und noch erfahre, befand und befinde ich mich mit ihnen im direkten Verkehr. Über diese sechsfache Generationslage hinaus kann ich mit einer gegenüber früher erhöhten Wahrscheinlichkeit damit rechnen, auch

noch eine siebente zu erleben, nämlich jene meiner Urenkel. Die sechs bestehenden und zum Teil verstorbenen Generationen verteilen sich heute auf
rund 150 Jahre. Diese zeitliche Parallelität hat sich mit der Zunahme der Lebensspanne verlängert, und diese Erweiterung wird noch anhalten. Sie ist
subjektiv im Familien-, Verwandten-, Freundes- und Bekanntenkreis mehr
oder weniger hautnah zu erleben. Sie ist aber auch eine sich verdichtende
Realität der gegenwärtigen und künftigen Gesellschaft. Sie wird dem auf-
merksamen Zeitgenossen in relativ abstrakter Form über jene demographischen und sozialökonomischen Studien bewußt gemacht, die sich beispielsweise mit der künftigen Finanzierbarkeit von staatlichen Altersversicherun-
gen befassen (Sommer/Höpflinger 1989, 9-15)

Ein dritter Aspekt des Mehrs ist die Verlängerung des ehelichen Zusammenlebens. In den Lokalzeitungen und im deutschschweizer Radio nehmen die
Glückwünsche für diamantene und eiserne Hochzeiten zu. Sofern es sich
also um Verbindungen von lebenslangem Zusammenhalt handelt, müssen
diese auch eine verlängerte postparentale Phase bestehen können. Damit
stellt sich mit dem quantitativen Aspekt auch hier die qualitative Frage nach
Sinngebungen, welche über die traditionellen biologischen und gesellschaftspolitischen Erwartungen an Ehe und Familiengründung hinaus tragfähig bleiben.

Dabei ist, mit einem weiteren Rückgriff auf Selbstbeobachtung, auf eine in-
teressante Erfahrung zu verweisen. Ich mag mich subjektiv-physisch noch so
jung und fit fühlen. Daß ich älter werde, habe ich bislang überwiegend anhand eingetretener sozialer Tatsachen und weniger an meiner körperlichen
Befindlichkeit erfahren. Es sind die heute weitgehend autonomen Entscheidungen Dritter, dank derer man die Zuschreibungen erhält, die einen sozial
als Senior oder Seniorin charakterisieren. So wird man durch seine Kinder in
die Rolle des Schwiegervaters bzw. der Schwiegermutter versetzt. Dabei
möchte ich als Indiz einer sich verändernden Lebenszyklik auch die neue
Rolle des „Schwiegerfreundes" oder der „Schwiegerfreundin" nicht vergessen. Auf gleiche Weise wird die Rolle Großvater/Großmutter zugeteilt. Und
wenn man ein durch Reglemente definiertes Alter erreicht hat, kann man sich
kaum mehr vor der Rolle als Rentner drücken.

Dann gibt es aber noch jene letzte Variante der sozialen Hinweise auf das Alter. Wenn ich erneut auf eigene Erfahrung rekurriere, so stelle ich fest, daß
diese sich in Zukunft intensivieren wird. Nachdem mit dem schon erwähnten
Tod meiner Mutter eigentlich der letzte Vertreter der Generation vor mir abge-
treten ist, stelle ich fest, daß ich nun endgültig zu jener Generation gehöre,
die unter normalen Umständen sich als nächste auf den Tod einstellen muß.
Man kann vom endgültigen, d. h. ernsthaften Beginn einer subjektiven Tha-
nato(päd)agogik sprechen. Diese Feststellung wird durch die Erfahrung ver-

stärkt, daß Altersgenossen in vermehrtem Maße auf ihrem letzten Gang begleitet werden müssen.

Es ist aber noch eine andere Variante zu erwähnen. Die Scheidungshäufigkeit nimmt zu (BJ 1980). Ein längeres Leben ermöglicht im Prinzip auch, und dies bei einem tendenziell späteren Verheiratungszeitpunkt, das mehrfache Eingehen und Auflösen einer Ehe. Dies kann auch mit erneuter Familiengründung verbunden werden. Die Familiensoziologie befaßt sich neuerdings mit der Erscheinung der „Sukzessiv-Ehe" bzw. der „Fortsetzungsfamilie" (Furstenberg 1988, 73ff.; Höpflinger et al. 1990, 60-63). Zwar sind mehrere Eheauflösungen und erneutes Heiraten historisch bekannte Erscheinungen. Es waren jedoch in der Regel Männer, die Ehefrauen durch den Tod im Kindbett verloren und die zur Sicherung und zum Aufziehen der Nachkommenschaft erneut Ehen eingingen. (Ich verweise auf „Die kleine Welt des Johannes Hooss" in: Imhof 1984, 27ff.) Der Tod war der Scheidungsgrund, noch kaum jedoch das Auseinanderleben und die Zerrüttung, geschweige denn die Emanzipation zu sich selbst im Zeichen fortgeschrittener Individualisierung u. a. m.

Hinweise auf qualitative Aspekte

Wenn ich an meine drei Vorläufergenerationen denke, mit deren Vertretern ich regelmäßigen und teilweise langdauernden Kontakt hatte, so ist anzunehmen, daß mir ein breites Reservoir an Wissen und Lebenserfahrung überliefert worden ist, welches sich innert hundert Jahren bei diesen Altvorderen angesammelt hatte. Ich meine, daß mich meine Erinnerung nicht täuscht und daß es tatsächlich weitgehend so war. Die Weitergabe solchen Lebenswissens wurde durch ein wichtiges Kriterium reguliert. Es entspricht der kindlichen Wahrnehmung und Anspruchslage, daß ich dieses Kriterium vornehmlich in seiner negativen Ausprägung erlebte, nämlich in der Formel: Das darfst du jetzt noch nicht; oder: Das verstehst du erst später usw. Der Kenntnis- und Erfahrungsvorsprung der Älteren und Eltern konnte so auch als Aspekt der Verfügungskompetenz über den gegenwärtig noch Jüngeren oder noch zu Jungen erlebt werden.

Diese Gefällesituation von der je älteren zur je jüngeren Generation ist während meines eigenen Lebensverlaufs in manchen Belangen mehr und mehr aufgehoben worden, z. B. in der Computerausbildung durch Jüngere (Tuggener 1981, 2045). Ich erwähne dazu eine persönliche Erfahrung. Sie hat für mich paradigmatische Bedeutung. Ihr Kern ist eine eigentliche Umkehrung des traditionellen Kompetenzgefälles von alt zu jung in die Richtung von jung zu alt. Allen im Hochschulbetrieb Tätigen ist bekannt, daß die Arbeitstische von Professoren, Mittelbauangehörigen aller Dienstgrade und der

192

administrativen Mitarbeiter beinahe stürmisch vom Personal-Computer erobert und besetzt worden sind. Der PC – wenn möglich der neuesten und vielseitigsten Art – wurde stellenweise fast zu einem Prestigeobjekt und Statussymbol wie etwa das neueste Cabriolet für den aufstrebenden Jungmanager. Daß ich in der Lage bin, diesen Text auf meinem privaten PC zu Hause zu tippen, wurde dank der bei bedeutend Jüngeren genossenen Unterweisung, Begleitung, Beratung und Pannenhilfe möglich. Der Kompetenzvorsprung lag in jeder Hinsicht bei meinen Assistenten, deren ältester knapp halb so alt war wie ich. Sie waren großzügig genug, um auf die Umkehrung der Formeln „Du bist noch zu jung" oder „Das verstehst du erst später" in „Sie sind schon zu alt" oder „Das erfassen Sie in Ihrem Alter nicht mehr" zu verzichten. Anzufügen ist noch, daß an meinem ehemaligen Arbeitsplatz mittlerweile bereits die dritte – wenn nicht sogar bereits die vierte – Computergeneration anzutreffen ist. Die Generationenfolge bei technischen Geräten orientiert sich nicht am Menschen, sondern erinnert in ihrer Dynamik mehr an jene der Katzen und Kaninchen.

Zu erläutern ist, warum ich dieser Erfahrung exemplarischen Rang zuschreibe. Die Verlängerung der Lebensspanne darf nicht als isoliertes Phänomen gesehen und gewichtet werden, zumal nicht vom Sozial- und Erziehungswissenschaftler. Während die verlängerte Lebensspanne zu einem Massenphänomen geworden ist, hat sich die Lebenszeit vieler Gerätschaften, die meistens mit ihrer Gebrauchszeit zusammenfällt, massiv verkürzt. Diese Gegenläufigkeit ist ein Indiz unter zahllosen weiteren, nicht besonders zu nennenden, für die zunehmende Dynamik des kulturellen Wandels (Hart 1972; Lübbe 1975, 32-56). Dabei gebe ich gerne zu, daß dieser Wandel je nach dem Gebiet, in dem er sich abspielt, entweder in kurzen Wellen oder in mittleren und langen verläuft. Dennoch: Zunehmende Evolutionsgeschwindigkeit und Komplexität der Gesellschaft lassen die Geltungszeiten von Erfahrungen und wohl auch von Werten und Normen für den Einzelnen mit seiner vergrößerten Anwartschaft auf Lebenszeit schrumpfen. Das sektorielle Veralten und Überholtwerden von Kenntnissen und Erfahrungen ist zuerst und nicht von ungefähr bei den Ärzten festgestellt worden. Aber bei genauerem Hinsehen stellt man fest, daß sich dieses Phänomen in zahllosen Einzelfällen des praktischen Alltags beobachten läßt.

Sich umorientieren zu müssen, sei es grundlegend oder sektoriell, gehört zu den sich häufenden Zumutungen in einer verlängerten Zeitgenossenschaft. Es ist dabei nicht der jeweilige Einzelfall, der anstrengt, wenn es mit ihm sein Bewenden hätte. Seine Häufung in verschiedensten oft von der Sache her weit auseinander liegenden Bereichen ist es, die fordert und manchen schon überfordert.

Rechnet man den schon ausgiebig untersuchten und in den letzten Jahren in immer breiteren Kreisen diskutierten Wertwandel dazu, so muß sich mit der Zeit ein inhaltlich reich diversifiziertes Defizit an Orientierungen aufstauen.

Der gegenwärtig große Bedarf an Ethik ist nicht zuletzt auch von daher bedingt.

Er wird jedoch potenziert durch drei während der letzten zwei Jahrzehnte virulent gewordene Probleme. Das breiter werdende Bewußtsein, daß die gedehnte Lebensspanne bald einmal jeden vor bislang nicht durch traditionelle Richtwerte abgesteckte Entscheidungen stellen könnte, fällt zeitlich zusammen mit der heftige Emotionen auslösenden Diskussion über den Anfang und das Ende des Lebens. Es werden bislang noch einigermaßen als gesichert gehaltene Grenzwerte oder Tabus nicht nur offen zur Diskussion gestellt, sondern in sich mehrenden Fällen unterwandert. Ich stecke das Problemfeld lediglich mit Stichwortsätzen ab.

Mit Blick auf den Anfang des Lebens: Ermöglichung des bisher rationalsten Verfahrens der Familienplanung durch die Pille; die Abtreibung einerseits, das Recht auf Leben anderseits und damit zusammenhängend: Wann beginnt (menschliches) Leben?; neue Befruchtungsverfahren und Gentechnologie (SEK 1977, SWR 1986, Justitia et Pax 1988, Shea/Sitter 1989).

Mit Blick auf das Ende des Lebens: Die neue Euthanasiediskussion (vgl. den neuesten Vorstoß des Europa-Parlamentes; Nau 1991) und die Sterbebegleitung und -hilfe als Ansatz zu einer neuen „Ars moriendi" (Imhof 1991); die Bestrebungen, Bedingungen und allenfalls den Zeitpunkt des eigenen Todes zu wählen (beispielsweise vertreten durch die Vereinigung Exit).

Schließlich ist im Anschluß an den zweiten Problemkreis der Übergang zum dritten fast gegeben: Es geht ja nicht bloß um Wege zum und Formen des individuellen Todes. Die Autonomie der Menschheit ist ja heute so weit gediehen, daß ihr Ausarten in die kollektive Selbstgefährdung ernsthaft bedacht werden muß, welche den Untergang der eigenen Spezies zur Folge haben kann. Die Aussicht auf eine moderne und total profane Variante der Eschatologie vermag heute massiv zu beunruhigen und zu ängstigen, weil apokalyptische oder chiliastische Vorzeichen und Signale darin nicht mehr auszumachen sind. Zwar ist in Sachen individueller Langlebigkeit auf der nördlichen Hälfte des Globus ein hoher Grad an Chancengleichheit erreicht worden. In der gleichen Welthälfte wird jedoch auch „no future" an die Wände gesprayt, obschon die individuell erwartbare Zukunft gestreckter denn je ist.

Verlängerte Lebensspanne, Dynamisierung bzw. Beschleunigung des sozialkulturellen Wandels und neuerdings politisch-gesellschaftliche Umbrüche, die den Lebenssinn ganzer Generationen in Frage zu stellen vermögen (ich denke an die Entwicklungen in den vormaligen sozialistischen Gesellschaften und Staaten) u. a. m. mögen dazu beigetragen haben, daß in den letzten Jahren der ganze Lebensverlauf zur Trefflinie (und nicht bloß zum Treffpunkt) des wissenschaftlichen Interesses verschiedener Forschungsdisziplinen geworden ist (Mayer 1990). Der Lebensverlauf hat sich als aufschlußreiche Kontaktlinie zwischen gesellschaftlicher Entwicklung und individuellem Handeln erwiesen (Mayer 1990, 7f.; Sorensen 1990, 304ff.).

Die Annahme, es könnten sich Annäherungen in der Lebensverlaufsstruktur von Männern und Frauen ergeben, wird durch die bisherige Forschung nur sehr bedingt bestätigt. Die relativ größte Konvergenz ist in der Schule und allenfalls noch im Beruf zu verzeichnen. Darüber hinaus zeigt sich, „daß das Leben der Frau stärker auf das ihres Partners ausgerichtet ist, als dies umgekehrt der Fall ist" (Sorensen 1990, 317f.). Frauen sind zudem in höherem Maße ökonomischen Risiken ausgesetzt als Männer. Diese potentielle Verunsicherung nimmt mit dem Alter eher zu denn ab (Sorensen 1990, 317). Da Frauen heute über eine höhere Lebenserwartung als Männer verfügen, fällt diese Tatsache auch makrosozial ins Gewicht. Die Population des oben erwähnten Altersheims setzt sich zu drei Vierteln aus Frauen zusammen.

Verlängertes Dasein im Hier und Jetzt – inwiefern ist Pädagogik/Erziehungswissenschaft gefordert?

Ich schicke eine Warnung und eine sich daraus ergebende Einschränkung voraus. Wenn Gesellschaften sich von katastrophalen Bedrohungen oder Erfahrungen des Niederganges erholen müssen, wenn laute Revolutionen stattgefunden haben oder wenn sozialer Wandel mit all seinen Folgelasten als sanftvirulente Revolution im Bewußtsein weiter Kreise erkannt worden ist und die kollektive Verunsicherung um sich greift, dann ist der Ruf nach einer rettenden und die heranwachsende Generation menschlich erneuernden Erziehung bald einmal zu hören. Ich erwähne ein berühmtes Beispiel: Vor 183 Jahren ist z. B. in Berlin die „gänzliche Umschaffung des Menschengeschlechtes" (Fichte, 1762-1814) durch eine neue Erziehung postuliert worden.

Wird dieser Ruf nicht von Pädagogen oder pädagogiknahen Geistern selbst erhoben, so hat er doch für Pädagogen viel Suggestivkraft, welche die schlummernde Bereitschaft zur Überschätzung der eigenen gesellschaftspolitischen Möglichkeiten wecken könnte. Meine Warnung geht dahin, es sei mit Blick auf die mit der Zunahme der Lebensspanne erkennbar werdenden Folgelasten nicht zuviel, wohl aber durchaus etwas seitens der Pädagogik bzw. der Erziehungswissenschaft zu erwarten. In der klug zurückgenommenen Erwartung könnte der Kern für mehr tatsächliche Wirkung liegen, als in einer die Emotionen zum Wallen bringenden Rettungsrhetorik.

Zunächst ist nochmals Vergegenwärtigung erforderlich. Die Leitfrage lautet: Was ist tatsächlich schon vorhanden?

Festzustellen ist, daß der Lebensverlauf des gegenwärtigen Menschen von einem ganzen Kranz von Dienstleistungseinrichtungen umgeben ist, darunter auch von schul- und sozialpädagogisch/sozialarbeiterisch ausgerichteten. Das unterscheidet ihn von einem Lebensverlauf im 19. Jahrhundert. Dichte und Geschlossenheit dieser institutionellen Einrahmung können als Indikatoren für einen voll entwickelten Sozialstaat genommen werden. Einem Teil dieser Einrichtungen kann er sich nicht entziehen. Er ist entweder mit einem Obligatorium verbunden oder es herrscht ein so großer Erwartungs- oder Lenkungsdruck, daß man sich fast schon den Ruch des Abweichlers zuzieht, wenn andere Wege eingeschlagen werden. Ich denke im ersten Fall an die Pflichtschule und im zweiten z. B. an die Berufsausbildung.

Unter entwicklungsgeschichtlichem Gesichtspunkt fällt auf, daß sich dieser Kranz von Einrichtungen zuerst um die Lebensphasen von Kindheit und Jugend herum entwickelt hat. Nicht von ungefähr ist der Volksschullehrer zum ersten Prototypen verberuflichter Pädagogik geworden. Später weitet sich dieser institutionelle Kranz immer mehr in die Abschnitte des Erwachsenenalters aus. Der jüngste und wahrscheinlich noch keineswegs abgeschlossene Entwicklungsschub bringt eine weitere Ansammlung sich institutionalisierender Aktivitäten um die späteren und späten Phasen des menschlichen Daseins, für das Älterwerden und das endgültige Altsein. Seniorenbildung ist ein Postulat des auslaufenden Zwanzigsten Jahrhunderts.

Damit ist ein dritter Aspekt angesprochen: Der Verdichtungsgrad dieser Angebote ist um das erste und um das letzte Lebensdrittel am größten und lockert sich vorderhand noch um die Phase des aktiven Alters. Immerhin bestehen meines Erachtens genügend Anhaltspunkte dafür, daß auch für diesen Lebensabschnitt noch mehr Einrichtungen entstehen werden. Bald wird der Kranz lebenslaufbegleitender soziokultureller und psychosozialer Dienstleistungen lückenlos geschlossen sein (Tuggener 1982, 289-300).

Angesichts dieser in der gesellschaftlichen Praxis schon weit fortgeschrittenen Entwicklung wird vielleicht meine alternative Titelformulierung für diesen Abschnitt nachvollziehbar. Es ist ja von Pädagogik/Erziehungswissenschaft die Rede. Ich gestehe, daß ich mit Blick auf den zeitlich markant verlängerten Lebenslauf des Menschen am Ende des 20. und kurz vor Beginn des 21. Jahrhunderts entschieden Hemmungen habe, diese vergrößerte Lebensspanne noch als focus paedagogicus zu sehen. Aber diese Hemmung verbindet sich für mich mit einem Novum, das mich gelegentlich geradezu fasziniert.

Nimmt man die Silbe „Päd-" in Pädagogik noch wörtlich, so hat die Pädagogik im Laufe dieses ablaufenden Jahrhunderts ihre angestammten Grenzen in mehrfacher Hinsicht überschritten.

Eine erste Grenzüberschreitung erfolgte durch die Ausdehnung des pädagogischen Anspruches in außerschulische und auch außerfamiliäre Bereiche. Damit ist zumal im deutschsprachigen Raum die Etablierung von Sozialpädagogik verbunden.

Eine zweite ist die Ausweitung ihres Zuständigkeitsbereiches entlang des Lebenslaufes. Stichworte wie Erwachsenenbildung und Seniorenbildung, Volkshochschule und Senioren-Universität belegen diesen Vorgang.

Fragt man nun, worin denn das angekündigte Novum bestehe, so heißt das, von der Vergegenwärtigung bestehender Fakten zu ihrer Reflexion überzugehen.

Entscheidend ist die zweite Grenzüberschreitung. In ihrem schrittweisen Vollzug wird das seit rund zweitausend Jahren bestehende und für alle Pädagogik als konstitutiv gehaltene Grundverhältnis des Altersgefälles ins Gegenteil verkehrt. In der Erwachsenenbildung zeichnet sich in einem gemischten Zustand ab, was für die Seniorenbildung praktisch zur Normalität wird: Der Bildner ist jünger als der zu Bildende. Der Erwachsenenbildner und zumal jener, der sich mit alten Leuten befaßt, ist an Sachkompetenz überlegen, an Lebenserfahrung sicher und an Lebensklugheit großer Wahrscheinlichkeit nach ärmer.

Es wäre also intensiv über Verlaufsformen des Wandels des pädagogischen in einen andragogischen und sogar gerontagogischen Bezug nachzudenken. Indem ich so formuliere, unterstelle ich lebenslaufbegleitende Wirkungsverhältnisse bildend-formenden Charakters. Es wäre aber ein Mißverständnis, wollte man dies mit „Pädagogisierung" des Lebensganges gleichsetzen. Schon der ursprüngliche Wortsinn von Pädagogik läßt dies nicht zu. Aber auch die soeben namhaft gemachte Veränderung, ja Umkehrung konstitutiver Elemente des Pädagogischen, würde durch eine solche Pädagogisierung obsolet. Manche alltagssprachliche Rechtfertigungsformel für den Anspruch pädagogischen Verstehens wird bei diesem Wandel sinnlos. Wenn Erzieher/Lehrer sich auf ihren Altersvorsprung berufen, um damit gleichzeitig dem Jüngeren zu signalisieren, daß man alles das, was ihn jetzt beschäftigt oder sogar bedrückt, auch einmal durchgemacht hat und daher nachfühlen könne, fällt diese schlichte Möglichkeit in der Erwachsenenarbeit, die Legitimation durch eigene Antizipation, dahin. Es wäre ja grotesk, wenn nicht sogar absurd, wenn der jüngere Gerontagoge sich mit der Formel auszuweisen vermöchte: Als ich zum ersten Male gestorben bin ...!

Ich meine, daß aus der Reflexion dieser neuen Perspektiven ein ganz neuer Zugang zur kritischen Überprüfung auch des traditionellen pädagogischen Bezugs und der über diese Relation zu lösenden Aufgaben erschlossen werden könnte.

197

Das pädagogische Handeln ist durch eine eigenartige Zeitstruktur charakterisiert. Es geschieht in der Gegenwart und ist auf sie bezogen. Aber dies eben nicht ausschließlich. Immer ist auch ein Bezug auf die Zukunft eingeschlossen. Wiederum wird das in alltäglichen Legitimationsformeln deutlich, dann nämlich, wenn Eltern explizit den Zukunftsbezug einer hier und jetzt erfolgenden Maßnahme erwähnen: „Du wirst den Nutzen davon später einsehen" oder „Wenn du das jetzt nicht lernst, wirst du es später bereuen". Diese überlieferten Formeln stammen allerdings aus einer Zeit, da man einmal als „ausgelernt" und als „erwachsen" im Sinne von definitiv erzogen deklariert werden konnte. Das gleiche gilt von der Spruchweisheit: Was Hänschen nicht lernt, lernt Hans nimmermehr. Zwar hat sich die Zeit des Hänschen-Seins im Laufe von zweihundert Jahren markant verlängert. Man bleibt in der Gegenwart aber auch bedeutend länger im Hans-Stadium. Und auch dieses wird heute als Lernphase verstanden.

Verlängerte Lebensspannen könnten zu einer Überbewertung des Zukunftsbezuges verleiten. Zukunftsbezug ja, aber nicht schon gleich für die nächsten statistisch erwartbaren siebzig bis achtzig Jahre. Das wäre systematische Überforderung. Da wir mit einem langen Leben rechnen können, kommen wir mit der einmal stattfindenden Bildung und Erziehung als Vorbereitung auf dieses eine Leben nicht mehr durch. Die gestreckte Lebenszeit bedingt eine Art mitlaufender Vorbereitung auf die nächste Phase, auf den nächsten Aspekt des Lebenszyklus. Wir absolvieren nicht nur unter dem Gesichtspunkt der Rollentheorie verschiedene Teilleben. Wir bereiten uns auch in zunehmend differenzierter Weise auf mittelfristige Lebensphasen, also auf Abschnitte unserer Gesamtzukunft vor.

Wenn ich das im Indikativ und nicht im Konditional formuliere, so verweise ich zur Erklärung wiederum auf die bestehende gesellschaftliche Praxis. Der erwähnte Kranz lebensbegleitender Dienstleistungsangebote konkretisiert das nämlich bereits, wenn auch noch nicht umfassend. Die Berufsberatung hat sich zur Laufbahnberatung entwickelt. Von der Ehevorbereitung über Mütterberatung und Elternschulen sind mit der Zeit auch die Älterenschulen herausgewachsen. Für die wichtigsten Passagen oder Übergänge im Leben bestehen heute weitgehend Beratungs-, Vorbereitungs- und Begleitangebote. Natürlich legitimieren sich die meisten nicht explizit mit dem Tatbestand der Lebensverlängerung. Sie berufen sich in der Regel auf andere Komplikationen des modernen Lebens wie etwa Erfahrungs- und Traditionsverlust und die damit verbundenen Varianten der „neuen Unübersichtlichkeit" (Habermas *1929). Mit dem Verweis auf diese konkreten Anpassungsleistungen möchte ich belegen, daß nicht einfach nichts geschieht.

Was angesichts solcher gesellschaftlicher Pragmatik der Reflexion als neue Aufgabe zufällt, ist das Konzept einer Art Agogik des Lebenslaufes. Der Neologismus Agogik ist nur soweit wirklich neu, als er seinen uns bedeutend geläufigeren Vorsilben Päd-, Andr- und Gerontagogik entkleidet ist.

Wenn ich oben die Faszination durch das hoffentlich zulänglich skizzierte Novum erwähnt habe, so entzündet sie sich gerade an diesem Punkt. Agogik des Lebenslaufes wäre als integrale Lebensführungslehre zu verstehen. Sie müßte unter ständiger Ausrichtung auf den Stand der psychologischen und soziologischen Lebensverlaufsforschung ausgehen, von der in allen Lebensverläufen, wie diversifiziert sie auch immer sein mögen, gemeinsamen Grundsequenz der Initialsozialisation in das Leben hinein in Kindheit und Jugend, der sektoriellen Sozialisationen und Umsozialisationen in den nachfolgenden Abschnitten und einer unausweichlichen Phase der schrittweisen Desozialisation zum Tode hin (Woll-Schumacher 1980). Mit der Verwendung des Begriffs Desozialisation habe ich mich nicht gegen irgendwelche gerontagogische Leitvorstellungen über eine aktive dritte und sogar vierte Lebensphase ausgesprochen. Ich meine nur, daß zur Lebenszugewandtheit auch eine rechtzeitige Ausrichtung auf den unvermeidlichen eigenen Tod gehört. Auch das Sterben ist ein Lebensmerkmal.

Ich komme in diesem Zusammenhang nicht von der Vermutung los, daß gerade die gestreckte Lebensspanne und insbesondere die Bestrebungen, immer mehr Leute zu einer aktiven Gestaltung des nachberuflichen Lebens hinzuführen, gelegentlich von der Tatsache des Endes abzulenken vermögen. Diese Bereitschaft zur Ablenkung scheint aber latent in um so größerem Maße vorhanden und ansprechbar zu sein, als man den Tod selbst profaniert und als endgültiges Aus, nicht mehr als das Nadelöhr, das dem Armen eher als dem Reichen offen ist, erlebt. So wie schwindende materielle Ressourcen ängstigen können, so vermag die Einsicht in das progressive Schwinden der Ressource Zeit zu einer echten und daher oft mit allen Listen und Tücken zu verdrängenden Not werden. Jenen, denen mit dem Ausblick auf jenseitige Erfahrungen keine innere Ruhe mehr verschafft werden kann, werden wir Wege zum heiter gelassenen Dasein angesichts sich täglich verknappender Zukunft erschließen müssen.

Kapitel 9

Erfüllt leben – in Gelassenheit sterben

Bericht über das gleichnamige Symposium in Berlin 23. – 25. November 1993

„Sterben in Gelassenheit" – zur Einleitung

„Sterben in Gelassenheit": Was meint das, für uns, heute? Einer, der sich viele Gedanken hierüber machte, ist der Medizinethiker Daniel Callahan, als Mitbegründer und Leiter des angesehenen Hastings Center bei New York und Autor auflagenstarker Bücher auch hierzulande kein Unbekannter. Erst vor kurzem faßte er in neun Punkten zusammen, was er unter einem „peaceful death", einem Sterben in gefaßter Gelassenheit versteht, und zwar für sich ganz persönlich:

(1) Ich möchte einen Sinn in meinem Sterben sehen. Oder wenn ich das nicht erreichen kann, so möchte ich mich doch mit meinem Tod aussöhnen können. Irgendeinen Sinn muß meine Sterblichkeit machen.

(2) Ich hoffe, daß man mir im Sterben mit Respekt und Sympathie begegnet. In physischer wie geistiger Hinsicht möchte ich in Würde sterben können.

(3) Ich möchte, daß mein Tod anderen nicht gleichgültig ist. Er sollte für sie ein Unglück sein und die Zerstörung menschlicher Bindungen und menschlicher Gemeinschaft bedeuten. Dies sollte auch dann der Fall sein, wenn sie einsehen, daß mein Tod gegebenenfalls besser ist als ein ausgedehntes Weiterleiden, und daß Sterben zur Natur des Menschen gehört.

(4) Zwar möchte ich nicht gerade öffentlich sterben, so wie es zu Zeiten eines gezähmten Todes im Sinne von Philippe Ariès der Fall war, als selbst Unbekannte von der Straße Abschied von einem Sterbenden nahmen. Doch möchte ich im Sterben nicht allein gelassen und wegen meines bevorstehenden Todes psychisch bereits aus der Gemeinschaft ausgeschlossen sein. Ich möchte vielmehr, daß Menschen um mich sind, wenn vielleicht auch nicht im selben Raum, so doch in nächster Nähe.

(5) Selbst wenn ich anderen durch mein Sterben möglicherweise bis zu einem gewissen Grad zur Last fallen muß und ich dies auch akzeptiere, so sollte

sich diese Last doch in Grenzen halten. Mein Lebensende darf niemanden in den finanziellen oder emotionalen Ruin treiben.

(6) Ich möchte in einer Gesellschaft leben können, die den Tod nicht fürchtet, zumindest nicht den Tod an einer Krankheit in vorgerücktem Alter. Ich möchte ferner in einer Gesellschaft leben, die durch Rituale und allgemein geübte Praktiken sowohl dem Sterbenden wie nach dessen Ableben auch seinen Freunden und seiner Familie Trost spendet.

(7) Ich möchte bis kurz vor meinem Tod nicht nur bei Bewußtsein, sondern im Vollbesitz meiner geistigen und emotionalen Fähigkeiten sein. Ich würde es begrüßen, im Schlaf zu sterben, jedoch nicht nach langer Bewußtlosigkeit am Ende eines ausgedehnten Komas.

(8) Ich hoffe, daß mein Sterben kurz ist und sich nicht in die Länge zieht.

(9) Es schaudert mich beim Gedanken, daß mein Sterben durch unerträgliche Schmerzen und langes Leiden geprägt sein könnte. Sollte mir jedoch dieses Schicksal beschieden sein, hoffe ich, auch die Kraft zu haben, es zu ertragen (Callahan 1993, 195-196; zu Callahans früheren Thesen hinsichtlich „setting limits" vgl. den Symposiumsbeitrag von Ruth Mattheis als Kapitel 11 in diesem Band).

Callahans neun Punkte sind hier in extenso wiedergegeben, weil sich die Wünsche des Amerikaners wahrscheinlich weitgehend mit den Wünschen vieler Zeitgenossen nach einem dergestalt friedlichen Sterben in Gelassenheit auch hierzulande decken. Sollten wir uns demzufolge also nicht verstärkt darum bemühen, Voraussetzungen zu schaffen, damit sie so oft wie möglich in Erfüllung gehen – sei dies nun im Hinblick auf den eigenen Tod, sei es im Hinblick auf den Tod eines andern?

Ich bin jedoch skeptisch. Es ist eine Sache, sich bei guter Gesundheit und mitten im Leben auszudenken, wie man dereinst – wenn es so weit ist – am liebsten von hinnen gehen würde. Eine andere Sache dürfte sein, wie man sich zu gegebener Zeit verhalten und welche Wünsche man dann haben wird. Skeptisch bin ich aber vor allem aufgrund einer Einsicht, die aus dem gesamten Forschungsvorhaben erwachsen ist, das diesem Sammelband zugrunde liegt.

Eine der wichtigsten Folgen der „Zunahme unserer Lebensspanne seit 300 Jahren" besteht darin, daß wir heute erstmals wachen Auges einen in Erfüllung gegangenen uralten Traum der Menschheit erleben können. Wir sind historisch wie weltweit die ersten und einzigen, die in so großer Zahl die komplette menschliche Lebensspanne von Anfang bis zum Ende ausleben können. Im Vergleich zum Durchschnitt unserer Vorfahren haben wir zwei, wenn nicht drei Leben zu unserer Verfügung. Wir haben indes nicht nur quantitativ ungleich mehr Lebensjahre als früher und anderswo auf der Welt, sondern – dies ist die Voraussetzung dafür – auch qualitativ ungleich bessere. Man sollte also meinen, daß die meisten Menschen bei uns nun wie nie zuvor glücklich und zufrieden durchs Leben gingen. Schaut und hört man sich jedoch um, hat man häufig einen gegenteiligen Eindruck. Gibt es da nicht Grund anzunehmen, daß dem keineswegs anders wäre, wenn auch unsere Sterbewünsche, so wie sie Callahan in Übereinstimmung mit unseren eigenen Vorstellungen oben nochmals geschildert hat, vermehrt in Erfüllung gingen?

Hier hakte das Symposium ein. Obwohl Callahan an anderer Stelle im gleichen Buch dem Kern des Problems recht nahe kommt, wenn er von „a fundamental reality: to be human is to be mortal" spricht (Callahan 1993, 123), scheint es mir doch genau das zu sein, wovor er sich windet und mit ihm die meisten von uns. Wir können einfach nicht wahrhaben, daß wir mit dem Tod tot sind. Obwohl Menschen als einzige Lebewesen auch vernünftige Sterbewesen sein könnten, fällt uns doch gerade dies ungeheuer schwer. Gewiß kann man hierfür mehrere Gründe anführen. So haben wir einerseits unsere frühere Unsterblichkeit verloren. Nur wenige von uns glauben noch uneingeschränkt an eine Auferstehung von den Toten und an ein ewiges Leben. Auch hapert es mit unserem Erlöschen auf Raten, seitdem die Schar unserer Nachkommen so stark geschrumpft ist oder viele von uns überhaupt keine Kinder mehr haben. Oder wenn wir welche haben, sind die Kontakte zu ihnen aufgrund heutiger Scheidungsverhältnisse oder anderer Ursachen wegen häufig weitgehend inexistent. Wie sollten wir da wie ehedem zumindest in deren Gedächtnis noch eine Zeitlang weiterleben können?

Andererseits sorgt unser kollektives langes Gedächtnis dafür, daß die meisten von uns immer noch spüren, was wir da erst in jüngster Zeit in beiderlei Hinsicht eingebüßt haben. Sich jedoch einzugestehen, daß es nunmehr weder länger eine Fortsetzung in einem Jenseits gibt, noch Dutzende Nachkommen uns über Generationen hinweg nachtrauern werden, ist manchen von uns völlig unerträglich, ganz zu schweigen davon, daß wir gewillt wären, über diese Situation vernünftig nachzudenken und uns mit ihr auszusöhnen. Da wollen wir, wie es Callahan tut, den Tod zwingen, sich uns zu erklären und uns seinen Sinn zu erläutern. Früher war das einmal klar. Nach christlicher Auffassung stellte der Tod etwas dar, was gar nicht sein sollte. Er kam erst durch den Sündenfall unserer Stammeltern in die Welt: „Deshalb, wie durch einen Menschen die Sünde in die Welt gekommen ist und der Tod durch die Sünde, so ist der Tod zu allen Menschen durchgedrungen, weil sie alle gesündigt haben", oder knapp und bündig: „Der Sünde Sold ist der Tod" (Römer 5,12; Römer 6,23). Außerdem wünschen wir dringend, daß andere unseren Tod als Unglück empfinden und uns nachtrauern. Unser Verschwinden soll eine Lücke hinterlassen und für sie ein spürbarer Verlust sein. Darüber hinaus möchten wir ausgerechnet beim Sterben jene Gemeinschaft wiederhaben, derer wir uns ein Leben lang als meist nur noch Teilzeit-Gemeinschafter weitgehend entledigten. Und unter „Sterbebegleitung" stellen wir uns idealiter „menschliche Nähe am Krankenbett" vor (so Titel und Untertitel von Schweidtmann 1992).

Ich fürchte, so lange wir beim Sterben nicht wirklich bereit sind, endgültig loszulassen und definitiv Abschied zu nehmen, wird uns das Sterben weiterhin sehr schwer fallen. Und so lange wir uns nach wie vor so wichtig nehmen, wie es im Wunschkatalog auch Callahans oben immer wieder durchschimmerte, werden wir uns mit Sterben und Tod kaum je versöhnen. Das mag hart klingen. Doch was nützt es, Wünschen nachzuhängen, die am Ende platzen? Ich will gewiß niemanden vom Händchenreichen abbringen, niemandem das Selbstwertgefühl nehmen, niemandem das Wunschsterben à la Callahan vorenthalten. Daß es jedoch für eine Vielzahl Zeitgenossen eine Realität werden wird, bezweifle ich. Appelle wie „Sterbende brauchen Solidarität" hören sich zwar gut an, dürften jedoch weitgehend unbefolgt verhallen (Kruse/Wagner 1986).

Die Zeiten sind nicht länger so. Andere Kapitel in diesem Buch, alle ebenfalls aus dem Forschungsvorhaben erwachsen, handelten eingehend hierüber. Man kann nicht beides gleichzeitig haben: einerseits erstmals das lange, sichere Leben als Folge der gegenwärtigen Bändigung uralter existenzbedrohender „Pest, Hunger und Krieg"-Zustände, und andererseits die Gemeinschaft, die in jenen erbärmlichen Zeiten von unseren Vorfahren zwangsweise zwecks Überlebens eingegangen werden mußte; nicht sich einerseits nur für die guten Tage und die besten Jahre im Leben den Wunsch nach Selbstverwirklichung erfüllen und für die schlechten Tage bzw. die Sterbephase andererseits auf die Hilfe von Mitmenschen verlassen wollen (vgl. hierzu in diesem Buch das Kapitel 3: Von der schlechten alten Zwangsgemeinschaft zum guten neuen Single; unter den vorhabenbezogenen Monographien vgl. Das unfertige Individuum. Sind wir auf halbem Wege stehen geblieben? Köln-Weimar-Wien: Böhlau 1992).

Ein gelungenes Leben

Da scheint es mir sinnvoller, den heutigen Gegebenheiten möglichst unvoreingenommen ins Auge zu sehen und zu versuchen, das beste aus unserer Situation zu machen. Die Aussichten dafür sind so schlecht gar nicht. Voraussetzung ist allerdings, daß wir uns wieder vermehrt auf jene jahrhundertealte Weisheit besinnen, die uns der Philosoph Markus H. Wörner in seinem

Eingangsreferat mit dem Titel „'Gelungenes' Leben" in Erinnerung rief. „Leben heißt, die von Anfang an in uns angelegte Spannung zwischen Werden, Sein und Vergehen zu akzeptieren, auszuhalten und aushaltend zu gestalten und [was heute angesichts medizinischer High-Tech-Möglichkeiten nicht häufig genug betont werden kann] den Tod zur rechten Zeit auf uns zu nehmen" (vgl. den Beitrag Wörner in revidierter Form als Kapitel 10 in diesem Band. – Sämtliche Symposiumszitate stammen hier und im folgenden aus der von den Referenten vor der Veranstaltung eingereichten ursprünglichen Beitragsversion, gelegentlich auch aus spontanen Zusätzen während der Konferenz. Da im Anschluß an das Symposium Gelegenheit zur Überarbeitung bestand, ist es in Einzelfällen möglich, daß die 1994 im Verlag Duncker & Humblot erschienene Druckfassung geringfügig anders lautet).

Der Wörnersche Kernsatz hätte als Motto über dem gesamten Symposium stehen können. „Erfüllt leben – in Gelassenheit sterben" verfolgt von Anfang an die Strategie, es gar nie so weit kommen zu lassen, wie es der Buchtitel von Callahan „The troubled dream of life" evoziert (Callahan 1993). Zwar gilt auch bei uns sein im Untertitel vermerktes Memento „Living with mortality", aber doch nicht so, daß es beim Sterben dann zu geplatzten Träumen kommt und sich das Erdendasein in der Retrospektive als ein „troubled dream of life" darstellt.

Den Philosophen Wörner hatten wir gebeten, uns zu Beginn des Symposiums mit dem alten, bei uns bis in die Antike – konkret auf „Eudaimonia" im Ersten Buch der Nikomachischen Ethik des Aristoteles – zurückreichenden Konzept von einem „gelungenen Leben" vertraut zu machen, bzw. es uns allen wieder in Erinnerung zu rufen. Während einer fast zweitausendjährigen Vergangenheit konnten wir uns bzw. konnten sich unsere Vorfahren dessen Vergessen eher leisten als wir heute, war die Sorge um ein gelungenes Leben doch angesichts eines jahrhundertelang vorhandenen Glaubens an ein Jenseits weitgehend irrelevant. „Leben ist in unseren Tagen", so Wörner, „kein Experiment, das unter veränderten Bedingungen wiederholt werden kann, bis es gelingt". Wir haben nur eine Chance. Neu, grundlegend neu ist für uns indes die Tatsache, daß wir erstmals Herr über unser Leben sein können. Im Vergleich zu heute mußten unsere Vorfahren bis vor kurzem die ultimative Machtlosigkeit gegenüber „Pest, Hunger und Krieg" immer aufs neue am eigenen Leib erfahren. Endgültig Herr über unser Leben sind wir allerdings nur und erst dann, wenn wir uns auch von der Todesfurcht befreien und das Sterben zur rechten Zeit gelassen auf uns zu nehmen vermögen.

Um zu solcher Gelassenheit im Sterben aufgrund eines erfüllten Lebens zu gelangen, griff Wörner zwar auf mein Konzept vom Lebensplan zurück. (Lebensplan meint, das Leben von seinem heute erstmals relativ kalkulierbaren späten Ende her zu organisieren, indem von Anfang an durch Kultivierung körperlicher und geistig-musischer Interessen Stärken und Schwächen einer jeden Lebensphase ausgleichend aufeinander bezogen und abgestimmt werden.) Er hielt es jedoch für nicht ausreichend. Sein Stichwort lautete „Sensibilität". Damit meinte er Erhaltung und Pflege einer lebenslangen Liebe zu „umsichtig achtsamer und situationsbezogener Wahrnehmung, die bis ins hohe Alter ein Gespür für das Besondere im Gesamt der Alltagswelt erhält." Deren Ziel sei es, Geschmack an jeder Phase des Lebens, auch den späten, zu finden. „Die Kultivierung möglicherweise lebenslanger Interessen von früher Jugend an kann nur einen der vielen hierzu notwendigen Bausteine liefern. Interessen und Lebenspläne, welche im Lauf der Zeit Sensibilität faktisch vermindern, sind zumindest fragwürdig."

Gegen Wörners Ausweitung des Lebensplan-Konzepts habe ich im Prinzip nichts einzuwenden. Sorgen macht mir in Kombination eher sein wiederholter Rekurs auf verschiedene unserer Freiheiten: „Man kann niemanden zu seinem Glück zwingen, sagt man gemeinhin, wohl aber dazu geneigt machen." Oder ausführlicher: „Wir sind gerade dadurch Menschen, daß wir die Spannung von Leben, Sterben und Tod zulassen, aushalten und aushaltend gestalten. In Akten individueller oder kollektiver Selbstvernichtung, im Suizid oder im Omnizid, umgekehrt aber auch in einer Tod und Sterben institutionell marginalisierenden Gesellschaft wird diese Spannung gerade nicht ausgehalten. Dies macht beides so unmenschlich. Dennoch kann uns niemand dazu zwingen, diese Spannung auszuhalten und zu gestalten. Dies ist Teil unserer Freiheit. Wir können, aber müssen nicht menschlich sein."

Sorgen machen mir diese Äußerungen deshalb, weil wir bei Wörner anderswo auch lesen können: „Eine Haltung, die in unserem Leben spannungsvoll geeinten Grundbestimmungen zuzulassen, uns auf sie einzulassen, ihre nicht immer lustvolle oder beglückende Spannung auszuhalten und zu gestalten, stellt sich in unserem Leben weder notwendigerweise noch spontan ein. Sie ist Sache der Einübung. Ich möchte sie Gelassenheit nennen." Sein Ziel ist es also, in Gelassenheit leben zu lernen, um dann auch in Gelassenheit sterben zu können. „Zu lernen, sein Leben auf der Grundlage von Gelassenheit und Verhältnisdenken gekonnt zu leben, bedeutet demnach zugleich zu lernen, gekonnt zu sterben. Ars Vitae und Ars Moriendi sind notwendig ineinander verschränkt. Man kann nicht über die eine Kunst verfügen, über die andere aber nicht."

Wie jedoch soll das ohne Ausübung von zumindest sanftem Druck auf viele Zeitgenossen geschehen, stammen doch sämtliche erwähnten Freiheiten, für deren Erhalt auch ich im Prinzip eintrete, noch aus einer Ära, als es in aller Regel nicht notwendig war, Geschmack auch an späten und sehr späten Phasen eines langen Lebens zu finden? Dies ist, worauf mein Konzept vom Lebensplan in erster Linie abzielt, nämlich einer völlig neuen, noch nie in gleicher Weise auf so viele Menschen zutreffenden Situation gerecht zu werden. Wer – wie immer etwa wieder zu erleben – indigniert auf das Konzept vom Lebensplan reagiert, indem er lauthals bekundet: „Wie ich mein Alter gestalte, bestimme ich!", der mag das mit 20, 30, 40, 50 Jahren so sehen und an eine solche Selbstbestimmung bis ins hohe Alter mangels bereits gemachter Erfahrungen sogar glauben. Immer wieder auf die Notwendigkeit eines Lebensplans hinzuweisen meint nichts anderes, als immer wieder daran zu erinnern, daß es mit diesem Glauben allein nicht getan ist. Je älter wir nun erstmals werden, um so größer ist die Wahrscheinlichkeit, daß unsere körperlichen Fähigkeiten vor unseren geistigen nachlassen. Nicht „ich" bestimme dann über die Gestaltung meines Alters, sondern mein Körper. Präventiv hätte ein Lebensplan in so einem Falle dafür gesorgt, daß selbst dann die gewonnenen Jahre noch erfüllte Jahre sein könnten, nämlich unter Ausnützung der länger vorhaltenden geistigen Fähigkeiten. Voraussetzung hierfür ist allerdings, daß diese intellektuellen Kapazitäten neben den körperlichen ab früher Jugend trainiert, gehegt, gepflegt, vertieft wurden. Wer das aufklärende Insistieren auf solche präventiven Hinweise „freiheitsberaubendes Ausüben von Druck" nennt, mag das so nennen.

Harte Fakten : Sterben wir zu früh oder zu spät?

Der erste Symposiumstag

Um überzeugen zu können, genügt es indes nicht, bloß vage von der „Wahrscheinlichkeit" zu sprechen, „daß unsere körperlichen Fähigkeiten (mit zunehmendem Alter häufig, wenn auch nicht immer) vor unseren geistigen nachlassen." Zu recht will man hier „harte Fakten" vorgelegt bekommen. Diesem Aspekt war denn auch der ganze übrige erste Symposiumstag unter dem Motto „Harte Fakten: Sterben wir zu früh oder zu spät?" gewidmet. Die hierbei vorgelegten insgesamt neun Referate bezogen sich allerdings nicht nur auf die eben angesprochene unterschiedliche Entwicklung von körperlichen und geistigen Fähigkeiten mit zunehmendem Alter. Vielmehr kam eine ganze Reihe weiterer sozio- und historisch-demographischer Aspekte zur Sprache. So berichteten zwei Historiker-Demographen aus Schweden über die alters- und geschlechtsspezifische Entwicklung der Sterblichkeit bzw. der Lebenserwartung von 1750 bis heute. Jan Sundin von der Universität Linköping tat dies unter dem schönen Titel „Vom Sterberisiko zur Lebenschance. Der abendländische Weg zum längeren Leben". Lars-Göran Tedebrand von der nordschwedischen Universität Umeå konzentrierte sich auf die Entwicklung der „Sterblichkeit der über 80jährigen in Schweden 1750-1980".

Wieso Schweden? Betraf denn das eigene Forschungsvorhaben der letzten vier, wenn man die Vorläufer noch dazu rechnet, der letzten acht oder zwölf

Jahre in Berlin nicht die Entwicklung der alters- und geschlechtsspezifischen Sterblichkeit bzw. der Lebenserwartungen während der letzten 300 Jahre in Deutschland? Das ist zwar richtig, und es wurde im Laufe der Jahre auch eine ganze Reihe von Publikationen zu eben dieser Thematik vorgelegt. Dennoch ist der Abstand zu dem, was auf dem gleichen Gebiet in Schweden möglich ist und erarbeitet wurde, nach wie vor immens. Er wird auch nie ganz aufgeholt werden können, dies nicht nur deswegen, weil die Geschichtsforschung in Skandinavien diesbezüglich seit langem favorisierendere Prioritäten setzt als die eher konservative hierzulande, sondern es hat vorab quellenmäßige Hintergründe.

In keinem anderen Land der Welt gab es so früh ein so effektives Statistisches Zentralbüro wie im zentralistischen Königreich Schweden. Bereits 1749 nahm eine „Tabellenkommission" in Stockholm ihre Arbeit auf, d. h. gut 120 Jahre früher als etwa das „Kaiserliche Statistische Amt" in Berlin (1872). Schweden hatte im Nordischen Krieg (1700-1721) seine Ostsee-Großmachtstellung eingebüßt. Im Rahmen der anschließenden Bestandsaufnahme über die verbliebenen Ressourcen interessierte man sich verständlicherweise auch für die genaue Größe, Zusammensetzung und Entwicklung der Bevölkerung. Erste, wenn auch zum Teil nur regionale Erhebungen wurden in den 1720er, 30er und 40er Jahren durchgeführt. Unter Auswertung der hierbei gemachten Erfahrungen erfolgten sie dann ab 1749 systematisch und landesweit. Jede Kirchengemeinde erhielt drei großformatige Tabellenvordrucke zugesandt, die ab damals jährlich von der lokalen Geistlichkeit unter Verwendung der laufend geführten Kirchenbücher auszufüllen und einzusenden waren. In der Tabelle I mußten die Geborenen nach Geschlecht und Legitimität, die Gestorbenen nach Geschlecht, gestorben im Kindes- oder Erwachsenenalter sowie die geschlossenen Erst-Ehen und die Wiederverheiratungen in vorgedruckte Monatsrubriken eingetragen werden. Die Tabelle II erfaßte nochmals sämtliche Gestorbenen nach Geschlecht, nun aber eingeteilt in Säuglinge, Kleinkinder sowie anschließend in Altersgruppen zu je fünf Jahren bis 90 Jahre und darüber sowie, völlig neuartig, nach 33 vorgedruckten Todesursachen bzw. -ursachengruppen. In der Tabelle III schließlich mußte, auch dies ganz neu, die Bevölkerung datailliert nach Geschlecht, Alter, Zivilstand, Haushalts- und Berufszugehörigkeit aufgelistet werden.

Die Historische Demographie hierzulande könnte noch so fleißig sein, sie würde doch nie, schon gar nicht landesweit, rekonstruieren können, was in Schweden in den Tabellen III und weitestgehend auch II bis zur hintersten und letzten Kirchengemeinde ab der Mitte des 18. Jahrhunderts wie auf einem Goldtablett vorliegt, und dies nicht etwa nur in Form erhaltener Archivalien. Längst haben sich schwedische Wissenschaftler an die Arbeit gemacht, die Materialien der Tabellen I, II und III in computerisierte Datenbanken zu überführen und sie auszuwerten.

Zwei Proben solchen quantifizierenden Forschens und Analysierens wurden uns am Symposium nun vorgelegt. Man kann es den schwedischen Kollegen schwerlich verübeln, daß beide – angesichts der erwähnten Goldgrube nicht zu unrecht – recht selbstbewußt auftraten. Es stimmt ja auch, was Lars-Göran Tedebrand im Hinblick auf die „Sterblichkeit der über 80jährigen in Schweden 1750-1980" in seinem Beitrag sagte: „Selbst ein so einfaches historisch-demographisches Exposé, wie es hier folgt, ist weltweit nur in und für Schweden möglich." Ähnlich hörten wir von Jan Sundin: „Es fällt schwer, sich eine dramatischere Entwicklung in der abendländischen Geschichte vorzustellen als die Zunahme der durchschnittlichen Lebensspanne während der letzten zweieinhalb Jahrhunderte. 1750 betrug die Lebenserwartung in Schweden bei der Geburt für Knaben im Durchschnitt 35 Jahre, für Mädchen 38; 1970 für Männer 72 und für Frauen 77 Jahre. Was in Schweden geschah, spielte sich im übrigen Westeuropa und in Nordamerika im Prinzip genauso ab. Doch anders als dort, kann die schwedische Entwicklung genau verfolgt werden." Dies eben ist es, was das Material so attraktiv auch für uns macht.

Die Studien von Sundin und Tedebrand ergänzten einander. Zwar untersuchten beide Wissenschaftler die Lebenserwartung in Schweden während der letzten zweieinhalb Jahrhunderte, der eine jedoch bei der Geburt, der andere im Alter von 80 Jahren. In den Ergebnissen der ersten Studie spiegelte sich somit die Entwicklung der sogenannten ökologischen Lebenserwartung bzw. des durchschnittlichen Sterbealters wieder. Viele Menschen starben – und sterben vor allem in der Dritten und Vierten Welt noch heute – aus „ökologischen Gründen" (Pest, Hunger, Krieg) mehr oder weniger vorzeitig, was den „Durchschnitt" gegebenenfalls stark nach unten zieht. In den Resultaten der zweiten Untersuchung hatten wir dagegen die physiologische Lebenserwartung vor uns. Sie beantwortete die Frage, wie lange wir leben könnten, wenn wir nicht aus „ökologischen Gründen" zu früh sterben würden.

Während sich, wie Tedebrand darlegte, die Restlebenserwartung von 80jährigen im Verlauf der letzten Jahrhunderte kaum gravierend veränderte und die „mittlere maximale Lebenserwartung der Spezies Mensch" quasi konstant bei etwa 85, 90 Jahren verharrte, bündelte sich das durchschnittliche Sterbealter sämtlicher je geborenen Menschen sukzessive und verlagerte sich immer weiter nach oben. Die beiden Lebenserwartungen bewegen sich somit seit Jahrhunderten aufeinander zu, aber in der Weise, daß die physiologische Lebenserwartung stagniert, während die ökologische sich ihr immer mehr annähert. Längst ist die „Lebenschance" bei der Geburt ungleich größer als das „Sterberisiko". Jahrhundertelang lagen dagegen die Aussichten eines Neugeborenen, auch nur das Erwachsenenalter zu erreichen, nicht höher als bei eins zu zwei oder eins zu drei.

Wer die Zunahme der ökologischen Lebenserwartung im Verlauf der Jahrhunderte zum Gegenstand seiner Untersuchungen macht, kommt beinahe zwangsläufig ausführlich auf die Entwicklung der Sterblichkeit in den jüngsten, d. h. den risikoreichsten Altern zu sprechen. Sundin erläuterte: „Ein definitiver Rückgang der Sterblichkeit setzte im zweiten Jahrzehnt des 19. Jahrhunderts bei der jüngsten Gruppe, den Kindern ein. Die Erwachsenen zogen erst im späteren 19. Jahrhundert nach. Nicht nur begann die Sterblichkeit bei den jüngsten Altersgruppen zuerst zu sinken, sondern sie tat dies – aufgrund der hohen Ausgangsposition – auch am kräftigsten. Die enorme Mortalitätsabschwächung zu Beginn des Lebens war von größter Bedeutung für die Zunahme der durchschnittlichen Lebensspanne. Auch aus methodologischen Gründen fiel es am leichtesten, die Säuglingssterblichkeit zu studieren. Die exakten und weitgehend kompletten Angaben in den Registern ermöglichten eine beinahe problemlose Analyse der Mortalität für das eine und andere Geschlecht, für verschiedene Regionen, Städte, Dörfer, soziale Gruppen, die Monate des Jahres, für die verschiedenen Todesursachen, für das Sterberisiko im Abstand zur Geburt in Tagen, Wochen, Monaten usw."

Was seine unterschiedlichen Erklärungsmuster betraf, hatte sich Sundin stark von der neueren Mentalitätsgeschichte beeinflussen lassen. Zwar verneinte er nicht, daß „die flächendeckende Zunahme des materiellen Wohlstandes – vor allem eine bessere Ernährung – eine bedeutende Rolle bei der spektakulären Ausweitung der Lebensspanne" gespielt habe. Doch „kam man in jüngerer Zeit immer mehr zur Überzeugung, daß es eine einzige Erklärung doch wohl nicht gibt. Außer für die Pockenschutzimpfung, die seit Beginn des 19. Jahrhunderts auch in Schweden viele junge Leben vor allem unter den mehr als sechs Monate alten Kindern rettete, interessierte man sich nun vermehrt für deren Mütter und Väter und rückte ihre Verantwortung für das Überleben der Kinder ins Zentrum. Man begann die vorhandenen oder eben nicht vorhandenen elterlichen Kenntnisse über Pflege und Aufzucht von Kleinkindern zu studieren und wollte etwas über die mentale Einstellung von Vätern und Müttern hierzu wissen. Abgesehen davon wiesen keineswegs immer jene Gruppen die niedrigste Sterblichkeit auf, denen es relativ am besten ging. Auf dem Land kann man für jene Zeiten oft feststellen, daß die Säuglingsmortalität in Kreisen verhältnismäßig wohlhabender Bauern später zu sinken begann als bei den Kindern von Kätnern oder Tagelöhnern. Genauso lagen in den Städten die Sterblichkeitswerte von Handwerkerkindern nicht selten höher als in bedeutend ärmlicheren Arbeiterfamilien. Diesbezüglich betonten verschiedene Historiker und Historikerdemographen die entscheidende Bedeutung unterschiedlicher Stillgewohnheiten. Tatsächlich wurde die [damals in Schweden massiv betriebene aufklärerische] Botschaft nicht nur von einem immer größeren Teil der Bevölkerung vernommen, sondern offensichtlich auch beherzigt. Während in den vorangegangenen Zeiten oft überhaupt nicht oder nur selten gestillt wurde und die Umstellung auf künstliche Ernährung allzu früh erfolgte, setzten nun immer weitere Kreise den Innovationsappell auch in die Tat um. Daß dies unter den ‚gebildeten' und ‚aufgeklärten' Bevölkerungsschichten zuerst geschah, dürfte nicht weiter erstaunen. Umgekehrt meint diese Feststellung aber eben auch, daß die traditionsverhafteteren Bauern und Handwerker mit erheblicher Zeitverzögerung nachfolgten."

Wenn im Gegensatz zum detaillierten Beitrag Sundins derjenige von Tedebrand auch eher summarisch ausfiel, so war und ist bei ihm doch ein ganz wesentlicher didaktischer Aspekt im Hinblick auf die enormen Möglichkeiten der mittlerweile gewaltig angewachsenen Datenbank in Umeå nicht zu unterschätzen: „Dieser informativ gehaltene knappe Überblick versuchte zu dokumentieren, welche Potentiale zum einen die weltweit einzigartigen historisch-demographischen Quellenmaterialien Schwedens unter anderem auch für historische Recherchen zur Gruppe der alten und sehr alten Menschen in sich bergen. Zum anderen sollte auf die Möglichkeiten der Demographischen Datenbank DDB der Universität Umeå aufmerksam gemacht werden, wo sehr viel bis ins 18. Jahrhundert zurückreichendes Material abrufbereit vorliegt."

In der Tat sind die in Umeå mittlerweile gespeicherten Datenbestände derart umfangreich, daß sie von schwedischen Wissenschaftlern allein gar nicht mehr ausgewertet werden können. Sie teilen sie deshalb gern und großzügig mit anderen. Auf welche Weise das konkret geschehen, d. h. nach welchen – sagen wir ökonomisch-sozialgeographischen – Kriterien eine bestimmte Auswahl erfolgen kann, wurde bei Tedebrand am Beispiel der Region Skellefteå am Bottnischen Meerbusen in Nordschweden exemplifiziert. „Die Region Skellefteå besteht zum einen aus der Kleinstadt gleichen Namens, zum anderen aus den sie umgebenden Kirchengemeinden Byske, Jörn, Norsjö, einer zusätzlichen eigenen Landgemeinde Skellefteå und Ytterstfors. Noch um die Wende vom 18. zum 19. Jahrhundert, an der die Tabelle einsetzt, war die Sozialstruktur der Region weitestgehend durch relativ wohlhabende selbstbesitzende Bauern geprägt. Während der zweiten Hälfte des 19. Jahrhunderts nahm indes die Zahl kleiner und kleinster Anwesen wie auch diejenige landloser Bauern und vor allem die städtische Bevölkerung in Skellefteå selbst zu."

Es würde auch hiesigen Forschern keine unüberwindlichen Schwierigkeiten bereiten, unter sachkundiger Anleitung und entgegenkommender Beratung durch schwedische Kollegen die Bewohner einer ökonomisch-sozialgeographisch anders strukturierten Region als Kontrollpopulation auszuwählen und unterschiedliche Entwicklungen datenbezogen zu analysieren und zu interpretieren. Wie hieß es doch bei Sundin: „Was in Schweden geschah, spielte sich im übrigen Westeuropa und in Nordamerika im Prinzip genauso ab. Doch anders als dort, kann die schwedische Entwicklung genau verfolgt werden."

Was in Schweden wiederum nicht untersucht werden konnte noch kann, ist in Deutschland, und in dieser Weise sogar nur hier möglich, nämlich den jahrzehntelangen Einfluß staatlich unterschiedlich gelenkter Gesundheitssysteme auf die Lebenserwartung der Menschen bzw. deren Sterblichkeit in einer zweigeteilten Nation zu studieren. Diesbezüglich referierte einerseits der Bamberger Demograph Reiner H. Dinkel über „Die Sterblichkeitsentwicklung der Geburtsjahrgänge in den beiden Deutschen Staaten. Ergebnisse und mögliche Erklärungshypothesen". Andererseits erläuterten Jürgen Schott, Gerd Wiesner, Waldtraut Casper und Karl E. Bergmann von der Abteilung Gesundheitswesen und Statistik des Instituts für Sozialmedizin und Epidemiologie beim Bundesgesundheitsamt Berlin die „Entwicklung der Mortalität des alten Menschen in Ost- und Westdeutschland in den zurückliegenden Jahrzehnten". Daran anschließend entwickelten Charlotte Höhn und Karl Schwarz, Direktorin bzw. ehemaliger Direktor des Bundesinstituts für Bevölkerungsforschung in Wiesbaden ihre Überlegungen zur „Lebenserwartung in Deutschland heute und morgen".

Gemäß den Ausführungen Dinkels bieten sich die „fünfundvierzig Jahre getrennter Staatlichkeit und das Leben unter völlig unterschiedlichen politischen und gesellschaftlichen Ausgangsbedingungen geradezu an für die Beantwortung der Frage, ob und wie die ‚kapitalistische' oder die ‚sozialistische' Gesellschaftsform die Lebensbedingungen ihrer Bürger positiv oder negativ beeinflußten. Die Sterblichkeit ist einer der härtesten und am besten meßbaren Indikatoren für die Lebensbedingungen der Menschen." Für seine vor allem epidemiologisch geprägten Analysen und Interpretationsansätze reorganisierte Dinkel die üblichen Periodensterbetafeln in Kohortentafeln. Er tat dies für beide deutsche Staaten und alle Geburtsjahrgänge ab 1900. Während er hierbei einerseits direkte Kriegssterbefälle, d. h. Opfer unmittelbarer Kriegshandlungen ausklammerte, inkludierte er andererseits die überhöhte zivile Sterblichkeit unter der Nicht-Militärbevölkerung. Insgesamt wurde es ihm auf diese Weise möglich, tatsächliche Überlebensverläufe gleichaltriger Kohorten beider Geschlechter in den alten und in den neuen Bundesländern – zum Beispiel des Geburtsjahrganges 1933 – zu verfolgen und miteinander zu vergleichen.

Hinsichtlich möglicher Erklärungen für die je nach Zeitraum, Alter und Geschlecht sich in den beiden deutschen Staaten mehr oder weniger deutlich abzeichnenden Sterbeunterschiede habe, so Dinkel, selbstverständlich nicht überall derselbe Grund gegolten. So sei für Säuglinge zum Beispiel das Stillverhalten der Mütter wichtig gewesen, nicht aber im Hinblick auf die Erwachsenen. Bei sehr niedriger Säuglingssterblichkeit wiederum hätten vor allem Fragen der Vorsorge und der medizinischen Technik eine entscheidende Rolle gespielt. Bei der an sich schon sehr niedrigen Sterblichkeit der Fünf- bis Dreißigjährigen müsse hinwiederum der Motorisierungsgrad beachtet werden. Früher sei für diese Gruppe dagegen die Tuberkulose-Durchseuchung wichtiger gewesen. Im Hinblick auf die Sterblichkeit der Alten schließlich sei die Versorgung mit High-Tech-Medizin ausschlaggebend.

Unmittelbar nach Gründung der Deutschen Demokratischen Republik sei dort das neu organisierte medizinische Versorgungssystem vorbildlich gewesen, was entsprechend günstige Auswirkungen auf die Sterblichkeit gehabt habe. Dieser fortschrittliche Charakter sei dann jedoch mehr und mehr verloren gegangen. Schon aus Devisenmangel hätte man mit der neuesten High-Tech-Medizin bald nicht mehr Schritt halten können. In der Bundesrepublik Deutschland dagegen sei ab den 1970er Jahren auf diesem Gebiet kräftig investiert worden. Gegenwärtig würden große Anstrengungen unternommen, um hier möglichst bald einen Ausgleich zwischen den alten und den neuen Ländern zu erreichen. Diesbezüglich müßten sich die Sterblichkeitsunterschiede in den kommenden Jahren rasch vermindern, „jedenfalls wenn das Argument High-Tech-Medizin stimmt."

Bei seinen weiteren Ausführungen ging der Bamberger Bevölkerungswissenschaftler auch auf das in der öffentlichen mehr als in der wissenschaftlichen Diskussion immer noch und wieder angeführte Argument ein, die höhere Sterblichkeit in der DDR korreliere mit einer dort höheren Umweltbelastung. Würde dieses sogenannte „Dreckschleuder-Argument" zutreffen, müßte sich dies, so Dinkel, vor allem in einer höheren Krebssterblichkeit äußern. „Die Übersterblichkeit der DDR beruhte aber ganz überwiegend auf der höheren Herz-Kreislaufsterblichkeit, die kaum umweltbedingt ist." Hierbei wirkten sich vielmehr die Verhaltens- und Ernährungsunterschiede zwischen den alten und den neuen Ländern aus, d. h. Risikofaktoren wie Rauchen, Übergewicht, Alkohol. Tatsächlich habe die Ernährung der Menschen in der DDR im allgemeinen mehr Fett, überhaupt mehr Kalorien enthalten. Umgekehrt wäre der Bewegungsmangel im Westen größer und das Rauchen besonders bei Frauen in der BRD häufiger gewesen. Mit der fortschreitenden Angleichung der Lebensbedingungen sollten sich diese Unterschiede zusehends zurückbilden. Betrachte man schließlich die Sterblichkeit unter Jugendlichen, so dominierten hier Unfälle als Todesursache. Hierbei wäre die Motorisierung der Jugend im Westen wesentlich früher als im Osten erfolgt. Auch dies müßte sich nun aber in absehbarer Zeit ausgleichen.

Was bisher nach Dinkel insgesamt jedoch wenig oder überhaupt keine Beachtung gefunden habe, sei der Einfluß von Wanderungen als Selektionsmechanismus. Der Referent hatte hierbei somit nicht die Vertriebenen nach dem Krieg im Auge, sondern vielmehr die freiwillig Migrierenden. Nur die Fitesten würden, so Dinkel, alle hiermit verbundenen Strapazen auf sich nehmen. Vor diesem Hintergrund kam er zum überraschenden Ergebnis, das in gewissem Widerspruch zu seinen eigenen, weiter oben angeführten Aussagen steht: „Die anhaltende Wanderungsbewegung von Ost nach West sollte dazu führen, daß sich zumindest in den nächsten Jahren die beobachteten Sterblichkeitsunterschiede zwischen Ost und West nicht verringern."

Das Autorenteam vom Institut für Sozialmedizin und Epidemiologie beim Bundesgesundheitsamt Berlin bestätigte, daß zwischen 1950 und 1987 zwar alle Altersklassen in der Bundesrepublik Deutschland genauso wie in der Deutschen Demokratischen Republik an der Zunahme der Lebenserwartung beteiligt gewesen seien, dies jedoch in ganz unterschiedlichem Ausmaß. Gewinne hätten vor allem dort erzielt werden können, wo das Sterben am größten gewesen wäre und nach wie vor sei: bei alten Menschen. Während es somit etwa bei den Altersgruppen um das zwölfte und dann wieder um das dreißigste Lebensjahr, d. h. bei jenen Jahrgängen, die schon immer am geringsten vom Sterben bedroht waren, kaum Zugewinne gegeben habe, so „wurden zunehmend bedeutend mehr Jahre im Rentenalter gelebt. Dies bedeutet, daß die Lebenszeitverlängerung ganz allgemein in 'Lebensgewinne' umgesetzt werden konnte."

Wie nebenbei erfolgte in diesem Zusammenhang der Hinweis: „Ein gesünder durchlebtes Leben schafft Potenzen zur Nutzung von Lebenszeit in höheren Altersklassen; sicher wird dabei auch manche Leidenszeit verlängert werden." Auf diesen Aspekt der Auseinanderentwicklung zwischen „Lebenserwartung" und „Lebenserwartung bei guter Gesundheit" wird weiter unten ausführlich zurückzukommen sein. Nicht vergessen werden sollte dabei dann jedoch die tröstliche Nachbemerkung der Sozialmediziner, selbst wenn es sich bei ihnen nur um eine „kann"-Formulierung handelte: „Auch hier kann erwartet werden, daß dann, wenn jene Menschen in Altersbereiche gelangen, die in ihrer Gesundheit in jüngeren Jahren weniger gestört wurden als die gegenwärtig hochbetagten, die Gewinne an Lebenszeit weiter und erheblich ansteigen werden." Von entscheidender Bedeutung wäre dies vor allem für die Frauen, denn „die weibliche Bevölkerung hat stärker als die männliche und insbesondere in den hohen Altersgruppen an Lebenserwartung gewonnen."

Wenn sich das Autorenteam bezugnehmend auf die Sterblichkeitsunterschiede in den beiden deutschen Staaten abschließend auch ähnlich wie Dinkel äußerte: „Bis zum Zeitpunkt 1970 zeigten die Daten für die DDR eine günstigere Entwicklung als die für die BRD", so ließ doch ihre, bei aller Vorsicht prononcierte Folgerung aufhorchen: „Das legt die Hypothese nahe, daß eine Diktatur mit Nachkriegswirren unter Umständen besser fertig wird als eine Demokratie."

Ein weiteres Mal wurde die unterschiedliche Sterblichkeit in den beiden deutschen Staaten von Charlotte Höhn und Karl Schwarz in ihrem Beitrag über die „Lebenserwartung in Deutschland heute und morgen" aufgegriffen. Anders als Dinkel am Ende seiner Studie waren sie jedoch der Meinung, „daß sich die höhere Sterblichkeit in den neuen Bundesländern bis zum Jahr 2000 der heutigen Sterblichkeit in den alten Bundesländern angeglichen haben wird und dann bis zum Jahr 2030 die Unterschiede im Sterblichkeitsniveau der beiden Bevölkerungen verschwunden sein werden." Allerdings gestanden Höhn und Schwarz ohne Umschweife ein, auf wie schwachen Füßen derlei Prognosen beruhten: „Unser Beitrag fällt unter den Programmabschnitt 'Harte Fakten'. Was die Gegenwart betrifft, ist er so sicher richtig plaziert. Aber auch in bezug auf die Zukunft? Da beschleichen die Verfasser ehrlicherweise Zweifel. Methoden zur Vorausschätzung künftiger Sterblichkeitsentwicklungen sind nicht allzu vertrauenswürdig. Im Grunde handelt es sich nicht mehr als um Extrapolationen vergangener Entwicklungen."

Fast zwangsläufig kamen die beiden Autoren in diesem Zusammenhang noch auf eine weitere „Lebenserwartung" zu sprechen, d. h. abgesehen von der ökologischen und der physiologischen, die Sundin und Tedebrand zuvor bereits behandelt hatten. Die Frage war nun nicht länger, wie hoch die „mittlere maximale Lebenserwartung der Spezies Mensch" sein könnte, wenn wir nicht zu früh stürben, sondern wie alt Ausnahme-Exemplare unserer menschlichen Spezies überhaupt zu werden vermöchten. „Es muß offenbar eine Grenze der Lebenserwartung geben, die nach dem heutigen Forschungsstand bei maximal 110 bis 120 Jahre angenommen wird. Das kann jedoch nicht so interpretiert werden, daß eines Tages alle Menschen die Chance hätten, so alt zu werden. Es handelt sich vielmehr um eine mehr oder weniger spekulative Obergrenze" – eben für Ausnahmen.

Des weiteren konnte nicht ausbleiben, daß Höhn und Schwarz mit Blick auf die Zukunft das schon kurz erwähnte bedenkliche Auseinanderklaffen von „Lebenserwartung" und „Lebenserwartung bei guter Gesundheit" ansprachen. Wie jeder wisse, hätten die beiden Lebenserwartungen bei einem und demselben Individuum schon heute oft sehr unterschiedliche Längen. Stellten die Autoren die Problematik anfangs noch sachlich nüchtern dar: „Einzelne Organe altern unterschiedlich. d. h. nichts anderes, als daß ein 80jähriger durchaus geistig voll leistungsfähig sein kann, er aber nicht mehr in der Lage ist, einen Berg zu besteigen", so brachen nach und nach entschieden pessimistischere Töne durch: „Erfahrungen (aus der eigenen Familie, der Nachbarschaft) lassen es gelegentlich zweifelhaft erscheinen, ob es sinnvoll ist, mit wachsendem materiellen und personellen Aufwand den Tod immer weiter hinauszuschieben." Hier wurde man unsanft an die im Untertitel des ersten Symposiumstages gestellte Frage erinnert: „Sterben wir zu früh oder zu spät?"

Daß die Frage nach dem zu spät Sterben keine überflüssige Frage war – noch ist –, geht schon aus dem Umstand hervor, daß sie allein hierzulande, mit steigender Tendenz, jährlich Zehntausende von Menschen betrifft. So erreichten laut Statistischem Jahrbuch 1992 für die Bundesrepublik Deutschland (S. 81) auf dem früheren Bundesgebiet 1949/51 von 100 000 Männern

11 321 das 85. Lebensjahr. Sie stießen damit, wie wir uns aus dem Beitrag Tedebrand oben erinnern, gegen die heute angenommene Obergrenze der „mittleren maximalen Lebenserwartung der Spezies Mensch" vor. 1986/88 waren es schon 17 687 Männer. Für die längerlebigen Frauen lauteten die Zahlen 15 225 in den Jahren 1949/51 und 36 501 1986/88. Auf dem Gebiet der Deutschen Demokratischen Republik wurden von 100 000 Männern 1952/53 10 592 mindestens 85 Jahre alt, 1987/88 jedoch 12 111. Für die Frauen lagen die Vergleichszahlen bei 15 750 und 25 180.

Fragen wir nun zusätzlich, wie lange diese Männer und Frauen im Alter von 85 Jahren durchschnittlich noch zu leben hatten, also unabhängig vom Gesundheitszustand sie dies taten, so gibt uns dasselbe Statistische Jahrbuch 1992 (ebenfalls S. 81) folgende Auskünfte. Bei den Männern waren es auf dem früheren Bundesgebiet 1949/51 noch weitere 3,72 Jahre, 1986/88 4,43 Jahre, bei den Frauen 4,02 und 5,34 Jahre. Auf dem Gebiet der Deutschen Demokratischen Republik hatten die Männer 1952/53 noch 3,58 Jahre vor sich, 1987/88 3,89 Jahre. Bei den Frauen lagen die entsprechenden Restlebenserwartungen bei 3,90 bzw. bei 4,35 Jahren. Es kann als sicher gelten, daß bei nicht wenigen unter diesen Abertausenden von 85jährigen und älteren Männern und Frauen die von Höhn und Schwarz oben geäußerten Zweifel immer und immer wieder angebracht sind, ob es wirklich sinnvoll sei, „mit wachsendem materiellen und personellen Aufwand den Tod immer weiter hinauszuschieben."

Bevor wir jedoch die Thematik des Auseinanderklaffens von „Lebenserwartung" und „Lebenserwartung bei guter Gesundheit" ins Zentrum rücken – was im Zusammenhang mit den anschließenden Beiträgen von Brigitte Bisig und Reinhard Spree geschehen wird -, sei hier zumindest in wenigen Worten noch auf den von Höhn und Schwarz ebenfalls aufgegriffenen wirtschaftlichen Aspekt einer älter werdenden Bevölkerung hingewiesen. Die ökonomische Frage war am Symposium im übrigen bewußt ausgeklammert worden. Dies geschah zum einen deshalb, weil wir hierüber tagtäglich auch so schon mehr aus den Medien erfahren, als uns oft lieb ist (Stichwort „Streit um die Pflegeversicherung"). Zum anderen aber wird gerade durch diese anhaltende Diskussion im Vordergrund ein meines Erachtens entscheidenderes Hintergrundproblem übertüncht und verdrängt. Wie hervorragend die Pflege älterer Menschen als Ergebnis all dieser Diskussionen schließlich auch immer geregelt sein würde, sie schüfe doch nichts anderes als eine goldene Hülse. „Erfüllt leben – in Gelassenheit sterben" war und ist nie Gegenstand dieser Diskussionen. Entsprechende Lösungen könnten somit bestenfalls die Voraussetzungen dafür schaffen, bzw. sie optimieren. Das ist nicht wenig. Es ist aber auch nicht mehr. Das Symposium wollte sich nicht zu stark von seinem eigentlichen Thema abbringen lassen.

Höhn und Schwarz riefen einige wichtige Elemente aus jener laufenden Diskussion in Erinnerung: „Das wichtigste Problem einer älter werdenden Gesellschaft ist zweifellos die Sicherung der Finanzierung der Altersversorgungssysteme. Heute gibt es keinen Zweifel mehr daran, daß jedes gewonnene Lebensjahr von der Gesellschaft immer teurer bezahlt werden muß." Da es den beiden Demographen nach eigener Aussage jedoch weniger darum ging, „die zu erwartenden Sterblichkeitsveränderungen in trockenen Zahlen zu kommentieren, als auf die hieraus zu ziehenden Konsequenzen für einige gesellschaftlich und politisch bedeutsame Bereiche einzugehen", kamen sie in diesem Zusammenhang auf die Generationenproblematik zu sprechen: „Wir wissen, daß der zunehmende Bevölkerungsanteil der Älteren nicht nur mit der Verlängerung der Lebenserwartung zusammenhängt, sondern in noch weit größerem Umfang mit dem Rückgang der Kinderzahlen. Es wäre schade, wenn aus dem in Deutschland wachsenden Mißverständnis zwischen Jung und Alt sich Generationskonflikte ergeben sollten, die mitunter heute schon spürbar sind. Zur Vermeidung solcher Konflikte werden auch die Alten beitragen müssen. Soll der Sozialstaat überleben, sind alle gefordert." Auf den hier mitenthaltenen Appell zu etwas mehr Selbstbescheidung, auch von seiten der Alten, werden wir im Verlauf dieses Tagungsberichtes noch wiederholt zurückkommen. In mentaler Hinsicht war er bereits zu Beginn angesprochen worden, als im Zusammenhang mit den neun Punkten Callahans unser übersteigertes Selbstwertgefühl auch noch im Sterben apostrophiert wurde.

Die bisherigen Ausführungen erwähnten mehrfach die Divergenz zwischen „Lebenserwartung" und „Lebenserwartung bei guter Gesundheit". Diesbezüglich war Brigitte Bisig vom Institut für Sozial- und Präventivmedizin der Universität Zürich als Mitglied des vor knapp einem Jahrzehnt in Frankreich gegründeten internationalen Forschernetzwerkes REVES (= Réseau Espérance de Vie en Santé) gebeten worden, am Symposium einerseits über die Arbeit dieser in Deutschland bislang nicht vertretenen Gruppe zu informieren und andererseits das „Konzept des Indikators Behinderungsfreie Lebenserwartung" am Beispiel eigener Studien für ihr Land zu erläutern. „Die Schweiz weist heute mit 81 Jahren bei den Frauen und 74 bei den Männern eine der weltweit höchsten Lebenserwartungen auf. Es stellt sich jedoch die Frage, ob die Zunahme der Lebenserwartung mit einem höheren Anteil von Lebensjahren in schlechter Gesundheit, Einschränkungen im täglichen Leben, Behinderungen und Polymorbidität einhergeht. Länderübergreifende Vergleiche sind schwierig, weil die Definition und das Messen von Behinderung nicht einheitlich erfolgt. Aus diesem Grunde wurde 1985 die internationale Arbeitsgruppe REVES konstituiert. Dieses Netzwerk umfaßt heute Vertreter aus neunzehn Ländern, überwiegend aus Westeuropa und Amerika, aber auch aus Osteuropa, China, Taiwan und aus drei internationalen Organisationen (OECD, WHO, Statistisches Büro der Vereinten Nationen). Es handelt sich um eine multidisziplinäre Arbeitsgruppe mit Vertretern aus Demographie, Epidemiologie, Gerontologie, Geographie, Statistik und Ökonomie. Ziel sind die internationale Harmonisierung von Indikatoren der Lebenserwartung in Gesundheit, die Bestimmung einheitlicher Berechnungsmethoden und die Konsensfindung für Definition und Erfassung physischer und psychischer Behinderungen."

Obwohl Bisig anschließend, wie gewünscht, konkrete Ergebnisse aus der Schweiz vorlegte und sie diese auch in einen internationalen Zusammenhang einzuordnen versuchte, wies sie doch selbst immer wieder auf die Problematik solcher Vergleiche hin, solange die Definition des Grundbegriffs Behinderung samt ihrer Schweregrade und Dauer nicht einheitlich sei, solange kurz- und langfristige Einschränkungen im täglichen Leben unterschiedlich bewertet würden, solange das hierbei oft angewandte ADL-Meßinstrument (ADL = Activities of Daily Living: Gehen, Hören, selbständig Aufstehen, An- und Auskleiden, Essen) eine unterschiedliche Handhabung erführe, kurz, solange die Indikatoren „Behinderungsfreie Lebenserwartung" (BFLE; englisch DFLE = Disability Free Life Expectancy) respektive „Lebenserwartung in Gesundheit" (LEG; englisch HLE = Healthy Life Expectancy) hier und dort verschiedenes meinten.

Im internationalen Vergleich bezüglich der Lebenserwartungennehme die Schweiz wie erwähnt einen der höchsten Plätze ein. Gleichzeitig weise das Land sowohl bei der Geburt wie im Alter von 65 Jahren einen der höchsten Anteile an „Behinderungsfreier Lebenserwartung" auf. Hierbei bestünden jedoch Unterschiede nach Geschlecht. Während die Männer im Durchschnitt 6,7 Jahre in Behinderung verlebten, so wären es bei den Frauen 9,6 Jahre. Damit betrage der Anteil von „Behinderungsfreier Lebenserwartung" an der Gesamtlebenserwartung bei den Männern rund 91 %, bei den Frauen 88 %. Mit 65 Jahren hätten die Schweizer Männer dann noch eine restliche Lebenserwartung von 14,5, die Schweizerinnen von 18 Jahren. Davon würden bei den Frauen mit 6,2 Jahren doppelt so viele Jahre in Behinderung verlebt als bei den Männern mit nur 3,0 Jahren. Allerdings beinhalteten diese Jahre wiederum unterschiedliche Schweregrade der Behinderung: von Kurzzeiteinschränkungen über permanente Handikaps bis hin zu Jahren in den diversen Institutionen des Gesundheitswesens.

Die mittlerweile für einige europäische Länder sowie die USA und Kanada vorliegenden Erhebungen zur „Behinderungsfreien Lebenserwartung" ergeben nach Bisig zwar „wertvolle Hinweise auf die Lebensqualität im Alter", seien aber untereinander noch nicht kompatibel. Exakte Definitionen und die Harmonisierung zwischen den Ländern wären jedoch nicht nur deswegen wichtig, weil „der Indikator 'Behinderungsfreie Lebenserwartung' geeignet ist, den Gesundheitszustand einer Bevölkerung zu messen und die Resultate es ermöglichen, gezielte Maßnahmen der Gesundheitspolitik zu evaluieren, welche nicht nur eine Lebensverlängerung, sondern auch die Erhöhung der Lebensqualität zum Ziel haben." Sondern noch wichtiger wäre in diesem

218

Zusammenhang, auch zu verläßlichen Daten in der Langzeitentwicklung zu gelangen. Erst dann ließe sich die von der Referentin eingangs gestellte Frage eindeutig beantworten, „ob die Zunahme der Lebenserwartung mit einem höheren Anteil von Lebensjahren in schlechter Gesundheit, Einschränkungen im täglichen Leben, Behinderungen und Polymorbidität einhergeht." Gewisse Abschnitte im Referat Bisig ließen daran indes schon heute keinen Zweifel: „In einigen Ländern liegen auch erste Berechnungen von Zeittrends vor. In den USA ist zwischen 1966 und 1974 eine Erhöhung der Lebenserwartung bei konstanter Anzahl behinderungsfreier Lebensjahre zu beobachten, was zu einem Rückgang des Anteils 'Behinderungsfreier Lebenserwartung' an der Gesamtlebenserwartung führte."

Ging es bei Bisig und geht es bei der ganzen REVES-Forschergruppe noch um das Bemühen „harter Fakten" im Bereich „Nichtgesundheit", so stieß der Beitrag von Reinhard Spree in noch ganz andere und noch schwerer zu fassende Dimensionen im prinzipiell gleichen Bereich „Nichtgesundheit" vor. Bereits Charlotte Höhn und Karl Schwarz hatten in ihrem Referat darauf hingewiesen, daß „die Gesundheit bei uns heute nach allen Umfrageergebnissen zu den höchsten Lebensgütern" gehöre, und daß unsere Ansprüche in dieser Hinsicht ständig nur noch weiterwüchsen. Als Historiker machte nun Spree unter dem fragenden Titel „Der Rückzug des Todes – wurden wir gesünder?" die diesbezügliche Entwicklung über mehrere Generationen zum Gegenstand seiner Betrachtungen, wodurch die Thematik eine ungeahnte Tiefenschärfe erhielt.

Nach Spree sind es insbesondere die zahlreich hinzugewonnenen Lebensjahre und -jahrzehnte, die uns mit einer Reihe völlig neuer, bislang noch nicht zufriedenstellend gelöster Probleme konfrontierten. Angesichts der heutigen Unverbindlichkeit von sinnstiftenden Wertesystemen, durch die sich die moderne Gesellschaft auszeichne, stelle sich für immer mehr Menschen bei wachsendem Wohlstand, rückläufiger Arbeitsbelastung und mehr Freizeit drängend die Frage nach dem Sinn dieses langen Lebens. Die Tatsache, daß man über seine körperlichen und geistigen Kräfte jahrzehntelang beschwerdefrei verfügen könne, ohne daß eine Reihe generell akzeptierter, verbindlicher Ziele vorgegeben sei, unterwerfe viele Menschen einem Begründungszwang, dem sie kaum gewachsen seien. Auf fundamentale Fragen müßten sie die Antworten in sich selbst finden, was sie angesichts fehlender ethischer Maßstäbe und zunehmend abstrakt wirkender, ja verblaßter Werte doch immer schwerer könnten. Zweifellos bedeute die Verlagerung der Todesbedrohung in ein immer höheres Alter eine allgemeine Zunahme von Lebenschancen. Immer mehr Menschen wäre es nun für eine immer längere Zeit gegeben, ihr körperliches, geistiges und seelisches Potential zu entwickeln und auszuleben und so in einem modernen Sinne glücklich zu sein.

Spree fragte sich jedoch umgehend selbst, ob dem tatsächlich so sei. Ob nicht vielmehr das durch hohe Lebenserwartung, niedrige Sterblichkeit, blühende Gesundheit in den ersten Lebensjahrzehnten charakterisierte, äußerlich positive Bild sich längst in sein Gegenteil verkehrt hätte. Eine Hauptursache der problematischen Entwicklung sah er in der seit Jahren zunehmenden Isolierung moderner Menschen infolge immer häufigeren Zerfalls familiärer Bindungen. Ferner wies er darauf hin, daß durch den Verlust des Glaubens an die Ewigkeit das irdische Leben eine ungeheure Aufwertung erfahren habe: „Den meisten Menschen bleibt nur noch das Diesseits. Es mit allen Fasern zu genießen und um jeden Preis zu verlängern, dabei den Körper als Vehikel intensiv zu beobachten und vor Krankheiten zu schützen, ist die logische Konsequenz. Diese Entwicklung trägt dazu bei, ein Gesundheitsverständnis zu etablieren, das uns die Hinnahme von Schmerzen und leichten körperlichen Beeinträchtigungen verbietet. Nur das gilt als gesundes und erstrebenswertes Leben, das voll ist von sinnlich erfahrenen Sensationen und frei von Schmerz und psychischem Leid, frei auch von bohrenden Sinnfragen und dem belastenden Gefühl der inneren Leere. Es kann als sicher gelten, daß die Zahl der Menschen, die sich in diesem Sinne nicht gesund fühlen, weil sich das Glücksgefühl nicht einstellen will, die seelische Balance gekoppelt mit körperlichem Wohlbefinden, seit dem Zweiten Weltkrieg enorm gewachsen ist."

So würden objektiv zwar immer mehr Menschen immer länger und immer gesünder leben. Subjektiv wären wir jedoch nicht gesünder geworden. Vielmehr würden wir weiter immer kränker, „es sei denn, wir unterzögen unser emphatisch aufgeladenes Gesundheitsverständnis einer ernüchternden Korrektur. Das aber ist eingebettet in Basisprozesse langfristigen gesellschaftlichen Wandels, die nicht willkürlich aufgehalten und partiell korrigiert werden können." Entsprechend summierte Spree seinen Beitrag mit der paradoxen Feststellung: „Unser vermehrtes Leiden ist der Preis langfristig verbesserter durchschnittlicher Gesundheit."

Nicht nur bei den endlosen Diskussionen um die Pflegeversicherung, sondern auch bei den Harmonisierungsbemühungen der REVES-Gruppe sollten wir uns vielleicht öfter an diese Einsicht erinnern. Auf manchem vordergründigen Argument würden wir dann möglicherweise weniger insistieren oder uns zumindest des relativen Stellenwerts dieser oder jener Aussage bewußt bleiben. Als Folge hätten wir mehr Zeit, uns den hintergründigen, den wirklichen Problemen zu stellen, die sich aus dem „Rückzug des Todes" für uns alle ergeben haben.

Eher am Rande hatten weiter oben die Fachleute vom Institut für Sozialmedizin und Epidemiologie einen Aspekt in die Symposiumsdiskussion eingebracht, den wir bislang nicht weiter verfolgten, dem sich nun jedoch zwei Referenten eigens in ihren Beiträgen widmeten. Die Hinweise der Sozialmediziner und Epidemiologen hatten dort gelautet: „Ein gesünder durchlebtes Leben schafft Potenzen zur Nutzung von Lebenszeit in höheren Altersklassen" und: „Es kann erwartet werden, daß dann, wenn jene Menschen in Altersbereiche gelangen, die in ihrer Gesundheit in jüngeren Jahren weniger gestört wurden als die gegenwärtig hochbetagten, die Gewinne an Lebenszeit weiter und erheblich ansteigen werden." Summa summarum: die Alten von morgen werden gesünder sein, als es die Alten von heute sind, oder sie könnten es zumindest. Die Frage sei nur, bei wem die Hauptverantwortung für eine Entwicklung in diese Richtung liege. Bei der Gesellschaft? Beim Einzelnen? Bei den Gesundheitspolitikern? Bei den Arbeitgebern? Oder etwa gar bei der Weltgesundheitsorganisation? Während der Beitrag des norwegischen Arbeitsmediziners und Medizinhistorikers Øivind Larsen die Überschrift trug: „Berufstätigkeit und Gesundheit: Kausalität und Verantwortung", hieß der Artikel des österreichischen Gesundheitspolitologen Klaus Zapotoczky: „Gesundheitspolitik der Zukunft. Zwischen Eigenvorsorge und weltweiten Zusammenhängen".

Man könnte vielleicht meinen, beim enger gefaßten Thema Larsens über „Berufstätigkeit und Gesundheit" noch am ehesten auf eindeutige Antworten zu stoßen. Das traf am Symposium indes nicht zu. Vielmehr meinte der Referent, daß sich heute höchst selten genau abklären lasse, welches die gesundheitsfördernden und welches die gesundheitsschädigenden Faktoren bei der Arbeit respektive in der Freizeit seien, was bei einer Gesundheitseinbuße somit fremdverschuldet bzw. eigenverschuldet wäre, was im Einzelfall dem EGO, dem Arbeitgeber oder der Gesellschaft angelastet werden müsse. „Und was heißt Einbuße an 'Gesundheit'? Es sind ja nicht nur Schäden und Krankheiten, sondern auch das Wohlbefinden, die Erfüllung am Arbeitsplatz. Oder zugespitzt und in Anlehnung an das Tagungsthema formuliert und gefordert: 'Erfüllt leben – auch bei der Arbeit!'"

Wie auf alle Bereiche der Präventivmedizin treffe sodann das „Paradox der medizinischen Vorbeugung" auch auf die Arbeitsmedizin zu. Je mehr die unmittelbaren Gesundheitsgefahren am Arbeitsplatz gebannt seien, um so unsicherer würde die propagierte Vorbeugung und um so unsichtbarer das Ergebnis der vorbeugenden Medizin. Zwar ließen sich Schäden und bestimmte Krankheiten am Arbeitsplatz verhältnismäßig leicht vermeiden oder beheben, etwa durch Schutzbrillen oder eine Asbestsanierung. „Doch ein gutes Arbeitsklima ergibt das noch lange nicht."

Eine fundamentale und unmittelbar auf das Tagungsthema zugespitzte Frage stellte Larsen am Schluß seines Beitrags. Als Arbeits- und damit Präventivmediziner zog er das konsternierende Fazit: „Trotz allem ist der Mensch nicht unsterblich. Die tödlichen Krankheiten werden sich zu guter Letzt unerbittlich melden. Am Ende des Lebens scheint deshalb alle Vorbeugung vergebens, aller persönliche Einsatz gegen Krankheit, alle Entsagungen, alle Spenden und Ausgaben. Stirbt man dann in Gelassenheit? – Wer stirbt dann in Gelassenheit?" Die Antwort, die dem Zweifelnden gegeben wurde, bestand in nichts anderem als dem Titel des Symposiums: „Erfüllt leben – in Gelassenheit sterben".

Zum selben Schluß gelangte letztlich auch der Linzer Gesundheitspolitologe Zapotoczky. Dies braucht indes nicht weiter zu erstaunen. Je mehr sich nämlich jeder von uns in die durch Larsen in den Raum gestellte Problematik vertieft, desto eher dürfte das eigene Nachdenken zu einem identischen Ergebnis führen. – Bevor Zapotoczky zur Quintessenz seines Referates gelangte, behandelte er der Reihe nach jedoch eine Reihe anderer ihm wichtiger Aspekte. Aus dem Munde eines Politologen die Forderung nach einer „besseren Zusammenarbeit zwischen politischen Entscheidungsträgern und der Gemeinschaft der Wissenschaftler" zu vernehmen, überraschte wenig. Auf einzelne Aktionsebenen eingehend erwähnte der Referent, daß es auf der „Individualebene" oft ein viel zu langer Weg sei vom Bescheid-Wissen darüber, was einem Menschen gut tue oder schlecht bekomme, bis zu dessen Bereitschaft, ärztlichen Anordnungen zumindest nach einer entsprechenden Erklärung zu folgen. Auf dieser Ebene würde es zunehmend wichtiger, daß jeder für eine im umfassenden Sinne gesunde Gestaltung seines eigenen Lebens wie des Lebens anderer in seiner Umgebung vermehrt persönliche Verantwortung übernehme. Auf der „Interaktionsebene" plädierte Zapotoczky für einen besseren Dialog zwischen Ärzten, Schwestern, Patienten und Angehörigen. Auf der „Gruppenebene" müßte vermehrt versucht werden, die Gruppennorm zu beeinflussen (zum Beispiel nach dem Slogan: „Junge Frauen rauchen nicht!"). Es folgten weitere beeinflußbare Aktionsebenen bis hin zur „Globalebene", etwa zwecks Eradierung bestimmter Krankheiten. Als eindrücklichstes Beispiel erinnerte Zapotoczky an das Erlöschen der Pocken. Dies brauche kein Einzelfall zu bleiben.

Zentral aber war dem Referenten, „für sich abzuklären: Was darf ich hoffen? Neben allen großen und kleinen Erwartungen muß jeder realistisch bleiben und sich sagen, früher oder später habe ich zu sterben: wie wirkt sich diese Tatsache auf meine Lebensgestaltung und die Gestaltung meines Todes aus. Es ist eine ebenso irrationale wie unverantwortliche Haltung – wenngleich in jüngerer Zeit von vielen Menschen vor allem in den Industriestaaten gepflogen -, dieser Grunderwartung menschlicher Existenz, nämlich sterben zu müssen, nicht klar und entschieden zu begegnen." Zapotoczky ging jedoch noch einen entscheidenden Schritt weiter, indem er forderte: „Es wird eine wichtige Erziehungsaufgabe umfassender Art darstellen, den Menschen eventuell trotz gesundheitlicher Beeinträchtigungen den Weg zu einem erfüllten Leben immer wieder zu weisen bzw. ihn suchen und finden zu helfen und vielleicht in engem Zusammenhang damit auch zu einem gelassenen Sterben zu finden." Damit wies er den Weg, den wir am dritten Symposiumstag beschreiten wollten, nämlich uns zu überlegen, wie wir unser Konzept „Erfüllt leben – in Gelassenheit sterben" am zweckmäßigsten in die breite Öffentlichkeit vermittelten.

Will man an dieser Stelle das Ergebnis des ersten Symposiumstages knapp zusammenfassen, läßt sich das meines Erachtens am trefflichsten mit dem Titel Jan Sundins tun: „Vom Sterberisiko zur Lebenschance". Wie nie zuvor in der Geschichte und nirgendwo sonst auf der Welt erhalten mehr denn je unter uns erstmals die Chance eines langes Lebens. Die vorgelegten „harten Fakten" bewiesen es. Daß wir deswegen nicht gleichzeitig ins irdische Paradies gelangten, ging aus mehreren Komplementärbeiträgen hervor, komplementär auch deswegen, weil sie neben „harten Fakten" die „weicheren", deswegen jedoch keineswegs irrelevanteren Fakten ebenfalls berücksichtigten. Im Hinblick auf die zwei folgenden Symposiumstage sollte man vom ersten jedenfalls in Erinnerung behalten, daß zum einen „eine lange Lebenserwartung" nicht automatisch dasselbe ist wie eine „lange Lebenserwartung bei guter Gesundheit", und daß zum anderen die „gewonnenen Jahre" ebenso wenig automatisch auch schon „erfüllte Jahre" sind.

„Erfüllt leben – in Gelassenheit sterben" – Können wir aus Erfahrungen lernen?

Der zweite Symposiumstag

Dem zweiten Symposiumstag war am ehesten anzumerken, daß die weit ausholende überfachliche Konferenz in der Regie von Historikern durchgeführt wurde. Historiker kommen nämlich selten auf die Idee, daß wir Heutigen die ersten wären, die sich dieser oder jener Fragestellung annähmen. Meist waren andere lange vor uns da. So hörten wir schon im Einleitungsvortrag, daß das abendländische Konzept eines „gelungenen Leben(s)" auf die griechische Antike zurückgehe. Warum also im Hinblick auf „Erfüllt leben – in Gelassenheit sterben" nicht noch weiter in unserer Geschichte nachsehen, ob wir nicht da oder dort zumindest auf Elemente stoßen könnten, die sich für unsere heutigen Belange reaktivieren und gegebenenfalls in veränderter und angepaßter Form übernehmen ließen? Und wenn unsere europäische Kultur geschichtlich weit zurückreichende Konzepte zur Lebensgestaltung bereithält, so kann man getrost davon ausgehen, daß auch andere Kulturen ihre Vorstellungen hierzu längst entwickelt haben dürften. Das Nachzusehen müßte sich dort somit ebenfalls lohnen. Entsprechend gliederte sich der andere Symposiumstag in zwei Abschnitte. Sieben von insgesamt neun Beiträgen bewegten sich im abendländischen Bereich, wobei das Spektrum zeitlich vom späten Mittelalter bis zur bevorzugt behandelten neuesten Zeit reichte. Zwei weitere Beiträge lenkten die Blicke sodann in den süd- und ostasiatischen Raum. Sie machten mit Konzepten vertraut, die zum Teil wesentlich weiter in die Geschichte zurückreichten, in Falle der vorgestellten altindischen Ideen sogar bis in die vorchristliche Ära.

Noch an die Ausführungen des Vortags über „harte Fakten" anknüpfend, berichtete zuerst Josef Kytir vom Institut für Demographie bei der Österreichischen Akademie der Wissenschaften am Beispiel seines Landes über einen Ausschnitt aus unserer mitteleuropäischen Sterbekultur, der für die „Qualität des Sterbens" nicht unwesentlich ist, nämlich die „Orte des Sterbens". Schon in Callahans Wunschliste hatte es unter Punkt 4 geheißen: „Ich möchte im Sterben nicht allein gelassen und wegen meines bevorstehenden Todes psychisch bereits aus der Gemeinschaft ausgeschlossen sein."

Der Bericht Kytirs über die „Orte des Sterbens" im Nachbarland war am Symposium um so willkommener, da ähnliche Angaben für Deutschland mangels systematischer Sterbeorteintragungen fehlen. In Österreich nimmt das Statistische Zentralamt seit 1988 eine routinemäßige Klassifikation sämtlicher Sterbefälle auch nach dem Ort des Todes vor und teilt sie in fünf Kategorien ein: (1) Todesfälle in Krankenanstalten, (2) Todesfälle in sonstigen Anstalten (Alten-, Pflegeheime usw.), (3) Todesfälle in der eigenen Wohnung, (4) Todesfälle an sonstigen Orten, (5) Todesfälle während des Transportes in ein Krankenhaus. Die maschinell erfaßten Angaben wurden vom Referenten für die ersten vier Jahre analysiert. Von den insgesamt 333 050 Sterbefällen 1988-1991 ereigneten sich in absteigender Ordnung 59% in Spitälern, 29% in der eigenen Wohnung und 6% in Alten- und Pflegeheimen. Die restlichen 6% verteilten sich auf (4) und (5). Doch selbst mit diesen vorliegenden Zahlen seien die weitergehenden Interpretationsmöglichkeiten auch in Österreich beschränkt; vor allem fehlten Informationen über die Verweildauer vor dem Tode.

Immerhin vermochte Kytir markante regionale Unterschiede festzustellen. Offenbar beeinflusse der Wohnort den Sterbeort. Je kleiner eine Gemeinde sei, bzw. je höher die Agrarquote des Wohnorts liege, desto mehr Menschen würden im eigenen Haus versterben. Mit wachsender Gemeindegröße steige auch der Anteil der Sterbefälle in Krankenanstalten. So verstürben nur knapp 18% der Wiener Bevölkerung in der eigenen Wohnung, dagegen 77% in einer Anstalt. In Kleingemeinden mit einer hohen Agrarquote liege der Anteil der Anstaltssterbefälle bei 44%, während eine relative Mehrheit von 47% in den eigenen vier Wänden den Tod erleide.

Aufschlußreich war in diesem Zusammenhang, daß nicht etwa der Faktor „Versorgungsgrad mit, bzw. rasche Erreichbarkeit von stationären Einrichtungen" den Ausschlag gebe. Als Beleg hierfür erwähnte Kytir, daß sich das geschilderte Verteilungsbild selbst dann wiederhole, wenn man sich nur auf die chronischen Leiden als Todesursache und hierbei vor allem auf die bösartigen Neubildungen beziehe. Obwohl bei Krebspatienten die Erreichbarkeit von Spitälern wohl kaum eine Rolle für den Sterbeort spiele, verstürben in Wien 83% aller Krebskranken in Krankenanstalten und nur 12% zu Hause. In kleinen Agrargemeinden würde dagegen knapp die Hälfte der Sterbenden (49%) bis zuletzt zu Hause betreut, und nur in 47% der Fälle weise die Statistik eine Krankenanstalt als Sterbeort aus. Auch Familienstrukturen könnten die Unterschiede in der Sterbeortverteilung zwischen städtischen und ländlichen Gebieten nicht ausreichend erklären. So würden in Wien 77% der Verheirateten in einer Anstalt sterben und nur 19% in der eigenen Wohnung. Beiden Unverheirateten sei das Verhältnis mit 80% zu 16% im Prinzip das gleiche.

Als Hauptergebnis hob Kytir das offenkundige „Nebeneinander verschiedener Sterbekulturen" hervor. Zwecks Interpretation seien dementsprechend denn in erster Linie auch „kulturelle [und nicht medizinische] Erklärungsmuster" gefragt. Sozialhistorisch hätten sich, so meinte er, in einigen ländlichen Gebieten Österreichs bis heute Elemente einer vorindustriellen Sterbekultur erhalten. Sterbende würden hier nach wie vor in weit höherem Ausmaß zu Hause betreut, als dies in städtischen Regionen der Fall sei. Insofern müßte man das in der breiten Öffentlichkeit immer wieder als Mißstand problematisierte Bild des tatsächlichen oder vermuteten „Abschiebens" insbesondere hochbetagter Sterbender in strukturell und personell dafür schlecht ausgestattete Krankenhäuser doch wohl in mancher Hinsicht stärker als bisher differenzieren.

Weiter in die Geschichte zurück reichten im Anschluß an Kytir gleich mehrere Beiträge. So referierte der Marburger Historiker Peter Borscheid über den „Wandel der ‚Lebensstufen' im Abendland" vom Mittelalter bis heute. Die dabei festzustellende Entwicklung gliederte er in drei Phasen. In der ersten – vorindustriellen – Phase habe sich die populärste Stufung des Lebens vom Mittelalter bis ins 18., ja 19. Jahrhundert hinein an der Biologie des Menschen orientiert. Die davon abgeleiteten Lebensstufen, bekannt vor allem in der Form von Lebenstreppen, hätten unmißverständlich deutlich gemacht, was den älter werdenden Menschen in puncto Physis und Ansehen erwartete.

Diese mittelalterlichen und frühneuzeitlichen Darstellungen erinnerten den Menschen stets daran – so Borscheid -, daß der Tod allgegenwärtig war. Das mit der Sense bewaffnete Skelett unter dem Bogen der Doppeltreppe oder der Totenkopf neben dem Lebensrad mahnten daran, daß jedermann mitten im Leben vom Tod umgeben sei. Die starre Stufung des Lebens sei somit durch die Unsicherheit der Lebenszeit wieder aufgelöst worden. An jeder Stufe der Lebenstreppe befand sich, unübersehbar für alle Menschen, ein Warnschild eingerammt: „Vorsicht Einsturzgefahr!"

Der Tod holte sich seine Opfer blindlings in allen Altersgruppen. Kaum einer unter unseren Vorfahren gelangte je bis ans Ende der Treppe. Ein Drittel bis die Hälfte kam schon über die erste Stufe nicht hinaus, und die, die weiterkamen, starben meist mitten im Leben an allen möglichen Krankheiten und Unglücksfällen. Nur an Altersschwäche starb höchst selten jemand. Der eigentlichen Altersphase, nach welchen Kriterien man sie immer definiere, kam daher kaum eine Bedeutung zu. Es sei denn auch bezeichnend, meinte Borscheid, daß die spätmittelalterliche und frühneuzeitliche Medizin in der Verlängerung des Lebens kein Ziel gesehen habe. Welchen Sinn hätte es auch gemacht, die Qualen des Diesseits künstlich zu verlängern? Insgesamt spielte das kalendarische Lebensalter in dieser ersten Phase für die Ordnung des Lebens kaum eine Rolle. Es blieb im Alltag derart unwichtig, daß man es getrost vergessen konnte und, so der Autor, in der Regel auch vergaß.

In der Übergangsphase des späten 18. und frühen 19. Jahrhunderts kam es hinsichtlich der Lebenstreppe zu einer allmählichen Standardisierung. Sie zählte nun nicht mehr sieben oder zwölf Stufen, sondern stets deren zehn. Berechenbarkeit in allen Dingen wurde maßgebend. Zur gleichen Zeit gewannen auch die Altersangaben an Genauigkeit. Die Eintragungen in den Pfarregistern wurden exakter, und auch das Wissen um das eigene kalendarische Alter nahm zu.

Noch zur Mitte des 17. Jahrhunderts habe, so Borscheid, eine immer wieder zitierte Lebensregel gelautet, daß die Barmherzigkeit Gottes wichtiger sei als ein langes Leben. Die aufgeklärte Gesellschaft des 18. Jahrhunderts befolgte dagegen eher die Ratschläge eines Arztes wie Christoph Wilhelm Hufeland (1762-1836): „Makrobiotik oder die Kunst, das menschliche Leben zu verlängern" (1796). Auch könnte die zunehmende Ehrung von Greisen bei „runden" Geburtstagen als betonte Jubelfeiern anläßlich neuer Triumphe der Menschheit über den Tod interpretiert werden. Nicht verwunderlich sei vor diesem Hintergrund schließlich, daß die Entdeckung der Kindheit und der Aufstieg des Alters aus dem Tal der Verachtung auf die Höhe des Ansehens ebenfalls während der Aufklärung erfolgte. Das gleiche treffe auf die allmähliche Standardisierung des Lebenslaufs unter anderem durch die Rationalisierung im Versorgungswesen durch Versicherungskassen im Sinne der Aufklärung zu.

Als dritte Phase führte Borscheid die Stufung des Lebens in der modernen Industriegesellschaft an. Das Industriezeitalter habe, vor allem im 20. Jahrhundert, die endgültige Standardisierung des Lebenslaufs mit sich gebracht. Der weitaus größte Teil der Bevölkerung erreiche in unseren Tage in den Industrieländern das Rentenalter, und jene, die es erreichten, gingen in der Regel auch in Rente. Zur Homogenisierung der Lebensläufe habe ganz wesentlich aber auch die Konzentration der Sterblichkeit auf die späten Jahre beigetragen. Heute weise das Sterbealter sogar eine vergleichsweise derart geringe

Streubreite auf, daß das durchschnittliche Sterbealter erstmals in der Geschichte zur Norm geworden sei.

In unseren Tagen würden alle Stufungen, so der Autor, durch äußerst harte Grenzen gekennzeichnet, bei deren Überschreiten der einzelne in eine völlig neue Welt eintrete. Die Übergänge in die Ausbildungs-, Erwerbs- und Rentenphase erfolgten abrupt. Für manche fielen sie brutal aus. Ebenso kraß unterschieden sich auch die jeweiligen Welten, in denen die einzelnen Altersgruppen lebten. Diese harte Stufung werde begleitet von einer strikten Abgrenzung der Kulturen der einzelnen Altersgruppen untereinander. In gewisser Weise, so summierte Borscheid seine Ausführungen denn auch überraschend, wäre die Stufung der alten, starren Lebenstreppen von ehedem erst heute Wirklichkeit geworden.

An dieser Stelle wurde die außereuropäische Welt ins Symposium einbezogen, um wenigstens in einigen ausgewählten anderen Kulturen nach „geziemenden Lebenseinteilungen" als Voraussetzung für ein „erfülltes Leben" Umschau zu halten. Der Indologe und Sanskritist Chandrabhal Tripathi sprach unter dem Titel „Varna-asrama-dharma" über „altindische Ideen zur Sozialordnung". Dieses Konzept hatte somit a priori weniger das einzelne Individuum im Visier als den Aufbau und den geordneten Zustand der ganzen Gesellschaft.

Die ältesten diesbezüglichen Texte reichten, so Tripathi, ins erste Jahrtausend vor Christus zurück. Sie dürften sukzessive etwa ab dem siebten Jahrhundert entstanden sein. Es verstehe sich von selbst, daß die Inhalte von kontinuierlich benutzten Termini nicht über eine Zeitspanne von mehr als zweitausend Jahren stets dieselben geblieben sein könnten. Generell handele es sich auch keineswegs um verbindliche Gebote und Verbote, ähnlich etwa heutigen Gesetzen. Vielmehr habe man es mit „Empfehlungen zum Positiven" bzw. „Warnungen vor Negativem" zu tun. Auch seien alle diesbezüglichen Ideen stets idealtypisch zu verstehen. Die Wirklichkeit hätte ihnen somit auch gar nie ganz konform sein können.

In dem dreiteiligen Kompositum „Varna-asrama-dharma" meine einerseits „dharma" die Gesamtsumme von Rechten und Pflichten, die jeder Mensch gegenüber sich selbst, gegenüber den anderen Menschen sowie der ganzen Welt und schließlich gegenüber Gott bzw. den Göttern habe. „Varna" sei andererseits der Terminus für die Einteilung in Klassen. Im alten Indien habe man vier solche Klassen unterschieden: (1) die Priester, Gelehrten, Mediziner, Theoretiker; (2) die Krieger und Staatsdiener; (3) die Kaufleute, Finanzverwalter, Karawanenführer, Großbauern, gehobenen Handwerker; (4) die Kleinbauern, Tagelöhner, niedrigen Handwerker. Jede dieser Klassen oder Stände habe ihre jeweils spezifische Gesamtsumme von Rechten und Pflichten gekannt.

„Asrama" schließlich beziehe sich auf die altindische Auffassung, wonach die Gesellschaft nicht nur horizontal in „Kasten", sondern auch vertikal in Altersstufen eingeteilt sei. Auch hier gebe es deren vier, wobei jede Stufe idealiter einen Zeitraum von fünfundzwanzig Jahren umfasse. Die erste Stufe gelte der Vorbereitung auf das Leben. Knaben sollten ab dem fünften, sechsten Jahr mit einem Lehrer in Abgeschiedenheit die heiligen Schriften studieren sowie sich weltliches Wissen und Können in Theorie und Praxis aneignen. Diese Vorbereitungsphase habe ebenso asketisch wie spartanisch zu sein. Die Schüler müßten ihrem Lehrer Gehorsam leisten und ihm dienen. Am Ende der Lehrphase erfolge die Rückkehr zu den Eltern. Die durch sie arrangierte Heirat leite die zweite Phase ein. Als Familienoberhaupt und Haushaltsvorstand strebe man nun Wohlstand für sich und die Seinen an. In dieser Phase habe man zudem den verschiedensten sozialen Pflichten nachzukommen. Insgesamt bildeten die Angehörigen dieser zweiten Lebensstufe das Rückgrat der gesamten Gesellschaftsordnung; sie gewährleisteten deren Stabilität. Die Zeit für die dritte Phase sei gekommen, wenn ein Mann seine ersten grauen Haare sehe bzw. das Gesicht des ersten Enkelkindes erblicke. Dann sollte er aus dem aktiven Leben ausscheiden, sich mit oder ohne Ehefrau am Dorf- oder Stadtrand niederlassen und als Waldeinsiedler hauptsächlich religiösen Beschäftigungen nachgehen. In der vierten Phase endlich müsse er sich von allen Bindungen lösen und als Wanderasket ausschließlich spirituelle Interessen pflegen. Mit dem dann erfolgenden Ablegen des weltlichen Namens sterbe das alte EGO symbolisch ab. Was einzig noch zähle, sei die Gemeinschaft mit einem Meister sowie einigen Mönchsbrüdern, ohne materiellen Besitz und ohne soziale Pflichten. Obwohl jede Kastenzugehörigkeit ebenfalls erlösche, dürfe doch nicht asozial gehandelt werden. Im Gegenteil solle die Grundintention in dieser Phase stets sein, dem Wohl und Wehe aller Lebewesen zu dienen.

Ein wesentliches Ziel hätten diese Vorstellungen einer geziemenden Lebenseinteilung – die in dieser Form nur auf Männer zutrafen, für Frauen gab es Ideale von der treuen Gattin und fürsorgenden Mutter – in Indien zu allen Zeiten erfüllt. Sie entschärften, so Tripathi, die beruflich-soziale Konkurrenz und sorgten für relativ harmonische Verhältnisse unter den Generationen. Eine ganz andere Frage sei, ob diese Vorstellungen auch dann auf dem Subkontinent noch Bestand haben werden, wenn sich immer mehr Menschen aufgrund steigender Lebenserwartung realiter mit der dritten, erst recht mit der vierten Phase konfrontiert sähen. Dann angesichts zusätzlicher, und das meine gleichzeitig auch besserer Lebensjahre nur noch als Waldeinsiedler bzw. als Wanderasket zu existieren, werde höchstwahrscheinlich kaum jedermanns Sache sein. – Hatten nicht auch wir in Europa unsere althergebrachte Lebenstreppenordnung in Vergessenheit geraten lassen, als sie für immer mehr Menschen eine Realität zu werden drohte, da mehr und mehr Männer und Frauen den Treppenabstieg bis 80, 90, 100 schafften?

Räumlich noch weiter holte der Sinologe, Koreanist und Japanologe Hans-Jürgen Zaborowski in seinem Beitrag „Lebensaltersstufen und Rollenverhalten in Ostasien" aus. Obwohl die diesbezügliche Diskussion in jenem Kulturerdteil eine kontinuierliche, lange Tradition habe, seien sich die heutigen Asienwissenschaften doch darin einig, daß die Lebensweisen und Lebensstile in China, Korea und Japan nie einheitlich-monolithisch gewesen sind. So sei zwar das chinesische Wertesystem zu allen Zeiten vorwiegend durch die Lehren des Konfuzius geprägt worden (551-479 v. Chr.). Doch hätten in unterschiedlichen Ausmaßen auch Buddhismus und Taoismus immer wieder einen größeren Einfluß auf die Lebensgestaltung vieler Chinesen ausgeübt, als dies lange Zeit angenommen worden sei. Als Beispiel führte Zaborowski an, daß man kindliche Pietät verbunden mit Achtung und Gehorsam den Eltern gegenüber zwar überall und jederzeit als entscheidende Voraussetzung für die Harmonie zwischen den einzelnen Lebensaltersstufen angesehen habe, daß in taoistischen Bevölkerungsschichten jedoch auch schon dem Kindes- und Jugendalter ein eigener, ausgesprochen positiver Wert beigemessen worden sei. Konfuzianische Texte dagegen zeigten sich hier weitaus zurückhaltender.

In Korea, wo sich buddhistische und konfuzianische Werte seit etwa dem 4. Jahrhundert spannungsvoll verbanden, spielten zu allen Zeiten Riten, Gesten, zeremonielle Handlungen, Rituale, Kulte jeglicher Art eine wichtige Rolle. Ob bei einfachen Mahlzeiten oder bei Festen im Jahresablauf: immer und überall gab es nach Zaborowski eine feste Sitzordnung. In ihr hätten sich die hierarchischen Strukturen klar und deutlich gespiegelt. Vier Rituale seien besonders prägend gewesen: erstens die Riten beim Eintritt ins Erwachsenenleben (Geschlechtsreife); zweitens die Riten im Zusammenhang mit dem Beginn des Ehelebens (Heirat); drittens das Bündel von Riten bei Sterben und Tod, und viertens die Riten der Ahnenverehrung. Selbst heute würden sich in Korea die Normen zwischenmenschlicher Beziehungen noch immer stark an Wertvorstellungen anlehnen, die in erster Linie in familiärem Rahmen üblich seien. Nicht anders als in China stünde auch hier die kindliche Pietät den Eltern gegenüber an oberster Stelle. So erstaune denn wenig, daß umgekehrt vor allem ältere Koreaner ihre Beziehungen zu jüngeren Familienmitgliedern enger und positiver sähen und bewerteten als gleichalte Menschen im Westen. Doch werde man wohl auch in Korea – in Südkorea, um genauer zu sein – abwarten müssen, ob nicht der schon heute spürbare Statusverlust älterer Menschen in einer wachsend an Leistung orientierten Gesellschaft das überkommene Wertesystem und damit auch die Rolle der Lebensaltersstufen nachhaltig verändere. Ob die Fürsorge für eine fast explosionsartig zunehmende Zahl älterer und alter Menschen als Folge der rapide steigenden Lebenserwartung weiterhin bloß der Familie anvertraut bleiben könne, oder ob man nicht schon in absehbarer Zeit vermehrt auch an Institutionalisierungsmöglichkeiten denken müsse, sei wahrscheinlich in sehr naher Zukunft eine wichtige Frage nicht nur der Betroffenen selbst, sondern der ganzen koreanischen Gesellschaft überhaupt.

Ebenso skeptisch äußerte sich Zaborowski schließlich im Hinblick auf das Überdauern und weitere Funktionieren herkömmlicher Traditionen in Japan. Während ältere Menschen in China und Korea auch nach ihrem sechzigsten Geburtstag in der Regel sowohl familiär wie gesellschaftlich noch mitzureden wünschten – wenn nicht gar mitzubestimmen –, würden sie sich in Japan zu diesem Zeitpunkt traditionell aus dem aktiven Leben zurückziehen. Das vollendete sechzigste Jahr markiere im allgemeinen auch die Entpflichtung von der Teilnahme an kollektiven Arbeiten bzw. die Verabschiedung aus öffentlichen Ämtern. Das Bürgerliche Gesetzbuch Japans von 1898 verband mit dieser Zäsur sogar die ausdrückliche Auflage an den ältesten Sohn, von nun an die Versorgung der Eltern sicherzustellen.

Der Eintritt in den beruflichen Ruhestand, der heute oft schon weit früher als mit 60 Jahren erfolge, löse bei den Betroffenen unterschiedliche Reaktionen aus. Manche, die bereits mit 55 in den „Erstruhestand" gingen bzw. gehen müßten, suchten sich eine neue Tätigkeit, sei es aus wirtschaftlicher Notwendigkeit, sei es, weil die Umgebung mit Alter Krankheit und Schwäche verbinde. Wer weiterarbeite, sei demonstrativ weiterhin gesund. Nicht unterschätzt werden dürfe hierbei aber auch die Chance, neue soziale Kontakte zu knüpfen. Mit dem Übergang in den definitiven Ruhestand zeige sich sodann einerseits häufig das Gefühl einer neuen Freiheit. Es könnten vermehrt Tempel- und Schreinbesuche unternommen und religiöse Rituale strikter eingehalten werden. Andererseits stelle man gerade bei Menschen im Ruhestand eine relativ hohe Selbstmordrate fest, was gewiß nicht als Zeichen eines rundum zufriedenen Lebens im Alter gedeutet werden könne.

Fest stehe, so Zaborowski, daß das Alter in Japan erst im 20. Jahrhundert zu einer eigenen Lebensstufe geworden sei. Heute gehöre die japanische Lebenserwartung zu den höchsten der Welt. Das damit verbundene immense Anschwellen der Gruppe der über Sechzigjährigen habe bei gleichzeitigem Bedeutungsverlust der traditionellen Familie mittlerweile bereits den Anstoß für neue soziale Phänomene wie etwa geplante Ruhestandsgemeinschaften gegeben. Doch nicht nur in Japan, sondern auch in China und Korea werde die nahe Zukunft neue Wege finden und gehen müssen, um das Verhältnis zwischen gesellschaftlicher Organisation und Rollenverhalten des einzelnen unter ausgewogener Berücksichtigung von kulturellem Erbe und modernen Entwicklungen neu zu definieren und so auch die Lebensaltersstufen mit neuen Funktionen und neuer Sinngebung zu füllen.

Nicht daß also, wie wir bei Tripathi und Zaborowski nun gesehen haben, andere alte Kulturen wie die indische, chinesische, koreanische oder japanische keine Konzepte für eine geziemende Lebensphasenabfolge entwickelt hätten. Doch meldeten beide Referenten ihre Zweifel an, ob das, was Jahrhunderte lang in mehrfach stabilisierender Hinsicht tragfähig gewesen war, es angesichts des raschen Wandels von der unsicheren zur sicheren Lebenszeit in absehbarer Zukunft ebenfalls noch sein würde. Wer wollte es den Menschen in Süd- und Ostasien auch verwehren, daß sie dann genauso wie wir schon länger das Ausleben ihrer natürlichen Lebensspanne – quantitativ mehr Jahre bei größerer Qualität – mit allen Fasern bis zum letzten Augenblick genießen möchten? Ob sie dabei den gleichermaßen inhärenten negativen Folgen werden entgehen können, scheint mir fraglich. Wie erinnerlich hatte der fundamentale Wandel bei uns unter anderem auch die Erosion der alten, ehedem überlebensnotwendigen Gemeinschaftsbande zur Folge. Und ebenso schuf er die Voraussetzungen für einen neuen Unsterblichkeitswahn, der uns das Sterben in Gelassenheit nun so schwer macht.

All dies hat mit westlicher Dekadenz, wie uns von östlicher Seite in solchem Zusammenhang immer wieder gern „erklärt" wird, nichts zu tun. Viel zu tun hat es dagegen mit dem zugrunde liegenden Wandel von der unsicheren zur sicheren Lebenszeit. Dies wiederum bedeutet, daß in jenen anderen – östlichen – Ländern die gleiche Entwicklung eintreten dürfte, sobald auch dort das biologische Überleben gesicherter, die Lebenserwartung höher, das durchschnittliche Sterbealter auf nie zuvor erreichtem Niveau stabilisiert sein wird. Deutliche Anzeichen in dieser Richtung wurden in beiden Referaten mehrfach angesprochen. Man kann auch in Ostasien nicht nur die positiven Aspekte einer Entwicklung für sich in Anspruch nehmen wollen, die negativen aber leugnen. Medaillen haben auf der ganzen Welt zwei Seiten.

Die Frage hatte gelautet, ob wir möglicherweise aus anderen Kulturen „geziemende Lebenseinteilungen" für ein „erfülltes Leben" übernehmen, uns zumindest von ihnen anregen lassen könnten. Nach allem, was hier aus dem süd- und ostasiatischen Raum nun dazu gesagt wurde, scheint das jedoch nicht der Fall zu sein. Wir sind diesbezüglich auf uns selbst angewiesen, denn wir stehen nun einmal an vorderster Stelle einer Entwicklung, in der uns praktisch der ganze Rest der Welt nachfolgt.

Um so wichtiger war am Symposium, nach diesem ernüchternden Exkurs erneut die eigene Geschichte zu befragen, ob sie nicht selbst einige Impulse für das angestrebte Konzept „Erfüllt leben – in Gelassenheit sterben" bereit hielte. Hierbei durfte selbstverständlich nie außer Acht gelassen werden, daß wir jenen grundlegenden Wandel bereits hinter uns haben und wir uns voll in einer neuen Ära befinden. Ein naives Lernenwollen aus der Geschichte verbot sich da – sollten wir fündig werden – von selbst.

Der Historiker Borscheid hatte uns in seinem Referat schon davor gewarnt, keine „falschen Fragen" an die Geschichte zu stellen. Seinen Ausführungen zufolge kam „der eigentlichen Altersphase, nach welchen Kriterien man sie immer definiere", vor dem Wandel von der unsicheren zur sicheren Lebenszeit „kaum Bedeutung" zu. Das aber konnte nichts anderes heißen, als daß die oft gestellte Frage, wie denn unsere eigenen Vorfahren mit ihren Alten umgegangen waren und ob wir nicht etwas daraus lernen könnten oder sollten, eine „falsche Frage" ist. Gewiß gab es auch unter unseren Vorfahren immer wieder alte Menschen. Doch von diesen relativen Ausnahmen Regeln, Gesetze, auch nur Üblichkeiten ableiten zu wollen, käme einem nicht gerechtfertigten Überstrapazieren der wenigen Befunde gleich. Umgekehrt erstaunte vor diesem Hintergrund kaum länger, daß demselben Referenten zufolge „die Stufung der alten, starren Lebenstreppen erst heute eine Realität geworden" ist. Denn anders als damals kommt den verschiedenen Altersphasen heute eben – schon rein quantitativ – sehr wohl große Bedeutung zu. Entsprechend straff sind sie in unseren Tagen reglementiert.

Am Symposium befragten wir zuerst zwei Theologen nach solchen in unserer Geschichte vermuteten Impulsen. Schließlich waren Geistliche im Abendland über Jahrhunderte hinweg „für Sterben und Tod" zuständig. Harald Wagner, katholischer Theologe und Religionspädagoge aus Marburg, referierte passend über das Thema „Ars moriendi – Impulse für heute aus christlicher Tradition". Und Peter-Otto Ullrich, stellvertretender Leiter der Abteilung Berufsbegleitende Fortbildung beim Bischöflichen Ordinariat Mainz, behandelte die Frage: „Will Altern gelernt sein? – Lebensplan und Kunst des Sterbens heute. Erfahrungen und Fragen zum Modell 'Lernen aus Erfahrung'".

Eingangs bestätigte Wagner, daß Sterben und Tod seit je zentrale Themen einer jeden Religion gewesen seien. So habe auch die christliche Kirche seit alters über den „guten Tod" nachgedacht. Eine eigentliche „Ars moriendi"-Literatur wäre sodann im 14. Jahrhundert entstanden. Sie erging sich nicht länger nur in Betrachtungen, sondern versuchte, konkrete Anleitung zu sein und praktische Hilfe zu leisten. (Über diese „Ars moriendi" hatte Wagner bereits am Vorgänger-Symposium 1991 referiert; sein damaliger Beitrag findet sich in überarbeiteter Form als Kapitel 7 in diesem Sammelband.) Im Hinblick auf die Anwendung und Umsetzung erinnerte der Referent daran, daß es zur Tradition zahlreicher Orden gehöre, sich der Krankenpflege und damit auch der Sterbebetreuung zu widmen. Auch seien christlich geführte Hospize und Krankenhäuser eigentlich schon immer Orte der praktischen „Ars moriendi" gewesen, habe man sich dort doch stets darum bemüht, das Liebesangebot Christi zu verwirklichen, sich den Armen und Kranken besonders zuzuwenden. Es wurde auch daran erinnert, daß bereits im Jahr 325 das Konzil von Nicäa Xenodochien als Fremdenherbergen für obdachlose Arme und Kranke einrichten ließ. Jeder Priester sei im übrigen schon deshalb Sterbebeistand, weil ihm das Spenden der Sterbesakramente obliege. Zu allen Zeiten hätte daneben aber auch jeder Laie als Beistand fungieren können. Dies wäre immer dann der Fall gewesen, wenn ein solcher Laie sich als „amicus", als „wahrer Freund" des Sterbenden betätigt habe.

Gemäß Wagner sollte man in der ehemaligen „Ars moriendi" immer auch eine „Ars vivendi" sehen, eine Anleitung zum richtigen Leben. Da nach Ansicht vieler Menschen unserer heutigen Zeit eine „Ars moriendi" erneut not täte, könnten zweifellos manche Impulse noch immer aus christlicher Tradition kommen. Dem zuzustimmen setze keineswegs ein unbedingtes Ja zum ganzen christlichen Glauben voraus. So würde es gewiß niemandem schaden, wenn auch wir uns wieder vermehrt daran erinnerten, daß das Leben einmalig und befristet sei. Das Wissen um den Tod gebe ihm erst Tiefe und Fülle. Nur jemand, bei dem Haben statt Sein permanent im Vordergrund stehe, fürchte sich vor dem Tod. Denn er verliere mit ihm alles: Körper, Besitz, Identität.

Ein weiterer wichtiger Impuls sei, daß auch heute der Sterbende wie seinerzeit wieder vermehrt ins Zentrum rücke. Mitmenschliche Fürsorge eines „amicus" oder einer „amica" – verbunden mit Schmerzlinderung – wären dann oft von selbst entscheidender als der medizinische Maximaleinsatz. In dieser Hinsicht gelte es, immer wieder an den Wert und den Sinn von „Freundschaft" zu erinnern. Mit Bezug auf zwischenmenschliche Beziehungen könne die Kleinfamilie heute vieles nicht mehr leisten, was sie einmal habe leisten können.

Obwohl von der Symposiumsleitung nicht angestrebt, konzentrierte sich Peter-Otto Ullrich weitgehend auf die Lebensphase „Alter". Er ging von der Frage aus, ob dieser späte Abschnitt im Leben speziell gelernt werden wolle. Seine Erfahrungen aus der beruflichen Fortbildung von Seelsorgern ließen ihn hieran zweifeln. Gewiß sei „Erfüllt leben – in Gelassenheit sterben" ein häufiger Wunsch, nicht anders, als möglichst lange zu leben, ohne alt zu werden. Entsprechende Kursangebote würden von den 40- bis 65jährigen nicht oder nur in bescheidenem Umfang angenommen. Im allgemeinen werde eher mit Angst und Abwehr reagiert. Umfragen hätten ergeben, daß sich die Mehrzahl der potentiellen Kursteilnehmer erst mit etwa 70 Jahren zu den „in Frage kommenden" Alten rechneten. Es sei daher auch kaum überraschend, daß die Beschäftigung mit dem eigenen Altwerden erst zwischen 60 und 70 einsetze.

Angesichts der statistisch unleugbar vielen gewonnenen Jahre sollte, so meinte Ullrich, Altern zweifellos gelernt werden. Paradoxerweise scheine heute jedoch alles darauf hinauszulaufen, Altern gerade nicht zu lernen, sondern jung zu bleiben. Die zahlreichen wohltönenden Aufrufe, wie etwa derjenige vom lebenslangen Lernen, verdecken seiner Ansicht nach eher Ratlosigkeit. Da der Referent selbst in der theologisch-praktischen Vermittlungsarbeit tätig ist, fragte er sich insbesondere nach dem Wechselverhältnis von theologisch reflektierter Erfahrung, gerontologischem Wissen und wissenschaftlichen Erkenntnissen über das Lernen von Erwachsenen. Er beklagte diesbezüglich nicht nur die Theorie-Armut in der Lebensplan-Forschung, auf die er gestoßen sei, sondern auch die bisher äußerst schmale Bildungspraxis. Erschwerend kämen die stark voneinander abweichenden Lebenserfahrungen, Bedürfnisse, Interessen älterer Menschen hinzu. Ullrich ging in seinen Ausführungen hauptsächlich auf die „Alterserziehung Jüngerer" ein, das heißt auf das Lernen für das Alter, nicht das Lernen im Alter. Die von ihm diskutierten Aspekte – „Lebensplanung", „Kunst des Sterbens", „Kunst des Lebens" – betrachtete er als allgemeine Bausteine bei der Vermittlung von „Lebenshilfe" überhaupt.

Gemäß Ullrich befanden sich 1991 in den alten Bundesländern rund zwei Drittel aller Alten- und Pflegeheime in der Trägerschaft von Caritas und Diakonie, dazu ein Großteil der ambulanten Sozialstationen. Seit Beginn der 1950er Jahre gebe es in fast jeder Kirchengemeinde Angebote der Alters- bzw. Seniorenseelsorge. Insgesamt habe sich die Altenbildung als eigenständiger Bereich der Erwachsenenbildung in konfessioneller Trägerschaft seit langem etabliert. Somit scheine die kirchliche Realität zumindest in diesem Punkt den hohen Erwartungen zu entsprechen. Schaue man indes genauer hin, sei bei alledem das Lernen für das Alter eine bisher in der kirchlichen Altenarbeit noch kaum in Angriff genommene Aufgabe.

Deutliche Veränderungen könne man bei den Mitgliedern nachrückender Generationen bezüglich inhaltlicher Wünsche und Arbeitsformen der kirchengemeindlichen Altenseelsorge feststellen. Eine Neuorientierung habe sich vor allem in der Praktischen Theologie durch die breite Rezeption und Auseinandersetzung mit den Human- und Geisteswissenschaften ergeben. Angesichts zunehmender Distanziertheit, ja Gleichgültigkeit weitester Kreise bange der Kirche vor dem Nicht-mehr-Gebrauchtwerden. Kirchliche Beiträge zum Lernen für das Alter müßten vor diesem Hintergrund für alle Menschen offen und zugänglich sein. Es dürfe sich nicht um Maßnahmen nur für die angestammten Mitglieder oder zwecks Gewinnung neuer Kirchenmitglieder handeln.

„Lernen für das Alter" aufgrund von „Lernen aus Erfahrung" könne nur teilweise von den Erfahrungen der jetzt Alten ausgehen. Diese seien noch in einer anderen Zeit aufgewachsen und hätten in ihr einen großen prägenden Teil ihres Lebens verbracht. Erst wir, die Angehörigen der mittleren Generationen, hätten statt der klassischen Trias „Pest, Hunger, Krieg" eine völlig neue Todesursachenstruktur in Form altersbedingter Multimorbidität. Zugleich sei durch die Rückbildung traditioneller gesellschaftlicher Verpflichtungen und die Durchlöcherung sozialer Netzwerke der Sinnhunger von zwischenmenschlich immer stärker isolierten Individuen gewachsen: „eine Konstellation, mit der umzugehen wir erst noch lernen müssen."

Beim „Lernen für das Alter" stelle sich jeweils eine doppelte Aufgabe. Einerseits sei es die Auseinandersetzung mit phasenspezifischen Herausforderungen, andererseits die antizipative Beschäftigung mit den für das hohe Alter typischen Schwierigkeiten. Als wichtigstes Lernziel nannte Ullrich die Bereitschaft, auf jeder Stufe des Lebens so eng wie möglich mit den gegebenen Alltagswirklichkeiten verbunden zu bleiben, eine Formulierung, die derjenigen des Philosophen Wörner im Eingangsreferat nahe kam. Wörner hatte dort dafür plädiert, zu lernen, an jeder Stufe des Lebens Geschmack zu finden. Auch in ihrer Kritik stimmten beide Referenten überein. Da sich die Zukunft nicht wirklich vorausplanen lasse, sei auch Leben im Alter nicht planbar im engen Sinne des Begriffs „Planung". Ein Lebensplankonzept müsse zumindest jederzeit offen bleiben für situativ und biographisch bedingte Veränderungen.

Auf positivere Resonanz stieß bei Ullrich der Appell, die noch kaum begonnene psychische Anpassung unseres Selbst an die neuen Gegebenheiten des voraussehbar langen Lebens konsequenter als bisher zu betreiben. Hier wäre die christliche Theologie gut beraten, eine in der Erfahrung des Alterns reifende Mahnung zur Bescheidung ins Menschenmögliche nicht vorlaut zu übertönen. Es stünde Theologen schlecht an, mit Einsprüchen aufzuwarten, wenn von anderer Seite angesichts unserer im historischen wie internationalen Vergleich konkurrenzlosen Lebensmöglichkeiten der nüchterne Ruf zu etwas mehr Bescheidenheit gegenüber möglicherweise wehleidigen oder ins Maßlose zielenden Klagen lauter würde. Zum einen sei „Sis humilis!" ein Topos aus der alten christlichen „Ars moriendi". Zum anderen böte die bescheidene und zugleich doch so schwierige, weil auf innere Widerstände stoßende Anerkennung des eigenen Geschaffenseins eine hervorragende Möglichkeit, dem Schöpfer als Geschöpf Ehre zu erweisen. Bedacht werden müsse hier allerdings stets, daß nur der in anderen etwas zu bewirken vermöge, der dieses in sich selbst bereits bewirkt oder erlitten habe.

Die eben erwähnten Schwierigkeiten, unser eigenes Geschaffensein vorbehaltlos anzunehmen, bildeten den Ausgangspunkt eines weiteren Referates. Der Bremer Gerontologe Hartmut Dießenbacher behandelte sie unter dem Titel „Das Leben vom Tode her. Zur Alternsphilosophie Jean Amérys". Er ging von der konsternierenden Tatsache aus, daß Améry, obwohl Autor mehrerer einschlägiger Bücher wie „Über das Altern. Revolte und Resignation" oder „Hand an sich legen. Diskurs über den Freitod" (Améry hatte 1978 im Alter von 66 Jahren seinem Leben ein Ende bereitet) von den Gerontologen bisher weitgehend „übersehen", ja totgeschwiegen wurde. Dießenbacher suchte nach Gründen.

Mit zunehmendem Alter stelle sich bei jedem Menschen die Gewißheit ein, ein moribundus zu sein. Die subjektive Zukunft werde immer kürzer, die Vergangenheit länger. Zunehmendes Alter meine somit stets auch wachsende Zukunftslosigkeit. Konkrete Fragen drängten sich in den Vordergrund: wo, wann, wie werde ich sterben? Nach Dießenbacher verstießen die Schriften Amérys prinzipiell gegen das derzeit vorherrschende wissenschaftliche „Kompetenz-Modell". Ein als konservativ geltendes „Defizit-Modell" werde von geriatrisch-gerontologischer Seite als ebenso überholt angesehen, wie von soziologischer Seite die „Disengagement-Theorie" als gestrig betrachtet. Daraus hätten sich negative Altersstereotype entwickelt, die aber nicht nur auf die Alternden selbst unvorteilhaft zurückwirkten, sondern im gleichen Maße auch auf die Alternsforscher.

Diesem negativen Altersbild sei daraufhin von universitären Kompetenzgerontologen ein positives entgegengesetzt worden. Dazu habe die Kreierung „neuer Lebensentwürfe" ebenso gehört wie die Entdeckung der „späten Freiheit", die Propagierung der „neuen Alten" oder die Einrichtung von „Senioren-Büros". Laut Dießenbacher dringen die Kompetenzgerontologen jedoch nicht wirklich bis zu den Grundkonditionen subjektiven Alternserlebens vor. Ihr Konzept gestatte es gar nicht, das Leben vom Tode her zu denken. Hier nun sei es Amérys freigeistiger Bruch mit einer christlichen Tradition, der am schwersten wiege. (Améry war Jude.) Seine Werke spendeten keinen Trost. Der Wahrheit zuliebe habe er allen religiösen Ballast von sich geworfen. Viele, Alternde zumal, seien aber offensichtlich des Trostes in individuellen Not- und Leidenssituationen immer wieder bedürftig. Traditionell wären Kirchen und Glaubensgemeinschaften in diesem Bereich zuständig gewesen. Heute hätten moderne Interventionstechnik und Lebensberatung weitgehend deren Rolle übernommen. Sie regten zu Aktivismus an, spendeten Trost, machten Mut, gäben Hoffnung, vermittelten Gewißheiten. Amérys Schriften dagegen würden keinem Absprungbereiten die Sehnsucht nach Jenseitsglauben oder Überpersönlichem stillen. Seine metaphysische Bedürfnislosigkeit habe ihn zum Nihilisten werden lassen. Dadurch aber sei er all jenen bedrohlich, die im Alter glaubensbereiter, trostbedürftiger, religionsanfälliger und empfänglicher für metaphysische Erbaulichkeiten welcher Art auch immer würden.

Dieselbe Feststellung treffe indes genauso auf alternde Gerontologen zu, das heiße auf Angehörige einer jungen Disziplin, die auf der Rangliste der Wissenschaftsgemeinschaft eben erst im Begriffe sei aufzusteigen. Aus eigenem Interesse wie aus eigener Bedürftigkeit entwickelten sie sich zu Pfründnern wissenschaftlicher Alterströstungstheorien, die sie nun auf dem akademischen Altenteil gegen trostlose Wahrheitssucher verwalteten. Hierin läge das tiefste Motiv für das wissenschaftliche Totschweigen Amérys . Nur wer es ertrage, den Trost in der Wahrheit zu suchen, werde seinen Herausforderungen gewachsen sein.

Nicht gleichermaßen drastisch, aber in der Zielrichtung doch sehr ähnlich drückte sich schließlich auch die Berliner Medizinethikerin Ruth Mattheis in ihrem Referat über die „'Setting limits'-Kontroverse" aus (abgeleitet von Daniel Callahans umstrittenen Buch desselben Titels; der überarbeitete Beitrag von Ruth Mattheis findet sich in diesem Band als Kapitel 11). Wie heute jeder wisse, gingen zum einen die enormen Fortschritte in der modernen technischen Medizin einher mit ständig steigenden Kosten für die Gesundheitsversorgung. Zum andern habe die zunehmende Lebenserwartung einen immer größeren Anteil älterer, alter und sehr alter Menschen mit höherem Bedarf an Gesundheitsleistungen zur Folge. Die Frage stelle sich zwangsläufig, wie die letztlich beschränkten Ressourcen zu verteilen seien. Selbstverständlich müßten hierbei ethische Maßstäbe angelegt werden. Vor allem dürfe es zu keiner Benachteiligung der schwächsten Glieder in einer Gesellschaft kommen.

1987 hatte der – eingangs mit seinem neuen Werk „The troubled dream of life. Living with mortality" vorgestellte – amerikanische Medizinethiker Daniel Callahan das Buch „Setting Limits. Medical Goals in an Aging Society" publiziert. Beinahe unzulässig verkürzt gehe es ihm darin, so Mattheis, um das Propagieren einer „natürlichen Lebensspanne" von 80, 85 Jahren als „Entscheidungshilfe", etwa zur Begründung einer abgelehnten kostspieligen Transplantation oder der Nichtaufnahme auf eine Intensivstation. Nach Callahan mache es wenig Sinn, das Leben stets noch weiter zu verlängern, nur weil medizinisch-technische Möglichkeiten dies nun immer häufiger ermöglichten.

Wenn in sehr hohem Alter jemand dennoch nach High-Tech-Intervention verlange, dann solle er – und nicht die Gemeinschaft – für die Kosten aufkommen. Unter heutigen Bedingungen könne es nicht länger in erster Linie darum gehen, sehr Alte noch älter werden zu lassen. Vielmehr gehe es darum, jüngeren Menschen die Chance zum Altwerden ebenfalls einzuräumen. Wer bereits 80, 85 Jahre hätte leben dürfen, dem sei genügend Zeit beschieden gewesen, ein bis zum Rande erfülltes Leben zu leben. Wer in diesem Alter dann doch immer noch das Gefühl habe, nicht auf ein erfülltes Leben zurückblicken zu können, der müsse die Schuld hierfür schon bei sich selbst suchen.

Das von Callahan in den Vordergrund gerückte Kriterium des chronologischen Lebensalters trug ihm, wie man sich leicht vorstellen kann, neben Zustimmung („objektiv und für alle gleich") ein gerüttelt Maß an vehementer Kritik ein. Am Symposium versuchte nun Mattheis, die Wogen zu glätten und zwischen den Fronten zu vermitteln. Sie plädierte dafür, daß man bei Callahan doch nicht stets nur auf die weiterum Anstoß erregende Alterslimite starren möge, sondern sein Gesamtkonzept im Auge behalten solle. Tatsächlich hat es den Anschein, als ob manche Zeitgenossen das Buch „Setting limits" ein zweites Mal lesen müßten, um auf den darin ebenfalls enthaltenen Vorschlag eines Stufenplans zu stoßen. Callahan erachtete in seinem Buch einen Zeitraum von etwa zwanzig bis dreißig Jahren als notwendig, um in der Bevölkerung ein grundlegendes Umdenken herbeizuführen. Menschen müßten wieder akzeptieren lernen, daß jedes Leben endlich sei und eine natürliche Grenze habe. Was sodann die heute überwiegend zum Tode führenden chronischen Krankheiten betreffe, so sei „care" in der Medizin ebenso wichtig wie „cure".

Diesem Aufruf zum Umdenken schloß sich Mattheis vorbehaltlos an, und zwar auch und vor allem in bezug auf die Gegebenheiten hierzulande. Ob allerdings zwanzig bis dreißig Jahre ausreichten, um das heute vielfach übliche Streben nach ewiger Jugend in eine Haltung umzuwandeln, die nicht nur das Alter, sondern auch das Ende des Lebens als etwas Naturgegebenes akzeptiere, müsse abgewartet werden. Als aussichtslos erachtete sie jedenfalls jedwedes Unterfangen, das Tempo der Forschung als Voraussetzung weiteren teuren technischen Fortschritts bremsen zu wollen. Doch sollte man darob nicht vergessen, daß hier nur ein äußerst schmaler Bereich in der Tertiärmedizin gefördert und weiterentwickelt würde, während die Grundversorgung der gesamten Bevölkerung, zu der auch die Pflege alter Menschen gehöre, keine oder nur wenig Verbesserung erfahre.

Für aussichtsreicher hielt Mattheis einen anderen Gedanken. Als Ärztin wisse sie aus Erfahrung, daß es immer wieder Situationen gebe, in denen sich der behandelnde Mediziner frage, ob weitere therapeutische Maßnahmen noch sinnvoll seien und sie dem Wohl des Patienten dienten. Lebensverlängerung ohne zufriedenstellende Lebensqualität könne kein erstrebenswertes Ziel sein. Vorausgesetzt nun, es läge in derartigen Fällen eine Zustimmung seitens des Patienten vor, würde sicher mancher Arzt auf zusätzliche aggressive und kostenaufwendige Maßnahmen verzichten. Noch viel zu häufig käme aber eine solche Frage gar nicht erst zur Sprache, weil sowohl beim Arzt wie beim Patienten noch immer große Hemmungen bestünden, hierüber offen zu reden. Und doch seien es nach Mattheis gerade unvoreingenommene diesbezügliche Gespräche, die zu einer vermehrten Akzeptanz des Gedankens führen könnten, wonach unser Leben letztlich begrenzt und der Einsatz aller Mittel moderner Medizin nicht immer geboten sei.

Sollte ein Umdenken in dieser Richtung bei Laien wie bei Professionellen im Laufe der nächsten zwanzig, dreißig Jahre tatsächlich gelingen, so würde sich die Frage eines kollektiven Ausschlusses älterer Menschen von bestimmten Leistungen des Gesundheitswesens wohl gar nicht mehr stellen. Lebensverlängernde Maßnahmen an ungeeigneter Stelle kämen nicht mehr oder doch in sehr viel geringerem Umfang zum Einsatz. Gelinge das Umdenken in der Bevölkerung jedoch nicht, so fehle auch die Grundvoraussetzung für Callahans Gesamtkonzept. Mattheis schien es unvorstellbar, eine politische Entscheidung von derartiger Tragweite – kollektiver Ausschluß finanzschwacher alter Menschen von objektiv nötigen und grundsätzlich möglichen Gesundheitsleistungen – durchzusetzen, wenn die Haltung der Bürger dem entgegenstünde.

Die Berliner Medizinethikerin faßte ihre Ausführungen in den folgenden zwei Punkten zusammen. Zum einen bestehe Übereinstimmung mit Callahan, die vor uns liegenden Jahre zu nutzen, um das Verständnis dafür zu fördern, daß Lebensverlängerung nicht unter allen Umständen das erstrebenswerteste Ziel sei. Zum andern müsse jegliche Unterlassung lebensverlängernder Maßnahmen von der Zustimmung des Patienten abhängen. Ein Verzicht auf dessen Selbstbestimmungsrecht dürfe unter keinen Umständen zugelassen werden.

Am Ende des zweiten Konferenztages blieb es mir vorbehalten, selbst noch einmal Stellung zum Gesamtthema des Symposiums zu nehmen. Dabei galt es, gewissermaßen Fazit der bisherigen wissenschaftlichen Beiträge zu ziehen und ihre Inhalte im Hinblick auf das Konferenzthema gegeneinander abzuwägen. Wie stand es nun mit den Aussichten des Konzeptes „Erfüllt leben – in Gelassenheit sterben"? Um die Antwort vorwegzunehmen: insgesamt gar nicht schlecht. Gewiß gab es beim Abwägen viel Negatives zurückzubehalten, so den Wandel von den ehemals rasch tötenden Infektionskrankheiten zu den chronischen Leiden als Todesursachen, damit verbunden die Auseinanderentwicklung von „Lebenserwartung" und „Lebenserwartung bei guter Gesundheit", den vielfachen Verlust des Glaubens an ein Jenseits und damit die unendliche Verkürzung des Lebens auf den irdischen Rest, das ersatzweise Platzgreifen eines neuen Unsterblichkeitswahns, hervorgerufen nicht zuletzt durch eine wie nie zuvor erfolgreiche Reparaturmedizin, damit verbunden wiederum das hybride Streben nach Todesverhinderung durch High tech-Intervention, die Lockerung bzw. Auflösung der früher überlebensnotwendigen, mittlerweile jedoch vielfach obsolet gewordenen Gemeinschaftsbande mit der Folge zunehmender Vereinzelung, möglicherweise auch Vereinsamung.

Auf der anderen Seite dürfen sich die positiven Aspekte durchaus sehen lassen: der fundamentale Wandel von der unsicheren zur sicheren Lebenszeit mit einer wie nie zuvor und nirgendwo sonst für so viele Menschen gleichsam garantierten langen Lebenserwartung, zahlreiche gewonnene Jahre für jedermann, eine weitgehende Gewährleistung des uneingeschränkten körperlichen Funktionierens auf Jahre hinaus, die erstmals realisierbare Chance der Selbstverwirklichung für die Mehrzahl aller Menschen, eine bisher nie dagewesene Verfügbarkeit über materielle und kulturelle Güter bei einem größerem Ausmaß an freier Zeit und einer quasi unbegrenzten Mobilität.

Wer würde da beim Gegenüberstellen nicht meiner Ansicht beipflichten, die positiven Seiten wögen die negativen letztlich bei weitem auf? Wir erleben erstmals wachen Auges einen in Erfüllung gegangenen uralten Wunschtraum der Menschheit nach einem langen Leben frei von „Pest, Hunger und Krieg". Was wunder, daß uns die ganze Welt hierum beneidet und uns gewiß auch unsere eigenen Vorfahren darum beneiden würden, wenn sie das noch könnten? Merkwürdigerweise scheint es uns nun aber sehr schwer zu fallen, unter diesen veränderten Umständen ein neues Gleichgewicht zu finden. Sind wir indes bereit, uns zur Räson bringen zu lassen, dann können zwei Elemente aus den bisherigen Ausführungen hierbei eine große Hilfe sein.

Zum einen geht es um einen Hauptaspekt in den Beiträgen Wörner und Mattheis, wonach leben heißt, die in uns angelegte Spannung zwischen Werden, Sein und Vergehen zu akzeptieren, auszuhalten und aushaltend zu gestalten sowie den naturgegebenen Tod zur rechten Zeit auf uns zu nehmen. Zum andern ist es eine Quintessenz aus den Vorträgen von Wagner und Ullrich. Beide rekurrierten auf die alte „Ars moriendi" und riefen das dortige „Sis humilis!" als Impuls für eine neue „Kunst des Sterbens" in Form einer „Kunst des Lebens" in Erinnerung. Diese Anmahnung von etwas mehr Selbstbescheidung in säkularisierter Form ist an sich nichts anderes als eine Wiederholung dessen, was uns schon Wörner und Mattheis nahelegten, nämlich – so denn auch der Symposiumstitel -: „Erfüllt leben – in Gelassenheit sterben".

Selbst wenn die am Symposium teilnehmenden Wissenschaftler nach all den Darlegungen während der beiden ersten Tage manche Zusammenhänge nun klarer sahen, meinte das noch lange nicht, daß sie deshalb auch den anderen Zeitgenossen – beim vorgegebenen Thema kann es prinzipiell keine Ausnahmen geben – ebenfalls schon einsichtig geworden wären. Die Frage, wie man eine diesbezügliche Umsetzung in die Breite am besten erreichen könnte, bildete das Hauptthema des abschließenden dritten Tages. Dabei mußte uns von Anfang an klar sein, daß „Erfüllt leben – in Gelassenheit sterben" keineswegs überall mit Leichtigkeit würde vermittelt werden können. Hatten wir nicht weiter oben schon zur Kenntnis zu nehmen, daß Menschen als einzige Lebewesen zwar auch vernünftige Sterbewesen sein könnten, daß uns jedoch genau dies unendlich schwer fiele? Wie also sollten wir lernen, das Leben so zu leben, daß wir es am Ende ohne Verkrampfung würden loslassen können? Daß wir hierzu gegebenenfalls auch dann bereit sind, wenn es sich als „zu kurz" erweisen sollte?

„Erfüllt leben – in Gelassenheit sterben" verlangt von uns zum erstenmal die Zurechtlegung und Befolgung einer Art von „Lebensplan". Das meint nichts anderes, als die uns heute erstmalig eingeräumte Chance wahrzunehmen, das Leben von einem relativ kalkulierbaren Ende her zu gestalten, Stärken und Schwächen der aufeinander folgenden Lebensphasen im vorhinein planend aufeinander abzustimmen, um so schließlich an jeder von ihnen Geschmack zu finden. Es meint darüber hinaus, sich zur Selbstbescheidung insofern zu erziehen, als man sich zwar aller Tage des Lebens redlich freut, sich dabei aber doch stets bewußt bleibt, daß sie gezählt sind. um so intensiver wird man sie nutzen.

Wer so lebt, der vermag am Ende lebenssatt zu werden. Nicht lebensmüde steht er in den späten Jahren da. Diese „Ars vivendi" birgt somit eine neue „Ars moriendi" bereits in sich, nicht unähnlich dem Bibelwort: „Und Abraham verschied und starb in gutem Alter, als er alt und lebenssatt war" (1. Mose 25,8). Nie wurde während der drei Tage klarer als an dieser Stelle, daß es sich beim Symposium nicht um eine Alterskonferenz handeln konnte. Hauptzielgruppe waren jüngere Menschen, die ihr Leben und damit alle Möglichkeiten ihrer Lebensgestaltung noch vor sich haben.

Ein neues Konzept muß auch umgesetzt werden: verschiedene Wege der Vermittlung

Der dritte Symposiumstag

Gerade *weil* sich die Thematik an alle und nicht nur an die wissenschaftlichen Symposiumsteilnehmer wandte, war der abschließende Tag Diskussionen darüber vorbehalten, wie das Konzept „Erfüllt leben – in Gelassenheit sterben" verstärkt in die Öffentlichkeit vermittelt werden könnte. Selbstverständlich waren hierfür verschiedene Wege denkbar. So kam am Vormittag eine Reihe von Referenten zu Worte, die diesbezüglich Erfahrungen im Rahmen von „Institutionen" gesammelt hatten (Universitätseinrichtungen, Erwachsenenbildung, Akademien, Bildungshäuser, pädagogische Museumsdienste, bestimmte Abteilungen im Bundesgesundheitsamt). Am Nachmittag dagegen ging es bei einem Gespräch am runden Tisch mit Vertretern unterschiedlicher Print- und elektronischer Medien um das Ausloten von Möglichkeiten in diese, eine wesentlich größere Öffentlichkeit erreichende Richtungen. Zweifellos hatten wir Wissenschaftler der ersten beiden Tage hierbei viel zu lernen. Nur wenige unter uns sind es gewohnt, sich außerhalb von Hörsälen und Konferenzräumen zu artikulieren und sich an das „große Publikum" zu wenden, und zwar auf eine Art und Weise, die dort auch verstanden wird.

Als erster referierte Jan Sundin über „Pluridisziplinäre Themenforschung an der schwedischen Universität Linköping". Bevor sich Akademiker über gesellschaftsrelevante Probleme fächerübergreifender Art in der Öffentlichkeit ausließen, müßten sie diese – so redete uns Sundin ins Gewissen – zuerst selbst angemessen aufgearbeitet haben. Zu Beginn der 1980er Jahre habe die junge Universität Linköping diesbezüglich ganz neue Wege beschritten. Indem man kurzerhand aus der damaligen Not angesichts drückender Geldknappheit eine Tugend machte, wurde die gesamte humanistische, gesellschafts- und naturwissenschaftliche Forschung im Hinblick auf übergeordnete Problemfelder – sogenannte „Themen" – völlig neu strukturiert.

Bei jedem solchen „Thema" mußte es sich um ein sehr langfristig konzipiertes Projekt von hoher gesellschaftlicher Relevanz unter zwingender Beteiligung von Forschern aus mehreren Disziplinen handeln. Ende 1993 waren rund hundert Forscher in Dauerstellen (Projektleiter, Dozenten) und etwa gleich viele Forscherdoktoranden an fünf, mittlerweile fest etablierten pluridisziplinären „Thema"-Zentren tätig: (1) „Technik und gesellschaftliche Veränderung"; (2) „Wasser in Natur und Gesellschaft"; (3) „Zwischenmenschliche Kommunikation", (4) „Gesundheitswesen und Krankenpflege in der Gesellschaft", (5) „Kindbezogene Forschung".

Am Beispiel des vierten „Themas", dem Sundin seit 1985 als Projektleiter und Dozent selbst angehört, erläuterte er Entstehen, Organisation und Arbeit einer solchen Einrichtung. Am Anfang habe die simple Überlegung gestanden, daß die künftig auf Schweden zukommenden Probleme im Bereich des Gesundheitswesens durch medizinische Professionen allein nicht mehr angemessen gelöst werden könnten. Bei der Ausarbeitung neuer Konzepte wollte man sich zumindest ansatzweise an die WHO-Definition halten, wonach „Gesundheit" und „Krankheit" weitaus mehr beinhalteten, als womit sich die medizinischen Disziplinen bzw. die traditionellen Einrichtungen zur Wiederherstellung von Gesundheit im allgemeinen befaßten. Die individuelle Befindlichkeit, die stets innerhalb eines weiten Spektrums zwischen „gesund" und „krank" flottiere, würde durch die jeweilige existentielle Situation des betroffenen Menschen in einem gesamtgesellschaftlichen Kontext bestimmt.

Um ein dermaßen weitgespanntes Gebiet überhaupt bearbeiten zu können, initiierte man am „Thema"-Zentrum eine Reihe spezifischer, enger begrenzter Forschungsprogramme. Sie hießen zum Beispiel „Ungesundheit, Inanspruchnahme von Pflege und soziale Bedingungen", „Auswertung und Folgeerscheinungen medizinischer Technologie", „Theorie und Ethik der ‚inneren Arbeit' in der Krankenpflege", „Sozialgeschichte von Gesundheit, Krankheit und Pflegewesen". Sundin meinte, daß gerade angesichts solcher Vorhaben leicht einsichtig werden müßte, daß man in Linköping disziplinär sehr viel voneinander habe lernen können. Mittlerweile wäre aus dieser Forschung auch schon eine Großzahl von Publikation erwachsen, darunter mehrere Promotionsarbeiten. Sie alle zeichneten sich durch eine Kombination von Theorie und Empirie, Philosophie und Soziologie, Ökonomie und Historie, Ethik und Medizin und – je nach bearbeitetem Thema – einigen weiteren Disziplinen aus.

242

Im allgemeinen seien sämtliche Forschungsprogramme in Linköping aus relativ traditionellen disziplinären Wurzeln hervorgegangen. Die theoretischen, methodologischen und praktischen Voraussetzungen für „Pluridisziplinarität" könnten und sollten von Wissenschaftstheoretikern zwar analysiert bzw. vorgegeben werden, doch existiere in der Praxis weder ein neues Fach des Namens „Pluridisziplinarität", noch wären spezifisch „pluridisziplinäre Methoden" vorhanden. Es gehe vielmehr immer um die Frage, auf welche Weise die besten Voraussetzungen für eine gegenseitige Befruchtung beteiligter Disziplinen erreicht, eine offenere Haltung gegenüber Fragestellungen und Problemlösungen anderer Disziplinen herbeigeführt, überhaupt gegenseitiges Sichzuhören und Aufeinanderzugehen über die engen Disziplinengrenzen hinweg bewerkstelligt werden könnten. Hierfür aber gebe es – so sagten ihm seine ganzen bisherigen Erfahrungen – keine fertigen Rezepte. Offenheit, guter Wille, Flexibilität und Erfindungsreichtum böten vielleicht die besten Voraussetzungen für ein gutes Gelingen.

An zweiter Stelle berichtete Andreas Kruse vom Institut für Gerontologie in Heidelberg über die hierzulande traditionelleren Umsetzungs-Möglichkeiten eines universitären Instituts. Aufgrund eigener Untersuchungen sprach er über das Thema „Einstellungen älterer Menschen zum Tod und ihre Art der Auseinandersetzung mit dem herannahenden Tod". Bezüglich der Symposiumsabsichten meinte er, daß gerade Gerontologen durch ihre in der Praxis erworbenen Erfahrungen sehr wohl zu einem veränderten Verständnis gegenüber Sterben und Tod beitragen könnten. Schließlich gehöre die professionelle Auseinandersetzung mit dem Erleben und Verhalten sterbender älterer Menschen zu ihrem ureigensten Arbeitsgebiet. Dies versetze sie umgekehrt in die Lage, wissenschaftlich fundierten Sterbebeistand im praktischen Alltag zu leisten.

Kruse forderte ganz allgemein eine höhere Sensibilität für Menschen in Grenzsituationen. Seiner Ansicht nach würde dies, sofern ein Leben lang erprobt und ausgeübt, dann auch zu einer gefaßteren Einstellung gegenüber der letzten Grenze beitragen, oder wie es der Symposiumstitel ausdrücke: zu einem „Sterben in Gelassenheit". Voraussetzung hierfür sei aber ebenso, daß der Tod wieder mehr als Teil des eigenen Lebens verstanden würde.

Der Heidelberger Gerontologe hatte Verhalten und Einstellung von insgesamt fünfzig älteren Patienten untersucht, die alle an einer tödlichen Erkrankung litten. Dabei konnte er nach absteigendem Vorkommen die fünf folgenden Kategorien unterscheiden: (1) Annahme des nahenden Todes bei gleichzeitiger Suche nach jenen Möglichkeiten, die das Leben noch biete (12 Patienten); (2) Durchschreiten von Phasen tiefer Depression zur Hinnahme des Todes (11 Patienten); (3) Zunehmende Resignation und Verbitterung (10 Patienten); (4) Linderung der Todesängste durch die Erfahrung eines neuen Lebenssinnes und durch die Überzeugung, im Leben noch Aufgaben erfüllen zu können (9 Patienten); (5) Bemühen, die Bedrohung der eigenen Existenz nicht in das Zentrum des Erlebens treten zu lassen (8 Patienten).

Bei seiner Einteilung fiel Kruse auf, daß diese immer stark vom gesamten Lebenslauf der Befragten geprägt war. Menschen, deren Lebensrückblick positiv ausfiel, würden im allgemeinen eher zur Annahme des herannahenden Todes neigen. Dieser Befund decke sich mit den Studien anderer Thanatopsychologen. Man finde immer wieder, daß Sterbende, welche sich hätten „verwirklichen" können, die Endlichkeit ihres Lebens leichter zu akzeptieren vermöchten als jene, die in der Rückschau vor allem Mißerfolge hervorhöben. Auch erlebten die Erstgenannten das Herannahen des Todes seltener als eine Bedrohung.

Dennoch dürfe nicht außer Acht gelassen werden, daß die jeweils spezifische Sterbesituation eine entscheidende Rolle spiele, insbesondere der Schmerzzustand. Das hehre Konzept „Erfüllt leben – in Gelassenheit sterben" könne durch aktuelle Einschränkungen in der Schlußphase leicht in den Hintergrund gedrängt werden. Hier wurde dem Referenten allerdings entgegengehalten, daß das erwähnte Konzept gerade *nicht* auf die Schlußphase des Lebens ausgerichtet sei. Es beinhalte vielmehr, durch ein erfülltes *ganzes* Leben zu erreichen, daß der naturgegebene Tod zur rechten Zeit auf sich genommen werden könne, unter welcher konkreten Form sich das Sterben dann auch immer vollziehe.

Im Hinblick auf den eben erwähnten Gesundheitszustand in der Schlußphase waren Wolfgang K. Baier, Karl E. Bergmann und Gerd Wiesner von der Abteilung Gesundheitswesen und Statistik des Instituts für Sozialmedizin und Epidemiologie beim Bundesgesundheitsamt Berlin gebeten worden, unter dem Titel „Aufgaben des Bundesgesundheitsamtes und von ‚Public Health': Gesundheitsziele für alte Menschen heute und morgen" über *ihre* Möglichkeiten und Aufgaben zu berichten. Dabei zeigten sich umgehend jedoch wieder dieselben Schwierigkeiten methodisch-definitorischer Art, die wir bereits am ersten Tag beim Beitrag Bisig kennengelernt hatten und die im einen wie im anderen Fall dazu führten, daß es bislang an aussagekräftigem, zuverlässigem Grundlagenmaterial mangelt. Eine gut informierte, solide abgestützte Vorgehensweise könne naturgemäß nur dann erfolgen, so die Referenten, wenn sie auf einer qualitativ und quantitativ hochkarätigen Wissensgrundlage basiere. Die Schaffung einer solchen Basis aber setze ein umfassendes System der Gesundheitsberichterstattung voraus. In Deutschland sei der diesbezügliche Zustand gegenwärtig mehr als unbefriedigend. Allerdings würden derzeit große Anstrengungen unternommen, um hierzulande endlich ein zuverlässiges, gut gegliedertes und durchdachtes Berichtssystem aufzubauen.

Zwar verfüge man im Bundesgesundheitsamt seit Jahren über eine Vielzahl von Gesundheitsstatistiken unterschiedlichster Art. Doch paßten diese hin-

244

sichtlich Inhalt, Datenqualität, Gliederungsmodus und Periodiziät meist in keiner Weise zusammen. So habe man im eigenen Amt zwecks besserer Koordinierung zwei parallel laufende Forschungsvorhaben gestartet, wovon das eine die Gesundheitsberichterstattung als solche betreffe und das andere, das gleichzeitig im Berliner Forschungsverbund Public Health angesiedelt sei, die Gesundheitsziele für Berlin eruiere.

Wie man sich unschwer vorstellen könne, sei die Zahl der wünschbaren Gesundheitsziele fast unüberschaubar. Es müsse deshalb darauf geachtet werden, daß die schließlich ins Auge gefaßten und näher verfolgten Ziele für die Gesundheit größerer Teile der Bevölkerung – so „für alte Menschen heute und morgen" – von Bedeutung wären. Jede diesbezügliche Häufigkeitsverteilung sollte sich in epidemiologisch angelegten Relevanzkontrollen statistisch nachweisen lassen können. Dennoch werde das Setzen von Prioritäten letztlich wohl kaum das Ergebnis nur von wissenschaftlichen Analysen sein, sondern vielmehr das Resultat einer ([gesundheits-] politischen) Werteabwägung, wobei immer auch wieder medizinferne Faktoren Eingang und Berücksichtigung finden sollten. Um bereits im Vorfeld sicherer und zielorientierter arbeiten zu können, würden die Referenten eine offenere Diskussion mit allen Zeitgenossen begrüßen, die zur Übernahme von Verantwortung für das künftige Gedeihen des gesundheitlichen Wohlbefindens unter der gesamten Bevölkerung bereit wären.

Es folgten zwei Erfahrungsberichte aus der Erwachsenenbildung. Jörg Calließ, Studienleiter an der Evangelischen Akademie Loccum, sprach über „Lebensplanung und gesellschaftlicher Diskurs. Möglichkeiten und Erfahrung der Erwachsenenbildung". Und Hilde Prucha, stellvertretende Direktorin des Bildungshauses Schloß Puchberg bei Linz, referierte über „Ein neues Lebenskonzept: Vermittlungsmöglichkeiten durch die Erwachsenenbildung".

Obwohl man einerseits geneigt sein könnte, den Beitrag von Calließ als deplaciert, weil am Symposiumsthema vorbeizielend, zu bezeichnen, so trifft andererseits doch zu, daß manche Zeitgenossen, genau wie er, beim Thema „Zunahme der Lebenserwartung" primär an „alte Menschen" denken. Wieso eigentlich? *„Erfüllt leben* – in Gelassenheit sterben" betrifft das ganze Leben, ab früher Jugend. Es handelt sich um ein Konzept, das weit mehr die jungen Menschen im Blickfeld hat, nämlich jene, die nach dem Wandel von der unsicheren zur sicheren Lebenszeit nun erstmals mit einem langen Leben von Anfang an rechnen können und die erstmals die Chance haben, ihr Leben vom Ende her zu leben und sich entsprechend darauf einzurichten.

Richtig ist jedoch auch, daß es die *heutige* Erwachsenenbildung vor allem im Hinblick auf ihre älteren Teilnehmer noch immer überwiegend mit Menschen zu tun hat, die in der alten „Pest, Hunger und Krieg"-geprägten Zeit heranwuchsen. Bei ihnen war keineswegs von Anfang an klar, daß sie dereinst das Dritte oder gar das Vierte Alter würden erleben können. Warum also hätten sie sich groß Gedanken über dessen Ausgestaltung machen sollen? Nun fügte es sich jedoch, daß diese zwischen etwa 1890 und 1930 geborenen Menschen durch ihr eigenes, unermüdlich unverzagtes Lebenswerk selbst die Voraussetzungen dafür schufen, um – wider Erwarten – massenhaft das Dritte und Vierte Alter zu erreichen. Wir Nachgeborenen im Zweiten Alter sind diesbezüglich nur noch Aufrechterhalter und Mehrer. Die jetzt 60-, 70-, 80-, 90jährigen katapultierten sich in eine Situation, auf die sie wenig vorbereitet waren bzw. sind. Entsprechend stehen die Erwachsenenbildungshäuser hier derzeit noch einer Aufgabe gegenüber, zu deren Lösung sie ad hoc beitragen wollen und müssen. Die Älteren können nicht viel länger warten.

Der skizzierte Hintergrund dürfte aber ebenso deutlich gemacht haben, daß es sich hierbei um eine zeitlich befristete Aufgabe handelt. Schon die nächste Generation weiß sehr wohl von Anfang an, worauf sie zugeht. Bildungshäuser werden sich zunehmend hierauf einzustellen haben und für Teilnehmer jüngerer und mittlerer Jahre grundlegend andere Angebote mit längerfristigen Zielen machen müssen.

In bezug auf die *derzeitige* Situation meinte Calließ, daß die Erwachsenenbildung – wenn sie sich nicht darauf beschränken wolle, alte Menschen nur zu betreuen, zu versorgen, zu beschäftigen und zu unterhalten, sondern ihren Bedürfnissen und Interessen wirklich zu dienen – vermehrt Konzepte und Programme entwickeln sollte, in denen sowohl die Anliegen der beteiligten Älteren wie auch diejenigen ihrer ganzen Generation und letztlich der gesamten Gesellschaft zur Sprache kämen. Wenn es um die Entwicklung praktischer Arbeitsansätze in der Erwachsenenbildung gehe, so habe der Zusammenhang von individueller Lebensplanung und gesellschaftlicher Zukunftsgestaltung stets Grundlage und Ausgangspunkt zu sein. Gelingendes Leben im Alter hänge nicht allein von der vorausschauenden Lebensplanung des einzelnen und ihrer befriedigenden Realisierung ab, sondern auch und noch vielmehr davon, ob die Gesellschaft diesen alten Menschen Handlungsspielräume und Partizipationsmöglichkeiten biete und sie als Akteure bei der Ausgestaltung politischer Kultur und gesellschaftlicher Wirklichkeit ernst nehme. Die Beobachtung zeige immer wieder, daß bei alten Menschen, die man nicht in die Passivität abdränge und sie zu Objekten der Versorgung und Besorgung mache, sondern ihnen die Möglichkeit gebe, ihre Erfahrungen und Einsichten in die Gestaltung künftiger Entwicklungen einzubringen, oft die vielfältigsten neuen Interessen und eine ganz neue Kreativität freigesetzt würden.

Deshalb sei es ebenso richtig wie wichtig, daß die Einrichtungen der Erwachsenenbildung Seminare, Kurse oder Tagungen anböten, die sich ausschließlich an alte Menschen wendeten. Sie könnten hierbei ermutigt und dazu angeleitet werden, ihre Lage und ihr Leben zu reflektieren und auch in ihrem Alter noch Wege zu einer erfüllten Gestaltung ihres letzten Lebensabschnittes zu entdecken. Viele von ihnen stünden den sich nach Ende der beruflichen Laufbahn neu und verändert stellenden Orientierungs- und Sinnfragen oft völlig unvorbereitet und hilflos gegenüber. Häufig gelinge es ihnen nicht einmal, ihre Orientierungslosigkeit in bearbeitbare Fragen zu übersetzen.

Ein Bereich, der alte Menschen meist besonders beschäftige, mit dem sie in aller Regel aber nie umzugehen gelernt hätten, resultiere aus Abschieds- und Verlusterfahrungen und aus der Begegnung mit finalem Leiden und Tod. Hier seien Evangelische Akademien und andere Einrichtungen der Kirchlichen Erwachsenenbildung besonders gefordert. Sie könnten Kurse anbieten, die älteren Menschen nicht nur helfen würden, diese Erfahrungen von Abschied und Verlust, von Leiden und Tod als zum Leben gehörig anzunehmen, sondern auch besser damit umzugehen. Hierbei stoße man dann beinahe zwangsläufig auch bis zu den existentiellen Fragen vor, die viele Menschen ihr aktives Leben lang ausgeblendet hätten, nämlich während all der Jahre, in denen sie in Rituale und Zwänge der Leistungs-, Wettbewerbs- und Konsumgesellschaft eingebunden gewesen waren und aus der sie sich jetzt entlassen sähen.

An dieser Stelle schwenkte nun auch Calließ auf den Diskurs über die Generationen hinweg ein. Zwar möge die Beschäftigung mit der Frage nach dem tieferen Sinn von Leben und Tod zunächst ein Stück Wegbegleitung alter Menschen und ein Stück bewußter und intensiver Vorbereitung auf das bevorstehende eigene Sterben sein, doch verkürze die Verdrängung von Abschieds- und Verlusterfahrungen sowie die Ausblendung des Todes aus unserem Verständnis von Leben unser aller Horizonte und mache uns in unserer Existenz als Menschen, egal ob alt oder jung, arm und hilflos. Die angesprochene Thematik sei somit eine Aufgabe der gesamten Gesellschaft, weil es um deren Normen und um deren Orientierung schlechthin gehe. Durch Inangriffnahme dieser Aufgabe könnte zugleich der Weg bereitet werden, um Menschen frühzeitig mit dem Gedanken einer Lebensplanung vertraut zu machen, das heiße einer langfristigen Planung, die sich nicht erschöpfe in der bloßen Organisation einer beruflichen Karriere oder in der Erziehung und Ausbildung von Kindern, sondern die auch das erfüllte Leben jenseits der Anforderungen einer Leistungs-, Konkurrenz- und Konsumgesellschaft und später das Sterben im Frieden mit sich selbst und mit der sozialen Umwelt einschließe.

Was schon bei Calließ beiläufig anklang, hob die nächste Referentin, Hilde Prucha, als wesentliches Merkmal aller Erwachsenenbildungskurse stärker hervor. Egal, welche Angebote man auch immer mache, erreiche man damit doch stets nur einen Bruchteil der überhaupt in Frage kommenden Adressaten. In der Erwachsenenbildung sei die Konkurrenz enorm. Wenn sich ein Angebot nicht bewähre, blieben die Leute einfach weg. Kurse mit zu wenigen Anmeldungen aber müßten gegebenenfalls auch kurzfristig aus dem Programm gestrichen werden. Als empfindlicher Nachteil resultiere hieraus, daß sich die geprellt fühlenden Dozenten, die sich meist langfristig vorbereiteten, nicht erneut zur Verfügung stellten. Darunter leide langfristig die Qualität des Lehrkörpers.

Im oberösterreichischen Bildungshaus Puchberg gehörten, so die Referentin, in der Regel etwa zwei Drittel der Teilnehmer zu den 18- bis 40jährigen: ein ideales Alter im Hinblick auf die Umsetzung des Lebensplan-Konzeptes. In höheren Jahren sinke die Motivation im allgemeinen rasch und spürbar. Von der Ausbildung her hätten die meisten Kursbesucher einen mittleren oder höheren Schulabschluß. Wer käme, sei durchweg hochmotiviert, dies schon deshalb, weil Zeit und Geld investiert werden müßten. Infotainment sei am Fernseher zu Hause leichter und billiger zu haben.

In bezug auf die Einbringung neuer Themen müsse man immer wieder einen schwierigen Balance-Gang gehen. Da sie verständlicherweise noch keine größere Lobby gehabt hätten, kämen sie anfänglich schwer an. Bei der Angebotsformulierung dürften deshalb verkaufsstrategische Gesichtspunkte nicht außer Acht gelassen werden. Da heute das Interesse an historischen Fragen gering sei, wäre eine Kursankündigung etwa zur „Historischen Demographie" kaum vertretbar. Wenn der im Prinzip gleiche Inhalt jedoch unter dem Titel „Erfüllt leben – in Gelassenheit sterben" angeboten würde, könnten die Anmeldungen sprunghaft steigen.

Um das Interesse in genau dieser Richtung schon einmal vorab zu testen, arrangierte Prucha unter einigen Hundert Kursteilnehmern eine entsprechende Umfrage. 262 Fragebögen erhielt sie ausgefüllt zurück. In 175 Fällen wurde auf die Frage, ob man auf „ein erfülltes Leben" zurückblicken könne, mit „Ja" geantwortet, in 7 Fällen mit „Nein", in den restlichen 80 Fällen mit „teils/teils". Inhaltlich gehörten zu einem „erfüllten Leben" am häufigsten das „Eingebundensein in eine intakte zufriedene Familie". Besonders wichtig wäre den meisten Respondenten zudem gewesen, daß sie „geliebt, geschätzt, gebraucht" würden. Dazu gehörte auch, daß man im Leben die eigenen Fähigkeiten einsetzen konnte oder aber, daß man – wenn es die Umstände nicht erlaubten – so realistisch war, sich voll auf einem anderen Feld zu betätigen. Prucha zog hier den Vergleich mit der Bibel heran, wo von den Patriarchen gesagt wird, daß sie lebenssatt gestorben seien. Das bedeute, „daß diesen Menschen nichts vorenthalten blieb und kein Nachholbedarf mehr bestand." Als gemeinsamen Nenner für ein „erfülltes Leben" nannte Prucha aufgrund ihrer Umfrage schließlich „Glück und Lebenssinn". An erster Stelle stünde dabei der „Dienst am anderen Menschen", das heißt die Aufgabe, für andere in irgendeiner Weise da zu sein, von anderen gebraucht zu werden. Häufig würde auch der Glaube an Gott genannt, ohne den viele ihr Leben nicht glaubten meistern zu können.

Bei aller Vagheit vermitteln solche Umfrage-Ergebnisse denjenigen unter uns, die sich als Hochschullehrer zwecks Vermittlung ihrer „Botschaft" vermehrt auch in der Erwachsenenbildung engagieren wollen, doch wichtige Hinweise für die konkrete Ausgestaltung von Kursen, Seminaren, Vorträgen in diesbezüglichen Bildungsprogrammen. So brächte es zum Beispiel wenig zu lamentieren, daß die Puchberger Bestandsaufnahme ein sehr traditionelles, nach unserem Dafürhalten längst überholtes Idealbild eines „erfüllten Lebens" ergeben habe, und noch weniger, dies die Kursteilnehmer zu Beginn einer Veranstaltung auch gleich brutal merken zu lassen. Man bräuchte sich nicht wundern, wenn sie umgehend wegblieben. Nichts wäre damit erreicht.

Weitaus angebrachter schiene mir deshalb, von diesem tradierten Bild erst einmal auszugehen, es eingangs ernst zu nehmen und dann als Historiker zu erläutern, wie es einstmals zu diesem Bild hatte kommen können, daß es sich anschließend offensichtlich einfach perpetuisierte, und daß – und weshalb – es bei genauerem Besehen mittlerweile in gewissen zentralen Bereichen brüchig geworden sei. Mit dieser vorsichtigen Formulierung würde gleichzeitig zum Ausdruck gebracht, daß in anderen als den „zentralen" Bereichen weiterhin tragfähige Elemente für die Gestaltung einer „erfüllten Existenz" nachlebten.

Schon offener würde ich dagegen meiner Sorge darüber Ausdruck geben, das Ziel eines „erfüllten Lebens" auch heute noch – wie es laut Prucha unter den Befragten „am häufigsten" der Fall war – an das „Eingebundensein in eine intakte zufriedene Familie" zu koppeln. Hier müßte in jedem Einzelfall zumindest geprüft werden, ob nicht eine nostalgisch verklärte Rückschau auf die angeblich „gute alte Zeit" mit ihren vermeintlich harmonischen „intakten Familiengemeinschaften" Pate stand oder steht. Gewiß, „intakte Gemeinschaften" gab es früher ungleich häufiger als heute. Entsprechend seltener waren Singles, waren Scheidungen, waren Auseinandergehende und Getrenntlebende. Das bedeutet jedoch keineswegs, daß die seinerzeitige Eingebundenheit in stabile Gemeinschaften die reine Freude gewesen wäre. Einer Gemeinschaft zuzugehören und sich gemeinsamen Zielen unterzuordnen, geschah zu Zeiten der Jahrhunderte überdauernden „Pest, Hunger und Krieg"-Ära nicht freiweillig. Vielmehr war ein solches Kuschen überlebensnotwendig. Hierin liegt auch der simple Grund dafür, daß sie in der Regel nicht auseinanderbrachen, selbst dann nicht, wenn das Zusammenleben miserabel war. Wo Gemeinschaften auf Dauer auch heute noch eingegangen werden und wo sie Bestand haben, handelt es sich um einen ganz neuen Gemeinschaftstyp auf der Basis freiwilligen Sichzusammentuns. Daß diese jedoch längst nicht immer halten oder nicht lange halten, zeigen die hohen Scheidungsziffern bzw. das Auseinandergehen bei „Ehen ohne Trauschein". Vor diesem Hintergrund scheint es zumindest sehr gewagt, ein „erfülltes Leben" vom Eintreffen des verhältnismäßig seltenen Glücksfalls abhängig zu machen.

Gleichermaßen skeptisch bin ich, wenn im Hinblick auf das Erreichen eines erfüllten Lebens „den meisten zudem wichtig ist, daß sie geliebt, geschätzt, gebraucht werden". Auch hier würde ich als Historiker eingangs unumwunden zugeben, daß unsere Vorfahren tatsächlich weitaus häufiger „gebraucht" wurden, als dies bei uns heute der Fall ist. Dies bedeutet jedoch wiederum nicht, daß sie deswegen auch „geschätzt" oder gar „geliebt" worden wären. Wo die Zugehörigkeit zu einer Gemeinschaft überlebensnotwendige Voraussetzung war, wurde selbstverständlich jeder von jedem immer wieder „gebraucht". Dies geschah indes nach dem Motto „Do ut des": „Ich gebe Dir etwas, damit Du mir [im Notfall] etwas zurückgibst" – wenn's bei mir brennt, wenn ich hungere, wenn ich krank bin.

In unserer gegenwärtigen „Pest, Hunger und Krieg"-freien Ära sind wir nicht länger unmittelbar aufeinander angewiesen und überleben trotzdem ganz gut, sogar länger und besser als zu Gemeinschaftszeiten. Die meisten von uns können sich reichlichst der überquellenden Angebote bedienen, vom Lebensmittel-Supermarkt bis zu den ausgefallensten Dienstleistungen – eine gemeinschafts-unabhängige „Seebestattung per Vorauskasse" zum Beispiel. Wenn wir uns dennoch nicht vom „Gebrauchtwerden" als Zweck des Daseins zu lösen vermögen, es im Gegenteil noch immer mit „Geschätzt- und Geliebtwerden" koppeln, dann bekommt das heutzutage leicht den Geruch des Sichaufdrängens, des sich vis-à-vis anderen selbst zu wichtig Nehmens. Dahinter wiederum verbirgt sich letztlich unsere ganz am Anfang erwähnte Schwierigkeit, trotz einem längeren und besseren Leben zu akzeptieren, daß wir nicht unsterblich, sondern vergänglich sind, daß wir nicht einmal mehr über ein paar Generationen im Gedächtnis von „trauernden Hinterbliebenen" wenigstens noch ein bißchen nachleben. „Sis humilis!" – etwas mehr Selbstbescheidung könnte diesbezüglich zu einer ernüchternden Korrektur führen.

Wer mir vorhält, ich würde hier althergebrachte Werte untergraben, dem halte ich entgegen, daß jene „althergebrachten Werte" nicht losgelöst von der Zeit betrachtet werden dürfen, in der sie entstanden und durch sie bedingt waren. Die Entstehungszeit jener Werte war eine grundsätzliche andere als die heutige Zeit, geprägt durch die permante Bedrohung jeder menschlichen Existenz. Wollten die Menschen damals überleben, mußten sie sich arrangieren. Im nachhinein mag uns da manches idyllisch vorkommen. Wer fest entschlossen ist, mit jenen „guten", in Wirklichkeit erbärmlichen alten „Pest, Hunger und Krieg"-Zeiten zu tauschen, der tausche. Die Freiheit dazu hat jeder. Die alten Infektionskrankheiten sind nicht vom Erdboden verschwunden. Auch Hunger und

Krieg gibt es nach wie vor. Es steht jedem von uns frei, ohne Prophylaxe in malariaverseuchte Gebiete zu reisen, sich ohne Konserven in afrikanischen oder asiatischen Hungerzonen aufzuhalten, einen der offenen Kriegsherde aufzusuchen. Ein vorzeitiger Tod wie anno dazumal dürfte ihm ziemlich gewiß sein.

Wer indes, und dies scheinen mir doch die meisten von uns zu sein, ein hierzulande erstmals mögliches langes Leben haben will, der sollte fairerweise auch die Negativaspekte mit in Kauf nehmen. Wir wollten dieses lange Leben. Machen wir nun auch das beste aus ihm, sonst sind wir des Privilegs nicht wert. Verwandeln wir sämtliche gewonnenen Jahre unter Ausnützung unserer immensen technischen, wirtschaftlichen, kulturellen Möglichkeiten in erfüllte Jahre, und nehmen wir daraufhin auch den naturgegebenen Tod zur rechten Zeit auf uns. Wir sollten keine Träume von Unsterblichkeit träumen und uns nicht für wichtiger nehmen, als wir es sind.

Hat man sich erst einmal selbst Klarheit über diese Zusammenhänge verschafft und dann auch andere nach und nach behutsam hierüber aufgeklärt, kann man sich genügend konkrete Angebote auch in der Erwachsenenbildung vorstellen, damit – wie es Hilde Prucha in ihrem Vortrag wünschte – „Sterben und Tod keine unbekannten Dinge bleiben". In die gleiche Richtung zielte der letzte Beitrag des dritten Vormittags. Beate Mertens von den Staatlichen Museen Preußischer Kulturbesitz sprach über „Museen und Lebenskunst? – Erfahrungen einer Museumspädagogin". Die an sie gerichtete Frage lautete, welche Rolle Museen und ihre pädagogischen Einrichtungen im Hinblick auf die Realisierung des Konzeptes „Erfüllt leben – in Gelassenheit sterben" zu spielen vermöchten.

Anfänglich konnte Mertens eine gewisse Skepsis nicht unterdrücken. Ob denn nicht schon in der Kombination „Museen und Lebenskunst" ein Widerspruch stecke? Es müsse doch wohl schwer fallen, totes Material in Museen auf eine Art und Weise zum Leben zu erwecken, daß es für die lebenden Zeitgenossen wieder eine Bedeutung bekäme. Da jedoch ein weit gefaßter Begriff des Lernens auch den Freizeitbereich wie überhaupt alle menschlichen Lebensbereiche miteinbeziehe, böten sich dem Museum als einem Ort, an dem ein Teil des schöpferischen Ausdrucks der Menschheitsgeschichte aufbewahrt werde, im Hinblick auf den ganzheitlichen Menschen ungeahnte Möglichkeiten. In aller Regel könne ein Prozeß des Aneignens nicht durch das einfache Betrachten der Exponate allein erfolgen. Der ausgestellte Gegenstand spreche nur zu dem, der seine Sprache verstehe. Diese Vermittlungsarbeit zwischen Gegenstand und Betrachter, sozusagen die Übersetzung von einer Sprache in die andere, sei in den Museen aber eine zentrale Aufgabe von Konservatoren und Pädagogen.

Im Jahre 1992 fanden an den Museen der Stiftung Preußischer Kulturbesitz laut Mertens insgesamt 6 312 Gruppenführungen statt, wovon 2 286 für Erwachsene. Schulklassen überwogen bei weitem. An 4 026 Klassenführungen hatten sich rund 100 000 Jugendliche beteiligt. Inhalt und Verlauf des hierbei oft erstmals erfolgenden Kontaktes zu einem Museum seien für später enorm wichtig. Beides sollte deshalb so gut und erfreulich wie möglich ausfallen. „Wenn für diese 100 000 Kinder und Jugendliche der Museumsbesuch ein positives Erlebnis war, so erleichtert ihnen das später als Erwachsene den Zugang zum Museum."

Zudem dürfe man – gerade im Hinblick auf die Möglichkeiten für den einzelnen, ein erfülltes Leben zu leben – die weichenstellende Wichtigkeit der frühen Lebensjahre nicht außer Acht lassen. Aufnahme- und Lernbereitschaft wären dann meist sehr groß. Bei diesen Führungen versuche man, wann immer es sich machen lasse, eine Motivation zu affektiver und aktionaler, nicht nur zu kognitiver Auseinandersetzung zu bewirken, um so das Sinnesvermögen möglichst umfassend einzubeziehen.

Da Pädagogen in aller Regel von der Gestaltung einer Ausstellung ausgeschlossen blieben, wären Führungen für Schüler didaktisch oft besonders schwierig, ganz abgesehen davon, daß hierbei stets die unterschiedlichsten Leistungsgrade berücksichtigt werden müßten. Bewährt habe sich das oben angesprochene Lernen in einem umfassenden und ganzheitlichen Sinne, zumal dann, wenn es auch noch Spaß mache und nicht mit Leistungsdruck verbunden sei. Hierin liege überhaupt eine der großen Chancen, die das Museum gegenüber der Schule und anderen Institutionen habe und die wahrzunehmen auf dem Wege zu einem erfüllten Leben von nicht unbeträchtlichem Gewicht sein könne.

Hinsichtlich des Symposiumsthemas konstatierte Mertens, daß dem Thema Tod und Sterben bei der museumsbezogenen Vermittlung ganz allgemein weniger Raum gegeben werde, als das die Ausstellungsstücke eigentlich erlaubten. Hierin spiegele sich jedoch nur die Grundeinstellung unserer Gesellschaft, nämlich Gedanken an Sterben und Tod möglichst zu vermeiden. Dabei böte sich doch gerade in vielen Museen eine hervorragende Gelegenheit, seine eigene Existenz zu relativieren und sie in zeitlich-räumlich größeren Zusammenhängen zu sehen, das heißt sich einerseits als Einzelmensch seiner Vergänglichkeit bewußt zu sein und andererseits als Angehöriger der Menschheit sich deren Fortbestandes verpflichtet zu fühlen.

Abschließendes Gespräch am runden Tisch

„Wissenschaft und Medien" Plädoyer für mehr gegenseitiges Verständnis

Von allen elf Gesprächsteilnehmern am runden Tisch war im voraus ein Statement von einigen Seiten erbeten worden. Im folgenden wird überwiegend auf diese schriftlichen Erklärungen Bezug genommen. Eingeladen worden waren zwei Vertreter aus der Branche wissenschaftlicher Verlage, vier Repräsentanten der Print-Medien, drei von Rundfunkanstalten und zwei vom Fernsehen. Auf dem Podium *nicht* mitvertreten war die Tagespresse. Für sie war am ersten Symposiumstag eine eigene, sorgfältig vorbereitete und dokumentierte Pressekonferenz unter Mitwirkung aller aktiv teilnehmenden Wissenschaftler anberaumt worden.

Beim Gespräch am runden Tisch ging es nun gerade nicht darum, in der Art von Pressemitteilungen an die Medien zwecks Distribution an die Öffentlichkeit in mehr oder weniger verständlicher Sprache weiterzureichen, was an den ersten beiden Tagen unter Wissenschaftlern verschiedener Disziplinen zum Thema „Erfüllt leben – in Gelassenheit sterben" erörtert worden war. Vielmehr sollten die Wissenschaftler hier den Vertretern unterschiedlicher Medien zuhören. Die Absicht dabei war, von diesen Fachleuten zu erfahren, welche Ausdrucksweise sie sich für ihr jeweiliges Medium von den Wissenschaftlern wünschten, damit diese mit ihrer Botschaft jene Bevölkerungskreise tatsächlich erreichten, von denen sie meinten, daß sie erreicht werden sollten. Da Wissenschaftler diesbezüglich im allgemeinen über eines geringes Know-how verfügen, erstaunt es wenig, daß sie selbst bei Themen, die eine größere Öffentlichkeit und nicht nur Menschen im akademischen Elfenbeinturm betreffen, selten angemessenes Gehör finden. Die Konkurrenz in allen Medienbereichen ist heute überwältigend. Wer das nicht einsehen will und sich nicht entsprechend auf die Bedingungen des betreffenden Mediums einstellt und einläßt, fällt durch. Schade um das Thema! Aber auch schade um diejenigen, die die Botschaft zu ihrem eigenen Vorteil eigentlich hätten vernehmen sollen.

Verlagsbranche

Von Verlagsseite sprach Norbert Simon, Duncker & Humblot Berlin, über „Medien des wissenschaftlichen Diskurses; Medien für alle?", Diethelm Krull, ehemals Böhlau Köln, über „Anregungen aus der Sicht der Vermittlers". Schon der fragende Untertitel „Medien für alle?" ließ bei Simon allerdings vermuten, daß es sich bei seinem Statement wahrscheinlich eher um ein Gegen-Plädoyer handeln würde – beim Vertreter eines hoch spezialisierten wissenschaftlichen Verlages vielleicht auch nicht gar so erstaunlich.

Wie unterschiedlich die Gebiete der einzelnen Wissenschaften auch immer seien, so Simon, versuchten sie doch stets, ihre Ergebnisse mitzuteilen. Ohne eine solche Ergebnismitteilung wäre jede wissenschaftliche Erkenntnis ohne Wert, selbst wenn noch so wenige Spezialisten ein Interesse daran hätten. Wissenschaft sei daher prinzipiell auf Kommunikation, auf Kommunikationsmittel und daher auf Medien angewiesen. Nun wende sich allerdings Wissenschaft mit manchen Erkenntnissen gar nicht an die Allgemeinheit, selbst dann nicht, wenn eine Erkenntnis eine Großzahl von Menschen, vielleicht sogar uns alle anginge. In derartigen Fällen versuchten dann häufig gewisse Medien, die Dinge „auf den Punkt" zu bringen. Das beinhalte aber allermeist auch, daß sie stark vereinfachten, zuspitzten, sich einer allgemeineren oder gar allgemeinen Sprache bedienten. Zudem würde die neue Erkenntnis angesichts der großen Konkurrenz unter den Medien, aber auch, weil dies die Konsumenten erwarteten, als Sensation dargeboten. Umgekehrt beklage sich dann die Wissenschaft, mißverstanden und schlecht vermittelt worden zu sein. Die diskreditierten Medien revanchierten sich daraufhin mit dem Vorwurf der wissenschaftlichen Erbsenzählerei, der ständigen, die Ergebnisse bis zur Unkenntlichkeit verstümmelnden Relativiererei und der unverständlichen Sprache. Angesichts dieser mißlichen Situation plädierte Simon „für das Lebensrecht der komplizierten wissenschaftlichen Sprache für spezifische Wissensgebiete."

Konkreter und „anregender" wurde Diethelm Krull in seinen, auf langjährigen Erfahrungen basierenden „Anregungen aus der Sicht des Vermittlers". Ihm zufolge steckt der geisteswissenschaftliche Verlagsbuchhandel hierzulande derzeit in einer Krise. Das diesbezügliche Publizieren steuere auf eine Katastrophe zu. Unter den Mitschuldigen nannte er an erster Stelle die offiziellen Wissenschafts- und Publikationsförderer (Deutsche Forschungsgemeinschaft, Stiftungen, Bundesministerien und ähnliche). Ihre Ansätze für Druckkostenzuschüsse lägen zu niedrig. Würden von den Wissenschaftlern Laseroder Desk-Top-Publishing-Vorlagen geliefert, fielen die Zuschüsse noch geringer aus. Sie vermöchten in keiner Weise auf den Buchpreis durchzuschlagen. Angesichts der desolaten Situation würden wissenschaftliche Verlage das Publikationsrisiko immer seltener oder gar nicht mehr eingehen.

In der Regel bewege sich die Auflagenhöhe von geisteswissenschaftlichen Werken zwischen etwa 300 und 600. Ohne realistische Druckkostenzuschüsse von außen ließe sich eine Publikation nicht vornehmen. In jüngster Zeit seien die Verkaufszahlen überall beträchtlich zurückgegangen. Es gebe Fachgebiete, in denen nur noch 80 bis 120 Exemplare abgesetzt werden könnten. Um die vorhersehbaren Verluste aufzufangen, würden die Buchpreise angehoben, was die Verkaufszahlen noch weiter sinken lasse. Außerdem wären Förderer wie Abnehmer derzeit immer knapper bei Kasse. Bibliotheksetats würden massiv gekürzt. Auch sei die Deutsche Mark im Ausland derzeit prohibitiv (zu) stark.

Trotz somit insgesamt schlechten Aussichten möchte Krull die geisteswissenschaftliche Publikation jedoch nicht aussterben lassen. Zwar summierte er seine bis hierher gemachten Ausführungen mit der unmißverständlichen

Warnung: „Eine völlig veränderte Marktsituation zwingt dazu, daß die traditionellen Publikationsförderer ihre Kalkulationsbedingungen lockern. Andernfalls werden gewisse Disziplinen keine Verleger mehr finden." Doch sah er anschließend, seinem Vortragstitelversprechen folgend, noch einen anderen Weg: „Geisteswissenschaftler müssen eben auch 'für Zahnärzte' schreiben." Was im angloamerikanischen und französischen Bereich schon eine lange Tradition habe, fehle im deutschen weitgehend. Sich an eine weitere Öffentlichkeit zu wenden und entsprechend verständlich auszudrücken, gelte nach wie vor als mehr oder weniger unseriös. Entsprechend würden Verstöße in der Regel durch Rezensionen oder gar Nichtbeachtung unerbittlich geahndet. Dabei könnte gerade das Schreiben in einer verständlichen Sprache ganz neue Möglichkeiten des Sponsoring eröffnen. Neue Geldgeber fänden sich möglicherweise in der Industrie bzw. der Privatwirtschaft. „Bloßes Vertrauen auf staatliche oder vergleichbare Förderer wird im Einzelfall vielleicht belohnt, auf breiter Front sicher enttäuscht werden." Krull wünschte sich mehr mut- und lustvoll innovative Autoren. Dann würden sich auch wieder vermehrt mut- und lustvolle Verleger finden.

Zuerst und vor allem aber müsse die prinzipielle Bereitschaft zu einer solchen Öffnung in die Denkweise mancher bei uns Wissenschaft Treibender einziehen. Populärwissenschaft sei schließlich auch Wissenschaft. Es gehe hierbei im übrigen keineswegs um ein vieltausendköpfiges Publikum, das durch eine banale Schreibweise zu ködern wäre, sondern um geisteswissenschaftliche Publikationen, aber eben auch „für Zahnärzte". Unser aller oberstes Ziel sollte sein, Kulturverlust so weit wie möglich zu vermieden.

Print-Medien

Aus dem Bereich der Print-Medien lagen vier Statements vor. Christian Walther, Leiter der Presse- und Informationsstelle der Freien Universität Berlin und gleichzeitig Chefredakteur des universitätseigenen Monatsmagazins FU-N(achrichten) (Auflagenhöhe 18 500) äußerte sich zum Thema „Reklame und/oder Journalismus – Wissenschafts-PR zwischen Ignoranz und Sensation". Michael Zick, Chef vom Dienst und zur gleichen Zeit Redakteur im Bereich Sozialwissenschaften des Hochglanz-Monatsmagazins Bild der Wissenschaft sprach über „'Die evolutionäre Schlüssel-Innovation liegt weiter hinten bei den Schlundknochen' – Das Martyrium der Sprache". Ursula Nothelle-Wildfeuer von der Schriftleitung der Zeitschrift für medizinische Ethik referierte über „Sachkundig, begründet und verständlich. Ein Beitrag zur medizinisch-ethischen Kompetenz". Und der Wiener Werner Wanschura, ein seit Jahren selbständig arbeitender Wissenschaftsjournalist im Bereich Print-Medien und Rundfunk schließlich überschrieb seinen Kurzbeitrag mit „Menschenwürde bis zuletzt – Sterbebegleitung auf der ‚Insel der Seligen' – Der österreichische Weg".

Was bei Diethelm Krull noch als „Anregung" an die Wissenschaftler verstanden sein wollte, nämlich schreiben „auch für Zahnärzte", geriet beim Leiter der universitären Presse- und Informationsstelle in den Mittelpunkt. An sich müsste die Freie Universität Berlin, so meinte Walther, schon ihrer schieren Größe wegen in Sachen Wissenschaft doch eigentlich als Marktführerin in der Region betrachtet werden. Das tue indes kaum jemand, ebenso wenig wie an der Universität irgendwer von Kunden spreche. Nicht nur die Freie Universität, sondern deutsche Universitäten überhaupt bräuchten sich bekanntlich nicht um Studenten zu kümmern; es gebe auch so schon zu viele. Was sie angesichts knapper werdender staatlicher Gelder nun allerdings immer mehr müßten, wäre, sich nach Sponsoren umsehen. Hierbei kämen sie um Attraktivität, um „Verkaufsstrategien" schwerlich herum. Somit würden entsprechende Kommunikationsbemühungen immer wichtiger. Mit einer lustlosen Erklärung an die Presse sei es nicht mehr getan.

Professoren wären im allgemeinen ungewohnt, Öffentlichkeitsarbeit zu leisten. Es fehle ihnen an kommunikativer Kompetenz. Das sei zum einen eine Frage der Medienauswahl, zum anderen eine Frage der Sprache, und zum dritten – und nicht zuletzt – eine Frage der Botschaft. Wer im Zeitalter der elektronischen Medien immer noch allein nur auf die Kraft des geschriebenen und gedruckten Wortes setze, habe schon im voraus verloren, genauso wie der, der sich nicht verständlich und einprägsam ausdrücken könne. In einer Stadt wie Berlin – mit Hauptstadt-Ambitionen! – sei der Konkurrenzdruck gewaltig. Da wanderten selbst die schönsten Hochglanzbroschüren reihenweise in den Papierkorb, geschweige denn minder Attraktives. Ein beleidigtes „Es gehe doch aber um ganz bedeutende Dinge" bewirke überhaupt nichts mehr.

Walther beklagte Ignoranz auf vier Ebenen: Ignoranz zuerst beim Wissenschaftler, der sich für die Öffentlichkeit nicht interessiere oder aber nicht in der Lage sei, sich kommunikativ auf die Öffentlichkeit, ihre Sprache und ihr Verständnisniveau einzustellen; Ignoranz sodann bei der Universität, die bislang kaum zur medialen Aufbereitung von an ihr betriebenen relevanten Aktivitäten bereit sei; Ignoranz des weiteren bei manchen Redaktionen, die glaubten, ihre Kundschaft interessiere sich a priori nicht für Wissenschaft; und Ignoranz schließlich bei der Öffentlichkeit, die sich häufig nicht gern von sich aus auf Wissenschaft einlassen wolle.

Den zwecks Umsetzung der erörterten Symposiumsinhalte lernbegierig zuhörenden Wissenschaftlern erläuterte Walther aus seiner Sicht: (1) Mit mäßig besuchten Pressekonferenzen und den dabei üblicherweise abgegebenen langweiligen Erklärungen erreiche man kaum noch irgendwelche Außenwirkung. Ohne den Reiz des Sensationellen komme schwerlich etwas länger an, wenn es nicht unmittelbaren Gebrauchswert habe. Eingängige Reklame für ein Thema sei nicht unseriös; sie *müsse* vielmehr sein. (2) Im Zeitalter der permanenten medialen Bildpräsenz vermöchten brauchbare Bilder, zum Beispiel hervorragend gestaltete und nicht überfrachtete Grafiken noch immer viel zu erreichen. Sie regten zum Nachdenken an und deuteten auch bei Publikationen manches Geschriebene besser. (3) Universitäten und ihre Angehörigen, vor allem die Dozenten, müßten sich vermehrt Gedanken über eine audiovisuelle Umsetzung ihrer Themen machen, sonst blieben sie in der Öffentlichkeit allmählich ganz außen vor.

Während bei Walther die früheren Erfahrungen als Fernsehreporter beim Sender Freies Berlin immer wieder durchschienen, lenkte Michael Zick ganz auf die Print-Medien zurück und konzentrierte sich auf deren Möglichkeiten bei der Umsetzung und Vermittlung. Seiner Meinung nach wolle die Sprache, d. h. das geschriebene Wort mindestens ebenso intensiv gepflegt sein wie die Wahrheit, das Auto, das Kind oder der Garten. Da es beim Symposium um die Vermittlung von kulturellem Wissen und zutiefst menschlicher Erfahrung gehe, komme der sorgsamen Sprachbehandlung sogar eine ganz besondere Bedeutung zu. Vordergründige Selbstdarstellung sei immer leicht und billig; Weitergabe von Kultur dagegen erfordere Mühe und Präzision. Dies sollte nach Zick allerdings nicht als Plädoyer für eine rigide Fachsprache mißverstanden werden. Durch sie würden Wissenschaftsspezialisten bloß in ihren eigenen Kreisen stecken bleiben. Ein grundlegender Unterschied im Denken von Wissenschaftlern und Journalisten, sprich der Allgemeinheit, dürfe nicht außer Acht gelassen werden. Dem forschenden Geist sei, vor allem in den Naturwissenschaften, oftmals der Weg zu einer Erkenntnis, d. h. die Methode vorrangig, während den Journalisten und mit ihm die Allgemeinheit weit eher das Ergebnis interessiere.

Gemäß Zick ist eine unterhaltende Darstellung noch immer die beste didaktische Darbietung. Es lerne sich einfach leichter und nachhaltiger, wenn es auch noch Vergnügen bereite. Das Wecken von Neugierde sei in diesem Zusammenhang ein probates Mittel, um Leser beim Thema zu halten. Totschlagesätze wie der im Titel als abschreckendes Beispiel wiedergegebene („Die evolutionäre Schlüssel-Innovation liegt weiter hinten bei den Schlundknochen") würden sie mit Sicherheit umgehend vertreiben. Ein Kardinalfehler mancher wissenschaftlicher Autoren sei zudem die Manie, alles Wissen in einen Satz pressen zu wollen und auf diese Weise Satzungetüme aneinanderzureihen.

Im Hinblick auf einen erquicklicheren Umgang zwischen Wissenschaft und Journalismus meinte der Referent aufgrund seiner Erfahrungen, wenn das gegenseitige Mißtrauen ein bißchen abgebaut werden könnte – und zwar auf beiden Seiten –, dann wären auch hierzulande die Aussichten gar nicht schlecht, zu einer guten, ja erfreulichen Zusammenarbeit zu gelangen. Das würde der Wissenschaft genauso weiterhelfen wie der Gesellschaft dienlich sein.

Wiederum ganz konkret war Ursula Nothelle-Wildfeuer um die Vermittlung zentraler Aspekte des Symposiums an eine zwar spezifische, aber angesichts mancher Inhaber von Schlüsselfunktionen letztlich dennoch größere Öffentlichkeit bemüht. Möglicherweise machte sich hierbei auch ihr sonstiges Engagement im Alltag als promovierte Theologin und Mitarbeiterin am Seminar für Christliche Gesellschaftslehre und Pastoralsoziologie an der Universität Bonn bemerkbar. Die Zeitschrift für medizinische Ethik, deren Schriftführung derzeit maßgeblich bei ihr liegt, ist mit einer Auflagenhöhe von 1200 Exemplaren das wichtigste deutschsprachige Organ auf dem Gebiet der medizinischen Ethik. Die ersten 38 Jahrgänge waren un- ter dem Titel Arzt und Christ – Vierteljahresschrift für medizinisch-ethische Grundsatzfragen erschienen. Seit 1993, d. h. ab dem Jahrgang 39, trägt die Quartalsschrift ihren geänderten Namen Zeitschrift für medizinische Ethik. Wissenschaft – Kultur – Religion. Titel gemeinsam mit Untertitel wollen nach Nothelle-Wildfeuer als Programm verstanden sein. Es gehe darum, in die komplexer werdende medizinisch-ethische Diskussion den Beitrag der christlichen Ethik einzubringen, zumal es diese gewesen sei, die sich als erste systematisch mit entsprechenden Fragen beschäftigt habe. Tragfähige Grundlagen für verantwortliches Handeln würden in der europäischen Kultur – inklusive Glaubenskultur – und der Wissenschaft gesucht.

Die Materialobjekte der medizinischen Ethik, insbesondere die diesbezüglichen interdisziplinären Verflechtungen von Medizin, vermöchten heute ein immer breiteres Publikum zu sensibilisieren. Die Chancen stünden somit nicht schlecht, gerade in dieser Zeitschrift für die Symposiumsthematik Gehör zu finden. Konkret böten sich verschiedene Möglichkeiten an. In der Regel enthalte jedes Themenheft drei bis vier wissenschaftliche Abhandlungen, worunter man sich durchaus den einen oder anderen Symposiumsbeitrag vorstellen könnte. Zusätzlich gebe es die Sparten „Aus der Forschung", „Auf ein Wort", „Tagungsbericht", „Geistlicher Impuls", „Zeitschriften- und Bücherschau". Auch hier ließen sich verschiedenenorts Beiträge denken, die auf das Symposium hinwiesen oder die sich von ihm hätten anregen lassen.

Doch welche dieser Möglichkeiten auch immer wahrgenommen würde, dürften beim Abfassen einige zeitschriftenspezifische Hintergründe nicht aus den Augen verloren werden. Einerseits führe die starke Anbindung der Medizin an die naturwissenschaftliche Forschung und deren immense Fortschritte seit Jahren zu einer enormen, auch qualitativen Erweiterung der medizinischen Handlungs- und Erkenntnismöglichkeiten. Andererseits versuche man, aufgrund des wachsenden Unbehagens an einer naturwissenschaftlich vereng-

ten Konzeption der Medizin diese als praktische Wissenschaft an die Humanwissenschaften zurückzubinden.

Abgesehen von solchen prinzipiellen Erwägungen müßten die Beiträge stets
auch dem Anforderungsprofil der Zeitschrift entsprechen. Hierzu gehörten
hohe Sachkompetenz des Autors ebenso wie Argumentation auf dem neuesten wissenschaftlichen Stand, hohes Niveau der Ausführungen, differen-
zierte Darstellung, dabei angesichts der prinzipiellen Interdisziplinarität die
gleichzeitige Offenheit für überfachliche Fragen sowie die Formulierung in einer verständlichen Sprache. Diese müsse für alle Teilnehmer des Dialogs
kommunikabel sein. Das Vertreten einer begründeten eigenen ethischen Position verstehe sich als Voraussetzung zudem von selbst.

Nothelle-Wildfeuer schloß ihren Beitrag mit einem Appell an alle Symposiumsteilnehmer, mehr „Mut an Mitgestaltung" zu zeigen. Gerade die Überlegungen zum Thema „Erfüllt leben – in Gelassenheit sterben" und zu dem damit verknüpften neuen Konzept von einem „Lebensplan" bedürften der Umsetzung und Vermittlung in jene Bereiche hinein, für die sie praktische und
konkrete Relevanz hätten. Ausdrücklich ermunterte sie dazu, den Schritt zum
interdisziplinären Dialog, der auf dem Symposium gegangen wurde, nun
auch bei der Umsetzung zu wagen. Die derzeitige Situation zeichne sich dadurch aus, daß die bezüglich des Dialogs Aktiveren unter den – am Berliner
Symposium ebenfalls zahlreich vertretenen – Geisteswissenschaftlern zu suchen seien. Doch dürften darüber die für den interdisziplinären Dialog zwischen Ethikern – oder allgemeiner Geisteswissenschaftlern – und Medizinern
unerläßlichen Rückmeldungen bzw. Impulse auch aus der Praxis nicht fehlen.

Als nächster Referent berichtete der Wiener Werner Wanschura, daß er sich
schon seit Jahren über die Diskrepanz zwischen einem äußerlich „jovialen
Umgang" vieler Österreicher mit „dem Burschen Tod" und der häufig zu be-
obachtenden Abschiebrealität in aktueller Todesnähe wunderte. Als Wissenschaftsjournalist habe er sich daraufhin nicht weniger vorgenommen, als
zu einem ausgeglicheneren Verhältnis zwischen beiden Einstellungen beizutragen und damit, nach seinen eigenen Worten, die „Qualität des Sterbens zu
verbessern und eine Art selbstverständliches Hinübergehen zu erreichen"
(was dem am Symposium geforderten „Sterben in Gelassenheit" weitgehend
entsprechen würde).

Zu diesem Zweck wurde für den März 1992 eine Medienwoche initiiert. Mit
Unterstützung des Gesundheitsministeriums konnten im Österreichischen
Rundfunk (Hörfunk) während einer Woche konzentriert mehr als fünfzig Sen-
destunden dem Thema Sterben und Tod gewidmet werden. Für die Publik-

machung eines Zehnpunkte-Forderungskatalogs stellten alle Print-Medien des Landes bereitwillig ihre Spalten zur Verfügung. Ob diese damals höchst effektvolle Öffentlichkeitskampagne langfristig jedoch auch effektiv gewesen sei, werde sich erst noch zeigen müssen. – Die Symposiumsteilnehmer erinnerten sich hier daran, daß Josef Kytir am Tag zuvor aufgrund seiner Gesamtösterreich umspannenden Untersuchungen über zwei derzeit offenbar nebeneinander existierende Sterbekulturen berichtet hatte. Insbesondere in einigen ländlichen Gebieten hätten sich bis heute Elemente einer vorindustriellen Sterbekultur erhalten mit der Folge, daß Sterbende dort nach wie vor in weit höherem Ausmaß zu Hause betreut würden, als dies in städtischen Regionen der Fall wäre.

Mittlerweile gingen Wanschura sowie vierzig bis fünfzig besonders engagierte Medienleute in Österreich jedoch weiter. Sie starteten eine Fund-raising-Aktion mit dem Ziel, ein Modellhospiz zu errichten. Es wäre das erste komplette, das heißt stationäre wie ambulante Hospiz im Lande. Österreich verfüge derzeit noch über keine solche Einrichtung nach englischem Vorbild, nur über ein ambulantes Hospizteam in Wien sowie über eine Hospizstation mit zehn Betten. Der Widerhall in allen neun Bundesländern habe deutlich gemacht, daß die Zeit sowohl bei Professionellen wie in der Öffentlichkeit für eine grundlegende Änderung im Umgang mit chronisch Kranken und Sterbenden jedoch reif sei. Als vorläufiges Resultat der Aktion kam es Anfang September 1993 in Wien zur Gründung eines Vereins „Menschenwürde bis zuletzt – Österreichischer Dachverband". Nur Institutionen könnten ihm beitreten. Seine Bemühungen liefen auf eine landesweite Vernetzung aller lokalen bzw. regionalen Initiativen hinaus, ferner auf die Gewährung materieller und ideeller Unterstützung sowie auf die Anregung einschlägiger Forschung. Im Vordergrund stehe derzeit die Förderung einer menschenwürdigen Sterbebegleitung, zum einen in Krankenanstalten, zum anderen zuhause und drittens im Rahmen der gestarteten Hospizbewegung. Nicht länger und nie wieder dürfe zugelassen werden, so Wanschura, daß sich ausgerechnet die letzte Phase menschlichen Lebens unter derart unwürdigen Bedingungen abspiele, wie das derzeit in Österreich häufig noch immer der Fall sei. Die Möglichkeiten der Print-Medien hierbei dürften nicht unterschätzt werden, wie das Beispiel gezeigt habe.

Rundfunk

Vom Medium Hörfunk sprach als erste die Kölner Redakteurin Gretel Rieber zum Thema „'In unserem Alter – Begegnungen und Informationen' – Einige Gedanken aufgrund meiner wöchentlichen Live-Sendung im Westdeutschen Rundfunk". Andreas Wertz, Redakteur beim Sender Freies Berlin – Hörfunk Wissenschaft, referierte über „Wissenschaft hörbar machen. Was Radio vermag und besser bleiben läßt". Und Theo Wurm, Kulturredakteur beim Süddeutschen Rundfunk Stuttgart legte ein Statement vor mit dem Titel: „Was alle angeht, müssen alle verstehen. Wie Wissenschaft im Hörfunk zur Sprache kommt".

Die von Gretel Rieber seit Jahren redaktionell betreute und von ihr auch moderierte Sendung „In unserem Alter", die jeden Samstagmorgen von 08:07 bis 08:55 Uhr im Vierten Programm des Westdeutschen Rundfunks ausgestrahlt wird, gehöre zu den populärsten Sendereihen der Redaktionsgruppe „Familie und Gesellschaft", erreiche sie im Durchschnitt doch etwa 1,8 Millionen Hörer. Da Anrufe während der Sendung willkommen seien und sie als verantwortliche Programmleiterin überdies eine große Hörerpost zu betreuen habe, könne sie recht gut beurteilen, welche Fragen die Zuhörer in erster Linie bewegten. Bezogen auf das Symposiumsthema meinte sie, daß sich heutige Durchschnittsmenschen mit einem „erfüllten Leben" und mit „Gelassenheit im Angesicht des Todes" in der Regel eher schwer täten. Die meisten bräuchten Hilfe: Lebenshilfe, Sterbehilfe.

Themen, die mit Tod und Sterben zu tun hätten, seien im übrigen keineswegs tabu für ältere Menschen, so wie sich das viele jüngere Kolleginnen und Kollegen zu Beginn ihrer Mitarbeit an der Sendereihe häufig vorstellten. Bei ihrem Einstieg würden sie häufig drei Standardthemen nennen, von denen sie annähmen, daß diese für eine Sendereihe wie „In unserem Alter" besonders relevant wären: (1) Wohngemeinschaften für Senioren; (2) Sex im Alter; (3) Einsamkeit im Alter. Aufgrund ihrer Erfahrung habe sie ihnen dann immer aufs neue zu erläutern, daß erstens die heutigen Alten lieber allein als mit anderen zusammenwohnten, daß zweitens Sex für die meisten Älteren kein drängendes Bedürfnis mehr darstelle, und daß drittens diejenigen, die schon lange verwitwet seien, sich im allgemeinen längst mit dem Alleinsein arrangiert hätten. Einsamkeit, so schien Gretel Rieber, sei weit mehr ein Leiden der Zwanzigjährigen.

Sie habe häufig den Eindruck, als projizierten die Journalist(inn)en jüngeren und mittleren Alters ihre eigenen Ängste vor dem Altwerden auf die Senioren. Wer jedoch gelernt habe, allein zu leben, ohne einsam zu sein, wer mit dem allmählichen Nachlassen oder völligen Erlöschen der Libido seinen Frieden geschlossen habe, wer sein Leben wirklich gelebt habe, der könne ohne Angst und ohne sich an den Rest Leben klammern zu müssen, auf den Tod zugehen. Und der höre, wiederum zum Erstaunen der jüngeren Kolleg(inn)en, ausgesprochen gerne Sendungen, die sich mit dem Sterben und mit dem Tod beschäftigten. Dies geschehe keineswegs aus morbidem Voyeurismus, sondern in der gelassenen Überzeugung, daß es – da wir ja alle einmal sterben müßten – nur hilfreich sein könne, zuzuhören und zu erfahren, wie andere sich auf ihren Tod vorbereiteten oder mit dem Tod eines geliebten Menschen zurechtkämen.

Inhaltlich, das sage ihr eine dreißigjährige Rundfunk- wie natürlich auch ihre gesamte Lebenserfahrung, könne man älteren und/oder formal weniger gebildeten Menschen am Rundfunk jedes Thema zumuten, heikle, schwierige, wissenschaftliche Themen inbegriffen. Bei Sendungen für Ältere käme es darauf an, auf deren wirkliche Bedürfnisse einzugehen, wozu zweifelsohne der Umgang mit Sterben, Tod und Trauer zählten. Diese Themen müßten dann jedoch auf eine Art und Weise sowie in einer Sprache dargeboten werden, daß die Botschaft jene, für die sie bestimmt sei, auch erreiche. Um ein schwieriges Thema wie „Erfüllt leben – in Gelassenheit sterben" verständlich zu machen, habe man es zuerst einmal selbst zu verstehen. Genau dies hätten sich die ersten beiden Tage des Symposiums mit ihrem umsichtigen Austausch über die fachlichen Grenzen hinweg erfreulicherweise zur Aufgabe gemacht.

Andreas Wertz bestätigte in seinem Statement, daß die Behauptung, Wissenschaftsthemen stießen in der Öffentlichkeit a priori auf geringes Interesse, ein Mythos sei. Ihm schiene vielmehr, daß genau das Gegenteil zutreffe. Das Bedürfnis heutiger Menschen nach Selbst- und nach Welterkenntnis beziehe auch und gerade die wissenschaftliche Information mit ein. Mögliche Rezipienten für eine Wissenschaftsinformation zu interessieren, setze allerdings voraus, sie in den Zusammenhang ihrer Alltagswelt zu bringen. Dieser Aspekt würde selbst von vielen Wissenschaftsjournalisten – mit entsprechenden Ab- bzw. Umschaltquoten als Folge – zu sehr vernachlässigt. Es beschäftige sie häufig mehr, über wen und über was, als für wen sie berichteten.

Trotz allem dürfe man nicht übersehen, daß spezifische Wissenschaftssendungen, ähnlich den Wissenschaftsbeilagen in den Print-Medien, in aller Regel nur Minderheiten ansprächen. Hierbei sei jedoch positiv hervorzuheben, daß zu diesen Minderheitenhörern (oder -lesern) vielfach eine beachtliche Gruppe wichtiger Multiplikatoren (Lehrer, Dozenten, Skribenten) zähle. Verglichen mit der Bedeutung, die Wissenschaft und Technik in der heutigen Welt insgesamt zukomme, sei die Akzeptanz diesbezüglicher Berichterstattung jedoch ernüchternd gering. Zudem hätten Radioprogramme für qualifizierte Minderheiten auf dem zwar expandierenden, gleichzeitig aber hart umkämpften Markt der Audiomedien einen besonders schweren Stand. Hier, im Spannungsfeld von Kommerz und Kommunikation, finde eine beispiellose Entwertung von Information durch Masse statt. Die von den Sendern verfolgte Strategie, nur noch kurze Wortbeiträge in einem von Musik dominierten Massenprogramm zuzulassen, konterkariere den Zeitbedarf, der an sich notwendig wäre, um komplexe Sachverhalte differenziert darzustellen. Dabei nehme in der heutigen Zeit die Zahl von Ereignissen ständig zu, die eigentlich wissenschaftlicher Erläuterung bedürften. Aktuell arbeitende Radiojournalisten seien in der Regel auch keine Wissenschaftsjournalisten. Während ihnen somit von Hause aus die Fachkenntnisse fehlten, stünden sie gleichzeitig unter enormem Zeitdruck. Beides erschwere angemessenes Recherchieren. Es erstaune deshalb nicht, daß in der Hörfunkpraxis nicht selten hanebüchener Wissenschafts-Unsinn über den Äther ginge.

Vor diesem Hintergrund falle es einem Wissenschaftsjournalisten schließlich auch nicht schwer zu verstehen, daß viele Wissenschaftler – manche unter ihnen „gebrannte Kinder" – ihre (erneute) Teilnahme an einer Berichterstattung ablehnten. So einleuchtend und konsequent eine derartige Haltung aus der Sicht der Scientific Community auch sei, bleibe sie doch völlig wirkungslos. Sage ein Experte ab, finde sich stets ein anderer. Durch den Rückzug seriöser Wissenschaftler aus den Massenmedien und den Zwang zum Vorliebnehmen mit der möglicherweise zweiten Garnitur werde die Berichterstattung an Qualität allerdings kaum gewinnen. Und doch übe gerade diese Berichterstattung in den Massenmedien bekanntlich – was die sich verweigernden Wissenschaftler nicht vergessen sollten – eine ungeheure Informationsmacht aus.

Bezogen auf seine Tätigkeit erwähnte Wertz, daß es der herkömmliche Wissenschaftsjournalismus heute im Radio schwer habe, dies nicht zuletzt aufgrund der Eigenheiten dieses Mediums. Hörfunkprogramme seien flüchtig und auf die Sinneswahrnehmung „Hören" beschränkt. Jedes gesprochene Wort gehe unmittelbar verloren. Das sei zwar auch im Fernsehen so, aber dort ließen sich gleichzeitig immerhin mehrere Sinne bedienen. Auch vermöge das Fernsehen sehr komplexe Zusammenhänge oft leichter zu vermitteln, da es mit Schaubildern, Grafiken, Trickfilmen visuell arbeiten könne. Wer setze sich heutzutage schon ans Radio, um eine halbe oder gar eine ganze Stunde konzentriert zuzuhören? Und doch erwüchse dem Medium Hörfunk gerade hieraus wiederum eine enorme Chance, nämlich „Wissenschaft en passent" zu vermitteln. Bekanntlich konsumiere fast jeder Mensch Hörfunk nebenbei: beim Aufstehen, im Bad, in der Küche, beim Autofahren, beim Außpannen, einige sogar bei der Arbeit. Kein anderes Medium biete die Möglichkeit, einem großen Publikum wissenschaftliche Themen quasi nebenbei nahezubringen. Selbst hierbei ließen sich Zusammenhänge aufzeigen, zumindest das Interesse daran wecken.

Wissenschaft im Radio werde künftig immer mehr, so schloß Wertz, eine Dienstleistung für den Hörer sein, und zwar bezogen auf die Erklärung bestimmter (all)täglicher Ereignisse und Phänomene. Kein Wissenschaftler dürfe im Radio, wenn er eine Botschaft habe und sie vermitteln wolle, in elitärer Unverständlichkeit schwelgen. Zudem dürfe und solle er nicht nur rationales Denken vorführen, sondern immer auch menschliche Regungen zeigen, das heißt sich selbst einbringen.

Auch Theo Wurm bescheinigte dem Hörfunk, daß er derzeit mit Abstand jenes Medium sei, das am ausgiebigsten genutzt werde. Es erreiche täglich mehr Menschen als Fernsehen und Zeitungen. Radiosendungen wären billig zu haben und überall bequem zu konsumieren, im Haushalt ebenso wie im Stau. Der Flüchtigkeit des Mediums lasse sich bei wirklichem Interesse problemlos durch eine Kassettenaufzeichnung begegnen. Wurm gab zwar zu, daß Radiohören im Gegensatz zu Fernsehen oder Zeitunglesen oft nur nebenbei betrieben werde, doch hob auch er diesbezüglich den positiven Aspekt hervor, wonach sich dieses Medium wie kein anderes unausgelasteter Aufnahmekapazitäten bei vielen Tätigkeiten bedienen könne. Darüber hinaus führte er eine Reihe weiterer, nicht gering zu achtender Vorteile an. So sei zum Beispiel der Spielraum des Fernsehens schon durch den Umstand stark eingeschränkt, daß es bei seiner Vermittlungsarbeit stets Bilder brauche. Zudem äußerten sich manche Menschen über Persönliches nicht gern vor laufender Kamera. Ein Gespräch im Hörfunk sei da wesentlich diskreter und deshalb möglicherweise auch ehrlicher.

Bezogen auf das Thema des Symposiums hielt Wurm den Gesamtkomplex bis hin zur diskutierten Single-Problematik oder zur erörterten individuellen Lebensplanung als hervorragend für die Aufbereitung im Hörfunk geeignet. Die Thematik erfülle sämtliche Merkmale eines idealen Stoffes. Sie gehe jeden an, sei von öffentlichem genauso wie von privatem Interesse. Man könne sich kaum jemanden vorstellen, der nicht involviert wäre, und zwar auf allen Ebenen, von der Gemeinde bis zum Bund und bis hin zu sämtlichen damit befaßten Humanwissenschaften. Die beiden ersten Tage hätten zudem ein gutes Zusammenspiel von politisch-gesellschaftlicher Diskussion, Expertenwissen und individueller Erfahrung demonstriert.

Wie andere Medienvertreter vor ihm, mahnte auch Wurm bei uns Wissenschaftlern eine allgemeinverständlichere Sprache an. Weder sei eine akademische noch irgendeine spezifische Fachsprache zur Vermittlung im Rundfunk geeignet. Viele Wissenschaftler klebten beim mündlichen Vortrag zu sehr an einer schriftlichen Ausdrucksweise. Hörfunk-Redakteure oder -Moderatoren sollten Verlautbarungen nicht erst „übersetzen" müssen. Was alle angehe, müßten auch alle verstehen. An dieser Stelle scheute sich Wurm nicht hinzuzufügen: „Die Sache, um die es hier geht, wie auch das öffentliche Amt, das ein Humanwissenschaftler bekleidet, bedeuten für ihn gegenüber den Medien eine Bringschuld." Deutliche Worte, jedem Anwesenden ins Gewissen geschrieben!

Der Journalist sei nicht, so der Referent weiter, der Mikrofonhalter eines Wissenschaftlers, sondern der Vermittler. Dabei habe er stets das Thema seiner Sendung vor Augen, was nicht unbedingt mit dem übereinstimmen müsse, was einem Wissenschaftler selbst gerade am Herzen liege. Bei der Alltagsarbeit zeige sich übrigens nicht selten, daß die Vorstellung von der Bedeutung der Medien bei vielen Wissenschaftlern in eklatantem Gegensatz zur Geringschätzung ihrer Repräsentanten stehe. Wolle ein Wissenschaftler seine Sache jedoch ins öffentliche Gespräch bringen, dann müsse er sich wohl oder übel auf die mediumsgängigen Bedingungen einlassen und ein Minimum an Entgegenkommen an den Tag legen.

Im Hinblick auf ein so anspruchsvolles und wichtiges Thema wie das des Berliner Symposiums könne im allgemeinen davon ausgegangen werden, daß es Journalisten anziehe, die von sich aus besonders gewissenhaft und niveauvoll arbeiteten. Trotzdem möge man nicht vergessen, daß Journalisten keineswegs nur zu informieren, sondern auch Dämme gegen die steigende Flut von Informationen zu bauen hätten, letzteres vor allem dann, wenn diese Informationen nur eine geringe Zahl von Menschen beträfen und mit der Alltagsrealität der meisten kaum in Verbindung stünden. Sogar bei einem Thema wie „Alter und Lebensplanung" müsse man derzeit eine gewisse Vorsicht walten lassen, ganz einfach deshalb, weil hier eine Konjunkturüberhitzung drohe. Die Gefahr der Nichtbeachtung sei mittlerweile geringer als die des Überdrusses an einem „Zuviel".

Fernsehen

In den zwei letzten Beiträgen kamen Fernseh-Redakteurinnen zu Worte. Martina Morawietz vom Zweiten Deutschen Fernsehen berichtete über „Wissenschaft und Medien – Grenzen und Möglichkeiten der Kooperation in der TV-Berichterstattung". Bei Marita Brinkmann war das Statement überschrieben mit „Rückgefragt – ein Gespräch mit Marita Brinkmann, Deutsche Welle Auslandsfernsehen". Beide Erfahrungsberichte handelten einerseits von den Schwierigkeiten, im Fernsehalltag meist kurzfristig fachkundige Einschätzungen, Kommentare, Erläuterungen bei Angehörigen relevanter Institute, kultureller Einrichtungen, Universitäten zwecks Einordnung oder Untermauerung bestimmter Recherchen zu erhalten. Andererseits kam in beiden Stellungnahmen auch der umgekehrte Weg des von Wissenschaftlern initiierten Transfers aus dem „Elfenbeinturm" in die Redaktionsräume zur Sprache.

Während das Zweite Deutsche Fernsehen hierzulande wohl nicht vorgestellt zu werden braucht, kennt bei uns kaum jemand den Kanal Deutsche Welle Auslandsfernsehen. Der simple Grund dafür ist, daß wir ihn hier normalerweise gar nicht empfangen können. Mit seinen Sendungen aus Deutschland über Deutschland richtet er sich in erster Linie an Auslandsdeutsche, an Nachkommen deutscher Auswanderer wo auch immer auf der Welt, an vorübergehend im Ausland tätige Deutsche, an Menschen, die außerhalb unserer Grenzen am Geschehen in Deutschland interessiert sind. Das Programm werde, so Brinkmann, hauptsächlich in Nord- und Südamerika, in Süd- und Südostasien, in Israel, in Osteuropa sowie in einigen anderen europäischen

Ländern, besonders in Skandinavien gesehen. Altersmäßig dürfte das Gros der Zuschauer zwischen 30 und 60 Jahre alt sein. Da die Einschaltquoten nicht meßbar seien, bildeten sie für den Sender kein „Beliebtheits"-Kriterium. Aufgegriffene Themen könnten aus gegebenem Anlaß zwar brisant sein, bräuchten aber nicht marktschreierisch aufgemotzt zu werden. Neben Nachrichten und Infotainment aus beinahe beliebigen Bereichen von A-Z sowie den eher „Heimatgefühl"-betonten Sendungen („ein Stück Deutschland": Landschaften, Regionen, Volksmusik, politische Zustände) würden immer auch wieder nicht unmittelbar aktuelle Themen zum Beispiel medizinischer oder geisteswissenschaftlicher Provenienz ins Programm aufgenommen. Gerade im Hinblick auf den letztgenannten Punkt könnten geschichtliche Hintergrundausleuchtungen vielfach zu mehr Tiefenschärfe beitragen. In der Regel hätten diesbezügliche Sendesequenzen eine Länge von etwa acht Minuten, was zwar nicht viel scheine, im Medium Fernsehen jedoch keineswegs wenig sei.

Im Prinzip würde – bei Deutsche Welle Auslandsfernsehen nicht anders als bei der Berichterstattung im Zweiten Deutschen Fernsehen – jedes Thema in Betracht gezogen. Man überlege in den Redaktionsbüros nicht lange, ob das eine oder andere davon vielleicht besser im Rundfunk oder aber in der Tages- bzw. in der Wochenpresse aufgehoben wäre. Zeitnot mache sich hinsichtlich nicht unmittelbar aktueller Sendungen oft weniger in bezug auf die Auswahl der Themen als durch eine meist rigoros beschränkte Sendezeit von wenigen Minuten pro Sequenz bemerkbar. Wenn nun dieser oder jener angefragte Wissenschaftler finde, er könne aber „sein Thema" in der geringen Zahl Minuten „auf keinen Fall" behandeln, dann sei das sein Problem. Möge er damit zum Rundfunk gehen, wo er vielleicht eine halbe Stunde eingeräumt erhält, jedoch statt Millionen Zuschauer vielleicht gerade hunderttausend Hörer erreicht, wenn nicht weit weniger. Für jedes Thema gebe es alternative Gesprächspartner. Wer zum Zuge kommen wolle, weil er „sein Thema" als genügend relevant für eine große Zahl von Zeitgenossen erachte, müße sich auf die Konditionen des betreffenden Mediums einstellen und auf dessen Rahmenbedingungen einlassen. Sonst bleibe er außen vor – eine Warnung, die wir fast wortgleich schon von den Vertretern des Rundfunks vernommen hatten.

Gewiß sei die Sendezeit gerade bei einer komplexen Materie wie etwa dem Symposiumsthema „Erfüllt leben – in Gelassenheit sterben" oft fast unerträglich kurz. Je tiefer jedoch ein Wissenschaftler mit der gesamten Komplexität seines Themas vertraut sei, je länger er auf dem Gebiet gearbeitet und darüber geforscht und reflektiert habe, um so eher würde es ihm bei gutem Willen und entsprechender Bereitschaft möglich sein, sich knapp und konzis zu fassen, um eine Quintessenz zu vermitteln. Dabei verstünde sich von selbst, daß eine gewunden komplizierte, mit Fach- und Fremdwörtern überladene

Ausdrucksweise höchst ungeeignet, ja „tödlich" sei, weil sie den Zuschauer zum Ab- oder Umschalten auf einen andern Kanal treibe. Was wäre damit in der Sache erreicht? Gar nichts! Wissenschaftler, die der Meinung seien, sie hätten eine „Botschaft" zu vermitteln, welche auch außerhalb des wissenschaftlichen Elfenbeinturms von Relevanz sei, hätten heutzutage gar keine andere Wahl, als sich jener medialen Werkzeuge zu bedienen, die für eine breite Umsetzung nun einmal zur Verfügung stünden, und zwar zu deren Konditionen. Doch auch wenn sich engagierte Wissenschaftler einerseits – um eben jene Breitenwirkung zu erzielen – hierauf einließen, hieße das andererseits nicht, daß sie ihre Forschertätigkeit deswegen auf die leichte Schulter nehmen sollten. In traditionelleren (Publikations-, Vortrags-, Vorlesungs-) Zusammenhängen sei der detaillierte Anmerkungsapparat durchaus und nach wie vor vonnöten.

Eine weitere Warnung zielte in eine andere Richtung. Medienerfahrene Wissenschaftler dürften sich ihr – vielleicht selbst schon mehr oder weniger leidgeprüft – anschließen. Es geht um die Anmahnung einer gewissen Bescheidenheit und Zurückhaltung. Das Selbstwertgefühl manchen Wissenschaftlers mag zu Aufplusterung neigen, wenn er zu „seinem Thema" in ein Fernsehstudio gebeten wird. Man bilde sich indes nichts ein: die Kamera ist erbarmungslos, das Gesicht rasch vermarktet und nach ein paar Malen out, die Programm-Konkurrenz enorm, das Aus- und Umschalten per Fernbedienung ein Kinderspiel, die Durchfallquote insgesamt somit sehr hoch. Eine Katerstimmung im Anschluß bereits an die Sendung ist nicht selten.

Frustration kann sich jedoch auch schon ausbreiten, noch bevor man ins Studio kommt. Selbst wenn nämlich Redakteure, was hinsichtlich aktueller Themen selten der Fall ist, bei der Behandlung längerfristig geplanter Sendungen nicht unter Zeitdruck stehen, heißt das noch lange nicht, daß sie sich für die Themenaufbereitung beliebig Zeit nehmen könnten oder wollten. Vielmehr versuchen sie nach einer gewissen Einarbeitung, die „richtigen Gewährsleute" zu finden. Von ihnen aber wissen sie selten mehr, als daß diese aufgrund eines ihnen anhaftenden Etiketts in diesem oder jenem Bereich offenbar über eine gewisse herausragende Sachkompetenz verfügen. Fragen die Angerufenen dann nach, wieso sie zur Ehre einer Mitwirkung im Fernsehen kämen, wird je nachdem auf ein knappes Druck-Erzeugnis in irgendwelchen Print-Medien oder auf das Mitmachen in einer Rundfunk- oder anderen Fernseh-Sendung Bezug genommen. Ob man denn auch die Kenntnis eines seiner ausführlichen Bücher zum Thema voraussetzen dürfe? Die Frage stellt man besser nicht, da sie in aller Regel mit Nein beantwortet wird.

Hier scheint mir als Wissenschaftler etwas mehr Selbstbescheidung oder einfach mehr Realitätssinn für die rauhe Medienwirklichkeit durchaus am Platz zu sein. Was bilden wir uns eigentlich ein? Durch unsere Bücherberge sollen sich jene Fernseh-Redakteure durcharbeiten, die möglicherweise am Thema, das im einen oder anderen Titel zum Ausdruck kommt, Interesse haben, nicht jedoch an Hunderten gedruckter Seiten. Als Wissenschaftler hierüber frustriert zu sein, scheint mir völlig deplaciert. Solch immense Lesearbeit zu leisten, ist gewiß nicht Sache thematisch auswählender Redakteure. Schon eher ist es Sache des befragten Wissenschaftlers, sich der medial eingeräumten Möglichkeiten zu bedienen, um relevante Aspekte seiner Forschung, Quintessenzen in die Breite zu vermitteln. Ist er nicht bereit, sich auf die hierbei gegebenen Sachzwänge einzulassen, geht das Experiment nicht gut aus. Die Folge ist Frustration auf beiden Seiten – und damit wäre erneut nichts gewonnen.

Derart mißlichen Entwicklungen vorzubeugen, war Absicht und Ziel des Round Table-Gesprächs am letzten Symposiums-Nachmittag. Dabei ging es weniger um einen gegenseitigen Erfahrungsaustausch zwischen Wissenschaftlern und Medienfachleuten, als für uns Wissenschaftler darum, den Medienfachleuten zuzuhören, auf ihre Wünsche und ihre Ratschläge an uns zu achten. Das Thema „Erfüllt leben – in Gelassenheit sterben" ist mit Gewißheit kein Thema nur für den wissenschaftlichen Elfenbeinturm. Wenn wir während der ersten beiden Veranstaltungstage in interdisziplinärer Diskussion zu einem tragfähigen Entwurf gelangten, wie dieses hehre Ziel am ehesten zu erreichen wäre, nämlich durch die sukzessive Verwirklichung eines „Lebensplans" im Zeichen des ursprünglich aristotelischen Konzepts vom „gelungenen Leben", dann drängt sich dessen Weitergabe in eine breitere Öffentlichkeit geradezu auf. Hierbei aber sind wir auf die verschiedenen Medien angewiesen. Fachleute von dort wissen nun einmal am besten, wie das mit größter Aussicht auf Erfolg geschehen kann. Das Gespräch verfolgte somit nicht den Zweck, die anwesenden Medien zur eigenen Umsetzung des Konzepts zu veranlassen, indem sie breit über die Tagung berichteten, sondern den beiwohnenden Wissenschaftlern zu erläutern, wie sie ihre Botschaft in vielfältig geeigneter Weise selbst am besten publik machten.

Fazit

Wir hatten diesen Symposiumsbericht mit Betrachtungen über den zweiten Aspekt der Tagung begonnen: in Gelassenheit sterben. Damit taten wir nichts anderes, als was viele Teilnehmer – aktive wie passive – von der Veranstaltung hauptsächlich erwarteten. So findet sich im Beitrag Wanschura der Ausdruck „Sterbebegleitung" sogar schon im Titel erwähnt. Andere Referenten legten ihr Schwergewicht ebenfalls auf die Schlußphase des Lebens, oder sie konzentrierten sich zumindest auf Altern und Alter.

Hierin spiegelt sich einmal mehr unsere Schwierigkeit, angemessen mit der Gesamtthematik umzugehen. Obwohl sämtliche Referenten den kompletten

Titel von Anfang an vor sich hatten, trat bei manchen der Hauptaspekt „erfüllt leben" dennoch ungebührlich in den Hintergrund. Selbst Fachleute scheinen somit vor lauter Bäumen den Wald nicht mehr zu sehen. Der Wald: das ist das ganze Leben; die Bäume: das sind die einzelnen Lebensabschnitte. Wenn sogar sie sich gedrängt fühlen, der Endphase ihre besondere Aufmerksamkeit zu widmen, heißt das offensichtlich, daß hier akuter Handlungsbedarf besteht.

In der Tat sind derzeit manche Menschen auf das Ende ihres Lebens schlecht oder überhaupt nicht vorbereitet. Leben ist heute weitgehend identisch mit Funktionieren des Körpers. In unseren Präventionskampagnen sind zwar ewige Jugend, nicht aber Sterben und Tod vorgesehen. Schon den Krankheiten als Vorboten können wir, zu unserem eigenen Schaden, keinen Sinn mehr abzugewinnen. Die unbezweifelbaren Triumphe der Medizin lassen in vielen von uns über Jahre hinweg einen hybriden Unsterblichkeitswahn wuchern. Schließlich glauben wir, solche Triumphe auch dort noch einfordern zu können, wo es nichts mehr zu triumphieren gibt. Der Tod war noch nie ein medizinisches Lehrgebiet. Auch daß wir trotz weitgehendem Ausleben der uns von Natur aus zur Verfügung stehenden Lebensspanne von 80, 85 Jahren Sterbliche geblieben sind, ist kein medizinisches Problem. Es ist überhaupt kein Problem, sondern gehört zur Natur unseres Menschseins. Wenn sich die Medizin trotzdem daran macht oder sich aufgrund unserer Überheblichkeit daran machen würde, den Tod zu verhindern, ist das unmenschlich. Ein Problem ist eben höchstens, daß viele von uns meinen, die Medizin wäre auch dort noch zuständig, wo sie nichts mehr ausrichten kann, und auch nicht soll.

So sterben viele von uns dann fassungslos, nicht aber in Gelassenheit. Die hiermit verbundene Hilflosigkeit klang sogar im Beitrag des anwesenden Präventivmediziners Larsen durch: „Trotz allem ist der Mensch nicht unsterblich. Die tödlichen Krankheiten werden sich zu guter Letzt unerbittlich melden. Am Ende des Lebens scheint deshalb alle Vorbeugung vergebens, aller persönliche Einsatz gegen Krankheit, alle Entsagungen, alle Ausgaben. Stirbt man dann in Gelassenheit?" Bei solch überheblicher Verblendung, wo Prävention die Abschaffung des Todes mitbeinhaltet, gewiß nicht.

Drängend akute Probleme erfordern umgehende Maßnahmen. Es war deshalb nur folgerichtig, daß der Erwachsenenbildner Calließ in seinem Beitrag dazu aufrief, vermehrt Seminare, Kurse, Tagungen anzubieten, die sich ausschließlich an alte Menschen wendeten. Diese könnten dabei ermutigt und angeleitet werden, ihre Lage zu reflektieren und Wege zu einer erfüllten Gestaltung auch noch ihres letzten Lebensabschnittes zu finden, um so auf die Schnelle vielleicht doch noch „Sterben in Gelassenheit" zu lernen. Die diesbezüglichen Erfolgsaussichten scheinen mir jedoch gering zu sein.

Im vorliegenden Sammelband wird die sich hier virulent äußernde Problematik mehrfach angesprochen und dabei als gegenwärtige, das heißt gleichzeitig aber auch als vorübergehende Zwangslage charakterisiert. Zum einen handelt es sich beim massenhaften Dritten Alter derzeit um eine relativ junge Erscheinung, sodaß bislang (zu) wenig Zeit für eine angemessene Anpassung blieb. Erst seit den 1950er Jahren erreicht in Deutschland, ehemals West wie Ost, mindestens die Hälfte aller Männer und Frauen pro Jahrgang das sechzigste Lebensjahr. Zum andern haben paradoxerweise diejenigen, die diesem massenhaften Dritten und mittlerweile auch Vierten Alter mit ihrem unermüdlichen Lebenswerk zum Durchbruch verhalfen, d. h. die Generationen von etwa 1890 bis 1940/50, gar nie die Gelegenheit gehabt, sich auf diesen unerwarteten Zustand vorzubereiten. Wann auch und wieso hätten sie während des Ersten, des Zweiten Weltkriegs, während der Weltwirtschaftskrise, im Kohlrübenwinter, während der Influenzapandemie, in den ersten Nachkriegs-Trümmerjahren einen Gedanken auf eine solche Zukunft verschwenden sollen? Ihre prägenden Jahre verlebten sie, wie Dutzende Generationen vor ihnen, noch in einer Zeit wahrlich voller „Pest, Hunger, Krieg". Überleben hieß die Parole, für den nächsten Tag sorgen, nicht aber für irgendwelche möglicherweise zu gewinnenden Jahre in ferner Zukunft.

Erst wir Nachgeborenen der Generationen ab etwa 1940/50, die wir heute im Zweiten Alter stehen, wuchsen ab früher Jugend mit der begründeten Aussicht auf ein langes Leben auf. Wir sind die Ersten, die das Leben von einem relativ kalkulierbaren Ende her gestalten können. Laut Statistischem Jahrbuch 1992 für die Bundesrepublik Deutschland (S. 61) waren 1990 von den insgesamt 79,75 Millionen Deutschen 42,53 Millionen jünger als 40 Jahre. Mehr als die Hälfte (53,3%) kam folglich nicht vor 1950 auf die Welt. Das meint aber, daß schon heute die breitere Öffentlichkeit „Pest, Hunger und Krieg" nicht mehr aus eigener Erfahrung kennt – etwas historisch wie weltweit völlig Außergewöhnliches und somit, wie es am Symposium mehrfach hieß, eine Konstellation, mit der umzugehen wir erst noch lernen müssen.

Wenn Ullrich sein Thema in die Frage kleidete: „Will Altern gelernt sein? Lebensplan und Kunst des Sterbens heute – Erfahrungen und Fragen zum Modell 'Lernen aus Erfahrung'", so war vor diesem Hintergrund die Antwort darauf vorherzusehen. Beim „Lernen für das Alter" aufgrund von „Lernen aus Erfahrung" sei nur teilweise auf den Erfahrungen der jetzt Alten aufzubauen. Diese hätten die entscheidenden Jahre ihres Lebens noch in einer anderen Zeit verbracht. Man scheint es nicht häufig genug wiederholen zu können: unsere Situation ist eine völlig neue, so noch nie dagewesene. Wir müssen schon selbst mit ihr fertig werden und können weder in der eigenen Geschichte, noch in anderen Kulturen nach bewährten Lösungen suchen. Hierin, im Aufzeigen langfristiger Strategien, wie dies zu erreichen sei, sah das Symposium seine Hauptaufgabe. Die Veranstaltung hatte sich nie vorgenommen, zu ad-hoc-Lösungen beizutragen. Weder war Lebenshilfe für die unvorbereitet jetzt im Dritten und Vierten Alter Stehenden ihr Ziel, noch

Sterbehilfe für die heute unvorbereitet in die Schlußphase Gelangenden. „Erfüllt leben – in Gelassenheit sterben" ist schon von der Formulierung her ein Konzept, das das ganze Leben, dessen bewußte Gestaltung ab jungen Jahren im Visier hat. Das Zweite Alter gehört genauso dazu wie das Dritte und Vierte, und zwar in dieser Reihenfolge. Nur wenn das ganze Leben sich zu einem gelungenen rundet, stellt sich als Folge lebenslanger Bemühungen das Sterben in Gelassenheit ein. Diese Ars vivendi beinhaltet somit auch eine Ars moriendi; die zweite Kunst ist Folge der ersten, oder wie es im Einleitungsreferat hieß: „Ars Vitae und Ars Moriendi sind notwendig ineinander verschränkt."

Nirgends wurde klarer formuliert als in den Beiträgen von Wörner und Mattheis, was Voraussetzung hierzu ist: Menschsein bedeutet, die von Anfang an in uns angelegte Spannung zwischen Werden, Sein und Vergehen zu akzeptieren, auszuhalten und aushaltend zu gestalten und den naturgegebenen Tod zur rechten Zeit auf uns zu nehmen. Daß es indes auch heute schon ältere Menschen gibt, die trotz „Pest, Hunger, Krieg" für sich das Ziel erreichten, welches das Symposium für die Mehrzahl der jetzt Jungen anstrebt, ging aus dem Beitrag Kruse über die „Die Einstellung älterer Menschen und ihre Art der Auseinandersetzung mit dem herannahenden Tod" hervor. Dem Gerontologen war aufgefallen, daß die Haltung der befragten Sterbenden immer stark von deren gesamtem Lebenslauf abhing. Menschen, deren Lebensrückblick positiv ausfiel, neigten im allgemeinen eher zur Annahme des herannahenden Todes. Ihnen war gelungen, an allen Phasen Geschmack zu finden. Sie vermochten die Endlichkeit ihres Lebens leichter zu akzeptieren als jene, die in der Rückschau überwiegend Mißerfolge hervorhoben und zu spät noch nachholen wollten, was nicht mehr nachzuholen war. Auch erlebten die Erstgenannten das Herannahen des Todes seltener als eine Bedrohung.

Ganz ähnlich summierte Hilde Prucha ihre Umfrage nach einem erfüllten Leben, wobei sie den Vergleich mit der Bibel heranzog. Von den Patriarchen würde es dort heißen, daß sie „lebenssatt" gestorben seien. Auf die in ihrer Umfrage positiv Antwortenden gemünzt bedeute das, „daß diesen Menschen nichts vorenthalten blieb und kein Nachholbedarf mehr bestand."

Es scheint unvorstellbar, daß solche lebenssatten Menschen wie bei Kruse oder bei Prucha je auf den Gedanken kämen, eine heute technisch mögliche Todesverhinderung auf Zeit auch nur in Erwägung zu ziehen. Sie hatten für sich jenen Zustand erreicht, den Mattheis im Anschluß an Callahan als Ergebnis des „Umdenkens" für uns alle avisierte: das unverkrampfte Akzeptierenkönnen unserer natürlichen Endlichkeit oder eben ein Sterben in Gelassenheit, und zwar auch ohne Aussicht auf ein Weiterleben in einem Jenseits. Die Äußerungen Dießenbachers über die Schriften Amérys sollten uns hierbei im Gedächtnis haften bleiben und von uns bedacht werden. Dessen Werke würden keinem Absprungbereiten die Sehnsucht nach Jenseitsglauben oder Überpersönlichem stillen. Seine metaphysische Bedürfnislosigkeit habe ihn zum Nihilisten werden lassen. Dadurch aber wäre er all jenen bedrohlich, die im Alter glaubensbereiter, trostbedürftiger, religionsanfälliger und empfänglicher für metaphysische Erbaulichkeiten welcher Art auch immer würden. – Unvoreingenommenheit erfordert Standfestigkeit, Mut, Menschenmaß.

Wie aber nun solch ein erfülltes, im Vollzug gelingendes ganzes Leben mit einem natürlichen Tod als passendem Abschluß zu erreichen sei, wurde in vielen Beiträgen dargelegt. Dabei konnte es sich um sehr konkrete Vorschläge handeln, wie etwa im Beitrag der Pädagogin Mertens. Vielfach böten zum Beispiel Museumsbesuche eine hervorragende Gelegenheit, seine eigene Existenz zu relativieren und sie in zeitlich-räumlich größeren Zusammenhängen zu sehen, das heiße sich einerseits als Einzelmensch seiner Vergänglichkeit bewußt zu sein und andererseits als Angehöriger der Menschheit sich deren Fortbestandes verpflichtet zu fühlen.

Andere wie Ullrich und Wörner sprachen allgemeiner vom Lernziel, an jeder Stufe des Lebens Geschmack finden. Damit sich dies auch im hohen Alter noch eher realisieren läßt, hatte ich selbst das Konzept vom Lebensplan eingebracht. Damit ist kein Lebenslaufskorsett gemeint; vielmehr versucht der Lebensplan, Jahre im voraus dem Umstand Rechnung zu tragen, daß im Vierten Alter unser physischer Radius nicht selten früher als der geistige schrumpft. Wer schon im Zweiten und Dritten Alter neben körperlichen Aktivitäten die Kultivierung auch von geistig-musischen nicht versäumte, braucht bei Eintreten des erwähnten Zustandes im Vierten nicht in eine entsetzliche geistige Leere zu stürzen, die in Lebensüberdruß mündet.

Die eigentliche Schlüsselfunktion aber kommt hierbei der Quintessenz aus den Beiträgen der Theologen Wagner und Ullrich zu. Sie nahmen das „Sis humilis!" der alten Ars moriendi als Impuls für eine neue „Kunst des Lebens", die ihrerseits – ähnlich wie oben – gleichzeitig eine „Kunst des Sterbens" sei. Angesichts unserer im historischen wie internationalen Vergleich konkurrenzlosen Lebensmöglichkeiten mahnten sie – im säkularisierten Sinn – zu etwas mehr Selbstbescheidung oder einfach zu etwas mehr Realitätsbezug gegenüber wehleidigen oder ins Maßlose zielenden Klagen. Damit verbunden war ihr Appell, die noch kaum begonnene psychische Anpassung unseres Selbst an die neuen Gegebenheiten des vorhersehbar längeren, weil besseren Lebens konsequenter als bis anhin zu betreiben. Deutlicher wurde Spree, der uns unumwunden aufforderte, „unser emphatisch aufgeladenes Gesundheitsverständnis" – was gemäß der WHO-Definition in Form von körperlichem, geistigem, seelischem und solzialen Wohlbefinden kaum weniger als das Paradies auf Erden ist – endlich „einer ernüchternden Korrektur" zu unterziehen.

Hier schließt sich der Bogen. Unvoreingenommen betrachtet waren unsere Voraussetzungen nie besser als heute, sämtliche gewonnenen Jahre in erfüllte zu verwandeln. Nie hatten mehr Menschen eine realistische Chance, die jahrtausendealte Wunschvorstellung von einem gelingenden Leben, in dem alles zu seiner Zeit geschehen und auch der Tod endlich zur rechten Zeit eintreffen kann, zu verwirklichen. Wer Stärken und Schwächen der verschiedenen Phasen eines vorhersehbaren langen Lebens von Anfang an aufeinander bezieht und dabei Augenmaß behält, dem wird das Ziel nicht verwehrt bleiben: „Erfüllt leben – in Gelassenheit sterben".

Kapitel 10

Gelungenes Leben

Markus H. Wörner

Revidierte und gekürzte Version des gleichnamigen Beitrags zum Symposium „Erfüllt leben – in Gelassenheit sterben", Berlin, 23.-25. November 1993. Erstveröffentlichung im Symposiums-Sammelband desselben Titels bei Duncker & Humblot, Berlin 1994, 87–98. Freundliche Wiederabdrucksgenehmigung durch Verlag und Autor.

„Sterblicher" ist eine der ältesten abendländischen Kennzeichnungen dessen, was den Menschen ausmacht. Sie besagt nicht nur, daß der Mensch um seinen Tod weiß, sie meint zugleich, daß er genötigt ist, sich angesichts dieses Wissens über seine Lebenszeit Rechenschaft zu geben, will er menschlich leben. Dies ist nicht allein Privatsache, sondern eine Aufgabe, die nicht zuletzt gemeinschaftlicher Beratung bedarf. Seit der Antike gilt solche Rechenschaftsgebung als Bedingung der Möglichkeit gelingenden Lebens. Wir Modernen scheinen jedoch ratloser denn je, insbesondere wenn es darum geht, was unser Leben selbst im hohen Alter gelingen lassen kann. Die gegenüber der europäischen Bevölkerung vor der Jahrhundertwende nunmehr drastisch erhöhte Lebenserwartung bei der Geburt, gepaart mit der weitgehenden Gewißheit, dieses Leben in relativ guter Gesundheit zu Ende zu leben, macht diese Ratlosigkeit zum gesellschaftlichen Problem.[1] Die soziale Marginalisierung alter Menschen, die wachsende Anzahl von Alterssuiziden oder die Verleugnung der Präsenz des Todes im Alltag der Konsumgesellschaft sind hierfür deutliche Anzeichen. Erneute Rechenschaftsgebung darüber tut not, was Lebenszeit selbst bis ins hohe Alter gelingen läßt. Konsensfähige Leitvorstellungen für gelingende Lebenszeit, die im Rahmen einer pluralistischen Gesellschaft als Grundlage individueller Lebensgestaltung und staatlicher Bildungs- und Sozialpolitik tragfähig sind, werden gesucht oder bedürfen der Reformulierung. Solche Leitvorstellungen gehören zu den Bausteinen einer Kultur als demjenigen, welches gutes Leben ausmacht und somit eine geschichtliche Gestalt humanen Lebens darstellt. Sie lassen sich nicht ohne den Versuch formulieren, darüber mit sich zu Rate zu gehen, was es bedeutet, Sterblicher zu sein. Dabei geht es allerdings um grundsätzlich nichts Neues.

1.

Wir sind nicht damit zufrieden, vernünftige Sterbewesen zu sein. Es hat einen morbiden Beigeschmack. Die versöhnende Vorstellung postmortalen ewigen Lebens, die mit der Hoffnung auf ein zeitlich unbeschränktes und möglicherweise erfülltes Leben nach dem Tode über eine ehedem recht niedrige und unsichere Lebenszeiterwartung, über ein qualvolles, unerfülltes oder zur Unzeit beendetes Leben hinwegzuhelfen vermochte, kann nur auf Kosten der Toleranz gegenüber Andersdenkenden zur gesellschaftspolitischen Norm erhoben werden.[2] Zudem läßt sich unter gewandelten Lebensbedingungen ein Verständnis gelungenen Lebens keineswegs verleugnen, welches der Frage keinen Sinn abgewinnen kann, ob unser Leben dennoch „dort" zu gelingen vermag, kommt kein gelungenes Leben „hier" zustande.[3] Leben „hier" ist kein Experiment, das unter veränderten Randbedingungen wiederholt werden könnte, bis es gelingt.

Damit sitzt der Stachel des Todes endgültig. Um so schwerwiegender wird es, sich von ihm zu befreien, damit sich im Rahmen des Möglichen vollkommener Lebensbesitz verwirklichen läßt, so daß wir schließlich mit Recht sagen können, daß sich dem, wie wir leben, nichts hinzufügen oder wegnehmen läßt, damit wir das sind und darüber verfügen, was wir unser Selbst nennen.

Wie auch immer man sich zum Wahrheitsanspruch beider Positionen der Selbstverständigung über Lebenszeit stellt, so ist gewiß, daß beide ein Verlangen nach dem Gelingen des Lebens als möglichst vollkommenem Lebensbesitz voraussetzen. Niemand wird ernsthaft beim bloßen Überleben oder beim permanenten Krisenmanagement bleiben wollen, hat er auch nur eine Ahnung von Besserem. Im Verlangen möglichst vollkommenen Lebensbesitzes, sei es natürlich oder erworben, kommt ein wesentliches, zunächst ins Theozentrische, zugleich aber auch ins Anthropozentrische wendbares Element eines maßgebenden traditionellen Verständnisses von Ewigkeit zum Ausdruck, für das nicht die quantitative Bestimmung des Immerseins in der Zeit oder von Zeitlosigkeit, wie zumeist angenommen, sondern des Lebensbesitzes das generische Merkmal ausmacht. Ewigkeit bedeutet hier „den vollkommenen und über das ganze Leben zugleich verfügenden Besitz unbegrenzbaren Lebens"[4]. Die Definition erläutert die Vorstellung der Weise einer schlechthin vollkommenen Existenz. Hierum geht es, wenn auch auf unterschiedliche Art, in religiöser wie in nicht-religiöser Lebenszeitdeutung.

Gewiß ist aber auch, daß beide Antworten auf das Verlangen nach gelungenem Leben auf affirmativen oder negativen Annahmen über postmortale Existenz beruhen, die schwerlich falsifizierbar sind. Sie lassen sich kaum einer weltweiten Kommunikationsgemeinschaft pluralistischer Weltanschauungen als sachlich zwingend oder unmittelbar einleuchtend nachweisen. Erneute Ratlosigkeit scheint die Konsequenz. Ihre logische Form ist die Aporie, die das Denken in der Schwebe hält. Doch Aporien haben seit jeher zum Nachdenken genötigt, wenn man sie nicht verdrängte oder sich auf die eine oder die andere Seite schlug. Zu diesen Verdrängungen gehört bekanntlich, sich individuell und gesellschaftlich so zu verhalten, als ob unser Leben bruchlos immer so weiterginge, wie wir es alltäglich kennen. Darauf kann keine verantwortliche Politik setzen wollen.

2.

Ein Denken in der Schwebe hat im Versuch, jenseits metaphysischer Vorentscheidungen jenes zur Sprache zu bringen, was wir immer schon von unserem Leben wissen, insbesondere auf das beiden Positionen Gemeinsame als wahrscheinlichstem Ausdruck dieses Vorverständnisses zu achten.

Der ersten Gemeinsamkeit, dem Verlangen nach gelingendem Leben, liegt die regulative Idee gelungenen Lebens zugrunde, denn es handelt sich nicht um ein blindes Verlangen. Sie ist offenbar mit der Idee der Selbstkonstituierung aufs Engste verkoppelt. Für beide Positionen nämlich ist ein gelungenes Leben, in dem wir nicht zu uns selbst finden, ein Widerspruch in sich. Dies gilt auch noch unter der Annahme, daß sich optimale Selbstfindung im Außer-sich-Sein, in Ekstase realisiert.

Mit der Idee gelungenen Lebens allein ist jedoch noch nichts darüber ausgesagt, was gelungenes Leben inhaltlich ausmacht. Die Spezifizierung seiner Inhalte kann allerdings nur durch schrittweise Eingrenzung im Ausgang von Sachverhalten geschehen, ohne die gelingendes Leben nur auf Kosten von Widersprüchen denkbar ist, will man sich nicht willkürlichen Aufzählungen von Gütern überlassen.

Sicherlich ist mit „gelungenem Leben" eine Weise der Aktivität und kein permanenter Zustand gemeint, welche als gelingender Vollzug das Werk eines Könnens sein muß, dem ein gangbarer Weg, eine Methode der Erlernung und Praktizierung dieses Könnens zugrundeliegt, da sich ein Gelingen nicht von Natur oder durch Zufall einstellt. Dadurch, daß die Aktivität zu leben gelingen soll, richtet sich das Können auf den Lebensvollzug selbst. Dieses Können läßt sich – eher in der Folge antiker als moderner Tradition – als eine Kunst bezeichnen. Es ist Lebenskunst, Ars vivendi. Von ihr sagt Epiktet: „So wie Holz das Material des Zimmermanns ist, Bronze das des Bildhauers, so ist das Material der Kunst des Lebens das Leben jedes einzelnen."[5] Im Unterschied zu anderen Künsten ist das Material der Lebenskunst, unser Leben, nicht Mittel für einen von ihm verschiedenen Zweck wie das Holz für den

Hausbau. Es ist zugleich Subjekt, Medium und Objekt der Gestaltung. Ein gelungenes Leben ist damit ein Werk, dessen Werkmeister es selbst ist. Individuell oder gesellschaftspolitisch menschliches Leben so zu behandeln, als sei es – im maßgeblichen Sinne – Material planender Gestaltung und nicht zugleich Subjekt und Medium, führt zu technologischer Verdinglichung, nicht aber zur Lebenskunst. Die Möglichkeit gelungenen Lebens ist damit bereits im Ansatz verfehlt.

Diese Lebenskunst besitzt einen grundlegenden Doppelaspekt, welcher eher dem modernen als dem antiken Kunstbegriff nahesteht. Einerseits ist sie von einer Ästhetik der Existenz begleitet, welche erweiterter und vertiefter Wahrnehmung und Offenheit für Erfahrung gleichkommt. Andererseits bedeutet sie das Finden einer individuellen Form der Existenz, die man Lebensstil nennen kann.

Bereits Aristoteles stellte unsere innige Liebe zum Wahrnehmen als Anzeichen unseres Verlangens nach Wissenserweiterung und Wissensvertiefung heraus[6]. Umgekehrt ist gerade die Einschränkung unseres sinnlichen Wahrnehmungsfeldes häufiges Kennzeichen depressiver, wenn nicht gar suizidaler Haltung (Neuringer 1976). Sofern diese Wahrnehmung niemals einzig Selbstwahrnehmung ist, ist sie Wahrnehmung von Anderem in dessen alltagsweltlichen Grundgestalten von Erde, Mensch, Erde und Mensch umgreifendem Himmel und ihrer wechselseitig miteinander verschränkten Geschichte, die umsichtige Achtsamkeit auf Partikuläres erfordert und damit grundsätzlich situationsbezogen ist. Solche umsichtig achtsame und situationsbezogene Wahrnehmung, die sich bis ins hohe Alter ein Gespür für das Besondere im Gesamt des Geschehens der Alltagswelt als notwendigem Bestandteil der Liebe zum Wahrnehmen erhält, ist Sensibilität. Sie ist Bedingung der Möglichkeit von Lebenswissen und fundiert somit alles Noetische, Ethische und Ästhetische als Grundformen dieses Lebenswissens.

Soll mit der Bereicherung von Lebenswissen zugleich die Erhaltung und Kultivierung des Geschmacks am Leben verknüpft sein, so sind Erhaltung und Pflege von Sensibilität schlechthin unverzichtbar. Dies ist lebenslange Aufgabe von Einzelnen wie von politischen Gemeinschaften.

Durch umsichtige Pflege sinnlichen Wahrnehmens, Begreifens und sinnlichen Umgangs überhaupt bildet sich ein Können aus, das dem Lebensvollzug Gestalt und damit Stil gibt. Geht es um einen Lebensstil, welcher eine Vertiefung und Erweiterung von theoretischem wie praktischem Lebenswissen aufgrund der Möglichkeit der Auseinandersetzung mit Neuem beinhalten soll, so setzt er ebenso notwendig eine Einübung darin voraus, offen für unvorhersehbare Seinsweisen zu sein, welche Veränderung, Andersdenken und Andersleben bedeuten, ohne daß damit unser Leben und unsere Selbstkonstituierung auch schon durch Zerstreuung oder durch physische und psychische Überbelastung mißlingt. Dieser auf Lebenskunst beruhende Lebensstil, soll er dem eines gelingenden Lebens entsprechen, setzt damit die Möglichkeit der konzentrierenden Umgestaltung seiner selbst voraus.

Lebenskunst ist das Gesamt von intellektuellen und praktischen Fertigkeiten, welche ein Gelingen des Lebensvollzuges konstituieren. Sie sind, erprobter Tradition des Nachdenkens über menschliche Sitte gemäß, im Zusammenhang von Listen ethisch-dianoetischer Tugenden und Techniken der Selbstgestaltung erörtert. So etwa nahm das Viergespann von Weisheit, Tapferkeit, Selbstkontrolle und Gerechtigkeit eine zentrale Stellung ein. Fertigkeiten dieser Art, so hieß es, gelte es dauerhaft zu erwerben und das ganze Leben hindurch zu pflegen, da sie sich weder notwendig noch unmöglich mit dem Lebensvollzug einstellen. Sie sind kontingent. Konstituieren sie jedoch ein Gelingen des Lebens, so sind sie dessen notwendige Bedingung.

Schließt man sich dieser Tradition an, so kann der Erwerb solcher Formen der Tauglichkeit als Mensch nicht von außen her, heteronom geschehen, selbst wenn staatliche, kommunitäre oder familiäre Biopolitik sicherstellen will, die Individuen durch das Leben zu führen, d. h. auf bestimmte Weise zu leben, zu arbeiten, zu produzieren und zu konsumieren. Er gründet sich vielmehr auf der freien, durch das Individuum rechenschaftlich zu leistenden Anerkennung der Gültigkeit der Idee gelungenen Lebens und ihrer Anwendung auf das eigene Leben. Diese freie, autonome Anerkennung und Applikation ist konstitutiver Bestandteil der Sorge um sich selbst, welche ein Interesse am eigenen Leben – und notwendigerweise an dem mit ihm verbundenen Leben anderer voraussetzt und erzeugt. Man kann niemanden zu seinem Glück zwingen, sagt man gemeinhin, wohl aber dazu geneigt machen.

Aufgabe von Biopolitik kann daher nicht in erster Linie sein, den Menschen zu versichern, sich in allen sozialen Belangen um das Individuum zu sorgen, ihm die Sorge um sich selbst und damit auch die Arbeit an sich selbst abzunehmen, sondern ein Interesse und einen Geschmack am eigenen Leben und damit an Selbstgestaltung zu fördern. Biopolitik kann demnach nur subsidiäre Funktionen übernehmen, wenn sie nicht die Autonomie der einzelnen überspielen will. Deren Wahrung aber ist Grundlage gelungenen Lebens.

3.

Die zur Lebenskunst gehörenden Fertigkeiten haben sich nach der Grundstruktur dessen zu richten, wofür sie Fertigkeiten sind. Ein Spruch zur Lebenszeit, welcher am Übergang vom Späthumanismus zur Neuzeit steht, weist auf diese Grundstruktur hin. Er hat seine Wurzeln in der Antike, gibt aber einen Wink in die Richtung eines aufdämmernden Verständnisses des Menschen der Moderne: „Ein Mensch, welcher gelernt hat zu sterben, hat verlernt Sklave zu sein". Michel de Montaigne hat ihn von Seneca übernommen.[7] Er hat damit zwei Grundbedingungen gelungenen Lebens und damit von Lebenskunst angesprochen, die ineinander verschränkt sind.

Verlernen, Sklave zu sein, das heißt positiv gewendet: Selbstbestimmung, Autonomie, Freiheit. Dies ist die erste Grundbedingung. Sie bildet das individualpädagogische, politische wie universalgeschichtliche Programm der Aufklärung, deren kritische Erben wir sind. Verlernen, Sklave zu sein, das bedeutet für den Einzelnen, für Familien wie für staatliche Gemeinschaften einen Prozeß des Austretens aus der Unmündigkeit, dessen positive Kehrseite der Vorgang der Selbstkonstituierung durch Emanzipation von unausgewiesenen oder unerträglich gewordenen Herrschaftszwängen und durch Arbeit an sich selbst ist. Dieser Vorgang ist geleitet von der Idee und dem Verlangen, Herr über sein Leben zu sein, sein Leben zu besitzen. Dieses Verlangen wurzelt in jener Grundweise des Befindens, aufgrund welcher der Mensch sein eigenes Leben als einen Prozeß des Sich-Findens, des Sich-Erneuerns oder gar des Wiedergeborenwerdens erlebt, der in der Regel von Hoch- oder Leichtgestimmtheit begleitet ist. Man kann diese Grundweise des Befindens Gebürtlichkeit nennen.

Bei der zweiten Grundbedingung zeigt sich, daß Montaigne kein Moderner war. Er war postmodern. Das Verlernen-Sklave-zu-sein bezieht sich nicht in erster Linie auf die Loslösung von intellektueller wie praktisch-politischer Bevormundung und Herrschaft von Anderen, sondern auf die Loslösung von der Herrschaft dessen, was das gemeinsame Geschick von Herrschern und Beherrschten ist, von dem, was als das radikal Andere des Lebens erscheint, dem Tod und dessen Vorläufer, dem Sterben. Diese Grundbedingung wurzelt offenbar in der der Gebürtlichkeit entgegengesetzten Grundweise des Befindens, der Sterblichkeit, aufgrund welcher der Mensch sein Leben als Sich-Verlieren, als Last, Scheitern, Enttäuschung oder als Krankheit erfährt, dem Niedergeschlagenheit oder Unwohlbefinden als Gestimmtheiten entsprechen.

Die in der Vergangenheit besonders angesichts von Pest, Hungersnot und Krieg oder allgemein unsicherer Lebenserwartung eindringlich empfundene Herrschaft des Todes ist offensichtlich tiefgreifender als alles, was ansonsten Herrschaft beansprucht. Sie bedeutet ultimative Machtlosigkeit. Sich von der Todesherrschaft zu befreien heißt mithin, sich radikal zu befreien und damit endgültig Herr über sein Leben zu werden, sein Leben zu besitzen. Hierfür ist Todesfurcht das größte Hindernis.

Fertigkeiten einer Lebenskunst, der es um das Sterbenlernen um des autonomen, autarken Lebensbesitzes willen zu tun ist, haben sich somit an beiden, in der Lebenszeit in gegenstrebiger Bewegung komplementär und spannungsvoll geeinten Grundbefindlichkeiten von Gebürtlichkeit und Sterblichkeit zu bemessen. Bereits Heraklit weist auf diese Spannung hin, deutet aber zugleich an, daß es nicht eben leicht ist, sie bewußt zu vergegenwärtigen:"Sie verstehen nicht, wie es auseinandergetragen mit sich selbst im Sinn zusammengeht: gegenstrebige Vereinigung wie die des Bogens und der Leier"[8].

Ein Erlernen der Fertigkeiten einer Lebenskunst setzt mithin voraus, daß wir uns zu unseren Grundbefindlichkeiten theoretisch, praktisch und emotiv ins Verhältnis setzen, indem wir uns über sie Rechenschaft geben, wollen wir uns nicht täuschen oder uns ihnen schlicht überlassen. Dies erfordert Verhältnisdenken und ein mit ihm verkoppeltes Empfinden, welches sich die Komplementarität beider Grundbestimmungen gegenwärtig hält und somit das Lebenswissen von seiner Wurzel her strukturiert. Damit ist es eine reflexive Vergegenwärtigung, die alle unsere Vorstellungen und Versuche gelingender Praxis begleiten können muß. Sie hat den Charakter eines Habitus anzunehmen, soll sie keine bloß sporadisch auftauchende Einstellung bleiben, welche kein dauerhaftes Gelingen des Lebens ermöglichen kann.

Ein derartiger Habitus des Verhältnisdenkens, welcher gleichermaßen unsere Überlegungen, unsere Wahrnehmungen, Grundstimmungen, Emotionen und Handlungen zu prägen vermag, bedeutet ein Können, in dessen Licht und auf das hin alles andere zur Lebenskunst gehörige Können zu bemessen ist. In diesem Sinne ist es substantiell. Dennoch ist es nicht schlechthin grundlegend für ein gelungenes Leben, setzt es doch eine weitere Haltung voraus, die es uns allererst auf Dauer ermöglicht, die in unserem Leben spannungsvoll geeinten Grundbestimmungen zuzulassen, uns auf sie einzulassen, ihre nicht immer lustvolle oder beglückende Spannung auszuhalten und sie gerade so zu vergegenwärtigen. Auch für diese Haltung gilt, daß sie sich weder notwendig noch spontan einstellt; vielmehr ist auch sie Sache der Einübung. Es ist Gelassenheit.

Aufgrund von Gelassenheit zeichnen wir uns als Menschen dadurch aus, daß wir uns bewußt und affirmativ, d. h. autonom, auf jenes einlassen, worin wir uns immer schon vorfinden. In gewissem Sinne geben wir uns damit selbst unser Leben. Wir sind gerade dadurch Menschen, daß wir die Spannung von Leben, Sterben und Tod sein lassen, aushalten und aushaltend gestalten. Diese aushaltende Gestaltung beruht auf Einsicht in die Faktizität der Spannung unserer Grundbefindlichkeiten. In Akten individueller oder kollektiver Selbstvernichtung, im Suizid oder im Omnizid, umgekehrt aber auch in einer Tod und Sterben institutionell marginalisierenden Gesellschaft, wird diese Spannung gerade nicht ausgehalten. Dies macht beides so unmenschlich. Dennoch kann uns niemand dazu zwingen, diese Spannung auszuhalten oder zu gestalten, wohl aber dazu geneigt machen. Dies ist Teil unserer Freiheit. Wir können, aber müssen nicht menschlich sein.

4.

Doch vermögen Sensibilität, Gelassenheit und Verhältnisdenken das Sterbenlernen und damit Freiheit von der Herrschaft des Todes nur dann zu garantieren, wenn sie – gepaart mit anderen Fertigkeiten der Lebenskunst, die auf ihnen aufbauen – eine Gestaltung des Selbst ermöglichen, kraft welcher wir ein Lebenswissen erwerben, das Sterben und Tod als nicht mehr derart zu fürchten vorgibt, daß wir durch sie beherrscht sind. Durch sie beherrscht zu werden bedeutet Einschränkung oder Destruktion des Lebenswissens. Ohne dadurch in ihrem Ernst verleugnet zu werden, ohne die Ungewißheit dessen zu beseitigen, was uns erwartet oder das biologisch bedingte Entgleiten von Lebenswissen letztlich zu verhindern, verlieren sie dennoch ihren Stachel, wenn sie zum Gelingen des Lebensvollzuges selbst beitragen. Dann mildert sich ihr Charakter, ein natürliches Übel zu sein, auch wenn sie hierdurch nicht schon zu Gevattern oder zu Freunden werden. Ihre Anerkennung reicht aus. Sofern sterben zu lernen nicht nur ein sich-Fügen ins Geschick bedeutet, wobei es lediglich darauf ankommen kann, Technologien zu entwickeln, Unerträgliches möglichst zu minimalisieren, sondern eine Erweiterung und Vertiefung des Lebenswissens selbst, aufgrund dessen wir aufmerksamer, sorgfältiger und freimütiger mit unserer Lebenszeit und der anderer umgehen, sorgfältiger mit uns selbst und mit den anderen, konzentriert dies unsere Sensibilität, unsere Handlungen und damit unsere Lust an der Gegenwart.

„Zu fühlen, daß man lebt, ist lustvoll", sagt Aristoteles[9] und mit ihm beinahe die gesamte antike Tradition praktischer Philosophie. Allerdings gilt sein Spruch nur unter der Bedingung des Zusatzes, daß dieses Leben der „wahren Natur" des Menschen gemäß ist, die sich als Prozeß gelingender Selbstkonstituierung verstehen läßt. Diese Lust ist integraler Bestandteil gelingenden Lebens in der Zeit, das kein von der Not der Todesbedrohtheit freies und unzerstörbares göttliches Leben ist. Ein derartiges „leichtes" Leben anzustreben oder gar eine Sozial- und Gesundheitspolitik darauf ausrichten zu wollen ist – folgt man auch heute noch dem „Erkenne Dich selbst" des Delphischen Orakels – Ausdruck der Leugnung der Grundbefindlichkeit der Sterblichkeit und damit illusionär.

Zu lernen, sein Leben auf der Grundlage von Sensibilität, Gelassenheit und Verhältnisdenken gekonnt zu leben, bedeutet demnach zugleich zu lernen, gekonnt zu sterben. Ars vitae und Ars moriendi sind notwendig ineinander verschränkt. Man kann nicht über die eine verfügen, über die andere aber nicht. Ein auf diesen Künsten gegründetes Leben macht offenbar, was es positiv bedeuten kann, Mensch zu sein. Damit ist es ein Werk der Wahrheit, das Irrtum und Brüche im Lebenslauf nicht zu verdrängen braucht, sondern aktiv einzubeziehen erlaubt als Motiv des weiteren und tieferen Geschmacks am Leben.

Anmerkungen

1. Eindringliche, auf einer umfassenden historisch-demographischen Analyse dieses Tatbestandes und des damit einhergehenden Wandels der Struktur von Lebenszeit beruhende Studien hierzu liefert Imhof (1991b, 1992a).

2. Hierzu siehe Rolfes (1989) in Wagner (1989a), 15-44 und Imhof (1991a).

3. Zum Verständnis von Tod und Lebenszeit in der Moderne siehe vor allem Ebeling (1992), 11-31.

4. Boethius, Consolatio Philosophiae V, pr.6, 422.9-11 (ed.Rand): „aeternitas est ... interminabilis vitae tota simul et perfecta possessio". Hierzu siehe Wörner (1989).

5. Epiktet, Moralische Diskurse XV, 2f.

6. Aristoteles, Metaphysik A, 980a 1f.

7. In: Michel de Montaigne, Que philosopher, c'est apprendre a mourir; vgl. Seneca, Epistulae morales ad Lucilium XXVI (fin.).

8. Heraklit, fr. B 51 (Diels/Kranz).

9. Aristoteles, Nikomachische Ethik IX, 1170b 1.

Kapitel 11

Die „Setting-Limits"-Kontroverse

Ruth Mattheis

Revidierte und gekürzte Version des gleichnamigen Beitrags zum Symposium „Erfüllt leben – in Gelassenheit sterben", Berlin, 23.-25. November 1993. Erstveröffentlichung im Symposiums-Sammelband desselben Titels bei Duncker & Humblot, Berlin 1994, 287–293. Freundliche Wiederabdrucksgenehmigung durch Verlag und Autorin.

Während Kostendämpfung im Gesundheitswesen in der Bundesrepublik zu den Tagesthemen gehört, befindet sich der Disput über Verteilungsgerechtigkeit erst in den Anfängen.

Die Verteilung knapper Ressourcen kann nach sehr unterschiedlichen Kriterien erfolgen, z. B. unter der Fragestellung: Wie erzielt man den größtmöglichen Nutzen? oder: Wer hat die Zuteilung einer knappen Ressource z. B. einer Leberspende, am ehesten „verdient", wer nicht? oder: Wer zuerst kommt, mahlt zuerst, oder auch nach dem Zufallsprinzip (Werfen der Münze).

Welches Verteilungsprinzip auch immer zur Anwendung kommt, es muß, will es ethischen Ansprüchen genügen, transparent sein, für alle Betroffenen in gleicher Weise gelten, vor allem aber darf es nicht die schwächsten Mitglieder einer Gemeinschaft benachteiligen.

Bei der Verteilung der finanziellen Mittel wird zunächst auf oberer oder mittlerer politischer Ebene entschieden, welche Anteile des Gesamtbudgets die einzelnen Ressorts erhalten. Danach beginnen die Verteilungskämpfe innerhalb der Ressorts.

Ein in interessierten Kreisen vielbeachtetes Beispiel einer gesundheitspolitischen Alternativentscheidung lieferte 1988 der kleine amerikanische Bundesstaat Oregon. Die dortige Regierung beschloß, keine öffentlichen Gelder für Organtransplantationen einzusetzen und stattdessen die Schwangerenvorsorge zu intensivieren. Für beides reichten die Mittel nicht. In der Folge versuchte die Regierung dann sogar, die Bevölkerung in derartige Entscheidungsprozesse einzubeziehen, indem repräsentativen Gruppen von Bürgern Kataloge von Gesundheitsleistungen vorgelegt wurden, die sie nach Dringlichkeit ordnen sollten. Wird Zahnbehandlung für wichtiger gehalten als Krebsfrüherkennungsmaßnahmen oder umgekehrt? Sollen kostenlose

Schutzimpfungen vor einer weiteren Verbesserung der Röntgentechnik in den Krankenhäusern rangieren?

1987 löste das Erscheinen eines Buches von Daniel Callahan mit dem Titel „Setting Limits: Medical Goals In An Aging Society" eine lebhafte öffentliche Diskussion aus, die in einschlägigen Kreisen bis heute anhält. In unzulässig verkürzter Form wird dem Autor die Empfehlung zugeschrieben, bestimmte kostenaufwendige Therapieformen jenseits bestimmter Altersgrenzen nicht mehr anzuwenden. Der Grundgedanke, von dem Callahan ausgeht, ist der, daß jeder Mensch eine „natürliche Lebensspanne" von 80-85 Jahren hat und daß keine kostspieligen Techniken eingesetzt werden sollten, um diese zu verlängern. Er vertritt die Auffassung, daß man sich der Tatsache zu stellen habe, daß das Leben endlich sei, und daß darum Lebensverlängerung „um jeden Preis" kein sinnvolles Ziel darstelle.

Erwartungsgemäß entfachte sich hieran eine lebhafte widersprüchliche Debatte. Besonders bedenklich erscheint die Aussage Callahans, daß die altersbedingte Ausgrenzung sich nur auf Leistungen beziehen soll, die in den USA nach dem sogenannten Medicare-Programm, d. h. aus öffentlichen Mitteln, finanziert werden. Eine Versorgung bzw. Behandlung auf eigene Kosten dagegen soll auch alten Menschen unbegrenzt zugängig sein. Die Benachteiligung würde sich also nicht auf alle alten Menschen, sondern nur auf die finanzschwachen unter ihnen beziehen, damit aber gleich doppelt gegen den ethisch begründeten Grundsatz verstoßen, daß die schwächsten Mitglieder einer Gemeinschaft zugleich die schutzbedürftigsten sind.

Völlig unverständlich ist der Gedanke, daß das Selbstbestimmungsrecht des Patienten, sein Anspruch auf Autonomie, allein durch das Erreichen einer Altersgrenze außer Kraft gesetzt werden soll.

Allen gegen sein Konzept erhobenen Einwänden begegnet Callahan mit der Feststellung, daß eine ihn überzeugende Alternative bisher nicht geboten wurde. Jedoch gibt es vielleicht trotzdem eine solche, wenn man sein Konzept im Ganzen betrachtet, was leider in der Regel nicht geschieht. Er schlägt einen Stufenplan vor, für dessen Durchführung er zwanzig bis dreißig Jahre veranschlagt. In diesem Zeitraum soll als Wichtigstes ein Umdenken in der Bevölkerung erfolgen, ein Verständnis dafür entstehen, daß jedes Menschenleben eine natürliche Grenze hat, daß Pflege und Fürsorge ebenso wichtig sind wie therapeutisches Handeln mit dem Ziel der Heilung. Parallel dazu sollen die Einrichtungen für Langzeitpflege und die häusliche Krankenpflege intensiviert und ein die gesamte Bevölkerung umfassendes Versicherungssystem geschaffen werden, und erst wenn diese Vorbedingungen erfüllt sind, will Callahan den Gedanken der Leistungsbegrenzung durch Lebensalter in die Tat umgesetzt sehen.

Richtig und wichtig an diesem Stufenplan ist, daß er als Basis des Ganzen ein Umdenken der gesamten Bevölkerung für notwendig hält. Ob zwanzig bis dreißig Jahre ausreichen, das heute vielfach übliche Streben nach ewiger Jugend in eine Haltung umzuwandeln, die nicht nur das Alter, sondern auch das Ende des Lebens als etwas Naturgegebenes akzeptiert, bleibt abzuwarten. Wir wissen, daß es Kulturen gab und gibt, in denen dies als selbstverständlich gilt. Daß Leistungseinschränkungen, von denen ja auch Kostenersparnisse erwartet werden, erst einsetzen sollen, wenn die Möglichkeiten der Pflege intensiviert worden sind und das Versicherungssystem voll wirksam ist, führt zu der Frage, wie denn der dadurch entstehende Kostenanstieg in den nächsten Jahrzehnten zu bewältigen ist.

Es gibt kaum Meinungsverschiedenheiten darüber, daß in den meisten Ländern auch im Gesundheitswesen Ressourcen verschwendet werden. Unnötige diagnostische und therapeutische Maßnahmen, unbedachter Umgang mit Material gehören zum Einsparungspotential, das bisher vielfach nicht genutzt wird.

Das Tempo der Forschung als Voraussetzung weiteren technischen Fortschritts zu bremsen, dürfte aussichtslos sein. Dabei kommen die hier erzielten Fortschritte, die sehr viel Finanzmittel binden, da hochspezialisiert, immer kleineren Patientengruppen zugute.

Einen anderen Gedanken zu verfolgen, erscheint lohnender. Es gibt Situationen, in denen der Arzt sich fragt, ob weitere therapeutische Maßnahmen tatsächlich dem Wohl des Patienten dienen. Muß bei einem schwer dementen Patienten, der die Nahrungsaufnahme verweigert, eine Magenfistel angelegt werden? Soll bei einem Apalliker, einem seit vielen Monaten, vielleicht seit Jahren im sog. Wachkoma Liegenden, eine hinzutretende Lungenentzündung aggressiv bekämpft werden? Soll dem Krebskranken mit ausgedehnter Metastasierung eine weitere Operation zugemutet werden, obwohl äußerst zweifelhaft ist, ob dadurch eine Lebensverlängerung mit zufriedenstellender Lebensqualität erreicht wird?

Es wird keine völlige, aber doch weitgehende Übereinstimmung geben, daß in derartigen Situationen aggressive und kostenaufwendige Maßnahmen in der Regel nicht angezeigt sind, wenn der Patient, sofern er äußerungsfähig ist, oder wenn die Angehörigen dem zustimmen. Tatsache ist, daß diese Frage in vielen Fällen heutzutage noch nicht erörtert wird, weil sowohl auf Seiten des Arztes als auf Seiten der Angehörigen Hemmungen bestehen. Und dabei könnten gerade derartige Gespräche dazu beitragen, die angestrebte Änderung der Einstellung der Bevölkerung zur Frage der Lebensverlängerung mit allen Mitteln zu unterstützen, könnten die Akzeptanz des Gedankens fördern, daß das Leben begrenzt ist und der Einsatz aller Mittel der modernen Medizin nicht immer geboten ist.

Gelingt ein solches „Umdenken" – bei Laien ebenso wie bei Professionellen – im Laufe der nächsten zwei bis drei Jahrzehnte, so würde sich voraussichtlich die Frage eines kollektiven Ausschlusses älterer Menschen von bestimmten Leistungen des Gesundheitswesens gar nicht mehr stellen, weil lebensverlängernde Maßnahmen an ungeeigneter Stelle dann nicht mehr oder zumindest in weit geringerem Umfang zum Einsatz kämen.

Callahan hält dem entgegen, daß individuelles Vorgehen bisher erfolglos geblieben und zudem nicht kalkulierbar sei. Zu erwartende Einsparungen nach Mark und Pfennig zu berechnen erscheint jedoch auch beim kollektiven Ausschluß kaum möglich, da niemals sicher vorhersehbar ist, welche Bedürfnisse in der Zielgruppe in welcher Häufigkeit auftreten werden.

Gelingt das „Umdenken" in der Bevölkerung nicht, so fehlt die Grundvoraussetzung auch für Callahans Modell, denn es erscheint unvorstellbar, eine politische Entscheidung von derartiger Tragweite – kollektiver Ausschluß finanzschwacher alter Menschen von objektiv nötigen und grundsätzlich möglichen Gesundheitsleistungen – durchzusetzen, wenn die Haltung der Bürger dem entgegensteht.

Zusammenfassung

- Es besteht Übereinstimmung mit Callahan, daß die vor uns liegenden Jahre genutzt werden sollten, das Verständnis dafür zu fördern, daß Lebensverlängerung nicht unter allen Umständen das erstrebenswerteste Ziel ist.

- Keine Übereinstimmung besteht hinsichtlich des kollektiven Ausschlusses alter finanzschwacher Menschen von bestimmten Leistungen des Gesundheitswesens. Es ist vielmehr ethisch geboten, die schwächsten Mitglieder der Gemeinschaft am besten zu schützen.

- Ein Verzicht auf das Selbstbestimmungsrecht des Patienten wird keinesfalls für zulässig gehalten.

Ergebnisse des Vorhabens

Der Gliederung des Gesamtvorhabens in drei Teile folgend, liegen die Ergebnisse jedes Teilbereichs in jeweils eigenen Publikationen ausführlich dokumentiert vor.

Der erste Bereich (Sammlung, Aufarbeitung und Bereitstellung von Zahlenmaterial) führte einerseits zur Veröffentlichung eines rund 650seitigen Dokumentationsbandes „Lebenserwartungen in Deutschland, Norwegen und Schweden im 19. und 20. Jahrhundert". Andererseits wurde das gesamte zugrundeliegende und somit weitaus umfangreichere deutsch-norwegisch-schwedische Material zu einer benutzerfreundlichen Datenbank zusammengestellt, anwendergerecht beschrieben und komplett an das GESIS-Archiv für Empirische Sozialforschung nach Köln transferiert.

Aus dem zweiten Bereich (Symposienbetreuung) gingen die beiden Sammelpublikationen „Leben wir zu lange?" und, als Antwort auf diese konsternierende Frage, „Erfüllt leben – in Gelassenheit sterben" mit jeweils sämtlichen Referaten der interdisziplinären Konferenzen vom November 1991 und vom November 1993 hervor.

Im Rahmen des dritten Bereichs, der sich den Folgen der zunehmenden Lebensspanne seit dreihundert Jahren sowie der Bewältigung der sich daraus neu ergebenden Probleme widmete, entstanden mehrere Monographien und eine Anzahl von Aufsätzen aus der Hand des Projektleiters. Während die Titel einiger dieser Bücher die Aufmerksamkeit einer größeren Öffentlichkeit auf solch neue Probleme zu lenken suchen, weisen andere bereits in Richtung von hierbei angestrebten Lösungen: „Das unfertige Individuum. Sind wir auf halbem Wege stehengeblieben? Neun Bilder aus der Geschichte geben zu denken"; „Ars moriendi. Die Kunst des Sterbens – einst und heute"; „Ars vivendi. Von der Kunst, das Paradies auf Erden zu finden"; „'Sis humilis!' – Die Kunst des Sterbens als Grundlage für ein besseres Leben". (Als Überblick über die gesamten Veröffentlichungen vgl. im Anhang die „Liste der während des Förderzeitraums 1990-1994 publizierten projektbezogenen Arbeiten"; nähere Erläuterungen zu den drei Einzelbereichen finden sich in der Einleitung zu Beginn dieses Bandes.)

Nimmt man den als Ergebnis eines vorangegangenen Forschungsprojekts zustande gekommenen, aber ebenfalls im Förderzeitraum publizierten Dokumentationsband „Lebenserwartungen in Deutschland vom 17. bis 19. Jahrhundert" (Weinheim: VCH-Acta Humaniora 1990, 493 Seiten) hinzu, so liegen nun in einer nie zuvor dagewesenen Ausführlichkeit die exakten Lebenserwartungen für die verschiedensten Altersstufen beiderlei Geschlechts über einen ununterbrochenen Zeitraum vom 17. Jahrhundert bis heute vor. Problemlos kann man darin zum Beispiel die langfristigen Entwicklungen von Säuglingssterblichkeit bei Knaben oder Mädchen, von Sterberisiken bei 20- oder 40jährigen Männern oder Frauen, von Überlebenschancen bei 15-, 30- oder 80jährigen weiblichen oder männlichen Deutschen in unzähligen ausgedruckten Tabellen und Grafiken verfolgen, und zwar sowohl für Angehörige gleichzeitig geborener Generationen wie auch für die in dieser oder jener Periode gleichzeitig Gestorbenen. Verglichen werden können diese Daten mit zeitgleichen Serien für Norwegen und Schweden, was insbesondere etwa für jene Perioden von Interesse ist, in denen Deutschland massiv von kriegerischen Ereignissen heimgesucht wurde, die skandinavischen Länder dagegen kaum oder gar nicht. Insgesamt ist zu beachten, daß die im Verlauf der dreihundert Jahre zu beobachtende allmähliche Egalisierung der Sterbealter auf hohem Niveau sehr viel weniger mit einer Veränderung von Sterblichkeit und Lebenserwartung unter älteren Menschen, als vielmehr mit dem spektakulären Rückgang der Mortalität und dadurch der Lebensspannenausdehnung unter jüngeren und jüngsten zu tun hat.

Wer alles in allen Einzelheiten wissen möchte, dem steht jederzeit das ganze zugrundeliegende Datenbankmaterial zur Verfügung. Zu Recht war mit der Förderbewilligung beider Forschungsprojekte (1986-1990 Förderung durch die Deutsche Forschungsgemeinschaft, 1990-1994 Förderung durch das Bundesministerium für Familie und Senioren) die Auflage verbunden gewesen, diese mit öffentlichen Mitteln erstellten Datenbanken anschließend allgemein zugänglich zu machen. Nach Belieben kann das Datenbankmaterial nunmehr insgesamt oder in gewünschten Teilen beim verwaltenden Zentralarchiv (Bachemerstraße 40, D-50931 Köln) auf den üblichen Datenträgern angefordert und entsprechend den eigenen Bedürfnissen selbständig weiter verarbeitet oder beliebig mit anderen Materialien kombiniert werden.

Zwar handelte es sich beim ersten Teilbereich um Grundlagenforschung mit dem Ziel der Erstellung einer benutzerfreundlichen Datenbank bzw. der Veröffentlichung eines komprimierten Dokumentationsbandes. Eine Ursacheninterpretation der darin zum Ausdruck kommenden Entwicklungen war nicht unser Anliegen. Doch achteten wir immer auch darauf, was die Zahlen uns selber hinsichtlich der beiden übrigen Bereiche des Gesamtvorhabens Wichtiges sagen konnten. Exemplarisch seien hier zwei derartige Problemkomplexe in gebotener Kürze vorgestellt.

Erstes Beispiel: Wer eine dreihundertjährige Entwicklung der Lebenserwartungen vor sich hat und dabei, was nahe liegt, vor allem Anfang und Ende miteinander vergleicht, bekommt leicht den – falschen – Eindruck einer eingleisigen Von-zu-Bewegung: von durchschnittlich niedrigem Sterbealter zu durchschnittlich hohem Sterbealter – am Anfang eher um die 30, 35 Jahre, am Ende zwischen 70 und 80 Jahren -, entsprechend von durchschnittlich niedriger Lebenserwartung zu durchschnittlich hoher Lebenserwartung. Schaut man jedoch genauer hin, melden sich sogleich und immer wieder Bedenken. Mit vollem Recht, wie historische Tiefenschärfe belegt.

Alle glauben wir, um eine früher angeblich hohe Mütter- und Säuglingssterblichkeit zu wissen. Unser Wissen basiert im allgemeinen jedoch auf dem Hörensagen, und das meint hier, auf den Berichten unserer Mütter, Großmütter, Ur-, allenfalls Ururgroßmütter. Das kollektive lange Gedächtnis reicht in der Regel nicht weiter als etwa vier bis fünf Generationen zurück. Am Ende unseres 20. Jahrhunderts deckt es einen Zeitraum ab, der frühestens in der zweiten Hälfte des 19. Jahrhunderts einsetzt. Für diesen Zeitraum treffen die Aussagen unserer Mütter, Großmütter usw. tatsächlich zu. Hier trügt das kollektive lange Gedächtnis nicht, denn hier gab es eine hohe Säuglings-, Mütter-, Kindersterblichkeit. Wären indes auch die weiter zurückliegenden Generationen noch am Leben, dann würden uns damalige Mütter und Großmütter etwas ganz anderes erzählen. Diesbezüglich ist es dem Historiker aufgrund von Kirchenbuchauswertungen nicht nur möglich, den Inhalt von solch anderslautenden „Erzählungen" zu rekonstruieren, sondern darüberhinaus diese Aussagen auch äußerst präzise zu bestätigen oder allenfalls zu widerlegen.

So war die Säuglings-, Mütter-, Kindersterblichkeit in den Zeiträumen, die das kollektive lange Gedächtnis nicht mehr erfaßt, das heißt vor der Mitte des 19. Jahrhunderts, schon einmal niedriger und ihre Lebenserwartung entsprechend höher als darnach. Der überwiegende Teil jener früheren Bevölkerung hatte auf dem Land gelebt und war in der Landwirtschaft tätig gewesen. Mit Bezug auf den hier zur Diskussion stehenden Problembereich – Überlebenschancen von Säuglingen, Müttern, Kindern – hatte sich im Lauf der vorangegangenen Jahrhunderte insofern ein harmonisches Gleichgewicht herausgebildet, als die meisten Kinder jeweils im Winterhalbjahr zur Welt kamen. In dieser arbeitsflauen Jahresphase konnten die Mütter ihre Kinder in größerer Ruhe zur Welt bringen, sich den Neugeborenen mit mehr Muße widmen, sie regelmäßig und lange stillen, sie ohne Hektik mit aller gebotenen Umsicht hegen und pflegen. Setzten die ersten Arbeiten im Frühjahr auf den Feldern, im Garten, auf den Äckern dann allmählich wieder ein, waren die Kleinen längst aus dem Gröbsten heraus.

Dieses jahrhundertelang eingespielte Gleichgewicht zum Wohle von Müttern wie Kindern zerbrach in der zweiten Hälfte des 19. Jahrhunderts zusehends. Im Zuge der damals rasch voranschreitenden Industrialisierung und einer zum Teil explosionsartigen Urbanisierung kam es vielerorts, vor allem in den Markteinzugsbereichen urbaner Agglomerationen, zu einer außerordentlichen Intensivierung landwirtschaftlicher Produktion. Hunderttausende zusätzlicher städtischer Münder wollten ernährt werden. Angesichts der nach wie vor bestehenden traditionellen Arbeitsteilung auf dem Lande ging diese Intensivierung vor allem zu Lasten der Frauen: sie waren es, die mehr Kartoffeln, mehr Zuckerrüben, mehr Gemüse anzubauen, mehr Kühe zu füttern und zu melken, zusätzliches Geflügel zu betreuen und mehr Eier, Butter, Käse auf den Markt zu bringen hatten. Ihr Arbeitstag und vor allem ihr Arbeitsjahr dehnte sich immer weiter aus, begann im Garten, auf den Feldern und Äckern immer früher im Frühjahr und endete immer später im Herbst, wurde auch im Sommer und zur Erntezeit immer intensiver, die Ruhephasen im Winter immer kürzer und spärlicher. Was wunder, daß es damals nicht nur zu einem gleichzeitigen Ansteigen der Mütter- und Säuglingssterblichkeit kam, sondern ebenso zu einem markanten Anstieg der Totgeborenenrate – aus leicht nachvollziehbaren Gründen unter der städtischen (Arbeiterinnen-) Bevölkerung übrigens genauso. Hier hat unser Wissen vom Hörensagen seine konkreten Wurzeln.

Im Vorhaben-Gesamtzusammenhang gilt es, an dieser Stelle zwei Punkte festzuhalten. Zum einen die Tatsache, daß eine zu diesem oder jenem Zeitpunkt von dieser oder jener Bevölkerungsgruppe (männlich oder weiblich) in diesem oder jenem Alter erreichte Lebenserwartung keine ein- für allemal fixierte und schon gar keine quasi garantierte Größe darstellt. Es braucht im Verlaufe der Geschichte auch nicht immer nur zu einer weiteren Zunahme der Lebensspanne zu kommen. Stagnationen sind genauso möglich wie rückläufige Entwicklungen, was wir soeben für Säuglinge, Kinder, Mütter in der zweiten Hälfte des 19. Jahrhunderts beobachten konnten. Ferner braucht der Grund solcher Einbrüche keineswegs immer in einer spektakulären Rückkehr von „Pest, Hunger und Krieg" zu liegen. Die Ursachen können vielfältig und subtiler sein und synergetisch negative Auswirkungen haben. Ebenso mögen sie nur bestimmte Gruppen, Schichten, Berufe, bestimmte Alter, das eine oder andere Geschlecht oder aber die ganze Bevölkerung betreffen. Daß unsere durchschnittliche Lebenserwartung gegenwärtig so hoch wie nie zuvor ist, bietet somit keine Gewähr, daß dies in Zukunft so bleiben muß.

Zum anderen wurde die oben begonnene Geschichte der weiblichen Übersterblichkeit in der zweiten Hälfte des 19. Jahrhunderts noch nicht zu Ende erzählt. Die markante Zunahme von Todesfällen unter Müttern und Säuglingen sowie von Totgeborenen war ein vorübergehendes Phänomen. Daß es binnen weniger Jahrzehnte wieder zu einer Abnahme in sämtlichen Bereichen kam, ist in erster Linie auf die Initiative und das Handeln der Hauptbetroffenen, das heißt der Frauen und Mütter zurückzuführen. Diesbezüglich steht die im Vorwort versprochene Antwort auf die Frage der Motivation noch aus. Alles Wissen und alle Kenntnisse blieben, so wurde dort ausgeführt, solange steril, wie die Motivation nicht ebenfalls vorhanden sei, sie anzuwenden und umzusetzen.

Schriftliche Quellen – etwa die eindeutigen Beschreibungen in zeitgenössischen Kräuterbüchern – belegen schon für das 16. Jahrhundert, daß in Deutschland sowohl empfängnisverhütende wie abortive Kenntnisse genauso weit verbreitet waren wie anderswo in Europa. Während diese Kenntnisse indes anderswo, vor allem in calvinistisch-reformierten Gebieten, schon frühzeitig zum geburtenbeschränkenden Einsatz kamen, weil dort die Motivation für eine kleinere Kinderschar aus gottgewollter Verantwortung für den Nachwuchs gegeben war, ließ eine ähnliche Motivation in weiten Teilen Deutschlands bis in die zweite Hälfte des 19. Jahrhunderts auf sich warten. Erst als damals die Todesfälle unter den körperlich mehrfach- und dadurch überbelasteten Frauen und Müttern zunahmen, die Totgeburten sich häuften, für die Pflege und das Stillen von Neugeborenen kaum noch Zeit blieb und deren Sterberate deshalb ebenfalls in die Höhe schnellte, war die Zeit reif und die Motivation vorhanden. Jahrhundertealte Kenntnisse wurden nun angewandt und in die eine größere Überlebenschance versprechende Tat umgesetzt. Für die betroffenen Frauen und Mütter gab es damals nur zwei Möglichkeiten. Entweder kehrten sie zum alten, gemächlicheren System vorangegangener Zeiten zurück, oder aber sie setzten sich (und damit auch ihre Säuglinge) nicht so häufig den tödlichen Gefahren erneuter Niederkünfte aus. Sie wählten den zweiten Weg. Von einer Generation auf die andere ging die Zahl der Schwangerschaften und Geburten in Deutschland massiv zurück. Entsprechend sank die Säuglings-, Mütter-, Kindersterblichkeit wieder; entsprechend nahm deren Lebenserwartung wieder zu.

Auch heute sind gesundheitserhaltende, eine höhere Lebenserwartung versprechende Kenntnisse in weitesten Bevölkerungskreisen vorhanden. Jedermann und jedefrau weiß um die Zusammenhänge zwischen Rauchen und Lungenkrebsrisiko, zwischen Alkoholkonsum und Leberschäden, zwischen ungeschütztem Geschlechtsverkehr und AIDS. Es fehlt nicht an Kenntnissen, wohl aber vielfach an der Motivation, die Konsequenzen daraus zu ziehen und die Kenntnisse anzuwenden. Kaum jemand unter uns kann sich davon freisprechen. Wieviele von uns nehmen zum Beispiel regelmässig an kostenlosen Krebsvorsorgeuntersuchungen teil? Wieso reicht unsere Motivation nicht aus? Mißtrauen wir unterschwellig der allenfalls dadurch zu gewinnenden Lebenszeit? Streben wir deren weitere Ausdehnung aus eigenem Antrieb und in eigener Verantwortung gar nicht an? Auch heute schon werden uns die „gewonnenen Jahre" von außen angeboten, überreicht, aufgedrängt, vorenthalten. Das Ausbleiben von „Pest, Hunger und Krieg" über mittlerweile mehr als vier Jahrzehnte ist nicht in erster Linie dem Mann und der Frau auf der Straße zuzuschreiben. Sie wurden gar nicht erst gefragt.

Ebensowenig, wie man jemanden zu seinem Glück zwingen kann, kann man jemanden dazu zwingen, vorhandene Kenntnisse zum eigenen Vorteil anzuwenden. (Wer möchte schließlich schon an Lungenkrebs, an AIDS sterben, und das auch noch vor der Zeit?) Man kann Menschen nur dazu geneigt machen. Aufklären ist die eine Sache, geduldiges Motivieren eine andere. Die hieraus zu ziehende Lehre konnte ich mir im Vorhabenszusammenhang gar nicht häufig genug in Erinnerung rufen. Alle „wissen" wir, daß unser Leben mit größerer Wahrscheinlichkeit denn je erst im Vierten Alter zu Ende gehen wird. Und ebenso wissen wir, welches die Eventualitäten dieses Vierten Alters sind oder sein können. Doch wieviele wenden dieses Wissen auch an und leben nicht länger mit der Mentalität unserer Vorfahren, die als Erwachsene selten über das Dritte, häufig nicht einmal über das Zweite Alter hinauskamen? Ein unseren neuen Gegebenheiten entsprechender „Lebensplan", ein erstmals mögliches Leben von einem relativ kalkulierbaren späten Ende her ist kein „Alters"-Problem, sondern eines der jungen Erwachsenenjahre; „Erfüllt leben – in Gelassenheit sterben" ist nicht ein Problem der Todesstunde, sondern eines des gesamten Lebens. Erst im Dritten, gar Vierten Alter, auf der Intensivstation hierüber nachzudenken, reicht häufig nicht einmal mehr zu einer Notlösung.

Und dennoch schieben wir die Problematik vor uns her, leben weiter in den Tag hinein, wollen vielfach auch gar nicht zum Nachdenken kommen, weil wir fürchten, wir könnten auf eine entsetzliche innere Leere stoßen. Wir schützen Zeitmangel vor und zelebrieren selbstgemachte Hektik. Und wenn es gar anders geht, muß der Hinweis auf die unsicheren Zeitläufte als Entschuldigung dienen, auf das weltweit gelagerte Waffenarsenal, auf den schon morgen möglichen tödlichen Unfall auf der Straße oder am Arbeitsplatz, auf den nie auszuschließenden vorzeitigen Tod an einer unheilbaren Krankheit. „Man kann ja nie wissen."

Aus diesen nicht wegzuleugnenden Einstellungen, Glaubenshaltungen, Wissensnegligierungen, Kenntnisverleugnungen im Vorhabensverlauf Konsequenzen zu ziehen, hieß für mich, trotzdem beharrlich immer wieder eine Rückbesinnung auf die – trotz allem – verlängerte Lebensspanne anzumahnen, zu einem Umdenken anzuhalten, vor allem aber zu versuchen zu motivieren. Wir haben mehr Lebensjahre als unsere Vorfahren und die meisten Zeitgenossen sonstwo auf der Welt, weil wir bessere Jahre als sie alle haben. Wir sind dieses Privileg nur wert, wenn wir damit angemessen umgehen. Eine hieraus sich ergebende Vortrags- und Lehrtätigkeit auch außerhalb Berlins bildete somit einen wesentlichen Bestandteil des Gesamtvorhabens, und ebenso, sich auch den Medien immer wieder zur Verfügung zu stellen. Mit vermeintlichem Gefragtsein hat das, wie manchmal unterstellt wird, sehr wenig zu tun. Insbesondere in den elektronischen Medien ist die Konkurrenz unter den Sendern und damit die Jagd nach unverbrauchten Themen und neuen Namen heutzutage groß. Wer wollte es einzelnen Redakteuren verübeln, wenn sie schlecht auf die Sendung vorbereitet sind und manchmal „eigentlich etwas anderes" erwarten. Die in aller Regel etwas längeren Rundfunksendungen schienen mir diesbezüglich stets am ergiebigsten und erfreulichsten (vgl. im Anhang den „Überblick über die mit dem Forschungsprojekt zusammenhängende Vortrags- und Lehrtätigkeit außerhalb Berlins 1990-1994").

Zweites Beispiel: Hieran soll aufgezeigt werden, wie es aufgrund der Erstellung einer Datenbank „Lebenserwartungen in Deutschland, Norwegen und Schweden im 19. und 20. Jahrhundert" beziehungsweise in Kombination mit der bereits vorher bestehenden über „Lebenserwartungen in Deutschland vom 17. bis 19. Jahrhundert" zur Ausformulierung eines relevanten neuen Forschungsprojekts in Zusammenarbeit mit den involvierten Kollegen aus Skandinavien kam. Dieses zuvor so nie in Betracht gezogene neue Vorhaben geht von der Hypothese aus, daß die heute um Jahre höhere Lebenserwartung von Frauen, trotz deren nach wie vor existierenden vielfachen Benachteiligungen, kein bloß biologisch determiniertes, sondern ein gesellschaftlich überformtes, historisch gewachsenes und somit auch wieder reversibles Phänomen ist. Gegen rein biologistische Erklärungsansätze spricht zum einen, daß die historische Demographie auch für vergangene Jahrhunderte große Unterschiede selbst in den ungefährdeteren vor- und nachprokreativen Phasen von Frauen nachweisen kann, und daß zum anderen neuere Daten aus den demographisch und gesellschaftlich fortgeschritteneren skandinavischen Ländern eine Rückbildung der geschlechtsspezifischen Unterschiede erkennen lassen. Dem Projekt liegt somit das Erklärungsmodell zugrunde, daß jedem Individuum innerhalb eines zeitlich/räumlich für Männer und Frauen unterschiedlich vorformulierten kulturellen Kontextes bestimmte Möglichkeiten gegeben sind, Gesundheit zu erreichen (= „positive Freiheiten") beziehungsweise Ungesundheit zu riskieren (= „negative Freiheiten"). Die weitgehende Vorenthaltung letzterer schlug beziehungsweise schlägt in traditionellen Gesellschaften bei Frauen hinsichtlich ihrer Lebenserwartung stark positiv zu Buche, wohingegen sich im Zuge auch diesbezüglich größerer Gleichberechtigung der Abstand wieder mindert. Erhärtet werden sollen diese Thesen einerseits anhand des nunmehr existierenden demographischen Materials für Deutschland vom 18. Jahrhundert bis heute, und zwar an Generationen gleichzeitig geborener Männer und Frauen, andererseits in vergleichenden Parallelstudien aufgrund einzigartigen demographischen Materials aus Skandinavien.

Abschließend sei bezüglich des ersten Aufgabenbereichs noch ein weiterer Gesichtspunkt angeführt. Selbst wenn ich diesen Datenbank-Bereich nie zu meinem zentralen Anliegen im Rahmen des gesamten Vorhabens gemacht habe und ich dem Zahlenmaterial bis zu einem gewissen Grad sogar skeptisch gegenüberstehe, halte ich diesen personell wie materiell aufwendigsten Teil des ganzen Projekts auch im nachhinein für unerläßlich. Skepsis scheint mir bisweilen angebracht, weil manche dieser Daten bei einer allzu naiven beziehungsweise zu unhistorischen Betrachtungsweise geeignet sein können, einem Betrachter Sand in die Augen zu streuen. Was vergleichen wir eigentlich miteinander, wenn wir eine Lebenserwartung von – sagen wir – sechzig Jahren Mitte des 18. Jahrhunderts mit einer gleich langen Lebenserwartung Ende des 20. Jahrhunderts vergleichen? Wer Schwierigkeiten mit dem Finden einer Antwort hat, kann Zeit und Raum austauschen und einen sechzigjährigen Mitteleuropäer von heute mit einem sechzigjährigen Landarbeiter aus einem beliebigen Land der Dritten oder Vierten Welt vergleichen. Ist diesbezüglich nicht ein sogar achtzigjähriger Europäer möglicherweise jünger als ein halb so alter Bauer aus Bangladesh, Afghanistan oder Uganda? Von Frauen ganz zu schweigen!

Die nackten Zahlen – jedoch schwarz auf weiß gedruckt oder auf dem Monitor und deshalb Zuverlässigkeit und Gewißheit suggerierend – sind zudem, wenn nicht weiter hinterfragt, außerordentlich vordergründig. Gewiß ist die Lebenserwartung der heute bei uns Lebenden weitaus höher als diejenige unserer Vorfahren vor zwei oder drei Jahrhunderten. (Der Computer gibt uns, danach gefragt, auf Punkt und Komma an, um wieviel.) Der gleiche Wandel von der unsicheren zur sicheren Lebenszeit bewirkte bei uns indes genauso, daß heute (pro tausend der Bevölkerung) sehr viel weniger Kinder gezeugt werden beziehungsweise zur Welt kommen als seinerzeit. Dürfen wir „Lebenserwartung", „Säuglingssterblichkeit", „Zunahme der Lebensspanne" wirklich nur auf die happy few beziehen, deren Leben einst oder heute tatsächlich zum Laufen kam oder kommt? Bei längerem Reflektieren über dieses Zahlenmaterial sind die Daten sehr wohl geeignet, manche Skrupel zu wecken. Zugespitzt könnte man sogar behaupten, daß die Sterblichkeit zu Beginn des Lebens im Lauf der letzten Jahrhunderte gar nicht zurückgegangen sei, jedenfalls dann, wenn mit „Beginn des Lebens" nicht der Zeitpunkt der Geburt, sondern derjenige der Empfängnis gemeint ist.

Unerläßlich war und ist dieses umfassende Datenbankmaterial, weil in ihm der alleinige Schlüssel zum unbedingt notwendigen interdisziplinären Austausch mit einer Vielzahl involvierter anderer Fächer liegt. Demographen, Ökonomen, Sozialpolitiker, Fachleute vom Bundesgesundheitsamt, Epidemiologen, Sozial- und Präventivmediziner, ja selbst Kollegen aus der Wirtschafts- und Sozialgeschichte wollen „harte Fakten", statistisch signifikante Prozentwerte und Zahlenreihen, handfeste Angaben zur Entwicklung der Lebenserwartung in diesem oder jenem Alter, bei diesem oder jenem Geschlecht, im 18. Jahrhundert, im Kaiserreich, in der ehemaligen Bundesrepublik Deutschland im Vergleich zur ehemaligen Deutschen Demokratischen Republik. Ob dabei nicht unversehens Äpfel mit Birnen verglichen werden, wird dabei kaum gefragt beziehungsweise will man sich selten als irritierende Frage vorlegen lassen.

Dennoch mußte und muß dieses Gespräch, das anders als über diese harten Daten nicht zu erreichen war noch ist, immer wieder gesucht werden. Der geballte Sachverstand unzähliger Spezialisten hilft bei anschließenden Diskussionen letztlich auch mir, meine Zahlen – wie hart oder weich sie nun immer sein mögen – besser zu verstehen. So verfügen zum Beispiel Epidemiologen von Berufs wegen nun einmal über eine ungleich größere Kompetenz als Historiker hinsichtlich seuchenbildender Infektionskrankheiten, deren Erreger und Ausbreitungswege, deren Inkubations- und Latenzzeiten, deren Letalität. Auf ihr Wissen bin ich somit angewiesen, wenn ich das Sterbegeschehen vergangener Zeiten bei uns begreifen und fachlich korrekt beurteilen will, waren doch infektiöse und parasitäre Krankheiten damals die bei weitem häufigsten Todesursachen. In ähnlicher Weise gehört es zum Handwerkszeug eines jeden heutigen Demographen, alters- und geschlechtsspezifische Lebenserwartungen fehlerfrei sowohl nach dem Perioden- wie nach dem Kohortentafelmodus zu berechnen. An diese Modalitäten aber habe auch ich mich und hatten wir uns im Datenbereich des Vorhabens zu halten.

Die beiden stark interdisziplinär geprägten Symposien von 1991 und 1993 waren somit, genauso wie das ebenfalls stets interdisziplinär ausgerichtete und über die vier Förderjahre laufende „Kolloquium in Permanenz", integrierte Bestandteile des Gesamtvorhabens. Allein an den beiden genannten Symposien waren folgende Disziplinen mit der in Klammern angegebenen Zahl von Repräsentanten vertreten: Sozial- und Präventivmedizin/Epidemiologie (9), Soziologie/Soziodemographie (8), Gerontologie/Psychologie (7), Theologie (4), Demographie (3), Volkswirtschaftslehre/Gesundheitsökonomie (2), Pädagogik/Sozialpädagogik (2) Philosophie (2), Indologie/Koreanistik (2), Kunstgeschichte (1), Thanatologie (1), medizinische Ethik (1). Dazu kamen neun Historiker verschiedener Subdisziplinen (Alltagsgeschichte, Oral History, historische Demographie, Mentalitäts- und Medizingeschichte usw.) sowie dreizehn Referenten von den Print- und den elektronischen Medien.

Aus dieser Zusammenstellung sowie der zahlenmäßigen Gewichtung der vertretenen Disziplinen geht hervor, daß es bei den hierbei erörterten Themen keineswegs bloß ums Handwerkszeug gegangen sein konnte wie etwa um die demographisch korrekte Berechnung von Überlebenswahrscheinlichkeiten oder die epidemiologisch einwandfreie Deutung historischer Todesursachen. Es ging aber auch nicht nur um die – sicherlich notwendige – Abrundung, Vertiefung, Ausweitung eigener Vorhabensinhalte etwa durch zusätzliche Historiker, deren Anliegen, anders als bei uns, die eigentliche Beschreibung und Interpretation ehemaliger „wie es gewesen"-Zustände war; oder durch Sozio-Demographen, die verschiedene Szenarien der zahlenmäßigen Altersanteile unter kommenden Generationen und als Konsequenz daraus ein mehr oder weniger harmonisches oder aber konfliktgeladenes Zusammenleben von Jüngeren und Älteren bis etwa ins Jahr 2025 entwarfen; oder durch Präventivmediziner, Ökonomen, Pädagogen und Gerontologen, die uns wesentlich gesündere, wirtschaftlich potentere, finanziell unabhängigere, besser gebildete und somit breiter interessierte (und damit für das Konzept des Lebensplans empfänglichere!) neue Alte in allernächster Zukunft prognostizierten. Es ging vielmehr – weit darüber hinaus – auch immer um das Aufzeigen von grundsätzlich neuen, unerwarteten, augenöffnenden Perspektiven durch zusätzliche Fachleute mit einem prinzipiell anderen disziplinären Zugang zur Gesamtthematik.

Warum zum Beispiel nicht einmal bei einem Indologen oder einem anderen Kenner jahrtausendealter süd- und südostasiatischer Kulturen nachfragen, wie denn jene Völker etwa mit dem Thema „Lebensplanung" umgehen würden? Zum Erstaunen vieler (Europäer) kennt man im Hinduismus seit zweieinhalbtausend Jahren eine geziemende Einteilung des Lebens in vier Stufen (varna-asrama-dharma), wogegen unsere eigene, nicht unähnliche Gliederung in Erstes, Zweites, Drittes, Viertes Alter vielleicht gerade eine Generation alt sein mag. Jede dieser vier Stufen umfaßt im Prinzip fünfundzwanzig Jahre, und auf jeder wird gemäß einem Langzeitentwurf zu phasenangepaßt unterschiedlichem physischen, sozialen, kulturellen, spirituellen Verhalten geraten.

Oder warum nicht die kunsthistorisch versierte Betreuerin der in ganz Deutschland und darüber hinaus einzigartigen Graphiksammlung „Mensch und Tod" (Düsseldorf) bitten, uns anhand ausgewählter Beispiele Einblick in die in Geschichte und Gegenwart permanent vor sich gehende Auseinandersetzung von Künstlern mit der menschlichen Vergänglichkeit zu gewähren?

Und warum nicht, gerade vor dem Hintergrund des zuletzt angeführten Beispiels künstlerischer Aufarbeitung des Themas „Mensch und Tod", einer Anzahl erfahrener Vertreter der Print- und elektronischen Medien zuhören, inwiefern wir Wissenschaftler uns ihrer Ansicht nach anders ausdrücken, überhaupt vermehrt öffnen müßten, um von einer breiteren Öffentlichkeit gehört, gelesen, beachtet zu werden und um mit unserer Botschaft dort anzukommen, wo wir glauben, daß sie am nötigsten sei?

Gewiß taten sich in diesen sämtlichen Bereichen, wie erhofft, neue Perspektiven auf (vgl. insgesamt die beiden Symposiumsbände mit sämtlichen Referaten bzw. die Berichte über diese Symposien im vorliegenden Band). Und selbstverständlich schloß sich jeweils sofort die naheliegende Frage an: Können wir daraus für uns heute etwas lernen? Was können wir daraus für uns lernen? Was aus dem vielhundertjährigen Leben nach einem Lebensplan in Indien? Was aus der intensiven künstlerischen Auseinandersetzung mit dem Thema „Mensch und Tod" bei Niklaus Manuel Deutsch (1484-1530), Hans Baldung Grien (1484-1545), Hans Holbein d. J. (1497/98-1543) e tutti quanti bis hin zu derjenigen bei Arnold Böcklin (1827-1901), Hans Thoma (1839-1924), Lovis Corinth (1858-1925), Edvard Munch (1863-1944), Käthe Kollwitz (1867-1945), Ernst Barlach (1870-1938), Alfred Kubin (1877-1959), Frans Masereel (1889-1972) oder neuerdings bei Hans Fronius (1903-1988), HAP (Helmut Andreas Paul) Grieshaber (1909-1981), Walter Ritzenhofen (geb. 1920), Robert Hammerstiel (geb. 1933)? Die Antwort auf die Frage war ebenso enttäuschend, wie sie gleichzeitig anspornend zu wirken vermochte.

Schon beim hinduistischen Varna-asrama-dharma-Beispiel regten sich Zweifel. Zwar sei, wie uns glaubhaft versichert wurde, jene Vierstufenlehre auch heute durchaus noch lebendig. Doch das war bei uns im Abendland über Jahrzehnte, wenn nicht Jahrhunderte die Vorstellung von einer einteilend-ordnenden Lebenstreppe ebenso: „Mit zehen Jahr ein Kind, mit zwanzig Jahr ein Jüngeling, mit dreißig Jahr ein Mann, ..., mit fünfzig Jahre stille stahn, mit sechzig Jahr geht's Alter an, ..., mit hundert Jahre Gnade bei Gott." Als es bei uns jedoch mit der in jeder Lebenstreppe vorgesehenen Standardspanne von hundert Jahren allmählich ernst wurde und mehr Menschen denn je wenn auch nur annähernd bis zum hundertsten Altersjahr am Leben blieben, geriet die Einteilung außer Mode. Heute haben wir sie fast völlig vergessen; wir möchten nichts mehr damit zu tun haben (vgl. hierzu die Umfrage des Instituts für Demoskopie Allensbach Nr. 5075: „Viele möchten zwar alt werden, aber nicht uralt"; Allensbacher Berichte 1993 / Nr. 14).

Ob sich Ähnliches nicht auch, so fragt man sich, unter der hinduistischen Bevölkerung Indiens in absehbarer Zeit wiederholen könnte? Ob die dortigen Vorstellungen vom beruflichen, familiären, gesellschaftlichen Loslassen auf der Dritten, von weltlichem Verzicht und völliger Konzentration auf Spiritualität auf der Vierten Stufe selbst dann noch tragfähig bleiben und beibehalten werden, wenn auch in Indien eine Großzahl und nicht bloß ein paar Ausnahmemenschen die Dritte und erst recht die Vierte Stufe erreichen werden? Massenhaft gewonnene Jahre bedeuten auch in Indien nicht nur eine quantitative Zunahme von Lebensjahren für viele Menschen, sondern eine Entwicklung in dieser Richtung setzt auch dort deren qualitative Verbesserung voraus: zunehmenden materiellen Wohlstand, eine bessere Ernährung, besseres Wohnen, größere Hygiene, ein effektiveres Gesundheitswesen. Auch in Indien werden sich die Folgen des Wandels von der unsicheren zur sicheren Lebenszeit aller Voraussicht nach nur schlecht mit weltlichem Verzicht und Konzentration auf Spiritualität vertragen.

Was aber die intensive Auseinandersetzung vieler abendländischer Künstler mit menschlicher Vergänglichkeit, mit Sterben und Tod betrifft, so genügt ein nochmaliger Blick auf deren Lebensdaten, um sofort zu erkennen, daß sie samt und sonders durch die äußeren Umstände gezwungen waren, sich in ihrer Sensibilität mit der uralten Geißeltrias auseinanderzusetzen. Ausnahms-

299

los alle lebten und wirkten sie noch in der jahrhundertealten „Pest, Hunger und Krieg"-Epoche. Ihre Bilder, Zeichnungen, Graphiken sind für uns Zeugnisse historischer Auseinandersetzungen. Die Aussagen betreffen historische, nicht heutige und damit nicht unsere Zustände. Wer würde sich in unseren Tagen denn in der Blüte seiner Jugend vom Tod in einer Weise anfauchen lassen, wie es uns ein Hans Baldung Grien immer wieder zeigt: „Hie mußt Du in!", in die ausgehobene Grube mit Dir, basta. Wer würde in seinen besten Mannesjahren auf das kratzbürstige Gefiedel des Gerippes hinter sich hören (müssen) wie ein Arnold Böcklin in seinem berühmten Selbstbildnis von 1872? Wozu leisten wir uns denn einen kostspieligen Gesundheitsbetrieb auf Topniveau und leasen stets die neuesten Instrumente in der Apparatemedizin? Dürfen wir uns nicht bereits „ein bißchen unsterblich" fühlen? Zumindest „in den besten Jahren"?

Niemand möge aus dieser Konstatierung Ironie oder Sarkasmus heraushören. Doch nützt es wenig, von verbreiteten Einstellungen unter heutigen Zeitgenossen abzusehen, wenn man in einer breiteren Öffentlichkeit etwas bewegen möchte. Die „breitere Öffentlichkeit" aber, oder sagen wir es konkreter: die Mehrheit der heutigen Bevölkerung kennt erstmals in der Geschichte „Pest, Hunger und Krieg" aus eigener Erfahrung, am eigenen Leib nicht mehr. Laut Statistischem Jahrbuch 1992 für die Bundesrepublik Deutschland (S. 61) waren 1990 von den insgesamt 79,75 Millionen Deutschen 42,53 Millionen jünger als 40 Jahre. Mehr als die Hälfte (53,3%) kam somit nicht vor 1950 auf die Welt. Historische Wochenschauen, Fernsehbilder über den Krieg anderswo, Hiobsbotschaften aus dem Radio über Dutzende von Verkehrstoten, Katastrophenmeldungen in der Presse über Hunderte von Choleraopfern in Lateinamerika sind für eigene Erfahrungen kein Ersatz; es geht dabei immer um das Leid und den Tod anderer. Horrorvisionen für die Zukunft sind es auch nicht, obwohl sie zugegebenermaßen den Wandel von der unsicheren zur sicheren Lebenszeit für viele zu relativieren und eine schwer zu bewältigende „frei flottierende Angst" heraufzubeschwören vermögen. Wer sich dadurch jedoch lähmen läßt, ist schlecht beraten.

Der Tod unserer Tage ist für uns bescheidener geworden. Seit dem Ende des Zweiten Weltkrieges lebt die große Mehrheit unter uns, nicht nur die nach 1950 Geborenen, in einer Glashausatmosphäre ohne „Pest, Hunger und Krieg". Wie also eine breitere Öffentlichkeit behutsam daran erinnern, daß Sterben und Tod nicht nur „die anderen" betrifft? Daß Werden und Vergehen jeden angeht? Daß der Jahre zwar mehr geworden, daß sie aber dennoch gezählt sind? Trotz intensiven Suchens dauerte es Jahre, bis ich auf einen Künstler stieß, der uns mit diesem bescheidener gewordenen Tod versöhnen kann. In Dutzenden von meist kleinformatigen Arbeiten hat er ihn visionär vorweggenommen: der hierzulande beinahe unbekannte Finne Hugo Simberg (1873-1917). Zwei vorhabenbezogene Publikationen wurden daraufhin programmatisch mit je einem seiner Werke umschlaggeschmückt: der erste Dokumentationsband „Lebenserwartungen in Deutschland vom 17. bis 19. Jahrhundert" (1990) mit dem Bild „Im Garten des Todes" von 1896, und der erste Symposiumsband „Leben wir zu lange?" (1992) mit dem Aquarell „Der Tod hört zu" (sic!) von 1897. Nur wenn es gelingt, heutige Zeitgenossen auf ähnlich unaufdringliche Weise mit ihrer – trotz ausgedehnter Lebensspanne – Endlichkeit zu konfrontieren und gleichzeitig damit zu versöhnen, wird es auch gelingen, das Konzept vom Lebensplan: ein Leben vom Ende her zu leben, mit Erfolg umzusetzen und möglichst viele dem Ziel „Erfüllt leben – in Gelassenheit sterben" näherzubringen.

Genau hierin liegt der Ansporn, von dem weiter oben die Rede war. Uns ist eine völlig neue Aufgabe gestellt. Betrachten wir nochmals die Abbildung 8 des Eingangskapitels. Als Schlüsselfigur zeigt sie uns die Anzahl Männer und Frauen der Jahrgänge 1855-1935, die in Deutschland innerhalb der jeweiligen Grenzen (der Übersichtlichkeit halber durchgehend gemäß der Aufteilung nach dem Zweiten Weltkrieg in Bundesrepublik Deutschland und Deutsche Demokratische Republik) jeweils je tausend ihrer Generation zumindest das sechzigste Lebensjahr erreichten und damit in das – hier niedrig angesetzte – Dritte Alter gelangten. Für beide Gebiete ist die 500er Linie fett markiert. An ihr läßt sich ablesen, seit welchem Zeitpunkt mindestens die Hälfte eines Jahrgangs bis in dieses Dritte Alter vorstieß. Weder auf dem Gebiet der ehemaligen Bundesrepublik Deutschland noch der Deutschen Demokratischen Republik war dies vor 1955 der Fall. Die Quintessenz hieraus wird in der Figurenbeschriftung festgehalten: „Das massenhafte Dritte Alter: eine junge Erscheinung". Sie ist keine vierzig Jahre alt!

Wir können somit weder in der Geschichte, noch sonstwo auf der Welt nachsehen, wie wir angemessen mit den gewonnenen Jahren über 60 umgehen. Dafür Konzepte zu entwickeln, ist unsere ureigenste, so noch keiner Generation zuvor gestellte Aufgabe. Nun könnte man zwar einwenden, daß die immerhin knapp vier Jahrzehnte seit 1955 ausgereicht haben sollten, damit wir uns mit dem neuen Zustand in angemessener Weise arrangiert hätten. Wer so argumentiert, läßt jedoch einen entscheidenden Aspekt außer Acht. Die Angehörigen jener Generationen, die gemäß Abbildung 8 nach 1955 mehrheitlich das Dritte Alter über 60 erreichten, waren alle zwischen 1895 und 1935 geboren. Sie hatten somit nie in vergleichbarer Weise wie die anschließend zur Welt Gekommenen von Anfang an mit diesem Dritten Alter rechnen können. Wann und wie auch? Etwa im Ersten Weltkrieg? Während des Kohlrübenwinters? Zur Zeit der pandemisch grassierenden Grippewelle? Während der Weltwirtschaftskrise? Im Zweiten Weltkrieg? Beim Wiederaufbau in den Trümmern? Zu keiner Zeit war ihr Problem, ein höchstwahrscheinlich erst im Vierten Alter zu Ende gehendes Leben gemäß einem Langzeitentwurf vom Ende her zu gestalten. Genau dies aber ist heute unsere Lektion. Es ist die Aufgabe, die uns die jetzt Älteren als Frucht ihres Lebenswerkes, ihres enormen Einsatzes während ihrer aktiven Jahre hinterlassen haben. Sie verhalfen dem massenhaften Dritten Alter zum Durchbruch und schufen die Basis für das Vierte. Wir sind nur noch Aufrechterhalter und Mehrer.

In diesem gleichen Zusammenhang sei ein weiterer Punkt nicht außer Acht gelassen. Beim ersten Symposium hatte er dem Sozialpädagogen Heinrich Tuggener erhebliche Sorgen bereitet. Sein damaliger Beitrag fand in überarbeiteter Form deshalb im vorliegenden Band erneut Eingang. Die heute erstmals massenhaft im Dritten und Vierten Alter lebenden Menschen hatten Zeit ihres aktiven Lebens nie die Muße und auch nicht die Motivation, sich auf irgendwelche, für sie keineswegs gewisse späte Jahre langfristig vorzubereiten. Die Gründe für das Fehlen beider Faktoren wurden oben aufgeführt. Angesichts dieses Sachverhalts ist die Versuchung für uns Nachgeborene, die wir heute im aktiven Leben stehen und möglicherweise von Berufs wegen mit Alter(n)sfragen zu tun haben, oft groß, jenen unvorbereitet ins Dritte und Vierte Alter Geratenen zu „erklären" und „beizubringen", wie sie ihre unerwartet hinzugewonnenen Jahre „am besten" nutzten. Eine solche Haltung scheint mir reichlich anmaßend. Es ist nicht unsere, es ist ihre Angelegenheit, wie sie mit den Früchten ihrer Lebensarbeit, mit der „späten Freiheit" (Rosenmayr 1983) umgehen. Wenn sie dabei unsere Hilfe, unsere Unterstützung, unseren Rat auf welchem Gebiet auch immer in Anspruch nehmen wollen oder können, steht ihnen dies selbstverständlich frei. Wenn nicht, haben wir uns ihnen nicht aufzudrängen. Was Tuggener im Hinblick auf seine eigene Sparte, die Sozialpädagogik, festhält, gilt für uns andere nicht minder, welcher Disziplin wir auch immer angehören mögen. Es ist ein Aufruf zu etwas mehr Augenmaß und Selbstbescheidung:

„Der Erwachsenenbildner und zumal jener, der sich mit alten Leuten befaßt, ist an Sachkompetenz überlegen, an Lebenserfahrung sicher und an Lebensklugheit großer Wahrscheinlichkeit nach ärmer. ... Ich komme in diesem Zusammenhang nicht von der Vermutung los, daß gerade die gestreckte Lebensspanne und insbesondere die Bestrebungen, immer mehr Leute zu einer aktiven Gestaltung des nachberuflichen Lebens hinzuführen, gelegentlich von der Tatsache des Endes abzulenken vermögen." Mit welchem Recht übertragen wir die Hektik, die Umtriebigkeit unserer „besten Jahre" auch noch auf die Menschen in gereifterem Alter?

Grundsätzlich anders verhält es sich jedoch mit den Bemühungen, die ich als unsere ureigenste neue Aufgabe bezeichne. Die breitere Öffentlichkeit, das heißt die Mehrheit der nach dem Zweiten Weltkrieg geborenen Bevölkerung kann erstmals ab jungen Jahren mit einem langen Leben rechnen, kann vom Erreichen des Dritten und Vierten Alters ausgehen. Für sie macht es Sinn, sich gemäß einem Lebensplan darauf vorzubereiten, sich nicht von den Eventualitäten der späten Jahre überraschen zu lassen, um sich am Ende nicht fragen lassen zu müssen: „Leben wir zu lange?"

Diesbezüglich kann somit eine weitere Sorge Tuggeners voll und ganz ausgeräumt werden. Er faßt sie in folgende Worte: „Ich gestehe, daß ich mit Blick auf den zeitlich markant verlängerten Lebenslauf des Menschen am Ende des 20. und kurz vor Beginn des 21. Jahrhunderts entschieden Hemmungen habe, diese vergrößerte Lebensspanne noch als focus paedagogicus zu sehen. Schon in der Erwachsenenbildung zeichnet sich in einem gemischten Zustand ab, was für die Seniorenbildung praktisch zur Normalität wird: Der Bildner ist jünger als der zu Bildende. In ihrem Vollzug wird das seit rund zweitausend Jahren bestehende und für alle Pädagogik als konstitutiv gehaltene Grundverhältnis des Altersgefälles ins Gegenteil verkehrt" (sinngemäß zusammengefügte Passage aus dem Beitrag Tuggener für das Symposium 1991).

Auch er hatte sich offenbar vom unvorhergesehenen Erreichen des Dritten und Vierten Alters durch so viele noch in der ersten Jahrhunderthälfte geborene Menschen überraschen lassen und sich als Sozialpädagoge angesichts all der inadäquat hierauf Vorbereiteten irgendwie in die Pflicht genommen gefühlt – zu Unrecht, wie oben ausgeführt wurde. Wenn wir uns weniger um die – nicht gefragte – gerontagogische Verantwortung für die jetzt Älteren und Alten und dafür mehr um die nach einem Lebensplan ausgerichtete und damit Orientierung vermittelnde pädagogische Betreuung der nachwachsenden jüngeren Generation(en) kümmerten, dann würde automatisch auch „das seit rund zweitausend Jahren bestehende und für alle Pädagogik als konstitutiv gehaltene Grundverhältnis des Altersgefälles" wieder ins rechte Lot gerückt.

Zentrales Anliegen des gesamten Vorhabens wurde somit schließlich der zweite Aufgabenbereich: die Eruierung und Bewältigung der Folgen einer dreihundertjährigen Lebensspannenzunahme. Ihnen widmete ich die größte Aufmerksamkeit, sodaß in diesem Bereich mehrere aufeinander abgestimmte Monographien erscheinen konnten. Im Blickfeld hatten diese sämtlichen Publikationen in erster Linie jene breitere Öffentlichkeit, die heute ein langes Leben von siebzig, achtzig und mehr Jahren vorhersehen kann, und die morgen mit großer Wahrscheinlichkeit im Dritten und übermorgen im Vierten Alter stehen wird. Fühlten sich darüber hinaus auch Menschen angesprochen, die sich jetzt schon dort befinden, wären sie selbstverständlich ebenfalls stets willkommen. Aus den erwähnten Gründen handelte es sich hierbei aber nicht um meine eigentliche Zielgruppe.

Der gemeinsame Nenner aller Veröffentlichungen stimmt weitgehend mit dem Appell des Philosophen Wörner in diesem Band überein, „die Spannung von Leben, Sterben und Tod zuzulassen, auszuhalten und aushaltend zu gestalten" (wieder abgedruckter Beitrag zum Symposium 1993). Wörner geht von der im griechisch-abendländischen Denken wurzelnden Vorstellung vom „gelungenen Leben" (Aristoteles) mit einem „Tod zur rechten Zeit" aus. Was damals jedoch, vor mehr als zweitausend Jahren, nur wenigen unserer Vorfahren vergönnt war, nämlich ein komplettes Leben zu haben, bekommen wir heute praktisch alle ungefragt. Nur wer aber nicht vorzeitig stirbt, kann einen Tod zur rechten, zur passenden Zeit erfahren. „Lebensplan" meint heute, eine Ars vivendi zu entwickeln, die auf die Stärken und Schwächen jeder Lebensphase achtet und in einem Langzeitentwurf im voraus auffängt. Es geht darum – und hier schließe ich mich Wörner gerne an -, Geschmack an allen Phasen unseres langen Lebens zu finden. Ziel ist, auf diese Weise zu einem insgesamt erfüllten langen Leben zu gelangen. Und dessen Absicht ist wiederum, ein Sterben in Gelassenheit zu ermöglichen, das heißt ein Loslassenkönnen zur rechten Zeit in Übereinstimmung mit unseren menschlich-biologischen Grundgegebenheiten.

Zwei Symposienbeiträge wirkten diesbezüglich besonders anregend. Sie sind deshalb beide im vorliegenden Band erneut abgedruckt. Der erste ist aus der Hand des katholischen Theologen und Religionspädagogen Harald Wagner. Er trägt den Titel „Ars moriendi: Vor 500 Jahren – und heute?". Auf ihn werden wir gleich näher zu sprechen kommen. Der andere stammt von der Medizinethikerin Ruth Mattheis und heißt: „Die 'Setting-limits'-Kontroverse". Ausgehend von dem in den USA seit den späten 1980er Jahren wogenden Disput über die Festlegung von altersmäßigen Obergrenzen für kostspielige medizinische Eingriffe plädiert sie für ein Umdenken bei Professionellen wie Laien – letztlich somit bei uns allen – in Richtung Rückbesinnung auf unsere naturgegebene Vergänglichkeit. Nicht nur könnte es dadurch zu einer Versachlichung der längst auch hierzulande schwelenden, emotionsgeladeneren Euthanasie-Debatte kommen, sondern bei entsprechender Akzeptanz eines Sterbens zur rechten Zeit würde auch – wie oben bereits als ein Ziel vorgegeben – viel kostspielige Intervention von vornherein überflüssig. Heute nicht selten zu beobachtende Todesverhinderungen würden bei mehr Sterben in Gelassenheit hinfällig.

Die Beiträge Mattheis und Wagner scheinen anfänglich kaum etwas miteinander zu tun zu haben. Und dennoch setzen sie beide gleichermaßen Pflöcke im Rahmen meines eigenen Konzepts vom Lebensplan. Nicht unähnlich dem Wagnerschen Titel heißt meine erste Monographie: „Ars moriendi. Die Kunst des Sterbens – einst und heute". Im 15. und 16. Jahrhundert erlebte eine schmale Broschüre mit elf großformatigen Holzschnitten, genannt „Ars (bene) moriendi", das ist „Die Kunst des (guten) Sterbens", eine ungeahnte Folge immer neuer Auflagen. Nicht unähnlich den heutigen Comics wurde darin unseren leseunkundigen Vorfahren beigebracht, wie sie sich im Do-it-yourself-Verfahren diese „Kunst" schon in jungen Jahren aneignen konnten.

Wer sie erst einmal erlernt hatte, brauchte sich anschließend vor dem in jenen Seuchenzeiten häufig raschen Sterben auch ohne jeden Beistand nicht mehr zu fürchten.

Selbstverständlich ging es in jener Bilder-Ars, der damaligen Welt- und Jenseitsanschauung entsprechend, vor allem um das Seelenheil, konkret um das Überwindenlernen von teuflischen Versuchungen in letzter Minute. Für die angemessene Interpretation eines solch seinerzeit gottwohlgefälligen Sterbens ist gewiß der Theologe (Wagner) zuständig. Doch ist er das nicht allein. Vielmehr sind wir es alle, denn früher oder später wird die Beherrschung dieser Kunst von uns allen verlangt. Erstaunlicherweise lernt sie heutzutage jedoch kaum noch jemand. Und dies, obwohl die Situation wieder ähnlich ist wie damals: gestorben wird auch in unseren Tagen nicht selten allein, fernab aller Angehörigen, ohne Beistand.

Doch selbst – oder vielleicht gerade – als Nichttheologen können wir noch heute Fundamentales aus der alten Ars moriendi lernen. Zum einen ist es die Überzeugung unserer Vorfahren, daß Sterbenlernen nicht nur für jedermann eine Notwendigkeit darstelle, sondern daß jedermann dazu auch fähig sei. Zum anderen sind es die hierbei zum Zuge kommenden didaktisch-pädagogischen Aspekte. Der in jedem der elf Holzschnitte abgebildete Moribundus ist ein „gewöhnlicher Zeitgenosse", ein Jedermann. Mit ihm sollten sich möglichst viele Kunst-Beflissene identifizieren können. Zudem beschränkte sich die ganze Ars auf elf, allerdings höchst aussagekräftige Bilder. Sie waren verständlich für jeden, der in der damaligen Weltanschauung wurzelte. „Fußnoten", „Anmerkungen", „gelehrte Hinweise" fehlten. Spezialkenntnisse waren zum Sterbenlernen nicht erforderlich. Sind sie es heute? Die komplette Ars moriendi war kurz, bündig, auf den Punkt gebracht, das ganze äußerst geeignet zum Auswendiglernen – worin letztlich auch die Absicht bestand.

Wenn eine neue, zeitangepaßte Ars moriendi auch nur die geringste Aussicht auf Erfolg haben soll, tut sie gut daran, sich diese Vorgaben als Maßstab zu setzen. Sie muß ebenso allgemeinverständlich wie kurz und bündig sein, das Anliegen auf den Punkt bringen, an jedermann gerichtet und der heutigen (fehlenden) Welt- und Jenseitsanschauung entsprechen. Dies bedeutete, daß im Anschluß an die erwähnte erste Monographie, bei der es um eine Auseinandersetzung mit dem seinerzeitigen Ars moriendi-Erfolg und den daraus zu lernenden Lektionen ging, eine zweite als Antwort folgte. Ihr Titel war Programm: „Ars vivendi. Von der Kunst, das Paradies auf Erden zu finden".

Da für die Mehrzahl von uns die irdische Lebensspanne zwar stark zugenommen hat, das Leben ingesamt jedoch um den unendlichen ewigen Teil auf die wenigen Jahre hienieden verkürzt wurde, kann eine heutige Ars vivendi als Ars moriendi das Paradies selbstverständlich nur noch zu Lebzeiten auf Erden finden. Doch gerade wenn man von heutigen Realitäten ausgeht, so wie sich in den Augen einer breiteren Öffentlichkeit ausnehmen, dann stehen die Aussichten so schlecht nicht, das gesuchte Paradies tatsächlich auf Erden auch zu finden. Was sind denn die Ursachen dafür, daß sich die durchschnittliche Lebensspanne (auf Erden) in den letzten zwei-, dreihundert Jahren mehr als verdoppelt hat? Die Beschriftung von Abbildung 16, die in diesem Zusammenhang nochmals in Augenschein genommen werden sollte, bringt es auf den Punkt. Sie lautet: „Zunahme (Verdoppelung) der Lebenserwartung von 37,2 Jahren 1855 auf 74,6 Jahre 1985: nicht nur mehr, sondern bessere Jahre". Eine Vielzahl von ineinandergreifenden Kettengliedern führt Elemente auf, die sich zwischen den beiden Eckdaten sämtliche in positiver Richtung entwickelten: Ernährung, Wohnen, Arbeitsbedingungen, Freizeit und Urlaub, Gesundheitswesen, Eindämmung von Krankheiten, öffentliche und private Hygiene, soziale Netzwerke, Schulwesen, Bildung und Ausbildung, Transportwesen, Mobilität, Kommunikation, Dienstleistungen, Zugang zu Informationen aller Art, zu Wissen, zu kulturellen Einrichtungen jeder Couleur. Noch nie waren die Möglichkeiten für so viele Menschen so gut wie bei uns heute, sämtliche gewonnenen Jahre in erfüllte umzuwandeln. Wer nicht unersättlich ist, sondern Augenmaß bewahrt hat, wird hiervon angemessen Gebrauch machen und seine Lebenszeit dankbar zu nutzen wissen.

Will jemand jedoch andere hierzu anleiten, sollte er sich vorgängig ebenfalls überlegen, ob wir in den heutigen Menschen mit ihrer durchschnittlich doppelten Lebensspanne nicht nur länger, weil besser lebende Menschen vor uns haben, sondern – wie es die Legende zur Abbildung 17 zu bedenken gibt – im Vergleich zu früher auch grundsätzlich andere, gar „neue" Menschen? Die positive Entwicklung in sämtlichen dort aufgezählten Teilbereichen führte letztlich auch zu einer Reihe von qualitativen Veränderungen bezüglich des Zusammenlebens, der Wertvorstellungen, der Attitüden und Haltungen, der Chancen und Möglichkeiten. Gemeint sind damit eine weit vorangeschrittene Individualisierung, Demokratisierung, Säkularisierung, Wertepluralismus, größere Verfügbarkeit über Wissen, Kultur, materielle Güter, quasi unbegrenzte physische Mobilität, ausgedehntes und völlig anders strukturiertes Zeitbudget, weltweit mögliche Instantinformation, Globalisierung, Mundialisierung. All dies wollte in der Ars vivendi-Monographie in Betracht gezogen werden. Sie zeigt an unterschiedlichen, aus den erwähnten Gründen historisch wie weltweit ausgewählten Beispielen, wie eine solche Ars vivendi gemäß einem Lebensplan heutzutage konzipiert und konkret in die Tat umgesetzt werden kann.

Dem gleichen Ziel dienten zwei weitere Titel: „Im Bildersaal der Geschichte oder Ein Historiker schaut Bilder an", und „Das unfertige Individuum. Sind wir auf halbem Wege stehen geblieben? Neun Bilder aus der Geschichte geben zu denken". Beide Male ließ ich mich von der Überlegung leiten, daß bildgewordene, visualisierte Probleme bei heutigen Menschen eine größere Chance haben anzukommen, als dies über jedes andere Medium und jeden anderen unserer Sinne möglich ist. Warum also nicht diese pädagogisch-didaktischen Überlegungen mit dem Konzept vom Lebensplan verbinden und weite Bereiche unseres kulturellen Erbes – nämlich Bilder, wie sie zu Hunderten in unseren Museen und Galerien landauf landab hängen – im Hinblick auf das Erreichen eines erfüllten langen Lebens neu heben und fruchtbar machen? Beide Bücher leiten gezielt zum Sehenlernen vor diesem Hintergrund an.

Im zweiten Band gerät zudem ein Aspekt ins Zentrum, der im Vorhabenszusammenhang als eine der wesentlichsten Folgen des Wandels von der unsicheren zur sicheren Lebenszeit zu bezeichnen ist. Es geht um die zunehmende Individualisierung als Konsequenz der möglich gewordenen Freisetzung des Menschen aus alten Zwangsgemeinschaften. Früher war die Integration in eine der üblichen Gemeinschaftsformen – Familie, Haushalt, Militär, Kloster – überlebensnotwendig. Heute ist sie das nicht länger. Singles überleben genauso gut wie Nicht-Singles. Allerdings sind überzeugte Singles auch dann single, wenn sie in die Jahre kommen, wenn's ans Sterben geht, oder auch vorher schon, wenn sie schlechte Zeiten erleben. Im „unfertigen Individuum" wird die Frage gestellt, ob wir abendländischen Menschen diesbezüglich nicht „auf halbem Wege stehengeblieben" seien. Zumindest seit der Renaissance strebten wir mit aller Macht ein Ausbrechen aus traditionellen Weltanschauungen, alten Glaubensvorstellungen, überkommen Zwangsgemeinschaftsformen an. Bis vor kurzem erlaubten das die „Pest, Hunger und Krieg"-Zeiten jedoch immer nur einer Minderheit. Seit dem Ende des Zweiten Weltkrieges haben quasi von einer Generation zur anderen mehr denn je eine reelle Chance, den alten Traum der Selbstverwirklichung zu realisieren. Mehr und mehr tun das denn auch. Was aber, wenn für sie die goldenen Jahre zu Ende sind? Hören wir dann nicht oft den verzweifelten Ruf nach „mehr Gemeinschaft"? Es scheint, als ob viele über den halben Weg der Selbstverwirklichung und Eigenständigkeit nicht hinausgekommen sind.

Was im Ars vivendi-Buch punktuell schon einmal vorweggenommen worden war, wird in einer weiteren Monographie als Antwort auf das „unfertige Individuum" nochmals aufgegriffen und vertieft. Der Titel lautet: ,'Sis humilis!' – Die Kunst des Sterbens als Grundlage für ein besseres Leben". Es dürfte kaum zu übersehen sein, daß es sich hierbei auch um das Thema des zweiten Symposiums handelt: „Erfüllt leben – in Gelassenheit sterben". Was aber dort sektoriell unter verschiedensten Aspekten von pluridisziplinären Standpunkten aus facettenreich betrachtet wurde, ist hier von einem einzigen Autor zu Papier gebracht. Am ehesten könnte man sagen, daß sich das hierbei zum Ausdruck kommende Anliegen mit demjenigen von Ruth Mattheis deckt (vgl. oben).

Nochmals wird vom „Lebensplan" ausgegangen, der zum Ziel hat, das heute einigermaßen berechenbare lange Leben von seinem Ende her zu leben und zu gestalten. Wer jedoch als „neuer" Mensch – und dazu rechnen auch viele Singles – die im zweiten Buch erwähnten unzähligen Möglichkeiten nutzt, das Paradies auf Erden zu finden und dadurch zu einem erfüllten Leben gelangt, könnte nur allzu leicht in Euphorie verfallen. Genau hiervon wird „vom Ende her leben" jedoch abhalten. Wer sich seiner Endlichkeit bewußt ist, träumt keine Träume von Unsterblichkeit, von ewigem Frühling und ewiger Jugend. Der Titel-Appell „Sis humilis!" ist zwar der alten Ars moriendi entliehen und war dort die Antwort auf die teuflische Versuchung zu Maßlosigkeit, Überheblichkeit, Hochmut, Stolz. Auf die heutige Zeit übertragen meint der Aufruf zu Bescheidung, Augenmaß zu wahren, globalisiert wie wir sind, die Realitäten auf unserer ganzen Welt zur Kenntnis zu nehmen, nicht für sich selbst immer noch mehr haben zu wollen. Wir haben jetzt schon bedeutend mehr Jahre als der Rest der Welt, weil wir bedeutend bessere Jahre haben. Ist das so wenig? Auch wer den Glauben an die Ewigkeit verloren hat, kann damit doch höchst komfortabel leben. Umdenken in Anlehnung an die „Setting-limits"-Kontroverse beziehungsweise in Übereinstimmung mit der Medizinethikerin Mattheis beinhaltet, sich der vielen guten Jahre durchaus redlich zu freuen, das beste aus ihnen allen für sich und andere zu machen, dabei aber die Endlichkeit der menschlichen Existenz nie aus den Augen zu verlieren, sondern sie als naturgegeben anzunehmen und in den Lebensplan zu inkludieren. Oder um die Worte des Philosophen Wörner zu wiederholen, „die Spannung von Leben, Sterben und Tod zuzulassen, auszuhalten und aushaltend zu gestalten."

Wer das in jungen Jahren gelernt hat und ein Leben lang ausübt, der braucht dem programmatischen Titel des zweiten Symposiums „Erfüllt leben – in Gelassenheit sterben" nichts mehr hinzuzufügen. Hätten die vorhabenbezogenen Publikationen, Symposien und all die weiteren damit verknüpften Aktivitäten Menschen da und dort geneigter gemacht, vermehrt nach diesem Motto zu leben, oder sollten sie es in Zukunft noch tun, dann wäre das Vorhaben seinem Hauptziel ein großes Stück näher gekommen.

Die Zunahme der Lebensspanne seit 300 Jahren und ihre Folgen

Eine kommentierende Zusammenfassung

Zuerst erschienen in „Zeitschrift für medizinische Ethik", Heft 3, 1994. Der Abdruck dieser veränderten Version erfolgt mit freundlicher Genehmigung der Zeitschriften-Redaktion und des Verlags.

Von Mitte 1990 bis Mitte 1994 förderte das Bundesministerium für Familie und Senioren am Fachbereich Geschichtswissenschaften der Freien Universität Berlin ein Vorhaben mit dem Titel „Die Zunahme der Lebensspanne seit 300 Jahren und ihre Folgen". Die daraus hervorgegangenen Buchveröffentlichungen finden sich am Schluß der Zusammenfassung aufgelistet. Den beiden Tafelbänden „Lebenserwartungen in Deutschland vom 17. bis 19. Jahrhundert" und „Lebenserwartungen in Deutschland, Norwegen und Schweden im 19. und 20. Jahrhundert" liegen zudem neu erstellte, umfangreiche Datenbanken zugrunde, die bei Abschluß des Vorhabens komplett dem hierfür zuständigen Zentralarchiv für Empirische Sozialforschung in Köln zur ferneren Betreuung übergeben wurden (Bachemerstraße 40, D-50931 Köln). Sämtliche Materialien sind dort nun allgemein zugänglich. Sie können von jedermann in bereinigter, benutzerfreundlich dokumentierter Form auf den üblichen Datenträgern entweder insgesamt oder maßgeschneidert für bestimmte Fragestellungen abgerufen werden, die mit der Entwicklung der Lebenserwartung bei der Geburt oder in welchem anderen Alter auch immer für Generationen gleichzeitig geborener oder gleichzeitig gestorbener Männer oder Frauen in Deutschland vom 17. Jahrhundert bis heute zusammenhängen.

Da die skandinavischen Staaten diesbezüglich über das weltweit beste und detaillierteste Quellenmaterial verfügen (der Vorläufer des ersten Statistischen Zentralbüros nahm seine Tätigkeit 1749 in Stockholm auf), wurde zu Vergleichszwecken eine Reihe wichtiger Datenreihen aus Norwegen und Schweden mitaufgenommen.

Wie aus dem Titel hervorgeht, beschäftigte sich das Vorhaben mit den Folgen der Lebensspannenzunahme seit 300 Jahren, nicht den Ursachen. Wer ursächliche Interpretationsansätze sucht, sei auf die beiden Symposiumssammelbände verwiesen, in denen Vertreter unterschiedlicher Disziplinen – Historiker, Demographen, Mediziner und andere mehr – hierzu Stellung nehmen.

Zunahme der Lebensspanne seit 300 Jahren

Befragen wir die erwähnten Datenbanken, wie groß die Lebenserwartung zum Beispiel vor zweieinhalb Jahrhunderten gewesen sei, wird uns der Computer für die Periode 1740-1749 und die Region Ortenau (= eines der intensiv untersuchten Gebiete in Südwestdeutschland) auf dem Monitor anzeigen: bei der Geburt für Knaben durchschnittlich 33,28 Jahre, für Mädchen 33,01 Jahre. In den späten 1980er Jahren waren es im früheren Bundesgebiet dagegen 72,21 für Knaben und 78,68 für Frauen (zum Vergleich in Schweden 33,72 und 36,64 Jahre damals zu 74,37 und 80,22 Jahren heute). Der „Mann auf der Straße" fühlt sich in seiner Meinung bestätigt und sagt selbstbewußt: „Unsere Lebenserwartung hat sich seit dem 18. Jahrhundert mehr als verdoppelt".

Unterschiedliche Lebenserwartungen

Natürlich hat der Computer mit seiner Antwort „recht". Nur war unsere Frage nicht klug gestellt. Wir fragten ihn mit „heutigen Augen". Heute trifft zu, daß die durchschnittliche Lebenserwartung grosso modo mit der tatsächlichen übereinstimmt. Wir können einigermaßen damit rechnen, das uns vorausgesagte Alter auch lebend zu erreichen. Ein „durchschnittliches" Sterbealter für Frauen von derzeit 79 Jahren kommt heute vielleicht dadurch zustande, daß die eine Frau 82 Jahre alt wird, die andere „nur" 76. Seinerzeit verhielt sich dies grundsätzlich anders. Ein damaliger „Durchschnitt" von 33 Jahren mochte dadurch zustande gekommen sein, daß das eine Mädchen gleich nach der Geburt verstarb, während eine andere Frau 66 wurde. Wie hätte es auch möglich sein sollen, bei einer „allgemeinen" Lebenserwartung von nicht einmal 35 Jahren genügend Nachwuchs selbst für die bloße Bestandserhaltung der Bevölkerung zu bekommen, ganz zu schweigen von den Schwierigkeiten für das normale Funktionieren einer Gesellschaft. Im „Durchschnittsalter" von 30, 35 Jahren starb damals kaum jemand. Viele verstarben dagegen wesentlich früher, andere bedeutend später. Sie, die letztgenannten, sorgten für das Funktionieren der Gesellschaft; sie sorgten für genügend Nachwuchs.

In der Regel brauchte es damals zwei Geburten, um einen Erwachsenen zu ersetzen. Nur die Hälfte oder ein Drittel der Neugeborenen schaffte es bis zum 20. Lebensjahr. Ein Viertel starb schon während der ersten zwölf Monate im Säuglingsalter. Für diejenigen, die dagegen ihren ersten Geburtstag erreichten, verbesserten sich die Lebensaussichten entsprechend. In den 1740er Jahren betrug ihre Gesamtlebenserwartung (auf unsere sämtlichen sechs Untersuchungsgebiete Ortenau, Herrenberg, Saarland, Schwalm, Hartum und Ostfriesland bezogen) im Durchschnitt 45,75 Jahre für Knaben und 45,77 Jahre für Mädchen (Schweden: 43,06 und 45,65 Jahre). Gehen wir gar bis zu den 25jährigen, was etwa dem damaligen Heiratsalter entsprach, so

310

betrug deren Gesamtlebenserwartung 60,50 Jahre bei den Männern und 60,55 Jahre bei den Frauen. Nur zählte im allgemeinen eben bloß noch die Hälfte eines Jahrganges hierzu. Die andere Hälfte ruhte dann längst auf den fleißig genutzten Friedhöfen.

Schon nach diesen wenigen differenzierenden Ausführungen wird jeder Leser und jede Leserin selbst zum richtigen Schluß kommen, daß damals „Großfamilien" mit mehreren Generationen unter einem Dach Ausnahmen waren und nicht die Regel sein konnten. Woher hätten auch die zur massenhaften Bildung von Mehrgenerationenfamilien notwendigen Groß- und Urgroßväter und -mütter kommen sollen? Aus dem gleichen Grunde wäre es ein aussichtsloses Unterfangen, aus der Geschichte generelle Schlüsse oder gar „Lehren" ziehen zu wollen, wie frühere Generationen „mit ihren Alten" umgegangen seien. Die relativ seltenen Ausnahmen von ehedem würden hierfür eine viel zu schmale Basis bilden. Halten wir uns diesbezüglich immer vor Augen, daß der massenhafte Durchbruch des Dritten Alters eine junge Erscheinung ist, noch keine vierzig Jahre alt. In Deutschland, ehemals West wie Ost, erreicht erst seit 1955 zumindest die Hälfte eines Jahrgangs ihr sechzigstes Altersjahr.

Ökologische versus physiologische Lebenserwartung

Mit „unterschiedlichen Lebenserwartungen" ist jedoch nicht nur die Tatsache gemeint, daß in früheren Zeiten jeder unserer Vorfahren – im Gegensatz zu heute – seine ganz individuelle kürzere oder längere Spanne Zeit fern jedes „Durchschnitts" zu leben hatte, sondern die Fachleute – das sind hier die Demographen, speziell die Historiker-Demographen – kennen darüber hinaus ganz unterschiedlich definierte Arten von Lebenserwartungen. So können wir zum Beispiel, unabhängig von den da oder dort tatsächlich gelebten Lebensspannen, ja im Gegensatz zu ihnen, danach fragen, wie lange Menschen eigentlich leben könnten, wenn sie nicht dauernd – was bei unseren Vorfahren ähnlich wie bei den meisten Menschen noch heute in vielen Entwicklungsländern offenbar permanent passierte – zu früh stürben. Welche Lebensspanne hält die Natur für uns, für die Spezies Mensch bereit? Wo endet unsere Lebenshülse? Auf welcher Höhe befindet sich das Dach, das der „Zunahme unserer Lebensspanne" früher oder später ein Ende setzen muß?

Wovon bis jetzt einzig die Rede war, wird unter Historiker-Demographen als „ökologische Lebenserwartung" bezeichnet. Die permanenten Auswirkungen von Pest(ilenzen), Hunger, Krieg führten ununterbrochen zu einer enorm breiten Streuung der Sterbealter, wobei der „Durchschnitt" eher bei dreißig als bei vierzig Jahren lag. Die Säuglings- und Kindersterblichkeit zogen ihn kräftig nach unten. Was sich vor diesem Hintergrund im Verlauf der letzten drei Jahrhunderte vollzog, ist eine kontinuierliche Zurückdrängung der alten

Pestilenzen, das heißt seuchenbildenden Infektionskrankheiten, der häufigen Mißernten und – seit dem Ende des Zweiten Weltkrieges – kriegerischer Ereignisse auf unserem Boden. Infolgedessen stieg das durchschnittliche Sterbealter und bündelte sich schließlich immer mehr auf sehr hohem Niveau. Heute liegt es mit Bezug auf die Männer bei merklich über 70 Jahren, auf die Frauen bei knapp unter 80. Da der Anstieg nach wie vor anhält, ist der Freiraum bis zum Dach offenbar noch nicht ganz ausgeschöpft. Wir sterben im allgemeinen immer noch etwas zu früh. Insofern gehören auch wir nach wie vor zu den „Entwicklungsländern".

Im Unterschied zur ökologischen Lebenserwartung sprechen Fachleute von physiologischer oder biologischer Lebenserwartung, wenn sie die „durchschnittliche maximale Lebenserwartung der Spezies Mensch" im Auge haben. Will man von einem Historiker-Demographen wissen, wo diese Dachlatte denn läge, kann er seine Datenbanken zum Beispiel danach befragen, welches die restliche Lebenserwartung von 80jährigen Männern und Frauen zu verschiedenen Zeitpunkten gewesen war, das heißt von Menschen, die alle Pestilenzen, Hungersnöte, Kriegswirren heil überstanden hatten. Vor zweieinhalb Jahrhunderten betrug diese Restlebenserwartung, wiederum bezogen auf sämtliche deutschen Untersuchungsgebiete, für Männer 3,64 und für Frauen 5,48 Jahre (in Schweden 4,60 und 4,76 Jahre). Diese Zahlen haben sich zwischenzeitlich zwar etwas erhöht, vergleichsweise aber in sehr bescheidenem Ausmaß. Heute haben 80jährige Männer (bezogen auf das Gebiet der ehemaligen Bundesrepublik Deutschland) durchschnittlich noch 6,06 weitere Jahre zu leben, Frauen noch 7,57 (in Schweden 1986/1990: 6,49 und 8,23 Jahre). Für „übriggebliebene" Achtzigjährige hat sich im Verlauf der letzten Jahrhunderte somit relativ wenig verändert. Mitte des 18. Jahrhunderts lag ihre Gesamtlebenserwartung im allgemeinen bei etwas unter 85, heute bei etwas über 85 Jahren. Historiker-Demographen sind deshalb geneigt, diese sich konstant abzeichnenden 85 bis 90 Jahre als die „durchschnittliche maximale Lebenserwartung" von uns Menschen zu betrachten.

Durchschnittliches Maximum heißt gleichzeitig allerdings auch, daß im Einzelfall erhebliche Abweichungen möglich sind. Ausnahmemenschen dürften schon mal 110, 120, vielleicht 125 Jahre alt werden. Über allenfalls genetisch manipulierte Ausweitungen unserer durchschnittlichen maximalen Lebensspanne „in Zukunft" hat der Historiker-Demograph dagegen nicht zu spekulieren.

Stagnierende und rückläufige Lebenserwartungen

Vergleicht man die dreihundertjährige Entwicklung einer steigenden ökologischen Lebenserwartung mit der quasi konstant gebliebenen physiologischen, so könnte man leicht zum Schluß kommen, daß die erste ebenso zielstrebig wie kontinuierlich die Grenzlinie der zweiten zu erreichen suchte. Tendenziell ist diese Feststellung sicher richtig, im Detail jedoch nicht. Eine einmal von Männern oder Frauen da oder dort in diesem oder jenem Zeitraum erreichte Lebenserwartung braucht keineswegs immer nur noch weiter anzusteigen. Sie kann ebensogut für kürzere oder längere Zeit stagnieren oder sich wieder rückläufig entwickeln. Daß wir jetzt, am Ende des 20. Jahrhunderts, unsere historisch bisher höchste Lebenserwartung erreicht haben, bildet somit in keiner Weise eine Garantie dafür, daß dem in Zukunft so bleiben muß. Es braucht auch keine spektakuläre Rückkehr von Pest (AIDS), Hunger oder Krieg zu sein, die zu einer neuerlichen Abnahme führt. Die Gründe können subtiler sein und gegebenenfalls synergetisch negative Folgen zeitigen. Je nach den Ursachen können auch nur bestimmte Bevölkerungsgruppen, nur Männer oder nur Frauen, nur dieses oder jenes Alter, oder aber eine ganze Generation, ganze Regionen, Länder, Kontinente betroffen sein.

Ein augenöffnendes Beispiel ereignete sich hierzulande in der zweiten Hälfte des 19. Jahrhunderts. Infolge der raschen Industrialisierung und Urbanisierung kam es bei uns vielerorten zu einer massiven körperlichen Überlastung von Frauen und Müttern. Auf dem Lande von Bäuerinnen, die plötzlich große Mengen an Lebensmitteln für Tausende hungriger Stadtmäuler zusätzlich bereitzustellen hatten, in der Stadt, wo sich Arbeiterinnen von früh bis spät in Fabriken abzuplagen hatten – alles neben Haus und Herd, neben der Familie, neben den Kindern. Was Wunder, daß es da wie dort gleichzeitig zu einem markanten Anstieg der Mütter- und Säuglingsmortalität sowie der Totgeburten mit einem entsprechenden Einbruch in der Lebenserwartung kam. Ein Rückgang der diesbezüglichen geschlechts- und altersspezifischen Übersterblichkeiten erfolgte erst, als die Hauptbetroffenen, Frauen und Mütter, ihr Schicksal in die eigenen Hände nahmen und, motiviert wie sie jetzt waren, jahrhundertealte, aber bis anhin nie systematisch angewandte Kenntnisse der Geburtenverhütung in die Tat umsetzten. Von einer Generation zur anderen ging die Zahl der Schwangerschaften und Geburten spürbar zurück. Frauen und Mütter setzten sich – und ihre Kleinen – nicht länger gleichermaßen häufig den tödlichen Gefahren aus.

Im gleichen Kontext ist ebenso aufschlußreich, daß die heute um Jahre höhere Lebenserwartung von Frauen (trotz ihrer vielfach nach wie vor bestehenden Benachteiligung!) kein bloß biologisch determiniertes, sondern ein gesellschaftlich überformtes, historisch gewachsenes und somit auch wieder reversibles Phänomen darstellt. Gegen rein biologistische Erklärungsansätze spricht zum einen, daß die historische Demographie auch für vergangene Jahrhunderte große Unterschiede selbst in den ungefährdeteren vor- und nachprokreativen Phasen von Frauen nachweisen kann, und daß zum anderen neuere Daten aus den demographisch und gesellschaftlich fortgeschritteneren skandinavischen Ländern eine Rückbildung der geschlechtsspezifischen Unterschiede erkennen lassen.

Das umfassendere Erklärungsmodell geht hier somit von der Überlegung aus, daß jedem Individuum innerhalb eines zeitlich/räumlich für Männer und Frauen unterschiedlich vorformulierten kulturellen Kontextes bestimmte Möglichkeiten gegeben sind, Gesundheit zu erreichen (= „positive Freiheiten") beziehungsweise Ungesundheit zu riskieren (= „negative Freiheiten"). Die weitgehende Vorenthaltung letzterer schlug beziehungsweise schlägt in traditionellen Gesellschaften bei Frauen hinsichtlich ihrer Lebenserwartung stark positiv zu Buche, wohingegen sich im Zuge auch diesbezüglich größerer Gleichberechtigung der Abstand wieder mindert. Erhärtet werden können diese Thesen einerseits anhand demographischen Materials für Deutschland vom 18. Jahrhundert bis heute (an Generationen gleichzeitig geborener Männer und Frauen), andererseits in vergleichenden Parallelstudien aufgrund des einzigartigen demographischen Materials aus Skandinavien.

Nachdenken über Lebenserwartungen

Beginnen wir erst einmal über unterschiedliche Lebenserwartungen nachzudenken, führt uns dies alsbald in noch tiefere Dimensionen. Nur weil wir die Zahlen schwarz auf weiß sowie computerberechnet auf Punkt und Komma vor uns haben, sind wir oft zu rasch geneigt, den „harten Daten" blindlings zu trauen. Dabei müßten uns doch schon die täglichen weltweiten Fernsehinformationen vor solcher Naivität bewahren. Wem käme es zum Beispiel in den Sinn, einen vor Gesundheit strotzenden, nie ernstlich gefährdeten 50jährigen Westeuropäer „im besten Alter" mit einem 50jährigen, von andauernder „Pest, Hunger und Krieg"-Präsenz zutiefst gezeichneten Zentralafrikaner zu vergleichen und zu behaupten, beide wären „gleich alt"? Da mag sogar eine rüstige Schwedin mit ihren 80 Jahren vergleichsweise jünger sein als eine halb so alte ausgemergelte Frau aus dem Tschad.

Was wir jedoch hier horizontal als „history live" vor uns haben, können wir auch vertikal, das heißt geschichtlich auslegen. Wir müssen uns dann fragen lassen, was wir eigentlich miteinander vergleichen, wenn wir Lebenserwartungen aus dem 18. Jahrhundert bei uns mit Lebenserwartungen des ausgehenden 20. im gleichen Gebiet miteinander in Beziehung bringen, zum Beispiel 70jährige damals und 70jährige heute. Die Inhalte dieser metrisch gleich langen Leben unterscheiden sich weitestgehend voneinander.

Nicht anders verhält es sich noch heute, wo eine Lebenserwartung von 80 Jahren für einen Universitätsprofessor schwerlich dasselbe bedeutet wie für einen „gleich alt" werdenden Bergwerksarbeiter, von ihren Frauen ganz zu schweigen. Nicht weiter hinterfragte, vermeintlich „harte" Daten sind ganz dazu geeignet, uns Sand in die Augen zu streuen.

Sie tun das in einer weiteren Hinsicht noch mehr. Die Behauptung mag sich nur im ersten Augenblick überspitzt formuliert anhören, daß unsere Lebenserwartung während der letzten dreihundert Jahre keineswegs zu-, sondern im Gegenteil um ein Vielfaches abgenommen habe. Für die meisten unserer Vorfahren im christlichen Abendland bestand das Leben aus zwei Teilen: einem mehr oder weniger kurzen auf Erden und einem ungleich wichtigeren, unendlichen Teil im Jenseits. Parallel zu den wachsenden Erfolgen gegen den vorzeitigen Tod vollzog sich bei uns eine andere Entwicklung, die bei vielen zum Verlust des Glaubens – auch an Auferstehung und ein ewiges Leben – führte. Während sich die irdische Spanne somit verdoppelte, fiel die ewige Fortsetzung weg. Die gesamte Lebensspanne ist unendlich viel kürzer geworden. Der irdische Teil ist das einzige, was uns geblieben ist. Dadurch erfuhr er eine ungeheure Aufwertung, und mit ihm der Körper als Vehikel. Mühelos verdrängten die Krankenhäuser mittlerweile die überflüssig gewordenen Kathedralen.

Die Folgen des Wandels von der unsicheren zur sicheren Lebenszeit

Befragen wir die Daten nicht allzu naiv und geben uns nicht mit vordergründigen Antworten zufrieden, dann sind die Folgen des – um die Zunahme und Bündelung des Sterbealters auf hohem Niveau anders auszudrücken – Wandels von der unsicheren zur sicheren Lebenszeit fast unübersehbar vielfältig. Manche davon nehmen wir noch gar nicht richtig wahr oder deuten sie inadäquat. Ein Zeichen dafür ist zum Beispiel, daß viele die „Zunahme der Lebensspanne und ihre Folgen" noch häufig unbesehen in die Kategorie „Altersprobleme" einordnen beziehungsweise dorthin abschieben. Als ob etwa der eben erwähnte Verlust des Glaubens (an die Ewigkeit), überhaupt einer kohärenten Welt- und Jenseitsanschauung in erster Linie ein Altersproblem wäre.

Aussichten für alle auf ein langes Leben von Anfang an

Zunahme des durchschnittlichen Sterbealters und dessen Bündelung auf hohem Niveau heißt zuerst einmal, daß nun praktisch alle Geborenen – ganz anders als früher – eine Kindheit und eine Jugend haben, und daß sie die verschiedenen Phasen des Erwachsenenlebens durchlaufen, alles bevor sie älter und schließlich alt werden. Wir können erstmals mit größerer Wahrscheinlichkeit denn je von früher Jugend an mit dem Erreichen der uns vorhergesagten durchschnittlichen verlängerten Lebensspanne rechnen, können unser Leben erstmals von einem relativ kalkulierbaren Ende her gestalten. Es lohnt sich für uns in jeder Weise, in dieses aller Voraussicht nach lange Leben von Anfang an zu investieren, körperlich, geistig, seelisch, musisch, natürlich auch ökonomisch.

Wir sollten das auch aus dem einfachen Grunde tun, weil „aller Voraussicht nach" ebenso beinhaltet, daß wir nun – im Gegensatz zu unseren Vorfahren – mit den Eventualitäten der späten Jahre zu rechnen haben. Je älter wir werden, um so größer wird die Wahrscheinlichkeit, daß wir zuerst hilfs-, dann pflegebedürftig werden, alles noch bevor man uns gegebenenfalls institutionalisiert und wir schließlich sterben. „Lebenserwartung", gemessen in Anzahl durchlebter Jahre, und „behinderungsfreie Lebenserwartung" sind zwei verschiedene Dinge. Unsere Vorfahren hatten zwar ein unsicheres, stets von Pest, Hunger und Krieg überschattetes und daher mehr oder weniger kurzes Leben. Da die häufigsten Todesursachen jedoch aus einer Handvoll wichtiger Infektionskrankheiten – Pest, Pocken, Fleckfieber, Cholera, Bauchtyphus und einigen anderen – bestanden, war der Sterbeprozeß in aller Regel ebenfalls kurz und, im Vergleich zu heute, gnädig. Wir haben zwar ein sichereres und damit im allgemeinen ungleich längeres Leben. Durch die hierbei zugrundeliegende Eliminierung der alten Infektionskrankheiten sind wir aber nicht unsterblich geworden. Die früher chancenlosen chronischen Leiden – allen voran Herz-Kreislaufkrankheiten sowie bösartige Neubildungen – teilen sich nun die Beute mit Erfolg neu auf. Wir haben die längere Lebensspanne mit einem nicht selten nun ebenfalls viel längeren Sterbeprozeß zu bezahlen.

Selbstverwirklichung

Weil heute praktisch alle Neugeborenen überleben, brauchen wir auch nicht mehr die doppelte Zahl von Kindern zu „produzieren", damit wenigstens die Hälfte von ihnen ins heiratsfähige Alter kommt und für die weitere Bestandserhaltung sorgt. Logischerweise ist die Kinderzahl denn auch drastisch zurückgegangen, was wiederum zur Folge hat, daß sich mehr und mehr Frauen auch außerhalb von Haus und Herd beruflich und sozial „verwirklichen" können.

Bezüglich dieser eben erwähnten Selbstverwirklichungstendenz sind allerdings die bereits eingetretenen beziehungsweise stets deutlicher werdenden Konsequenzen des Wandels von der unsicheren zur sicheren Lebenszeit noch weitaus tiefgreifender und fundamentaler. Das egozentrierte Streben nach Selbstverwirklichung, Unabhängigkeit, Ungebundenheit existiert im Abendland seit Jahrhunderten. Zumindest seit der Renaissance versuchen wir mit Macht, alte ungeliebte Fesseln von uns zu streifen, aus traditionellen Bindungen auszubrechen, auf eigenen Füßen zu stehen. Bis vor kurzem war dies jedoch immer nur einer kleinen Minderheit Privilegierter möglich. Die überwiegende Mehrzahl unserer Vorfahren hatte während all der Pest-, Hunger- und Krieg-Zeiten gar keine andere Wahl, als sich zwecks Überlebens in irgendeine Form von Gemeinschaft – Familie, Haushalt, Kloster-, Militärgemeinschaft usw. – einzufügen und gemeinsamen Zielen unterzuordnen. Der Bestand des Bauernhofes, des Klosters, der Truppe war wichtiger als die austauschbaren, mal zwei, mal zwanzig, mal fünfzig Jahre darauf oder darin lebenden Zugehörigen.

Wenn nun seit dem Ende des Zweiten Weltkriegs bei uns erstmals für so lange Zeit keine „Pest, Hunger und Krieg"-Zustände mehr herrschen, braucht es niemanden zu überraschen, daß eine wachsende Zahl von Zeitgenossen die einzigartige Chance wahrnimmt und sich in keine Zwangsgemeinschaft aus Überlebensgründen mehr einfügt. Zudem sind für die meisten Single-Willigen derzeit die wirtschaftlichen Voraussetzungen gegeben, von einem überbordenden Dienstleistungsangebot jeden nötigen Gebrauch – und mehr – zu machen. Von Fall zu Fall nach Lust und Laune sich entscheidende Teil-zeit-Gemeinschafter/innen brauchen zwecks physischer Existenzsicherung jedenfalls keinerlei langfristige Verpflichtungen auf Gegenseitigkeit mehr ein-zugehen. Sie überleben ohne diese genauso gut.

Unsterblichkeitswahn

Von den insgesamt 79,75 Millionen Deutschen waren 1990 42,53 Millionen jünger als 40 Jahre. Mehr als die Hälfte aller Deutschen (53,3%) kam somit nicht vor 1950 auf die Welt. Erstmals kennt die breitere Öffentlichkeit die jahr-tausendealte permanente Bedrohung durch „Pest, Hunger und Krieg" nicht mehr aus eigener Erfahrung, nicht mehr am eigenen Leib, sondern nur noch vom Hörensagen, aus Fernsehbildern, möglicherweise aus dem Geschichts- oder Geographieunterricht. Realität ist das a priori für sie nicht, obwohl die Realitäten manchmal schon wieder bedrohlich nahe kommen und geeignet sind, viele unter uns an der Dauerhaftigkeit jenes „Wandels von der unsiche-ren zur sicheren Lebenszeit" zweifeln zu lassen. Historiker wissen nur zu gut, daß bislang kein Zustand ewig anhielt. Noch ist es jedoch immer der Tod und das Leid von anderen, wovon wir hören und was wir in der Tagesschau se-hen, nicht mein Sterben, nicht meine Vergänglichkeit.

Die quasi logische Folge hiervon ist, daß sich erstmals ganze Generationen „ein bißchen unsterblich" fühlen dürfen, und dies sogar „mit einem gewissen Recht". Wir brauchen den Tod gar nicht, wie man häufig beklagend hören kann, zu verdrängen. Während Jahren wird er höchst effektiv von uns fernge-halten. Stößt uns dennoch einmal etwas Ernsthaftes zu, werden wir in aller Regel prompt und zuverlässig repariert. Vielfältige Präventionskampagnen suggerieren zusätzlich Unsterblichkeit. Bei noch mehr Joggen, noch weniger Rauchen, Trinken von nur noch fettarmer Milch oder Mineralwasser müßte es doch endlich möglich sein, den Tod ganz aus der Welt zu schaffen – wenig-stens bei uns, wo wir dem Ziel schon jetzt näher denn je sind.

317

Wenn Menschsein darin besteht, die in uns von Anfang an angelegte Spannung zwischen Werden und Vergehen zu akzeptieren, auszuhalten und aushaltend zu gestalten, ist diese Art von Prävention, sind manche Ziele des heutigen Medizinalbetriebes und damit verbunden viele unserer Einstellungen und Attitüden unmenschlich, weil sie eine fundamentale conditio humana nicht wahrhaben wollen, weil sie unsere Sterblichkeit negieren. Eine Rückbesinnung auf die menschlichen Grundgegebenheiten bei Professionellen wie Laien mit dem Ziel, das naturgegebene Ende unserer Existenz „zur rechten Zeit" vermehrt wieder für selbstverständlich zu halten und anzunehmen, würde zwangsläufig manch unangemessene Bemühung um Todesverhinderung überflüssig machen. Viel fragwürdig kostspielige Medizinintervention fiele dahin.

Vom alten Gleichgewicht zum neuen Gleichgewicht

Bisher haben wir nur über den Haupttitel des vierjährigen Vorhabens gehandelt: „Die Zunahme der Lebensspanne seit 300 Jahren und ihre Folgen". Das Projekt hatte indes auch noch einen programmatischen Untertitel: „Gewonnene Jahre – verlorene Welten: Wie erreichen wir ein neues Gleichgewicht?" Was mit „gewonnenen Jahren" gemeint ist, wurde oben erläutert: im Rahmen der uns von Natur aus eigentlich zustehenden physiologischen Lebenserwartung immer mehr Jahre für immer mehr Menschen, was zu einer Anhebung und Bündelung des durchschnittlichen Sterbealters auf einem nie zuvor erreichten hohen Niveau führte. Worauf die „verlorenen Welten" abzielen, wurde zumindest zweimal angedeutet. Zum einen verlief – gegenläufig zur Zunahme des durchschnittlichen Sterbealters – eine Reduzierung der ehedem unendlichen Lebensspanne (Diesseits plus Fortsetzung im Jenseits) auf den kümmerlichen irdischen Rest. Damit verbunden war der Verlust einer zuvor allumfassenden Welt- und Jenseitsanschauung. Zum anderen lockerten sich mit dem Wandel von der unsicheren zur sicheren irdischen Lebenszeit die früher überlebensnotwendigen (Zwangs-) Gemeinschaftsbande. Aus freigesetzten Individuen wurden zunehmend Einzelgänger beziehungsweise – zur Befriedigung individuell egoistischer Wünsche – Teilzeit-Gemeinschafter/innen. Während unsere Vorfahren somit gleich doppelt integriert, aufgehoben, abgesichert waren, wird von uns nach dem Verlust beider Integrationen nun auch gleich eine doppelte Selbständigkeit verlangt. Ob alle ihr gewachsen sind, ist fraglich. Psychiater haben Zulauf; Sekten auch.

Seelisches Gleichgewicht

Gemäß christlicher Weltanschauung war jeder Mensch in den Armen seines Schöpfers aufgehoben, mochte er im übrigen noch so verlassen, allein, einsam, von Pech, Unglück und Nachstellungen verfolgt sein. Die seelische Balance zu halten, dürfte damals vielen leichter gefallen sein als heute, wo uns dieses sichere Gefühl göttlicher Geborgenheit nicht mehr umfängt. Niemand steht länger jederzeit bereit, uns in guten wie vor allem in schlechten Tagen in die Arme zu schließen, ein Gott schon gar nicht mehr. – Und mochten die ehemaligen Gemeinschaften noch so sehr aus der Not geborene Zwangszusammenhalte und deshalb häufig schlechte Gemeinschaften gewesen sein, so waren es eben doch menschliche Gemeinschaften, Orte der Integration, des schützenden Aufgehobenseins, eines einigermaßen ausgewogenen Gleichgewichts zwischen Geben und Nehmen. „Do, ut des": „Ich gebe Dir [in Zeiten der Not] etwas, damit ich – egoistisch, nicht altruistisch – von Dir [in Zeiten der Not] etwas zurückbekomme."

Gleichgewicht zwischen den Generationen und Geschlechtern

Gleichgewichtszustände gab es indes in früheren Zeiten noch weitere, die wir im Zuge unserer Lebensspannenexpansion ebenfalls außer Kraft gesetzt und noch durch keine funktionierenden neuen ersetzt haben. Weiter oben war davon die Rede, daß vor zweieinhalb Jahrhunderten die Gesamtlebenslänge von erwachsenen Männern im heiratsfähigen Alter bei durchschnittlich 60,50, von Frauen bei 60,55 Jahren lag. Nicht nur bestand damals somit ein strukturelles Gleichgewicht zwischen männlicher und weiblicher Lebenserwartung ohne wesentliche Witwer- noch Witwenzeiten, sondern ein ebenso wichtiges zwischen den aufeinanderfolgenden Generationen. Das letzte von durchschnittlich sechs bis sieben Kindern brachten die Frauen damals mit 39, 40 Jahren zur Welt. Rechnet man zwanzig Jahre hinzu, bis die nächste Generation flügge war, kommt man auf die sechzig Lebensjahre der Eltern. Nach einem folglich bis zum Rand erfüllten Leben machten sie durch ihren Tod den Jungen Platz, wenn diese den Hof oder das Handwerk übernehmen konnten.

Aufgrund des Wandels von der unsicheren zur sicheren Lebenszeit ist es zum Zerbrechen dieses doppelten Gleichgewichts gekommen. Zum einen müssen die Mütter für dasselbe Ergebnis nicht mehr sechs bis sieben Kinder zur Welt bringen, sondern höchstens noch die Hälfte; meist sind es noch weniger. Dadurch erfolgt die letzte Niederkunft eher im Alter von dreißig als von vierzig Jahren. Das letzte – nicht selten einzige – Kind verläßt somit das Haus, wenn die Mütter um die fünfzig sind. Zum anderen hat die Lebenserwartung erwachsener Männer und Frauen nicht nur generell stark zugenommen, sondern auch sehr unterschiedlich zwischen den Geschlechtern. Witwenschaften von rund zehn Jahren sind heute keine Seltenheiten. Neben diesem für viele Frauen neuen Faktum kommt es bereits zuvor zu einer mittlerweile nicht selten zwanzigjährigen „Gefährtenschaft im leeren Nest", die beiden, Männern wie Frauen, nun zu schaffen machen kann. Was fangen all die Männer und noch mehr die Frauen mit diesen sämtlichen gewonnenen Jahren an?

Sind es für sie wirklich gewonnene, nicht bloß mehr oder weniger unfreiwillig dem Leben hinzugefügte Jahre? Keineswegs alle Betroffenen haben hier bereits eine neue Balance gefunden.

Diesseits und Jenseits – dazwischen „Die Kunst des Sterbens"

Eine frühere Balance haben wir jedoch auch auf ganz anderer Ebene verloren. Gemäß der seinerzeitigen christlichen Welt- und Jenseitsanschauung galt die kürzere oder längere Lebensspanne hienieden als Vorbereitung auf die weitaus wichtigere Fortsetzung im Jenseits. Nach damaligen Vorstellungen entschied sich das Seelenheil definitiv jedoch oft erst im letzten Augenblick. Probleme ergaben sich hieraus insofern, als in jenen Seuchenzeiten häufig viele Menschen gleichzeitig starben und die professionell ausgebildeten Seelsorger-Sterbebetreuer somit bei weitem nicht jedem Darniederliegenden individuell beistehen konnten. Ganz abgesehen davon verschonten die Seuchen auch sie nicht; zudem wußten sie wie alle anderen, inklusive die „lieben Angehörigen", aus dutzendfacher Erfahrung und nächster Nähe um die tödliche Gefahr ansteckender Krankheiten. Kurzum: gestorben wurde immer wieder allein. Niemand konnte sicher sein, daß ihm oder ihr nicht genau dieses Schicksal ebenfalls widerfahren würde.

Unsere Vorfahren zogen hieraus jedoch die Konsequenzen. Seit den 1460er Jahren erschien in immer neuen Auflagen eine nur elf Holzschnitte umfassende knappe Broschüre, genannt „Ars moriendi", das ist „Die Kunst des Sterbens". Männiglich konnte darin ohne alle Lesekenntnisse verfolgen, wie man sämtlichen Anfechtungen des Teufels in der Sterbestunde bis zum letzten Atemzug siegreich widerstand. Das elfte Bild zeigte den glücklichen Ausgang um den Kampf der Seele. Ein Engel wartete schon, um sie nach inzwischen eingetretenem leiblichen Tod in Empfang zu nehmen und in die richtige Richtung – nach oben – dem Antlitz Gottes entgegen zu geleiten. Hatte man diese Kunst in jungen Jahren erst einmal gelernt, brauchte man sich vor dem Sterben, auch dem Sterben allein, selbstverständlich nicht länger zu fürchten.

Krankheiten machten Sinn

Wie nebenbei erhielten in diesem früheren System selbst „gewöhnliche" Krankheiten einen Sinn. Sie waren ein gnädiger Fingerzeig Gottes, rechtzeitig auf dem sündigen Lebenswandel einzuhalten, in sich zu gehen und umzukehren. Erneut zeichnet sich somit in historischer Zeit ein ausgewogeneres Verhältnis zwischen „Gesundsein" und „Kranksein" ab, als dies in heutiger Zeit der Fall ist, wo Gesundheitseinbußen allermeist nur noch negativ gesehen werden.

Zerbrochene Gleichgewichte – auf der Suche nach neuen

Wer eine dreihundertjährige, in ihren Wurzeln noch wesentlich weiter zurückreichende Entwicklung überblickt, kommt unweigerlich zum Schluß, daß inzwischen manche der ehedem ausgewogenen und auf ihre Weise halt-gebenden und sinnstiftenden Gleichgewichte zerbrochen sind und sie noch nicht überall durch neue ersetzt wurden:

- Das Gleichgewicht bei der Generationenabfolge besteht nicht länger. Die ältere Generation stirbt nicht mehr hinweg und macht durch den Tod Platz, wenn die jüngere flügge ist. Was früher „automatisch" zu einem „erfüllten", wenn auch nur mäßig langen Leben führte, nämlich das Gebrauchtwerden der Eltern bis die nachwachsenden Kinder selbständig waren, ist unter den heutigen ausgedehnten Lebensspannenbedingungen nicht mehr zwangs-läufig der Fall. Häufig kommt es vielmehr erst zu einer etwa zwei Jahr-zehnte dauernden „nachelterlichen Gefährtenschaft im leeren Nest", woran sich für viele Frauen nochmals eine Witwenschaftsdauer von etwa einem Jahrzehnt am Ende ihres Lebens anschließt.

- Die ehemals überlebensnotwendigen Gemeinschaftsbande mit langfristi-gen gegenseitigen Verpflichtungen haben sich im Zuge des Wandels von der unsicheren zur sicheren Lebenszeit gelockert oder vielfach ganz aufge-löst und einem zunehmenden Einzelgängertum Platz gemacht. Die hier-durch ermöglichte Selbstverwirklichung trägt bislang indes vielfach nur in guten Tagen und nur während der „besten Jahre" im Leben. Brechen schwere Zeiten an, geht es gar ans Sterben, wankt die Selbständigkeit und wird der nostalgische Ruf nach „wieder mehr Gemeinschaft" laut. Vergeb-lich, denn die Zeiten sind nicht länger so.

- Viele haben die einstige Welt- und Jenseitsanschauung eingebüßt und sind dadurch nicht länger permanent und jederzeit in den Armen eines Schöp-fers aufgehoben. Damit verloren auch Krankheiten ihren warnenden Sinn. Durch die Reduktion der ehedem unendlichen Lebensspanne auf die – zwar doppelt so vielen – irdischen Jahre ist zudem die einstige Ars mori-endi als Vorbereitung auf ein gottwohlgefälliges Sterben gegenstandslos geworden. Wir haben sie vergessen.

- Dank der Bündelung unser aller Sterbealter auf hohem Niveau durch ein ef-fektives und von vielerlei Präventivmaßnahmen flankiertes Gesundheitser-haltungssystem vermochte sich in den „besten Jahren" ein „Unsterblich-keitsglaube" insofern auszubreiten, als wir dadurch unsere naturgegebene Endlichkeit, unser Sterben und unseren Tod weitgehend aus den Augen verloren haben. Als Folge ist bei manchen Professionellen wie Laien ein hy-brides Streben nach späterer Todesverhinderung zu beobachten, eine Einstellung, die sich hierzulande angesichts des Euthanasie-Tabus nicht leicht wird entkrampfen lassen.

Rückbesinnung als Ausgangspunkt für eine Anpassung an heutige Gegebenheiten

Fazit: der Historiker würde gar nicht so weit gehen, ein möglicherweise doch reichlich utopisches „Umdenken in der ganzen Bevölkerung" zu fordern, sondern sich damit begnügen, Augenmaß anzumahnen, die Realitäten in der Welt und in der Geschichte zu sehen, das beste aus der heutigen Situation zu machen, dabei aus der Geschichte so viel zu „lernen", wie tatsächlich aus ihr zu lernen ist.

Das zweite Symposium gegen Ende des Vorhabens prägte für dieses Konzept den Titel: „Erfüllt leben – in Gelassenheit sterben". Er erinnert weder an moralisierende „Memento mori!"-Appelle, noch will er ein „schlechtes Gewissen" wachrütteln. Er hat weder etwas von einer asketischen Predigt an sich, noch klagt er über gegenwärtige Zustände. Vielmehr rät er dazu, sich des langen heutigen und morgigen Lebens redlich zu freuen und es bewußt so erfüllt wie möglich zu gestalten, um es dereinst in größerer Gelassenheit hergeben zu können.

Eines allerdings wird dabei deutlich. „Erfüllt leben – in Gelassenheit sterben" ist keine Ars moriendi für die Sterbestunde. Es bietet keinerlei Anweisung zum Gebrauch auf der Intensivstation. Das Konzept vom „erfüllten Leben", das zu einem „Sterben in Gelassenheit" wann auch immer, wo auch immer und in welcher Form auch immer führen soll, ist eine lebenslang ausgeübte Ars vivendi. Es ist die „Kunst vom gelungenen Leben" mit einem naturgegeben selbstverständlichen „Tod zur rechten Zeit".

Erfüllt leben – in Gelassenheit sterben

Weder können noch wollen wir zwecks Realisierung dieses Konzepts das Rad der Geschichte anhalten oder gar zurückdrehen. Wer möchte im übrigen schon mit den „Pest, Hunger und Krieg"-Zeiten von ehedem tauschen? Es würde nichts fruchten, zum Beispiel die alte Ars moriendi erneut in großer Auflage unter die Leute zu bringen, nur damit auch wir das Sterben wieder lernten – was wir gewiß bitter nötig hätten. Niemand von uns wird in der Sterbestunde länger von Höllenmächten umzingelt, die mittels allerlei teuflischer Versuchungen unserer Seele habhaft werden möchten. Sehr wohl aber können wir, ohne den „Lehren aus der Geschichte" ungebührliches Gewicht beimessen zu wollen, uns überlegen, ob es sich nicht lohnen würde, gewisse

Elemente von damals für neue, zeitgemäße Lösungen unter heutigen, meist ganz anderen Bedingungen zu übernehmen und angepaßt weiter zu entwickeln.

War es etwa, um beim Beispiel der alten Ars moriendi zu bleiben, angesichts des damals häufigen Alleinsterbenmüssens eine so schlechte Idee, daß männiglich ab jungen Jahren sich auf diese Situation vorbereiten sollte? Auch heute gehen viele unter uns die letzte Wegstrecke wieder allein. Doch wer lehrt uns sterben? Oder war es so abwegig von unseren Vorfahren, in Gesundheitseinbußen einen Sinn zu erkennen? Für uns haben sie jeden Sinn verloren, den ehemaligen als Fingerzeig Gottes schon gar. Wie wäre es, ihnen erneut einen Sinn einzuräumen, dies vielleicht sogar in präventiver Absicht? Wenn wir unsere Existenz als spannungsgeladene Frist zwischen Werden und Vergehen begreifen, werden wir gar nicht auf die Idee kommen, daß Leben aus einem permanenten Hochgefühl bestehen müsse und was davon abweiche, sei „krank", ganz zu schweigen, daß wir den von Natur gesetzten Tod zur rechten Zeit verhindern wollten. Zwischenzeitliche Gesundheitseinbußen könnten zudem sehr wohl sinnstiftend wirken, weil sie uns an unsere menschlichen Grundbedingungen zu erinnern vermögen und uns Freiraum zum atemholenden Nachdenken verschaffen. Wann hätten wir das sonst schon?

Lebensplan: das lange Leben vom Ende her leben

„Erfüllt leben – in Gelassenheit sterben" setzt heute eine Art „Lebensplan" voraus. Was an unserer Situation sowohl im Vergleich zu allen bisherigen Zuständen in der Geschichte wie zu den Gegebenheiten sonstwo auf der Welt grundlegend neu und anders ist, ist die Tatsache, daß wir als erste und einzige unsere physiologische Lebensspanne mit größerer Wahrscheinlichkeit denn je und als anderswo weitgehend zu Ende leben können. Die allermeisten von uns werden nicht nur das Dritte, sondern auch das Vierte Alter (jenseits etwa der 70, 75) erreichen. Ein Leben vom Ende her, oder anders gesagt: ein Langzeitentwurf als Lebensplan meint nichts weiter, als die Stärken und Schwächen jeder Altersstufe ab frühen Erwachsenenjahren in Erwägung zu ziehen, Geschmack an ihnen allen zu finden und vor allem die Eventualitäten der (sehr) späten Jahre nicht aus den Augen zu verlieren. Es genügt nicht mehr, sich immer nur für den nächsten Tag einzurichten; es ist zu spät, erst Ende des Dritten Alters an das Vierte zu denken.

Erfüllt nach einem Lebensplan leben bedeutet, vollen Nutzen aus unseren heute fast unendlichen Möglichkeiten zu dessen Ausgestaltung zu ziehen. Wir haben nicht nur eine der höchsten Lebenserwartungen auf der Welt, sondern wir verfügen ebenso über weitaus mehr und bessere Chancen als die gesamte Zweite, Dritte, Vierte Welt, alle gewonnenen Jahre in erfüllte zu verwandeln. Niemand von uns nagt am Hungertuch und muß sein ganzes Streben auf die Sorge richten, was er morgen zu essen hat. Niemand von uns ist von Bildung und Ausbildung ausgeschlossen. Wie nie zuvor und nirgendwo sonst haben wir Zugang zu allen erdenklichen Informationen, zu Wissen, zu Kultur jeder Art für jeden Geschmack, und dies alles weltweit.

Der zuletzt angeführte Hinweis auf unsere noch nie in vergleichbarem Ausmaß dagewesene Mundialisierung dank globaler Instantinformationen wie weltweiter Reisemöglichkeiten kann in der hier gebotenen Kürze vielleicht am besten deutlich machen, was sich ein Lebensplan diesbezüglich zum Ziel setzen kann. Grundsätzlich ist davon auszugehen, daß sich die mittlerweile von uns allen geforderte größere multikulturelle Aufgeschlossenheit am ehesten aus möglichst vielen, möglichst langen, möglichst intensiven Beziehungen zu den anderen Kulturen an Ort und Stelle ergibt.

Unter diesen anderen Kulturen steht die islamische für uns „christliche Abendländer" aus dem einfachen Grund ganz obenan, weil sich deren Gewicht im Verlauf des 21. Jahrhunderts zu einem nicht unerheblichen Teil auf unsere Kosten verdoppeln wird. Bis zum Jahre 2100 dürfte die christliche Weltbevölkerung von derzeit (1985) noch etwa 30 auf dann etwa 20 Prozent schrumpfen, die islamische dagegen von jetzt etwa 18 auf dann etwa 40 Prozent zunehmen (vgl. Population 43, [Paris] 1988, 20). Aus verschiedensten, hauptsächlich physischen Gründen (Klima, Ernährung, Hygiene) werden Europäer die Kernländer des Islam aber zweckmäßigerweise in ihren „besten Jahren", das heißt im Zweiten Alter aufsuchen. Wiederholte Aufenthalte dort sowie vertiefende Vor- und Nachbereitung vermögen ein Interesse zu wecken an dieser anderen Kultur und ihren Hervorbringungen: etwa an ihrem Kunstgewerbe (Glas, Metall, Teppiche) oder an islamischer Kalligraphie, einer jedes westliche Bemühen weit hinter sich lassenden Schreibkunst von unübertroffener Vollendung. Dieses in jungen Erwachsenenjahren geweckte und dann kontinuierlich gepflegte Interesse wird sich auch im Dritten und Vierten Alter bei uns nicht nur beibehalten, sondern noch weiter vertiefen lassen. Spitzenprodukte jener anderen Kultur sind in allernächster Nähe, in unseren großen Bibliotheken, Galerien, Museen zugänglich. Dort warten sie auf uns und sind selbst dann noch erreichbar, wenn jede Reise in islamische Tropen oder Subtropen außerhalb des einem 70-, 80jährigen Körper Zumutbaren liegt. Erst mit 70 daran zu denken, daß man auf diese Weise – durch das Fruchtbarmachen kultureller Schätze anderer Völker, Länder, Erdteile – auch die vorgerückten gewonnenen Jahre noch zu erfüllten machen könnte, käme viel zu spät. In einem Lebensplan-Langzeitentwurf hätte das Zweite Alter die Möglichkeiten des Vierten vorwegnehmend mitberücksichtigt.

Der allfällige Einwand, ein solches Konzept sei zu „intellektuell", zu „elitär", zielt an den Realitäten vorbei. Der Lebensplan geht von der simplen Tatsache aus, daß viele Menschen, keineswegs nur Akademiker und Intellektuelle, im Vierten Alter länger über ungebrochene geistige Kräfte verfügen als über intakte physische. Der Langzeitentwurf versucht, dem drohenden „Sturz in die entsetzliche geistige Leere" vorzubeugen, wenn die körperlichen Möglichkeiten vor den intellektuellen abnehmen.

Neue Aufgaben für eine wachsende Zahl von Einzelgängern

Ganz unerwartet wächst dem häufig noch etwas argwöhnisch betrachteten zunehmenden Single-Wesen vor diesem Hintergrund neuer Inhalt zu. Gerade wer aufgrund der heutigen Möglichkeiten und Chancen vermehrt global denkt und handelt, wird als Single plötzlich ganz neue Aufgabenfelder für sich entdecken – Aufgaben, denen gemeinschaftseingebundene Zeitgenossen sich so nicht widmen können. Gehen wir der Einfachheit halber vom Thema unseres Vorhabens aus, dann folgt uns praktisch die gesamte Zweite, Dritte, Vierte Welt mit kürzerer oder längerer Zeitverzögerung auf dem Fuß. Wer möchte den dort lebenden Menschen auch verübeln, den Wandel von der unsicheren zur sicheren Lebenszeit mit der gleichen Macht anzustreben wie unsere eigenen Vorfahren, die Überwindung der alten Infektionskrankheiten, das Eindämmen vorzeitigen Sterbens an vermeidbaren Todesursachen, das Erreichen einer standardisiert langen Lebensspanne für alle ? Und was liegt näher, als daß sie von uns wissen möchten, warum wir das Ziel als erste erreicht hätten und wie wir mit möglicherweise neuentstandenen Problemen fertig würden.

Es braucht von unserer Seite dann jedoch nicht bei diesbezüglichen „Erklärungen" und „Ratschlägen" zu bleiben. Konkrete Hilfe kann dutzendfach von jedem geleistet werden. Zuhause freigestellte Singles könn(t)en als erste anpacken. Was sich für sie geändert hat, ist einzig, daß sie sich an ihrem üblichen Wohnort aus Überlebensgründen nicht länger in eine Familie, einen Mehrpersonenhaushalt, eine Wohngemeinschaft integrieren und sich den jeweiligen gemeinsamen Zielen unterordnen müssen. Verpflichtungen haben auch sie durchaus noch, nun zwar nicht mehr einer engen Gemeinschaft, sondern umfassender der Gesellschaft gegenüber. Wobei Gesellschaft auch Gesellschaft anderswo auf der Welt heißen kann. Global denken heißt global handeln.

„Erfüllt leben – in Gelassenheit sterben" meint schließlich auch, die heute oft erst und nur für die „besten Jahre" ausreichende Selbständigkeit bis zum Ende auszuhalten. Wer gemäß einem Lebensplan ein insgesamt erfülltes Leben gelebt hat, wird sich schwerlich gegen Ende plötzlich anderen aufdrängen wollen. Wer aber erfüllt in sich zu ruhen vermag, wird die eigene Person kaum für so „wichtig" halten, daß andere sich dauernd darum kümmern müßten.

Ein zukunftsorientiertes Konzept

„Erfüllt leben – in Gelassenheit sterben" hat logischerweise in erster Linie Menschen mit dem Leben vor sich im Visier, das heißt jene Generationen, die heute erstmals mit größerer Wahrscheinlichkeit denn je von Anfang an mit einem langen Leben bis ins Vierte Alter rechnen können und die morgen und übermorgen dort ankommen werden. Es handelt sich folglich um ein in die Zukunft weisendes Konzept und um dessen sukzessive Realisierung gemäß einem Langzeitentwurf. Frauen und Männer, die heute schon im Dritten und Vierten Alter stehen, hatten ähnliche Chancen nie, weder was die relative Gewißheit eines langen Lebens von siebzig, achtzig und noch mehr Jahren betrifft, noch die Möglichkeiten einer angemessenen Vorbereitung darauf. Als Angehörige der Jahrgänge von etwa 1890 bis etwa 1930 kamen sie noch vor dem grundlegenden Wandel von der unsicheren zur sicheren Lebenszeit zur Welt. Sie wuchsen während des Ersten und Zweiten Weltkrieges heran, erlebten den Kohlrübenwinter, die Influenzapandemie, Zeiten größter Depression in der Weltwirtschaftskrise, setzten auf den Trümmern das Wirtschaftswunder in Gang. Unsere Dankesschuld ihnen gegenüber gründet im Umstand, daß sie mit ihrem imposanten „Lebenswerk trotz allem" dem massenhaften Dritten und Vierten Alter zum Durchbruch verholfen haben. Wir – im Zweiten Alter, in den „besten Jahren", im aktiven Berufsleben Stehende – sind nur noch deren Aufrechterhalter und Mehrer. Es ist nicht unsere Sache, ihnen zu „raten", wie sie ihre unerwartet gewonnenen Jahre nun zu gestalten hätten. Wenn und wo sie es wünschen, stehen wir ihnen zur Verfügung. Wenn und wo nicht, haben wir uns ihnen nicht aufzudrängen.

Die neue Aufgabe, die sie uns übertragen haben, besteht darin, die vielen, mit größerer Wahrscheinlichkeit denn je vor uns liegenden Jahre von Anfang an so zu gestalten, daß wir des Privilegs dieser bislang einmaligen Situation auch wert sind. Eine Möglichkeit, diese Aufgabe zu lösen – und sicher nicht die schlechteste – gründet auf der Devise „Erfüllt leben – in Gelassenheit sterben".

Liste der vorhabenbezogenen Buchpublikationen

Gemeinschaftsarbeiten

Arthur E. Imhof unter Mitwirkung von Rolf Gehrmann, Ines E. Kloke, Maureen Roycroft und Herbert Wintrich: Lebenserwartungen in Deutschland vom 17. bis 19. Jahrhundert. Life Expectancies in Germany from the 17th to the 19th Century. Weinheim: VCH – Acta Humaniora 1990.

Arthur E. Imhof (Hrsg.): Leben wir zu lange? Die Zunahme unserer Lebensspanne seit 300 Jahren – und die Folgen. Beiträge eines Symposiums vom 27.-29. November 1991 an der Freien Universität Berlin. Köln-Weimar-Wien: Böhlau 1992.

Arthur E. Imhof (Hrsg.): Lebenserwartungen in Deutschland, Norwegen und Schweden im 19. und 20. Jahrhundert. Berlin: Akademie Verlag 1994.

Arthur E. Imhof und Rita Weinknecht (Hrsg.): Erfüllt leben – in Gelassenheit sterben. Beiträge eines Symposiums vom 23.-25. November 1993 an der Freien Universität Berlin. Berlin: Duncker & Humblot 1994.

Monographien vom Leiter des Vorhabens (Arthur E. Imhof)

Im Bildersaal der Geschichte oder Ein Historiker schaut Bilder an. München: Beck 1991.

Ars moriendi. Die Kunst des Sterbens – einst und heute. Wien-Köln: Böhlau 1991.

Ars vivendi. Von der Kunst, das Paradies auf Erden zu finden. Wien-Köln-Weimar: Böhlau 1992.

„Sis humilis!" – Die Kunst des Sterbens als Grundlage für ein besseres Leben. Wien: Picus 1992.

Das unfertige Individuum. Sind wir auf halbem Wege stehen geblieben? Neun Bilder aus der Geschichte geben zu denken. Köln-Weimar-Wien: Böhlau 1992.

Anhang

Die Referenten des ersten Symposiums

„Die Zunahme unserer Lebensspanne seit 300 Jahren – und die Folgen", Berlin, 27. – 29. November 1991

Abelin, Theodor, Dr. med., Prof., *1935; Master of Public Health (Harvard University); von 1962 bis 1971 an der Fakultät für öffentliche Gesundheit der Harvard University, zuletzt als Associate Professor of Epidemiology and Behavioral Sciences; seit 1971 Ordinarius und Direktor des Instituts für Sozial- und Präventivmedizin an der Medizinischen Fakultät der Universität Bern; seit 1987 Präsident der Schweizerischen Gesellschaft für Sozial- und Präventivmedizin.

Blumenthal-Barby, Kay, Dr. sc. med., *1934; Publizist; seit 20 Jahren mit der Lebensendeforschung befaßt; 1982 Gründung der interdisziplinären Arbeitsgruppe „Perimortale Forschung"; seit 1991 Georg-August-Universität Göttingen, Abteilung Medizinische Psychologie.

Dahm, Ingeborg, Dr. sc. med., Prof., *1936; 1954-59 Medizinstudium an der Humboldt-Universität zu Berlin; bis 1970 Tätigkeit am Hygiene-Institut der Charité auf den Gebieten Sozialhygiene und Medizin-Soziologie; 1970-1977 Leiterin der Abteilung Epidemiologie der Akademie für Ärztliche Fortbildung der DDR; 1977-1991 Professorin für Sozialhygiene an der Humboldt-Universität zu Berlin.

Dieck, Margret, Dr. rer. pol., *1941; Studium der Volkswirtschaft auf dem Gebiet der Sozialpolitik an der Universität zu Köln; erste wissenschaftliche Arbeiten zum Genossenschaftswesen sowie zu öffentlichen Unternehmen; seit 1969 auf dem Gebiet der sozialen Gerontologie und der Altenhilfe, zuerst im Institut für Altenwohnbau des Kuratoriums Deutsche Altershilfe e. V. in Köln; seit 1974 im Deutschen Zentrum für Altersfragen e. V. in Berlin tätig.

Gärtner, Karla, Dipl. Math., Oberregierungsrätin, *1951; Studium der Mathematik und Informatik an der Technischen Universität Hannover; seit 1976 Wiss. Mit. am Bundesinstitut für Bevölkerungsforschung in Wiesbaden.

Höhn, Charlotte, Dr. phil., Dr. habil., Prof., *1945; Studium der Volkswirtschaft und Statistik, Promotion und Habilitation in Bevölkerungswissenschaft; 1970-1972 Wiss. Mit. am Statistischen Seminar der Universität Frankfurt a. M.; 1973-1980 Referentin im Statistischen Bundesamt, Abteilung Bevölkerungsstatistik; 1980-1988 Wissenschaftliche Oberrätin; 1989 Direktorin des Bundesinstituts für Bevölkerungsforschung in Wiesbaden; Lehrbeauftragte an der Universität Gießen.

Imhof, Arthur E., Dr. phil. habil., Prof., *1939 in der Schweiz; seit 1975 Professor für Sozialgeschichte an der Freien Universität Berlin; Hauptforschungsgebiet Historische Demographie; regelmäßige Gastaufenthalte in Forschung und Lehre in Skandinavien, Brasilien, Australien und Südostasien.

Kamke, Hans-Ulrich, Dr. phil., *1952; Historiker; Wiss. Mit. an der Freien Universität Berlin in dem von Prof. Dr. Imhof geleiteten Forschungsprojekt „Die Zunahme der Lebensspanne seit 300 Jahren – und die Folgen".

Khalatbari, Parviz, Dr. sc. oec., Prof., *1925 in Teheran; seit 1969 Professor für Demographie an der Humboldt-Universität zu Berlin; Gastaufenthalte an Universitäten/Instituten in Mexiko, Moskau, Paris, Paderborn; Publikationen in Fachzeitschriften (Deutschland, Sowjetunion, Bulgarien, Ungarn, Polen, Mexiko, Finnland, Irak, Ägypten) sowie Monographien zur Bevölkerungsentwicklung; seit 1989 Vorsitzender der Gesellschaft für Demographie Berlin.

Kytir, Josef, Dr. phil., *1957 in Wien; Studium der Geographie und Sozialgeschichte; Mitarbeiter des Instituts für Demographie in Wien (Österreichische Akademie der Wissenschaften); Lehrtätigkeit an der Universität Wien; Forschungsschwerpunkte: Morbidität und Mortalität.

Mitterauer, Michael, Dr. phil., Prof., *1937; 1955-1959 Studium der Geschichte und Kunstgeschichte in Wien; Habilitation in Wirtschafts- und Sozialgeschichte 1969; seit 1971 Professor für Sozialgeschichte an der Universität Wien; Veröffentlichungen zu mittelalterlicher Stadtgeschichte, Adelsgeschichte, Geschichte des Ständewesens, vor allem zur Historischen Familienforschung, Geschichte der Jugend und des Alters sowie zur Geschlechtergeschichte.

Münz, Rainer, Dr. phil., Univ.-Doz., *1954 in Basel; Studium der Soziologie, Philosophie und Publizistik; Dozent für Soziologie und Demographie, Leiter des Instituts für Demographie in Wien (Österreichische Akademie der Wissenschaften); Lehrtätigkeit an den Universitäten Wien und Klagenfurt; Publikationen zu Fragen der Bevölkerungsentwicklung und Migration, Familien- und Sozialpolitik sowie zu Sprachgruppen- und Minderheitenfragen.

Niederfranke, Annette, Dr. phil., *1959; seit 1987 Wiss. Mit. am Institut für Gerontologie der Universität Heidelberg; seit 1989 Mitglied im Wissenschaftlichen Beirat für Frauenpolitik der Bundesregierung; Arbeiten auf dem Gebiet der Gerontologie und Frauenforschung; Themenschwerpunkte: „critical-life-event-Forschung", Alterssicherung, geschlechtsspezifische Aspekte des Älterwerdens.

Pompey, Heinrich, Dr. theol., Dipl. Psych., Prof., *1936; seit 1978 Extraordinarius für Pastoraltheologie und Pastoralpsychologie an der Universität Würzburg; seit 1988 Ordinarius für Caritaswissenschaft und christliche Sozialarbeit an

332

der Universität Freiburg; Forschungsschwerpunkt: Die Lebenswissensüberlieferung des christlichen Glaubens als diakonische Hilfe für leidende Menschen.

Schmitz-Scherzer, Reinhard, Dipl. Psych., Dr. phil., Prof., *1938; Professor für Soziale Gerontologie an der Universität Kassel; Schwerpunkt: Sterbeforschung und Sterbebegleitung, Konzepte der Arbeit mit schwerkranken alten Menschen, Planung und Durchführung von Fortbildungsmaßnahmen und von Diensten und Einrichtungen der Altenarbeit.

Scholz, Rembrandt D., Dipl. Math., Dr. oec., *1953; seit 1977 Wiss. Mit. am Institut für Sozialmedizin und Epidemiologie, Bereich Medizin der Humboldt-Universität zu Berlin (Charité).

Steinmann, Gunter, Dr. pol., Prof., *1943; seit 1973 ordentlicher Professor für Volkswirtschaftslehre an der Universität Paderborn; Forschungsschwerpunkte: Bevölkerungsökonomie, wirtschaftliches Wachstum und Inflation; Veröffentlichungen hierzu in deutschen und ausländischen Publikationen.

Schuster, Eva, M. A., *1942 in Österreich; 1975-1978 Kustodin am Kunstmuseum der Republik Rumänien in Bukarest; seit 1980 Wiss. Mit. am Institut für Geschichte der Medizin und Kustodin der Graphiksammlung „Mensch und Tod" der Heinrich-Heine-Universität, Düsseldorf; Themenschwerpunkte: „Mensch und Tod", Vergänglichkeit und Totentanz in der Kunst.

Störtzbach, Bernd, M. A., *1955; Studium der Soziologie, Publizistik und Rechtswissenschaften an der Johannes Gutenberg Universität Mainz; 1983 und seit 1989 wieder Wiss. Mit. am Bundesinstitut für Bevölkerungsforschung in Wiesbaden; 1984-1989 Wiss. Mit. im Statistischen Bundesamt, Abteilung Bevölkerungsstatistik.

Tuggener, Heinrich, Dr. phil., Prof., *1924; Ausbildung zum Volksschullehrer, Studium der Pädagogik, Heilpädagogik, Soziologie und Volkskunde; 12 Jahre Leiter des Oberseminars des Evangelischen Lehrerseminars Zürich; Mitarbeiter und Abteilungsleiter an der Schule für Soziale Arbeit Zürich; Leiter der Lehrerfortbildung am Pestalozzianum Zürich; 1972-1989 Lehrstuhl für Pädagogik mit besonderer Berücksichtigung der Sozialpädagogik, Pädagogisches Institut der Universität Zürich; 1975-1981 Leiter eines nationalen Forschungsprogramms.

Wagner, Harald, Dr. theol., Prof., *1944; Direktor des Katholisch-Theologischen Seminars der Philipps-Universität Marburg; Professor an der Theologischen Fakultät Fulda; Systematische Theologie (Fundamentaltheologie, Ökumenik), Religionspädagogik; Buch- und Zeitschriftenveröffentlichungen, u. a. zu Sterbebegleitung und Todesproblematik.

Die Titel der Beiträge zum ersten Symposium

Erschienen im Sammelband „Leben wir zu lange? Die Zunahme unserer Lebensspanne seit 300 Jahren – und die Folgen", hrsg. v. Arthur E. Imhof. Köln-Weimar-Wien: Böhlau 1992.

Arthur E. Imhof: Die Zunahme unserer Lebensspanne seit 300 Jahren – und die Folgen. Überlegungen aus der Sicht eines Historikers und Historiker-Demographen (17-29)

Hans-Ulrich Kamke und Rembrandt Scholz: Die Berliner Datenbank als Grundlage für die Berechnung von Lebenserwartungen in Deutschland vom 17. Jahrhundert bis heute, mit besonderer Berücksichtigung der Alter über 60 Jahre (31-43)

Charlotte Höhn, Karla Gärtner und Bernd Störtzbach: Perspektiven für die soziodemographische Entwicklung im vereinten Deutschland (45-68)

Parviz Khalatbari: Wenn die Prognosen zutreffen, was dann? (69-80)

Josef Kytir und Rainer Münz: Hilfs- und Pflegebedürftigkeit im Alter. Eine österreichische Untersuchung (81-101)

Theodor Abelin: Welcher Art ist das gewonnene Leben? Ein Beitrag zur Frage der Selbständigkeit und Abhängigkeit im Alter aufgrund einer schweizerischen Untersuchung (103-116)

Ingeborg Dahm: Lebensverlängerung und Morbidität (117-125)

Annette Niederfranke: Der Anachronismus des Alters aus gerontologischer Sicht (127-133)

Margret Dieck: Impulse gesellschaftspolitischer Gestaltung von und für Alterssituationen. Zur Bedeutung von Problemdefinitionen und Wissensbeständen (135-144)

Gunter Steinmann: Einige Überlegungen zur Ökonomie alter Menschen (145-158)

Reinhard Schmitz-Scherzer: Suizid im Alter – Gerontologische Aspekte (159-162)

Kay Blumenthal-Barby: Ausgewählte Ergebnisse perimortaler Forschung (163-169)

Eva Schuster: „Mensch und Tod" – Überlegungen aus der Sicht der Betreuerin der Düsseldorfer Graphiksammlung „Mensch und Tod" (171-185)

Heinrich Pompey: Zwischen Leben und Tod – Sterben heute. Die christliche Lebenswissensüberlegung und die diakonische Praxis der Sterbebegleitung heute (187-201)

Harald Wagner: Ars moriendi: Vor 500 Jahren – und heute? Überlegungen aus der Sicht eines Theologen und Religionspädagogen (203-209)

Michael Mitterauer: Aneignung der Vergangenheit als Zukunftsentwurf. Zur Arbeit mit Lebensgeschichten (211-224)

Heinrich Tuggener: Die Zunahme der Lebensspanne seit 300 Jahren. Überlegungen aus der Sicht eines Sozialpädagogen (225-233)

Die Referenten und Moderatoren des zweiten Symposiums

„Erfüllt leben – in Gelassenheit sterben" Berlin, 23.–25. November 1993

Baier, Wolfgang K., Priv.-Doz. Dr. med., *1951. 1990 Habilitation für Kinderheilkunde, Christian-Albrechts-Universität Kiel; seit 1991 Fachgebietsleiter in der Abteilung Gesundheitswesen und Statistik, Institut für Sozialmedizin und Epidemiologie des Bundesgesundheitsamtes. Tätigkeitsschwerpunkte: Gesundheitsberichterstattung, Entwicklung von Gesundheitszielen.

Bergmann, Karl E., Prof. Dr. med., *1938 in Potsdam. Medizinstudium; Dissertation; Facharztausbildung zum Kinderarzt; Habilitation für das Fach Kinderheilkunde in Frankfurt; 1971-1973 an der University of Iowa, Iowa City, USA; 1980-1984 Leiter des Fachgebietes Ernährungsprophylaxe und Therapie; seit 1984 Leiter der Abteilung Gesundheitswesen und Statistik im Institut für Sozialmedizin und Epidemiologie des Bundesgesundheitsamtes. Forschungsschwerpunkte: 1968-1984: Ernährungsphysiologie und Physiologie des Wachstums im Kindesalter, Epidemiologie, Spurenelement-Forschung, Krankheitsprävention, Ernährungsprophylaxe und Therapie; nach 1984: Epidemiologie nicht übertragbarer Krankheiten, Gesundheitsberichterstattung, Gesundheitsziele; Einzelthemen: z. B. Epidemiologie allergischer Krankheiten, Mortalität; Gesundheitsförderung in der Familie.

Bisig, Brigitte, Dr. phil. II (Naturwissenschaften), *1949. Abschluß Universität Zürich; 1983-1988 wissenschaftliche Mitarbeit am Bundesamt für Statistik, Sektion Gesundheit, in Bern (Analyse der Todesursachenstatistik, Publikation eines Kartenwerks der kantonalen Unterschiede der Sterblichkeit); seit 1988 wissenschaftliche Mitarbeiterin am Institut für Sozial- und Präventivmedizin der Universität Zürich, Abteilung nichtübertragbare Krankheiten. Forschungsschwerpunkte: Unfallepidemiologie, Gesundheit von Betagten und regionale Unterschiede der Gesundheit (einschließlich kantonale Gesundheitsberichte).

Borscheid, Peter, Prof. Dr., *1943 in Trier. Studium der Geschichte, Volkswirtschaftslehre, Politischen Wissenschaften und Mathematik; 1974 Promotion an der Universität Heidelberg; 1978 Habilitation für Sozial- und Wirtschaftsgeschichte an der Universität Münster; seitdem Professor für Sozial- und Wirtschaftsgeschichte an der Universität Marburg. Forschungsschwerpunkte: Geschichte des Alters, Versicherungsgeschichte und Verkehrsgeschichte des 20. Jahrhunderts.

Calließ, Jörg, Dr. phil., *1941 in Berlin. Studium der Geschichte, Soziologie und Politischen Wissenschaft an der Freien Universität Berlin und an der Ludwig-Maximilians-Universität München; 1968-1970 wissenschaftlicher Assistent an der Ludwig-Maximilians-Universität München; 1970-1977 wissenschaftlicher Mitarbeiter an der Technischen Universität Braunschweig; 1977-1979 pädagogischer Mitarbeiter im Internationalen Haus Sonnenberg (St. Andreasberg im Harz); seit 1979 Studienleiter an der Evangelischen Akademie Loccum (Arbeitsbereiche: „Friedenssicherung – Friedensförderung", „Soziale Bedingungen von Demokratie", „Historische Orientierung"); seit 1977 Lehrbeauftragter am Historischen Seminar der Technischen Universität Braunschweig für Sozial- und Wirtschaftsgeschichte. Veröffentlichungen zur Neueren Geschichte, Geschichtsdidaktik, Geschichtstheorie, Sicherheits- und Friedenspolitik, Friedenserziehung und zur Diskurstheorie.

Casper, Waldtraut, Dr. sc. med., Dr. oec., *1935 in Gruna. 1954-1958 Studium der Ökonomie; 1979 Promotion A (Dr. oec.) an der Humboldt-Universität zu Berlin; 1986 Promotion B (Dr. sc. med.); 1987 Facultas dicendi an der Akademie für Ärztliche Fortbildung der DDR in Berlin; seit 1966 im Arbeitsgebiet Sozialmedizin tätig. Herausgeberin der 25 Bände „Das Gesundheitswesen der DDR".

Dießenbacher, Hartmut, Dr. phil. habil., *1942. Professor für Gerontologie und Altenpolitik am Institut für interdisziplinäre Alternsforschung der Universität Bremen. Arbeitsgebiete: Alter und Sterben, Generationsbeziehungen in Institutionen und sozialen Sicherungssystemen, Gewalt gegen Alte, historische Gerontokratieforschung.

Dinkel, Reiner Hans, Prof. Dr. rer. pol. habil., *1946 in Lichtenfels. Studium der Volkswirtschaftslehre an der Universität München; Professor für Quantitative Verfahren der Demographie an der Universität Bamberg. Forschungsschwerpunkte: Demographie, Sozialepidemiologie, Sozialpolitik und Public Health.

Höhn, Charlotte, Dr. phil., Dr. habil., Prof., *1945. Studium der Volkswirtschaft und Statistik, Promotion und Habilitation in Bevölkerungswissenschaften; 1970-1972 wissenschaftliche Mitarbeiterin am Statistischen Seminar der Universität Frankfurt a. M.; 1973-1980 Referentin im Statistischen Bundesamt, Abteilung Bevölkerungsstatistik; 1980-1988 Wissenschaftliche Oberrätin; 1989 Direktorin des Bundesinstitutes für Bevölkerungsforschung in Wiesbaden; Lehrbeauftragte an der Universität Gießen.

Imhof, Arthur E., Prof. Dr. phil., *1939 in der Schweiz. Seit 1975 Professor für Sozialgeschichte an der Freien Universität Berlin; regelmäßige Gastaufenthalte in Forschung und Lehre in Skandinavien, Brasilien, Australien und Südostasien. Hauptforschungsgebiet: Historische Demographie.

Krull, Diethelm, Dr. phil., *1952. Studium der Klassischen Archäologie, Kunstgeschichte und Publizistik in Bochum, Mainz, Rom; mehrjährige Feldforschungs- und Ausgrabungserfahrung aus Unternehmungen in Italien, Griechenland, Türkei; seit 1985 zunächst im wissenschaftlichen Buchhandel, dann in wissenschaftlichen Buchverlagen tätig, Verlagsleiter.

Kruse, Andreas, Dipl. Psych., Dr., *1955. Promotion 1986 (Bonn); Habilitation 1991 (Heidelberg); Lehrstuhl für Entwicklungspsychologie der Lebensspanne/Pädagogische Psychologie sowie Gründungsprofessor; seit Oktober 1993 an der Ernst-Moritz-Arndt-Universität Greifswald.

Kytir, Josef, Dr. phil., *1957 in Wien. Studium der Geographie und Sozialgeschichte an der Universität Wien; stellvertretender Direktor des Instituts für Demographie der Österreichischen Akademie der Wissenschaften und Lehrbeauftragter an der Universität Wien. Forschungsschwerpunkte: Mortalität und Morbidität im Alter, Bevölkerungsalterung, Säuglingssterblichkeit.

Larsen, Øivind, Prof. Dr. med., *1938. Professor der Medizingeschichte und Leiter der Institutsgruppe für gesellschaftsmedizinische Fächer an der Universität Oslo; nebenberuflich als Arbeitsmediziner tätig. Herausgeber der Norwegischen Zeitschrift für Arbeitsmedizin (und Vorgänger) 1975-1993.

Mattheis, Ruth, Prof. Dr. med., *1919 in Berlin. Medizinstudium in Halle/Saale und Berlin; seit 1951 Tätigkeit im öffentlichen Gesundheitsdienst (Senatsgesundheitsverwaltung Berlin): Planung ambulanter und stationärer Dienste, Makroallokation; seit 1988 Vorsitzende der Ethik-Kommission der Ärztekammer Berlin; langjährige Zusammenarbeit mit der WHO und anderen internationalen Gremien.

Mertens, Beate, *1948 in Gardelegen/Altmark. Studium der Psychologie, Kunstgeschichte, Soziologie und Pädagogik in Tübingen und Berlin; nach dem ersten und zweiten Staatsexamen für das Amt des Lehrers einige Jahre Arbeit als Grundschullehrerin; von 1969 bis 1979 Auslandsaufenthalte und Tätigkeit in Berlin für kulturelle und soziale Institutionen wie Verlag, Theater, Bezirksamt, Schulwesen, Museum; seit 1980 Museumspädagogin bei den Staatlichen Museen Preußischer Kulturbesitz.

Niederfranke, Annette, Dr. phil., *1959. Von 1987-1992 wiss. Mitarb. am Institut für Gerontologie der Universität Heidelberg; seit 1989 Mitglied im wissenschaftlichen Beirat für Frauenpolitik der Bundesregierung; seit Ende 1992 Referatsleiterin „Alternsforschung" im Bundesministerium für Familie und Senioren. Wissenschaftliche Arbeiten zu den Themenschwerpunkten: „Critical-Life-Event-Forschung", Alterssicherung, geschlechtsspezifische Aspekte des Älterwerdens.

Nothelle-Wildfeuer, Ursula, Dr. theol., *1960. Seit 1988 Mitglied der Schriftleitung der »Zeitschrift für medizinische Ethik« (vormals: „Arzt und Christ"); wissenschaftliche Assistentin am Seminar für Christliche Gesellschaftslehre und Pastoralsoziologie der Universität Bonn; Dozentin für Christliche Sozialwissenschaften an der Phil.-Theol. Hochschule der Redemptoristen in Hennef/Sieg.

Prucha, Hilde, *1940. Seit 1968 Erwachsenenbildnerin; stellvertretende Direktorin im Bildungshaus Schloß Puchberg/Wels (Österreich); Fachbereichsleiterin für Psychologie, Meditation und Literatur. Redaktion der monatlich erscheinenden Kurszeitung; Herausgeberin der „Puchberger Arbeitsblätter", Mitherausgeberin der Puchberger Anthologien „Das Literarische Café" u. a.

Rieber, Gretel, *1936 in Frankfurt a. M. Studium der Anglistik, Romanistik, Geschichte und Philosophie in Freiburg und Tübingen; seit 1961 festangestellt beim Westdeutschen Rundfunk in Köln; zunächst als Redaktions-Assistentin; seit 1967 als Redakteurin. Verschiedene Hörfunkreihen: „Erlebte Geschichten" (WDR 5), „Mitmenschen", „In unserem Alter – Begegnungen und Informationen" (WDR 4); gelegentliche Mitarbeit auf WDR 1 und, mit längeren Features, auf WDR 3 (zuletzt: „Was ist das für ein Platz, darauf wir spielen – Altwerden in Europa").

Schott, Jürgen, Dr. sc. med., *1939. 1958-1961 Studium der Physik an der Technischen Universität Dresden; 1961-1967 Studium der Humanmedizin an der Humboldt-Universität zu Berlin; Facharzt für Sozialhygiene; 1970 Promotion (Dr. med.); 1980 Habilitation (Dr. sc. med.). Tätigkeitsbereiche: Leitungstätigkeit (Rechenzentrum), Lehrtätigkeit (Seminare zur Sozialhygiene); Forschung zur Methodik der demographischen Epidemiologie mit Schwerpunkt Natalität und bösartige Neubildungen, Medizinalstatistik (Register), Gesundheitsberichterstattung und Gesundheitsziele.

Schwarz, Karl, Dr. rer. pol., Direktor und Professor a. D., *1917. 1950-1952 Hauptreferent im Statistischen Landesamt Rheinland-Pfalz; 1952-1979 im Statistischen Bundesamt, seit 1968 Leiter der Abteilung Bevölkerungsstatistik; 1979-1982 Direktor des Bundesinstituts für Bevölkerungsforschung; mehrmals Vorsitzender der Deutschen Gesellschaft für Bevölkerungswissenschaft; Mitglied des Wissenschaftlichen Beirats für Familienfragen und der Akademie für Raumforschung und Landesplanung; Lehrbeauftragter an der Universität Mainz.

Simon, Norbert, österr. Prof., *1937. 1959-1963 Studium der Rechte in Frankfurt a. M., Würzburg und an der Freien Universität Berlin; 1964-1967 Gerichtsreferendar; 1968-1970 Vertragsjurist bei Vickers-Zimmer AG, Frankfurt a. M.; 1970-1972 Volontariat bei Duncker & Humblot; 1972-1984 Justitiar bei ERBA AG, Erlangen; seit 1984 Verleger Duncker & Humblot.

Spree, Reinhard, Dr. rer. pol., *1941. 1975 Promotion an der Freien Universität Berlin; 1981 Habilitation für Wirtschafts- und Sozialgeschichte an der Technischen Universität Berlin; 1973-78 wissenschaftlicher Mitarbeiter am Max-Planck-Institut für Bildungsforschung Berlin; 1978-1986 Professor an der Fachhochschule für Wirtschaft Berlin; 1986-1992 Professor für Wirtschaftsgeschichte an der Universität Konstanz; seit 1992 Professor für Sozial- und Wirtschaftsgeschichte an der Universität München.

Sundin, Jan, Prof. Dr. phil., *1941. 1973 Habilitation in Neuerer Geschichte an der Universität Uppsala; 1973-1977 Assistenzprofessor am Institut für Geschichte der Universität Umeå; daselbst 1977 zum assoziierten Professor ernannt; 1978-1984 Direktor der Demographischen Datenbank (DDB) der Universität Umeå; seit 1984 Professor für Geschichte am Institut für Themenforschung an der Universität Linköping. Forschungsschwerpunkte: sozial- und gesundheitsgeschichtlich orientierte Historische Demographie, Geschichte von Public Health.

Tedebrand, Lars-Göran, Prof. Dr. phil., *1939. 1972 Habilitation in Neuerer Geschichte an der Universität Uppsala; 1972-1982 Dozent am Historischen Seminar daselbst; seit 1982 Professor für Historische Demographie (an der Universität Umeå; im Auftrag des Humanistisch-Gesellschaftswissenschaftlichen Forschungsrates Stockholm); seit 1990 auch Direktor des Zentrums für Bevölkerungsstudien an der Demographischen Datenbank der Universität Umeå. Forschungsschwerpunkte: Migrations- und Familiengeschichte, Demographie des Alter(n)s und städtische Demographie.

Tripathi, Chandrabhal, Prof. Dr. phil., *1929 in Cambay (Gujarat State, Indien). Unterricht in Vedischen Texten und Sanskrit (Sprache sowie Literatur), zugleich Schulbesuch (1934-1946); Kollegstudium mit Hauptfach Sanskrit: B. A. (Hons.) Bombay University (1951) und M. A. Gujarat University (1953); seit 1954 in Deutschland. 1954-1964 Göttingen, Diss.: Fünfundzwanzig Sûtras des Nidânasamyukta (publ. Berlin, 1962); 1964-1966 Lehrbeauftragter und wissenschaftlicher Mitarbeiter bei der „Katalogisierung der Orientalischen Handschriften in Deutschland" in Köln; 1967-1989 Freie Universität Berlin, Habil.: Catalogue of Jaina Manuscripts at Strasbourg (publ. Leiden 1975); 1971-89 Univ.-Prof. für Indologie. Wissenschaftliche Beiträge publiziert in Europa und in Indien; Mitglied in der Deutschen Morgenländischen Gesellschaft (DMG), der Deutschen Orient-Gesellschaft (DOG), der Deutsch-Indischen Gesellschaft (DIG) usw.; Künftige Veröffentlichungen: Ekottarâgama-Fragmente der Gilgit-Handschrift (1993); Mahânisiha Studies and Edition in Germany (1993); Gilgit Bibliography (1994); An Inventory of Jaina Mss. in Europe (1994).

Ullrich, Peter-Otto, Dr. phil., Dipl. Theol., *1950. Studium der Philosophie, Theologie, Religionspsychologie und Erwachsenenbildung; 1977-1985 Tätigkeit in der Kirchlichen Akademiearbeit; seit 1986 stellvertretender

Leiter der Abteilung Berufsbegleitende Fortbildung im Bischöflichen Ordinariat Mainz.

Wagner, Harald, Prof. Dr. theol. habil., *1944 in Bennisch. Direktor des Katholisch-Theologischen Seminars der Philipps-Universität Marburg; Professor an der Theologischen Fakultät Fulda; Systematische Theologie (Fundamentaltheologie, Ökumenik), Religionspädagogik. Buch- und Zeitschriftenveröffentlichungen, u. a. zu Sterbegleitung und Todesproblematik.

Walther, Christian, *1956. Studium der Politischen Wissenschaft in Bonn und an der Freien Universität Berlin; Arbeit für verschiedene Medien in Berlin, zuletzt als Fernsehreporter beim Sender Freies Berlin; seit Mitte 1992 Leiter der Presse- und Informationsstelle der Freien Universität Berlin.

Wanschura, Werner, *1945 in Österreich. Studium der Kunstgeschichte, Theaterwissenschaft, Publizistik, später auch einige Semester Medizin; seit 1969 sowohl freiberuflicher Radio- als auch Zeitungsjournalist; Vorstandsmitglied im Club der österreichischen Wissenschaftsjournalisten und bei Pro Senectute; Gründungs- und Vorstandsmitglied bei ISIS (Institut für Systemische Interventionen und Studien); Geschäftsführer des Dachverbandes von Initiativen zur Sterbebegleitung „Menschenwürde bis zuletzt". Arbeitsschwerpunkte: Medizin, Psychologie und Psychotherapie; verschiedene Publikationen, zuletzt: „Sag beim Abschied leise Servus!" – Vorbereitungen für die letzte Reise.

Weidmann, Mechthild, Dipl. Psych., Psychotherapeutin, *1957. 1972-74 kaufmännische Lehre; 1982-87 Studium der Psychologie, Philosophie und Theologie in Bonn; seit 1991 Referentin im Bundesministerium für Familie und Senioren im Referat Alternsforschung.

Wertz, Andreas, *1959 in Boppard/Rhein. Seit 1985 Diplom-Chemie-Ingenieur (Technische Hochschule); seit 1987 Radiomacher; Redakteur beim Sender Freies Berlin, Hörfunk, Wissenschaft.

Wiesner, Gerd, Doz. Dr. sc. med., *1941. 1961-1967 Studium der Humanmedizin an der Humboldt-Universität zu Berlin; Facharzt für Sozialhygiene; 1970 Promotion (Dr. med.); 1980 Habilitation (Dr. sc. med.). Tätigkeitsbereiche: Sozialmedizin, Medizinsoziologie, Epidemiologie, Gesundheitsberichterstattung; ab 1993 mit der Wahrnehmung des Fachgebietes Herz-Kreislauf-Krankheiten, Stoffwechselkrankheiten und allergische Krankheiten im Bundesgesundheitsamt Berlin beauftragt; Interessengebiete: Gesundheitslage von Bevölkerungen, Gerontologie, Traumatologie, nichtnatürlicher Tod bei insgesamt nosologischer Problemstellung.

Wörner, Markus Hilmar, Prof. Dr. phil., *1945. Studium in Marburg, Walberberg/Bonn, Oxford; 1976 Promotion in Bonn; 1985 Habilitation in Berlin; Direktor des Instituts für Philosophie am University College Galway (Nat.

Univ. of Ireland). Veröffentlichungen: Performatives und Sprachliches Handeln (1978), Das Ethische in der Rhetorik des Aristoteles (1990), Thomas v. Aquin, Summe wider die Heiden IV (in Vorber.); Aufsätze zur Rhetorik, Religionsphilosophie, Geschichte der Astronomie.

Wurm, Theo, *1939 in Überlingen/Bodensee. 1964 Abschluß des 1.Theologischen Dienstexamens, anschließend kirchliche Tätigkeiten; 1968 Volontariat bei den „Stuttgarter Nachrichten", anschließend politischer Redakteur; 1974 Baden-Württemberg-Korrespondent der Frankfurter Allgemeinen Zeitung; 1976 Leiter des Stuttgarter Büros der Süddeutschen Zeitung München; 1979 Mitglied der „Expertenkommission Neue Medien" der baden-württembergischen Landesregierung; 1981 Leiter der aktuellen Hörfunkredaktion im Südwestfunk, Landesstudio Tübingen; 1983 Geschäftsführender Redakteur der Redaktion „Kirche und Gesellschaft" im Süddeutschen Rundfunk; seit 1989 Redakteur der Hörfunkredaktion „Kultur heute" im Süddeutschen Rundfunk, zuständig für dessen Beteiligung Im Morgenmagazin „Kulturnotizen".

Zaborowski, Hans-Jürgen, Dr. phil., *1943 Frankfurt a. M. Studium der Ostasiatischen Philologie, Geschichte und Kultur Ostasiens, der Indologie und Ethnologie an der Johann-Wolfgang-Goethe Universität in Frankfurt; 1971-1978 Lehrtätigkeit an der Hankuk University, Seoul (Korea), zuletzt als Associate Professor; 1979-1980 Rückkehrer-Stipendium der Deutschen Forschungsgemeinschaft für deutsche Wissenschaftler im Ausland; Lehraufträge am Ostasiatischen Seminar der Universität Frankfurt und am Seminar für Orientalische Sprachen der Universität Bonn; vertritt seit 1986 am Ostasiatischen Seminar der Freien Universität Berlin das Fach Koreanistik. Arbeitsgebiete: Geschichte und Kultur Koreas, Beziehungen der Völker und Kulturen Ostasiens; neben Publikationen aus diesem Bereich Veröffentlichungen zahlreicher Übersetzungen koreanischer Literatur.

Zapotoczky, Klaus, Prof. Dr., *1938 in Linz (Österreich). Studium der Rechtswissenschaften in Wien und der Sozialwissenschaften in Löwen; seit 1976 Ordentlicher Professor für Soziologie und Leiter der Abteilung für Politische Soziologie und Entwicklungspolitik; seit 1989 Vorstand des Interdisziplinären Forschungsinstituts für Entwicklungszusammenarbeit (IEZ), und seit 1991 Vorstand des Instituts für Pflege- und Gesundheitssystemforschung (IPG) der Johannes Kepler Universität Linz; seit 1986 Vorsitzender der Arbeitsgemeinschaft „Gesundheitspolitik" der Österreichischen Forschungsgemeinschaft (Wien).

Zick, Michael, *1941. Abgebrochenes Germanistik- und Psychologiestudium; gelernter Redakteur mit Stationen von der Tageszeitung über politisches Wochenmagazin zu Bild der Wissenschaft. Arbeitsschwerpunkte: Archäologie, Sozial- und Geisteswissenschaften.

Die Titel der Beiträge zum zweiten Symposium

Erschienen im gleichnamigen Sammelband, hrsg. v. Arthur E. Imhof und Rita Weinknecht. Berlin: Duncker & Humblot 1994.

Liste der während des Förderzeitraums 1990-1994 publizierten projektbezogenen Arbeiten

Gemeinschaftsarbeiten

Arthur E. Imhof unter Mitwirkung von Rolf Gehrmann, Ines E. Kloke, Maureen Roycroft und Herbert Wintrich: Lebenserwartungen in Deutschland vom 17. bis 19. Jahrhundert. Life Expectancies in Germany from the 17th to the 19th Century. Weinheim: VCH – Acta Humaniora 1990 (493 S.).

Arthur E. Imhof (Hrsg.): Leben wir zu lange? Die Zunahme unserer Lebensspanne seit 300 Jahren – und die Folgen. Beiträge eines Symposiums vom 27.-29. November 1991 an der Freien Universität Berlin. Köln-Weimar-Wien: Böhlau 1992 (271 S.).

Arthur E. Imhof (Hrsg.): Lebenserwartungen in Deutschland, Norwegen und Schweden im 19. und 20. Jahrhundert. Berlin: Akademie Verlag 1994 (725 S.).

Arthur E. Imhof und Rita Weinknecht (Hrsg.): Erfüllt leben – in Gelassenheit sterben. Geschichte und Gegenwart. Beiträge eines Symposiums vom 23.-25. November 1993 an der Freien Universität Berlin. Berlin: Duncker & Humblot 1994 (507 S.).

Monographien des Projektleiters

Im Bildersaal der Geschichte oder Ein Historiker schaut Bilder an. München: Beck-Verlag 1991 (339 S.).

Ars moriendi. Die Kunst des Sterbens – einst und heute (Kulturstudien Bibliothek der Kulturgeschichte, hrsg.v. Hubert Ch. Ehalt und Helmut Konrad, Band 22). Wien-Köln: Böhlau 1991 (184 S.).

Ars vivendi. Von der Kunst, das Paradies auf Erden zu finden. (Kulturstudien Bibliothek der Kulturgeschichte, hrsg. v. Hubert Ch. Ehalt und Helmut Konrad, Band 27). Wien-Köln-Weimar: Böhlau 1992 (332 S.).

"Sis humilis!" – Die Kunst des Sterbens als Grundlage für ein besseres Leben. Vortrag im Wiener Rathaus am 10. April 1991 (= Wiener Vorlesungen im Rathaus, hrsg. v. d. Kulturabteilung der Stadt Wien, Redaktion Hubert Christian Ehalt, Band 13). Wien: Picus Verlag 1992 (73 S.).

Das unfertige Individuum. Sind wir auf halbem Wege stehen geblieben? Neun Bilder aus der Geschichte geben zu denken. Köln-Weimar: Böhlau 1992 (217 S.).

Zwischen Europa und Übersee – ein Historiker-Demograph schaut Bilder an (Kleine Beiträge zur europäischen Überseegeschichte, hrsg. v. Thomas Beck, Heft 19). Bamberg: Forschungsstiftung für vergleichende europäische Überseegeschichte 1992 (56 S.).

Aufsätze des Projektleiters

Historische Entwicklung des zusammen Lebens. Wo stehen wir, wo stehen andere heute? Eine Aufforderung zum Nachdenken. In: Reinbold, Klaus-Jürgen, Josef Mast (Red.): Ich bin dir gut – wenn du mir nützt ... Die Ökonomisierung zwischenmenschlicher Beziehungen. Freiburg i. Br.: AGJ-Verlag 1990, 9-61.

Das vierte Alter. Wir werden alle immer älter – aber machen wir etwas daraus? Alfred Pittertschatscher im Gespräch mit Arthur Imhof. Zusammenfassung eines Beitrags aus der Radioreihe "Karussell – Das weißrote Hörertelephon". In: ORF-Nachlese, September 1990, 20-21.

Lebensplanung. Die Konsequenzen der stetig wachsenden Lebensspanne. In: Frau und Kultur 94 (1990) 3, 9-11.

Sozialgeschichtliche Familienforschung. In: Wolfgang Ribbe und Eckart Henning (Hrsg.): Taschenbuch für Familiengeschichtsforschung, begründet von Friedrich Wecken; zehnte erweiterte und verbesserte Auflage. Neustadt an der Aisch: Degener 1990, 44-81.

Die kleine Welt des Johannes Hoos. In: Riebeling. Familien-Verband auf der Schwalm. Nachrichten Nr. 46 (1990), 13-15.

Planning Full-Size Life Careers. Consequences of the Increase in the Length and Certainty of our Life Spans over the Last Three Hundred Years (Russian translation). In: Sowetskaja Ethnografia 5 (1990), 65-83.

Die Kunst des längeren Lebens. Einige Gedanken aus der Sicht eines Historiker-Demographen. In: Jahresbericht der Joachim Jungius-Gesellschaft der Wissenschaften Hamburg 1990, 151-152.

Von den Problemen gerontologischer Studien in Brasilien - ein Denkanstoß für uns. In: Zeitschrift für Gerontologie 24 (1991), 50-54.

Bildbetrachtung eines Historikers. In: Brändström, Anders, Sune Åkerman (Red.): Icke skriftliga källor. Huvudtema I vid XXI Nordiska Historikermötet i Umeå 1991. Umeå: Historiska Institutionen 1991, 25-41.

De Canberra à Porto Alegre, un historien-démographe témoigne. In: Historiens et populations. Liber Amicorum Etienne Hélin. Contributions rassemblées par la Société Belge de Démographie. Louvain-la-Neuve: Academia 1991, 25-37.

The implications of increased life expectancy for family and social life. In: Andrew Wear (Ed.): Medicine in Society. Historical essays. Cambridge: Cambridge University Press 1992, 347-376.

"Leben wir zu lange?" Überlegungen zu einem Symposium in Berlin. In: Arzt und Christ 38 (1992), 56-63.

Der Blick der Geschichte auf die Kunst. In: Kritische Berichte. Zeitschrift für Kunst- und Kulturwissenschaften 20 (1992) 2, 101-117.

Die Zunahme unserer Lebensspanne seit 300 Jahren – und die Folgen. Überlegungen aus der Sicht eines Historikers und Historiker-Demographen. In: Arthur E. Imhof (Hrsg.): Leben wir zu lange? Die Zunahme unserer Lebensspanne seit 300 Jahren – und die Folgen. Beiträge eines Symposiums vom 27.-29. November 1991 an der Freien Universität Berlin. Köln-Weimar-Wien: Böhlau 1992, 17-29.

Suizid im Alter: Brauchen wir eine neue 'Ars moriendi'? In: Friedrich, Ingrid, Reinhard Schmitz-Scherzer (Hrsg.): Suizid im Alter (= Internationale Kasseler Gerontologische Gespräche, Bd. 2). Darmstadt: Steinkopff 1992, 103-121.

Von Europa lernen? In: International. Zeitschrift für ausländische Absolventen der Technischen Universität Berlin 16/17 (Juli), 1992 (Themenheft "Das Boot ist voll! Weltbevölkerung und Bevölkerungspolitik"), 42-46.

Auf dem Weg zum guten neuen Single? In: Evangelische Akademie Bad Boll: Aktuelle Gespräche. Berichte – Kommentare – Interviews 2/92 (40. Jahrgang/Juni 1992), 13-15.

Der Tod zur rechten Zeit – Gedanken eines Historikers. In: Eva Schuster (Hrsg.): Das Bild vom Tod. Graphiksammlung der Heinrich-Heine-Universität Düsseldorf. [Katalog der] Ausstellung im Ministerium für Bundesangelegenheiten des Landes Nordrhein-Westfalen. Bonn, vom 23. September– 22. Oktober 1992. Recklinghausen: Bongers 1992, 31-45 sowie Abb. 1, 21, 23, 86, 93, 94, 95.

348

Die Zunahme unserer Lebensspanne seit 300 Jahren – und die Folgen. Überlegungen aus der Sicht eines Historikers und Historiker-Demographen. In: Niederfranke, Annette et al. (Hrsg.): Altern in unserer Zeit. Beiträge der IV. und V. Gerontologischen Woche. Heidelberg-Wiesbaden: Quelle & Meyer 1992, 12-26.

Europäische Historische Demographie – von weltweiter Relevanz. In: Zeitschrift für Bevölkerungswissenschaft 18 (1992), 209-228.

Historisk demografi av idag: problemorienterad och relevant, både för i- och u-länder. Universitetet i Linköping: Tema H 1993.

Weniger Kinder und mehr Lebensjahre – Unerwartete Zusammenhänge aus der Sicht eines Historikers. In: Jörg Schneider (Hrsg.): [Festschrift für die] XIII. Akademische Tagung deutschsprechender Hochschullehrer in der Gynäkologie und Geburtshilfe, Hannover, 16.-19. Mai 1993. München: Alete Wissenschaftlicher Dienst 1993, 6-35.

Historische Demographie heute: aktuell – problemorientiert - relevant bei uns und weltweit. In: Geschichte in Wissenschaft und Unterricht 44 (1993), 347-361.

Demografia histórica e história da arte. Interpretação de quadros por um historiador et historiador-démografo. In: Sociedade Brasileira de Pesquisa Histórica – SBPH. Anais da XII Reunião. Curitiba: SBPH 1993, 15-27.

Demographischer Wandel in vergleichender Sicht – historische und internationale Aspekte. Zunahme der Lebenserwartung und die Folgen. In: Klose, Hans-Ulrich (Hrsg.): Der Alte Kontinent [Themenheft]= forum demographie und politik (1993) 4, 9-37.

Lever vi för länge? In: Bibliotek for laeger (Kopenhagen) 185 (1993), 215-231.

Ars vivendi – erfüllt leben. In: Radio Kultur. Das SFB [Sender Freies Berlin]-Programm-Magazin, Nr. 20, November 1993, 8-11.

"Erfüllt leben – in Gelassenheit sterben". Ein Halbstunden-Essay für die Redaktion Wissenschaft des Saarländischen Rundfunks, Sendung 21. November 1993.

Sterben: Einst und heute. Thesenpapier. In: Bundesministerium für Familie und Senioren (Hrsg.): Sterben und Sterbebegleitung. Ein interdisziplinäres Gespräch. 24./25. November 1992 Bonn.

"Alt und lebenssatt". In: Nordeuropa-Forum 4 (1993), 14.

Zu den Folgen des Wandels von der unsicheren zur sicheren Lebenszeit. In: Berichte zur Wissenschaftsgeschichte 16 (1993), 273-287.

Erfüllt leben – in Gelassenheit sterben. Summarischer Bericht über ein Symposium in Berlin vom 23.-25. November 1993 und über das zugrundeliegende Forschungsvorhaben. In: Zeitschrift für Bevölkerungswissenschaft 19 (1993-94), 169-188.

Lever vi før länge? In: Hallberg, Hans (Red.): Idres villkor. Myter och verklighet. Falun: Dalarnas forsknigsråd 1994 (DFR Rapport 1993:7), 39-52.

Lebenszeit und Freizeit – Neuere Forschungen zur historischen Demographie. – Zusammenfassung des am 2. 2. 1993 vor dem Verein Herold gehaltenen Vortrags. In: Der Herold, Neue Folge 14, 36. Jahrgang (1993), 22-24.

Von der schlechten alten Zwangsgemeinschaft zum guten neuen Single? Ein Statement in sieben Punkten. In: Gerd Grözinger (Hrsg.): Das Single. Gesellschaftliche Folgen eines Trends (Tagung der Evangelischen Akademie Bad Boll, 22.-24. Mai 1992). Opladen: Leske + Budrich 1994, 17-24.

Lebensrhythmen und Lebensplan: Organisation der unsicheren und der sicheren Lebenszeit. In: Martin Held und Karlheinz A. Geißler (Hrsg.): Von Rhythmen und Eigenzeiten. Perspektiven einer Ökologie der Zeit. Stuttgart: (Edition Universitas) S. Hirzel – Wissenschaftliche Verlagsgesellschaft 1995, 119-128.

Der Beitrag der Historischen Demographie zur Altersforschung. In: Peter Borscheid (Hrsg.): Alter und Gesellschaft. Marburger Forum Philippinum. Stuttgart: (Edition Universitas) S. Hirzel – Wissenschaftliche Verlagsgesellschaft 1995, 25-42.

"Sis humilis – sei bescheiden". Gespräch mit Arthur E. Imhof. In: Ehalt, Hubert Ch. (Hrsg.): Über Gott und die Welt - im Gespräch. Wien (im Druck).

Die Kunst des Sterbens (Ars moriendi) – einst und heute? Oder: Erfüllt leben – in Gelassenheit sterben. In: Symposion Universität Hannover: Wandlungen des Bewußtseins von Sterben und Tod in Europa in den letzten Jahrzehnten. 26.-29. Mai 1994. (Als Druckvorlage eingereicht).

Om konsten att dö. In: Socialmedicinsk tidskrift 71 (1994), 72-76.

Den siste time – om ars moriendi motivet og dets betydning. In: Tidsskrift for Den norske laegeforening 114 (1994), 970-973.

Von der schlechten alten Zwangsgemeinschaft zum guten neuen Single? Ein Statement in sieben Punkten. In: Zapotoczky, Klaus et al. (Hrsg.): Gesundheit im Brennpunkt. Band 4: Anforderungen und Leistungen. Linz: Veritas 1994, 297-304.

Überblick über die mit dem Forschungsprojekt zusammenhängende Vortrags-, Lehr- und Gastforschertätigkeit außerhalb Berlins von Mitte 1990 bis Mitte 1994 (Förderzeitraum)

Es ist nicht Absicht des folgenden Überblicks, eine lückenlose Auflistung der gesamten, mit der Thematik des Forschungsprojekts zusammenhängenden Vortrags-, Lehr- und Gastforschertätigkeit unter Nennung aller Veranstaltungstitel oder der im einzelnen besuchten Institute, Hochschulen, Universitäten, Akademien, Bildungshäuser usw. zu geben. Er versucht vielmehr, Schwerpunkte dieser Tätigkeit aufzuzeigen und deren Relevanz im Rahmen des Projekts deutlich zu machen.

Die räumliche Verteilung der Orte, in Kombination mit der jeweils zeitlichen über das Jahr, war Programm. Es dürfte auffallen, daß neben den europäischen Destinationen – mit einer gewissen Konzentration in Skandinavien – sowie weiteren Orten in der Ersten Welt (USA und Australien), immer wieder Brasilien sowie Süd- und Südostasien in Erscheinung treten. Hierbei ist es nicht etwa so gewesen, daß sich die da oder dort behandelten Themen grundsätzlich voneinander unterschieden hätten. Im Gegenteil ging es mit Variationen überall um jene Titel, die in der vorangegangenen Liste der „Während des Förderzeitraums 1990-1994 publizierten projektbezogenen Arbeiten" aufgezählt wurden.

Über Themen wie „Die Zunahme der Lebensspanne seit 300 Jahren – und die Folgen", die „Historische Entwicklung des zusammen Lebens. Wo stehen wir, wo stehen andere heute?", über „Ars moriendi. Die Kunst des Sterbens – einst und heute" oder „Ars vivendi. Von der Kunst, das Paradies auf Erden zu finden" kann man vor jedem Publikum dozieren. Auf der ganzen Welt werden Menschen geboren, leben eine Zeitlang, und sterben. Der Unterschied lag und liegt überall und nach wie vor im Ausmaß dieses „eine Zeitlang". Das hatte und hat am einen wie am andern Ort selbstverständlich seine Gründe, aber eben auch seine Folgen. Während die Gewichtung in Ländern mit durchschnittlich kürzeren Lebenserwartungen beim Dozieren eher in der Behandlung der Ursachen und deren Beseitigung lag, so in den Ländern mit längeren in derjenigen der Folgen.

Was eingangs als Programm bezeichnet wurde, erschöpfte sich jedoch nicht im Inhaltlichen. Wer die jahreszeitliche Verteilung der unterschiedlichen Aktivitäten überfliegt, stellt fest, daß die jeweils etwas längeren Gasttätigkeiten außerhalb der Ersten Welt stets während unseres Sommerhalbjahres stattfanden. Sommerhalbjahr bei uns heißt Winterhalbjahr auf der südlichen Halbkugel. Dort aber liegen die meisten Schwellen- und Entwicklungsländer.

Sommerferien bei uns fallen mit dem dortigen Wintersemester zusammen. Gegenstand der Historischen Demographie sind Menschen. Die einen (zu denen wir gehören) verfügen über bessere Lebensbedingungen. Entsprechend leben wir länger. Die anderen, die das auch möchten, fragen bei uns folglich nach, weshalb und wie wir das Ziel als erste erreicht hätten. Warum nicht unser Wissen und unsere Erfahrungen zur Verfügung stellen und mit ihnen teilen? Wir alle kennen die Redewendung „Noblesse oblige". Vorsprung an Wissen und Erfahrung verpflichtet weltweit nicht minder. Abgesehen von den Reisen vom 01.-28.09.1991 nach Australien und vom 08.02.-01.04.1992 in die USA (beide sind hier deshalb etwas ausführlicher geschildert) gehörten die Aktivitäten nicht in den Förderbereich der, das Projekt im übrigen finanzierenden Bundesministerien für Forschung und Technologie beziehungsweise für Familie und Senioren. So erfolgten die Gastdozenturen nach und in Brasilien 1990, 1991, 1992 und 1994, wie schon vier frühere während der 1980er Jahre, im Rahmen des Kurzdozenturen-Programms des Deutschen Akademischen Austauschdienstes. In Süd- und Südostasien sowie in den USA waren die lokalen Goethe-Institute häufig die Vermittler und mitsponsorenden Koordinationsstellen. Was Skandinavien betrifft, erlaubte mir ein halbjähriges Gastforscherstipendium von Svenska Institutet Stockholm, ergänzt durch Programme der Universitäten Oslo und Reykjavík, 1992/1993 große Freiheiten. All dies sei hier dankbar erwähnt.

1990

24.05.-07.06.: Teilnahme an der Conference on the Historical Demography of Aging at the Breckinridge Public Affairs Center of Bowdoin College, York, Maine, USA.

02.-06.07.: Vortragstätigkeit im Evangelischen Bildungszentrum „Rudolf Alexander Schröder Haus", Würzburg.

25.07.-31.08.: Fünfte Gastdozentur in Brasilien mit Unterrichtstätigkeit in São Paulo, Curitiba und Recife.

05.-28.10.: Konferenzteilnahme in Bombay sowie Unterrichtstätigkeit in Bombay, Goa, Hyderabad, Madras und Neu Delhi.

20.-28.11.: Vortragstätigkeit an den Universitäten von Bern, Basel und Freiburg im Breisgau.

04.-09.12.: Vortragstätigkeit in der Joachim Jungius-Gesellschaft der Wissenschaften und an der Universität Hamburg

1991

10.-29.01.: Vortragstätigkeit am Institut für Zukunftsstudien in Stockholm sowie an den Universitäten und Hochschulen von Uppsala, Linköping und Örebro.

15.-25.02.: Vortragstätigkeit am Wellcome Institute for the History of Medicine in London sowie an den Universitäten von Cambridge und Oxford.

12.-23.03.: Vortragstätigkeit in der Abteilung Berufsbegleitende Fortbildung beim Personaldezernat des Bischöflichen Ordinariats Mainz sowie an der Universität Mainz.

02.-12.04.: Vortragstätigkeit im Referat Wissenschaft beim Magistrat der Stadt Wien, an der Universität Linz sowie im Bildungshaus Schloß Puchberg Wels.

30.04.-06.05.: Teilnahme am Symposium „Time" der Royal Irish Academy in Dublin.

13.-17.05.: Vortragstätigkeit an der Universität Mainz.

22.-25.05.: Teilnahme an den Zweiten Internationalen Kasseler Gerontologischen Gesprächen (Generalthema: Alterssuizid).

07.-20.06.: Vortrags- und Gastforschertätigkeit an der Universität Umeå, Schweden.

29.06.-02.07.: Vortragstätigkeit im Rahmen der V. Gerontologischen Woche, Heidelberg.

17.07.-04.08.: Sechste Gastdozentur in Brasilien mit Vortrags- und Lehrtätigkeit in São Paulo und Recife (mit Fortsetzung im Oktober und November gleichen Jahres; vgl. unten).

10.-25.08.: Lehrtätigkeit im Rahmen des Nordischen Forscherkurses, veranstaltet von Stockholms Demografiska Databas sowie Vortragstätigkeit am Institut für Zukunftsstudien Stockholm und im Rahmen der Alterskonferenz von Dalarnas Forskningsråd in Falun.

01.-28.09.: Vortrags- und Gastforschertätigkeit an australischen Universitäten und Instituten in Perth (School of Social Sciences sowie School of Social Work, Curtin University of Technology; Department of History, The University of Western Australia), Melbourne (Department of History and Philosophy of Science sowie School of Social Work, The University of Melbourne), Canberra (Department of Demography at the Research School of Social Sciences sowie am Health Transition Centre at the National Centre for Epidemiology and Population Health; The Australian National University; im Office of Aging, Department of Health, Housing and Community Service) und Sydney (Department of Public Health sowie Department of Community Medicine, The University of Sydney; Social Policy Research Centre, The University of New South Wales, Kensington).

29.09.-18.10.: Vortragstätigkeit an Universitäten und Instituten in Bangkok, Jakarta, Yogyakarta, Kuala Lumpur und Manila.

25.10.-17.11.: Fortsetzung der sechsten Gastdozentur in Brasilien mit Vortrags- und Lehrtätigkeit an Universitäten und Instituten in Recife sowie vom 10.-14.11. am VIII. Lateinamerikanischen Kongreß für Geriatrie und Gerontologie in São Paulo (Generalthema: Altern in Lateinamerika im 21. Jahrhundert).

1992

24.-26.01.: Vortragstätigkeit an der Evangelischen Akademie Loccum bei Hannover.

04.-07.02.: Vortragstätigkeit an der Universität Bern.

08.02.-01.04.: Vortrags- und Gastforschertätigkeit an der Brown University, Providence, Rhode Island; an der Duke University, Durham, North Carolina; an der Princeton University; am Population Studies Center der University of Pennsylvania in Philadelphia; am Program for Humanities in Medicine, Yale University School of Medicine in New Haven, Connecticut; an der Harvard University; am Center for German and European Studies sowie am Department of Anthropology and Demography der University of California at Berkeley; am Getty Center for the History of Art and the Humanities sowie am Getty Art History Information Program in Santa Monica, Kalifornien; an der Medical History Division, School of Medicine der University of California at Los Angeles; am Center on Aging, Health and Society, Department of Medicine, University of Chicago; beim Committee on Population, Commission on Behavioral and Social Sciences and Education, National Research Council, Washington, sowie am National Institute on Aging, The National Institutes of Health, Bethesda, Maryland.

10.-11.04.: Vortragstätigkeit beim Westdeutschen Rundfunk Köln.

22.-24.05.: Vortragstätigkeit an der Evangelischen Akademie Bad Boll bei Stuttgart (Generalthema „Single").

15.-17.06.: Vortragstätigkeit an der Universität Marburg.

07.07.-08.08.: Siebente Gastdozentur in Brasilien mit Lehrtätigkeit an Universitäten und Instituten in Curitiba, Ponta Grossa, Recife und Belo Horizonte.

02.-20.09.: Vortragstätigkeit an Universitäten und Instituten in Kuala Lumpur, Jakarta, Yogyakarta und Manila.

28.-29.09.: Vortragstätigkeit bei 3SAT, Fernsehstudio Düsseldorf (Single-Thematik).

02.-11.10.: Teilnahme an der Konferenz des Instituts für Realienkunde des Mittelalters und der Frühen Neuzeit bei der Österreichischen Akademie der Wissenschaften in Krems sowie Vortragstätigkeit beim Österreichischen Rundfunk in Wien, an der Universität Linz sowie im Bildungshaus Schloß Puchberg Wels.

24.10.-12.11.: Vortragstätigkeit an der Brown University, Providence, Rhode Island; am Townsend Center der University of California at Berkeley (am 04.11.: Symposium „Are we living too long?" = Wiederholung des Berliner Symposiums vom November 1991 „Leben wir zu lange?"); im Rahmen der Humanities in Medicine Lecture Series, The Program for Humanities in Medicine, Yale University School of Medicine, New Haven, Connecticut, USA.

20.-21.11.: Vortragstätigkeit bei der Forschungsstiftung für vergleichende europäische Überseegeschichte an der Universität Bamberg.

23.-24.11.: Vortragstätigkeit im Rahmen des „Interdisziplinären Gesprächs zur Sterbebegleitung", veranstaltet vom Bundesministerium für Familie und Senioren in Bonn.

25.11.-02.12.: Vortragstätigkeit an der Universität Reykjavík, Island.

10.-12.12.: Vortragstätigkeit beim Dritten Schwedischen Fernsehen in Stockholm (Single- und Alterns-Thematik).

1993

01.-02.01.: Vortragstätigkeit beim Westdeutschen Rundfunk Köln (Serie „In unserem Alter").

15.-31.01.: Vortrags- und Gastforschertätigkeit an der Universität Linköping, Schweden.

22.-27.01.: Vortragstätigkeit bei Deutsche Welle Auslandsfernsehen (Alterns-Thematik)

04.-05.02.: Votragstätigkeit bei 3SAT, Fernsehstudio Düsseldorf (Alterns-Thematik).

15.02.-05.03.: Vortrags- und Gastforschertätigkeit an der Universität Linköping, Schweden.

23.02.-01.03.: Vortragstätigkeit am Center of Interdisciplinary Research in Medical History, Universität Kopenhagen (Ars moriendi-Thematik).

22.-28.03.: Teilnahme an der Konferenz „Interpretation von Todesursachen", veranstaltet von der Norwegischen Akademie der Wissenschaften, Oslo, sowie Vortragstätigkeit an der Universität Oslo.

15.-18.04.: Vortragstätigkeit bei der Arbeitsgemeinschaft Gesundheitspolitik der Universität Linz (zugleich Einleitungsreferat am Symposium „Gesundheit im Brennpunkt").

16.-19.05.: Vortragstätigkeit im Rahmen der XIII. Akademischen Tagung deutschsprechender Hochschullehrer in der Gynäkologie und Geburtshilfe, Hannover.

26.05.-15.06.: Vortrags- und Gastforschertätigkeit an Universitäten und Institutionen von Linköping, Lund, Uppsala (hier gleichzeitig auch Teilnahme am Symposium zur Geschichte der Prävention), Umeå und Stockholm.

24.-27.06.: Vortragstätigkeit im Rahmen einer Blockveranstaltung des Katholisch-Theologischen Seminars der Universität Marburg zum Thema „'Ars vivendi – Ars moriendi' – Leben und Sterben der Menschen in Vergangenheit und Gegenwart".

06.-07.07.: Vortragstätigkeit beim Westdeutschen Rundfunk Köln (Alterns-Thematik Erste Welt – Dritte Welt).

20.07.: Expertentätigkeit bei VOX-Fernsehen, Medienzentrum Köln (Single-Thematik).

23.08.-18.09.: Durchführung eines interdisziplinären Intensivkurses an der Universität Linköping: „Från dödsrisk till livschans" („Vom permanenten Risiko zu sterben zur Chance, lange am Leben zu bleiben"). Dazwischen Vortragstätigkeit an Universitäten, Hochschulen und Instituten in Örebro und Kalmar sowie Teilnahme an der Alternskonferenz von Dalarnas Forskningsråd in Borlänge.

27.-28.09.: Expertentätigkeit an der Yale University School of Medicine, The Program for Humanities in Medicine, New Haven, Connecticut, USA (Ars moriendi-Thematik).

01.-02.10.: Aktive Teilnahme am mitorganisierten Symposium „Comparative Perspectives on aging and old age: The United States and Germany" an der Brown University, Providence, Rhode Island, USA.

10.-14.11.: Vortragstätigkeit beim Katholischen Bildungswerk Tirol an der Katholischen Hochschulgemeinde der Universität Innsbruck über die Thematik „Kunst des Sterbens: eine Kunst des Lebens" und beim Amt der Tiroler Landesregierung über „Die Kunst richtig zu leben und zu sterben".

21.11.: Vortragstätigkeit beim Saarländischen Rundfunk, Saarbrücken, Redaktion Wissenschaft, über das Thema „Erfüllt leben – in Gelassenheit sterben".

01.-12.12.: Durchführung eines interdisziplinären Intensivkurses am Institut for kultur- og samfunnsfag der Universität Oslo: „Fra dødsrisiko til livssjanse" („Vom Sterberisiko zur Lebensschance").

1994

19.-20.01.: Vortragstätigkeit am Institut für Anthropologie der Universität Göttingen (Thematik Historische Demographie und Altersforschung).

21.-22.01.: Vortragstätigkeit bei „Pro Senectute – Gesellschaft für würdiges Sterben im Alter" in Bremen.

27.-29.01.: Vortragstätigkeit beim Westdeutschen Rundfunk Köln (Thematik „Reise in die Vergangenheit – Leben und Sterben in Entwicklungsländern").

08.-10.04.: Vortragstätigkeit im Bildungshaus Schloß Puchberg Wels, Österreich (Thematik „Lebensplan").

14.-16.04.: Aktive Teilnahme an der mitorganisierten Konferenz „Ars moriendi: Re-introducing Doctors and Nurses to death" an der Yale University School of Medicine – The Program for Humanities in Medicine, New Haven, Connecticut, USA.

29.04.-01.05.: Vortragstätigkeit an der Evangelischen Akademie Tutzing im Rahmen des Tutzinger Projekts Ökologie der Zeit über „Lebensrhythmen – Lebensplan: Organisation der unsicheren und der sicheren Lebenszeit".

26.-29.05.: Vortragstätigkeit im Rahmen des Symposiums „Wandlungen des Bewußtseins von Sterben und Tod in Europa in den letzten Jahrzehnten" an der Universität Hannover.

10.-11.06.: Vortragstätigkeit für Mediziner im Rahmen der IX. Barmbeker Gespräche an der Handwerkskammer Hamburg (Thematik: „Weniger Kinder und mehr Lebensjahre").

22.-24.06.: Vortragstätigkeit am Forum Philippinum „Alter und Gesellschaft" des Marburger Universitätsbundes sowie in der Marburger Vereinigung zur Förderung der Alternswissenschaften und Mitwirkung als Dozent beim Seniorenstudium der Universität Marburg.

08.07.-30.07.: Achte Gastdozentur in Brasilien mit Lehrtätigkeit an Universitäten und Instituten in Belo Horizonte, Minas Gerais.

Verzeichnis der Abbildungen

Abb. 1: Anzahl Gestorbene je 1 000 Einwohner in Berlin und in Schweden, 1721-1990.

Quellen: Berliner Statistik 31 (1977), 138-145 sowie Titelblatt von Heft 31; 8 (=August 1977); Statistisches Jahrbuch Berlin 1990, 85; Statistischer Bericht A II – J 90 [Berlin: Statistisches Landesamt] März 1992; Historisk statistik för Sverige. Del 1. Befolkning. Andra upplagan 1720-1967. Stockholm: Statistiska Centralbyrån 1969, 91-99; Imhof 1976, 100 (hier die korrigierten Zahlen für „Schweden 1721-1748", d. h. für „Stockholm und die neun Provinzen"). – Ergänzende Recherchen und Printouts 1992 durch Stockholms Historiska Databas, Stockholms Universitetets Demografiska avdelning und Professuren i Historisk Demografi vid Humanistisksamhällsvetenskapliga forskningsrådet vid Umeå Universitet (ein Dankeschön an Sven Sperlings, Dr. Eva Bernhardt und Professor Lars-Göran Tedebrand).

Abb. 2: Zunahme der Lebenserwartung bei der Geburt und Rückgang der Säuglingssterblichkeit in Schweden 1750-1990.

Quellen: Historisk statistik för Sverige. Del 1. Befolkning. Andra upplagan 1720-1967. Stockholm: Statistiska Centralbyrån 1969, 91-99, 117; Hofsten, Erland, Hans Lundström: Swedish Population History. Main trends from 1750 to 1970. Stockholm: National Central Bureau of Statistics 1976, 54. – Ergänzende Recherchen und Printouts 1992 durch Stockholms Historiska Databas, Stockholms Universitetets Demografiska avdelning und Professuren i Historisk Demografi vid Humanistisk-samhällsvetenskapliga forskningsrådet vid Umeå Universitet (ein Dankeschön an Sven Sperlings, Dr. Eva Bernhardt und Professor Lars-Göran Tedebrand).

Abb. 3: Verteilung der Sterbefälle nach Alter und Geschlecht in Deutschland: früher (seit 1740) – heute – und in Zukunft.

Quellen: 1740-49 und 1840-49: Ausgewählte Untersuchungsgebiete, Imhof et al. 1990, 450-451; 1932: Deutsches Reich, Statistisches Jahrbuch für das Deutsche Reich 1934, 34-35; 1963: Bundesrepublik Deutschland, Statistisches Jahrbuch für die Bundesrepublik Deutschland 1965, 69; 1989: Vereintes Deutschland, Statistisches Jahrbuch 1991 für das vereinte Deutschland, 86-87; „in Zukunft": schematische Verteilung, je 0,5% Sterbefälle entfallen auf die je 17 Fünfjahres-Altersgruppen von 0-5 bis 80-85 Jahre bei den Männern und den Frauen (=insgesamt zwei Mal 8,5%); die übrigen zwei Mal 41,5% konzentrieren sich auf ein Sterbealter über 85 Jahren.

Abb. 4: Die Sterbealter auf den Kopf gestellt: Verteilung der Sterbefälle nach Alter und Geschlecht in Deutschland: früher – heute – und in Zukunft.

Quellen: Vgl. Abb. 3.

Abb. 5: Lebensphasen heute – und in Zukunft?

Quellen: Légaré, Jacques: Espérance de vie en bonne santé: construction et applications. In: Loriaux, Michel et al. (Eds.): Populations âgées et révolution grise. Louvain-la-Neuve: CIACO 1990, 215; Loriaux, Michel: Le vieillissement de la société européenne: un enjeu pour l'éternité? Paper prepared for the International Conference on Human Resources in Europe at the Dawn of the 21st Century, Luxembourg 27-29 November 1991, under the Aegis of Eurostat and the Luxembourg Government, 33; beide nach Vorgaben durch R.L. Walford 1983.

Abb. 6: Welcher Art sind die „gewonnenen Jahre"?: Mortalitäts- und Morbiditätsrisiko im Alter (am Beispiel der österreichischen Bevölkerung über 60 Jahre 1987).

Quelle: Kytir, Josef, Rainer Münz: Hilfs- und Pflegebedürftigkeit im Alter. In: Imhof, Arthur E. (Hrsg.): Leben wir zu lange? Die Zunahme unserer Lebensspanne seit 300 Jahren – und die Folgen. Köln-Weimar-Wien: Böhlau 1992 (=1992b), Abb. 24, S. 98.

Abb. 7: Rückgang der Säuglingssterblichkeit, Zunahme der Lebenserwartung sowie prozentuale Verteilung der Sterbefälle auf die verschiedenen Altersgruppen, beide Geschlechter gemeinsam, in Deutschland 1855 bis 1985 (berechnet nach den Periodentafeln).

Quelle: Scholz, Rembrandt D.: Perioden- und Kohortensterbetafeln, Deutschland, für den Zeitraum 1855-1985. Beitrag im Projekt des Bundesministeriums für Forschung und Technologie „Entwicklung der Lebensspanne seit 300 Jahren". Laser-Printout. Berlin: Fachbereich Geschichtswissenschaften der Freien Universität, Mai 1991.

Abb. 8: Das massenhafte Dritte Alter: eine junge Erscheinung! – Anzahl Männer und Frauen der Jahrgänge 1855-1935 in Deutschland (in den jeweiligen Grenzen: Deutsches Reich und nach dem Zweiten Weltkrieg BRD und DDR), die je 1 000 ihrer Altersgruppe das 60. Lebensjahr erreichten.

Quelle: Scholz, Rembrandt D.: Perioden- und Kohortensterbetafeln, Deutschland, für den Zeitraum 1855-1985. Beitrag im Projekt des Bundesministeriums für Forschung und Technologie „Entwicklung der Lebensspanne seit 300 Jahren". Laser-Printout. Berlin: Fachbereich Geschichtswissenschaften der Freien Universität, Mai 1991.

Abb. 9: Allen die gleiche Ruhestandsdauer (z. B. 10 Jahre).

Quellen: Vgl. Abb. 3 und 4.

Abb. 10: Lebenserwartung von Männern und Frauen bei der Geburt in der Europäischen Gemeinschaft der Zwölf (=EUR12), 1960-64 – 2019.

Quelle: EUROSTAT: Two long term population scenarios for the European Community. (Prepared for the International Conference 'Human Resources in Europe at the Dawn of the 21st Century', Luxembourg, 27-29 November 1991). Luxemburg: EUROSTAT 1991 [=EUROSTAT 1991b].

Abb. 11: Lebenserwartung von Männern und Frauen bei der Geburt in den Ländern der Europäischen Gemeinschaft der Zwölf (=EUR12), 1960-64 – 2019.

Quelle: EUROSTAT: Two long term population scenarios for the European Community. (Prepared for the International Conference 'Human Resources in Europe at the Dawn of the 21st Century', Luxembourg, 27-29 November 1991). Luxemburg: EUROSTAT 1991 [=EUROSTAT 1991b].

Abb. 12: Anteil der über 60jährigen an den Gesamtbevölkerungen in den Ländern der Europäischen Gemeinschaft der Zwölf (=EUR12), 1960-2020.

Quelle: EUROSTAT: Two long term population scenarios for the European Community. (Prepared for the International Conference 'Human Resources in Europe at the Dawn of the 21st Century', Luxembourg, 27-29 November 1991). Luxemburg: EUROSTAT 1991 [=EUROSTAT 1991b].

Abb. 13: Anteil der über 60jährigen an der Gesamtbevölkerung (oben) sowie Anteil der über 80jährigen an allen über 60jährigen (unten) in der Europäischen Gemeinschaft der Zwölf (=EUR12) 1960-64 – 2020.

Quelle: EUROSTAT: Two long term population scenarios for the European Community. (Prepared for the International Conference 'Human Resources in Europe at the Dawn of the 21st Century', Luxembourg, 27-29 November 1991). Luxemburg: EUROSTAT 1991 [=EUROSTAT 1991b].

Abb. 14: Anteil der Bevölkerung in der Europäischen Gemeinschaft der Zwölf (=EUR12) an der Weltbevölkerung 1960-2020.

Quelle: EUROSTAT: Two long term population scenarios for the European Community. (Prepared for the International Conference 'Human Resources in Europe at the Dawn of the 21st Century', Luxembourg, 27-29 November 1991). Luxemburg: EUROSTAT 1991 [=EUROSTAT 1991b].

Abb. 15: Rückgang der Sterblichkeit und Zunahme der Lebenserwartung: eine Verkettung von Ursachen. – Der Grafikteil in der Mitte zeigt den Rückgang der Säuglingssterblichkeit in Deutschland von 23,0% 1855 auf 0,8% 1985 (in der damaligen BRD) sowie die gleichzeitige Zunahme der Lebenserwartung für beide Geschlechter gemeinsam bei der Geburt von 37,2 auf 74,6 Jahre (berechnet nach den Periodentafeln).

Quelle für den Grafikteil in der Mitte: Scholz, Rembrandt D.: Perioden- und Kohortensterbetafeln, Deutschland, für den Zeitraum 1855-1985. Beitrag im Projekt des Bundesministeriums für Forschung und Technologie „Entwicklung der Lebensspanne seit 300 Jahren". Laser-Printout. Berlin: Fachbereich Geschichtswissenschaften der Freien Universität, Mai 1991.

Abb. 16: Zunahme (Verdoppelung) der Lebenserwartung von 37,2 Jahren 1855 auf 74,6 Jahre 1985: nicht nur mehr, sondern bessere Jahre. – Das Männchen in der Mitte versinnbildlicht die Verdoppelung der Lebenserwartung (für beide Geschlechter gemeinsam) bei der Geburt in Deutschland von 37,2 Jahren auf 74,6 Jahre 1985 (in der damaligen BRD)(berechnet nach Periodentafeln).

Quelle: Scholz, Rembrandt D.: Perioden- und Kohortensterbetafeln, Deutschland, für den Zeitraum 1855-1985. Beitrag im Projekt des Bundesministeriums für Forschung und Technologie „Entwicklung der Lebensspanne seit 300 Jahren". Laser-Printout. Berlin: Fachbereich Geschichtswissenschaften der Freien Universität, Mai 1991.

Abb. 17: Im Vergleich zu früher: ein anderer, gar ein „neuer" Mensch?

Abb. 18: Lebenszeit und Freizeit: gestern – heute – morgen.

Quelle: Loriaux, Michel: Le vieillissement de la société européenne: un enjeu pour l'éternité? Paper prepared for the International Conference on Human Resources in Europe at the Dawn of the 21st Century, Luxembourg 27-29 November 1991, under the Aegis of Eurostat and the Luxembourg Government, 27vo.

Abb. 19: Mehr Freizeit: Einsatz nur für körperliche Belange?

Quelle: Loriaux, Michel: Le vieillissement de la société européenne: un enjeu pour l'éternité? Paper prepared for the International Conference on Human Resources in Europe at the Dawn of the 21st Century, Luxembourg 27-29 November 1991, under the Aegis of Eurostat and the Luxembourg Government, 27vo.

Abb. 20: Mehr Freizeit: Mehr Muße für geistig-kulturelle Belange?

Quelle: Loriaux, Michel: Le vieillissement de la société européenne: un enjeu pour l'éternité? Paper prepared for the International Conference on Human Resources in Europe at the Dawn of the 21st Century, Luxembourg 27-29 November 1991, under the Aegis of Eurostat and the Luxembourg Government, 27vo.

Abb. 21: Der Lebensplan: Die Eventualitäten der späten Jahre mitbedenken.

Quellen: Loriaux, Michel: Le vieillissement de la société européenne: un enjeu pour l'éternité? Paper prepared for the International Conference on Human Resources in Europe at the Dawn of the 21st Century, Luxembourg

27-29 November 1991, under the Aegis of Eurostat and the Luxembourg Government, 27vo; EUROSTAT: Two long term population scenarios for the European Community. (Prepared for the International Conference 'Human Resources in Europe at the Dawn of the 21st Century', Luxembourg, 27-29 November 1991). Luxemburg: EUROSTAT 1991 [=EUROSTAT 1991b]; Kytir, Josef, Rainer Münz: Hilfs- und Pflegebedürftigkeit im Alter. In: Imhof, Arthur E. (Hrsg.): Leben wir zu lange? Die Zunahme unserer Lebensspanne seit 300 Jahren – und die Folgen. Köln-Weimar-Wien: Böhlau 1992 (=1992b), ursprünglich Abb. 24, S. 98.

Abb. 22: Entwicklung der durchschnittlichen Lebenserwartung schwedischer Männer und Frauen bei der Geburt sowie in den Altern von 1, 15, 50, 65 und 80 Jahren zwischen 1751 und 1991.

Quelle: Historisk statistik för Sverige. Del 1. Befolkning. Andra upplagan 1720-1967. Stockholm: Statistiska Centralbyrån 1969, 118, ergänzt durch persönliche Angaben von Hans Lundström von der Abteilung Bevölkerung des Schwedischen Statistischen Zentralbüros Stockholm 1993. Tack så mycket!

Abb. 23: Beitrag unterschiedlicher Alter zur Zunahme der Lebenserwartung bei Männern und Frauen in Jahren; Frankreich 1949-1989. Semilogarithmische Anordnung.

Quelle: Parant, Alain: Croissance démographique et vieillissement. In: Population 47 (1992), 1666, 1674-1675.

Abb. 24: „Gewonnene Menschenleben" in verschiedenen Altern beiderlei Geschlechts, die sich in Schweden zwischen 1951 und 1988 aufgrund gesunkener Sterblichkeit ergeben haben.

Quelle: Martinelle, Sten: On the Causes of Changes in the Age Structure. The Case of Sweden. Stockholm: Statistiska Centralbyrån 1990, 9-10.

Abb. 25: Stadium der demographischen Transition in lateinamerikanischen Ländern Ende der 1980er Jahre.

Quelle: Bähr, Jürgen, Rainer Wehrhahn: Life expectancy and infant mortality in Latin America. In: Social Science & Medicine 36 (1993) 10, 1374.

Abb. 26: Lebenserwartung für Männer und Frauen auf Island, 1850-1990.

Quellen: Statistical Bureau of Iceland, Reykjavík: Monthly Statistics (August) 1991, 332; Statistical Bureau of Iceland, Reykjavík: Statistical Abstract of Iceland 1992 (=Statistics of Iceland III,8), 62.

Literaturverzeichnis

Wie in der Einleitung erwähnt, weist die folgende Liste einerseits jene Arbeiten nach, auf die sich die Referenten des ersten (1991) und zweiten Berliner Symposiums (1993) beriefen. Zum anderen nennt sie Publikationen, die der vom Sommersemester 1990 bis Sommersemester 1994 kontinuierlich durchgeführten forschungsbegleitenden Lehrveranstaltung („Kolloquium in Permanenz") beziehungsweise den daraus hervorgegangenen Büchern und Zeitschriftenartikeln zugrundelagen. Die Absicht hierbei war, fortgeschrittenere Studenten sowie Interessierte von außerhalb der Universität in umfassender Weise an ausgewählte zentrale Themen des Forschungsvorhabens heranzuführen und sie zu eigener Weiterarbeit anzuregen. „In umfassender Weise" meinte dabei nicht nur, die verschiedenen Aspekte der jeweils tangierten Nachbardisziplinen gebührend mitzuberücksichtigen, sondern auch die individuelle, familiäre, gesellschaftliche Aktualität und Relevanz des Vorhabens „Die Zunahme der Lebensspanne seit 300 Jahren und ihre Folgen" immer wieder ins Zentrum zu stellen, sei es im Hinblick auf die Situation bei uns heute, sei es mit Blick auf Schwellen- und Entwicklungsländer, wo sich manche unserer Probleme mit größerem oder kleinerem Zeitverzug zu wiederholen scheinen. Es wäre erfreulich, wenn eine Durchsicht der umfangreichen Liste manchenorts in diesem Sinne anregend zu wirken vermöchte.

Aaby, Peter: Lessons for the Past: Third World Evidence and the Reinterpretation of Developed World Mortality Declines. In: Health Transition Review; Supplement to Vol. 2 (1992), 155-183.

Aaron, Henry, William B. Schwartz: Rationing Health Care: The Choice Before Us. In: Science 247 (1990), 418-422.

Abelin, Theodor: Zur Ethik der Prävention. In: Schweizerische Ärztezeitung 68 (1987), 1250-1254.

Abelin, Theodor, Daniela Schlettwein-Gsell: Behinderungen und Bedürfnisse Betagter. Eine multifaktorielle epidemiologische Studie unter städtischen Bedingungen. In: Schweizerische Medizinische Wochenschrift 116 (1986) 44, 1524-1542.

Abelin, Theodor, Daniela Schlettwein-Gsell: Family and the need for help of the disabled elderly in two cities of Switzerland. In: Comprehensive Gerontology Supplement issue A+B 3 (1989), 51-56.

Abelin, Theodor: Selbständigkeit und Abhängigkeit im Alter. Eine schweizerische Untersuchung. In: Hermann Ringeling, Maya Svilar (Hrsg.): Alter und Gesellschaft. Berner Universitätsschriften 36. Bern: Haupt 1990.

Abelin, Theodor: Welcher Art ist das gewonnene Leben? Ein Beitrag zur Frage der Selbständigkeit und Abhängigkeit im Alter aufgrund einer schweizerischen Untersuchung. In: Imhof, Arthur E. (Hrsg.): Leben wir zu lange? Die Zunahme unserer Lebensspanne seit 300 Jahren – und die Folgen. Köln-Weimar-Wien: Böhlau 1992, 103-116.

Achenbaum, Andrew, Peter Laslett, Freya Dittmann-Kohli: The medieval ages of man. Review Symposium J. A. Burrow: The Ages of Man: A Study in Medieval Writing and Thought. Oxford: Clarendon Press 1986. In: Ageing and Society 7 (1987), 101-108.

Acsádi, Gy., J. Nemeskéri: History of Human Life Span and Mortality. Budapest: Akadémiai Kiadó 1970.

Ageing Research Directory 1990 [Australia and New Zealand]. Canberra: Australian Government Publishing Service 1990.

Ågren, Margareta: Life at 85. A Study of Life Experiences and Adjustment of the Oldest Old. Göteborg: University of Göteborg, Department of Geriatric and Long-term Care Medicine 1992.

Alber, Jens: Vom Armenhaus zum Wohlfahrtsstaat. Analysen zur Entwicklung der Sozialversicherung in Westeuropa. Frankfurt a. M., New York: Campus 1982.

Allgemeines dokumentationsgerechtes Krankenblatt. Mitteilungen des Instituts für medizinische Statistik und Datenverarbeitung Berlin [ISD]. Berlin, Jahrgänge 1974 bis 1989.

Alter, George, James C. Riley: Frailty, Sickness, and Death: Models of Morbidity and Mortality in Historical Populations. In: Population Studies 43 (1989) 1, 25-45.

Altergott, Karen: Qualities of daily life and suicide in old age: a comparative perspective. In: Journal of Cross-Cultural Gerontology 3 (1988), 361-376.

Amelung, E. A. (Hrsg.): Ethisches Denken in der Medizin. Ein Lehrbuch. Berlin: Springer 1992.

Améry, Jean: Hand an sich legen. Diskurs über den Freitod [1976]. 5. Auflage, Stuttgart: Klett-Cotta 1991.

Amin, Ruhul et al.: Infant and child mortality in a rural area of Bangladesh: sociodemographic differences, use of medical technologies, and causes of death. In: Demography India (1989) 18, 13-138.

Andrian, Josiane: Le suicide des personnes âgées: comparaisons nationales et internationales (1976-1987). In: Espace, Populations, Sociétés 3 (1990), 565-572.

Andrian, Josiane: Le suicide: oser en parler. – Le suicide des personnes âgées de plus de 55 ans. Lever un tabou. In: Vie sociale (CEDIAS – Musée social, Paris) 1-2 ([19]91), 7-9, 17-34.

Annerstedt, Lena: Development and Consequences of Group Living in Sweden. A new Mode of Care for the Demented Elderly. In: Social Science & Medicine 37 (1993) 12, 1529-1538.

Anson, Jon: The second dimension: A proposed measure of the rectangularity of mortality curves. In: Genus 48 (1992), 1-17.

Anson, Ofra et al.: Gender differences in health perceptions and their predictors. In: Social Science & Medicine, 36 (1993) 4, 419-427.

366

Antonietti, Thomas (Hrsg.): Alt werden – alt sein im Lötschental. Katalog zur gleichnamigen Ausstellung im Lötschentaler Museum. Kippel: Lötschentaler Museum 1990.

Anz, Thomas: Der schöne und der häßliche Tod. Klassische und moderne Normen literarischer Diskurse über den Tod. In: Richter, Karl, Jörg Schönert (Hrsg.): Klassik und Moderne. Die Weimarer Klassik als historisches Ereignis und Herausforderung im kulturgeschichtlichen Prozeß. Walter Müller-Seidel zum 65. Geburtstag. Stuttgart: Metzler 1983, 409-432.

Arber, Sara, Jay Ginn: Gender and inequalities in health in later life. In: Social Science & Medicine 36 (1993) 1, 33-46.

Ariès, Philippe: Essais sur l'histoire de la mort en Occident du moyen âge à nos jours. Paris: Seuil 1975.

Ariès, Philippe: Bilder zur Geschichte des Todes. München-Wien: Hanser 1984. [Originalausgabe: Images de l'homme devant la mort. Paris: Seuil 1983.]

Arnold, Klaus, Erich Lang: Ergebnisse einer Umfrage zum Altersbild in der Bundesrepublik Deutschland. In: Zeitschrift für Geriatrie 2 (1989), 383-389.

[Ausstellungskatalog Düsseldorf] Im Lichte des Nordens. Skandinavische Malerei um die Jahrhundertwende. Ausstellung im Kunstmuseum Düsseldorf. 26. Oktober 1986 bis 1. Februar 1987. Düsseldorf: Kunstmuseum 1986.

[Australian] Department of Health, Housing and Community Services: Research issues relating to the promotion of well-being in ageing. Canberra: Research Coordination and Support Grants Section, August 1991.

Badari, V. S. et al.: Infant mortality; its components and correlates: findings from a longitudinal study in rural Karnataka, India. In: Genus 47 (1991), 89-108.

Bächtiger, Franz: Berner Totentanz. Bern: Historisches Museum 1984.

Bähr, Jürgen, Rainer Wehrhahn: Life expectancy and infant mortality in Latin America. In: Social Science & Medicine 36 (1993) 10, 1373-1382.

Bailey, Patricia et al.: A study of infant mortality and causes of death in a rural north-east Brazilian community. In: Journal of Biosocial Science 22 (1990), 349-363.

Bailey, William G. (compiled by): Human Longevity from Antiquity to the Modern Lab. A selected, annotated bibliography. New York: Greenwood 1987.

Bairagi, Radheshyam et al.: The influence of nutritional status on age misstatement for young children in rural Bangladesh. In: Genus 47 (1991), 193-204.

Ballweg, John A., Imelda G. Pagtolun-An: Determinants of Infant and Child Mortality: a Philippine Study. In: Genus 48 (1992), 129-150.

Baltes, Margret M. et al. (Hrsg.): Erfolgreiches Altern. Bedingungen und Variationen. Bern: Huber 1989.

Baltes, Paul B., Margret M. Baltes (Eds.): Successful aging: perspectives from the behavioral sciences. Cambridge (Engl.), New York: Cambridge University Press 1990.

Baltes, Paul B., Margret M. Baltes: Psychological perspectives on successful aging: the model of selective optimization with compensation. In: Baltes, Paul B., Margret M. Baltes (Eds.): Successful aging: perspectives from the behavioral sciences. Cambridge (Engl.), New York: Cambridge University Press 1990, 1-17.

Baltes, Paul B., Jürgen Mittelstraß (Hrsg.): Zukunft des Alterns und gesellschaftliche Entwicklung (Akademie der Wissenschaften zu Berlin, Arbeitsgruppe Altern und gesellschaftliche Entwicklung, Forschungsbericht 5). Berlin: De Gruyter 1992.

Bang Olsen, Rolf et al.: Social networks and longevity. A 14 year follow-up study among elderly in Denmark. In: Social Science & Medicine 33 (1991) 10, 1189-1195.

Barbagli, Marzio: Sotto lo stesso tetto. Mutamenti della famiglia in Italia dal XV al XX secolo. Bologna: Il Mulino 1988.

Barbagli, Marzio: Provando e riprovando. Matrimonio, famiglia e divorzio in Italia e in altri paesi occidentali. Bologna: Il Mulino 1990.

Bardet, Jean-Pierre et al. (Eds.): Peurs et terreurs face à la contagion. Choléra, tuberculose, syphilis. XIXe-XXe siècles. Paris: Fayard 1988.

Barry, Robert L., Gerard V. Bradley: Set Not Limits. A Rebuttal to Daniel Callahan's Proposal to Limit Health Care for the Elderly. Chicago: University of Illinois Press 1991.

Bartels, Margarete: Totentänze – kunsthistorische Betrachtung. In: Jansen, Hans Helmut (Hrsg.): Der Tod in Dichtung, Philosophie und Kunst. Zweite, neu bearbeitete und erweiterte Auflage. Darmstadt: Steinkopff 1989, 105-121.

Basu, Alaka M.: Culture, the Status of Women, and Demographic Behaviour. Oxford: Oxford University Press 1992.

Battegay, Raymond, Udo Rauchfleisch (Hrsg.): Menschliche Autonomie. Göttingen: Vandenhoeck & Ruprecht 1990.

Bauer, Franz J.: Von Tod und Bestattung in alter und neuer Zeit. In: Historische Zeitschrift 254 (1992), 1-31.

Bauer-Söllner, Brigitte: Institutionen der offenen Altenhilfe – aktueller Stand und Entwicklungstendenzen. In: 1. Teilbericht der Sachverständigenkommission zur Erstellung des 1. Altenberichts der Bundesregierung – Expertisen für die Kommission. Bonn: unveröfftl. Mskr. 1991.

Baumann, Felix A.: Vorwort. In: Brüschweiler, Jura: Ein Maler vor Liebe und Tod. Ferdinand Hodler und Valentine Godé-Darel. Ein Werkzyklus 1908-1915. Katalog und Ausstellung von Jura Brüschweiler. (Mit einem Vorwort von Felix A. Baumann). Zürich: Kunsthaus 1976, 5.

Baumgartner, Marcel: Katalog der Gemälde. In: Ferdinand Hodler. Sammlung Max Schmidheiny. Essays von Oskar Bätschmann und Hans A. Lüthy. Katalog von Marcel Baumgartner. Zürich: Schweizerisches Institut für Kunstwissenschaft 1989, 39-115.

Beenstock, Michael, Patricia Sturdy: Analysing morbidity determination with flawed data: the case of dysentery in regional India. In: Social Science & Medicine 32 (1991) 2, 211-219.

Beer, Valeria et al.: Social Class Gradients in Years of Potential Life Lost in Switzerland. In: Social Science & Medicine 37 (1993) 8, 1011-1018.

Bellebaum, Alfred: Langeweile, Überdruß und Lebenssinn. Eine geistesgeschichtliche und kultursoziologische Untersuchung. Opladen: Westdeutscher Verlag 1990.

Belting, Hans: Vom Altarbild zum autonomen Tafelbild. In: Werner Busch (Hrsg.): Funkkolleg Kunst. Eine Geschichte der Kunst im Wandel ihrer Funktionen. Bd. I, München: Piper 1987, 155-181.

Benedictow, Ole Jürgen.: Morbidity in Historical Plague Epidemics. In: Populations Studies 41 (1987), 401-431.

Benedictow, Ole Jürgen: Plague in the Late Medieval Nordic Countries. Epidemiological Studies. Oslo: Middelalderforlaget 1992.

Benedictow, Ole Jürgen: The Medieval Demographic System of the Nordic Countries. Oslo: Middelalderforlaget 1993.

Bengtson, Vern L., K. Warner Schaie (Eds.): The course of later life. Research and reflections. New York: Springer 1989.

Bengtson, Vern L., Yvonne Schütze: Altern und Generationenbeziehungen: Aussichten für das kommende Jahrhundert. In: Baltes, Paul B., Jürgen Mittelstraß (Hrsg.): Zukunft des Alterns und gesellschaftliche Entwicklung. Berlin: De Gruyter 1992, 492-517.

Bengtsson, Tommy, Gunnar Fridlizius, Rolf Ohlsson (Hrsg.): Pre-Industrial Population Change. The Mortality Decline and Short-Term Population Movements. Stockholm: Almqvist & Wiksell International 1984.

Benz, Richard: Die Legenda aurea des Jacobus de Voragine. Aus dem Lateinischen übersetzt von Richard Benz. Zehnte Auflage. Heidelberg: Lambert und Darmstadt: Wissenschaftliche Buchgesellschaft 1984.

Bergener, Manfred (Hrsg.): Depressionen im Alter. Darmstadt: Steinkopff 1986.

Bergsdorf, Wolfgang: Orientierungsnot in der säkularisierten Gesellschaft. In: Neue Zürcher Zeitung, Fernausgabe Nr. 297 vom 22./23. Dezember 1991, 35 [vgl. hierzu Fürer 1992].

Berner Allerseelen-Altar, Der. Die Toten im Streit der Lebenden. Materialien zu einem programmatischen Bild. Daten – Fakten – Bilder, Anregungen für den Unterricht. Jubiläumsausstellung, Sammeln für die Schweizer Museen, 100 Jahre Gottfried Keller-Stiftung. Kunstmuseum Bern, 3. November 1990 – 6. Januar 1991. Bern: Kunstmuseum 1990.

Bertman, Sandra L.: Facing Death: Images, Insights, and Interventions. New York: Hemisphere 1991.

Bette, Heinrich W. (Hrsg.): Ich bin dir gut – wenn du mir nützt ... Die Ökonomisierung zwischenmenschlicher Beziehungen. Freiburg: AGJ – Arbeitsgemeinschaft für Gefährdetenhilfe und Jugendschutz 1990 (Schriftenreihe, Nr. 13).

Bhagavadgîtâ, Die. Aus dem Sanskrit übersetzt und mit einer Einleitung über ihre ursprüngliche Gestalt, ihre Lehren und ihr Alter versehen von Richard Garbe. Mit Genehmigung des H. Haessel Verlags, Frankfurt [1978], veranstalteter unveränderter reprografischer Nachdruck der 2., verbesserten Auflage, Leipzig 1921. Darmstadt: Wissenschaftliche Buchgesellschaft 1988.

Bicego, George T., J. Ties Boerma: Maternal education and child survival: a comparative study of survey data from 17 countries. In: Social Science & Medicine 36 (1993), 1207-1227.

Biegel, Gerd (Hrsg.): Geschichte des Alters in ihren Zeugnissen von der Antike bis zur Gegenwart (= Veröffentlichungen des Braunschweigischen Landesmuseums 72). Braunschweig: Braunschweigisches Landesmuseum 1993.

Bielke, Edgar: Friedrichswerder 1720 bis 1799. Eine historisch-demographische Untersuchung als Beitrag zur Sozialgeschichte des 18. Jahrhunderts. In: Ribbe, Wolfgang (Hrsg.): Berlin-Forschungen I. Einzelveröffentlichungen der Historischen Kommission zu Berlin 54 (=Publikationen der Sektion für die Geschichte Berlins 3). Berlin: Colloquium 1986, 135-195.

Biesboer, Pieter: Die Bürger von Haarlem und ihre Porträtmaler. In: Slive, Seymour et al.: Frans Hals. München: Prestel 1989, 23-44.

Bièvre, Elisabeth de: Violence and virtue: history and art in the city of Haarlem. In: Art History 11 (1988), 303-334.

Binder, Gerhard, Bernd Effe (Hrsg.): Tod und Jenseits im Altertum. (Bochumer Altertumswissenschaftliches Colloquium, Bd. 6). Trier: WVT Wissenschaftlicher Verlag 1991.

Binney, Elizabeth A., Carroll L. Estes, Stanley R. Ingman: Medicalization, Public Policy and the Elderly: Social Services in Jeopardy? In: Social Science & Medicine 30 (1990), 761-771.

Binstock, Robert H., Stephen C. Post (Eds.): Too Old for Health Care? Controversies in Medicine, Law, Economics and Ethics. Baltimore: Johns Hopkins University Press 1991.

Bisig, Brigit et al.: Espérance de vie sans incapacité. Données suisses. In: Robine, Jean-Marie et al. (Hrsg.): Espérance de santé. Analyses et prospective. Paris: Les éditions de l'Institut national de la Santé et de la Recherche médicale [INSERM] 1992, 119-133.

Biswas, Suhas K. (Ed.): Aging in contemporary India. Indian Anthropological Society Occasional Papers 8. Calcutta: Indian Anthropological Society 1987.

[BJ] Bundesamt für Justiz (Hrsg.): Scheidung in der Schweiz. Eine Dokumentation. Im Auftrage des Bundesamtes für Justiz vom Institut für Ehe und

Familie Zürich durchgeführte Untersuchungen. Bern: Eidgenössische Drucksachen und Materialzentrale [EDMZ] 1980.

Bjerke, Tore, Tore C. Stiles (Hrsg.): Suicide attempts in the Nordic countries. Epidemiology and treatment. Trondheim: Tapir 1991.

Blaumeiser, Heinz: Bildung aus Geschichte durch Reflexion von Lebensgeschichten. Neue Grundlagen und Aufgaben des historischen Lernens mit Erwachsenen. Typoskript 1991.

Blaumeiser, Heinz et al.: Ottakringer Lesebuch. Was hab' ich denn schon zu erzählen... Lebensgeschichten. Wien: Böhlau 1988.

Blaumeiser, Heinz et al.: Alte Menschen und ihre Erinnerungen. Erzählte Alltagsgeschichte in Ottakring. In: Geschichte und Gesellschaft 14 (1988) 1, 472-494.

Blessin, Stefan: Horst Janssen. Eine Biographie. 4. Aufl. Hamburg: Lilo 1984.

Blum, Alain, Jean-Louis Rallu (Hrsg.): Démographie européenne. II. Dynamiques démographiques. Paris: INED / London: John Libbey Eurotext 1993 (vgl. auch Pumain, Denise und Rallu, Jean-Louis).

Blum, Alain et al.: Eléments sur la mortalité différentielle à la fin du XVIIIe et au début du XIXe siècle. In: Population 44 (1989), 29-53.

Blumenthal-Barby, Kay: Wenn ein Mensch stirbt. Ausgewählte Aspekte perimortaler Medizin. 3. Aufl. Berlin: Gesundheit 1989.

Blumenthal-Barby, Kay: Leben im Schatten des Todes. Ein Ratgeber für Angehörige. Wiesbaden: Werner Jopp 1991.

Blumenthal-Barby, Kay: Plädoyer für die Sterbeaufklärung. In: Ärztliche Praxis – Die Zeitung des Arztes in Klinik und Praxis 42 (1990) 8, 5.

Blumenthal-Barby, Kay: Ausgewählte Ergebnisse perimortaler Forschung. In: Imhof, Arthur E. (Hrsg.): Leben wir zu lange? Die Zunahme unserer Lebensspanne seit 300 Jahren – und die Folgen. Köln-Weimar-Wien: Böhlau 1992, 163-169.

Bock, Henning, Rainald Grosshans: Das Bildnis: Das autonome Porträt seit der Renaissance. In: [Ausstellungskatalog] Bilder vom Menschen in der Kunst des Abendlandes. Berlin: Staatliche Museen Preußischer Kulturbesitz 1980, 143-161.

Böhm, M.: Zur Phänomenologie und Psychodynamik suizidaler Handlungen bei älteren Menschen. In: Zeitschrift für Altersforschung 43 (1988), 19-24.

Böhme, K., E. Lungershausen (Hrsg.): Suizid und Depression im Alter. Regensburg: Roderer 1988.

Böser, Wolfgang: Ortssippenbücher. Erschließung einer genealogischen Sekundärquelle für die Sozialgeschichte. In: Blätter für deutsche Landesgeschichte 121 (1985), 1-48.

Boiffin, A.: Suicides des personnes âgées. In: La Revue de Médecine 15 (1982), 771-774.

Bol, Laurens J.: Holländische Maler des 17. Jahrhunderts nahe den großen Meistern. Landschaften und Stilleben. Zweite, verbesserte Auflage, München: Klinkhardt & Biermann 1982.

Bolander, Anne-Marie: A study of cohort mortality in the past hundred years. In: Kohortdödligheten i Sverige: Tre studier över dödlighetstrenderna förr, nu och i framtiden. Statistiska Meddelanden Be 1970: 3. Stockholm: Statistika Centralbyrån 1970, 5-52.

Bomsdorf, Eckart: Generationensterbetafeln für die Geburtsjahrgänge 1923 bis 1993. Modellrechnungen für die Bundesrepublik Deutschland (= Reihe: Versicherungswirtschaft, Bd. 13). Bergisch Gladbach: Eul 1993.

Bomsdorf, Eckart: Generationensterbetafel Geburtsjahrgang 1987 und Periodensterbetafel 1986/88. In: Blätter der Deutschen Gesellschaft für Versicherungsmathematik 21 (1993), 265-276.

Bomsdorf, Eckart: Zur zukünftigen Entwicklung von Mortalität und Lebenserwartung der Geburtsjahrgänge 1903 bis 1993. In: Zeitschrift für Bevölkerungswissenschaft 19 (1993-94), 93-103.

Bonsdorff, Jan von: Das Kunstwerk in der Hand des Historikers. In: Kunstchronik 43 (1990), 153-158.

Borgan, Jens-Kristian: Kohort-dødeligheten i Norge 1846-1980. Cohort Mortality in Norway 1846-1980. Oslo: Statistisk Sentralbyrå – Central Bureau of Statistics of Norway 1983 (Rapporter 83/28; 200 A4-Seiten).

Borgan, Jens-Kristian: Mortality trends in Norway 1846-1980 (= Presentation at the Sixth Scandinavian Demographic Symposium, 16-19 June 1982 in Kungälv, Sweden). In: Scandinavian Population Studies 6; 3 (= Themenheft zu „Studies in Mortality"). Stockholm: The Scandinavian Demographic Society 1984, 29-46.

Borgenhammar, Edgar: Att vårda liv. Organisation, etik, kvalitet. Stockholm: SNS Förlag 1993.

Borscheid, Peter: Geschichte des Alters, 16.-18. Jahrhundert. (Studien zur Geschichte des Alltags, Bd. 7, 1. Teilband). Münster: Coppenrath 1987 [auch Taschenbuchausgabe unter dem Titel: Geschichte des Alters. Vom Spätmittelalter zum 18. Jahrhundert. München: Deutscher Taschenbuch Verlag 1989].

Borscheid, Peter: Der Wandel der „Lebensstufen" im Abendland. In: Imhof, Arthur E., Rita Weinknecht (Hrsg.): Erfüllt leben – in Gelassenheit sterben. Beiträge eines Symposiums vom 23.-25. November 1993 an der Freien Universität Berlin. Berlin: Duncker & Humblot 1994, 221-230.

Borscheid, Peter: Versittlichung der Gesellschaft und Achtung vor dem Alter: Zum Autoritätsgewinn der alten Menschen im 18. Jahrhundert. In: Baltes, Margret M. et al. (Hrsg.): Erfolgreiches Altern. Bedingungen und Variationen. Bern: Huber 1989, 76-80.

Borscheid, Peter: Der alte Mensch in der Vergangenheit. In: Baltes, Paul B., Jürgen Mittelstraß (Hrsg.): Zukunft des Alterns und gesellschaftliche Entwicklung. Berlin: De Gruyter 1992, 35-61.

Bose, A. B., K. D. Gangrade (Eds.): The aging in India. Problems and potentialities. New Delhi: Abhinav Publications 1988.

Bouckaert, André: Crisis Mortality: Extinction and Near-extinction of Human

Populations. In: Lado Ruzicka et al. (Eds.): Differential Mortality. Methodological Issues and Biosocial Factors. Oxford: Clarendon Press 1989, 217-230.

Boulanger, Paul-Marie, Dominique Tabutin (Eds.): La mortalité des enfants dans le monde et dans l'histoire. Liège: Ordina 1980.

Bourdelais, Patrice: Le nouvel âge de la vieillesse. Histoire du vieillissement de la population. Paris: Odile Jacob 1993.

Bourgeois-Pichat, Jean: Du XXe au XXIe siècle: L'Europe et sa population après l'an 2000. In: Population 43 (1988), 9-44. [Diese Studie liegt auch in englischer Übersetzung vor: From the 20th to the 21st century: Europe and its population after the year 2000. In: Population 44 (1989), English selection No. 1, 57-90.]

Bowling, Ann: Associations with life satisfaction among very elderly people living in a deprived part of inner London. In: Social Science & Medicine 31 (1990) 9, 1003-1011.

Brändström, Anders, Lars-Göran Tedebrand (Hrsg.): Society, Health and Population During the Demographic Transition. Stockholm: Almqvist & Wiksell International 1988.

Brändström, Anders, Lars-Göran Tedebrand (Hrsg.): Health and Social Change. Disease, Health and Public Care in the Sundsvall District 1750-1950 (= Report no. 9 from the Demographic Data Base, Umeå University). Umeå: Umeå University 1993.

Brändström, Anders, Sune Åkerman (Red.): Icke skriftliga källor. Huvudtema I vid XXI. Nordiska Historikermötet i Umeå 1991. Umeå: Historiska Institutionen 1991.

Brändström, Anders et al. (Hrsg.): Research Policy of the Centre for Population Studies. Umeå: Demographic Data Base, Umeå University 1993.

Brändström, Anders et al.: Lebenserwartungen in Schweden 1750-1900. In: Arthur E. Imhof et al.: Lebenserwartungen im 19. und 20. Jahrhundert in Deutschland, Norwegen und Schweden. Berlin: Akademie Verlag 1994 (im Druck).

Bräutigam, Hans Harald: Lebensrettung um jeden Preis? Freitod alter Menschen. Sinn und Grenzen der Suizidverhütung. In: DIE ZEIT, Nr. 38, 12. September 1991, 83.

Brandt-Report, Der: Das Überleben sichern. Bericht der Nord-Süd-Kommission. Frankfurt a. M., Berlin, Wien: Ullstein 1981.

Brauchbar, Mathis, Heinz Heer: Zukunft Alter. Herausforderung und Wagnis. München: Artemis und Winkler 1993.

Braun, O. H. (Hrsg.): Seelsorge am kranken Kind. Was Ärzte, Psychologen und Seelsorger dazu sagen. Zweite Auflage. Stuttgart: Kreuz 1983.

Breidenbach, Horst: Das sterbende Kind. In: Kay Blumenthal-Barby (Hrsg.): Betreuung Sterbender. Tendenzen, Fakten, Probleme. Dritte erweiterte Auflage. Berlin: VEB Verlag Volk und Gesundheit 1987, 104-112.

Briels, Johannes Gerardus Carolus Antonius: De zuidnederlandse immigratie in Amsterdam en Haarlem omstreeks 1572-1630. Met een keuze van archivalische gegevens betreffende de kunstschilders. Diss. phil., Rijksuniversiteit Utrecht 1976.

Brög, Werner et al.: Socialdata. Anzahl und Situation zu Hause lebender Pflegebedürftiger. Ermittlung der Repräsentativdaten und Situationsgruppenanalyse. Schriftenreihe des Bundesministers für Jugend, Familie und Gesundheit 80. Stuttgart, Berlin, Köln, Mainz: Kohlhammer 1980.

Broomé, Per, Rolf Ohlsson (Red.): Generationseffekten. Befolkningsekonomiska problem. Stockholm: SNS Förlag [Studieförbundet Näringsliv och Samhälle] 1989.

Broos, Ben: Gerard ter Borch. De luizenjacht. In: Ders.: Meesterwerken in het Mauritshuis. Den Haag: Staatsuitgeverij 1987, 74-77.

Brown, Christopher: Dutch Townscape Painting (Themes and Painters in the National Gallery 10). London: National Gallery 1972.

Brown, Christopher (Ed.): Dutch Landscape. The early years, Haarlem and Amsterdam 1590-1650. (An Exhibition at The National Gallery, London, September-November 1986). London: The National Gallery 1986.

Brown, Ron: Death and dying: a societal process. In: Australian Journal on Ageing 9 (1990), 7-12.

Brüschweiler, Jura: Ein Maler vor Liebe und Tod. Ferdinand Hodler und Valentine Godé-Darel. Ein Werkzyklus 1908-1915. Katalog und Ausstellung von Jura Brüschweiler. (Mit einem Vorwort von Felix A. Baumann.) Zürich: Kunsthaus 1976.

Brüschweiler, Jura: Ferdinand Hodler: Le cycle de la mort d' Augustine Dupin (1909). In: Jahresbericht und Jahrbuch des Schweizerischen Instituts für Kunstwissenschaft, Zürich 1966, 161-171.

Brüschweiler, Jura: Ferdinand Hodler (Bern 1853 – Genf 1918). Chronologische Übersicht: Biografie, Werk, Rezensionen. In: Ferdinand Hodler. Ausstellungskatalog. Berlin – Paris – Zürich 1983. Zürich: Kunsthaus 1983, 43-170.

Brulez, W[ilfrid]: Cultuur en getal. Aspecten van de relatie economie-maatschappij-cultuur in Europa tussen 1400 en 1800. Amsterdam: Nederlandse Vereniging tot beoefening van de Sociale Geschiedenis NSVG 1986.

Bruyn, Josua: Toward a Scriptural Reading of Seventeenth-Century Dutch Landscape Paintings. In: Sutton, Peter C. (Ed.): Masters of 17th-Century Dutch Landscape Painting (Ausstellungskatalog). Boston: Museum of Fine Arts 1987, 84-103.

Bryson, Norman: Looking at the Overlooked. Four Essays on Still Life Painting. Cambridge Mass.: Harvard University Press – London: Reaktion Books 1990.

Bubner, Rüdiger: Mitten im Leben. Philosophische Betrachtungen über den Tod. In: Neue Zürcher Zeitung, Fernausgabe Nr. 256 vom 4./5. November 1990, 29.

Büchner, Joachim: Kunstmuseum und Wissenschaft. In: Museumskunde 54 (1989), 135-140.

Bullinger, Monika: Concepts and Methods of Quality of Life Assessment. In: Georges M. Fülgraff et al. (Hrsg.): Klinisch-Pharmakologisches Kolloquium IV Titisee 1989. Freiburg i. Br.: Clinical Research Foundation 1990, 73-91, 213-216.

Bundesminister für Arbeit und Sozialordnung (Hrsg.), Der: Zukünftige Rentnergeneration. Anwartschaften in der Alterssicherung der Geburtsjahrgänge 1920-1955. Forschungsbericht 142. Bonn 1987.

Bundesminister für Familie und Senioren (Hrsg.), Der: 1. Teilbericht der Sachverständigenkommission zur Erstellung des 1. Altenberichts der Bundesregierung. Bonn: unveröfftl. Mskr. 1991.

Bundesminister für Forschung und Technologie (Hrsg.), Der: Fachinformationsprogramm der Bundesregierung 1990-1994. Bonn: Bundesministerium für Forschung und Technologie, Öffentlichkeitsarbeit 1990.

Bundesministerium für Forschung und Technologie: Gesundheitsforschung 2000. Programm der Bundesregierung. Bonn: Bundesministerium für Forschung und Technologie, Referat Öffentlichkeitsarbeit (Mai) 1993.

Bundestagsdrucksache 10/863: Der Bundesminister des Innern (Hrsg.): Bericht über die Bevölkerungsentwicklung in der Bundesrepublik Deutschland. 2.Teil: Auswirkungen auf die verschiedenen Bereiche von Staat und Gesellschaft. Bonn 1984.

Bundestagsdrucksache 10/1943: Der Bundesminister für Jugend, Familie und Gesundheit (Hrsg.): Bericht der Bundesregierung zu Fragen der Pflegebedürftigkeit. Bonn 1984.

Bundestagsdrucksache 10/6145: Der Bundesminister für Jugend, Familie, Frauen und Gesundheit (Hrsg.): Vierter Familienbericht. Die Situation der älteren Menschen in der Familie. Stellungnahme der Bundesregierung zum Bericht der Sachverständigenkommission. Bericht der Sachverständigenkommision. Bonn 1986.

Burkart, Günter, Martin Kohli: Liebe, Ehe, Elternschaft. Die Zukunft der Familie. München: Piper 1992.

Burkart, Günter, Beate Fietze, Martin Kohli: Liebe, Ehe, Elternschaft. Eine qualitative Untersuchung über den Bedeutungswandel von Paarbeziehungen und seine demographischen Konsequenzen. Wiesbaden: Bundesinstitut für Bevölkerungsforschung 1989.

Burkart, Günter: Auf dem Weg zur vollmobilen Single-Gesellschaft? In: Zeitschrift für Bevölkerungswissenschaft 18 (1992), 355-360.

Burnett, John: Housing and the Decline of Mortality. In: Schofield, Roger et al. (Eds.): The Decline of Mortality in Europe. Oxford: Clarendon Press 1991, 158-176.

Burrow, J[ohn] A[nthony]: The Ages of Man. A Study in Medieval Writing and Thought. Oxford: Clarendon Press 1986. [Vgl. hierzu das „Review Symposium" von Andrew Achenbaum et al. In: Ageing and Society 7 (1987), 101-108; s.o.]

Bury, Michael, Anthea Holme: Life after ninety. London: Routledge 1991.

Butler, Robert N.: Ageism: another form of bigotry. In: The Gerontologist 9 (1969), 243-246.

Cahill, Lisa S., Dietmar Mieth: Altwerden. In: Concilium. Internationale Zeitschrift für Theologie 27 (1991) 3, 175-178.

Cain, Mead: Welfare institutions in comparative perspective. The fate of the elderly in contemporary South Asia and pre-industrial Western Europe. In: Pelling, Margaret, Richard M. Smith: Life, Death and the Elderly. Historical perspectives. London: Routledge 1991, 222-243 (= 1991a).

Cain, Mead T.: The activities of the elderly in rural Bangladesh. In: Population Studies 45 (1991) 2, 189-202.

Caldwell, John C., Gigi Santow (Eds.): Selected readings in the cultural, social and behavioural determinants of health. Canberra: Health Transition Centre, The Australian National University 1989.

Caldwell, John et al. (Eds.): What we know about Health Transition: The cultural, social and behavioural determinants of health. The Proceedings of an International Workshop, Canberra, May 1989. Vols. I-II. Canberra: ANUTECH 1990.

Caldwell, John C.: Longer lives in the Third World. In: [Australian] National Centre for Epidemiology and Population Health, Report 2, September 1991.

Caldwell, John C.: Health transition: the cultural, social and behavioural determinants of health in the Third World. In: Social Science & Medicine 36 (1993), 125-135.

Callahan, Daniel: Setting limits. Medical goals in an aging society. New York: Simon & Schuster 1987.

Callahan, Daniel: What kind of life? The limits of medical progress. New York: Simon & Schuster 1990.

Callahan, Daniel: The Troubled Dream of Life. Living with Mortality. New York: Simon & Schuster 1993.

Callahan, Daniel: Health care in the aging society: A moral dilemma. In: Pifer, Alan, Lydia Bronte (Eds.): Our aging society. Paradox and promise. New York: W. W. Norton 1986, 319-339.

Calot, Gérard et al.: Vieillissement et mortalité en Chine. In: Population 44 (1989), 839-900.

Camphausen, Bernd: Auswirkungen demographischer Prozesse auf die Berufe und die Kosten im Gesundheitswesen. Stand, Struktur und Entwicklung bis zum Jahre 2030. Medizinische Informatik und Statistik 44. Berlin, Heidelberg, New York, Tokyo: Springer 1983.

Case, R. A. M. et al.: The Chester Beatty Research Institute serial abridged life tables. England and Wales 1841-1960. Part I: Tables, preface and notes. London: Institute of Cancer Research, Royal Cancer Hospital, The Chester Beatty Research Institut 1962. Part II (Supplement to part I): Extension of the Chester Beatty Research Institute serial abridged life tables to cover the years 1961-1965 and a provisional estimate for 1966-1970. London: Institute of Cancer Research, Royal Cancer Hospital, The Chester Beatty Research Institute 1970.

Caselli, Graziella, Viviana Egidi: New Frontiers in Survival: The Length and Quality of Life. Paper prepared for the International Conference 'Human Resources in Europe at the Dawn of the 21st Century', Luxembourg, 27-29 November 1991, under the Aegis of Eurostat and the Luxembourg Government. Luxemburg: EUROSTAT 1991.

Casper, Waltraud: Selbstmordsterblichkeit in der DDR 1961-1989 und nach Bezirken 1989. Mitteilungen des Instituts für medizinische Statistik und Datenverarbeitung Berlin [ISD], XXVII. Jahrgang, 20. August 1990 (Sonderheft).

Charbonneau, Hubert, André Larose (Eds.): Les grandes mortalités: Etudes méthodologiques des crises démographiques du passé. Liège: Ordina 1979.

Chaunu, Pierre (Festschrift): La vie, la mort, la foi, le temps. Mélanges offerts à Pierre Chaunu. Textes réunis et publiés par Jean-Pierre Bardet et Madeleine Foisil. Paris: Presses Universitaires de France 1993.

Chayovan, Napaporn et al.: Thailand's elderly population: a demographic and social profile based on official statistical sources. Comparative study of the elderly in Asia. Research Reports 90-2. Ann Arbor: University of Michigan, Population Studies Center, September 1990.

Chen, Ai Ju, Gavin Jones: Ageing in ASEAN. Singapore: Institute of Southeast Asian Studies 1989.

Chen, Paul C. Y.: Family support and the health of the elderly Malaysian. In: Journal of Cross-Cultural Gerontology 2 (1987), 187-193.

Chesnais, Jean-Claude, Wang Shuxin: Vieillissement démographique, retraites et conditions de vie des personnes âgées en Chine. In: Population 44 (1989), 873-900 [selbständiger Beitrag im Rahmen von Calot et al. 1989, vgl. oben].

Chong, Alan: The Market for Landscape Painting in Seventeenth-Century Holland. In: Sutton, Peter C. (Ed.): Masters of 17th-Century Dutch Landscape Painting (Ausstellungskatalog). Boston: Museum of Fine Arts 1987, 104-120.

Christe, Christel: Suizid im Alter. Dimensionen eines ignorierten Problems. Bielefeld: Kleine 1989.

Christian-Widmaier, Petra: Krankenhausseelsorger und todkranker Patient im Spiegel ihrer wechselseitigen Wahrnehmung. Berlin: Springer 1988.

Chudacoff, Howard P.: How old are you? Age consciousness in american culture. Princeton: Princeton University Press 1989.

Cicero, Marcus Tullius: Cato der Ältere über das Greisenalter [Cato maior de senectute]. Lateinisch-deutsch. Hrsg. v. Max Faltner, mit einer Einführung und einem Register von Gerhard Fink. München-Zürich: Artemis 1988.

Clark, Colin: Population and rise. London: Macmillan 1967.
Clark, Robert L., Joseph J. Spengler: The economics of individual and population aging. Cambridge surveys of economic literature. Cambridge, London, New York: Cambridge University Press 1980.
Clauss, Manfred: Probleme der Lebensaltersstatistiken aufgrund römischer Grabinschriften. In: Chiron 3 (1973), 395-417.
Cleland, John [G.], Allan G. Hill (Eds.): The Health Transition. Methods and Measures (= Health Transition Series No. 3). Canberra: Health Transition Centre, The Australian National University 1991.
Cleland, John G., Jerome K. van Ginneken: Maternal education and child survival in developing countries: the search for pathways of influence. In: Social Science & Medicine 27 (1988), 1357-1368.
Cleland, John [G.] et al.: Socioeconomic Inequalities in Childhood Mortality: The 1970s to the 1980s. In: Health Transition Review 2 (1992), 1-18.
Coale, Ansley, Paul Demeny with Barbara Vaughan: Regional Model Life Tables and Stable Populations. Second edition. New York: Academic Press 1983.
Coale, Ansley: People over age 100: fewer than we think. In: Population Today 19 (1991) 9 (September), 6-8.
Coale, Ansley J., Graziella Caselli: Estimation of the number of persons at advanced ages from the number of deaths at each age in the given year and adjacent years. In: Genus 46 (1990), 1-23.
Coale, Ansley J., Guang Guo: Revised Regional Model Life Tables at very low levels of Mortality. In: Population Index 55 (1989), 613-643; mit Ergänzungen in: Population Index 56 (1990), 26-41 [s. a. unten Festy, Patrick].
Cole, Thomas R.: The Journey of Life. A Cultural History of Aging in America. Cambridge: Cambridge University Press 1992.
Cole, Thomas R. et al. (Eds.): Handbook of the Humanities and Aging. New York: Springer 1992.
Cole, Thomas R. et al. (Eds.): Voices and Visions of Aging. Toward a Critical Gerontology. New York: Springer 1993.
Colvez, Alain: Classement des incapacités observées pour plusieurs rôles de survie en trois niveaux: l'espérance de vie sans incapacité sévère, modérée ou légère. In: Robine, Jean-Maire et al. (Eds.): Espérance de santé. Analyses et prospective. Paris: Les éditions de l'Institut national de la Santé et de la Recherche médicale [INSERM] 1992, 135-139.
Colvez, Alain, Jean-Marie Robine: L'espérance de vie sans incapacité à 65 ans: outil d'évaluation en santé publique. In: Les âges de la vie. Actes du VIIe Colloque national de démographie, Tome II. Paris: Institut National d'Etudes Démographiques 1983 (= Travaux et Documents; Cahier No 102), 103-108.
Colvez, Alain et al.: Quebec planners' choice of health promotion indicators. In: Theodor Abelin et al. (Eds.): Measurement in health promotion and protection. WHO Regional Publications, European Series 22. Copenhagen: World Health Organization Regional Office for Europe 1987.

378

Comiti, Vincent-Pierre: Approches historiques de la mortalité européenne. In: Espace, Populations, Sociétés 3 (1990), 379-386.

Compilation Committee of Classified (Regional) Model Life Tables of China (Beijing): The Classified (Regional) Model Life Tables of China, 1991. Beijing: China City Publishing House 1991.

Condrau, Gion: Der Mensch und sein Tod. Certa moriendi condicio. Zweite, überarbeitete Auflage. Zürich: Kreuz 1991.

Conrad, Christoph: Vom Greis zum Rentner. Der Strukturwandel des Alters in Deutschland zwischen 1830 und 1930 – am Beispiel Köln -. Diss. phil., Freie Universität Berlin 1992 (=1992a).

Conrad, Christoph, Hans-Joachim von Kondratowitz (Hrsg.): Zur Kulturgeschichte des Alterns. Toward a Cultural History of Aging. Berlin: Deutsches Zentrum für Altersfragen 1993.

Conrad, Christoph: Ruhestand und Gerechtigkeit zwischen Generationen 1850-2050. Zu einer interdisziplinären Tagung über langfristige Perspektiven der Alterssicherung. In: Sozialer Fortschritt 37 (1988), 217-220.

Conrad, Christoph: Die Entstehung des modernen Ruhestandes. Deutschland im internationalen Vergleich 1850-1960. In: Geschichte und Gesellschaft 14 (1988), 417-477. [In einer überarbeiteten englischen Version als „The emergence of modern retirement: Germany in an international comparison (1850-1960)". In: Population. English Selection 3 (1991), 171-200.]

Conrad, Christoph: Old Age in the Modern and Postmodern Western World. In: Cole, Thomas R. et al. (Eds.): Handbook of the Humanities and Aging. New York: Springer 1992, 62-95.

Conrad, Christoph, Hans-Joachim von Kondratowitz: Repräsentation des Alters vor und nach der Moderne. In: Conrad, Christoph, Hans-Joachim von Kondratowitz (Hrsg.): Zur Kulturgeschichte des Alterns. Toward a Cultural History of Aging. Berlin: Deutsches Zentrum für Altersfragen 1993; Einleitung: 1-16.

Conrad, Christoph, Hans-Joachim von Kondratowitz: Bibliographie zur Kultur- und Sozialgeschichte des Alterns. In: Conrad, Christoph, Hans-Joachim von Kondratowitz (Hrsg.): Zur Kulturgeschichte des Alterns. Toward a Cultural History of Aging. Berlin: Deutsches Zentrum für Altersfragen 1993, 157-176.

Counts, Dorothy A., David R. Counts (Eds.): Aging and its transformations: moving toward death in Pacific societies. Lanham, Maryland: University Press of America 1985.

Counts, Dorothy A.: Suicide in different ages from a cross-cultural perspective. In: Leenaars, Antoon A. (Ed.): Life span perspectives of suicide. Time-lines in the suicide process. New York, London: Plenum 1991, 215-228.

Cremin, Mary Christine: Feeling old versus being old: Views of troubled aging. In: Social Science & Medicine 34 (1992) 12, 1305-1315.

Cribier, Françoise: La mortalité différentielle des travailleurs après la retraite. In: Gérontologie et Société 45 (1988), 78-99.

Cribier, Françoise: Vieillir aujourd'hui (Paris, 11-13 janvier 1990). In: Bulletin de la Fondation Maison des Sciences de l'Homme (1990) 63, 7-9.

Crimmins, Eileen M., Yasuhiko Saito, Dominique Ingegneri: Changes in Life Expectancy and Disability-Free Life Expectancy in the United States. In: Population and Development Review 15 (1989), 235-267, 395-397.

Cromm, Jürgen: Bevölkerung, Individuum, Gesellschaft. Theorien und soziale Dimensionen der Fortpflanzung. Opladen: Westdeutscher Verlag 1988.

Cunningham, Andrew, Roger French (Eds.): The Medical Enlightenment of the Eighteenth Century. Cambridge: Cambridge University Press 1990.

Dahl, Günter: Einfach mitgehen. Wo Sterbende Hilfe finden für einen Tod in Würde. In: DIE ZEIT, Nr. 15, 5. April 1991, 75.

Dahl, Günter: Darf ich sterben, wann ich will. Der Mensch und die Verfügungsgewalt über das Leben: Gedanken nach einem Symposium. In: DIE ZEIT, Nr. 50, 4. Dezember 1992, 89.

Dahm, Ingeborg: Lebensverlängerung und Morbidität. In: Imhof, Arthur E. (Hrsg.): Leben wir zu lange? Die Zunahme unserer Lebensspanne seit 300 Jahren – und die Folgen. Köln-Weimar-Wien: Böhlau 1992, 117-125.

Dalarnas Forskningsråd: Äldres villkor. Myter och verklighet. Konferens om äldreforskning, 26-27 augusti 1993. Domnarvsgården Borlänge (Konferenzpapiere).

Dankwarth, G., K. Püschel: Suizide im Senium. In: Zeitschrift für Gerontologie 24 (1991), 12-16.

Dargent-Molina, Patricia et al.: Association between Maternal Education and Infant Diarrhea in Different Household and Community Environments of Cebu, Philippines. In: Social Science & Medicine 38 (1994) 2, 343-350.

Das Gupta, Monica: Death clustering, mother's education and the determinants of child mortality in rural Punjab, India (= Harvard University, Center for Population Studies, Discussion Paper No. [19]89-1) sowie zusätzliche briefliche Kommentare der Verfasserin vom 02.11.1989.

Daub, D.: Sterben im Zeitalter der Apparatemedizin. In: Matouschek, E. (Hrsg.): Arzt und Tod: Verantwortung, Freiheiten und Zwänge. Stuttgart: Schattauer 1989, 137-145.

Daum, Egbert, Friedrich Johannsen: Leben – Sterben – Tod (Werte und Normen/Ethik/Religion, Band 6). Göttingen: Vandenhoeck & Ruprecht 1992.

Davis, Kingsley: The continuing demographic revolution in industrial societies. In: Seymour M. Lipset (Ed.): The third century – America as a postindustrial society. Hoover Institution Publication 203. Stanford, Calif.: Hoover Institution Press 1977, 38-64.

Day, Alice T.: Remarkable survivors. Insights into successful aging among women. Washington D. C.: The Urban Institute Press 1991.

De Jong-Gierveld, Jenny et al.: Old and lonely? In: Comprehensive Gerontology B1 (1987), 13-17.

De Meer, Kees et al.: Socio-cultural determinants of child mortality in Southern Peru: Including some methodological considerations. In: Social Science & Medicine 36 (1993) 3, 317-331.

Decroly, Jean-Michel et al.: Une approche géographique du vieillissement en Europe. In: Loriaux, Michel et al. (Eds.): Populations âgées et révolution grise. Louvain-la-Neuve: CIACO 1990, 77-86.

Dekker, R. M.: Oproeren in Holland gezien door tijdgenoten. Ooggetuigeverslagen van oproeren in de provincie Holland ten tijde van de Republiek (1690-1750). Assen: Van Gorcum 1979.

Dekker, R. M.: Oproeren in den provincie Holland 1600-1750. Frequentie en karakter, relatie met de conjunctuur en repressie. In: Tijdschrift voor sociale geschiedenis 3 (1977), 299-329.

Demling, J., Eberhard Lungershausen: Suizidalität. In: Dieter Platt (Hrsg.): Handbuch der Gerontologie 5: Neurologie, Psychiatrie. Stuttgart, New York: Gustav Fischer 1989, 285-296.

Desjardins, Bertrand, Hubert Charbonneau: L'héritabilité de la longévité. In: Population 45 (1990), 603-616.

Deutsche Gesellschaft für die Vereinten Nationen e. V. (Hrsg.): Weltbevölkerungsbericht 1991. Bonn: Deutsche Gesellschaft für die Vereinten Nationen 1991.

Deutsche Gesellschaft für die Vereinten Nationen e. V. (Hrsg.): Weltbevölkerungsbericht 1993. Bonn: Deutsche Gesellschaft für die Vereinten Nationen 1993.

Deutsches Zentrum für Altersfragen e. V. (Hrsg.): Die ergraute Gesellschaft. Zweite, unveränderte Auflage. Berlin: Deutsches Zentrum für Altersfragen e. V. 1989.

Deutsches Zentrum für Altersfragen e. V. (Hrsg.): Verzeichnis der Publikationen mit Inhaltsangaben. Stand: Oktober 1990. Berlin: Deutsches Zentrum für Altersfragen e. V. 1990.

Devos, Herman et al. (Hoger Instituut voor de Arbeid): La richesse de la vieillesse: la situation socio-économique des personnes âgées en Belgique: état actuel et prospective. Bruxelles: Fondation Roi Baudoin 1991.

Dickerhoff, Heinrich: Jenseits des Todes: Grund oder Abgrund? Zur christlichen Deutung von Tod und Sterben. In: Howe, Jürgen et al. (Hrsg.): Sterben – Tod – Trauer (= Lehrbuch der psychologischen und sozialen Alternswissenschaft, Bd. 4). Heidelberg: Asanger 1992, 153-176.

Dieck, Margret et al.: Alte Menschen in Pflegeverhältnissen. Materialien zum Vierten Familienbericht 3. München, Weinheim: Deutsches Jugendinstitut 1987.

Dieck, Margret: Die Alterung der Population: Entwicklungen, Herausforderungen, Politikansätze. In: Zeitschrift für Gerontologie 22 (1989), 200-205.

Dieck, Margret: Die ältere Generation im Spiegelbild der großen Regierungserklärungen von 1949 bis 1987. In: Deutsches Zentrum für Altersfragen

(Hrsg.): Die ergraute Gesellschaft. Beiträge zur Gerontologie und Altenarbeit 71. Berlin: Deutsches Zentrum für Altersfragen e. V. 1987, 189-218.

Dieck, Margret: Impulse gesellschaftspolitischer Gestaltung von und für Alterssituationen. Zur Bedeutung von Problemdefinitionen und Wissensbeständen. In: Imhof, Arthur E. (Hrsg.): Leben wir zu lange? Die Zunahme unserer Lebensspanne seit 300 Jahren – und die Folgen. Köln-Weimar-Wien: Böhlau 1992, 135-144.

Dierl, Reinhard: Zwischen Altenpflegeheim und Seniorenstudium: Alter und Alte als Zeitungsthema. Köln: Kuratorium Deutsche Altershilfe 1989.

Diessenbacher, Hardy: The generation contract, pension schemes, birth control and economic growth: a European model for the Third World? In: Journal of Cross-Cultural Gerontology 4 (1989), 357-375.

Diessenbacher, Hartmut: Sind Altersheime Sterbehäuser? Pflegerisiko, Pflegeversicherung, Pflegereform. In: Neue Praxis 22 (1992), 423-433.

Diessenbacher, Hartmut: Das Leben vom Tode her. Der Gaskammer entkommen, durch eigene Hand gestorben: Erinnerung an Jean Améry. In: Frankfurter Allgemeine Zeitung, Nr. 289 vom 12. Dezember 1992 (= 1992a).

Dinkel, Reiner: Sterblichkeit in Perioden- und Kohortenbetrachtung – zugleich eine ansatzweise Berechnung der Kohortensterbetafel für Deutschland. In: Zeitschrift für Bevölkerungswissenschaft 10 (1984), 477-500.

Dinkel, Reiner Hans: Kohortensterbetafeln für die Geburtsjahrgänge ab 1900 bis 1962 in den beiden Teilen Deutschlands. In: Zeitschrift für Bevölkerungswissenschaft 18 (1992), 95-116.

Dinkel, Reiner H[ans]: Demographische Alterung: Ein Überblick unter besonderer Berücksichtigung der Mortalitätsentwicklungen. In: Baltes, Paul B., Jürgen Mittelstraß (Hrsg.): Zukunft des Alterns und gesellschaftliche Entwicklung. Berlin: De Gruyter 1992, 62-93.

Dittmann-Kohli, Freya: Erfolgreiches Altern aus subjektiver Sicht. In: Zeitschrift für Gerontopsychologie und -psychiatrie (1989) 2, 301-307.

Dobrick, Barbara: Wenn die alten Eltern sterben. Das endgültige Ende der Kindheit. Stuttgart: Kreuz 1989.

Domingo, Lita J.: The Filipina elderly in development: status and prospects. Paper prepared for the expert group meeting on „Integration of ageing and elderly women into development", organized by the UN Division for Advancement of Women and the American Association for Retired Persons. Wien, 7-11 October 1991. Manila: Population Institute, The University of the Philippines 1991.

Domingo, Lita J. et al.: Living Arrangements of the Elderly in the Philippines: Qualitative evidence. Comparative study of the Elderly in Asia. Research Reports 93-23. Ann Arbor: University of Michigan, Population Studies Center, April 1993.

Domzalska, Marta: Lebenserwartung und Gesundheit. Frauen leben länger als Männer. In: Eurostat Schnellberichte; Bevölkerung und soziale Bedingungen 1993;10, 2.

Dooghe, Gilbert, Danny Pauly: Demografische analyse van de zelfmoord van ouderen in Belgie. In: Bevolking en Gezin (1991) 2, 55-80.

Dorn, Harald: World population growth: an international dilemma. In: Mudd, Stuart et al. (Eds.): The population crisis and the use of world resources. World Academy of Art and Science 2. The Hague: Junk 1964, 47-59.

Droge, Arthur J., James D. Tabor: A noble death. Suicide and martyrdom among Christian and Jews in Antiquity. San Francisco: Harper 1992.

D'Souza, Stan: Measures of Preventable Deaths in Developing Countries: Some Methodological Issues and Approaches. In: Lado Ruzicka et al. (Eds.): Differential Mortality. Methodological Issues and Biosocial Factors. Oxford: Clarendon Press 1989, 79-101.

Ducimétière, Pierre et al.: Recherche et politiques de santé: l'apport des registres de morbidité. Paris: INSERM 1992.

Duncan-Jones, R. P.: Age-rounding, Illiteracy and Social Differentiation in the Roman Empire. In: Chiron 7 (1977), 333-353.

Dunnell, Karen: Deaths among 15-44 year olds. In: Population Trends 64 (1991), 38-43.

Durkheim, Emile: Der Selbstmord (Le Suicide). Aus dem Französischen von Sebastian und Hanne Herkommer. Soziologische Texte 32. Neuwied, Berlin: Luchterhand 1973.

Dussel, Konrad: Die Alltäglichkeit von Not und Tod im Dorf. Das speyerisch-badische Forst und seine Bevölkerung im 18. und 19. Jahrhundert. In: Zeitschrift für die Geschichte des Oberrheins 141 (= Neue Folge 102) (1993), 241-277.

Dyson, Tim (Ed.): India's Historical Demography: Studies in Famine, Disease and Society. London: Curzon Press 1989.

Dyson, Tim: On the Demography of South Asian Famines. Part I. In: Population Studies 45 (1991), 5-25.

Ebeling, H. (Hrsg.): Der Tod in der Moderne. Frankfurt a. M.: Hain 1992.

Edvinsson, Sören: Den osunda staden. Sociala skillnader i dödlighet i 1800-talets Sundsvall. Stockholm: Almqvist & Wiksell 1992.

Egger, Franz (Text), Maurice Babey (Farbaufnahmen): Basler Totentanz. Basel: Buchverlag Basler Zeitung und Historisches Museum 1990.

Eggum, Arne: Das Todesthema bei Edvard Munch. In: Weisner, Ulrich (Hrsg.): Edvard Munch. Liebe, Angst, Tod. Themen und Variationen. Zeichnungen und Graphiken aus dem Munch-Museum Oslo. 2., verbesserte Auflage. Bielefeld: Kunsthalle 1980, 335-375. Vgl. im selben Band von Arne Eggum ferner die Motivbeschreibungen „Angstgefühl" (175-186), „Das kranke Kind" (195-206), „Am Totenbett" (207-222), „Der Tod im Krankenzimmer" (223-235), „Erinnerungen" (237-242) und „Selbstbildnisse, Selbstdarstellungen" (243-268).

Ehmer, Josef: Sozialgeschichte des Alters. Frankfurt am Main: Suhrkamp 1990.

Ehmer, Josef: Eine „deutsche" Bevölkerungsgeschichte? Gunther Ipsens historisch-soziologische Bevölkerungstheorie. In: Demographische Informationen 1992/93. Wien: Institut für Demographie, Österreichische Akademie der Wissenschaften 1993, 60-70

Ehrlich, Isaac, Hiroyuki Chuma: A Model of the Demand for Longevity and the Value of Life Extension. In: Journal of Political Economy 98 (1990), 761-782.

Eid, Volker: Solidarität angesichts der Grenze. Erörterung der Hilfe beim Sterben als Vorüberlegungen für eine Ethik des Helfens. In: Harald Wagner (Hrsg.): Grenzen des Lebens. Wider die Verwilderung von Sterben, Tod und Trauer. Frankfurt a. M.: Knecht 1991, 125-146.

Elm, Kaspar: Tod, Todesbewältigung und Endzeit bei Bernhardin von Siena. Ein Beitrag zum Verhältnis von italienischem Humanismus und franziskanischer Observantenpredigt. In: Accademia Tudertina, Centro di Studi sulla spiritualità medievale dell'Università degli Studi di Perugia: Conciliarismo, stati nazionali, inizi dell'umanesimo. Atti del XXV Convegno storico internazionale. Todi, 9-12 ottobre 1988. Spoleto: Centro Italiano di Studi sull'Alto Medioevo 1990, 79-96.

Elo, Irma T.: Utilization of Maternal Health-Care Services in Peru: The Role of Women's Education. In: Health Transition Review 2 (1992), 49-69.

Elsner, Eckart: Selbstmord in Berlin. In: Berliner Statistik 37 (1983), 218-239.

Elwert, Georg: Alter im interkulturellen Vergleich. In: Baltes, Paul B., Jürgen Mittelstraß (Hrsg.): Zukunft des Alterns und gesellschaftliche Entwicklung. Berlin: De Gruyter 1992, 260-282.

Erlemeier, Norbert: Suizidalität im Alter. In: Zeitschrift für Gerontologie 21 (1988), 267-276.

Estes, C. L., E. A. Binney: The Biomedicalization of Aging: Dangers and Dilemmas. In: The Gerontologist 29 (1989), 587-596.

Estes, Carroll L., Thomas G. Rundall: Social Characteristics, Social Structure, and Health in the Aging Population. In: Ory, Marcia G. et al. (Eds.): Aging, Health, and Behavior. Newbury Park, CA: SAGE 1992, 299-326.

Euler, Manfred: Geldvermögen und Schulden privater Haushalte Ende 1988. Ergebnis der Einkommens- und Verbrauchsstichprobe. In: Wirtschaft und Statistik (1990) 11, 798-808.

Euler, Manfred: Grundvermögen privater Haushalte Ende 1988. Ergebnis der Einkommens- und Verbrauchsstichprobe. In: Wirtschaft und Statistik (1991) 4, 277-284.

EUROSTAT: Demographic indicators of the Community 1991. Special issue updating for the conference. (Prepared for the International Conference 'Human Resources in Europe at the Dawn of the 21st Century', Luxembourg, 27-29 November 1991). Luxemburg: EUROSTAT 1991 (=EUROSTAT 1991a).

EUROSTAT: Two long term population scenarios for the European Community. (Prepared for the International Conference 'Human Resources in Europe at the Dawn of the 21st Century', Luxembourg, 27-29 November 1991). Luxemburg: EUROSTAT 1991 (=EUROSTAT 1991b).

EUROSTAT: Die Europäische Gemeinschaft hat 345 Millionen Einwohner. (Prepared for the International Conference 'Human Resources in Europe at the Dawn of the 21st Century', Luxembourg, 27-29 November 1991). Luxemburg: EUROSTAT 1991 (=EUROSTAT 1991c).

EUROSTAT: Wer stirbt woran in der Europäischen Gemeinschaft? Luxembourg: EUROSTAT Schnellberichte. Bevölkerung und soziale Bedingungen 1993;4.

Evans, Richard J.: Death in Hamburg. Society and Politics in the Cholera Years 1830-1910. Oxford: Clarendon Press 1987.

Ewbank, Douglas [Chair]: Marital Status and Mortality. In: Population Index 56 (1990), 412-413 [Abstracts of the Session; The 1990 Meeting of the Population Association of America].

Fahlbeck, Pontus E.: Der Adel Schwedens (und Finlands [sic]). Eine demographische Studie. Jena: Fischer 1903.

Fahrländer, Hansjürg: Über die Notwendigkeit der Schaffung eines umfassenden Zivildienstes zur Bewältigung der Probleme der Alterspflege in den kommenden Jahrzehnten. In: Schweizerische Medizinische Wochenschrift 121 (1991), 1777-1783.

Fahrländer, Hansjürg: Das Schweizer Alterspflegeproblem in den kommenden Jahrzehnten. Basel: Privatdruck Hansjürg Fahrländer 1992 (=1992a).

Fahrländer, Hansjürg: Ein Vorschlag zur Lösung des Alterspflegeproblems in der Schweiz. In: Neue Zürcher Zeitung, Fernausgabe Nr. 74 vom 29./30. März 1992, 29 (=1992b).

Falk, Franz: Die deutschen Sterbebüchlein von der ältesten Zeit des Buchdruckes bis zum Jahre 1520 (= Görres-Gesellschaft, zweite Vereinsschrift für 1890). Köln: Bachem 1890. Unveränderter Nachdruck: Amsterdam: Rodopi 1969.

Falkner, Thomas F. et al.: Aging, Old Age, and Elders in History. In: Cole, Thomas R. et al. (Eds.): Handbook of the Humanities and Aging. New York: Springer 1992, Part I: 1-123.

Faundes, A., J. G. Ceccatti: Morte materna: uma tragédia evitável. Campinas: Editora da Unicamp 1991.

Fauveau, Vincent: Santé des enfants et des mères au Bangladesh: Peut-on faire plus? In: Population 45 (1990), 1075-1083.

Feachem, Richard et al. (Eds.): The health of adults in the developing world. Oxford: Oxford University Press 1992.

Fee, Elizabeth, Daniel M. Fox (Hrsg.): AIDS. The Burdens of History. Berkeley: University of California Press 1988.

Fee, Elizabeth, Dorothy Porter: Public health, preventive medicine and professionalization: England and America in the nineteenth century. In: Wear,

Andrew (Ed.): Medicine in Society. Historical Essays. Cambridge: Cambridge University Press 1992, 249-275.

Feeney, Griffith: The Demography of Aging in Japan: 1950-2025. Tokyo: Nihon University, Population Research Institute 1990. (= NUPRI Research Paper Series No. 55).

Feldman, Frances: „I am still learning". Late Works by Masters. Washington: National Gallery of Art 1992.

Feldmann, Klaus: Tod und Gesellschaft. Eine soziologische Betrachtung von Sterben und Tod. Frankfurt: Lang 1990.

Fertig, Ludwig (Hrsg.): Bildungsgang und Lebensplan. Briefe über Erziehung von 1750 bis 1900. Darmstadt: Wissenschaftliche Buchgesellschaft 1991.

Festy, Patrick: Très faible mortalité: Tables-types et tables atypiques. In: Population 45 (1990), 864-872.

Fife, Betsy L.: The Conceptualization of Meaning in Illness. In: Social Science & Medicine 38 (1994) 2, 309-316.

Filipp, Siegrun-Heide: Ein allgemeines Modell für die Analyse kritischer Lebensereignisse. In: Leo Montada, Rolf Oerter (Hrsg.): Entwicklungspsychologie – Ein Lehrbuch. Kritische Lebensereignisse. München: Psychologie Verlags-Union 1981.

Fischer, Balthasar: Ars moriendi. Der Anselm von Canterbury zugeschriebene Dialog mit einem Sterbenden. Ein untergegangenes Element der Sterbeliturgie und der Sterbebücher des Mittelalters. In: Hansjakob Becker, Bernhard Einig, Peter-Otto Ullrich (Hrsg.): Im Angesicht des Todes. Ein interdisziplinäres Kompendium, Band 2 (= Pietas Liturgica 4). Erzabtei St. Ottilien: EOS-Verlag 1987, 1363-1370.

Fissell, Mary E.: Patients, Power, and the Poor in Eighteenth-Century Bristol. Cambridge: Cambridge University Press 1991.

Floud, Roderick et al.: Height, Health and History. Nutritional Status in the United Kingdom, 1750-1980. Cambridge: Cambridge University Press 1990.

Floud, Roderick: Medicine and the Decline of Mortality: Indicators of Nutritional Status. In: Schofield, Roger et al. (Eds.): The Decline of Mortality in Europe. Oxford: Clarendon Press 1991, 146-157.

Fluri, Adolf: Niklaus Manuels Totentanz in Bild und Wort. In: Berner Taschenbuch auf das Jahr 1901. Bern: Wyss 1900, 119-266.

Fogel, Robert William: New Sources and New Techniques for the Study of Secular Trends in Nutritional Status, Health, Mortality, and the Process of Aging. In: Historical Methods 26 (1993), 5-43.

Foucart-Walter, Elisabeth: Les peintures de Hans Holbein le Jeune au Louvre (= Les dossiers du département des peintures 29). Paris: Editions de la Réunion des musées nationaux 1985.

Foucault, M.: Die Sorge um sich. Sexualität und Wahrheit Bd. 3. Frankfurt a. M.: Suhrkamp 1986.

Fox, Daniel M., Diane R. Karp: Images of Plague: Infectious Disease in the Visual Arts. In: Fee, Elizabeth, Daniel M. Fox (Hrsg.): AIDS. The Burdens of History. Berkeley: University of California Press 1988, 172-189.

Franck, Dierk: Verhaltensbiologie. Einführung in die Ethologie. Zweite, neubearbeitete und erweiterte Auflage. Stuttgart: Thieme 1985.

Franck, Dierk (Einführung durch): Biologie des Sozialverhaltens: Kommunikation, Kooperation und Konflikt. Heidelberg: Spektrum der Wissenschaft 1988.

Franke, Hans: Hoch- und Höchstbetagte. Ursachen und Probleme des hohen Alters. Berlin: Springer 1987.

Franke, Hans (Hrsg.): Auf den Spuren der Langlebigkeit. Stuttgart: Schattauer 1985.

Frauenreport '90 siehe: Winkler, Gunnar.

Freedberg, David, Jan de Vries (Eds.): Art in history. History in art. Studies in seventeenth-century Dutch culture. Santa Monica: The Getty Center for the History of Art and the Humanities 1991.

Frehner, Paul et al.: Altersbildung in der Gemeinde. Zürich: Theologischer Verlag 1991. [Vgl. hierzu die Besprechung von Heinrich Tuggener in der Neuen Zürcher Zeitung, Fernausgabe Nr. 21 vom 28. Januar 1992, 28.]

Freytag, Hartmut (Hrsg.): Der Todtentanz in der Marienkirche zu Lübeck / nach einer Zeichnung von Carl Julius Milde. Mit erläuterndem Text von Wilhelm Mantels. – Neudruck der Ausgabe Lübeck: Rahtgens 1866 mit einem Nachwort 'Der Totentanz in der Marienkirche zu Lübeck und das Totentanz-Fragment in der Nikolaikirche zu Reval (Tallinn)'. Lübeck: Graphische Werkstätten 1989.

Fridlizius, Gunnar: The Mortality Development of a Port-town in a National Perspective. The Experience of Malmö, Sweden, 1820-1914. Typoskript; Lund University: Department of Economic History, School of Economics and Management 1993.

Fridlizius, Gunnar: Sex-differential Mortality and Socio-economic Change; Sweden 1750-1910. In: Brändström, Anders, Lars-Göran Tedebrand (Eds.): Society, Health and Population during the Demographic Transition. Stockholm: Almqvist & Wiksell 1988, 237-272.

Fridlizius, Gunnar: Den deformerade kohorten – 1800-talets dödlighets-nedgång i ett generations-perspektiv. In: Broomé, Per, Rolf Ohlsson (Red.): Generationseffekten. Befolkningsekonomiska problem. Stockholm: SNS Förlag [Studieförbundet Näringsliv och Samhälle] 1989.

Friedrich, Ingrid, Reinhard Schmitz-Scherzer (Hrsg.): Suizid im Alter. (Internationale Kasseler Gerontologische Gespräche, Bd. 2). Darmstadt: Steinkopff 1992.

Friedrich-Ebert-Stiftung (Hrsg.): Die Älteren. Zur Lebenssituation der 55- bis 70jährigen. Bonn: J. H. W. Dietz Nachfolger 1991.

Frier, Bruce: Roman life expectancy: the pannonian evidence. In: Phoenix (The Journal of the Classical Association of Canada) 37 (1983), 328-344.

Fries, James F., Lawrence M. Crapo: Vitality and aging. Implications of the rectangular curve. San Francisco: Freeman 1981.

Fries, James F.: Aging, natural death, and the compression of morbidity. In: New England Journal of Medicine 303 (1980) 3, 130-135.

Fries, James F.: The compression of morbidity. In: Milbank Memorial Fund Quarterly/Health and Society 61 (1983) 3, 397-419.

Fries, James F.: The compression of morbidity: near or far? In: The Milbank Quarterly 67 (1989) 2, 208-232.

Fuchs, Leonhard: New Kreüterbuch. Basel: Isingrin 1543.

Fuchs, Michael: Sterben und Sterbebegleitung. [Projektskizze für] Ein interdisziplinäres Gespräch im Bundesministerium für Familie und Senioren. Bonn, 24.-25. November 1992. Typoskript, Bonn, 9. September 1992.

Fülgraff, Georges M. et al. (Hrsg.): Klinisch-Pharmakologisches Kolloquium IV Titisee 1989. Freiburg i. Br.: Clinical Research Foundation 1990.

Fürer, Peter: Orientierungslosigkeit durch Unglauben? In: Neue Zürcher Zeitung, Fernausgabe Nr. 28 vom 5. Februar 1992, 39 [= kritische Auseinandersetzung mit Bergsdorf 1991, s.o.].

Furstenberg, Frank: Die Entstehung des Verhaltensmusters „sukzessive Ehen". In: Kurt Lübscher et al. (Hrsg.): Die „postmoderne" Familie. Familiale Strategien und Familienpolitik in einer Übergangszeit. Konstanzer Beiträge zur sozialwissenschaftlichen Forschung 3. Konstanz: Universitätsverlag 1988, 73-83.

Gärtner, Karla: Sterblichkeit nach dem Familienstand. In: Zeitschrift für Bevölkerungswissenschaft 16 (1990) 1, 53-65.

Gage, Timothy B.: The decline of mortality in England and Wales 1861 to 1964: Decomposition by cause of death and component of mortality. In: Population Studies 47 (1993), 47-66.

Garbe, Richard: vgl. Bhagavadgîtâ.

Garms-Homolová, Vjenka, Ulrike Hütter: Das soziale Netz Hochbetagter in der Großstadt. In: Medizin, Mensch, Gesellschaft 15 (1990), 170-181.

Gattiker, Marie: Wenn es hoch kommt sind es 100 Jahre. Erzählungen und Erinnerungen. Stäfa-Zürich 1989.

Gavrilov, L. A., N. S. Gavrilova: The Biology of Life Span: A Quantative Approach. London: Harwood Academic Publishers 1991. [Vgl. eine ausführliche Rezension durch Väino Kannisto in Population Studies 46 (1992), 366-367.]

Gbesemete, Kwame P.: Life expectancy in Africa. A cross-national study. Diss. Universitetet i Linköping, tema H [16.06.] 1993. Part A: A cross-national study; S. 1-89 [= Gbesemete 1993a]. Part B: Papers I-V, jeweils neue Paginierung: I: A comparison of empirical models on determinants of infant mortality: A cross-national study on Africa; S. 1-26 [= Gbesemete 1993b]. II: A pooled cross-sectional analysis of determinants of child morality in Africa; S. 1-21 [= Gbesemete 1993c]. III: A cross-national analysis on determinants of life expectancy in Africa; S. 1-17 [= Gbesemete 1993d]. IV: Determinants of health care expenditure in Africa. A cross-sectional study; S. 1-12 [= Gbesemete 1993e]. V: Preventive measures in the eradication of infectious disease. What can the African countries learn from the British experience; S. 1-19 [= Gbesemete 1993f].

Gehrmann, Rolf: Leezen 1720-1870. Ein historisch-demographischer Beitrag zur Sozialgeschichte des ländlichen Schleswig-Holstein. Studien zur Wirtschafts- und Sozialgeschichte Schleswig-Holsteins 7. Neumünster: Karl Wachholtz 1984.

Gehrmann, Rolf: Historisch-demographische Forschungen zur Stadtge-schichte an der F[reien] U[niversität] Berlin. In: Informationen zur moder-nen Stadtgeschichte. Heft 1/1992 [Themenschwerpunkt: Stadt und Ge-sundheit], 17-20.

Gehrmann, Rolf: Übersterblichkeit der Frauen als historisch-demographi-sches Problem. In: Putz, Friedrich, Karl Schwarz (Hrsg.): Neuere Aspekte der Sterblichkeitsentwicklung. Wiesbaden: Selbstverlag der Deutschen Gesellschaft für Bevölkerungswissenschaft 1984, 71-83.

Gehrmann, Rolf: Zielsetzungen und Methoden bei der historisch-demogra-phischen Auswertung von Berlin-Brandenburgischem Kirchenbuchmate-rial. Das Beispiel St. Nikolai (Spandau). In: Wolfgang Ribbe (Hrsg.): Berlin-Forschungen I. Einzelveröffentlichungen der Historischen Kommission zu Berlin 54 (= Publikationen der Sektion für die Geschichte Berlins 3). Berlin: Colloquium 1986, 265-295.

Gehrmann, Rolf: Eintausend Spandauer Familien im 18. und 19. Jahrhundert. Historisch-demographische Grundzüge einer märkischen Stadt. In: Wolf-gang Ribbe (Hrsg.): Berlin-Forschungen II. Einzelveröffentlichungen der Historischen Kommission zu Berlin 61 (= Publikationen der Sektion für die Geschichte Berlins 4). Berlin: Colloquium 1987, 56-86.

Gehrmann, Rolf, Maureen Roycroft: Quellen und Methoden der Mortalitäts-berechnungen. In: Arthur E. Imhof et al.: Lebenserwartungen in Deutsch-land vom 17. bis 19. Jahrhundert. Life expectancies in Germany from the 17th to the 19th century. Weinheim: VCH, Acta humaniora 1990, 51-83.

Geiler von Kaisersberg, Johann: Das Buch vom guten Tode. In: Philipp de Lo-renzi: Geilers von Kaisersberg ausgewählte Schriften nebst einer Ab-handlung über Geilers Leben und echte Schriften. Band I, Trier: Groppe 1881, 113-365.

Gervasoni, Pierre: Sielun kaksipuolinen kuvastin. Hugo Simbergin taiteen normatiivisen analyysin periaatteita. L'image, double illusion de l'intime exposé. Principes pour une analyse normative d'Hugo Simberg. In: Ate-neumin taidemuseo 30. vuosikerta 1988. The [Helsinki] Art Museum of the Ateneum 30th year 1988 Bulletin.

Gerwin, Robert (Hrsg.): Die Medien zwischen Wissenschaft und Öffentlichkeit. Ein Symposium der Karl Heinz Beckurts-Stiftung. Suttgart: S. Hirzel 1992.

389

Geschichte aus Lebensgeschichten. In: Beiträge zur historischen Sozial-kunde 17 (1987) 1.

Geschichte und Ergebnisse der zentralen amtlichen Statistik in Österreich 1829-1979. Festschrift aus Anlaß des 150jährigen Bestehens der zentra-len amtlichen Statistik in Österreich. Beiträge zur österreichischen Stati-stik 550. Tabellenanhang. Beiträge zur österreichischen Statistik 550A. Wien: Österreichisches Statistisches Zentralamt 1979.

Gesler, Wilbert M.: The Cultural Geography of Health Care. Pittsburgh: Uni-versity of Pittsburgh Press 1991.

Geuenich, Dieter, Otto Gerhard Oexle (Hrsg.): Memoria in der Gesellschaft des Mittelalters. Göttingen: Vandenhoeck & Ruprecht 1994.

Geuß, Herbert: Pflegebedürftigkeit im Alter. In: Howe, Jürgen et al. (Hrsg.): Psychosoziale Probleme älterer Menschen (= Lehrbuch der psychologi-schen und sozialen Alternswissenschaft, Bd. 2). Heidelberg: Asanger 1990, 53-65.

Gijsbers van Wijk, Cecile M. T. et al.: Male and female morbidity in general practice: the nature of sex differences. In: Social Science & Medicine 35 (1992) 5, 665-678.

Giloy-Hirtz, Petra: Mittelalterliche Totentanz-Dichtung. In: Jansen, Hans Hel-mut (Hrsg.): Der Tod in Dichtung, Philosophie und Kunst. Zweite, neu be-arbeitete und erweiterte Auflage. Darmstadt: Steinkopff 1989, 123-143.

Glaser, Hermann, Thomas Robke (Hrsg.): Dem Alter einen Sinn geben: wie Senioren kulturell aktiv sein können – Beiträge, Beispiele, Adressen [in Zusammenarbeit mit dem Institut für Soziale und Kulturelle Arbeit (ISKA), Nürnberg und der Stiftung für Kulturelle Weiterbildung und Kulturbera-tung]. Heidelberg: Hüthig Verlagsgemeinschaft 1992.

Glatzer, Wolfgang: Die Lebensqualität älterer Menschen in Deutschland. In: Zeitschrift für Gerontologie 25 (1992), 137-144.

Global 2000. Der Bericht an den Präsidenten (The global 2000 report to the president). Aus dem Amerikanischen von Thomas Berendt et al. Hrsg. der deutschen Übersetzung Reinhard Kaiser. 8. Aufl. Frankfurt a. M.: Zwei-tausendeins 1981.

Göckenjan, Gerd (Hrsg.): Recht auf ein gesichertes Alter? Studien zur Geschichte der Alterssicherung in der Frühzeit der Sozialpolitik. Augsburg: Maro 1990.

Göckenjan, Gerd: Das hohe Alter in theologischen Texten vom letzten Drittel des 18. bis zum Ende des 19. Jahrhunderts. In: Conrad, Christoph, Hans-Joachim von Kondratowitz (Hrsg.): Zur Kulturgeschichte des Alterns. To-ward a Cultural History of Aging. Berlin: Deutsches Zentrum für Altersfra-gen 1993, 97-134.

Goldman, Noreen, Yuanreng Hu: Excess mortality among the unmarried: a case study of Japan. In: Social Science & Medicine 36 (1993) 4, 533-546.

Goodrow, Gérard A.: „Sterben tun immer die andern" [Bericht über eine Ta-gung der Katholischen Akademie der Erzdiözese Freiburg im Breisgau, 19./20. September 1991]. In: Kunst und Kirche 4/91 [1991], 280.

Gottfried, Robert S.: Plague, public health and medicine in late medieval England. In: Bulst, Neithard, Robert Delort (Eds.): Maladies et société (XIIe-XVIIIe siècles). Paris: Centre National de la Recherche Scientifique 1989, 249-268.

Gräbe, Sylvia (Hrsg.): Alltagszeit – Lebenszeit. Zeitstrukturen im privaten Haushalt. Frankfurt: Campus 1992.

Granshaw, Lindsay, Roy Porter (Hrsg.): The Hospital in History. London: Routledge 1989.

Gray, J. Patrick: Primate Sociobiology. New Haven: Hraf 1985.

Gremel, Maria: Mit neun Jahren im Dienst. Mein Leben im Stübl und am Bauernhof 1900-1930. Damit es nicht verlorengeht 1. 1. Aufl. 1983, 2. Aufl. Wien, Köln, Graz: Böhlau 1991.

Greshake, Gisbert, Jacob Kremer: Resurrectio mortuorum. Zum theologischen Verständnis der leiblichen Auferstehung. Darmstadt: Wissenschaftliche Buchgesellschaft 1986.

Grieshaber, HAP (Helmut Andreas Paul): Totentanz von Basel mit den Dialogen des mittelalterlichen Wandbildes. Dortmund: Harenberg 1985. [= Die bibliophilen Taschenbücher Nr. 469.]

Grigsby, Jill S., S. Jay Olshansky: The demographic components of population aging in China. In: Journal of Cross-Cultural Gerontology 4 (1989), 307-334.

Grimm, Claus: Frans Hals. Das Gesamtwerk. Stuttgart: Belser 1989.

Grinblat, Joseph-Alfred: Le vieillissement des populations mondiales: Tendances démographiques récentes et futures. In: Loriaux, Michel et al. (Eds.): Populations âgées et révolution grise. Louvain-la-Neuve: CIACO 1990, 53-76.

Grmek, Mirko D.: Préliminaires d'une étude historique des maladies. In: Annales E. S. C. 24 (1969), 1473-1483. – In deutscher Übersetzung als: Vorbemerkungen zu einer Geschichte der Krankheiten. In: Biologie des Menschen in der Geschichte. Beiträge zur Sozialgeschichte der Neuzeit aus Frankreich und Skandinavien. Eingeleitet, übersetzt und herausgegeben von Arthur E. Imhof. Stuttgart: Frommann-Holzboog 1978, 79-96.

Grözinger, Gerd (Hrsg.): Singles. Die Lebenssituation Alleinstehender. Leverkusen: Leske + Budrich 1994.

Groth, Jürgen: Der Lebensverlängerungsprozeß in Schweden im Vergleich zum Deutschen Reich resp. der DDR. Diss. med., Institut für Sozialmedizin und Epidemiologie der Medizinischen Fakultät der Humboldt-Universität zu Berlin 1993.

Güntner, Joachim: Wider das Individuum? Die amerikanische Debatte zwischen Liberalismus und Kommunitarismus. In: Neue Zürcher Zeitung, Fernausgabe Nr. 105 vom 8. Mai 1992, 43. (= Sammelbesprechung neuerer Arbeiten von Michael Walzer, Robert Bellah, Richard Madsen, William M. Sullivan, Ann Swidler, Steven M. Tipton, Alasdair MacIntyre, Michael Sandel, Amy Gutmann, Axel Honneth und Charles Taylor.)

Guilkey, David K. et al.: Changes in Breast-Feeding in the Philippines, 1973-1983. In: Social Science & Medicine 31 (1990) 12, 1365-1375.

Gunnlaugsson, Gísli Agúst: Living arrangements of the elderly in a changing society. The case of Iceland 1880-1930 (= Paper, Sixteenth Annual Meeting of the Social Science History Association, New Orleans, 31.10.-03.11.1991).

Gunnlaugsson, Gísli Agúst: Living Arrangements of the Elderly in a Changing Society: the Case of Iceland, 1880-1930. In: Continuity and Change 8 (1993), 103-125.

Guralnik, Jack M. et al.: Educational Status and Active Life Expectancy Among Older Blacks and Whites. In: New England Journal of Medicine 329 (1993), 110-116.

Guthke, Karl S.: Letzte Worte. Variationen über ein Thema der Kulturgeschichte des Westens. München: Beck 1990.

Gutmann, Myron P.: War and Rural Life in the Early Modern Low Countries. Assen: Van Gorcum 1980.

Gutton, Jean-Pierre: Naissance du vieillard. Essai sur l'histoire des rapports entre les vieillards et la société en France. Paris: Aubier 1988.

Haak, Bob: Das Goldene Zeitalter der holländischen Malerei. Köln: DuMont 1984.

Haan, Mary N. et al. (Guest Editors): Living longer and doing worse? Present and future trends in the health of the elderly. Journal of Aging and Health 3, 133-307 (= Special Issue, Vol. 3, Nr. 2, May 1991).

Haas, Alois M.: Todesbilder im Mittelalter. Fakten und Hinweise in der deutschen Literatur. Darmstadt: Wissenschaftliche Buchgesellschaft 1989.

Hadley, Evan C.: Causes of death among the oldest old. In: Suzman, Richard M. et al. (Eds.): The oldest old. Oxford: Oxford University Press 1992, 183-196.

Härtel, Ursula: Die unterschiedliche Sterblichkeit von Männern und Frauen, mit Beispielen aus der Bundesrepublik Deutschland. In: Sozial- und Präventivmedizin 33 (1988), 135-139.

Haffner, Alfred et al.: Gräber – Spiegel des Lebens. Zum Totenbrauch der Kelten und Römer am Beispiel des Treverer Gräberfeldes Wederath-Belginum. Mainz: Philipp von Zabern 1989.

Hahn, Susanne: Beitrag der Pathologischen Anatomie und Gerichtsmedizin zu einer Theorie des Selbstmords in Deutschland 1870 bis 1933. In: Zentralblatt für Pathologie 137 (1991), 456-461.

Haines, Michael R.: Conditions of Work and the Decline of Mortality. In: Schofield, Roger et al. (Eds.): The Decline of Mortality in Europe. Oxford: Clarendon Press 1991, 177-195.

Hallberg, Hans (Red.): Äldres villkor. Myter och verklighet. Falun: Dalarnas Forsknigsråd 1994.

Halldórsson, Matthías: Recent Health Care Reforms in Iceland. Reykjavík: Landlaeknisembaettid, April 1992.

Hammerstein, Reinhold: Tanz und Musik des Todes. Die mittelalterlichen Totentänze und ihr Nachleben. Bern: Francke 1980.

Hansen, Hans Oluf: Elementaer demografi. Kopenhagen: Akademisk Forlag 1994

Hansluwka, Harald et al.: New developments in the analysis of mortality and causes of death. Bangkok, Nakornpathom: Mahidol University 1986.

Harrison, Paul: The workless of the world. In: People. IPPF [International Planned Parenthood Federation] 6 (1979) 3.

Harsin, Paul, Etienne Hélin (Eds.): Problèmes de Mortalité. Méthodes, sources et bibliographie en démographie historique. Actes du Colloque international de démographie historique, Liège, 18-20 avril 1963. Paris: Société de démographie historique 1965.

Hart, Hornell: Die Beschleunigung der kulturellen Entwicklung. In: Hans P. Dreitzel (Hrsg.): Sozialer Wandel. Zivilisation und Fortschritt als Kategorien der soziologischen Theorie. Soziologische Texte 41. 2. Aufl. Neuwied, Berlin: Luchterhand 1972, 250-263.

Hartmann, F.: Alter, Krankheit, Gesundheit. In: Baltes, Margret M. et al. (Hrsg.): Erfolgreiches Altern. Bedingungen und Variationen. Bern: Huber 1989, 170-175.

Hausen, Karin, Heide Wunder (Hrsg.): Frauengeschichte – Geschlechtergeschichte. Frankfurt a. M.: Campus 1992.

Hauser, Jürg A.: Bevölkerungs- und Umweltprobleme der Dritten Welt. 2 Bände. Bern: Haupt 1990-1991. [Darin besonders Kapitel 12: Sterblichkeit, mit weiterführender Literatur; Bd. 2, 71-145.]

Hecht, Peter: Dutch Seventeenth-century Genre Painting: a Reassessment of some Current Hypotheses. In: Simiolus 21 (1992), 85-95.

Heilig, Gerhard K., Christopher Prinz: Modellrechnungen zur Gliederung der Bevölkerung in der Bundesrepublik Deutschland nach dem Familienstand: 1970-2030. In: Acta Demographica 1 (1990), 85-106.

Heilmann, Karl Eugen: Kräuterbücher in Bild und Geschichte. München: Kölbl 1966.

Heinzmann, Franz: Bibliographie der Ortssippenbücher in Deutschland. Bibliographie zur Genealogie 1. Düsseldorf: Heinzmann 1986.

Heinz-Mohr, Gerd: Lexikon der Symbole. Bilder und Zeichen der christlichen Kunst. Sechste, erweiterte Auflage. Düsseldorf – Köln: Diederichs 1981.

Heinz-Mohr, Gerd: Ars Moriendi. III. Praktisch-theologisch. In: Gerhard Krause, Gerhard Müller (Hrsg.): Theologische Realenzyklopädie IV. Berlin, New York: de Gruyter 1979, 154-156.

Held, Martin, Karlheinz A. Geißler (Hrsg.): Ökologie der Zeit. Vom Finden der rechten Zeitmaße. Stuttgart: Hirzel Wissenschaftliche Verlagsgesellschaft, Edition Universitas 1993.

Heller, Andreas et al. (Hrsg.): Religion und Alltag. Interdisziplinäre Beiträge zu einer Sozialgeschichte des Katholizismus in lebensgeschichtlichen Auf-

393

zeichnungen. Kulturstudien. Bibliothek der Kulturgeschichte 19. Wien: Böhlau 1990.

Helset, Anne (Hrsg.): Gamle kvinner i Norden – deres liv i tekst og tall. Oslo: Norsk gerontologisk Institutt, Rapport 6 – 1991.

Henry, Louis [L. H.]: Démographie de la noblesse britannique. In: Population 20 (1965), 692-703. [Vgl. hierzu auch unten: Hollingsworth 1964.]

Henry, Louis, Claude Lévy: Ducs et pairs sous l'Ancien Régime. Caractéristiques démographiques d'une caste. In: Population 15 (1960), 807-830.

Hermalin, Albert I., Bruce A. Christenson: Some census-based approaches to studying changes in the status of the elderly. Comparative study of the elderly in Asia. Research Reports 90-5. Ann Arbor: University of Michigan, Population Studies Center, September 1990.

Herzberger, B. et al.: Erfassung, Bestimmung und Einschränkung der Lebensqualität (= Bericht über das Klinisch-Pharmakologische Kolloquium IV Titisee/Schwarzwald, nach Referaten von H. Herzberger et al., zusammengestellt von 'tr'). In: Neue Zürcher Zeitung, Fernausgabe Nr. 42 vom 21.02.1990, 42.

Herzberger, Barbara: What Do We Mean by Quality of Life. In: Georges M. Fülgraff et al. (Hrsg.): Klinisch-Pharmakologisches Kolloquium IV Titisee 1989. Freiburg i. Br.: Clinical Research Foundation 1990, 69-72, 88-91, 212.

Hibbard, Judith H., Clyde R. Pope: The quality of social roles as predictors of morbidity and mortality. In: Social Science & Medicine 36 (1993) 3, 217-225.

Hill, Gerry: The Entropy of the Survival Curve: an Alternative Measure. In: Canadian Studies in Population 20 (1993), 43-57.

Hill, T. Patrick, David Shirley: A good death. Taking more control at the end of your life. Reading, Mass.: Addison-Wesley 1992.

Hinschützer, Ursula, Gisela Ross-Strajhar (bearbeitet von): Forschungsdokumentation Gerontologie 1984-1987. Berlin-Bonn: Deutsches Zentrum für Altersfragen e. V. und Informationszentrum Sozialwissenschaften 1988.

Hinz, Berthold: Studien zur Geschichte des Ehepaarbildnisses. In: Marburger Jahrbuch für Kunstwissenschaft 19 (1974), 139-218.

Hirsh, Sharon Latchaw: Ferdinand Hodler. München: Prestel 1981.

Historisk statistik för Sverige. Del 1. Befolkning. Andra upplagan 1720-1967. Stockholm: Statistiska Centralbyrån 1969. [Ergänzende mündliche und schriftliche Angaben bis 1992 durch Hans Lundström von der Abteilung Bevölkerung des Schwedischen Statistischen Zentralbüros Stockholm; Juni und Juli 1993.]

Hobcraft, John: Women's education, child welfare and child survival: a review of the evidence. In: Health Transition Review 3 (1993), 159-175.

Hochrein, Max: Früherkennung von Herz-Kreislaufschäden. In: Fiebig, Franz: Vorbeugende Gesundheitspflege in der täglichen Praxis. Stuttgart: Hippokrates 1960, 210-230.

Höhn, Charlotte: Aktuelle Bevölkerungsfagen in Europa und in den anderen Industrieländern. In: Zeitschrift für Bevölkerungswissenschaft 18 (1992), 271-289.

Höhn, Charlotte, John H. Pollard: Analyse der Sterblichkeit in beiden Teilen Deutschlands in den Jahren 1976 bis 1986. In: Zeitschrift für Bevölkerungswissenschaft 16 (1990) 3/4, 355-381.

Höhn, Charlotte, John H. Pollard: Persönliche Gewohnheiten und Verhaltensweisen und Sterblichkeitsunterschiede nach dem Familienstand in der Bundesrepublik Deutschland. In: Zeitschrift für Bevölkerungswissenschaft 18 (1992), 415-433.

Höhn, Charlotte et al.: Bericht 1990 zur demographischen Lage: Trends in beiden Teilen Deutschlands und Ausländer in der Bundesrepublik Deutschland. In: Zeitschrift für Bevölkerungswissenschaft 16 (1990) 2, 135-205.

Höhn, Charlotte: Generationensterbetafeln versus Periodensterbetafeln. In: Putz, Friedrich, Karl Schwarz (Hrsg.): Neuere Aspekte der Sterblichkeitsentwicklung. Dokumentation des Jahrestages der Deutschen Gesellschaft für Bevölkerungswissenschaft e. V. Wiesbaden: Deutsche Gesellschaft für Bevölkerungswissenschaft 1983. Wiesbaden: Selbstverlag der Deutschen Gesellschaft für Bevölkerungswissenschaft 1984, 117-143.

Höhn, Charlotte et al.: Perspektiven für die soziodemographische Entwicklung im vereinten Deutschland. In: Imhof, Arthur E. (Hrsg.): Leben wir zu lange? Die Zunahme unserer Lebensspanne seit 300 Jahren – und die Folgen. Köln-Weimar-Wien: Böhlau 1992, 45-68.

Höpflinger, François et al.: Junge Erwachsene zwischen Familie und Beruf. Zum Wechselverhältnis zweier Lebensbereiche. Schlußbericht an den Schweizerischen Nationalfonds Kredit Nr. 1.680-0.87 / 10-2277.87. Soziologisches Institut der Universität Zürich: unveröfftl. Mskr. 1990.

Hoffmann, Detlef: Der Blick der Kunst auf die Geschichte. Eine Einführung in den Problemkreis. In: Kritische Berichte 20 (1992) 2, 4-7.

Hofmann, Gunter: Gemeinsinn gesucht. Ein philosophischer Import wird debattiert: der Kommunitarismus. In: DIE ZEIT, Nr. 24 vom 5. Juni 1992, 49.

Hofmann, Werner: Das Irdische Paradies. Motive und Ideen des 19. Jahrhunderts. Zweite, neubebilderte Ausgabe. München: Prestel 1974.

Hofsten, Erland: On the Heterogeneous Development of Population and of Mortality in the Highest Age Groups: The Case of Sweden. Paper to the European Population Conference in Jyväskylä, Finland, June 1987.

Hofsten, Erland, Hans Lundström: Swedish population history. Main trends from 1750 to 1970. Stockholm: Central Bureau of Statistics 1976.

Hoghe, Raimund: Es ist genug. Begegnung mit einer Frau, die des langen Lebens müde ist. In: DIE ZEIT, Nr. 11 vom 9. März 1990, 94.

Hollingsworth, Thomas Henry: A Demographic Study of the British Ducal Families. In: Population Studies 11 (1957-58), 4-26.

Hollingsworth, Thomas Henry: The Demography of the British Peerage. Population Studies, Supplement 18; 2, 1964. [Vgl. hierzu auch den ausführlichen Kommentar von „L. H.": „Démographie de la noblesse britannique". In: Population 20 (1965), 692-703.]

Holz, Gerda: Die Alterslast – ein Gewinn für andere? Strukturen und Akteure der Gesundheits- und Sozialversorgung in der Bundesrepublik Deutschland von 1970 bis 1985. Beiträge zur Gerontologie und Altenarbeit 78/1+2. Berlin: Deutsches Zentrum für Altersfragen e. V. 1990.

Homer, Paul, Martha Holstein (Editors; Afterword by Daniel Callahan): A good old age. The paradox of setting limits. New York: Simon & Schuster 1990.

Hooyman, N. R., H. A. Kiyak: Social gerontology: a multidisciplinary perspective. Boston: Allyn and Bacon 1990.

Hopps, C. F., M. N. Kiggundu: A Global Analysis of Life Expectancy and Infant Mortality (= School of Business International Development Series, No. 1). Ottawa: Carleton University Press 1992.

Houdaille, Jacques: La noblesse française 1600-1900. In: Population 44 (1989), 501-514.

Houdaille, Jacques: La mortalité des souverains et des hommes d'état de l'antiquité à nos jours. In: Population 45 (1990), 421-423.

Howe, Jürgen et al. (Hrsg.): Sterben – Tod – Trauer (= Lehrbuch der psychologischen und sozialen Alternswissenschaft, Bd. 4). Heidelberg: Asanger 1992.

Hugonot, Robert, Laurence Hugonot: Atlas du vieillissement et de la vieillesse. Toulouse: Erès 1988.

Humphry, Derek: Final Exit – The Practicalities of Self-Deliverance and Assisted Suicide. Eugene, Oregon: Hemlock Society 1991.

Humphry, Derek: Dying with dignity. Understanding Euthanasia. New York: Birch Landrey 1992.

Humphry, Derek, Ann Wickett: The right to die. An historical and legal perspective of euthanasia. Eugene, Oregon: Hemlock Society 1987.

Illhardt, F. J.: Ars moriendi – Hilfe beim Sterben. Ein historisches Modell. In: Matouschek, E. (Hrsg.): Arzt und Tod: Verantwortung, Freiheiten und Zwänge. Stuttgart: Schattauer 1989, 89-103.

Illi, Martin: Wohin die Toten gingen. Begräbnis und Kirchhof in der vorindustriellen Stadt. Zürich: Chronos 1992.

Illsley, Raymond, Per-Gunnar Svensson (Eds.): Health Inequities in Europe. Special Issue of Social Science & Medicine 31 (1990) 3, 223-420.

Imhof, Arthur E.: Aspekte der Bevölkerungsentwicklung in den nordischen Ländern 1720-1750. Bern: Francke 1976.

Imhof, Arthur E.: Die gewonnenen Jahre. Von der Zunahme unserer Lebensspanne seit dreihundert Jahren. Oder: von der Notwendigkeit einer neuen Einstellung zu Leben und Sterben. München: Beck 1981.

Imhof, Arthur E.: Die verlorenen Welten. Alltagsbewältigung durch unsere Vorfahren – und weshalb wir uns heute so schwer damit tun. München:

Beck 1984 (= 1984a).

Imhof, Arthur E.: Von der unsicheren zur sicheren Lebenszeit. Fünf historisch-demographische Studien. Darmstadt: Wissenschaftliche Buchgesellschaft 1988 (= 1988a).

Imhof, Arthur E.: Reife des Lebens. Gedanken eines Historikers zum längeren Dasein. München: Beck 1988.

Imhof, Arthur E.: Die Lebenszeit. Vom aufgeschobenen Tod und der Kunst des Lebens. München: Beck 1988.

Imhof, Arthur E.: Geschichte sehen. Fünf Erzählungen nach historischen Bildern. München: Beck 1990.

Imhof, Arthur E.: Im Bildersaal der Geschichte oder Ein Historiker schaut Bilder an. München: Beck 1991.

Imhof, Arthur E.: Ars moriendi. Die Kunst des Sterbens – einst und heute. Wien-Köln: Böhlau 1991 (= 1991a).

Imhof, Arthur E.: Ars vivendi. Von der Kunst, das Paradies auf Erden zu finden. Köln-Weimar-Wien: Böhlau 1992.

Imhof, Arthur E.: Das unfertige Individuum. Sind wir auf halbem Wege stehen geblieben? Neun Bilder aus der Geschichte geben zu denken. Köln-Weimar-Wien: Böhlau 1992 (= 1992a).

Imhof, Arthur E.: „Sis humilis!" – Die Kunst des Sterbens als Grundlage für ein besseres Leben (= Wiener Vorlesungen im Rathaus, hrsg. v. d. Kulturabteilung der Stadt Wien, Redaktion Hubert Christian Ehalt, Band 13). Wien: Picus Verlag 1992.

Imhof, Arthur E. (Hrsg.): Historische Demographie als Sozialgeschichte. Gießen und Umgebung vom 17. zum 19. Jahrhundert. Quellen und Forschungen zur hessischen Geschichte 31. Darmstadt, Marburg: Selbstverlag der Hessischen Historischen Kommission Darmstadt und der Historischen Kommission für Hessen 1975.

Imhof, Arthur E. (Hrsg.): Leben wir zu lange? Die Zunahme unserer Lebensspanne seit 300 Jahren – und die Folgen. Köln-Weimar-Wien: Böhlau 1992 (= 1992b).

Imhof, Arthur E., unter Mitwirkung von Hans-Ulrich Kamke und Eva Wedel-Schaper sowie Jens-Kristian Borgan, Anders Brändström, Inez Egerbladh, ivind Larsen, Rembrandt D. Scholz, Carin Sjöström und Lars-Göran Tedebrand, betreut von Gesine Asmus: Lebenserwartungen im 19. und 20. Jahrhundert in Deutschland, Norwegen und Schweden. Berlin: Akademie Verlag 1994 (im Druck).

Imhof, Arthur E., Rita Weinknecht (Hrsg.): Erfüllt leben – in Gelassenheit sterben. Beiträge eines Symposiums vom 23.-25. November 1993 an der Freien Universität Berlin. Berlin: Duncker & Humblot 1994.

Imhof, Arthur E. unter Mitwirkung von Rolf Gehrmann, Ines E. Kloke, Maureen Roycroft und Herbert Wintrich: Lebenserwartungen in Deutschland vom 17. bis 19. Jahrhundert. Life expectancies in Germany from the 17th to the 19th century. Weinheim: VCH – Acta Humaniora 1990.

Imhof, Arthur E. et al. (Eds.): Le vieillissement. Implications et conséquences de l'allongement de la vie humaine depuis le XVIIIe siècle. Actes de la Table ronde, Paris, à l'Ecole des Hautes Etudes en Sciences Sociales, 24-26 Octobre 1979. Lyon: Presses Universitaires de Lyon 1982.

Imhof, Arthur E.: Mortalität in Berlin vom 18. bis 20. Jahrhundert. In: Berliner Statistik 31 (1977), 138-145 sowie Titelblatt von Heft 31; 8 (August) 1977.

Imhof, Arthur E.: La mortalité infantile différentielle en Allemagne du 18e au 20e siècle – Résultats de recherches, certitudes et hypothèses. In: Population et Famille 50-51 (1980), 137-178.

Imhof, Arthur E.: La surmortalité des femmes mariées en âge de procréation: un indice de la condition féminine au XIXe siècle. In: Annales de Démographie Historique 1981, 81-87.

Imhof, Arthur E.: Von den Problemen gerontologischer Studien in Brasilien – ein Denkanstoß für uns. In: Zeitschrift für Gerontologie 24 (1991), 50-54.

Imhof, Arthur E.: Europäische Historische Demographie – von weltweiter Relevanz. In: Zeitschrift für Bevölkerungswissenschaft 18 (1992), 209-228.

Imhof, Arthur E., Bengt I. Lindskog: Les causes de mortalité en Suède et en Finlande entre 1749 et 1773. In: Annales-Economies-Sociétés-Civilisations 29 (1974), 915-933.

Imhof, Arthur E., ivind Larsen: Social and Medical History: Methodological Problems in Interdisciplinary Quantitative Research. In: Journal of Interdisciplinary History 7 (1977), 493-498.

Imhof, Arthur E., Ines E. Kloke, Karin Plichta: Lebensplanung – Die Konsequenz der stetig wachsenden Lebensspanne in den Jahren 1650 bis 2000. Brauchen wir angesichts einer längeren Lebensspanne einen Lebensplan? – Planning full-length lives: The consequences of our increased life span 1650-2000. In: Zeitschrift für Gerontologie 21 (1988), 193-197.

Imhof, Arthur E.: Recherches macrorégionales sur la mortalité en Europe Septentrionale sous l'Ancien régime. In: Charbonneau, Hubert, André Larose (Eds.): Les grandes mortalités: Etudes méthodologiques des crises démographiques du passé. Liège: Ordina 1979, 139-152, 297-299.

Imhof, Arthur E.: Women, Family and Death: Excess mortality of women in child-bearing age in four communities in nineteenth-century Germany. In: Richard J. Evans and W. R. Lee (Eds.): The German Family. Essays on the Social History of the Family in nineteenth- and twentieth-century Germany. London: Croom Helm 1981, 148-174.

Imhof, Arthur E.: The amazing simultaneousness of the big differences and the boom in the 19th century – Some facts and hypotheses about infant and maternal mortality in Germany, 18th to 20th century. In: Tommy Bengtsson, Gunnar Fridlizius, and Rolf Ohlsson (Eds.): Pre-Industrial Population Change. The Mortality Decline and Short-Term Population Movements. Stockholm: Almqvist & Wiksell International 1984, 191-222.

Imhof, Arthur E.: Life-Course Patterns of Women and Their Husbands: 16th to 20th Century. In: Sörensen, Aage B., Franz E. Weinert, Lonnie R. Sherrod (Eds.): Human Development and the Life Course: Multidisciplinary Perspectives. Hillsdale, New Jersey und London: Lawrence Erlbaum Associates, Publishers 1986, 247-270.

Imhof, Arthur E.: The implications of increased life expectancy for family and social life. In: Andrew Wear (Ed.): Medicine in Society. Historical essays. Cambridge: Cambridge University Press 1992, 347-376.

Imhof, Arthur E.: Der Tod zur rechten Zeit – Gedanken eines Historikers. In: Schuster, Eva (Hrsg.): Das Bild vom Tod. Ausstellung im Ministerium für Bundesangelegenheiten des Landes Nordrhein-Westfalen, Bonn, vom 23. September – 22. Oktober 1992. Recklinghausen: Bongers 1992, 31-45 sowie Abb. 1, 21, 23, 86, 93, 94, 95.

Imhof, Arthur E.: Todesursachen – eine Einführung zum Nachdenken. In: Norwegische Akademie der Wissenschaften, Fachseminar zum Thema: Interpretation von Todesursachen, Oslo, 25.-26. März 1993 (vgl. unten: Larsen, Øivind (Hrsg.): Tolkning av dödsårsaker. Tvervitenskapelig fagseminar 25.-26. mars 1993. Oslo: Det norske videnskaps-akademi 1993).

Imhof, Arthur E., Thomas Kühn: Die Analyse kirchlich-administrativer Daten mit Hilfe der EDV. In: Heinrich Best, Reinhard Mann (Hrsg.): Quantitative Methoden in der historisch-sozialwissenschaftlichen Forschung. Historisch-Sozialwissenschaftliche Forschungen 3. Stuttgart: Klett 1977, 11-64.

Imhof, Arthur E., Geneviève Heller: Körperliche Überlastung von Frauen im 19. Jahrhundert. In: Arthur E. Imhof (Hrsg.): Der Mensch und sein Körper. Von der Antike bis heute (Öffentliche Ringvorlesung für Hörer aller Fachbereiche an der Freien Universität Berlin). München: Beck 1983, 137-156. [Als Kurzfassung „Körperliche Überlastung der Landfrauen; 19. Jahrhundert" in: Andrea van Dülmen (Hrsg.): Frauen; ein historisches Lesebuch; München: Beck 1988, 147-152.]

Inderbitzi, Rolf et al.: Behinderungen und Art der Hilfeleistung bei Betagten einer Bergregion. In: Sozial- und Präventivmedizin 29 (1984), 183-184.

[INED et al.] Institut National d'Etudes Démographiques, Institut National de la Statistique et des Etudes Economiques [INSEE], Comité International de Coopération dans les Recherches Nationales en Démographie [CICRED]: Socio-economic differential mortality in industrialized societies 7, 1991.

Infratest-Sozialforschung: Der Bundesminister für Arbeit und Sozialordnung (Hrsg.): Infratest-Sozialforschung. Daten zur Einkommenssituation im Alter. Infratest-Erhebung 2, 1982. Forschungsbericht Sozialforschung 118. München 1984.

Infratest-Sozialforschung: Der Bundesminister für Arbeit und Sozialordnung (Hrsg.): Infratest-Sozialforschung. Daten zur Einkommenssituation im Alter 3: Haushaltseinkommen und Einkommensquellen der älteren Generation. Forschungsbericht Sozialforschung 118. München 1985.

Institut für Demoskopie Allensbach: Viele möchten zwar alt werden, aber nicht uralt. Allensbacher Berichte 1993/Nr. 14 (Umfrage Nr. 5075).

399

Institute of Population Problems, Ministry of Health and Welfare, Tokyo (Ed.): The 41st abridged Life Tables (April 1, 1987 – March 31, 1988) (= Research Series, No. 258, March 3, 1989). Tokyo: Institute of Population Problems 1989.

Institute of Population Problems, Ministry of Health and Welfare, Tokyo (Ed.): The 42nd abridged Life Tables (April 1, 1988 – March 31, 1989) (= Research Series, No. 262, January 16, 1990). Tokyo: Institute of Population Problems 1990.

International comparison of mortality from suicide. In: [Metropolitan Life Insurance Company] Statistical Bulletin April-June 1990, 22-28.

International Union for the Scientific Study of Population (Hrsg.): Health and Mortality Trends among Elderly Populations: Determinants and Implications. 31 papers presented at the IUSSP conference, Sendai City, Japan, June 21 to 25, 1993. Liège: International Union for the Scientific Study of Population 1993.

[ISG] Institut Sozialforschung und Gesellschaftspolitik: Frauenerwerbstätigkeit und Strukturwandel: Ein Vergleich ausgewählter Industrieländer. Untersuchung im Auftrag des Bundesministers für Wirtschaft. Abschlußbericht. Köln 1989.

Jacobi, K.: Aristoteles' Einführung des Begriffs „Eudaimonia" im 1. Buch der Nikomachischen Ethik. In: Philosophisches Jahrbuch der Görresgesellschaft 86 (1979), 300 – 325.

Jain, Anrudh K., Pravin Visaria (Eds.): Infant Mortality in India: Differentials und Determinants. New Delhi-London: Sage Publications 1988.

Jakobs, Klaus et al.: The evolution of early exit: A comparative analysis of labor force participation patterns. In: Kohli, Martin et al. (Eds.): Time for Retirement. Comparative Studies of Early Exit from the Labor Force. Cambridge: Cambridge University Press 1991, 36-66.

James, Nicky, David Field: The routinization of hospice: Charisma and bureaucratization. In: Social Science & Medicine 34 (1992) 12, 1363-1375.

Jamshidi, Roxanne et al.: Aging in America: Limits to lifespan and elderly care options. In: Population Research and Policy Review 11 (1992), 163-190.

Jansen, Hans Helmut (Hrsg.): Der Tod in Dichtung, Philosophie und Kunst. Zweite, neu bearbeitete und erweiterte Auflage. Darmstadt: Steinkopff 1989.

Jaritz, Gerhard: Zwischen Augenblick und Ewigkeit. Einführung in die Alltagsgeschichte des Mittelalters. Wien-Köln: Böhlau 1989.

Jeangros, Claudine, Dominique Hausser, Jean Martin: Ambulatory medical care for the elderly in Switzerland. In: Social Science & Medicine 31 (1990) 10, 1085-1092.

Jefferys, Margot (Ed.): Growing Old in the Twentieth Century. London: Routledge 1989. [Vgl. hierzu die desillusionierte Besprechung von Peter Laslett in: Population Studies 44 (1990), 517-518: „The subject is not being taken seriously by enough people"; „When will the British wake up to what has happened and to what is wanted?".]

Jeffrey, Robin: Women and the 'Kerala Model': Four lives, 1870s-1980s. In: South Asia. Journal of South Asian Studies, New Series 12 (1989) 2, 13-32.

Jehle, Frank: Dem Tod ins Gesicht sehen. Lebenshilfe aus der Bibel. Zürich: Benziger 1993.

Jetter, Dieter: Das europäische Spital von der Antike bis 1880. Köln: Du Mont 1986.

Job, Eena: Social construction of old age: a study of people aged eighty and over. Ph. D.- Thesis: University of Queensland 1981.

Joerißen, Peter, Cornelia Will: Die Lebenstreppe. Bilder der menschlichen Lebensalter. Ausstellungskatalog. Schriften des Rheinischen Museumsamtes 23. Köln: Rheinland und Bonn: Habelt 1983.

Johannesen, Georg: Ars Moriendi oder die sieben Todesarten (Gedichte; aus dem Norwegischen von Barbara Gentikow), mit Zeichnungen von Olav Christopher Jenssen. Münster: Kleinheinrich 1991.

Johannessen, Jan Vincents, Jakob Weidemann: Kunsten å leve. 4. Auflage: Oslo: Aschehoug 1993.

Johannisson, Karin: Kvinnors sjuklighet 1870-1930. Präsentation des von ihr am medizin- und wissenschaftshistorischen Institut der Universität Uppsala geleiteten laufenden Forschungsprojekts zum Thema „Frau und Gesundheit 1870-1930"; skandinavisches Symposium zur Thematik, Uppsala, 01.-02.06.1993.

Johannisson, Karin: Folkhälsa. Det svenska projektet från 1900 till 2:a världskriget. In: Lychnos 1991, 139-195.

Johannisson, Karin (gästredaktör): Folkhälsa, historiska perspektiv. Hälsoupplysning, prevention, etik [tema-nummer]. In: Socialmedicinsk tidskrift 70 [2-3], 1993, 61-140.

Johansson, S[heila] Ryan (Red.): Aging and dying: the biological foundations of human longevity. A series of essays on the biology of aging and its application to the analysis of mortality data based on the Workshop: Estimating the upper limit to human life expectancy at the University of California at Berkeley, April 29-30, 1988.

Johansson, S[heila] Ryan: Status anxiety and demographic contraction of privileged populations. In: Population and Development Review 13 (1987), 439-470.

Johansson, S[heila] Ryan: The health transition: the cultural inflation of morbidity during the decline of mortality. In: Health Transition Review. The cultural, social and behavioural determinants of health 1 (1991) 1, 39-68 (=1991a).

Johansson, Sheila Ryan: Welfare, mortality, and gender. Continuity and change in explanations about male/female mortality differences over three centuries. In: Continuity and Change 6 (1991), 135-177 (=1991b).

Johansson, S[heila] Ryan: Measuring the Cultural Inflation of Morbidity during the Decline in Mortality. In: Health Transition Review 2 (1992), 78-89.

Johnson, Allan W., Timothy Earle: The Evolution of Human Societies. From Foraging Group to Agrarian State. Stanford: Stanford University Press 1987.

Johnson, Paul, Christoph Conrad, David Thomson (Eds.): Workers versus Pensioners: Intergenerational Justice in an Ageing World. Manchester: Manchester University Press 1989.

Johnson, D. Paul, Larry C. Mullins: Growing old and lonely in different societies: toward a comparative perspective. In: Journal of Cross-Cultural Gerontology 2 (1987), 257-275.

Johnson, Paul et al: Labour Market Implications of European Ageing [Konferenz in München, 23.-25.04.1992]. In: Bulletin of the Centre for Economic Policy Research 50/51 (1992), 21-24.

Jones, Gavin W.: Consequences of rapid fertility decline for old age security in Asia. The Australian National University, Research School of Social Sciences, Working Papers in Demography 20, 1990 (= 1990a).

Jones, Gavin W.: [Kritische Besprechung von] Ken Tout: Ageing in Developing Countries. Oxford: Oxford University Press for HelpAge International 1989. In: Population Studies 44 (1990), 526-527.

Jónsdóttir, Sigridur: Husmödre, lavtlönnstakere, dobbeltarbeidere. Utdanning og (tidligere) arbeidsmarkedsdeltakelse. In: Helset, Anne (Hrsg.): Gamle kvinner i Norden – deres liv i tekst og tall. Oslo: Norsk gerontologisk Institutt 1991, 183-214.

Jouvenel, Hugues de: Europe's ageing population. Trends and challenges to 2025. Guilford: Butterworth & Co. 1989.

Jowell, Frances S.: Die Wiederentdeckung des Frans Hals im 19. Jahrhundert. In: Slive, Seymour et al.: Frans Hals. München: Prestel 1989, 61-85.

Jünger, Ernst: Lebensqualität – eine wichtige Größe für die Entwicklung von Arzneimitteln? Kurzbericht zum IV. Klinisch-Pharmakologischen Kolloquium in Titisee/Schwarzwald, 17.-18. Oktober 1989. Freiburg i. Br.: Clinical Research Foundation 1989. [Leicht veränderter Wiederabdruck in: Tempore (1990) 1, 14-17.]

Jütte, Robert: Ärzte, Heiler und Patienten. Medizinischer Alltag in der frühen Neuzeit. München, Zürich: Artemis & Winkler 1991.

Jung, C. G.: Von Sinn und Wahn-Sinn. Einsichten und Weisheiten. Ausgewählt von Franz Alt. Olten und Freiburg i. Br.: Walter 1986.

Junod, Philippe: Le peintre et la mort. A propos d'un tableau de Joseph Hornung. In: Unsere Kunstdenkmäler / Nos monuments d'art et d'histoire 41 (1990), 287-302.

Justitia et Pax, Schweizerische Nationalkommission (Hrsg.): Erfüllung des Kinderwunsches durch künstliche Befruchtungsmethoden? Eine Orientierungshilfe für Paare. Publikationsreihe der Schweizerischen Nationalkommission Justitia et Pax 18. Bern 1988.

Jutikkala, Eino: Kuolemalla on aina syynsä. Maailman väestöhistorian äärivii-voja. Helsinki: Söderström 1987.

Kabir, M. Humayun: Aged people in Bangladesh: facts and prospects. In: Rural Demography 14 (1987) 1-2, 53-59.

Kaiser, Gert: Der tanzende Tod. Mittelalterliche Totentänze. Herausgegeben, übersetzt und kommentiert von Gert Kaiser. Frankfurt am Main: Insel 1982.

Kamke, Hans-Ulrich, Rembrandt Scholz: Die Berliner Datenbank als Grund-lage für die Berechnung von Lebenserwartungen in Deutschland vom 17. Jahrhundert bis heute, mit besonderer Berücksichtigung der Alter über 60 Jahre. In: Imhof, Arthur E. (Hrsg.): Leben wir zu lange? Die Zunahme un-serer Lebensspanne seit 300 Jahren – und die Folgen. Köln-Weimar-Wien: Böhlau 1992, 31-43.

Kangas, Ulla: Mortalitets- och folkmängdstabeller. Källbeskrivning. Hapa-randa: Demografiska Databasen, Produktionsenheten 1986.

Kannisto, Väinö: On the Survival of Centenarians and the Span of Life. In: Po-pulation Studies 42 (1988), 389-406.

Kannisto, Väinö: Les centenaires dans le monde. In: Population 45 (1990), 423-426.

Kannisto, Vaïno: La mortalité des centenaires en baisse. In: Population 48 (1993), 1070-1072.

Kastenbaum, Robert: The psychology of death. 2nd ed. New York: Springer 1992.

Kastenbaum, Robert: The age of saints and the saintliness of age. In: Interna-tional Journal of Aging and Human Development 30 (1990), 95-118.

Kastenbaum, R[obert]: Suicide among elderly americans: a socio-cultural perspective. In: Friedrich, Ingrid, Reinhard Schmitz-Scherzer (Hrsg.): Sui-zid im Alter. Darmstadt: Steinkopff 1992, 9-18.

Kaupen-Haas, Heidrun (Hrsg.): Der Griff nach der Bevölkerung. Aktualität und Kontinuität nazisitischer Bevölkerungspolitik (= Schriften der Ham-burger Stiftung für Sozialgeschichte des 20. Jahrhunderts, Band 1). DEL-PHI Politik, verlegt bei Franz Greno, Nördlingen 1986.

Kearl, Michael C.: Ending. A Sociology of Death and Dying. Oxford: Oxford University Press 1990.

Kelch, Jan, Ingeborg Becker: Holländische Malerei aus Berliner Privatbesitz (Ausstellungskatalog). Berlin: Gemäldegalerie Staatliche Museen Preußi-scher Kulturbesitz 1984.

Kelner, Merrijoy J., Ivy L. Bourgeault: Patient control over dying: responses of health care professionals. In: Social Science & Medicine 36 (1993) 6, 757-765.

Kemmerich, Max: Die Lebensdauer und die Todesursachen innerhalb der Deutschen Kaiser- und Königsfamilien. In: Alfred von Lindheim: Saluti senectutis. Die Bedeutung der menschlichen Lebensdauer im modernen Staate. Eine sozial-statistische Untersuchung. Zweite Auflage. Leipzig und Wien: Deuticke 1909, 105-194.

Kendig, Hal: Social Change and Family Dependency in Old Age: Perceptions of Japanese Women in Middle Age. Tokyo: Nihon University, Population Research Institute 1989. (= NUPRI Research Paper Series No. 54).

Kenyon, Gary M. et al. (Eds.): Metaphors af aging in science & the humanities. New York: Springer 1991.

Kermer, Wolfgang: Studien zum Diptychon in der sakralen Malerei von den Anfängen bis zur Mitte des sechzehnten Jahrhunderts. Mit einem Katalog. Diss. phil. Tübingen 1967.

Kern, Klaus D., Werner Braun: Einfluß wichtiger Todesursachen auf die Sterblichkeit und Lebenserwartung. In: Wirtschaft und Statistik 31 (1985), 233-240.

Kevorkian, Jack: Prescription: Medicide. The goodness of planned death. Buffalo, N. Y.: Prometheus Books 1991.

Keyfitz, Nathan, Wilhelm Flieger: World population growth and aging. Demographic trends in the late twentieth century. Chicago, London: University of Chicago Press 1990.

Kielstein, Rita, Hans-Martin Sass: Wertanamnese und Betreuungsverfügung. Instrumente zur Selbstbestimmung des Patienten und zur Entscheidungshilfe des Arztes und Betreuers. Zweite und überarbeitete Auflage. Bochum: Zentrum für Medizinische Ehtik, August 1993 (= Medizinethische Materialien, Heft 81).

King, Michael et al.: Spiritual and Religious Beliefs in Acute Illness – Is This a Feasible Area for Study? In: Social Science & Medicine 38 (1994) 4, 631-636.

Kinzey, Warren G. (Ed.): The Evolution of Human Behavior: Primate Models. Albany: State University of New York Press 1987.

Kiple, Kenneth F. (Hrsg.): The Cambridge World History of Human Disease. Cambridge: Cambridge University Press 1993.

Kirchgässler, K.-U.: Health and social inequities in the Federal Republic of Germany. In: Illsley, Raymond, Per-Gunnar Svensson (Eds.): Health Inequities in Europe. Special Issue of Social Science & Medicine 31 (1990) 3, 249-256..

Kirkland, J. et al. (Eds.): Herbal and Magical Medicine: Traditional Healing Today. Durham: Duke University Press 1992.

Kite, Mary E. et al.: Stereotypes of young and old: Does age outweigh gender? In: Psychology and Aging 6 (1991), 19-27.

Kittel, Gerhard (Hrsg.): Theologisches Wörterbuch zum Neuen Testament III. Stuttgart: Kohlhammer 1957.

Kiyak, H. Asuman, Soo Borson: Coping with Chronic Illness and Disability. In: Ory, Marcia G. et al. (Hrsg.): Aging, Health, and Behavior. Newbury Park, CA: SAGE 1992, 141-173.

404

Kjellman, Gunilla: Äldres situation i Sverige i ett historiskt-etnologiskt perspektiv. In: Dalarnas Forskningsråd: Äldres villkor. Myter och verklighet. Konferens om äldreforskning, 26-27 augusti 1993. Domnarvsgården Borlänge (Konferenzpapier).

Kleiber, Dieter, Dieter Filsinger (Hrsg.): Altern – bewältigen und helfen. Psychosoziale Projekte zur Hilfe und Selbsthilfe. Heidelberg: Asanger 1989.

Kleine, H.: Der Verfall der Adelsgeschlechter statistisch nachgewiesen. Ein Mahnruf an den deutschen, österreichisch-ungarischen und baltischen Adel im Interesse seiner Selbsterhaltung. Leipzig: Friedrich 1879.

Klessmann, Rüdiger: Die Anfänge des Bauerninteriers bei den Brüdern Ostade. In: Jahrbuch der Berliner Museen. Jahrbuch der Preußischen Kunstsammlungen, Neue Folge 2, 1960, 92-115.

Kloeden, P. E. et al.: Does a centralized clock for ageing exist? In: Gerontology 36 (1990), 314-322.

Kloke, Ines E.: Untersuchungsgebiete – Ortsbeschreibungen. In: Arthur E. Imhof et al.: Lebenserwartungen in Deutschland vom 17. bis 19. Jahrhundert. Life expectancies in Germany from the 17th to the 19th century. Weinheim: VCH, Acta humaniora 1990, 85-187.

Kloke, Ines E., Ruth Veh-Ioannou: Die Fischerfamilien von Spandau und Umgebung zwischen 1720 und 1840. Eine sozialhistorische Untersuchung. In: Wolfgang Ribbe (Hrsg.): Berlin-Forschungen II. Einzelveröffentlichungen der Historischen Kommission zu Berlin 61 (= Publikationen der Sektion für die Geschichte Berlins 4). Berlin: Colloquium 1987, 87-110.

Kluxen, Andrea M.: Das Ende des Standesporträts. Die Bedeutung der englischen Malerei für das deutsche Porträt von 1760 bis 1848. München: Fink 1989.

Knodel, John E.: Demographic behavior in the past. A study of fourteen german village populations in the eighteenth and nineteenth centuries. Cambridge Studies in Population, Economy and Society in Past Time 6. Cambridge: Cambridge University Press 1988.

Knodel, John E. et al.: Focus group discussions for social science research: a practical guide with an emphasis on the topic of ageing. Comparative study of the elderly in Asia. Research Reports 90-3. Ann Arbor: University of Michigan, Population Studies Center, September 1990.

Knodel, John, Nibhon Debavalya: Social and Economic Support Systems for the Elderly in Asia: An Introduction. In: Asia-Pacific Population Journal 7 (1992) 3, 5-12.

Knopf, Monika et al.: Der ältere Mensch als Experte – Literaturübersicht über die Rolle von Expertenwissen für die kognitive Leistungsfähigkeit im höheren Alter. In: Zeitschrift für Gerontopsychologie und -psychiatrie (1990) 4, 233-248.

Knopf, Monika: Die Rolle des Wissens für das Gedächtnis älterer Menschen. In: Baltes, Margret M. et al. (Hrsg.): Erfolgreiches Altern. Bedingungen und Variationen. Bern: Huber 1989, 283-288.

Kobayashi, Kazumasa, Zenji Nanjo: Cohort life tables based on annual life tables for the japanese nationals covering the years 1891-1982. Nihon University Population Research Institut Research Paper Series 23. Tokyo: Nihon University Population Research Institute 1985.

Kobayashi, Kazumasa, Zenji Nanjo: Generation life tables for Japan based on period life tables covering the years 1891-1986. Tokyo: Nihon University Population Research Institute 1988.

Kobayashi, Kazumasa et al.: Demographic Transition in Postwar Japan: A Time-Series Analysis. NUPRI Research Paper Series No. 62. Tokyo: Nihon University Population Research Institute (March) 1993.

Koch, Uwe: Einschränkungen der Lebensqualität bei chronischen Erkrankungen. In: Fülgraff, Georges M. et al. (Hrsg.): Klinisch-Pharmakologisches Kolloquium IV Titisee 1989. Freiburg i. Br.: Clinical Research Foundation 1990, 105-113, 217.

Koch-Weser, Dieter: Decisions Toward the End and Quality of Life. In: Fülgraff, Georges M. et al. (Hrsg.): Klinisch-Pharmakologisches Kolloquium IV Titisee 1989. Freiburg i. Br.: Clinical Research Foundation 1990, 92-104, 112-113, 216-217.

Koenig, Michael A. et al.: Mortality reductions from health interventions: the case of immunization in Bangladesh. In: Population and Development Review 17 (1991), 87-104.

Koepplin, Dieter: Baldungs Basler Bilder des Todes mit dem nackten Mädchen. In: Wüthrich, Lucas et al.: Probleme der Baldung-Forschung. Kolloquium im Kunstmuseum Basel, 30. Juni 1978. In: Zeitschrift für Schweizerische Archäologie und Kunstgeschichte 35 (1978), 234-241. Mit Exkurs von Paolo Cadorin: Ergebnisse der wissenschaftlichen Untersuchung der beiden Holztafeln „Der Tod und das Mädchen" und „Der Tod und die Frau" von Hans Baldung Grien, 241-243.

Koerner, Joseph: The Mortification of the Image: Death as Hermeneutic in Hans Baldung Grien. In: Representations 10 (1985), 52-101.

Kohli, Martin et al. (Hrsg.): Time for Retirement. Comparative Studies of Early Exit from the Labor Force. Cambridge: Cambridge University Press 1991.

Kohli, Martin: Lebenslauf und Lebensalter als gesellschaftliche Konstruktionen: Elemente zu einem Vergleich. In: Soziale Welt, Sonderband 8: Zwischen den Kulturen? Die Sozialwissenschaften vor dem Problem des Kulturvergleichs (hrsg.v. Joachim Matthes). Göttingen: Otto Schwartz 1992, 283-303.

Kohli, Martin, Martin Rein: The changing balance of work and retirement. In: Kohli, Martin et al. (Hrsg.): Time for Retirement. Comparative Studies of Early Exit from the Labor Force. Cambridge: Cambridge University Press 1991, 1-35.

Kolari, Risto: Kohortdödelighten i Finland från året 1851 / Cohort mortality in Finland from 1851. Undersökningar N:o 57. Helsinki: Statistikcentralen 1980.

Koller, Siegfried: Statistik der Kreislaufkrankheiten. In: Verhandlungen der Deutschen Gesellschaft für Kreislaufforschung 9. Tagung (1936), 27-91.

Kondratowitz, Hans-Joachim von: The medicalization of old age: continuity and change in Germany from the late eighteenth to the early twentieth century. In: Pelling, Margaret, Richard M. Smith: Life, Death and the Elderly. Historical perspectives. London: Routledge 1991, 134-164.

Konrad, Helmut, Michael Mitterauer (Hrsg.): „... und i sitz jetzt allein da". Geschichte mit und von alten Leuten. Kulturstudien. Bibliothek der Kulturgeschichte 9. Wien, Graz, Köln: Böhlau 1987.

Krause, Tilman: Sterben kann man nicht lernen. Aids-Filme erinnern an alles, was das Leben lebenswert macht. In: Der Tagesspiegel, Nr. 14583 vom 13.06.1993.

Krebs-Roubicek, Eva Maria: Suizidalität im Alter. In: Uchtenhagen, Ambros, Nikola Jovic (Hrsg.): Psychogeriatrie. Neue Wege und Hinweise für die Praxis. Heidelberg: Asanger 1990, 181-193.

Kreuz, Bernhard: Sozialhygienische Bemerkungen zum Stand und zur Entwicklung der genetisch bedingten Morbidität. In: Zeitschrift für Ärztliche Fortbildung 72 (1978), 299-302.

Kreuz, Bernhard et al.: Epidemiologische Analyse des Diabetes mellitus in der Deutschen Demokratischen Republik von 1959 bis 1968. In: Zeitschrift für Ärztliche Fortbildung 64 (1970), 438.

Kreuz, Bernhard: Bemerkungen über den Zusammenhang zwischen den Veränderungen der Lebenserwartung und den Veränderungen der Größen- und Gewichtsverhältnisse von Bevölkerungen. In: Parviz Khalatbari (Hrsg.): Die Demographie und ihre Methode. Berlin: Akademie 1977, 173-192.

Kreuztragen. Drei Frauenleben. Damit es nicht verlorengeht 2. Wien, Köln, Graz: Böhlau 1984.

Krieger, Peter: Edvard Munch: Der Lebensfries für Max Reinhardts Kammerspiele (erschienen als Katalog zur gleichnamigen Ausstellung der Nationalgalerie Berlin, 24.2.-16.4.1978). Berlin: Nationalgalerie der Staatlichen Museen Preussischer Kulturbesitz 1978.

Krishnamurthy, V.: Essentials of Hinduism. New Delhi: Narosa Publishing House 1989.

Kröning, Christa: Multiple Todesursachenanalyse. Diss. (B), Berlin: Akademie für Ärztliche Fortbildung 1990.

Krull, Catherine, Frank Trovato: The Quiet Revolution and the Sex Differential in Quebec's Suicide Rates: 1931-1986. Population Research laboratory Discussion Paper, No. 98, June 1993. Alberta, Canada: University of Alberta, Department of Sociology 1993.

Kruse, Andreas, Ursula Lehr et al. (Hrsg.): Gerontologie – Wissenschaftliche Erkenntnisse und Folgerungen für die Praxis (= Beiträge zur II. Gerontologischen Woche). München: Schriftenreihe „Konzepte für Heute und Morgen" im Verlag Bayerischer Monatsspiegel Verlagsgesellschaft mbH 1988.

Kruse, Andreas: Die Auseinandersetzung mit Sterben und Tod. Möglichkeiten eines ärztlichen Sterbebeistandes. In: Zeitschrift für Allgemeinmedizin 64 (1988) 4, 59-66.

Kruse, Andreas: Potentiale im Alter. In: Zeitschrift für Gerontologie 23 (1990), 235-245.

Kruse, Andreas, Ursula Lehr: Psychologische Aspekte des Alterns. In: Landesregierung von Baden-Württemberg und die Autoren (Hrsg.): Altern als Chance und Herausforderung. Bericht der Kommission „Altern als Chance und Herausforderung". Stuttgart 1988, 61-66.

Kruse, Torsten, Harald Wagner (Hrsg.): Sterbende brauchen Solidarität. Überlegungen aus medizinischer, ethischer und juristischer Sicht. Beck'sche Schwarze Reihe 306. München: Beck 1986.

Kübler-Ross, Elisabeth: Interviews mit Sterbenden. Neunte Auflage. Stuttgart: Kreuz-Verlag 1975.

Kühlewind, Gerhard: Zum Zusammenhang zwischen Erwerbstätigkeit und Generationenvertrag – Eine langfristige Betrachtung. In: Deutsche Rentenversicherung (1991) 4-5, 321-341.

Kühn, Hagen: Healthismus. Eine Analyse der Präventionspolitik und Gesundheitsförderung in den U.S.A. Berlin: Edition Sigma, Verlag Rainer Bohn 1993.

Kühnert, Sabine: Selbstmord in Heimen. In: Zeitschrift für Gerontologie 14 (1981), 501-507.

Künstler, Gustav: Vom Entstehen des Einzelbildnisses und seiner frühen Entwicklung in der flämischen Malerei. In: Wiener Jahrbuch für Kunstgeschichte 27 (1974), 20-64.

Kulkarni, Purushottam M.: Impact of Mortality Decline on Marital Duration and Length of Post-Dissolution Life at Different Divorce Levels. In: Genus 48 (1992), 45-61.

Kunitz, Stephen J.: Mortality and morbidity in the Fourth World. In: [Australian] National Centre for Epidemiology and Population Health, The Australian National University Canberra. Annual Report 1990, 33.

Kunitz, Stephen J., Stanley L. Engermann: The Ranks of Death: Secular Trends in Income and Mortality. In: Health Transition Review; Supplement to Vol. 2 (1992), 29-46.

Kunitz, Stephen J.: The Personal Physician and the Decline of Mortality. In: Schofield, Roger et al. (Hrsg.): The Decline of Mortality in Europe. Oxford: Clarendon Press 1991, 248-262.

Kunt, Ernö: The Three Hats of Death. In: Ethnologia Europaea 21 (1991), 171-179.

Kuratorium Deutsche Altershilfe; Wilhelmine-Lübke-Stiftung: Suizid im Alter. Presse- und Informationsdienst, Folge 4 (1987), 4-12.

Kurbjuweit, Dirk: Versichern und vergessen. Eine Pflegeversicherung verlagert die Kosten. Verbessert sie auch das Los alter Menschen? In: DIE ZEIT, Nr. 37, 6. September 1991, 15-16, 18, 20.

Kurbjuweit, Dirk: Tödliche Grenzen. In: DIE ZEIT, Nr. 42, 9. Oktober 1992, 37.

Kurtz, Donna C., John Boardman: Thanatos. Tod und Jenseits bei den Griechen. Übersetzt von Maria Buchholz [Greek Burial Customs. London: Thames and Hudson 1971]. Redigiert und mit einem Vorwort versehen von Hans-Günter Buchholz. Mainz: Zabern 1985.

Kurze, Dietrich (Hrsg.): Büchelin wye der Mensch bewar das Leben sein. Eine mittelalterliche Gesundheitslehre in lateinisch-deutschen Versen. Mit einer Einführung und Transkription. Hürtgenwald: Pressler 1980.

Kytir, Josef, Rainer Münz: Hilfs- und Pflegebedürftigkeit im Alter. Lebensverhältnisse und Lebensbedingungen funktional behinderter älterer Menschen. Institut für Demographie der Österreichischen Akademie der Wissenschaften, Forschungsbericht 6. Wien 1989.

Kytir, Josef, Rainer Münz (Hrsg.): Alter und Pflege. Argumente für eine soziale Absicherung des Pflegerisikos (Schriftenreihe Gesundheitsökonomie 3). Berlin: Blackwell Wissenschaft 1992 (=1992a).

Kytir, Josef: Sterben in Anstalten, sterben zu Hause: Eine Analyse der Todesfälle 1988 bis 1991 nach Sterbeortkategorien. In: Statistische Nachrichten (1993) 3, 171-178.

Kytir, Josef, Rainer Münz: Wer pflegt uns im Alter? Lebensformen, Betreuungssituation und soziale Integration älterer Menschen in Österreich. In: Zeitschrift für Sozialisationsforschung und Erziehungssoziologie 11 (1991) 4, 332-354.

Kytir, Josef: Demographische Veränderungen in den vergangenen zwei Jahrhunderten: Quantitative und qualitative Folgen für die Altersphase. In: Deutsches Zentrum für Altersfragen e. V. (Hrsg.): Die ergraute Gesellschaft. Zweite, unveränderte Auflage. Berlin: Deutsches Zentrum für Altersfragen e. V. 1989, 20-30.

Kytir, Josef, Rainer Münz: Hilfs- und Pflegebedürftigkeit im Alter. In: Imhof, Arthur E. (Hrsg.): Leben wir zu lange? Die Zunahme unserer Lebensspanne seit 300 Jahren – und die Folgen. Köln-Weimar-Wien: Böhlau 1992, 81-101 (=1992b).

Laban, Ferdinand: Van Dycks Bildnisse eines genuesischen Senators und seiner Frau. In: Jahrbuch der Königlich Preußischen Kunstsammlungen 22 (1901), 200-206.

La Berge, Ann F.: Mission and Method. The Early Nineteenth-Century French Public Health Movement. Cambridge: Cambridge University Press 1992.

Labisch, Alfons: Homo Hygienicus. Gesundheit und Medizin in der Neuzeit. Frankfurt a. M.: Campus 1992.

Labouvie-Vief, Gisela: Intelligence and cognition. In: James E. Birren, Klaus W. Schaie (Eds.): Handbook of the psychology of aging. The Handbooks of aging 2. 2nd ed. New York: van Nostrand Reinhold 1985, 500-530.

Lachiver, Marcel: Les Années de misère: la famine au temps du grand roi, 1680-1720. Paris: Fayard 1991.

LaCroix, Andrea Z. et al.: Smoking and mortality among older men and women in three communities. In: New England Journal of Medicine 324 (1991), 1619-1625.

Lahelma, Eero et al.: Comparisons of Inequalities in Health: Evidence from National Surveys in Finland, Norway and Sweden. In: Social Science & Medicine 38 (1994) 4, 517-524.

Lalive d'Epinay, Christian („Groupe 'Sol' de l'Université du 3e âge de Genève", unter der Leitung von): La solitude, ça s'apprend! Genf: Georg Editeur 1992.

Lalou, Richard: Des enfants pour le paradis. La mortalité des nouveau-nés en Nouvelle France. Montréal: Université de Montréal 1990 (= Démographie, Collection de thèses et mémoires, no 28).

Lancaster, H[enry] Oliver: Expectations of Life. A Study in the Demography, Statistics, and History of World Mortality. Berlin-Heidelberg-New York: Springer 1990.

Landers, John: Historical Epidemiology and the Structural Analysis of Mortality. In: Landers, John (Hrsg.): Historical Epidemiology and the Health Transition. In: Health Transition Review; Supplement to Vol. 2 (1992), 47-75.

Landers, John (Hrsg.): Historical Epidemiology and the Health Transition. Health Transition Review; Supplement to Vol. 2 (1992).

Lang, Walther: Todesevokationen in der zeigenössischen Kunst 1975-1990. Phil. Diss., Freie Universität Berlin (Kunsthistorisches Institut im Fachbereich Geschichtswissenschaften) 1994.

Langner, Günther: Lebenserwartung und Evolution der Menschheit. Oder vom Menschenverschleiss der Natur zum Menschenschutz durch Kultur. Oder auch von Malthus zu Condorcet. Vorabdruck o.O. August 1992.

Larsen, Øivind (Hrsg.): Tolkning av dödsårsaker. Tvervitenskapelig fagseminar 25.-26. mars 1993. Oslo: Det norske videnskaps-akademi 1993 (von Professor Larsen geleitete Akademietagung über den Stand der skandinavischen Todesursachen-Forschung in Geschichte und Gegenwart).

Larsen, Øivind: Case Histories in Nineteenth-Century Hospitals – What Do They Tell the Historians? Some Methodological Considerations With Special Reference to McKeown's Criticism of Medicine. In: Medizin Geschichte und Gesellschaft 10 (1991), 127-148.

Larue, Gerald A.: Geroethics. A new vision of growing old in America. Buffalo, N. Y.: Prometheus Books 1992.

Laslett, Peter: A fresh map of life. The emergence of the third age. London: Weidenfeld & Nicolson 1989.

Laslett, Peter: The Emergence of the Third Age. In: Loriaux, Michel et al. (Eds.): Populations âgées et révolution grise. Louvain-la-Neuve: CIACO 1990, 33-52. [Laslett 1990 ist zeitlich vor Laslett 1989 entstanden; erster Abdruck in: Ageing and Society 7 (1987), 133-160.]

Leben im Alter. Themenheft mit Grundsatzbeiträgen. Bonn: Sekretariat der Deutschen Bischofskonferenz o. J. (1993).

Leboutte, René: Perception et mesure du vieillissement durant la transition démographique. Ménage, profession, retraite: la place du vieillard dans la société, XVIIIe-XXe siècles. In: Loriaux, Michel et al. (sous la direction de): Populations âgées et revolution grise. Les hommes et les sociétés face à leurs vieillissements. Actes du Colloque Chaire Quetelet '86, Institut de Démographie, Université Catholique de Louvain. Louvain-la-Neuve: Editions CIACO 1990, 599-618.

Lee, Mei-lin et al.: Living Arrangements of the Elderly in Taiwan: Qualitative Evidence. Comparative Study of the Elderly in Asia. Research Reports 93-26. Ann Arbor: University of Michigan, Population Studies Center, December 1993.

Leenaars, Antoon A. (Ed.): Life span perspectives of suicide. Time-lines in the suicide process. New York, London: Plenum 1991.

Légaré, Jacques: Espérance de vie en bonne santé: construction et applications. In: Loriaux, Michel et al. (Eds.): Populations âgées et révolution grise. Louvain-la-Neuve: CIACO 1990, 209-217.

Legewie, Heiner: Sinnkrise und Sinnfindung bei Verlust der Selbständigkeit. In: Zeman, Peter (Hrsg.): Hilfebedürftigkeit und Autonomie – Zur Flankierung von Altersproblemen durch kooperationsorientierte Hilfe. Zweite, unveränderte Auflage. Berlin: Deutsches Zentrum für Altersfragen e. V. 1989, 30-36.

Lehmann, Philippe, Catherine Mamboury, Christoph E. Minder: Health and social inequities in Switzerland. In: Illsley, Raymond, Per-Gunnar Svensson (Eds.): Health Inequities in Europe. Special Issue of Social Science & Medicine 31 (1990) 3, 369-386.

Lehr, Ursula [M.]: Die Bedeutung der Lebenslaufpsychologie für die Gerontologie. In: Aktuelle Gerontologie 10 (1980), 257-269.

Lehr, Ursula M.: Lebensqualität im Alter. Politische Rahmenbedingungen für die Aufrechterhaltung und Förderung von Lebensqualität im Alter. In: Niederfranke, Annette et al. (Hrsg.): Altern in unserer Zeit. Heidelberg: Quelle & Meyer 1992, 339-347.

Lehr, Ursula [M.], Annette Niederfranke: Altersbilder und Altersstereotype. In: Wolf D. Oswald et al. (Hrsg.): Gerontologie. Stuttgart: Kohlhammer 1991, 38-64.

Leisinger, Klaus M.: Hoffnung als Prinzip. Bevölkerungswachstum: Einblicke und Ausblicke. Basel: Birkhäuser 1993.

Lemmer, Manfred (Hrsg.): Der Heidelberger Totentanz von 1485. 42 Holzschnitte. Frankfurt und Leipzig: Insel 1991.

Lenz, Rudolf: De mortuis nil nisi bene? Leichenpredigten als multidisziplinäre Quelle unter besonderer Berücksichtigung der Historischen Familienforschung, der Bildungsgeschichte und der Literaturgeschichte. Sigmaringen: Thorbecke 1990.

Lessing, Gotthold Ephraim: Wie die Alten den Tod gebildet. In: Hugo Blümner (Hrsg.): Lessings Werke. Neunter Teil. Zweite Abteilung. Deutsche National-Litteratur 66. Berlin, Stuttgart: W. Spemann o. J.

Lester, David: Suicide across the Life Span: A Look at International Trends. In: Leenaars, Antoon A. (Ed.): Life Span Perspectives of Suicide. Time-Lines in the Suicide Process. New York – London: Plenum 1991, 71-80.

Levanto, Marjatta: Tonttukuningas kuoleman puutarhassa. Hugo Simbergin kuvia. Helsinki: Otava 1985.

Levanto, Marjatta: Finlands konstakademi – Konstmuseet i Ateneum. Ateneum Guide. Från Isak Wacklin till Wäinö Aaltonen. Helsinki: Otava 1987. [Gleichzeitig im selben Verlag als 'Ateneum Guide' auch in einer englischen Version erschienen.]

Levey, Michael: Hans Holbein the Younger: Jean de Dinteville and Georges de Selve ('The Ambassadors'). In: Michael Levey: The German School. National Gallery catalogues. London: National Gallery 1959, 47-54.

Levine, Stephen: Who Dies? An Investigation of Conscious Living and Conscious Dying. Garden City, New York: Anchor Press/Doubleday 1982.

Lieban, Richard W.: From illness to symbol and symbol to illness. In: Social Science & Medicine 35 (1992) 2, 183-188.

Lieth, Elisabeth von der: 'Ein anderer wird Dich gürten und führen wohin Du nicht willst' (Joh 21, 18). In: Concilium. Internationale Zeitschrift für Theologie 27 (1991) 3, 189-193.

Lindenbaum, Shirley: Maternal education and health care process in Bangladesh: the health and hygiene of the middle classes. In: Caldwell, John C. et al. (Eds.): What we know about Health Transition: The cultural, social and behavioural determinants of health. Canberra: Health Transition Centre, The Australian National University 1990, 425-440.

Lindenbaum, Shirley et al.: The influence of Maternal Education on Infant and Child Mortality in Bangladesh. In: Caldwell, John C., Gigi Santow (Eds.): Selected readings in the cultural, social and behavioral determinants of health. Canberra: Health Transition Centre, The Australian National University 1989, 112-131.

Lindheim, Alfred von: Saluti senectutis. Die Bedeutung der menschlichen Lebensdauer im modernen Staate. Eine sozial-statistische Untersuchung. Zweite Auflage. Leipzig und Wien: Deuticke 1909.

Lindskog, Bengt I.: Nomenklatur og klassivikasjon av dödsårsaker, svensk 1700-tall. In: Larsen, Øivind (Hrsg.): Tolkning av dödsårsaker. Tvervitenskapelig fagseminar 25.-26. mars 1993. Oslo: Det norske videnskaps-akademi 1993 (Beitrag des schwedischen Medizinhistorikers Lindskog zur Akademietagung Larsens).

Link, Franz (Hrsg.): Tanz und Tod in Kunst und Literatur (= Schriften zur Literaturwissenschaft, Bd. 8). Berlin: Duncker & Humblot 1993.

Linke, Wilfried: Differentielle Sterblichkeit nach Berufen – Eine Auswertung der Beschäftigtenstatistiken 1984 und 1985. In: Zeitschrift für Bevölkerungswissenschaft 16 (1990), 29-51.

Linke, Wilfried: Sozio-ökonomische Unterschiede der Sterblichkeit in der Bundesrepublik Deutschland – Methoden und Ergebnisse. In: Putz, Friedrich, Karl Schwarz (Hrsg.): Neuere Aspekte der Sterblichkeitsentwicklung. Wiesbaden: Selbstverlag der Deutschen Gesellschaft für Bevölkerungswissenschaft 1984, 145-164.

Livi-Bacci, Massimo: Population and nutrition: an essay on European demographic history. Cambridge: Cambridge University Press 1991. [Vgl. die Rezension dazu von James C. Riley. In: Health Transition Review 2 (1992), 118-120.]

Livscyklus. Themenheft von Nord Nytt. Nordisk tidsskrift for folkelivsforskning, Nr. 49, (Februar) 1993, 1-128.

Ljones, Olav: Eldreblgen og pensjonssysteme i Norden. Synspunkter fra Norge (Ageing and Social security: Norwegian viewpoints). In: Arbeidsnotat fra avdeling for personstatistikk – befolkning og levekår 4/1992 (Oslo: Statistisk sentralbyrå), 89-107.

Loewy, Erich H.: Communities, obligations and health-care. In: Social Science & Medicine 25 (1987) 7, 783-791.

Lonicerus, Adam [1528-1586]: Kreuterbuch [sic!]. Ulm: Wagner 1679 [ursprünglich – nach einem vorhergegangenen lateinischen Druck – in Frankfurt 1557 erschienen]. Reprint: Grünwald bei München: Kölbl 1962.

Lopez, Alan, Harri Cruijsen: Mortality in the European Community. Paper prepared for the International Conference on Human Resources in Europe at the Dawn of the 21st Century, Luxembourg 27-29 November 1991, under the Aegis of Eurostat and the Luxembourg Government.

Lopreato, Joseph: Human nature & Biocultural evolution. London: Allen & Unwin 1984.

Loriaux, Michel et al. (Eds.): Populations âgées et révolution grise. Les hommes et les sociétés face à leurs vieillissement. Actes du Colloque Chaire Quetelet '86, Louvain-la-Neuve, 6-10 octobre 1986; Institut de Démographie, Université Catholique de Louvain. Louvain-la-Neuve: CIACO 1990.

Loriaux, Michel: Le vieillissement de la société européenne: un enjeu pour l'éternité? Paper prepared for the International Conference on Human Resources in Europe at the Dawn of the 21st Century, Luxembourg 27-29 November 1991, under the Aegis of Eurostat and the Luxembourg Government.

Loudon, Irvine: Death and Childbirth: An International Study of Maternal Care and Maternal Mortality 1800-1950. Oxford: Clarendon Press 1992.

Loudon, Irvine: Medical practitioners 1750-1850 and the period of medical reform in Britain. In: Wear, Andrew (Ed.): Medicine in Society. Historical Essays. Cambridge: Cambridge University Press 1992, 219-247.

Ludwig, Frédéric C. (Ed.): Life span extension. Consequences and open questions. New York: Springer 1991.

Lübbe, Hermann: Fortschritt als Orientierungsproblem. Aufklärung in der Gegenwart. Rombach Hochschul Paperback 76. Freiburg i. Br.: Rombach 1975.

Lüscher, Kurt, Franz Schultheis, Michael Wehrspaun (Hrsg.): Die „postmoderne" Familie. Familiale Strategien und Familienpolitik in einer Übergangszeit. Konstanz: Universitätsverlag 1988.

Lundberg, Olle: The impact of childhood living conditions on illness and mortality in adulthood. In: Social Science & Medicine 36 (1993) 8, 1047-1052.

Lutz, Wolfgang (Ed.): Future demographic trends in Europe and North America: What can we assume today? London: Academic Press 1990.

Lutz, Wolfgang et al.: World Population Projections and Possible Ecological Feedbacks. In: Popnet (Population Network Newsletter) No. 23 (Summer 1993), 1-12.

Ma, Shuluan: Analysis of factors determining the average life expectancy. In: Population Research 7 (1990), 16-23.

MacDonald, Michael, Terence R. Murphy: Sleepless Souls. Suicide in Early Modern England. Oxford: Oxford University Press 1990.

Mackensen, Rainer: Bevölkerungswissenschaftliche Sterblichkeitsforschung. In: Zeitschrift für Bevölkerungswissenschaft 15 (1989), 3-11.

Macklin, Ruth: Mortal Choices. Ethical Dilemmas in Modern Medicine. Boston, Mass.: Houghton Mifflin Company 1988.

Madan, T. N.: Dying with dignity. In: Social Science & Medicine 35 (1992) 4, 425-432.

Maguire, Maria: Ageing Populations. The Social Policy Implications. Paris: Organisation for Economic Co-Operation and Development OECD 1988.

Malavaud, S. et al.: Le suicide chez les personnes âgées de l'agglomération toulousaine: principales caractéristiques épidémiologiques. In: La Revue de Gériatrie 14 (1989), 25-27.

Malme, Heikki: Hugo Simberg. Grafiikka – grafik (= Katalog, Konstmuseet i Ateneum publikationer). Helsinki: Konstmuseet i Ateneum 1989.

Manser, Josef: „Wer mich zum Freunde hat, dem kann's nicht fehlen". Versuch einer spirituellen Theologie zur Ars moriendi heute. In: Harald Wagner (Hrsg.): Ars moriendi. Erwägungen zur Kunst des Sterbens. Quaestiones disputatae 118. Freiburg i. Br., Basel, Wien: Herder 1989, 67-98.

Manton, Kenneth G.: Past and future life expectancy increases at later ages: their implications for the linkage of chronic morbidity, disability, and mortality. In: Journal of Gerontology 5 (1986), 672-681.

Manton, Kenneth G., Dan G. Blazer, Max A. Woodbury: Suicide in Middle Age and Later Life: Sex and Race Specific Life Table and Cohort Analyses. In: Journal of Gerontology 42 (1987), 219-227.

Manton, Kenneth G.: Mortality and life expectancy changes among the oldest old. In: Suzman, Richard M. et al. (Eds.): The oldest old. Oxford: Oxford University Press 1992, 157-182.

Manton, Kenneth G., Richard Suzman: Forecasting Health and Functioning in Aging Societies: Implications for Health Care and Staffing Needs. In: Ory, Marcia G. et al. (Eds.): Aging, Health, and Behavior. Newbury Park, CA: SAGE 1992, 327-357.

Marijnissen, Roger H., unter Mitwirkung von Peter Ruyffelaere: Hieronymus

Bosch. Das vollständige Werk. Weinheim: VCH Acta Humaniora 1988.

Marini, Margaret Mooney: The Rise of Individualism in Advanced Industrial Societies. In: Population Index 56 (1990), 419-420 [Abstract of Paper; The 1990 Meeting of the Population Association of America].

Marshall, Sherrin: The Dutch Gentry, 1500-1650. Family, Faith, and Fortune. New York: Greenwood 1987.

Martin, Linda G.: The Aging in Asia. In: Journal of Gerontology, Social Sciences 43 (1988), 99-113 [sic!].

Martin, Linda G. [Chair]: Aging in the Third World. In: Population Index 56 (1990), 442-443 [Abstracts of the Session; The 1990 Meeting of the Population Association of America] (= 1990a).

Martin, Linda G.: The status of South Asia's growing elderly population. In: Journal of Cross-Cultural Gerontology 5 (1990) 2, 93-117 (= 1990b).

Martin, Linda G.: Changing intergenerational family relations in East Asia. In: The Annals of the American Academy, AAPSS, 510 (1990), 102-114.

Martin, Linda G.: Population aging policies in East Asia and the United States. In: Science 251 (1991), 527-531.

Martin, Linda G., Noriko O. Tsuya: Interactions of middle-aged Japanese with their parents. In: Population Studies 45 (1991) 2, 299-311.

Martinelle, Sten: On the Causes of Changes in the Age Structure. The Case of Sweden. Stockholm: Statistiska Centralbyrån 1990.

Matras, Judah: Dependency, obligations, and entitlements. A new sociology of aging, the life course, and the elderly. Prentice Hall, Englewood Cliffs 1990.

Mattheis, Ruth: Die „Setting-Limits"-Kontroverse. In: Imhof, Arthur E., Rita Weinknecht (Hrsg.): Erfüllt leben – in Gelassenheit sterben. Beiträge eines Symposiums vom 23.-25. November 1993 an der Freien Universität Berlin. Berlin: Duncker & Humblot 1994, 287-293.

Matthiolus, Petrus Andreas (Pierandrea) [1500-1577]: Kräuterbuch. Frankfurt am Main: Jacob Fischers Erben 1626. Reprint: Grünwald bei München: Kölbl o. J.

Mattl-Wurm, Sylvia, Rainer Wölzl (Ausstellungs-Katalogkonzept und -gestaltung): Bilder vom Tod (= Katalog anläßlich der Ausstellung „Bilder vom Tod", 168. Sonderausstellung des Historischen Museums der Stadt Wien, 30.10.1992 bis 10.01.1993). Wien: Eigenverlag der Museen der Stadt Wien 1992.

Mayer, Hans-Ludwig: Wählerverhalten bei der Bundestagswahl 1990 nach Geschlecht und Alter. Ergebnis der repräsentativen Wahlstatistik. In: Wirtschaft und Statistik (1991) 4, 248-260.

Mayer, Karl U[lrich] (Hrsg.): Lebensverläufe und sozialer Wandel. Kölner Zeitschrift für Soziologie und Sozialpsychologie, Sonderheft 31. Opladen: Westdeutscher Verlag 1990.

Mayer, Karl Ulrich: Bildung und Arbeit in einer alternden Bevölkerung. In: Baltes, Paul B., Jürgen Mittelstraß (Hrsg.): Zukunft des Alterns und gesellschaftliche Entwicklung. Berlin: De Gruyter 1992, 518-543.

McCaa, Robert: Populate. A Microcomputer Projection Package for Aggregative Data Applied to Norway, 1736-1970. In: Annales de démographie historique 1989, 287-298.

McCaa, Robert, Héctor P. Brignoli: POPULATE: From births and deaths to the demography of the past, present, and future. Working paper 89-06-01. Minneapolis: Center for Population Analysis and Policy 1989.

McCrea Curnen, Mary G. et al. (Guest-Editors): A selection from The Program for Humanities in Medicine. Yale University School of Medicine. In: The Yale Journal of Biology and Medicine 65 (1992) (Themenheft = Number 65;3: May-June 1992), 153-267.

McCullum, John, Donald E. Gelfand: Ethnic woman in the middle. A focus group study of daughters caring for older migrants in Australia. Canberra: National Centre for Epidemiology and Public Health, The Australian National University 1990.

McCullum, John et al.: Ageing and Families 7 Years After: Data from a 7 year follow-up of older Australians. Canberra: National Centre for Epidemiology and Population Health; The Australian National University 1991.

McCullum, John: Health: the quality of survival in older age. In: Australian Institute of Health: Australia's health 1990: the second biennal report of the Australian Institute of Health. Canberra: Australian Government Publishing Service 1990, 195-240.

McKeown, Thomas: The Modern Rise of Population. London: Edward Arnold 1976.

McKeown, Thomas: The Role of Medicine. Dream, Mirage or Nemesis (London: Nuffield Provincial Hospital Trust 1976). Oxford: Basil Blackwell 1979.

McNamara, Robert: Opening adress, 1975 annual meeting of the boards of governors (IBRD [International Bank for Reconstruction and Development], IFC [International Finance Corporation], IDA [International Development Association]). Summary proceeding. Washington D. C.: 1975.

McWilliam, Carol L. et al.: A New Perspective on Threatened Autonomy in Elderly Persons: The Disempowering Process. In: Social Science & Medicine 38 (1994) 2, 327-338.

Meckel, Christoph: Die Schwere der zerstörten Welt [zu Hugo Simbergs „Der verwundete Engel"]. In: Fritz J. Raddatz (Hrsg.): ZEIT-Museum der 100 Bilder. Bedeutende Autoren und Künstler stellen ihr liebstes Kunstwerk vor. Frankfurt a. M.: Insel 1989, 317-321.

Meckel, Richard A.: Save the babies: American public health reform and the prevention of infant mortality, 1850-1929. Baltimore: The Johns Hopkins University Press 1990.

[Medikament & Meinung]: Wie alt kann der Mensch werden? In: Medikament & Meinung, Nr. 12 (17. Dezember), 1990, 4.

Mehta, Kalyani et al.: Living Arrangements of the Elderly in the Singapore: Cultural Norms in Transition. Comparative Study of the Elderly in Asia.

Research Reports 92-22. Ann Arbor: University of Michigan, Population Studies Center, October 1992.

Mello Jorge, Maria Helena P. de: Mortalidade por causa violentas no município de So Paulo. III: Mortes intencionais. In: Revista de Saúde Pública 15 (1981), 165-193.

Mellström, Dan: Recent Trends in Mortality among the Elderly in Sweden. In: Brändström, Anders, Lars-Göran Tedebrand (Hrsg.): Society, Health and Population During the Demographic Transition. Stockholm: Almqvist & Wiksell International 1988, 173-178.

Memento Mori! Zur Kulturgeschichte des Todes in Franken. Ausstellung im Stadtmuseum Erlangen, 2. September 1990 – 6. Januar 1991. Ausstellungskatalog: Erlangen: Stadtmuseum Erlangen 1990.

Menken, Jane, Cameron Campbell: Age-Patterns of Famine-Related Mortality Increase: Implications for Long-Term Population Growth. In: Health Transition Review 2 (1992), 91-101.

Menz, Cäsar und Hugo Wagner (Redaktion): Niklaus Manuel Deutsch. Maler – Dichter – Staatsmann. Ausstellungskatalog. Kunstmuseum Bern, 22. September bis 2. Dezember 1979. Bern: Kunstmuseum 1979.

Meslé, France, Jacques Vallin: Reconstitution de tables annuelles de mortalité pour la France au XIXe siècle. In: Population 44 (1989), 1121-1158.

Meslé, France, Jacques Vallin: Reconstitution of annual life tables for nineteenth-century France. In: Population. English Selection 3 (1991), 33-62.

Mesmer, Beatrix: Probleme des Altwerdens in früherer Zeit. In: Ringeling, Hermann, Maja Svilar (Hrsg.): Alter und Gesellschaft. Bern: Haupt 1990, 49-61.

Metropolitan Life Insurance Company: International comparison of mortality from suicide. In: Statistical Bulletin 71 (1990) 2, 22-28.

Meyer, Kurt, Christine Paul: Allgemeine Sterbetafel 1986/88. In: Wirtschaft und Statistik 1991, 371-381.

Meyer, Peter: Soziobiologie und Soziologie. Eine Einführung in die biologischen Voraussetzungen sozialen Handelns. Darmstadt: Luchterhand 1982.

Meyer, Thomas, Brunhilde Peter: Eine neue politische Kultur für eine Gesellschaft, die älter wird. Impulspapier in der Kommission „Demographischer Wandel / Seniorenpolitik" beim SPD-Parteivorstand (= Forum Demographie und Politik, Sonderausgabe November 1993).

Michler, Irmingardis: Die Vorteile einer Hospitz-Einrichtung. Arbeitspapier der Franziskanerinnen Erkrath. Waldbreitbach: Marienhaus-Selbstverlag 1989.

Miedema, Hessel: Realism and comic mode: the peasant. In: Simiolus 9 (1977), 205-219.

Miedema, Hessel: De St.-Lucasgilden van Haarlem en Delft in de zestiende eeuw. In: Oud Holland 99 (1985), 77-109.

Miedema, Hessel: Bilder und Texte als Quellen für die Ideen- und Sozialgeschichte des 17. Jahrhunderts. In: Wolfgang Brückner et al. (Hrsg.): Literatur und Volk im 17. Jahrhundert. Probleme populärer Kultur in Deutschland, Bd. 1. Wiesbaden: Harrassowitz 1985, 373-399.

Milchner, Hans J. (Hrsg.): Beerdigung. Ansprachen, Gebete, Entwürfe. Göttingen: Vandenhoeck & Ruprecht 1994.

Miles Doan, Rebecca, Barry M. Popkin: Women's work and infant care in the Philippines. In: Social Science & Medicine 36 (1993) 3, 297-304.

Miller, Ann V.: A Causal Model of High Rates of Child Mortality. In: Social Science & Medicine 38 (1994) 2, 253-268.

Mischlewski, Adalbert: Das Antioniusfeuer in Mittelalter und Früher Neuzeit in Westeuropa. In: Bulst, Neithard, Robert Delort (Eds.): Maladies et société (XIIe-XVIIIe siècles). Paris: Centre National de la Recherche Scientifique 1989, 249-268.

Mitterauer, Michael: Zur Frage des Heiratsverhaltens im österreichischen Adel. In: Fichtenau, Heinrich und Erich Zöllner (Hrsg.): Beiträge zur neueren Geschichte Österreichs. Wien-Köln-Graz: Hermann Böhlaus Nachfolger 1974, 176-194.

Mitterauer, Michael: „Aber arm wollte ich nicht sein". Ein Rundfunkprojekt über die Lebensverhältnisse ländlicher Unterschichten. In: Hubert Ch. Ehalt (Hrsg.): Geschichte von unten. Kulturstudien. Bibliothek der Kulturgeschichte 1. Wien, Köln, Graz: Böhlau 1984, 143-162.

Mitterauer, Michael: Religion in lebensgeschichtlichen Aufzeichnungen. In: Andreas Gestrich et al. (Hrsg.): Biographie – sozialgeschichtlich. Sieben Beiträge. Göttingen: Vandenhoeck & Ruprecht 1988, 61-85.

Mitterauer, Michael: Einleitung. In: Historisch anthropologische Familienforschung, Fragestellungen und Zugangsweisen. Kulturstudien. Bibliothek der Kulturgeschichte 15. Wien, Köln, Graz: Böhlau 1990, 9-23.

Mitterauer, Michael: Aneignung der Vergangenheit als Zukunftsentwurf. Zur Arbeit mit Lebensgeschichten. In: Imhof, Arthur E. (Hrsg.): Leben wir zu lange? Die Zunahme unserer Lebensspanne seit 300 Jahren – und die Folgen. Köln-Weimar-Wien: Böhlau 1992, 211-224.

Möller-Christensen, Vilhelm: Aebelholt kloster. Kopenhagen: Nationalmuseum 1982. [Eine knappe Zusammenfassung der wichtigsten Ergebnisse dieser jahrzehntelangen osteoarchäologischen Untersuchungen durch denselben Autor als „Skelettreste vom Kloster Aebelholt" in: Bernd Herrmann (Hrsg.): Mensch und Umwelt im Mittelalter. Stuttgart: Deutsche Verlags-Anstalt 1986, 129-139.]

Mokyr, Joel: Technological Progress and the Decline of European Mortality. In: American Economic Review 83 (1993), 324-330.

Moller, David Wendell: On Death without Dignity: The Human Impact of Technological Dying. Amityville, New York: Baywood 1990. [Vgl. dazu die Besprechung aus „östlicher Sicht" durch T. N. Madan {Delhi} in: Social Science & Medicine 34 (1992) 5, 585; vgl. auch den Artikel von T. N. Madan oben.]

Morel, Marie-France: Les soins prodigués aux enfants: Influence des innovations médicales et des institutions médicalisées (1750-1914). Médecine

418

et déclin de la mortalité infantile. In: Annales de démographie historique 1989, 157-181.

Morioka, Kiyomi: From Uncertainty to Certainty in Lifetime: Consequences of the Extended Life Expectancy in the 20th Century Japan. Paper prepared for the Conference on Japanese Conceptions of Development and Aging at the University of Michigan, Ann Arbor, July 18-20, 1988.

Moriyama, Iwao M., Susan O. Gustavus: Cohort mortality and survivorship: United States Death-Registration, States, 1900-1968. U. S. Department of Health, Education and Welfare; Public Health Service, Analytical Studies, Series 3, 16. Rockville, Md: Health Services and Mental Health Administration, National Center for Health Statistics 1972.

Mortier, Bianca M. du: Die Kleidung bei Frans Hals. In: Slive, Seymour et al.: Frans Hals. München: Prestel 1989, 45-59.

Moscovici, Serge: La psychanalyse. Son image et son public. Etude sur la représentation sociale de la psychanalyse. Bibliothèque de psychanalyse et de psychologie clinique. Paris: Presses Universitaires de France 1961.

Müller, Peter: Suizid in Sachsen. Soziologische Annäherung an ein brisantes Thema. In: Medizin – Mensch – Gesellschaft 16 (1991), 136-145.

Mueller, Ulrich: Bevölkerungsstatistik und Bevölkerungsdynamik. Methoden und Modelle der Demographie für Wirtschafts-, Sozial-, Biowissenschaftler und Mediziner. Berlin: Walter de Gryter 1993.

Münz, Rainer: Alt und krank in die Armutsfalle. Die Vorsorge für den Pflegefall von morgen eilt. In: Die Presse vom 19./20.12.1987 (Spektrum), I-II.

Mukhopadhyay, Barun K.: Differentials of infant mortality in rural West Bengal: A case study. In: Demography India 18 (1989), 155-169.

Mull, Dorothy S.: Traditional perceptions of marasmus in Pakistan. In: Social Science & Medicine 32 (1991) 2, 175-191.

Mull, Dorothy W.: Mother's milk and pseudoscientific breastmilk testing in Pakistan. In: Social Science & Medicine 34 (1992) 11, 1277-1290.

Munnichs, Joep: Intervention: Eine notwendige Strategie bei der Bewältigung des Alterns. In: Margret M. Baltes et al. (Hrsg.): Erfolgreiches Altern: Bedingungen und Variationen. Bern, Stuttgart, Toronto: Huber 1989, 308-313.

Munnichs, J. M. A.: Selbsttötung im Alter, eine geplante Wahl? Niederländische Erfahrungen und Betrachtungen. In: Friedrich, Ingrid, Reinhard Schmitz-Scherzer (Hrsg.): Suizid im Alter. Darmstadt: Steinkopff 1992, 19-30.

Murphy, Caroline C. S.: From Friedenheim to Hospice: a Century of Cancer Hospitals. In: Granshaw, Lindsay, Roy Porter (Hrsg.): The Hospital in History. London: Routledge 1989, 221-241.

Murray, Christopher J. L., Richard G. A. Feachem: Adult mortality in developing countries. In: Transactions of the Royal Society of Tropical Medicine and Hygiene 84 (1990), 1-2.

Myers, George C.: Sterblichkeitsrückgang, Lebensverlängerung und Altern der Bevölkerung. In: Zeitschrift für Bevölkerungswissenschaft 10 (1984), 463-475.

419

Myers, George C., Kenneth G. Manton: Compression of mortality: myth or reality? In: The Gerontologist 24 (1984) 4, 346-353.

Myers, George C.: Mortality and health dynamics at older ages. In: Lado Ruzicka et al. (Eds.): Differential mortality. Methodological issues and biosocial factors. Oxford: Clarendon Press 1989, 189-214.

Nahnsen, Ingeborg: Sozialpolitik im Spannungsfeld von Ungleichheit und Existenznot. In: Zeitschrift für Sozialreform 34 (1988), 643-654.

Najman, Jake M.: Health and poverty: past, present and prospects for the future. In: Social Science & Medicine 36 (1993), 157-166.

Nash Ojanuga, Durrenda, Cathy Gilbert: Women's access to health care in developing countries. In: Social Science & Medicine 35 (1992) 4, 613-617.

Nassehi, Armin, Georg Weber: Tod, Modernität und Gesellschaft. Entwurf einer Theorie des Todesverdrängung. Opladen: Westdeutscher Verlag 1989.

Nau, Jean-Yves: Une loi pour donner la mort. In: Le Monde vom 5.6.1991, 11-12.

Nayar, P. K. B. (Ed.): International seminar on population aging in India, February 3-7, 1985. Summary of papers, proceedings and recommendations. Trivandrum: University of Kerala, Kariavattom 1985.

Neher, Peter: Ars moriendi. Sterbebeistand durch Laien. Eine historisch-pastoraltheologische Analyse. Diss. Würzburg, Kath.-Theol. Fakultät 1989. St. Ottilien: EOS 1989.

Nelson, Marie C[lark], John Rogers (Hrsg.): Urbanisation and the Epidemiologic Transition (= Meddelande från Familjehistoriska projektet, Historiska institutionen, Uppsala universitet, nr. 9). Uppsala 1989.

Nelson, Marie Clark, John Rogers: The Right to Die? Anti-vaccination Activity and the 1874 Smallpox Epidemic in Stockholm. In: Social History of Medicine 5 (1992), 369-388.

Neuner, Josef, Heinrich Roos: Der Glaube der Kirche in den Urkunden der Lehrverkündigung. 9. Aufl. Regensburg: Pustet 1975.

Neuringer, Ch.: Current Developments in the Study of Suicidal Thinking. In: Shneidman, E. S.: Suicidology. New York: Grune and Stratton 1976, 234 – 252.

Niederfranke, Annette et al. (Hrsg.): Altern in unserer Zeit. Beiträge der IV. und V. Gerontologischen Woche. Heidelberg: Quelle & Meyer 1992.

Niederfranke, Annette: Konstanz und Variabilität in Sinndimensionen beim Übergang in die berufsfreie Lebensphase. In: Reinhard Schmitz-Scherzer et al. (Hrsg.): Altern – Ein lebenslanger Prozeß der sozialen Interaktion. Darmstadt: Steinkopff 1990, 253-265.

Niederfranke, Annette: Lernen und Bildung im Alter: Gesellschaftliche und biographische Notwendigkeit. In: Klaus Schleicher, Wilfried Bos (Hrsg.): Europa 1992-2000. Bildungsaufgaben angesichts nationaler Vielfalt und europäischer Einheit. (Manuskript) 1991.

Niederfranke, Annette: Der Anachronismus des Alters aus gerontologischer Sicht. In: Imhof, Arthur E. (Hrsg.): Leben wir zu lange? Die Zunahme unserer Lebensspanne seit 300 Jahren – und die Folgen. Köln-Weimar-Wien: Böhlau 1992, 127-133.

Neville, Warwick: The Dynamics of Population Ageing into the Twenty-first Century: ASEAN and Selected Countries of Pacific Asia. ASEAN Economic Bulletin 9 (1992), 4-21.

Nilsdotter Jeub, Ulla: Parish Records. 19th Century Ecclesiastical Registers. Umeå: Information from the Demographic Data Base 1993.

Nordenfelt, Lennart: Livskvalitet. Teori, etik och kritik. Typoskript Linköping: Linköpings universitet, Tema H 1990.

Nordlund, Anders: The Epidemiological Transition and Cancer in Historic Times. Linköping (Sweden): University of Linköping, Institute of Tema Research, Department of Health and Society 1993.

North, Michael: Kunst und Kommerz im Goldenen Zeitalter. Zur Sozialgeschichte der niederländischen Malerei des 17. Jahrhunderts. Köln-Weimar-Wien: Böhlau 1992.

Ochsmann, Randolph (Hrsg.): Lebens-Ende. Über Tod und Sterben in Kultur und Gesellschaft. Heidelberg: Asanger 1991.

Odén, Birgitta: Studying the Elderly in Society. In: Härnqvist, Kjell, Nils-Eric Svensson (Eds.): Swedish Research in a Changing Society. The Bank of Sweden Tercentenary Foundation 1965-1990. Hedemora: Gidlunds bokförlag 1990, 158-177, 459-461.

O'Donnell, Ian et al. (Guest Editors): Suicide on Railways. In: Social Science & Medicine 38 (1994) 3 (Special issue), 399-487.

Öberg, Sture, Peter Springfeldt (Hrsg.): A 200-year Perspective. In: (Dies.:) The Population. The National Atlas of Sweden. Stockholm: Department of Human Geography, Stockholm University 1991, 36-55.

Oeppen, Jim: Back Projection and Inverse Projection: Members of a Wider Class of Constrained Projection Models. In: Population Studies 47 (1993), 245-267.

Ogoh Alubo, S.: Debt crises, health and health services in Africa. In: Social Science & Medicine 31 (1990) 6, 639-648. (Vgl. hierzu auch die ganze Spezial-Nummer „Medicine and the social sciences in Africa. Background material for the African Regional Conference to be held in Mombasa, Kenya, 10-14 September 1990 = Social Science & Medicine 31 (1990) 6, 631-710.)

Ohlsson Rolf, Per Broomé: Ålderschocken. Stockholm: SNS Förlag [Studieförbundet Näringsliv och Samhälle] 1988.

Okada, Amina: Versprochene Unsterblichkeit. Bildnisse vom Hof der Moghul-Kaiser des 17. Jahrhunderts aus dem Musée Guimet in Paris [= Katalog zur gleichnamigen Ausstellung im 'Haus zum Kiel', Zürich,

9.12.1988-19.3.1989, und im Museum für Indische Kunst Berlin, 25.4.-25.6.1989]. Zürich: Museum Rietberg 1988.

Olbrich, Erhard: Potentiale des Alters: Persönliche und soziale Prozesse ihrer Entwicklung. In: Zeitschrift für Gerontologie 23 (1990), 246-251.

Olshansky, S. Jay: On Forecasting Mortality. In: The Milbank Quarterly 66 (1988), 482-530.

Olshansky, S. Jay et al.: In search of Methuselah: estimating the upper limits to human longevity. In: Science 250 (1990), 634-640.

Olshansky, S. Jay et al.: Trading Off Longer Life for Worsening Health. The Expansion of Morbidity Hypothesis. In: Journal of Aging and Health 3 (1991), 194-216.

Omran, Abdel R.: The Epidemiologic Transition: a Theory of the Epidemiology of Population Change. In: Milbank Memorial Fund Quarterly 49 (1971), 509-538.

Omran, Abdel R.: Epidemiologic Transition in the United States. The Health Factor in Population Change. Washington: Population Reference Bureau 1977 (= Population Bulletin 32 [1977] 2). (=1977a)

Omran, Abdel R.: A Century of Epidemiologic Transition in the United States. In: Preventive Medicine 6 (1977), 30-51 (=1977b).

Ory, Marcia G. et al. (Eds.): Aging, Health, and Behavior. Newbury Park, CA: SAGE 1992.

Ory, Marcia G. et al.: Introduction. An Overview of Research on Aging, Health and Behavior. In: Ory, Marcia G. et al. (Eds.): Aging, Health, and Behavior. Newbury Park, CA: SAGE 1992, 1-23.

Oshomuvwe, J. O.: Health services for the aged in Sub-Saharan Africa. In: Social Science & Medicine 31 (1990) 6, 661-665.

Osten, Gert von der: Hans Baldung Grien: Die Gemälde und Dokumente. Berlin: Deutscher Verlag für Kunstwissenschaft 1983.

Palloni, Alberto: Review of data sources and methods for the assessment of trends, age patterns and differentials of mortality in the Third World. In: Cleland, John, Allan G. Hill (Eds.): The Health Transition. Methods and Measures (= Health Transition Series No. 3). Canberra: Health Transition Centre, The Australian National University 1991, 13-33.

Palmore, Erdman B.: Trends in the health of the aged. In: The Gerontologist 26 (1986) 3, 298-302.

Panofsky, Erwin: Mors vitae testimonium. The Positive Aspect of Death in Renaissance and Baroque Iconography. In: Lotz, Wolfgang , Lise Lotte Müller (Hrsg.): Studien zur Toskanischen Kunst. Festschrift für Ludwig Heinrich Heydenreich zum 23. März 1963. München: Prestel 1964, 221-236.

Parant, Alain: Croissance démographique et vieillissement. In: Population 47 (1992), 1657-1676.

Pascher, Peter Hans (Hrsg. u. Red.): Buch der Kunst des heilsamen Sterbens. Ein Druck aus Augsburg von Günther Zainer (= Beiträge zur Kodikologie und zu den Historischen Hilfswissenschaften, Heft 5). Klagenfurt: Armarium 1988.

Passrugger, Barbara: Hartes Brot. Aus dem Leben einer Bergbäuerin. Damit es nicht verlorengeht 18. Wien, Köln, Graz: Böhlau 1989.

Pastoralkonstitution über die Kirche in der Welt von heute. Gaudium et Spes Artikel 18. In: Das zweite Vatikanische Konzil. Konstitutionen, Dekrete und Erklärungen, lateinisch und deutsch. Kommentare III. Freiburg i. Br., Basel, Wien: Herder 1968, 333-335.

Patterns, Levels, Trends in Mortality and Regional Life Tables for Bangladesh: Evidence From Sample Vital Registration System, 1981-88. Dhaka: Bangladesh Demographic Survey and Vital Registration System, Bangladesh Bureau of Statistics, Statistics Division, Ministry of Planning 1990.

Paul, Bimal Kanti: Health service resources as determinants of infant death in rural Bangladesh: an empirical study. In: Social Science & Medicine 32 (1991) 1, 43-49.

Paul, Christine: Sterblichkeit im regionalen Vergleich: allgemeine Sterbetafeln der elf alten Bundesländer. In: Wirtschaft und Statistik (1992) 2, 82-87.

Pebley, Anne R., Sajeda Amin: The impact of public health interventions on sex differentials in childhood mortality in rural Punjab, India. New York: Population Council, Research Division 1991 (= Population Council Research Division Working Paper 24).

Pedro, Amor B. (Ed.): The elderly in the Philippines. Manila: University of Santo Tomas Social Research Center 1989.

Peller, Sigismund: Births and deaths among Europe's ruling families since 1500. In: Glass, D. V., D. E. C. Eversley (Eds.): Population in History. Essays in Historical Demography. London: Arnold 1969, 87-100.

Pelling, Margaret, Richard M. Smith: Life, Death and the Elderly. Historical perspectives. London: Routledge 1991.

Perkyns, Audrey: Age Checkability and Accuracy in the Censuses of Six Kentish Parishes 1851-81. In: Local Population Studies 50 (1993), 19-38.

Perler, Dominik: Wilhelm von Ockham: Das Risiko, mittelalterlich zu denken. In: Freiburger Zeitschrift für Philosophie und Theologie 37 (1990), 209-231.

Pernow, Bengt (Hrsg.): Att åldras. Om åldrande och åldrandets sjukdomar (= Rapport från ett symposium arrangerat av Stiftelsen Riksbankens Jubileumsfond den 13 februari 1991). Stockholm: Riksbankens Jubileumsfond i samarbete med Gidlunds Bokförlag 1992.

Perrenoud, Alfred: L'inégalité sociale devant la mort à Genève au XVIIe siècle. In: Population 30, Numéro spécial, (novembre) 1975, 211-243.

Perrenoud, Alfred: Atténuation des crises et déclin de la mortalité. In: Annales de Démographie Historique 1989, 13-29. [Vgl. auch: Vallin, Jacques.]

Perrig, Alexander: Lorenzo Ghiberti: Die Paradiesestür. Warum ein Künstler den Rahmen sprengt. Frankfurt am Main: Fischer 1987.

Philipps, David P., Daniel G. Smith: Postponement of Death Until Symbolically Meaningful Occasions. In: JAMA: Journal of the American Medical Association 263 (1990), 1947-1951.

Phillips, David R. (Ed.): Ageing in East and South-East Asia. London: Edward Arnold 1992.

Pifer, Alan, Lydia Bronte (Eds.): Our aging society. Paradox and promise. New York: W. W. Norton 1986.

Pinnelli, Antonella, Paola Mancini: Différences de mortalité par sexe de la naissance à la puberté en Italie: un siècle d'évolution. In: Population 46 (1991), 1651-1676.

Pittertschatscher, Alfred: Das vierte Alter. Wir werden alle immer älter – aber machen wir etwas daraus. Alfred Pittertschatscher im Gespräch mit Prof. Arthur Imhof. In: ORF-Nachlese Wien 9/'90, 20-22.

Pohl, Hans (Hrsg., im Auftrage der Gesellschaft für Unternehmensgeschichte e. V.): Die Entwicklung der Lebensarbeitszeit. Festschrift für Dr. Reinhart Freudenberg (= Zeitschrift für Unternehmensgeschichte, Beiheft 75). Stuttgart: Steiner 1992.

Pohl, Katharina: Alleinstehende in der Bundesrepublik Deutschland – Ausgangsüberlegungen und ausgewählte Ergebnisse einer Befragung 25- bis 54jähriger Unverheirateter. In: Bundesinstitut für Bevölkerungsforschung Wiesbaden (Hrsg.): Materialien zur Bevölkerungswissenschaft, Heft 73 (1992), 123-140.

Pohlmeier, Hermann: Selbstmord und Selbstmordverhütung. München, Wien, Baltimore: Urban und Schwarzenberg 1978.

Pollard, John H.: LIFETIME. A WHO/OMS package for analysing survivorship and cause of death. Sydney: Macquarie University 1989.

Polleross, Friedrich B.: Das sakrale Identifikationsporträt. Ein höfischer Bildtypus vom 13. bis zum 20. Jahrhundert. Teil I. Worms: Werner 1988.

Pompey, Heinrich: Wahrheit und Wahrhaftigkeit. In: Arzt und Christ 26 (1980), 5-13.

Pompey, Heinrich: Ganzheitlich helfen und heilen. Eine Perspektive des seelsorgerisch-caritativen Dienstes für kranke Menschen. In: Würzburger Diözesan-Geschichtsblätter 50 (1988), 443-459.

Pompey, Heinrich: Helfen und Heilen aus ökologisch-systematischer Sicht. In: Caritas 90. Jahrbuch des Deutschen Caritasverbandes. Karlsruhe: Badenia 1990, 23-35.

Pompey, Heinrich: Pastoralmedizin – der Beitrag der Seelsorge zur psychophysischen Gesundheit. Eine Bibliographisch-historische Analyse. In: Arthur E. Imhof (Hrsg.): Mensch und Gesundheit in der Geschichte. Husum: Matthiesen 1980, 115-134.

Pompey, Heinrich: Den Menschen von Grund auf heilen. In: Katholische Sozialethische Arbeitstelle (Hrsg.): Umkehren Heil werden – Leben. Hamm: Hoheneck 1985, 1-3.

Pompey, Heinrich: Fragen zur Einstellung „moderner Menschen" zum Tod. In: Matouschek, E. (Hrsg.): Arzt und Tod: Verantwortung, Freiheiten und Zwänge. Stuttgart: Schattauer 1989, 33-52.

Pompey, Heinrich: Zwischen Leben und Tod – Sterben heute. Die christliche Lebenswissensüberlegung und die diakonische Praxis der Sterbebegleitung heute. In: Imhof, Arthur E. (Hrsg.): Leben wir zu lange? Die Zunahme unserer Lebensspanne seit 300 Jahren – und die Folgen. Köln-Weimar-Wien: Böhlau 1992, 187-201.

Poovey, Mary: Uneven Developments. The Ideological Work of Gender in Mid-Victorian England. Chicago: The University of Chicago Press 1988.

Population Crisis Committee: Cities. Life in the World's 100 largest metropolitan areas. Washington D. C.: Population Crisis Committee 1990.

Post, Stephen G.: Aging and Meaning: The Christian Tradition. In: Cole, Thomas R. et al. (Eds.): Handbook of the Humanities and Aging. New York: Springer 1992, 127-146.

Powers, Bethel Ann et al.: Aging in cultural context. A symposium. In: Social Science & Medicine 34 (1992) 12, 1303-1343.

Pramualratana, Anthony: Support systems of the old in a rural community in Thailand. Ph. D.-Thesis, Australian National University, Research School of Social Sciences, Department of Demography Canberra 1990.

Prehn, Jürgen: Säuglingssterblichkeit in Berlin (West) und Berlin (Ost) in den Jahren 1950 bis 1990. In: Berliner Statistik 46 (1992), 286-301.

Prehn, Jürgen: Sterblichkeit in Berlin von 1950 bis 1990. In: Berliner Statistik 47 (1993), 110-124 sowie Umschlag von Heft 6/93.

Prinzinger, Roland: Lebensalter und physiologische Zeit. Betrachtungen zur Messung der Lebensdauer in biologischen Systemen. In: Forschung Frankfurt. Wissenschaftsmagazin der Johann Wolfgang Goethe-Universität Frankfurt a. M. (1990) 3, 2-11.

Procházka, Roman Freiherr von: Genealogisches Handbuch erloschener böhmischer Herrenstandsfamilien. Neustadt/Aisch: Degener 1973. Ergänzungsband: München: Oldenbourg 1990.

Puentes-Markides, Cristina: Women and access to health care. In: Social Science & Medicine 35 (1992) 4, 619-626.

Pumain, Denise (Hrsg.): Analyse spatiale et dynamique des populations. Paris: INED / London: John Libbey Eurotext 1991 (vgl. auch Blum, Alain und Rallu, Jean-Louis).

Puranen, Britt-Inger: Tuberkulos. En sjukdoms förekomst och dess orsaker. Sverige 1750-1980 (= Umeå Studies in Economic History 7). Umeå: Umeå Universitetet 1984.

Puranen, Britt-Inger, Tore Zetterholm: Föräldskad i Livet. En bok om tuberkulosens historia. Stockholm: Wiken 1987.

Qvarsell, Roger: Vårdens idéhistoria. Stockholm: Carlsson Bokförlag 1991.

Rabb, Theodore K.: The Historian and the Art Historian, III: Recent Work on the Seventeenth Century. In: Journal of Interdisciplinary History 20 (1990), 437-444. [Vgl. auch die – nicht nummerierten – Teile I und II in derselben Zeitschrift: (I:) 4 (1973), 107-117 und 14 (1984), 647-655.]

Rad, Gerhard von: Theologie des Alten Testamentes I. Die Theologie der geschichtlichen Überlieferung Israels. München: Kaiser 1957.

Ragué, Beatrix von: Die Pfirsiche der Unsterblichkeit. Ein chinesischer Kaiserthron. Berlin: Museum für Ostasiatische Kunst der Staatlichen Museen Preußischer Kulturbesitz 1982.

Ragué, Beatrix von: Das taoistische 'Paradies der Unsterblichen' (Führungsblatt Nr. 514a). Museum für Ostasiatische Kunst der Staatlichen Museen Preußischer Kulturbesitz Berlin 1982.

Rahner, Karl: Zur Theologie des Todes. Quaestiones disputatae 2. Freiburg i. Br.: Herder 1958.

Rahner, Karl: Tod. In: Karl Rahner et al. (Hrsg.): Sacramentum Mundi IV. Freiburg i. Br.: Herder 1969, 920-927.

Rallu, Jean-Louis, Alain Blum (Hrsg.): Démographie européenne. I. Analyse par pays. Paris: INED / London: John Libbey Eurotext 1991 (vgl. auch Pumain, Denise und Rallu, Jean-Louis).

Ram, Bali: Sex Differences in Mortality as a Social Indicator. In: Social Indicators Research 29 (1993), 83-108.

Rambach, Pierre, Susanne Rambach: Gardens of longevity in China and Japan. The art of the stone raisers. Geneva: Skira 1987.

Ranger, Terence, Paul Slack (Eds.): Epidemics and Ideas. Essays on the Historical Perception of Pestilence. Cambridge: Cambridge University Press 1992.

Rapp Buri, Anna, Monica Stucky-Schürer: zahm und wild: Basler und Straßburger Bildteppiche des 15. Jahrhunderts. 3. Auflage: Mainz: Philipp von Zabern 1993.

Rathwell, Tom: Realities of Health for all by the year 2000. In: Social Science & Medicine 35 (1992) 4, 541-547.

Reddy, P. H.: Epidemiologic transition in India. In: Singh, S. N. et al.. (Eds.): Population transition in India. Vol. 1. Delhi: B. R. Publishing 1989, 281-290.

Reek, Jan van: Mortality by Social Class Among Males in the Netherlands since the Nineteenth Century. In: Genus 49 (1993), 159-164.

Regierungserklärung von Bundeskanzler Dr. Helmut Kohl vor dem Deutschen Bundestag am 30. Januar 1991: Deutschlands Einheit vollenden. Die Einheit Europas gestalten. Dem Frieden der Welt dienen. Regierungspolitik 1991-1994. Bonn: Presse- und Informationsamt der Bundesregierung 1991.

Reher, David S., Roger Schofield (Eds.): Old and New Methods in Historical Demography. Oxford: Clarendon Press 1993.

Rehfeld, Uwe, Otmar Scheitl: Sterblichkeit und fernere Lebenserwartung von Rentnern der gesetzlichen Rentenversicherung – aktuelle Ergebnisse für 1986/88 und Bilanz zum bisherigen Untersuchungsstand. In: Deutsche Rentenversicherung (1991) 4-5, 289-320.

Rehn, Rudolf: Tod und Unsterblichkeit in der platonischen Philosophie. In: Binder, Gerhard, Bernd Effe (Hrsg.): Tod und Jenseits im Altertum. Trier: WVT Wissenschaftlicher Verlag 1991, 103-121.

Reif, Heinz: Westfälischer Adel 1770-1860. Vom Herrschaftsstand zur regionalen Elite. Göttingen: Vandenhoeck & Ruprecht 1979.

Reif, Heinz: „Erhaltung adligen Stamms und Namens" – Adelsfamilie und Statussicherung im Münsterland 1770-1914. In: Bulst, Neithard, Joseph Goy und Jochen Hoock (Hrsg.): Familie zwischen Tradition und Moderne. Studien zur Geschichte der Familie in Deutschland vom 16. bis zum 20. Jahrhundert. Göttingen: Vandenhoeck & Ruprecht 1981, 275-309.

Reinhardt, Hans: Die Madonna des Bürgermeister Meyer von Hans Holbein d. J. Nachforschungen zur Entstehungsgeschichte und Aufstellung des Gemäldes. In: Zeitschrift für schweizerische Archäologie und Kunstgeschichte 15 (1954/55), 244-254 sowie Tafeln 75-86 zwischen den Seiten 248 und 249.

Reinharz, Shulamit, Graham D. Rowles (Hrsg.): Qualitative gerontology. New York: Springer 1988.

Reiser, Marius: Das Leben nach dem Tod in der Verkündigung Jesu. In: Erbe und Auftrag (= Benediktinische Monatsschrift) 66, 1990, 381-390.

Religion in Lebensgeschichten. In: Beiträge zur historischen Sozialkunde 19 (1989) 4.

Renggli, Franz: Selbstzerstörung aus Verlassenheit. Die Pest als Ausbruch einer Massenpsychose im Mittelalter. Zur Geschichte der frühen Mutter-Kind-Beziehung. Hamburg: Rasch und Röhring 1992.

Rentrow, Erich, Herwig Zens (Hrsg.): Zens Projekt Basler Totentanz. Paderborn: Edition Galerie B. in der B & B-Verlags GmbH 1990.

Rerrich, Maria S.: Ein gleiches gutes Leben für alle? Über Ungleichheitserfahrungen im familialen Alltag. In: Berger, Peter A., Stefan Hradil (Hrsg.): Lebenslagen, Lebensläufe, Lebensstile. In: Soziale Welt, Sonderband 7 (1990), 189-205.

Reulecke, Jürgen, Adelheid Gräfin zu Castell Rüdenhausen (Hrsg., im Auftrag der Freiherr-Vom-Stein-Gesellschaft): Stadt und Gesundheit. Zum Wandel von „Volksgesundheit" und kommunaler Gesundheitspolitik im 19. und frühen 20. Jahrhundert. Stuttgart: Steiner 1991.

Reventlow, Henning Graf: Tod und Leben im Alten Testament. In: Binder, Gerhard, Bernd Effe (Hrsg.): Tod und Jenseits im Altertum. Trier: WVT Wissenschaftlicher Verlag 1991, 9-20.

Rice, Dorothy P., Jacob J. Feldman: Living longer in the United States: demographic changes and health needs of the elderly. In: Milbank Memorial Fund Quarterly/Health and Society 61 (1983) 3, 362-396.

Richels, Katja, Michael Richels: Einflußfaktoren auf den Lebensverlängerungsprozeß. Eine Längsschnittanalyse für den Zeitraum 1950-1985 im
internationalen Vergleich unter Anwendung faktorenanalystischer Modell-
ansätze und der multiplen lenaren Regression. Diss. med., Humboldt-
Universität Berlin, o. J.

Richman, Joseph: Suicide and the Elderly. In: Leenaars, Antoon A. (Ed.): Life
Span Perspectives of Suicide. Time-Lines in the Suicide Process. New
York, London: Plenum 1991, 153-167.

Richters, Annemiek et al.: [Themenheft] Gender, Health and development.
Social Science & Medicine 35 (1992) 6, 747-837.

Riggs, Jack E.: The Dynamics of Aging and Mortality in the United States,
1900-1988. In: Mechanisms of Ageing and Development 66 (1992), 45-
57.

Riley, James C.: The Eighteenth-Century Campaign to Avoid Disease. New
York: St. Martin's Press 1987.

Riley, James C.: Sickness, Recovery and Death: A History and Forecast of Ill
Health. London: MacMillan 1989.

Riley, James C.: The risk of being sick: morbidity trends in four countries. In:
Population Development Review 16 (1990) 3, 403-432.

Riley, James C.: Morbidity Trends in Four Countries [Japan, the United Sta-
tes, Great Britain, and Hungary]. In: Population Index 56 (1990), 412-413
[Abstract of Paper; The 1990 Meeting of the Population Association of
America].

Riley, James C.: From a high mortality regime to a high morbidity regime: is
culture everything in sickness? In: Health Transition Review 2 (1992), 71-
78.

Riley, James C., George Alter: Mortality and morbidity: measuring ill health
across time. Bloomington: Indiana University, Population Institute for Research and Training, Working Paper, No. 4, August 1986.

Riley, James C.: Long-term morbidity and mortality trends: Inverse health
transition. In: Caldwell, John C. et al. (Eds.): What we know about health
transition: The cultural, social and behavioural determinants of health.
Canberra: Health Transition Centre, The Australian National University
1990, 165-188 (=1990a).

Riley, Matilda White, John W. Riley Jr.: Longevity and Social Structure: The
Added Years. In: Daedalus 115 (1986) 1 (= The Aging Society), 51-75.

Riley, Matilda W.: Age strata in social systems. In: Robert H. Binstock, Ethel
Shanas (Eds.): Handbook of aging and the social sciences. The Handbooks of aging 3. 2nd ed. New York: van Nostrand Reinhold 1985, 369-
411.

Riley, Matilda W[hite], John W. Riley Jr.: Individuelles und gesellschaftliches
Potential des Alterns. In: Baltes, Paul B. Jürgen Mittelstraß (Hrsg.): Zukunft des Alterns und gesellschaftliche Entwicklung. Berlin: De Gruyter
1992, 437-459.

Rinell Hermansson, Alice: Det sista året. Omsorg och vård vid livets slut. Akademisk avhandling. Uppsala: Institutionen för socialmedicin, Centrum för
omvårdnadsvetenskap, Uppsala Universitet 1990.

Ringel, Erwin: Der Selbstmord. Wien, Düsseldorf: Mandrich 1969.

Ringeling, Hermann, Maja Svilar (Hrsg.): Alter und Gesellschaft (= Berner Universitätsschriften 36). Bern und Stuttgart: Paul Haupt 1990.

Rinpoche, Sogyal: Das tibetische Buch vom Leben und vom Sterben. Ein
Schlüssel zum tieferen Verständnis von Leben und Tod. Mit einem Vorwort des Dalai Lama. Bern: Otto-Wilhelm-Barth / Schwerz 1993.

Risse, Guenter B.: Epidemics and History: Ecological Perspectives and Social Responses. In: Fee, Elizabeth, Daniel M. Fox (Hrsg.): AIDS. The Burdens of History. Berkeley: University of California Press 1988, 33-66.

Risse, Guenter B.: Medicine in the age of Enlightenment. In: Wear, Andrew
(Ed.): Medicine in Society. Historical Essays. Cambridge: Cambridge Uni-
verslty Press 1992, 149-195.

Robine, Jean-Marie et al.: Calculation of Health Expectancies: Harmoniza-
tion, Consensus Achieved and Future Perspectives. 6th REVES International Workshop, Montpellier, France – October 1992 (= collection colloques, coéditon INSERM / John Libbey Eurotext, vol. 226). Montrouge:
John Libbey Eurotext 1993.

Robine, Jean-Marie (Ed.): Statistical World Yearbook [on Health Expectancy];
Supplement to Bibliography series no. 4 (= Retrospective 1993 Issue).
Montpellier: INSERM Institut National de la Santé et de la Recherche Médicale (France), Laboratoire d'épidémiologie et d'économie de la santé
1993.

Robine, Jean-Marie et al. (Eds.): Espérance de santé. Analyses et prospective. Paris: Les éditions de l'Institut national de la Santé et de la Recherche médicale [INSERM] 1992. [Betrifft die Arbeit der internationalen For-
schergruppe REVES = Réseau Espérance de Vie en Santé/Network on
Health Expectancy and Disability Process. – Englische Ausgabe: Robine,
Jean-Marie et al. (Eds.): Health Expectancy. London: Office of population
censuses and survey (OPCS) 1992.]

Robine, Jean-Marie, Alain Colvez: Espérance de vie sans incapacité et ses
composantes: de nouveaux indicateurs pour mesurer la santé et les be-
soins de la population. In: Population 39 (1984), 27-46.

Robine, Jean-Marie: L'espérance de vie sans incapacité. In: Robine, Jean-
Marie et al. (Eds.): Espérance de santé. Analyses et prospective. Paris:
Les éditions de l'Institut national de la Santé et de la Recherche médicale
[INSERM] 1992, 1-45.

Robinson, William W. (Catalogue), Peter Schatborn (Introduction): Seventeenth-Century Dutch Drawings. A Selection from the Maida and George
Abrams Collection. O. O., 1991 [Ausstellungskatalog, u. a. Pierpont Mor-
gan Library, New York, Januar-April 1992].

Rocher, Ludo: Dharma und Dharma-Literatur. In: Heinz Berchert und Georg von Simson (Hrsg.): Einführung in die Indologie. Stand, Methoden, Aufgaben. Darmstadt: Wissenschaftliche Buchgesellschaft 1979, 174-177.

Rockett, Ian R. H., Gordon S. Smith: Covert suicide among elderly Japanese females: questioning unintentional drownings. In: Social Science & Medicine 36 (1993) 11, 1467-1472.

Rodenwaldt, Ernst: Untersuchungen über die Biologie des venezianischen Adels. In: Homo 8 (1957), 1-26.

Röhrle, Bernd: Soziale Netzwerke – Eine Perspektive für die psychosoziale Praxis. In: Blätter der Wohlfahrtspflege 11 (1988), 255-257.

Rogers, Andrei et al.: A Multistate Analysis of Active Life Expectancy. In: Public Health Reports 104 (1989), 222-226.

Rogers, Richard G., Eve Powell-Griner: Life expectancies of cigarette smokers and nonsmokers in the United States. In: Social Science & Medicine 32 (1991) 10, 1151-1159.

Rohde, Cecilia M.: Die preussische Statistik als Quelle zur schlesischen Landesgeschichte, insbesondere zu einem Geschichtlichen Atlas von Schlesien auf der Grundlage der Bevölkerungszählungen von 1816-1910 (= Europäische Hochschulschriften, Reihe III: Geschichte und ihre Hilfswissenschaften, Bd. 436). Frankfurt am Main: Peter Lang 1990.

Rolfes, Helmuth: Ars moriendi – Eine Sterbekunst aus der Sorge um das ewige Heil. In: Wagner, Harald (Hrsg.): Ars moriendi. Erwägungen zur Kunst des Sterbens. Freiburg: Herder 1989, 15-44.

Rollet-Echalier, Catherine: La politique à l`égard de la petite enfance sous la IIIe République. [Plus] Annexes [= separater Band!]: Bibliographie – index. Paris: Institut National d'Etudes Démographiques 1990 (= Travaux et Documents, Cahier 127 [komplett nur in zwei Bänden!]).

Romer, Marion, Michael Romer: Untersuchungen zu regionalen Mortalitätsdifferenzen auf dem Gebiet der ehemaligen DDR. Diss.med., Humboldt-Universität zu Berlin, o. J.

Rooch, Alarich: Stifterbilder in Flandern und Brabant. Stadtbürgerliche Selbstdarstellung in der sakralen Malerei des 15. Jahrhunderts. Essen: Die Blaue Eule 1988.

Roos, Noralou P. et al.: Living longer but doing worse: assessing health status in elderly persons at two points in time in Manitoba, Canada, 1971 and 1983. In: Social Science & Medicine 36 (1993) 3, 273-282.

Rosemeier, Hans P[eter]: Medizinische Psychologie und Soziologie. 4. Aufl. Stuttgart: Enke 1991.

Rosemeier, Hans Peter: Zur Psychologie der Begegnung des Kindes mit dem Tode. In: Winau, Rolf und Hans Peter Rosemeier (Hrsg.): Tod und Sterben. Berlin: de Gruyter 1984, 291-309.

Rosenberg, Charles E.: Explaining Epidemics and Other Studies in the History of Medicine. Cambridge: Cambridge University Press 1992.

Rosenfeld, Hellmut: Der Tod in der christlichen Kunst und im christlichen Glauben – Der sterbende Mensch in Furcht und Hoffnung vor dem göttlichen Gericht. In: Jansen, Hans Helmut (Hrsg.): Der Tod in Dichtung, Philosophie und Kunst. Zweite, neu bearbeitete und erweiterte Auflage. Darmstadt: Steinkopff 1989, 201-230.

Rosenmayr, Leopold: Die späte Freiheit. Das Alter – ein Stück bewußt gelebten Lebens. Berlin: Severin und Siedler 1983.

Rosenmayr, Leopold: Altsein im 21. Jahrhundert. (Ein Versuch, über Zukunft zu spekulieren). In: Deutsches Zentrum für Altersfragen e. V. (Hrsg.): Die ergraute Gesellschaft. Zweite, unveränderte Auflage. Berlin: Deutsches Zentrum für Altersfragen e. V. 1989, 460-485.

Rotberg, Robert I., Theodore K. Rabb (Eds.): Hunger and History. A Special Issue. The Journal of Interdisciplinary History 14 (1983) 2, 199-534.

Rowland, Donald T.: Ageing in Australia. Population trends and social issues. Melbourne: Longman Cheshire 1991.

Rowland, Donald T.: Population ageing in Australia. Malta: International Institute on Aging – United Nations 1991.

Rowland, Donald T.: The gerontological transition hypothesis. Paper for Population Association of America, Annual Meeting, Washington 1991.

Rowlands, John: Holbein. The Paintings of Hans Holbein the Younger. Complete Edition. Oxford: Phaidon 1985.

Rudolf, Rainer: Ars Moriendi. Von der Kunst des heilsamen Lebens und Sterbens (= Forschungen zur Volkskunde, hrsg. v. Georg Schreiber, Bd. 39). Köln: Böhlau 1957.

Rudolf, Rainer: Ars Moriendi. I. Mittelalter. In: Gerhard Krause und Gerhard Müller (Hrsg.): Theologische Realenzyklopädie, Bd. IV. Berlin: de Gruyter 1979, 143-149.

Rückert, Willi: „Probleme des sehr alten Menschen". Kolloquium der EURAG in Neubrandenburg/DDR. In: EURAG. Bund für die ältere Generation Europas. Nachrichtenblatt Nr. 52/53, (Graz) 1987/1988, 11-19.

Rückert, Willi: Die demographische Entwicklung und deren Auswirkungen auf Pflege-, Hilfs- und Versorgungsbedürftigkeit. In: Ferber, Christian von et al. (Hrsg.): Die demographische Herausforderung. Das Gesundheitssystem angesichts einer veränderten Bevölkerungsstruktur. Gerlingen: Bleicher 1989, 112-148.

Russell, Bertrand: Population pressure and war. In: Stuart Mudd et al. (Eds.): The population crisis and the use of world resources. World Academy of Art and Science 2. The Hague: Junk 1964, 1-5.

Ruzicka, Lado et al. (Eds.): Differential Mortality. Methodological Issues and Biosocial Factors. Oxford: Clarendon 1989.

Ruzicka, Lado, Penny Kane: Transition of Adult Mortality and Causes of Death in Selected Countries of Asia. In: Genus 47 (1991), 31-62.

Rylands, W. Harry (Ed.): The Ars Moriendi. Editio Princeps, circa 1450. A Reproduction of the Copy in the British Museum. With an Introduction by

George Bullen, Keeper of the Printed Books in the British Museum. Printed for the Holbein Society by Wyman & Sons, Great Queen Street, London 1881. [Benutztes Exemplar: Staatliche Museen Preußischer Kulturbesitz Berlin, Kupferstichkabinett, Signatur: XXXVI B 6.]

Saad, Paulo Murad et al.: O Idoso na Grande São Paulo. São Paulo: SEADE Fundação Sistema Estadual de Análise de Dados 1990.

Saarikivi, Sakari: Hugo Simberg. Elämä ja tuotanto. Porvoo-Helsinki: Söderström 1948.

Saarikivi, Sakari: Hugo Simberg. Hans liv och verk. Översättning rån författarens finska manuskript av Ebba Simberg. Stockholm-London: C. E. Fritzes Bokförlags AB 1951.

Sabean, David W.: Property, production, and family in Neckarhausen, 1700-1870. Cambridge Studies in social and cultural anthropology 73. Cambridge, New York, Port Chester, Melbourne, Sydney: Cambridge University Press 1990.

Sadik, Nafis: The State of World Population 1990. United Nations Fund for Population Activities [UNFPA]. New York: UNFPA 1990.

Sadik, Nafis: Weltbevölkerungsbericht 1991. Freie Entscheidung oder Schicksal. Bonn: Deutsche Gesellschaft für die Vereinten Nationen e. V. 1991.

Sampaio, Leonor: To die with dignity. In: Social Science & Medicine 35 (1992) 4, 433-441.

Sanderson, Warren C.: Below-Replacement Fertility in Nineteenth Century America. In: Population and Development Review 13 (1987), 305-313.

Sandiford, Peter et al.: What can information systems do for primary health care? An international perspective. In: Social Science & Medicine 34 (1992) 10, 1077-1087.

Sarajas-Korte, Salme: Om Hugo Simberg och Hans Christian Andersen. In: Finsk Tidskrift 6 (1986), 312-330.

Sardon, Jean-Paul: Un indicateur conjoncturel de mortalité: l'exemple de la France. In: Population 48 (1993), 347-368.

Sass, Hans-Martin (Hrsg.): Medizin und Ethik. Stuttgart: Reclam 1989.

Sass, Hans-Martin: Criteria for death: Self-determination and public policy. In: The Journal of Medicine and Philosophy 17 (1992), 445-454.

Sasse, Barbara: Die Sozialstruktur Böhmens in der Frühzeit. Historisch-archäologische Untersuchungen zum 9.-12. Jahrhundert. Berlin: Duncker & Humblot 1982.

Savorgnan, F.: Das Aussterben der adeligen Geschlechter. Statistisch-soziologischer Beitrag über die Fruchtbarkeit der souveränen und mediatisierten Häuser. In: Jahrbuch für Soziologie 1 (1925), 320-340.

Schadewaldt, Hans: Totentänze – medizinhistorische Meditation. In: Jansen, Hans Helmut (Hrsg.): Der Tod in Dichtung, Philosophie und Kunst. Zweite, neu bearbeitete und erweiterte Auflage. Darmstadt: Steinkopff 1989, 87-103.

Schadewaldt, Hans: Gerontologie und Geriatrie – eine historische Übersicht. In: Dieter Schwab et al. (Hrsg.): Staat, Kirche, Wissenschaft in einer pluralistischen Gesellschaft. Festschrift zum 65. Geburtstag von Paul Mikat. Berlin: Duncker & Humblot 1989, 165-173.

Schäfer, Rudolf: Der Ewige Schlaf – Visages de morts. Hamburg: Kellner 1989.

Schaeffer, Doris: Das Krankenhaus und seine Bedeutung für die Versorgungsverläufe alter Menschen. In: Medizin, Mensch, Gesellschaft 15 (1990), 181-190.

Schär, Meinrad: „Final Exit". Zum amerikanischen Bestseller über Freitod und Euthanasie. In: Neue Zürcher Zeitung, Fernausgabe Nr. 293 vom 18. Dezember 1991, 40.

Schätzler, Wilhelm (Hrsg.): Schwerstkranken und Sterbenden beistehen. In: Pressedienst der Deutschen Bischofskonferenz. Dokumentation vom 21.2.1991. Bonn: Selbstverlag 1991.

Schaie, K. Warner et al. (Eds.): Aging, Health, Behaviors, and Health Outcomes. Hove and London: Lawrence Erlbaum Associates 1992.

Schenkeveld-van der Dussen, M. A.: Nature and Landscape in Dutch Literature of the Golden Age. In: Brown, Christopher (Hrsg.): Dutch Landscape. The early years, Haarlem and Amsterdam 1590-1650. London: The National Gallery 1986, 72-78.

Scheper-Hughes, Nancy: Death Without Weeping. The Violence of Everyday Life in Brazil. Berkeley: University of California Press 1992.

Schimitschek, Erwin, Günther T. Werner: Malaria, Fleckfieber, Pest. Auswirkungen auf Kultur und Geschichte – Medizinische Fortschritte. Stuttgart: Hirzel 1985.

Schipperges, Heinrich: Die Kranken im Mittelalter. München: Beck 1990.

Schivelbusch, Wolfgang: Das Paradies, der Geschmack und die Vernunft. Eine Geschichte der Genußmittel. München: Hanser 1980.

Schleif, Corine: Donatio et memoria. Stifter, Stiftungen und Motivationen an Beispielen aus der Lorenzkirche in Nürnberg. München: Deutscher Kunstverlag 1990.

Schlumbohm, Jürgen: Lebensläufe, Familien, Höfe. Die Bauern und Heuerleute des Osnabrückischen Kirchspiels Belm in proto-industrieller Zeit, 1650-1860. Göttingen: Vandenhoeck & Ruprecht 1994.

Schmid, Josef: Das verlorene Gleichgewicht. Eine Kulturökologie der Gegenwart. Stuttgart: Kohlhammer 1992.

Schmid-Furstoss, Ulrich: Suizid alter Menschen. In: Howe, Jürgen et al. (Hrsg.): Sterben – Tod – Trauer (= Lehrbuch der psychologischen und sozialen Alternswissenschaft, Bd. 4). Heidelberg: Asanger 1992, 129-152.

Schmidt, Hans M.: Künstler und Tod – Selbstbildnisse. In: Jansen, Hans Helmut (Hrsg.): Der Tod in Dichtung, Philosophie und Kunst. Zweite, neu bearbeitete und erweiterte Auflage. Darmstadt: Steinkopff 1989, 381-397.

Schmidtke, A., B. Weinacker: Suizidraten. Suizidmethoden und unklare Todesursachen alter Menschen. In: Zeitschrift für Gerontologie 24 (1991), 3-11.

Schmidtke, A. et al.: Entwicklung und Vorausschätzungen der Suizidversuchsraten alter Menschen in der Bundesrepublik Deutschland. In: Böhme, K., E. Lungershausen (Hrsg.): Suizid und Depression im Alter. Regensburg: Roderer 1988, 25-41.

Schmitz-Scherzer, Reinhard (Hrsg.): Altern und Sterben (Angewandte Alterskunde, Bd. 6). Bern: Huber 1992.

Schmitz-Scherzer, Reinhard, Hartmut Radebold (Hrsg.): Suizid im Alter. Zweite Internationale Kasseler Gerontologische Gespräche. Darmstadt: Steinkopff 1992.

Schmitz-Scherzer, Reinhard: Sterben und Tod im Alter. In: Baltes, Paul B., Jürgen Mittelstraß (Hrsg.): Zukunft des Alterns und gesellschaftliche Entwicklung. Berlin: De Gruyter 1992, 544-562.

Schmitz-Scherzer, Reinhard: Suizid im Alter – Gerontologische Aspekte. In: Imhof, Arthur E. (Hrsg.): Leben wir zu lange? Die Zunahme unserer Lebensspanne seit 300 Jahren – und die Folgen. Köln-Weimar-Wien: Böhlau 1992, 159-162 (= 1992a).

Schmoll, Josef A. gen. Eisenwerth: Zum Todesbewußtsein in Holbeins Bildnissen. In: Annales Universitatis Saraviensis I, 1952, 352-366.

Schnackenburg, Bernhard: Adriaen van Ostade, Isack van Ostade: Zeichnungen und Aquarelle; Gesamtdarstellung mit Werkkatalogen. Band I: Text; Band II: Tafeln. Hamburg: Hauswedell 1981.

Schneede, Uwe M.: Edvard Munch. Das kranke Kind. Arbeit an der Erinnerung. Frankfurt am Main: Fischer Taschenbuch 1984.

Schobert, Kurt: Der gesuchte Tod. Warum Menschen sich töten. Frankfurt a. M.: Fischer Taschenbuch 1989.

Schofer, Bernd et al.: Sind Singles individualisiert? Lebenslage und Lebensstil Alleinlebender. In: Zeitschrift für Bevölkerungswissenschaft 17 (1991), 461-488.

Schofer, Bernd et al.: Singles und Individualisierung. In: Zeitschrift für Bevölkerungswissenschaft 18 (1992), 361-364.

Schofield, Roger et al. (Eds.): The decline of mortality in Europe. Oxford: Clarendon Press 1991.

Schofield, Roger, David Reher: The decline of mortality in Europe. In: Schofield, Roger et al. (Eds.): The decline of mortality in Europe. Oxford: Clarendon Press 1991, 1-17.

Scholz, R[embrandt] D., J. Schott: Zur Berücksichtigung der Wanderung bei der Abschätzung altersspezifischer Ereigniswahrscheinlichkeiten am Beispiel der Sterbenswahrscheinlichkeiten. In: Zeitschrift für die gesamte Hygiene und ihre Grenzgebiete 35 (1989), 728-729.

Scholz, R[embrandt] D., H. Neumann: Zur Dynamik des Lebensverlängerungsprozesses an ausgewählten Beispielen. In: Zeitschrift für die gesamte Hygiene und ihre Grenzgebiete 36 (1990), 544-547.

Scholz, Rembrandt D., Jürgen Schott: Todesursachenstruktur und todesursachenspezifische mittlere Sterbealter in ihrer Beziehung zur mittleren

Lebenserwartung – ein methodischer Beitrag. In: Zeitschrift für Bevölkerungswissenschaft 18 (1992), 135-142.

Scholz, Rembrandt D.: Perioden- und Kohortensterbetafeln, Deutschland, für den Zeitraum 1855-1985. Beitrag im Projekt des Bundesministeriums für Forschung und Technologie „Entwicklung der Lebensspanne seit 300 Jahren". Laser-Printout. Berlin: Fachbereich Geschichtswissenschaften der Freien Universität, Mai 1991.

Scholz, Rembrandt D.: Perioden- und Kohortensterbetafeln, Deutschland, für den Zeitraum 1855-1985. (Laser-Printout, in Kollaboration und aufgrund von Vorarbeiten von Rembrandt Scholz). Berlin: Fachbereich Geschichtswissenschaften der Freien Universität 1993.

Schreiber, Hans-Ludwig: Das Recht auf den eigenen Tod. In: Wagner, Harald (Hrsg.): Grenzen des Lebens. Wider die Verwilderung von Sterben, Tod und Trauer. Frankfurt am Main: Knecht 1991, 68-88.

Schreiber, Wilhelm Ludwig: Handbuch der Holz- und Metallschnitte des XV. Jahrhunderts. Manuel de l'amateur de la gravure sur bois et sur métal au XVe siècle. Dritte Auflage; vollständiger Neudruck des Gesamtwerkes. Band XI: Tafelband = völlig neubearbeitete und stark erweiterte Ausgabe von Band VI-VII der Erstauflage: Der Einblattholzschnitt und die Blockbücher des XV. Jahrhunderts. Ausgewählt, eingeleitet und beschrieben von Heinrich Theodor Musper. Stuttgart: Anton Hiersemann 1976.

Schütz, Barbara [BS]: [Edvard Munch:] Das kranke Kind. In: Edvard Munch 1863-1944. Ausstellungskatalog. Museum Folkwang Essen 18.09.-8.11.1987 und Kunsthaus Zürich 19.11.1987-14.2.1988. Museum Folkwang Essen / Kunsthaus Zürich / Munch-Museum Oslo 1987, Katalog der ausgestellten Werke Nr. 9 [betrifft die Version von 1896, heute im Kunstmuseum Göteborg].

Schultz, Helga: Social differences in mortality in the eighteenth century: an analysis of Berlin church registers. In: International Review of Social History 36 (1991), 232-248.

Schulz, Reiner: Einzelkinder – Auswirkungen zunehmender Geschwisterlosigkeit. In: Zeitschrift für Bevölkerungswissenschaft 14 (1988), 3-22.

Schulz, Reiner: Zeitbudgetstrukturen erwerbstätiger Frauen. In: Zeitschrift für Bevölkerungswissenschaft 17 (1991), 227-250.

Schuster, Eva: Mensch und Tod. Graphiksammlung der Universität Düsseldorf. Bestandskatalog bearbeitet von M. A. Eva Schuster. Düsseldorf: Triltsch 1989.

Schuster, Eva (Hrsg.): Das Bild vom Tod. Graphiksammlung der Heinrich-Heine-Universität Düsseldorf. [Katalog der] Ausstellung im Ministerium für Bundesangelegenheiten des Landes Nordrhein-Westfalen. Bonn, vom 23. September – 22. Oktober 1992. Recklinghausen: Bongers 1992.

Schuster, Eva: Hans Holbein d. J. [Beschreibung und Kommentar des Werkes 'Icones Mortis', eines 1538 erstmals erschienenen Buches mit 53 Holzschnitten nach Hans Holbein. Diese 'Bilder des Todes' werden gemeinhin auch als Holbeins Totentanz bezeichnet]. In: Eva Schuster: Mensch und Tod. Düsseldorf: Triltsch 1989, 126-141.

Schuster, Eva: „Mensch und Tod" – Überlegungen aus der Sicht der Betreuerin der Düsseldorfer Graphiksammlung „Mensch und Tod". In: Imhof, Arthur E. (Hrsg.): Leben wir zu lange? Die Zunahme unserer Lebensspanne seit 300 Jahren – und die Folgen. Köln-Weimar-Wien: Böhlau 1992, 171-185 (= 1992a).

Schwarz, Karl: Bericht über die 27. Jahrestagung der Deutschen Gesellschaft für Bevölkerungswissenschaft vom 25. bis 27. Februar 1993 in Bad Homburg v. d. Höhe zum Thema „Die älter werdende Gesellschaft" [an die Mitglieder verschickter sechsseitiger Bericht; Juni 1993].

Schwarz, Karl: Altersgliederung der Bevölkerung. In: Wirtschaft und Statistik (1963) 9, 522-529.

Schweidtmann, Werner: Sterbebegleitung. Menschliche Nähe am Krankenbett. 2. Auflage. Stuttgart: Kreuz Verlag 1992.

Schwitzer, Klaus-Peter: Altenreport '90. Zur sozialen Lage von Altersrentnerinnen und Altersrentnern in der ehemaligen DDR. Erstellt im Auftrag des Hauptvorstandes der Volkssolidarität e. V. vom Institut für Soziologie und Sozialpolitik der Akademie der Wissenschaften. In: Blätter der Wohlfahrtspflege 137 (1990), 262-305.

Seeger, Werner: Macht und Ohnmacht der Medizin im Umgang mit dem alten Menschen. Tagungsbericht. In: Deutsches Ärzteblatt 88 (1991) 45 (07.11.), B-2535.

[SEK] Schweizerischer Evangelischer Kirchenbund (Hrsg.): Schwangerschaftsabbruch. Zusammenfassung theologisch-ethischer Diskussionsbeiträge. Bern: SEK 1977.

Selzer, Wolfgang, unter Mitarbeit von Karl-Viktor Decker und Anibal Do Paço: Römische Steindenkmäler. Mainz in Römischer Zeit (= Landesmuseum Mainz. Katalogreihe zu den Abteilungen und Sammlungen, Bd. 1, 1988: Römische Steindenkmäler). Mainz: Philipp von Zabern 1988.

Senator für Jugend und Familie (Hrsg.), Der: Bericht über Hilfen bei Gewalt in der Familie. Berlin o. J. [1987].

Shanas, Ethel, George L. Maddox: Health, health resources, and the utilization of care. In: Binstock, Robert H., Ethel Shanas (Eds.): Handbook of aging and the social sciences. The Handbooks of aging 3. 2nd ed. New York: van Nostrand Reinhold 1985, 697-726.

Sharma, M. L., T. M. Dak (Eds.): Aging in India. Challenge for the society. Delhi: Ajanta 1987.

Shea, William R., Beat Sitter (Eds.): Scientists and their responsibility. Canton, Mass.: Watson Publishing International 1989.

Sherman, Edmund: Reminiscence and the Self in Old Age. New York: Springer 1991.

Shneidman, E. S.: Suicidology. New York: Grune and Stratton 1976.

Shrewsbury, J. F. D.: A History of Bubonic Plague in the British Isles. Cambridge: Cambridge University Press 1971.

Siampos, George S.: Trends and Future Prospects of the Female Overlife by Regions in Europe. In: Statistical Journal of the United Nations Economic Commission for Europe 7 (1990), 13-25.

Silber, Jacques: Inequality in Mortality: Measuring the Contributions of Various Causes of Death. In: Genus 48 (1992), 93-107.

Simberg, Hugo: Grafiikkaa/Grafik/Graphic Art (Ed. Sakari Saarikivi). Porvoo: Söderström 1947.

Simberg, Hugo: Akvarelleja/Akvareller. Porvoo: WSOY:n laakapaino 1958.

Sinnig, Sabine: Allgemeine Sterbetafel für Berlin (West) 1987/89. In: Berliner Statistik 46 (1992), 106-116 plus Deckblatt von Heft 4/92.

Siribon, Siriwan, John Knodel: Thai Elderly Who do not Coreside with their Children. Comparative Study of the Elderly in Asia. Research Reports 93-24. Ann Arbor: University of Michigan, Population Studies Center, May 1993.

Sivaramakrishnan, Malathi, Vimla L. Patel: Reasoning about Childhood Nutritional Deficiencies by Mothers in Rural India: a Cognitive Analysis. In: Social Science & Medicine 37 (1993) 7, 937-952.

Skrabanek, Peter: Preventive medicine and morality. In: Lancet (1986) 1, 143.

Slive, Seymour et al.: Frans Hals. München: Prestel 1989. [Die Originalausgabe dieses Buches erschien bei Mercatorfonds, Brüssel, anläßlich der Ausstellung 'Frans Hals' in der National Gallery of Art, Washington D. C. vom 1. Oktober bis 31. Dezember 1989, in der Royal Academy of Arts, London, vom 13. Januar bis 8. April 1990, und im Frans-Hals-Museum, Haarlem, vom 11. Mai bis 22. Juli 1990.]

Slomka, Jacquelyn: The negotiation of death: Clinical decision making at the end of life. In: Social Science & Medicine 35 (1992) 3, 251-259.

Sluijter, Eric J.: Didactic and Disguised Meanings? Several Seventeenth-Century Texts on Painting and the Iconological Approach to Northern Dutch Paintings of This Period. In: Freedberg, David, Jan de Vries (Eds.): Art in history. History in art. Studies in seventeenth-century Dutch culture. Santa Monica: The Getty Center for the History of Art and the Humanities 1991, 175-207.

Smit, J. W.: History in Art. In: Freedberg, David, Jan de Vries (Eds.): Art in history. History in art. Studies in seventeenth-century Dutch culture. Santa Monica: The Getty Center for the History of Art and the Humanities 1991, 17-25.

Smith, James E.: Aging together, aging alone. In: Ludwig, Frédéric C. (Ed.): Life span extension. Consequences and open questions. New York: Springer 1991, 81-92.

Smith, Penny: Ton of spirit: Australian centenarians talk with. Sydney: Allen & Unwin 1990.

Smuts, Barbara B. et al. (Eds.): Primate Societies. Chicago: Chicago University Press 1986.

Sobel, Hildegard: Hygieia. Die Göttin der Gesundheit. Darmstadt: Wissenschaftliche Buchgesellschaft 1990.

Sogner, Sölvi: Dödsorsaker i Norge på 1700- og 1800-tallet. In: Larsen, Øivind (Hrsg.): Tolkning av dödsårsaker. Tvervitenskapelig fagseminar 25.-26. mars 1993. Oslo: Det norske videnskaps-akademi 1993 (Beitrag der norwegischen Historikerin Sogner zur Akademietagung Larsens).

Sommer, Jürg H., François Höpflinger: Wandel der Lebensformen und soziale Sicherheit in der Schweiz. Forschungsstand und Wissenslücken. Nationales Forschungsprogramm Lebensformen und soziale Sicherheit, Schweizerischer Nationalfonds [NFPNR] 29. Grüsch: Rüegger 1989.

Sorensen, Annemette: Unterschiede im Lebenslauf von Frauen und Männern. In: Karl Ulrich Mayer (Hrsg.): Lebensverläufe und sozialer Wandel. Kölner Zeitschrift für Soziologie und Sozialpsychologie, Sonderheft 31. Opladen: Westdeutscher Verlag 1990, 304-321.

Spaans, Joke [Johanna Willemina]: Haarlem na de Reformatie. Stedelijke cultuur en kerkelijk leven, 1577-1620 (= Hollandse Historische Reeks 11). Den Haag: Stichting Hollandse Historische Reeks 1989.

Spaemann, Robert: Die Euthanasiedebatte: Wir dürfen das Tabu nicht aufgeben. Eine ZEIT-Kontroverse. In: DIE ZEIT, Nr. 25, 12. Juni 1992, 14 EXTRA (vgl. auch Ernst Tugendhat).

Spree, Reinhard: Soziale Ungleichheit vor Krankheit und Tod. Zur Sozialgeschichte des Gesundheitsbereichs im Deutschen Kaiserreich. Göttingen: Vandenhoeck & Ruprecht 1981.

Spree, Reinhard: Der Rückzug des Todes. Der epidemiologische Übergang in Deutschland während des 19. und 20. Jahrhunderts (Konstanzer Universitätsreden; 186). Konstanz: Universitätsverlag 1992.

Spree, Reinhard: Der Rückzug des Todes – wurden wir gesünder? In: Imhof, Arthur E., Rita Weinknecht (Hrsg.): Erfüllt leben – in Gelassenheit sterben. Beiträge eines Symposiums vom 23.-25. November 1993 an der Freien Universität Berlin. Berlin: Duncker & Humblot 1994, 101-111.

Spree, Reinhard: „Volksgesundheit" und Lebensbedingungen in Deutschland während des frühen 19. Jahrhunderts. In: Jahrbuch des Instituts für Geschichte der Medizin der Robert Bosch Stiftung 7 (1988), 75-113.

Stadié, Rolf: Altsein zwischen Integration und Isolation. Empirische Ergebnisse zur Lebenssituation und Befindlichkeit alter Menschen. Forschungsbericht 60 der Konrad-Adenauer-Stiftung. Melle: Ernst Knoth 1987.

Stähelin, Hannes B.: Selbstbehauptung in Alter und Krankheit. In: Battegay, Raymond, Udo Rauchfleisch (Hrsg.): Menschliche Autonomie. Göttingen: Vandenhoeck & Ruprecht 1990, 197-207.

Stark, Werner et al. [Tagungsleitung]: Droht ein Krieg der Jungen gegen die Alten? (Un)absehbare Probleme eines neuartigen Generationenkonflikts. Eine interdisziplinäre Konsultation für Fachleute aus Wissenschaft und Praxis der Jugend- und Altenarbeit bzw. -forschung, Politikerinnen und

Politiker, Medienleute und andere Interessierte, vom 20. bis 22. März 1991 in der Evangelischen Akademie Bad Boll. Protokolldienst 13/91 [300 Seiten].

Statistisches Bundesamt: Zur Situation älterer Menschen. In: Wirtschaft und Statistik (1975) 10, 670-674.

Statistisches Bundesamt (Hrsg.): Bevölkerung und Erwerbstätigkeit. Fachserie 1, Reihe 3: Haushalte und Familien, 1988.

Statistisches Bundesamt (hrsg. in Zusammenarbeit mit dem SFB 3 der Universitäten Frankfurt a. M. und Mannheim): Datenreport 1989. Schriftenreihe 280. Bonn: 1989.

Statistisches Bundesamt (Hrsg.): Im Blickpunkt: Ältere Menschen. Stuttgart: Metzler-Poeschel 1991.

Statistisches Bundesamt (Hrsg.): Bevölkerung und Erwerbstätigkeit. Volkszählung vom 25. Mai 1987. Fachserie 1, Heft 11: Schulabschlüsse und Ausbildungsfachrichtungen der Bevölkerung 1991.

Statistisches Landesamt Baden-Württemberg: Leben im Alter. Eine Unterrichtseinheit für die Klassen 9 bis 12. Zweite, aktualisierte Auflage. Stuttgart: Statistisches Landesamt Baden-Württemberg 1990.

Statistisches Landesamt Berlin: Selbsttötungen in Berlin (West) ab 1948 nach Altersgruppen und Geschlecht; 1. absolut; 2. auf 100 000 Einwohner der durchschnittlichen Wohnbevölkerung der jeweiligen Altersgruppe. Computer-Ausdrucke. Berlin: Statistisches Landesamt 1988. [Freundlicherweise arrangiert und zur Verfügung gestellt durch Professor Dr. Eckart Elsner vom Statistischen Landesamt Berlin.]

Statistisk Sentralbyrå [Norsk] (Hrsg.): Historisk Statistikk [= Norges offisielle statistikk, XII, 291]. Oslo: Statistisk Sentralbyrå 1978.

Statistisk Sentralbyrå (Hrsg.): Sosialt utsyn 1993. Oslo: Statistisk Sentralbyrå 1993.

Statistiska Centralbyrån [Den Svenska] (Hrsg.): Historisk statistik för Sverige. Del 1. Befolkning. Andra upplagan 1720-1967. Stockholm: Statistiska Centralbyrån 1969.

Steen, Bertil: Det nya åldrandet – problem och möjligheter för individ och samhälle. In: Hallberg, Hans (Red.): Äldres villkor. Myter och verklighet. Falun: Dalarnas Forskningsråd 1994, 53-58.

Steinmann, Gunter: Einige Überlegungen zur Ökonomie alter Menschen. In: Imhof, Arthur E. (Hrsg.): Leben wir zu lange? Die Zunahme unserer Lebensspanne seit 300 Jahren – und die Folgen. Köln-Weimar-Wien: Böhlau 1992, 145-158.

Stenflo, Gun Alm: Demographic Description of the Skellefteå and Sundsvall Regions During the 19th Century (= Information from the Demographic Data Base No 1). Umeå: Demographic Data Base, Umeå University 1994.

Stephan, Andreas: Einpersonenhaushalte in der Bundesrepublik Deutschland. Neue Wohnformen der Jüngeren und der Älteren. In: Zeitschrift für Bevölkerungswissenschaft 16 (1990), 293-296.

Stewen, Riikka: Hugo Simberg unien maalari. Helsinki: Otava 1989.

Stiefel, Marie-Luise: Hilfsbedürftigkeit und Hilfenbedarf älterer Menschen im Privathaushalt. Beiträge zur Gerontologie und Altenarbeit 51. 2. Aufl. Berlin: Deutsches Zentrum für Altersfragen e. V. 1986.

Stillion, Judith M.: Suicide across the life span: premature exits. New York: Hemisphere Publishing Corporation 1989.

Störtzbach, Bernd: Übergang in eine neue Lebensphase – Erwartungen für das Leben im Alter. In: Zeitschrift für Bevölkerungswissenschaft 18 (1992), 291-311.

Streatfield, Kim et al.: Maternal education and child immunization. In: Demography 27 (1990), 447-455.

Student, Johann Ch[ristoph]: Bedingungen für ein menschenwürdiges Sterben – Die zehn Grundprinzipien in der Hospiz-Bewegung. In: Medizin, Mensch, Gesellschaft 12 (1987), 232-240.

Student, Johann-Christoph: Lebenshilfe bis zum Ende: Die Hospizbewegung. In: Wagner, Harald (Hrsg.): Grenzen des Lebens. Wider die Verwilderung von Sterben, Tod und Trauer. Frankfurt a. M.: Knecht 1991, 147-186.

Stürmer, Bernd: Allgemeine und berufliche Schulbildung der Bevölkerung. In: Wirtschaft und Statistik (1991) 3, 190-196.

Stull, Donald E., Annemarie Scarisbrick-Hauser: Never-married elderly. A reassessment with implications for long-term care policy. In: Research on Aging 11 (1989), 124-139.

Sturm, Erdmann: Kind und Tod. Zur Sprache des Glaubens im Gespräch mit Kindern über den Tod. In: Braun, O. H. (Hrsg.): Seelsorge am kranken Kind. Was Ärzte, Psychologen und Seelsorger dazu sagen. Zweite Auflage. Stuttgart: Kreuz 1983, 37-50.

Stumpfe, K. D.: Psychodynamik des Selbstmordes im Alter. In: Zeitschrift für Gerontologie 21 (1988), 45-51.

Suder, Wieslaw: L'utilizzazione delle iscrizioni sepolcrali romane nelle ricerche demografiche. In: Rivista storica dell'antichità 5 (1975), 217-228.

Sulaja, S.: Life tables for India and the states – 1986. Kariavattom: University of Kerala, Department of Demography and Population Studies 1990.

Sullivan, D. F.: A Single Index of Mortality and Morbidity. Health Reports 86 (1971) 4, 347-354 (=1971a).

Sullivan, D. F.: Disabling Component for an Index of Health. U.S. National Center for Health Statistics, Ser. 2, No 42, 1971 (=1971b).

Sundbärg, Gustav: Bevölkerungsstatistik Schwedens 1750-1900. Einige Hauptresultate. Stockholm: Norstedt & Söner 1907. (Reprint: Population in Sweden 1750-1900. With preface and vocabulary in English = Urval. Skriftserie utgiven av statistiska centralbyrån, nummer 3. Stockholm: Statistiska Centralbyrån / National Central Bureau of Statistics 1970.)

Sundin, Jan: Surveys of Developments in the Social History of Medicine: IV. The History of Public Health and Prevention: Current Swedish Research. In: Social History of Medicine 5 (1992), 517-524.

Sundin, Jan: Dödlighet och sjuklighet bland män och kvinnor i Sverige 1750-1900 – en socialhistorisk individundersökning. Projektbeskrivning [Sterblichkeit und Kränklichkeit von Männern und Frauen in Schweden 1750-1900 – eine sozialhistorische Individualuntersuchung. Projektbeschreibung]. Universitetet i Linköping: Institutionen för tema; tema H 1992 (Typoskript) (=1992a).

Sundin, Jan: Dödsorsaker och samhällsutveckling, Sverige 1750-1900 – metoder, preliminära resultat (zwei ähnliche Präsentationen eines laufenden Forschungsprojekts, einerseits für das interdisziplinäre Fachseminar über Todesursachen in Oslo, 25.-26.03.1993 [vgl. oben: Larsen, Øivind], andererseits für das skandinavische Symposium über „Kvinnors sjuklighet 1870-1930" in Uppsala, 01.-02.06.1993 [vgl. oben: Johannisson, Karin].)

Surault, Pierre: Post-modernité et inégalités sociales devant la mort. In: Cahiers de Sociologie et de Démographie Médicales 31 (1991), 121-141.

Surault, Pierre et al.: Les vieillesses inégales. In: Loriaux, Michel et al. (Eds.): Populations âgées et révolution grise. Louvain-la-Neuve: CIACO 1990, Chapitre VI, 508-572 (mit Beiträgen von Pierre Surault, Maryvonne Gognalons-Nicolet, Maryse Jaspard und Michèle Massari, Monique Asiel et al. sowie Françoise Cribier).

Suzman, Richard, Matilda White Riley (Guest Editors): The Oldest Old. (= Special Issue of) Milbank Memorial Fund Quarterly; Health and Society 63 (1985) 2, 177-452.

Suzman, Richard M. et al. (Eds.): The oldest old. Oxford: Oxford University Press 1992 (vgl. darin von Richard M. Suzman et al. selbst u. a.: The robust oldest old: Optimistic perspectives for increasing healthy life expectancy. 341-358).

Svendrup, Torben (Red.): De gamle. Traek af alderdommens historie. Kopenhagen: Fremad 1991.

[SWR] Schweizerischer Wissenschaftsrat (Hrsg.): Grenzen der Eingriffe in das menschliche Leben und die Umwelt. Klausurtagung des Schweizerischen Wissenschaftsrates, Delsberg 1985. In: Wissenschaftspolitik, Beiheft 33 (1986).

Szeter, Simon: The Importance of Social Intervention in Britain's Mortality Decline c. 1850-1914: A Re-interpretation of the Role of Public Health. In: Social History of Medicine 1 (1988), 1-37.

Tabutin, Dominique: L'âge vermeil du Tiers Monde: Perspectives des populations âgées dans les pays jeunes. In: Loriaux, Michel et al. (sous la direction de): Populations âgées et revolution grise. Les hommes et les sociétés face à leurs vieillissements. Actes du Colloque Chaire Quetelet '86, Institut de Démographie, Université Catholique de Louvain. Louvain-la-Neuve: Editions CIACO 1990, 1087-1103.

Tamm, Ditlev: Ddens triumf – mennesket og dden i Vesteuropa fra middelalderen til vore dage. Kopenhagen: GAD 1992.

Tas, R. F. J.: Generatie-overlevingstafels naar geslacht en leeftijd afgeleid uit waarnemingen over de periode 1860-1989. In: Maandstatistiek van de Bevolking 39 (Vol. 39, No. 6, Voorburg: Juni 1991), 15-26.

Tavel, Hans Christoph von: Niklaus Manuel, ein Maler der Reformationszeit. In: Kunstgeschichtliche Gesellschaft zu Berlin; Sitzungsberichte N. F. Heft 26, 1977-1978, 10-12.

Tedebrand, Lars-Göran: Age-specific Mortality Rates in Sweden for Individuals Over Eighty, 1750-1980: The Oldest Old. Preliminary version (= Paper, Fourteenth Annual Meeting of the Social Science History Association, Washington D. C., 16.-19.11.1989).

Tedebrand, Lars-Göran: Gullholmen. Ett bohuslänskt fiskeläges demografi. Delrapport inom projektet „Kustbygd i förändring 1650-1950. Familj och hushåll i nordiska fiskesamhällen". Umeå: Report no. 8 from the Demographic Database, Umeå University 1993.

Tedebrand, Lars-Göran: Generationsrelationer i ett mångkulturellt och historiskt perspektiv. In: Thule; Kungl. Skytteanska Samfundets Årsbok 1993, 23-39.

Teising, Martin: Herausforderung für die Sozialarbeit: Suizidalität im Alter. In: Soziale Arbeit 39 (1990), 58-63.

Telle, Joachim (Hrsg.): Pharmazie und der gemeine Mann. Hausarznei und Apotheke in deutschen Schriften der frühen Neuzeit. Wolfenbüttel: Herzog August Bibliothek 1982 (= Ausstellungskataloge Nr. 36).

Ternestedt Östman, Britt-Marie: Omsorg i livets slutskede. Projektbeskrivning [Typoskript]. Örebro: Centrum för omvårdnadsvetenskap 1993.

Tessaring, Manfred et al.: Bildung und Beschäftigung im Wandel. Beiträge der Arbeitsmarkt- und Berufsforschung 126. Nürnberg: Institut für Arbeitsmarkt- und Berufsforschung der Bundesanstalt für Arbeit 1990.

Thaller, Manfred (Ed.): Images and Manuscripts in Historical Computing. St. Katharinen: Scripta Mercaturae 1992.

Thatcher, A. R.: Trends in numbers and mortality at high ages in England and Wales. In: Population Studies 46 (1992), 411-426.

Thiede, Werner: Auferstehung der Toten – Hoffnung ohne Attraktivität? Göttingen: Vandenhoeck & Ruprecht 1991.

Thiel-Stroman, Irene van: Dokumente zu Frans Hals. Handschriftliche und gedruckte Quellen 1582-1679. In: Slive, Seymour et al.: Frans Hals. München: Prestel 1989, 373-414.

Thomae, Hans: Alternsstile und Altersschicksale. Ein Beitrag zur differentiellen Gerontologie. Bern, Stuttgart, Wien: Huber 1983.

Thomae, Hans: Patterns of successful aging. In: Hans Thomae (Ed.): Patterns of aging. Findings from the Bonn longitudinal study of aging. Contributions to human development 3. Basel: Karger 1976, 101-112.

442

Thomas, L. Eugene: Identity, ideology and medicine: Health attitudes and behavior among Hindu religious renunciates. In: Social Science & Medicine 34 (1992) 5, 499-505.

Thomas, Louis-Vincent: La mort en question. Traces de mort, mort des traces. Paris: L'Harmattan (collection Nouvelles Etudes Anthropologiques) 1991.

Thompson, Paul: I Don't Feel Old. The Experience of Later Life. Oxford: Oxford University Press 1990.

Thomson, David: The welfare of the elderly in the past. A family or community responibility? In: Pelling, Margaret, Richard M. Smith: Life, Death and the Elderly. Historical perspectives. London: Routledge 1991, 194-221.

Thürkow, Kari: Altersbilder in massenmedialen, massenkulturellen und künstlerischen Werken. Eine Literaturübersicht. Beiträge zur Gerontologie und Altenarbeit 61. Berlin: Deutsches Zentrum für Altersfragen e. V. 1985.

Thursby, Gene R.: Islamic, Hindu, and Buddhist Conceptions of Aging. In: Cole, Thomas R. et al. (Eds.): Handbook of the Humanities and Aging. New York: Springer 1992, 175-196.

Tilak, Shrinivas: Religion and Aging in the Indian Tradition. Albany: State University of New York Press 1989.

Tinbergen, Jan (Coord.): Reshaping the international order. A report to the Club of Rome. New York: E. P. Dutton 1977.

Tout, Ken: Ageing in Developing Countries. Oxford: Oxford University Press for HelpAge International 1989. [Vgl. hierzu die kritische Besprechung durch Gavin W. Jones in: Population Studies 44 (1990), 526-527.]

Townsend, Peter, Nick Davidson (Eds.): Inequalities in Health. The Black Report. Harmondsworth: Penguin Books 1982.

Triller, Johannes: Die Absterbeordnung der Geburtsjahrgänge von 1870 bis 1982 unter Berücksichtigung der Gültigkeit der verschiedenen Sterbetafeln dieses Zeitraumes und ihre Einwirkung auf die jetzige Altersstruktur der Deutschen Demokratischen Republik. Ministerrat der DDR: Staatliche Zentralverwaltung für Statistik – Abt. V Sektor Bevölkerung. O. O. 1964.

Trivers, Robert: Social Evolution. Menlo Park, California: Benjamin/Cummings 1985.

Troyansky, David G.: Old Age in the Old Regime: Image and Experience in Eighteenth Century France. Ithaca, N. Y.: Cornell University Press 1989.

Trüb, C. L. Paul: Heilige und Krankheit. Stuttgart: Klett-Cotta 1978.

Tu, Jow-ching et al.: Active Life Expectancy in Taiwan: Compression or Expansion? In: Journal of Population Studies 15 (1992), 17-30.

Tufte, Edward: Envisioning Information. Cheshire, CT: Graphics Press o. J. (1990).

Tufte, Edward: The Visual Display of Quantitative Information. Cheshire, CT: Graphics Press o. J. (1983).

Tugendhat, Ernst: Die Euthanasiedebatte: Wir müssen das Tabu diskutieren. Eine ZEIT-Kontroverse. In: DIE ZEIT, Nr. 25, 12. Juni 1992, 14-15 EXTRA (vgl. auch Robert Spaemann).

Tuggener, Heinrich: Lebenslauf und Generationsverhältnis – Aspekte eines Wandels. In: Schweizerische Lehrerzeitung [SLZ] 126 (1981), 2043-2049.

Tuggener, Heinrich: Sozialpädagogik heute – Perspektiven ihrer Entwicklung. In: Vierteljahresschrift für Heilpädagogik und ihre Nachbargebiete [VHN] 51 (1982), 289-301.

Tuggener, Heinrich: Die Zunahme der Lebensspanne seit 300 Jahren. Überlegungen aus der Sicht eines Sozialpädagogen. In: Imhof, Arthur E. (Hrsg.): Leben wir zu lange? Die Zunahme unserer Lebensspanne seit 300 Jahren – und die Folgen. Köln-Weimar-Wien: Böhlau 1992, 225-233.

Tulasidhar, V. B.: Maternal Education, Female Labour Force Participation and Child Mortality: Evidence from the Indian Census. In: Health Transition Review 3 (1993), 177-190.

Uchtenhagen, Ambros, Nikola Jovic (Hrsg.): Psychogeriatrie. Neue Wege und Hinweise für die Praxis. Heidelberg: Asanger 1990.

United Nations: Demographic Yearbook 1985. Special Topic: Mortality Statistics. New York: United Nations 1987.

United Nations (Hrsg.): The World Ageing Situation. Genf: United Nations 1991.

United Nations (Hrsg.): Changing Population Age Structures 1990-2015: Demographic and Economic Consequences and Implications. Genf: United Nations 1993.

[UN] United Nations: World population prospects: the 1990 revision. Population Studies 120 – ST/ESA/SER.A/120. New York: Department of International Economic and Social Affaires 1991.

[UN] United Nations: the sex and age distributions of population: The 1990 revision. Population Studies 122 – ST/ESA/SER.A/122. New York: Department of International Economic and Social Affaires 1991.

[UNDP] United Nations Development Programme: Human development report 1990. New York, Oxford 1990.

[UNFPA] United Nations Population Fund: Weltbevölkerungsbericht 1991: vgl. Deutsche Gesellschaft für die Vereinten Nationen e. V. Bonn 1991.

[UNO] United Nations Organization: Population, resources, environment and development. New York 1984.

Valkonen, Tapani: Mortality Trends and projections in four Nordic countries. In: Scandinavian Population Studies 6; 3 (= Themenheft zu „Studies in Mortality"). Stockholm: The Scandinavian Demographic Society 1984, 9-27.

Valkonen, Tapani: Socio-Economic Mortality Differences in Europe (= NIDI Hofstee Lecture Series, 1). The Hague: Netherlands Interdisciplinary Demographic Institute NIDI 1993.

Valkonen, Tapani: Problems in the measurement and international comparisons of socio-economic differences in mortality. In: Social Science & Medicine 36 (1993) 4, 409-418.

Valkonen, Tapani et al.: Mortality trends in Finland and Latvia since the
1920s. In: Yearbook of Population Research in Finland 29 (1991), 61-72.

Valkonen, Tapani: Adult mortality and level of education: a comparison of six
countries. In: Fox, John, (Ed.): Health inequalities in European countries.
Aldershot, Brookfield USA, Hong Kong, Singapore, Sydney: Gower 1989,
142-162.

Vallin, Jacques, France Meslé: Les causes de décès en France de 1925 à
1979 (= Travaux et Documents, Cahier No 115). Paris: Institut National
d'Etudes Démographiques – Presses Universitaires de France (INED-
PUF) 1988 (607 Seiten!). – Vorgängig sind dazu sieben Bände „Annexe du
Cahier 115" erschienen:I. Les causes de décès en France de 1925 à
1943: reclassement selon la 4e révision de la Classification internationale.
Paris: INED-PUF 1986 (178 Seiten). II. Les causes de décès en France de
1925 à 1949: reclassement selon la 5e révision de la Classification internationale. Paris: INED-PUF 1987 (134 Seiten). III. Les causes de décès en
France de 1925 à 1967: reclassement selon la 7e révision de la Classification internationale. Paris: INED-PUF 1987 (252 Seiten). IV. Les causes de
décès en France de 1925 à 1978: reclassement selon la 8e révision de la
Classification internationale. 1. Correspondance entre les 7e et 8e révisi-
ons. Paris: INED-PUF 1987 (404 Seiten). V. Les causes de décès en
France de 1925 à 1943: reclassement selon la 8e révision de la Classification internationale. 2. Résultats du reclassement. Paris: INED-PUF 1987
(608 Seiten). VI. Les causes de décès en France de 1925 à 1978: reclassement par catégories étiologiques et anatomiques. 1. Répartition des
décès. Paris: INED-PUF 1987 (472 Seiten). VII. Les causes de décès en
France de 1925 à 1978: reclassement par catégories étiologiques et anatomiques. 2. Résultats du reclassement. Paris: INED-PUF 1987 (274 Seiten).

Vallin, Jacques (Ed.): L'avenir de l'espérance de vie (= Congrès et colloques,
No 12). Paris: Institut National d'Etudes Démographiques – Presses Universitaires de France 1993.

Vallin, Jacques, Alan Lopez avec la collaboration de Hugo Behm (Eds.): La
lutte contre la mort. Influence des politiques sociales et des politiques de
santé sur l'évolution de la mortalité. Actes d'un Colloque international
tenu à Paris du 28 février au 4 mars 1983 à l'initiative de la Commission de
l'UIESP sur les Facteurs affectant la mortalité et la durée de la vie. Paris:
Institut National d'Etudes Démographiques – Presses Universitaires de
France 1985 (= Travaux et Documents, Cahier No 108).

Vallin, Jacques: La mortalité en Europe de 1720 à 1914: Tendances à long
terme et changements de structure par sexe et par âge. In: Annales de
Démographie Historique 1989, 31-54. [Vgl. auch: Perrenoud, Alfred.]

Vallin, Jacques: L'avenir de l'espérance de vie vu à travers les projections des l'INSEE. In: Population 44 (1989), 930-936.

Vallin, Jacques: Mortality in Europe from 1720 to 1914: Long-Term Trends and Changes in Patterns by Age and Sex. In: Schofield, Roger et al. (Eds.): The Decline of Mortality in Europe. Oxford: Clarendon Press 1991, 38-67.

Van de Woude, A. M.: Het Noorderkwartier. Een regionaal historisch onderzoek in de demografische en economische geschiedenis van westelijk Nederland van de late middel-eeuwen tot het begin van de negentiende eeuw. 3 Teile. Wageningen: Landbouwhogeschool 1972 (= A. A. G. Bijdragen 16).

Van de Woude, Ad: The Volume and Value of Paintings in Holland at the Time of the Dutch Republic. In: Freedberg, David, Jan de Vries (Eds.D): Art in history. History in art. Studies in seventeenth-century Dutch culture. Santa Monica: The Getty Center for the History of Art and the Humanities 1991, 285-329.

Vasold, Manfred: Pest, Not und schwere Plagen. Seuchen und Epidemien vom Mittelalter bis heute. München: Beck 1991.

Vatuk, Sylvia: Gerontology in India: the state of the art. In: Journal of Cross-Cultural Gerontology 6 (1991), 259-271.

Vedig, Alnis E.: Letting die in adult intensive care units. In: The Medical Journal of Australia 153 (1990), 178-180.

Venbrux, Eric: A Death-Marriage in a Swiss Mountain Village. In: Ethnologia Europaea 21 (1991), 193-205.

Verborgh, Eric: Time in the Life of Europeans at the Dawn of the Twenty-First Century. Paper prepared for the International Conference 'Human Resources in Europe at the Dawn of the 21st Century', Luxembourg, 27-29 November 1991, under the Aegis of Eurostat and the Luxembourg Government. Luxemburg: EUROSTAT 1991.

Verbrugge, Lois M.: Longer life but worsening health? Trends in health and mortality of middle-aged and older persons. In: Milbank Memorial Fund Quarterly/Health and Society 62 (1984) 3, 475-519.

Vereinte Nationen: Wiener Internationaler Aktionsplan zur Frage des Alterns. Weltversammlung zur Frage des Alterns 26. Juli – 6. August 1982 in Wien (Österreich). New York: Vereinte Nationen 1983.

Verhasselt, Yola, Gerald F. Pyle [Koordinatoren] et al.: Geographical inequalities of mortality in developing countries [= Themennummer]. In: Social Science & Medicine 36 (1993) 10, 1239-1382.

Veys, D.: Cohort Survival in Belgium in the Past 150 Years. Data and Life Table Results, Shortly Commented. Leuven: Katholieke Universiteit, Sociologisch Onderzoeksinstituut 1983 (= S. O. I. Series', Sociologische Studies en Documenten, Vol. 15).

Victora, Cesar G. et al.: Maternal education in relation to early and late child health outcomes: Findings from a Brazilian cohort study. In: Social Science & Medicine 34 (1992) 8, 899-905.

Vogel, Jean: Un âge en trop? In: Loriaux, Michel et al. (Hrsg.): Populations âgées et révolution grise. Louvain-la-Neuve: CIACO 1990, 963-967.

Vogel, Rüdiger, Manfred Wolfersdorf: Zum Verhältnis zwischen Suizid und psychischer Erkrankung im höheren Lebensalter. In: Zeitschrift für Gerontologie 22 (1989), 242-246.

Vogel, Rüdiger, Manfred Wolfersdorf: Motivstruktur der Suizide älterer stationär behandelter psychatrischer Patienten. In: Klaus Böhme, Eberhard Lungershausen (Hrsg.): Suizid und Depression im Alter. Regensburg: Roderer 1988.

Vogel, Rüdiger, Manfred Wolfersdorf: Bedeutung psychischer bzw. psychotischer Störungen für suizidale Handlungen im Alter. In: Kleiber, Dieter, Dieter Filsinger (Hrsg.): Altern – bewältigen und helfen. Psychosoziale Projekte zur Hilfe und Selbsthilfe. Heidelberg: Asanger 1989, 57-66.

Wagner, Harald (Hrsg.): Ars moriendi. Erwägungen zur Kunst des Sterbens. Quaestiones disputatae 118. Freiburg i. Br., Basel, Wien: Herder 1989 (=1989b).

Wagner, Harald (Hrsg.): Grenzen des Lebens. Wider die Verwilderung von Sterben, Tod und Trauer. Frankfurt a. M.: Knecht 1991.

Wagner, Harald: „Ars moriendi" und Religionspädagogik. In: Harald Wagner (Hrsg.): Ars moriendi. Erwägungen zur Kunst des Sterbens. Quaestiones disputatae 118. Freiburg i. Br., Basel, Wien: Herder 1989, 156-165 (=1989a).

Wagner, Harald: Ars moriendi: Vor 500 Jahren – und heute? Überlegungen aus der Sicht eines Theologen und Religionspädagogen. In: Imhof, Arthur E. (Hrsg.): Leben wir zu lange? Die Zunahme unserer Lebensspanne seit 300 Jahren – und die Folgen. Köln-Weimar-Wien: Böhlau 1992, 203-209.

Wagner, Hugo: Niklaus Manuel – Leben und künstlerisches Werk. In: Menz, Cäsar und Hugo Wagner (Redaktion): Niklaus Manuel Deutsch. Maler – Dichter – Staatsmann. Ausstellungskatalog. Kunstmuseum Bern, 22. September bis 2. Dezember 1979. Bern: Kunstmuseum 1979, 17-41.

Wagner-Manslau, Willy: Die Wandlungen der Fruchtbarkeit des deutschen Adels im 19. Jahrhundert. In: Archiv für Rassen- und Gesellschafts-Biologie 26 (1932), 201-206.

Wahl, Hans-Werner: „Das kann ich allein!" Selbständigkeit im Alter: Chancen und Grenzen. Bern: Huber 1991.

Wahl, Hans-Werner: Auf dem Wege zu einer alltagsbezogenen Gerontopsychologie. Teil II: Beispiele aus den Bereichen Kompetenz, Coping, Kontrolle und Attribution. In: Zeitschrift für Gerontopsychologie und -psychiatrie (1990) 1, 191-200.

Waitzkin, Howard, Theron Britt: Processing narratives of self-destructive behavior in routine medical encounters: health promotion, disease prevention, and the discourse of health care. In: Social Science & Medicine 36 (1993), 1121-1136.

Waldron, Ingrid: Recent trends in sex mortality ratios for adults in developed countries. In: Social Science & Medicine 36 (1993) 4, 451-462.

Walford, R. L.: Maximum Life Span. New York: W. H. Norton 1983.

Walsh, John: Skies and Reality in Dutch Landscape. In: Freedberg, David, Jan de Vries (Eds.): Art in history. History in art. Studies in seventeenth-century Dutch culture. Santa Monica: The Getty Center for the History of Art and the Humanities 1991, 95-117.

Walter, John, Roger Schofield (Eds.): Famine, disease and the social order in early modern society. Cambridge: Cambridge University Press 1989.

Walter, John, Roger Schofield: Famine, disease and crisis mortality in early modern society. In: Dies. (Eds.): Famine, disease and the social order in early modern society. Cambridge: Cambridge University Press 1989, 1-73.

Wanschura, Werner: Sag' beim Abschied leise „Servus!". Vorbereitungen für die letzte Reise. Leoben: Verlag des Österreichischen Kneippbundes 1992.

Wappelshammer, Elisabeth, Therese Weber: Auch Lebensgeschichte ist Geschichte. Ein Leitfaden für autobiographisches Erzählen und Schreiben. Wien: Böhlau 1985.

Warnes, Anthony M.: The Demography of Ageing in the United Kingdom of Great Britain and Northern Ireland. Paris: CICRED 1993.

Watkins, Susan Cotts: From Local to National Communities: The Transformation of Demographic Regimes in Western Europe, 1870-1960. In: Population and Development Revue 16 (1990), 241-272.

Watkins, Susan Cotts, Jane Menken: Famines in Historical Perspective. In: Population and Development Revue 11 (1985), 647-675.

Wear, Andrew (Ed.): Medicine in Society. Historical Essays. Cambridge: Cambridge University Press 1992.

Weber, Therese: Einleitung, Religion in Lebensgeschichten. In: Andreas Heller et al. (Hrsg.): Religion und Alltag. Kulturstudien. Bibliothek der Kulturgeschichte 19. Wien: Böhlau 1990, 9-27.

Weick, Stefan: Anteil der Singlehaushalte in den alten Bundesländern deutlich höher als in den neuen Bundesländern. In: ISI Informationsdienst Soziale Indikatoren Nr. 11, Januar 1994, 7-12.

Weil, Stephen E.: Rethinking the Museum and other meditations. Washington: Smithsonian Institution 1990.

Weindling, Paul: From infectious to chronic diseases: changing patterns of sickness in the nineteenth and twentieth centuries. In: Wear, Andrew (Ed.): Medicine in Society. Historical Essays. Cambridge: Cambridge University Press 1992, 303-316.

Weinhold, Gertrud [Text]: Das Paradies. Das Evangelium in den Wohnungen der Völker. Ökumenische und vergleichende Sammlung Weinhold im Museum für Deutsche Volkskunde Berlin. Berlin: Museum für Deutsche Volkskunde der Staatlichen Museen Preußischer Kulturbesitz 1979.

Weisner, Ulrich (Hrsg.): Edvard Munch. Liebe, Angst, Tod. Themen und Variationen. Zeichnungen und Graphiken aus dem Munch-Museum Oslo. 2., verbesserte Auflage. Bielefeld: Kunsthalle 1980. [Obwohl im Impressum nicht vermerkt, handelt es sich hierbei um den Katalog zur gleichnamigen Ausstellung vom 28. September bis 23. November 1980 in der Kunsthalle Bielefeld.]

Weiss, Mark L., Alan E. Mann: Human Biology and Behavior. An anthropological Perspective. Boston: Little, Brown & Co. 1985.

Weiss, Volkmar: Bevölkerung und soziale Mobilität in Sachsen 1550-1880. Berlin: Akademie Verlag 1993.

Weiss, Walter (Hrsg.): Gesundheit in der Schweiz. Zürich: Seismo 1993.

Wendorff, Claus-Heinrich von: Über die Vision des Alters. Eine Gerontosophie. Schaffhausen: Novalis 1992.

Wendorff, Rudolf: Zeit und Kultur. Geschichte des Zeitbewußtseins in Europa. Zweite Auflage. Opladen: Westdeutscher Verlag 1980.

Wendorff, Rudolf: Der Mensch und die Zeit. Opladen: Westdeutscher Verlag 1988.

WHO Expert Committee: Health of the elderly. Report of a WHO Expert Committee (= World Health Organization Technical Report Series 779). Genf: World Health Organization 1989.

Wiebel-Fanderl, Oliva: „Wenn ich dann meine letzte Reise antrete...". Zur Präsenz des Todes und der Todesbewältigung in Autobiographien. In: Andreas Heller et al.: Religion und Alltag. Kulturstudien. Bibliothek der Kulturgeschichte 19. Wien: Böhlau 1990, 217-249.

Wiebel-Fanderl, Oliva: Der unversöhnliche Gott und volksfromme Versöhnungshoffnungen – Ein Beitrag zu prägenden Faktoren religiöser Sozialisation. In: Erich Garhammer et al. (Hrsg.): „...und führe uns in Versöhnung". Zur Theologie und Praxis einer christlichen Grunddimension. München: Erich Wewel 1990, 43-58.

Wieland, Georg: Das Ganze des Lebens: Lebensplan und Individualität. In: Honnefelder, Ludger (Hrsg.): Sittliche Lebensform und praktische Vernunft. Paderborn: Schöningh 1992, 143-160.

Wiendick, G.: Zur psycho-sozialen Bedingtheit des Alterssuizids. In: Aktuelle Gerontologie 3 (1973), 271-274.

Wiesner, G., W. Casper, K. E. Bergmann: Alterssuizid in West und Ost – Trend der Suizidmortalität 1961-1989. In: Bundesgesundheitsblatt 9/92 [1992], 442-447.

Wilson, Edward O.: Sociobiology. The abridged edition. Cambridge, Mass.: Belknap Press of Harvard University Press 1980.

Winau, Rolf, Hans Peter Rosemeier (Hrsg.): Tod und Sterben. Berlin: de Gruyter 1984.

449

Winau, Rolf: Der eigene und der fremde Tod. Wandlungen der Einstellung zu Tod und Sterben in der europäischen Geschichte. In: Wagner, Harald (Hrsg.): Grenzen des Lebens. Wider die Verwilderung von Sterben, Tod und Trauer. Frankfurt am Main: Knecht 1991, 14-42.

Winkler, Gunnar (Hrsg.): Frauenreport '90. Berlin: Die Wirtschaft 1990.

Winkler, Thomas: Sozioökonomische Aspekte der Altenhilfe – Eine Übersicht über die intra- und extramuralen Leistungen in Österreich. Wien: unveröfftl. Dipl.-Arbeit 1989.

Winter, Kurt: Die Bedeutung der Herz-Kreislauf-Erkrankungen für Sterblichkeit, Arbeitsunfähigkeit und Invalidität. Berlin: Volk und Gesundheit 1962.

Wirth, Jean: La jeune fille et la mort. Recherches sur les thèmes macabres dans l'art germanique de la Renaissance. Genève: Droz 1979.

Wirth, Jean: vgl. Wüthrich, Lucas et al.

Wissmann, Franziska: „Memento mori": Der Tod – ein sozialpädagogisches Aufgabenfeld in der Arbeit mit älteren Menschen. Diplomarbeit für die Staatliche Abschlußprüfung im Fachbereich Sozialwesen, Studiengang Sozialpädagogik an der Katholischen Fachhochschule Nordrhein-Westfalen, Abteilung Köln, 1993.

Wittkowski, Joachim: Psychologie des Todes. Darmstadt: Wissenschaftliche Buchgesellschaft 1990.

Wörner, Markus W.: „Gelungenes" Leben. In: Imhof, Arthur E., Rita Weinknecht (Hrsg.): Erfüllt leben – in Gelassenheit sterben. Beiträge eines Symposiums vom 23.-25. November 1993 an der Freien Universität Berlin. Berlin: Duncker & Humblot 1994, 87-98.

Wörner, M. H.: Eternity. In: Irish Philosophical Journal 6 (1989), 3 – 26.

Wohlfeil, Rainer, Brigitte Tolkemitt (Hrsg.): Historische Bildkunde. Probleme – Wege – Beispiele (= Zeitschrift für Historische Forschung, Beiheft 12). Berlin: Duncker & Humblot 1991.

Wolf, Dieter: Die neutestamentlichen Übersetzungen Nikolaus Krumpachs und die 1522 anonym erschienenen Übersetzungen des Markus- und Lukasevangeliums mit einem Exkurs zu der Ars moriendi Cgm 365. Phil. Diss. Heidelberg 1971 (erschienen in drei Teilen: Trier 1970).

Wolfe, John R.: The Coming Health Crisis: Who will pay for Care for the Aged in the Twenty-first Century? Chicago: The University of Chicago Press 1993.

Woll-Schumacher, Irene: Desozialisation im Alter. Stuttgart: Enke 1980.

Wollgast, Siegfried: Zum Tod im späten Mittelalter und in der Frühen Neuzeit (= Sitzungsberichte der Sächsischen Akademie der Wissenschaften zu Leipzig, Philologisch-historische Klasse, Band 132, Heft 1). Berlin: Akademie Verlag 1992.

Wolpoff, Milford H.: Paleoanthropology. New York: Knopf 1980.

Wolzogen, Christoph von: Die Wiederentdeckung der Lebenskunst. Neuerscheinungen zur Philosophie. In: Neue Zürcher Zeitung, Fernausgabe Nr. 124 vom 31. Mai/1. Juni 1992, 37-38.

Women's health: across age and frontier. Geneva: World Health Organization 1992.

Wong, Paul T., Lisa M. Watt: What types of reminiscence are associated with successful aging? In: Psychology and Aging 6 (1991), 272-279.

Woods, Robert: On the Historical Relationship Between Infant and Adult Mortality. In: Population Studies 47 (1993), 195-219.

Woods, Robert: The role of public health initiatives in the nineteenth-century mortality decline. In: Caldwell, John C. et al. (Hrsg.): What we know about Health Transition: The cultural, social and behavioural determinants of health. Canberra: Health Transition Centre, The Australian National University 1990, 110-115.

Woods, Robert: Public Health and Public Hygiene: The Urban Environment in the Late Nineteenth and Early Twentieth Centuries. In: Schofield, Roger et al. (Hrsg.): The Decline of Mortality in Europe. Oxford: Clarendon Press 1991, 233-247.

World Health Organization: International Statistical Classification of Diseases and Related Health Problems (ICD-10). Tenth Revision 1992 [ICD-10 comes into force on 1 January 1993]. Vol. 1: Tabular List; Vol. 2: Instruction Manual; Vol. 3: Alphabetical Index. Genf: World Health Organization 1992 [= Vol. 1].

World Health Organization: Women's Health: Across Age and Frontier. Genf: WHO 1992.

Wüthrich, Lucas et al.: Probleme der Baldung-Forschung. Kolloquium im Kunstmuseum Basel, 30. Juni 1978. Mit Beiträgen von Lucas Wüthrich, Hans Reinhardt, Tilman Falk, Hans Christoph von Tavel, Dieter Koepplin, Jean Wirth, Paolo Cadorin, Walter Hugelshofer. In: Zeitschrift für Schweizerische Archäologie und Kunstgeschichte 35 (1978) 4, 205-275.

Wyke, Sally, Graeme Ford: Competing explanations for associations between marital status and health. In: Social Science & Medicine 34 (1992) 5, 523-532.

Yach, Derek: The use and value of qualitative methods in health research in developing countries. In: Social Science & Medicine 35 (1992) 4, 603-612.

Yasumoto, Minoru: Industrialisation, Urbanisation and Demographic Change in England. Nagoya: The University of Nagoya Press 1994.

Yazaki, Lúcia Mayumi: Causas de morte e esperança de vida ao nascer no Estado de So Paulo e Regiôes 1975-1983. So Paulo: SEADE Fundaço Sistema Estadual de Analise de Dados 1990.

Yazaki, Lúcia Mayumi: Perspectivas Atuais do Papel da Família Frente ao Envelhecimento Populacional: Um Estudo de Caso. In: Revista Brasileira de Estudos de Populaço 8 (1991), 137-141.

Young, Christabel: Australia's ageing population, policy options. Canberra: Australian Government Publishing Service 1990.

Young, Katherine K.: Foreword to: Tilak, Shrinivas: Religion and Aging in the Indian Tradition. Albany: State University of New York Press 1989, IX-XIII.

Zapf, Wolfgang, Steffen Mau: Eine demographische Revolution in Ostdeutschland? Dramatischer Rückgang von Geburten, Eheschließungen und Scheidungen. In: ISI – Informationsdienst Soziale Indikatoren Nr. 10, Juli 1993, 1-5 [hrsg. v. ZUMA = Zentrum für Umfragen, Methoden und Analysen, Mannheim].

Zeitschriftenbibliographie Gerontologie I-. Berlin: Deutsches Zentrum für Altersfragen e. V. 1977-. (Erscheinungsweise jährlich; die Bände XII, 1988 und XIII, 1989 enthalten z. B. je rund 2000 Titelnachweise.)

Zeman, Peter (Hrsg.): Hilfebedürftigkeit und Autonomie – Zur Flankierung von Altersproblemen durch kooperationsorientierte Hilfe. Zweite, unveränderte Auflage. Berlin: Deutsches Zentrum für Altersfragen e. V. 1989.

Zens, Herwig: Zens Projekt Basler Totentanz. Bilder und Radierungen von Herwig Zens, mit Texten von Hans Chr. Ackermann, Peter Zawrel, Herwig Zens und dem Gedichtzyklus Urteile: Der Toten Tanz von Erich Rentrow. Paderborn: Edition Galerie B. in der B & B-Verlags GmbH 1990.

Zens, Herwig: [Poster] Basler Totentanz. Wien: Kunstverlag Wolfrum 1990.

Zimmermann, Norbert, Norbert Fichtner: Zu Entwicklungstendenzen und territorialen Unterschieden der Lebenserwartung in der DDR. In: Zeitschrift für ärztliche Fortbildung 81 (1987), 1207-1210.

Zimmermann, Norbert: Ambulante Morbidität (Studie Zittau). In: Das Gesundheitswesen – Jahresgesundheitsbericht 1989 für das Gebiet der ehemaligen DDR. Berlin: Ärztebuchverlag 1990, 282-299.

Zinsli, Paul: Der Berner Totentanz des Niklaus Manuel (etwa 1484 bis 1530) in den Nachbildungen von Albrecht Kauw (1649). Zweite, durchgesehene und erweiterte Auflage. Bern: Paul Haupt 1979.

Zögner, Lothar: Die Gesandten. Nach dem Gemälde von Hans Holbein d. J. 1533 von Franz Hanfstaengel, München, um 1850. In: Lothar Zögner (Ausstellung und Katalog): Die Welt in Händen. Globus und Karte als Modell von Erde und Raum (= Ausstellungskataloge 37). Berlin: Staatsbibliothek Preußischer Kulturbesitz 1989, 50.

Zumthor, Paul: Das Alltagsleben in Holland zur Zeit Rembrandts. Leipzig: Reclam 1992 [Original: La vie quotidienne en Hollande au temps de Rembrandt. Paris: Hachette 1959].